Emanuel Ruoss
Schweizerdeutsch und Sprachbewusstsein

Reihe
Germanistische
Linguistik

―

Herausgegeben von
Mechthild Habermann und Heiko Hausendorf

Wissenschaftlicher Beirat
Karin Donhauser (Berlin), Stephan Elspaß (Salzburg),
Helmuth Feilke (Gießen), Jürg Fleischer (Marburg),
Stephan Habscheid (Siegen), Rüdiger Harnisch (Passau)

316

Emanuel Ruoss

Schweizerdeutsch und Sprachbewusstsein

Zur Konsolidierung der Deutschschweizer Diglossie
im 19. Jahrhundert

DE GRUYTER

Reihe Germanistische Linguistik
Begründet und fortgeführt von Helmut Henne, Horst Sitta und Herbert Ernst Wiegand

Die vorliegende Arbeit wurde von der Philosophischen Fakultät der Universität Zürich im Frühjahrssemester 2017 auf Antrag der Promotionskommission Prof. Dr. Angelika Linke (hauptverantwortliche Betreuungsperson) und Prof. Dr. Heiko Hausendorf als Dissertation angenommen.

Gefördert durch Beiträge aus dem Forschungskredit der Universität Zürich (Verfügung Nr. FK-15-070), der Janggen-Pöhn-Stiftung (St. Gallen) und der Salomon David Steinberg-Stipendien-Stiftung (Zürich).

Die Druckvorstufe dieser Publikation wurde vom Schweizerischen Nationalfonds zur Förderung der wissenschaftlichen Forschung unterstützt.

ISBN 978-3-11-076596-0
e-ISBN (PDF) 978-3-11-061031-4
e-ISBN (EPUB) 978-3-11-060916-5
ISSN 0344-6778

Dieses Werk ist lizenziert unter der Creative Commons Attribution-NonCommercial-NoDerivatives 4.0 Lizenz. Weitere Informationen finden Sie unter http://creativecommons.org/licences/by-nc-nd/4.0/.

Library of Congress Control Number: 2019935090

Bibliografische Information der Deutsche Nationalbibliothek
Die Deutsche Nationalbibliothek verzeichnet diese Publikation in der Deutschen Nationalbibliografie; detaillierte bibliografische Daten sind im Internet über http://dnb.dnb.de abrufbar.

© 2021 Emanuel Ruoss, publiziert von Walter de Gruyter GmbH, Berlin/Boston.
Dieser Band ist text- und seitenidentisch mit der 2019 erschienenen gebundenen Ausgabe.
Dieses Buch ist als Open-Access-Publikation verfügbar über www.degruyter.com.
Satz/Datenkonvertierung: Meta Systems Publishing & Printservices GmbH, Wustermark Druck und Bindung: CPI books GmbH, Leck

www.degruyter.com

―――
Meinen Eltern

Vorwort

Diese Arbeit zu schreiben war in vielerlei Hinsicht eine Herausforderung. Sie wäre nicht zustande gekommen ohne eine Reihe von Menschen, die mich in den vergangenen Jahren auf die eine oder andere Weise dabei unterstützt haben.

An erster Stelle möchte ich meinen Doktoreltern Angelika Linke und Heiko Hausendorf danken. Sie haben mich mit manchem aufmunternden Wort zu dieser Arbeit motiviert, sie mit grosser Umsicht fachlich begleitet und sie mit ebenso grossem Engagement institutionell ermöglicht. Ihre Bereitschaft, sich für meine Anliegen immer die nötige Zeit zu nehmen, ging weit über das Selbstverständliche hinaus.

Ich hatte zudem das Glück, am Deutschen Seminar der Universität Zürich zahlreichen Kolleginnen und Kollegen zu begegnen, die meine Zeit dort nicht nur fachlich, sondern auch menschlich bereichert haben. Zu ihnen gehören Katrin Lindemann und Caroline Weinzinger, Andi Gredig, Kenan Hochuli, Daniel Knuchel, Mirjam Marti, Marcel Naef, Andreas Nievergelt, Michael Prinz, Adriano Sabini, Juliane Schröter, Aurel Sieber, Vreni Wittberger-Markwardt, Nicolas Wiedmer und einige mehr. Ausserdem durfte ich wiederholt auf die Expertise von Walter Haas (Freiburg i. Üe.) sowie auf die Fachkenntnisse der Redaktoren des Schweizerischen Idiotikons in Zürich, namentlich Martin Graf, Christoph Landolt und Hans-Peter Schifferle, zurückgreifen. Ihnen gilt mein Dank ebenso wie meiner Familie und meinen Freunden für ihre Anteilnahme an meiner Arbeit und das Verständnis für die Situation.

Ganz besonders danken möchte ich meinen Eltern, die mich in allen meinen Vorhaben stets uneingeschränkt unterstützt haben. Sie verfolgten meine Unternehmung mit regem Interesse und ermutigten mich immer wieder, bei aller Arbeit den Blick auf das Lebensganze nicht zu verlieren. Dafür und für das Viele, das ich meinen Eltern darüber hinaus verdanke, ist ihnen dieses Buch gewidmet.

Neben all diesen Menschen gibt es schliesslich eine Person, ohne die diese Publikation vielleicht gar nicht zustande gekommen wäre: Yvonne Ilg. Sie hat den Fortgang und den Abschluss der Arbeit mit fachlichem Rat und korrigierender Tat nach Kräften unterstützt. Vor allem aber hat sie die Geduld mit mir nie verloren und mich stets ermutigt weiterzumachen. Ich danke es ihr von ganzem Herzen. Sie in meinem Leben und an meiner Seite zu wissen, ist mein grosses Glück.

Inhalt

Vorwort —— VII

1   Schweizerdeutschdiskurse – zur Einleitung —— 1

I Theorie und Methode

2   Sprachbewusstseinsgeschichte als Forschungsprogramm —— 13
2.1   Sprachbewusstseinsgeschichte
       in der Sprachgeschichtsforschung —— 13
2.2   Sprachbewusstseinsgeschichte als Kulturgeschichte —— 18
2.3   Metasprachdiskurse als Objekte
       der Sprachbewusstseinsgeschichte —— 26
2.4   Sprachbewusstsein – Sprachreflexion – Spracheinstellung:
       Terminologische Klärungen —— 32

3   Quellen und methodischer Zugang —— 39
3.1   Quellenkorpus und Akteure —— 39
3.2   Diskurshermeneutik als Methode der Diskursgeschichte —— 47

II Kontexte

4   Historische Kontexte: Die deutsche Schweiz im 19. Jahrhundert —— 53
4.1   Staat, Wirtschaft und Gesellschaft —— 53
4.2   Nationalbewusstsein und nationale Integration —— 60
4.3   Die deutsche Schweiz und ihr ambivalentes Verhältnis
       zum eigenen ‚Deutschsein' —— 65

5   Die Sprachsituation in der deutschen Schweiz
     im 19. Jahrhundert —— 69
5.1   Historiographische und quellenkritische Vorbemerkungen —— 69
5.2   Zur Genese des soziolinguistischen Sonderfalls Schweiz
       im 18. Jahrhundert —— 71
5.3   Hochdeutsche Sprachfertigkeit —— 75
5.4   Domänenverteilung —— 79
5.5   Varietätenspektrum und Registervariation —— 97
5.6   Entwicklungstendenzen im 19. Jahrhundert —— 108

III Sprachwissen und Sprachbewusstsein

6 Perspektiven auf die Dialekte —— 119
6.1 Diskursgeschichtliche Voraussetzungen —— 119
6.2 Dialektkritische Positionen in der ersten Hälfte des 19. Jahrhunderts —— 120
6.3 Gegenmodell: Der sprachliche Eigenwert des Dialekts —— 132
6.4 Die Sprachwissenschaft und die Überwindung der Korruptionstheorie —— 148
6.5 Dialektlob und Prestigesteigerung: Die diskursive Aufwertung der Dialekte im 19. Jahrhundert —— 153

7 Konzeptualisierung des Verhältnisses von Dialekt und Hochdeutsch —— 156
7.1 Dialekt und Hochdeutsch als Dualismus —— 156
7.2 Die Stellung des Hochdeutschen als Gemein- und Kultursprache —— 163
7.3 Die Stellung des Dialekts als Alltagsvarietät —— 172
7.4 Norm und Präskription: Die Diglossie als Alternative —— 183

8 Wandel des Mundartideals —— 188
8.1 Das Ideal einer *kultivierten* Mundart in der ersten Hälfte des 19. Jahrhunderts —— 189
8.2 Das Ideal einer *reinen* Mundart im späten 19. Jahrhundert —— 200
8.3 Exkurs: Mundartideal und Mundartdichtung —— 206

IV Diskursbereiche

9 Purismus und Mundartpessimismus – der sprachkritische Diskurs —— 221
9.1 Dimensionen des Mundartpessimismus —— 221
9.2 Puristische Sprachkritik —— 231
9.3 Sprachkritik als Modernisierungskritik —— 242

10 Dialekt und Nation – der sprachpatriotische Diskurs —— 248
10.1 Schweizerdeutsch. Die Erfindung einer Nationalvarietät —— 249
10.2 Korrelation von *Sprache*, *Volk* und *Nation* —— 266
10.3 Die nationalpolitische Symbolik des Dialektgebrauchs —— 277

10.4	Exkurs: Ein „Nationalwerk" – das *Wörterbuch der schweizerdeutschen Sprache* —— 285	
10.5	Schweizerdeutsch und Gemeinschaftsbildung —— 295	
11	**Dialekt und Schule – der pädagogisch-didaktische Diskurs —— 301**	
11.1	Dialekt und Schule – Problemaufriss —— 301	
11.2	Die Anfänge der Dialektfrage in der ersten Hälfte des 19. Jahrhunderts —— 304	
11.3	Sprachpraxis – Sprachdidaktik – Sprachpflege im letzten Drittel des 19. Jahrhunderts —— 317	
11.4	Die Schule als Kristallisationspunkt deutschschweizerischen Sprachbewusstseins —— 343	

V Synthese

12	**Schweizerdeutschdiskurse im 19. Jahrhundert – Hauptlinien und Zusammenfassung —— 349**	
12.1	Diskursgeschichtliche Entwicklungen im Überblick —— 349	
12.2	Schweizerdeutschdiskurse als Mündlichkeitsdiskurse —— 354	
12.3	Dominante diskursive Strategien und Schlüsseltexte —— 355	
12.4	Diskursüberlagerungen und Wissenstransfer —— 358	
13	**Schweizerdeutsch und Sprachbewusstsein: Konsolidierung der Diglossie —— 360**	
13.1	Interdependenzen von Gesellschafts- und Sprachbewusstseinsgeschichte —— 360	
13.2	Ausbildung eines nationalen Sprachbewusstseins auf Grundlage der Dialekte —— 362	
13.3	Diglossie als Konstituens der deutschschweizerischen Sprachkultur —— 368	
13.4	Sonderfall Schweiz? —— 370	
14	**Ausblick – Deutschschweizer Sprachbewusstsein im 20. und 21. Jahrhundert —— 372**	
15	**Literaturverzeichnis —— 376**	
15.1	Quellen —— 376	
15.2	Forschungsliteratur —— 396	

Sachregister —— 441

1 Schweizerdeutschdiskurse – zur Einleitung

Ist man als Schweizerin oder Schweizer auf Reisen, erklärt man in der weiten Welt gerne, dass die Schweiz kein drei-, sondern ein viersprachiges Land sei. Und stolz fügt man für Interessierte bei, dass man hierzulande zwar auch Deutsch, aber eben doch nicht *High German*, Hochdeutsch, sondern *Swiss German*, Schweizerdeutsch spreche. Was den Fremden letztlich keinen Unterschied macht, ist für Deutschschweizerinnen und Deutschschweizer dagegen existenziell und essenziell. Denn Schweizerdeutsch reden nur sie, Schweizerdeutsch macht den grossen Unterschied gegenüber den Nachbarn nördlich und östlich des Rheins, die zwar auch Deutsch reden, aber eben nicht Schweizerdeutsch. Diesem Alleinstellungsmerkmal kommt aber auch daheim grosse Bedeutung zu. Kaum treffen sich zwei Unbekannte bei einem gesellschaftlichen Anlass, kommt es auch schon zur regionalen Verortung des Gegenübers anhand des Dialekts. Dies ist – wie Heinrich Löffler beobachtete – in der Deutschschweiz sogar ein wichtiger Teil des „Gesellschaftsspiels ‚Sich kennen lernen'".[1]

So viel steht fest: Das sprachlich Eigene schafft nicht nur persönliche, sondern auch kollektive Identität. Innerhalb der deutschen Schweiz durch Abgrenzung des eigenen gegenüber anderen Dialekten, im nationalen Kontext durch die Abgrenzung des eigenen Schweizerdeutschen gegenüber dem Hochdeutschen der Andern, der Auswärtigen.[2]

Sprache ist in der deutschen Schweiz deshalb oft und gerne Thema privater Interaktion, aber auch in der öffentlichen Diskussion nimmt sie ihren festen Platz ein. Solche öffentlich ausgetragenen metasprachlichen Reflexionen, oder *Metasprachdiskurse*, umfassen in der deutschen Schweiz in der Regel vier Themenbereiche. Erstens: *die Mehrsprachigkeit*. Gern wird diskutiert über das Verhältnis der offiziellen Landessprachen Deutsch, Französisch, Italienisch und

---

[1] Löffler 1998: 12.
[2] Die Begriffe ‚Dialekt' und ‚Mundart' werden in dieser Arbeit ohne Bedeutungsunterschied verwendet. Im hier verbindlichen Verständnis ist damit eine diatopische Substandardvarietät gemeint, die von der sie überdachenden Standardvarietät sprachsystematisch getrennt ist (vgl. Ammon 1987: 318). Als konzeptuelle Gegensätze dazu werden die Begriffe ‚Standardvarietät' und ‚Hochdeutsch' ebenfalls ohne Bedeutungsunterschied gebraucht. Mit ‚Hochdeutsch' ist also ausdrücklich keine sprachgeographische Differenzierung gemeint (vgl. Wiesinger 1983: 820), sondern es werden damit die mündlichen (seltener auch schriftlichen) Realisierungen der neuhochdeutschen Schriftsprache bezeichnet (vgl. Niebaum/Macha 2014: 6). Für terminologische Auseinandersetzungen vgl. Henzen 1954 [1938]: 9–19; Löffler 1982: 442–445, 2003: 1–10; Heger 1982; Ammon 1987: 316; Britain 2004; Niebaum/Macha 2014: 6–11; zur Begriffsgeschichte von ‚Mundart'/‚Dialekt' vgl. Löffler 1982: 442–443; Knoop 1982: 2; Naumann 1989; Gardt 2008; Niebaum/Macha 2014: 1–5.

ᵃ Open Access. © 2019 Emanuel Ruoss, publiziert von De Gruyter. Dieses Werk ist lizenziert unter der Creative Commons Attribution-NonCommercial-NoDerivatives 4.0 Lizenz.
https://doi.org/10.1515/9783110610314-001

Rätoromanisch, wobei das Verhältnis zwischen der deutschsprachigen und der französischsprachigen Schweiz, den beiden grössten Sprachregionen, am meisten Anlass zum sprachpolitischen Debattieren gibt.[3] – Zweitens: *die Normierung des (Schweizer) Standarddeutschen.* Der normative Diskurs bezieht sich bereits seit dem 18., dann vor allem im 19. Jahrhundert vornehmlich auf Fragen der orthographischen, orthoepischen und lexikalischen Normierung der deutschen Gemeinsprache. Später geben auch die Legitimität und Ausgestaltung eines spezifisch schweizerischen Hochdeutschs zu reden.[4] – Drittens: *der Sprachzustand.* Immer wieder lässt man sich ein auf einen im engeren Sinne sprachkritischen Diskurs, der sich in sprachpuristisch motivierter Kritik und sich daraus ergebenden sprachpflegerischen Bemühungen manifestiert. Eine Besonderheit der Sprachpflege in der Deutschschweiz liegt darin, dass sie einem Prinzip der ‚doppelten Reinheit' folgt: Sie ist um die Bewahrung oder Wiederherstellung eines ‚reinen' Dialekts ebenso bemüht wie um die eines ‚reinen' Hochdeutschs.[5] – Viertens: *die Diglossiesituation.* Die Deutschschweizer Sprachsituation gilt seit Ferguson als typisches Beispiel für Diglossie. Gemeint ist damit jene Ausprägung gesellschaftlicher Zweisprachigkeit, bei der in einer Sprachgemeinschaft zwei Varietäten einer historischen Einzelsprache primär nach funktionalen und nicht nach sozialen Kriterien gebraucht werden.[6] Hierzu stellt sich in der öffentlichen Debatte die Frage: Welchen Stellenwert billigt man dem Dialekt und der (Schweizer) Standardvarietät zu und wie gestaltet sich das Verhältnis der beiden Varietäten zueinander?[7]

---

[3] Vgl. Müller 1977 zur sogenannten Sprachenfrage um die Wende zum 20. Jahrhundert; Amstutz 1996, 1999 zum Verhältnis zwischen den Sprachregionen zur Zeit des Zweiten Weltkriegs; Watts 1988, eher anekdotisch auch Kolde 1986 zu den interlingualen Debatten im Zeichen der sogenannten dritten Mundartwelle in den 1980er Jahren. Die politisch-öffentlichen Mehrsprachigkeitsdiskurse seit 1848 wurden zudem jüngst in einem sozialhistorischen Projekt aufgearbeitet (vgl. Widmer et al. 2004; Godel/Acklin Muji 2004; Coray 2004 sowie Coray 1999a, 1999b, 2002, 2005; Coray/Acklin Muji 2002).

[4] Zu Aspekten der Sprachnormierung in der Deutschschweiz vgl. Schlosser 1985; Faulstich 2008: 96–105; Ruoss 2015 (zu Bodmers Positionen im Sprachnormierungsdiskurs des 18. Jahrhunderts); Looser 1995, 1996, 1997 (zu den Rechtschreibreformen in der Schweiz im 20. Jahrhundert); entsprechende Studien für das 19. Jahrhundert stehen m. W. noch aus.

[5] Zur Sprachpflege im Kontext des sogenannten Heimatschutzes, insbesondere in den Sprachvereinen ab 1905 vgl. Schwarzenbach 1969: 131–185; Weber 1984; Rash 2001, 2005.

[6] Vgl. Ferguson 1959. Das Konzept wurde seither verschiedentlich adaptiert und relativiert: Kolde 1981 prägte den Begriff der ‚medialen Diglossie', Haas 1998, 2004 konzeptualisierte die Diglossie als Spezialform der Registervariation und Petkova 2012 legte jüngst nachvollziehbar dar, warum Diglossie „eine Kategorie mit *fuzzy boundaries*" darstellt. Zu grundsätzlicher Kritik am Konzept in Bezug auf die deutschsprachige Schweiz vgl. Ris 1990; Werlen 1998; Berthele 2004.

[7] Vgl. Schwarzenbach 1969; Ris 1979; Schläpfer/Gutzwiller/Schmid 1991; Christen 2005.

Während sprachkritische und sprachnormative Diskurse in ähnlicher Weise auch in den anderen deutschsprachigen Ländern zu beobachten sind, ergeben sich die Debatten zur Mehrsprachigkeit und zur Diglossiesituation aus der Spezifik der (Deutsch-)Schweizer Sprachsituation.[8] Naturgemäss finden Mehrsprachigkeitsdiskurse meist sprachregionübergreifend statt, während öffentliche Debatten über die Diglossie vornehmlich in der deutschen Schweiz ausgetragen werden. Erst jüngst wurden im Kontext verschiedener kantonaler Volksinitiativen, die den ausschliesslichen Gebrauch des Dialekts in Kindergärten forderten, die Bedeutung von Mundart und Hochdeutsch und die Frage nach deren angemessenem Verhältnis kontrovers diskutiert.[9]

Solche Diskussionen sind keineswegs neu. Die Stellung von Schweizerdeutsch und Hochdeutsch und das Verhältnis der beiden Varietäten zueinander beschäftigte die Öffentlichkeit bereits im 19. Jahrhundert. Damals entwickelte sich die deutschschweizerische Diglossiesituation endgültig zu einem soziolinguistischen ‚Sonderfall' im deutschsprachigen Raum. Die nunmehr deutlich wahrnehmbare Diskrepanz zwischen dem Sprachgebrauch der Gebildeten in der Schweiz und jenen in Deutschland wurde zu einem der Themen, die den öffentlichen Diskurs in Sachen Sprache zunehmend bestimmten.

Eben solche öffentlichen *Schweizerdeutschdiskurse* des 19. Jahrhunderts sind *Gegenstand der vorliegenden Untersuchung*. Es geht um metasprachliche Diskurse, welche die Bedeutung des Schweizerdeutschen bzw. des Dialekts sowie das Varietätenverhältnis zwischen Schweizerdeutsch und Hochdeutsch in der deutschen Schweiz thematisieren.

Der gegenstandkonstituierende Begriff ‚Schweizerdeutsch' bedarf dabei folgender Erläuterung. Aus dialektologischer Sicht gibt es kein nach linguistischen Kriterien definierbares eigenständiges schweizerdeutsches Dialektgebiet und folglich kein ‚Schweizerdeutsch'.[10] Dialektgeographisch gesehen ist Schweizerdeutsch lediglich ein Sammelbegriff, der die Summe aller innerhalb der politischen Grenzen der Schweiz gesprochenen alemannischen Dialekte bezeichnet. Demgegenüber kann aus bewusstseinsgeschichtlicher und laienlinguistischer Perspektive dem Schweizerdeutschen eine gewisse kulturelle Faktizität nicht

---

8 Zur Mehrsprachigkeit und zur Diglossie als zwei besonderen Merkmalen der Schweizer Sprachsituation vgl. etwa Haas 2000a; Rash 2002.
9 Zwischen 2011 und 2016 kam es in den Kantonen Zürich, Basel Stadt (beide 15. 5. 2011), Luzern (22. 9. 2013), Aargau (18. 5. 2014) und Zug (25. 9. 2016) zu entsprechenden Volksbegehren, die teils abgelehnt (Aargau), teils angenommen (Zürich) und teils in Form eines abgemilderten Gegenvorschlags der Regierung bzw. des Parlaments (Basel, Luzern, Zug) angenommen wurden.
10 Vgl. Wiesinger 1983: 836; Hotzenköcherle 1984: 20.

abgesprochen werden.[11] Als linguistischer Terminus hat ‚Schweizerdeutsch' vor allem in diesem Kontext seine Berechtigung: Die „Gefühlsrealität"[12] einer einheitlichen und eigenständigen Varietät bezieht ‚Schweizerdeutsch' aus einigen salienten sprachlichen Merkmalen, mit denen es sich gegenüber anderen deutschen Dialektlandschaften und der Standardsprache leicht hörbar abgrenzen lässt, sowie insbesondere aus der speziellen Pragmatik des Dialektgebrauchs in der Deutschschweiz, wo im Unterschied zu den meisten übrigen deutschsprachigen Regionen (Ausnahmen sind Liechtenstein und bis zu einem gewissen Grad auch das österreichische Vorarlberg) die Mundarten die gesprochenen Alltagsvarietäten ausnahmslos aller Bevölkerungskreise darstellen. Dass Schweizerdeutsch überdies auch eine politisch-ideologische Konstruktion ist, wird nicht zuletzt in dieser Arbeit deutlich. Da das Konzept einer einheitlichen Schweizersprache in den Quellen des 19. Jahrhunderts von zentraler Bedeutung ist, wird in dieser Arbeit der Begriff ‚Schweizerdeutsch' verwendet, in dem sich dieses Konzept verfestigt hat, wohlwissend um seine linguistische Problematik.

Mit obiger Gegenstandsbestimmung, den Schweizerdeutschdiskursen des 19. Jahrhunderts, sind zugleich die räumlichen und zeitlichen Grenzen dieser Arbeit abgesteckt. *Räumlich* fokussiert die Arbeit auf die deutsche Schweiz. Das hat seinen guten Grund darin, dass sich die politische und gesellschaftsgeschichtliche, aber auch die sprachgeschichtliche Entwicklung der Schweiz nicht nur bis 1800, sondern insbesondere auch im 19. Jahrhundert deutlich von jener anderer deutschsprachiger Gebiete unterscheidet. So bildet die politische Grenze zwischen der deutschen Schweiz und dem benachbarten alemannischen Süden Deutschlands im Laufe des Jahrhunderts zunehmend auch eine „pragmatische Sprachgrenze".[13] Es ist deshalb sinnvoll, die deutsche Schweiz des 19. Jahrhunderts als eigene sprachhistorische Untersuchungsregion zu betrachten, wie dies bereits Klaus Mattheier vorgeschlagen hat.[14] In dem Masse, wie die sprachgeschichtliche Entwicklung der Schweiz sich von anderen deutschen Sprachregionen unterscheidet, versteht sich diese Arbeit denn auch als Beitrag zu einer Sprachgeschichte der Regionen, die die traditionell eher monozentrisch betriebene Sprachgeschichte des Deutschen geographisch zu differenzieren und anstelle der Geschichte der deutschen Sprache vielfältigere Geschich*ten* der deutschen Sprache zu schreiben versucht.[15]

---

11 Vgl. dazu auch Berthele 2004: insb. 125–132.
12 Hotzenköcherle 1984: 25.
13 Ris 1980b: 121.
14 Mattheier 1998a: 24.
15 Vgl. z. B. Reiffenstein 2007; Mattheier 1998b.

Zeitlich fokussiert die Arbeit auf das 19. Jahrhundert. Es wird jedoch notwendig sein, gelegentlich auf das ausgehende 18. sowie das frühe 20. Jahrhundert zu verweisen, um einzelne Entwicklungslinien in ihrem Entstehen und ihrem Weiterwirken nachzuzeichnen. Sprachgeschichtlich begründet sich der Untersuchungsbeginn um 1800 damit, dass sich im ausgehenden 18. Jahrhundert im gesamten deutschsprachigen Raum ein neues Regionalsprach- bzw. Dialektbewusstsein auszubilden begann. Diese Entwicklung hing unmittelbar mit der Ausformung und Verbreitung der neuhochdeutschen Schriftsprache zusammen, die sich zu diesem Zeitpunkt als Norm- und Leitvarietät in allen Sprachlandschaften durchgesetzt hatte.[16] Spätestens mit der vorläufigen Kodifikation des Hochdeutschen durch Johann Christoph Adelung wurde ein deutlicher Kontrast geschaffen zwischen dem, was als allgemeinsprachlich, und dem, was als regionalsprachlich oder dialektal zu gelten hatte.[17] Zugleich weckte die Romantik ein neues Interesse an Volkskultur und Volkssprachen, das zur gesteigerten Wertschätzung und einem verstärkten populären, aber auch literarischen und wissenschaftlichen Interesse an den Dialekten führte.[18]

Diese Entwicklungen verliefen in den deutschsprachigen Regionen weitgehend parallel. So wurden zu Beginn des 19. Jahrhunderts Hebels alemannische Gedichte auch in der Schweiz begeistert aufgenommen und bald schon nachgeahmt. Aber auch die frühdialektologischen Arbeiten des Entlebucher Pfarrers Franz Joseph Stalder belegen, wie das Interesse an der Volkssprache auch in der Schweiz erwacht. Das neue Interesse an den diatopischen Varietäten traf im frühen 19. Jahrhundert in der deutschen Schweiz jedoch auf ganz andere Voraussetzungen als im restlichen deutschen Sprachgebiet. Die Dialekte stellten hier nämlich noch immer die Alltagsvarietäten aller sozialen Gruppen, also auch der gelehrten dar. Damals war man sich sowohl ausserhalb als auch innerhalb der Schweiz dieser soziolinguistischen Besonderheit durchaus bewusst, wobei der eingeschlagene ‚Sonderweg' in der Deutschschweiz keineswegs nur begrüsst, sondern auch kritisiert wurde. Die Frage nach der Bedeutung der Dialekte und dem richtigen Verhältnis zwischen den Varietäten wurde so im 19. Jahrhundert zu einem Gegenstand sprachreflexiver Debatten in der Deutschschweiz.

Ein erstes *Erkenntnisinteresse dieser Studie* richtet sich auf die Rekonstruktion der Strukturen der historischen Schweizerdeutschdiskurse. Es geht dabei um

---

16 Vgl. Besch 2003, zur Schweiz Sonderegger 2003: 2853–2854. Gerade wenig geübte Schreibende schrieben allerdings noch lange Zeit nur sehr bedingt nach dieser Norm (vgl. dazu Elspaß 2005a, 2005b).
17 Vgl. Knoop 1982: 5, zur Schweiz Haas 2000a: 132.
18 Vgl. Knoop 1982: 13–16.

Themen, Argumentationen und diskursive Strategien der Diskursteilnehmer[19] und um die diachrone Strukturierung in Phasen intensiverer und weniger intensiver Beschäftigung mit der Thematik. Da sich diese Arbeit programmatisch als Beitrag zur Sprachbewusstseinsgeschichte der deutschen Schweiz versteht, gilt ihr zweites Interesse der Rekonstruktion kollektiver Dispositionen, die sich als metasprachliche Reflexe von „Denken, Fühlen und Wollen"[20] in Bezug auf die Dialekte, das Hochdeutsche und auf deren Verhältnis in den Schweizerdeutschdiskursen manifestieren. Dabei gilt es zu klären, welche Sprachauffassungen und Spracheinstellungen in Bezug auf die beiden Varietäten zu welcher Zeit existierten. In diachroner Perspektivierung interessiert, welche Zäsuren und Umbrüche, aber auch welche Kontinuitäten empirisch zu beobachten sind. Es sollen Aspekte sprachbewusstseinsgeschichtlicher Konstanz und Variabilität herausgearbeitet und in ihrem sprachhistorischen sowie gesellschaftsgeschichtlichen Kontext beleuchtet und erklärt werden. Insofern schliesst diese Arbeit also auch eine kulturgeschichtliche Orientierung mit ein.

Eine dezidiert kulturgeschichtliche Bedeutung der Schweizerdeutschdiskurse des 19. Jahrhunderts ergibt sich daraus, dass Sprache hier nicht nur als Medium, sondern auch als Gegenstand kollektiver Identitätsstiftungsprozesse fungiert. Im Kontext patriotischer und nationaler Konstruktionsprozesse des 19. Jahrhunderts ist die Selbstverständigung über Sprache in der Schweiz nicht nur besonders relevant, sondern auch besonders prekär. Denn da sich die Deutschschweiz nicht nur als Teil der mehrsprachigen Schweizer Nation verstand, sondern sich zugleich auch mit dem deutschen Sprach- und Kulturraum verbunden fühlte und auf ihn angewiesen war, war ein prototypischer Sprachnationalismus, wie er sich damals in Deutschland herausbildete,[21] hier nicht denkbar.

Sprache als Objekt gesellschaftlicher Selbstreflexion ist für die deutsche Schweiz bislang weder von der Sprachgeschichtsschreibung noch von den Geschichtswissenschaften gebührend berücksichtigt worden. Noch heute gilt folgende Feststellung, die Roland Ris bereits Ende der 1980er Jahre äusserte:

> Dass Sprachgeschichte Bewusstseinsgeschichte sein kann, [...] ist in der schweizerischen Geschichtsschreibung noch sehr wenig in Betracht gezogen worden. Der schroffe Übergang von einer mehr prosopographisch orientierten Kulturgeschichte zu einer gelegent-

---

19 Das (generische) Maskulinum, das in dieser Arbeit zuweilen Verwendung findet, ist der Tatsache geschuldet, dass der Metasprachdiskurs im 19. Jahrhundert ein Diskurs unter Männern blieb (s. dazu u. Kap. 3.1.2).
20 Hermanns 1995b: 71.
21 Vgl. Gardt 1999b, 2000d; Stukenbrock 2005a, 2005b.

lich rein materialistischen Wirtschafts- und Sozialgeschichte liess kulturelle Phänomene zeitweise zu sehr im Lichte einer Überbautheorie erscheinen, als dass ihre primär bewusstseinsstiftende Funktion hätte wahrgenommen werden können.[22]

Aus sprachgeschichtlicher Perspektive im engeren Sinne stellen Schweizerdeutschdiskurse und die darin manifesten Reflexe des Sprachdenkens einen genuinen Gegenstand der Sprachbewusstseinsgeschichte der deutschen Schweiz dar. Diese Diskurse versprechen Einsichten in das historische Sprachbewusstsein insbesondere des 19. Jahrhunderts und damit in den soziolinguistischen Sonderweg der Schweiz – den Beibehalt einer Diglossie mit totaler Überlagerung.[23] Gerade mit Blick auf die Diglossiesituation, die noch heute konstitutiv ist für die hiesige Sprachsituation, liegen auch für die Schweiz die „[s]prachgeschichtliche[n] Wurzeln des heutigen Deutsch"[24] im 19. Jahrhundert. Wenn Walter Haas für das 18. Jahrhundert feststellt, das Schweizer (Bildungs-)Bürgertum habe es „versäumt", das Hochdeutsche zu seiner Alltagsvarietät zu machen,[25] so darf für das 19. Jahrhundert gelten, dass sich das Schweizer (Bildungs-)Bürgertum *bewusst* für den Erhalt der Diglossiesituation entschieden hat.

So relevant und folgenreich sich die Sprachsituation des 19. Jahrhunderts erweist, so erstaunlich ist es auf den ersten Blick, dass sie bislang noch kaum Gegenstand sprachgeschichtlicher Studien geworden ist. Auf den zweiten Blick, der die Forschungsschwerpunkte der Sprachwissenschaft in der deutschen Schweiz näher betrachtet, ist dieses Defizit jedoch weit weniger erstaunlich. Die germanistische Linguistik fokussierte lange Zeit auf die gegenwartsbezogene Dialektologie (Grammatik, Lexik, Sprachgeographie). In der sprachgeschichtlichen Forschung galt der Fokus wiederum den älteren schweizerischen Schreibsprachen sowie dem ‚Eindringen' der neuhochdeutschen Schriftsprache in die Schweiz.[26] Wie in der deutschen Sprachgeschichtsschreibung insgesamt, blieb das 19. Jahrhundert auch von der Schweizer Forschung lange unberücksichtigt. Während für Deutschland jedoch insbesondere seit den 1990er Jahren zahlreiche empirische Studien zum vorletzten Jahrhundert entstanden,[27] fehlen für die

---

22 Ris 1987a: 356.
23 Vgl. dazu Haas 1998: 80–81, 2004: 95–96, 100–103.
24 *Das 19. Jahrhundert. Sprachgeschichtliche Wurzeln des heutigen Deutsch*, so lautete das von Peter von Polenz formulierte Thema einer Mannheimer Tagung 1990 (vgl. Wimmer 1991b: 7), deren Beiträge im gleichnamigen Tagungsband versammelt sind (vgl. Wimmer 1991a).
25 Haas 1992: 586.
26 Diese Schwerpunkte spiegeln sich besonders deutlich in den umfassenden Forschungsbibliographien zur schweizbezogenen Sprachwissenschaft von Sonderegger 1962 und Börlin 1987.
27 Vgl. dazu den Forschungsüberblick bei Mattheier 1998a.

Schweiz empirische Arbeiten zu diesem Zeitraum praktisch vollständig.[28] Was Klaus Mattheier vor rund zwei Jahrzehnten festgestellt hat, gilt für die Forschungslage in der deutschen Schweiz noch heute: „Das 19. Jahrhundert ist hinsichtlich der sprachhistorischen Forschung – immer noch – eine Diaspora."[29]

Die vorliegende Arbeit gliedert sich in fünf Teile. Im ersten Teil (I) werden theoretische, methodische sowie terminologische Grundlagen geklärt. Nach dieser Einleitung wird der theoretisch-programmatische Rahmen der Erforschung einer Sprachbewusstseinsgeschichte skizziert und es werden die für diese Untersuchung relevanten analytischen Begriffe geklärt (Kapitel 2). Daraufhin werden Aufbau und Zusammenstellung des Quellenkorpus beschrieben sowie die Diskurshermeneutik als Methode der Diskursgeschichte vorgestellt (Kapitel 3). Der zweite Teil (II) kontextualisiert die Arbeit historisch. Dafür wird zunächst auf die politische und gesellschaftsgeschichtliche Situation der deutschen Schweiz im 19. Jahrhundert eingegangen (Kapitel 4), bevor die historische Sprachsituation als Ausgangspunkt der darauf folgenden Analysen empirisch rekonstruiert wird (Kapitel 5).

Die Teile III und IV stellen den Hauptteil der Untersuchung dar und umfassen die eigentlichen Analysen der Schweizerdeutschdiskurse. Im dritten Teil (III) richtet sich der Fokus auf Spracheinstellungen, -theorien und -wertvorstellungen im Hinblick auf die beiden Varietäten. Zunächst werden mit der dialekt-

---

28 Es gibt allerdings wenige Ausnahmen: Zu nennen wäre hier vor allem die materialreiche Arbeit von Messerli 2002b zum Lesen und Schreiben von 1700 bis 1900. Weiter untersucht eine unveröffentlichte Dissertation zur Darstellung von Deutschen in der Zürcher Mundartliteratur von 1870 bis 1930 unter anderem auch Code-Switching-Phänomene sowie sprachliche Interferenzen (vgl. Lötscher 1997); eine unveröffentlichte Lizentiatsarbeit der Universität Zürich befasst sich mit Sprache und Sprachbewusstsein von St. Galler Bürgerstöchtern im letzten Viertel des 19. Jahrhunderts (vgl. Hauser 2010), während sich eine ebenfalls unpublizierte Akzessarbeit der Universität Bern mit der sprachlich begründeten Heimatideologie im Werk von Otto von Greyerz auseinandersetzt (vgl. Bauer 1973). Kleine Arbeiten zum 19. Jahrhundert stammen zudem von Ris 1987a; Haas 1992; Gadient 2012a, 2012b, während Schwarzenbach 1969 und Weber 1984 auf das 20. Jahrhundert fokussieren, ihre Arbeiten aber mehr oder weniger stark bis ins 19. Jahrhundert zurück vertiefen. Im Rahmen von gesamtdeutschen Überblicksdarstellungen wurde zudem das Verhältnis von Dialekt und Hochdeutsch in der Schweiz auch des 19. Jahrhunderts bereits bei Socin 1888b und Henzen 1954 [1938] sowie eingehend bei Sonderegger 1985, 2003 thematisiert. Hinzu kommen zudem primär geschichtswissenschaftliche Studien, die sich im weitesten Sinne mit der Thematik der Mehrsprachigkeit bzw. mit Mehrsprachigkeit und kollektiver Identität befassen und das 19. Jahrhunderts ganz oder teilweise betreffen (vgl. Müller 1977; Widmer et al. 2004; Furrer 2002a, 2002b sowie die kleineren Arbeiten von Im Hof 1975; Coray/Acklin Muji 2002; Coray 2005).
29 Mattheier 1998a: 1.

ablehnenden und der dialektbefürwortenden Position zwei konkurrierende Perspektiven beschrieben, die zu Beginn des 19. Jahrhunderts in Bezug auf die Dialekte wirksam waren (Kapitel 6). Daraufhin wird die zeitgenössisch dominierende Konzeptualisierung des Verhältnisses zwischen Dialekt und Hochdeutsch rekonstruiert (Kapitel 7), bevor der sprachbewusstseinsgeschichtliche Wandel des Mundartideals im zweiten Drittel des 19. Jahrhunderts nachgezeichnet wird (Kapitel 8). Der vierte Teil (IV) der Arbeit rückt die Schweizerdeutschdiskurse in ihren gesellschaftlichen Korrelationen und kulturgeschichtlichen Kontexten in den Vordergrund. Ausbildung und Formen eines sprachpuristischen und sprachkritischen Teildiskurses im letzten Jahrhundertdrittel werden beschrieben (Kapitel 9) und die nationale Vereinnahmung der Dialekte und die Korrelation mit den Grössen ‚Volk'/‚Nation' auf Basis eines Sprachpatriotismus rekonstruiert (Kapitel 10). Sodann wird der Fokus auf Themen und Argumentationen im pädagogisch-didaktischen Teildiskurs gerichtet, der sich ebenfalls vornehmlich im letzten Jahrhundertdrittel entfaltet (Kapitel 11).

Im abschliessenden fünften Teil (V) werden die Befunde der Analysen in einer Synthese zusammengeführt. Dazu werden zunächst die diskursgeschichtlichen Entwicklungen nachgezeichnet und wesentliche Merkmale der Schweizerdeutschdiskurse des 19. Jahrhunderts dargelegt (Kapitel 12). Daran anschliessend werden zentrale Aspekte einer Sprachbewusstseinsgeschichte der deutschen Schweiz des 19. Jahrhunderts skizziert und auf ihre Interdependenzen mit politik- und gesellschaftsgeschichtlichen Entwicklungen hingewiesen (Kapitel 13). Die Arbeit schliesst mit einer Perspektivierung der Ergebnisse mit Blick auf das deutschschweizerische Sprachbewusstsein und die Deutschschweizer Sprachsituation im 20. und 21. Jahrhundert (Kapitel 14).

I **Theorie und Methode**

2 Sprachbewusstseinsgeschichte als Forschungsprogramm

2.1 Sprachbewusstseinsgeschichte in der Sprachgeschichtsforschung

Sprachbewusstseinsgeschichte ist jener Teilbereich der Sprachgeschichtsforschung, der individuelle oder kollektive Formen expliziten sowie impliziten Sprachwissens historisch untersucht. Die Berücksichtigung und Etablierung der Sprachbewusstseinsgeschichte in der jüngeren Fachgeschichte verdankt sich einer umfassenden Neukonturierung des Fachs, die in der Hinwendung zu einem soziopragmatischen Zugang zur Sprachgeschichte besteht und deren programmatische Anfänge auf die frühen 1980er Jahre zurückgehen.[1] Die germanistische Sprachgeschichtsforschung richtete ihren Blick damals vermehrt auf gesellschaftsgeschichtliche, pragmatische und kulturhistorische Fragestellungen, wodurch auch historische Sprachbewusstseinsinhalte in den Fokus des Interesses rückten.

Entscheidend dafür war und ist eine Auffassung von sprachlichem Wandel als Ergebnis menschlichen Handelns und mithin die Einsicht, dass sprachliche Veränderungen bisweilen „durch ganz explizite Reflexionen und Diskussionen über das betreffende sprachliche Phänomen begleitet und gelenkt, wenn nicht gar initiiert werden".[2] Diese Feststellung gilt auch mit Blick auf die historische Entwicklung von Varietäten, wie sie in dieser Arbeit relevant wird. Wie Werner Besch zu Recht betont, können Veränderungen der „Einschätzung (Prestige) ei-

---

[1] Als quasi-offizieller Beginn dieses sprachhistorischen Forschungsprogramms darf der von Horst Sitta 1980 herausgegebene Sammelband *Ansätze zu einer pragmatischen Sprachgeschichte* gelten, der Beiträge einer Zürcher Tagung von 1978 vereinigt (vgl. Sitta 1980, darin insb. Cherubim 1980). Weitere theoretische und empirische Beiträge aus dieser Anfangszeit stammen z. B. von Gessinger 1980, 1982; Cherubim/Objartel 1981; Schlieben-Lange 1983; Cherubim 1983, 1984. Als zentrale Grosswerke, in denen der Anspruch einer soziopragmatischen Sprachgeschichte umgesetzt wurde, zählen die 1984 und 1985 in zwei Teilbänden erschienenen und 1998–2004 in einer zweiten Auflage auf vier Teilbände substanziell erweiterten Handbücher *Sprachgeschichte* (vgl. Besch/Reichmann/Sonderegger 1984–1985 bzw. Besch et al. 1998–2004) sowie die dreibändige Gesamtdarstellung von Peter von Polenz (vgl. Polenz 1999, 2000, 2013). Einen sehr informativen Überblick über die verschiedenen Ansätze vor dem Hintergrund der soziopragmatischen Neukonstituierung des Fachs liefert Linke 2003c.
[2] Gardt 2003: 277. Diese theoretische Prämisse teilen u. a. auch Imhasly 1978: 300; Neuland 1993; Polenz 2000: 3; Cherubim 2011: 18.

ner Existenzform von Sprache im Gesamt der Sprachformen einer Nation [...] starke Auswirkungen auf die weitere Sprachentwicklung" haben.³

Auf Basis solcher Überlegungen hat sich in der Sprachgeschichtsforschung die Überzeugung durchgesetzt, dass Sprach- und Kommunikationsgeschichte von Sprachreflexion und historischen Spracheinstellungen mitbestimmt werden und entsprechende kollektive Dispositionen sowohl als genuine Gegenstände der Sprachgeschichte als auch als Faktoren sprachlichen Wandels zu berücksichtigen seien.⁴ Exemplarisch dafür soll die Feststellung Dieter Cherubims stehen, dass Sprachbewusstsein „als ein konstitutiver Bestandteil jeder Sprachentwicklung angesehen werden muss."⁵ Folgerichtig finden sprachbewusstseinsgeschichtliche Aspekte inzwischen auch in Sprachwandelmodellen ihren Niederschlag, in denen sie etwa als Motivation sprachlicher Innovation eine Rolle spielen.⁶ Damit ist letztlich von einem prinzipiellen Sprachwandel*potenzial* von Sprachbewusstseinsinhalten auszugehen, wobei es im historischen Einzelfall zu prüfen gilt, inwiefern sprachlicher Wandel in sprachbewusstseinsgeschichtlichen Veränderungen eine Erklärung findet – oder auch umgekehrt.

Vor dem Hintergrund dieser historiographischen Entwicklungen hat Klaus Mattheier in einem programmatischen Artikel Sprachbewusstseinsgeschichte als integralen Teil einer Sprachgeschichte beschrieben, die sich als „Geschichte der sozio-kommunikativen Beziehungen"⁷ versteht. Im Sinne einer mentalitären Erweiterung des Gegenstandsbereichs tritt sie ergänzend neben eine strukturgeschichtliche, sprachgebrauchsgeschichtliche und sprachkontaktgeschichtliche Betrachtungsweise.⁸ Der Gegenstandsbereich der Sprachbewusstseinsgeschichte lässt sich mit Klaus Mattheier folgendermassen definieren:

> Es geht um das systematische und das unsystematische Sprachwissen und die unterschiedlichen Handlungs- bzw. Urteilsmotivationen, die bei einem Sprachgemeinschaftsmitglied bzw. in einer Sprachgemeinschaft verbreitet sind. Hierzu sollen alle Formen geistiger Auseinandersetzung mit der eigenen und anderer Sprachlichkeit gezählt werden, also das relativ unreflektierte Alltagswissen über Richtigkeit und Angemessenheit von Sprachhandlungsmustern ebenso wie die differenzierte wissenschaftliche Auseinandersetzung mit der Sprache.⁹

---

3 Besch 1983b: 1409.
4 Vgl. z. B. Gardt et al. 1991: 17; Mattheier 1995, 1998a; Reichmann 1998: 24.
5 Cherubim 2011: 18.
6 Vgl. z. B. Cherubim 2012.
7 Mattheier 1995: 15.
8 Vgl. Mattheier 1995: 14–17, 1998a; auch Reichmann 1998: 24 unterscheidet programmatisch zwischen einer „Geschichte der Objektsprache" und einer „Geschichte des Sprachbewusstseins".
9 Mattheier 1995: 16.

Der Objektbereich der Sprachbewusstseinsgeschichte umfasst dieser Definition nach nicht nur kognitive Aspekte des Sprachdenkens (bei Mattheier: „Sprachwissen"), sondern darüber hinaus auch emotive und volitive Bestandteile („unterschiedliche Handlungs- bzw. Urteilsmotivationen").[10] Die Definition schliesst zudem das gesamte Spektrum der Reflexivität und Systematik des Sprachdenkens ein, so dass sowohl sehr unstrukturierte und unreflektierte Formen (laikalen) Sprachwissens als auch erkenntnistheoretisch hochgradig strukturierte und reflektierte (wissenschaftliche) Auseinandersetzungen darin Platz finden. Schliesslich umfasst der Gegenstandsbereich sowohl *individuelle* („Sprachgemeinschaftsmitglieder") als auch *kollektive* („Sprachgemeinschaften") Ausprägungen des Sprachbewusstseins. So können unter dem Label der Sprachbewusstseinsgeschichte ganz unterschiedliche Formen kollektiver Dispositionen wie ‚Spracheinstellungen' (*language attitudes*), ‚Sprachmentalitäten' oder ‚Sprachideologien' (*language ideologies*) untersucht werden.[11]

Ziel einer so verstandenen Sprachbewusstseinsgeschichte ist es, Inhalte und Veränderungen von (kollektivem) Sprachwissen und Sprachbewusstsein zu rekonstruieren und vor dem Hintergrund zeitspezifischer Kontexte zu interpretieren.[12] Das Erkenntnisinteresse der Sprachgeschichtsforschung wird damit über die „sprachlichen Artefakte"[13] wie Wortschatz oder Sprachhandlungsmuster hinaus um einen Aspekt individueller und kollektiver Sprachlichkeit erweitert, den man mit Rückgriff auf eine Formulierung von Roland Posner[14] und deren Adaption durch Angelika Linke als „sprachliche ‚Mentefakte'"[15] bezeichnen kann.

Mit dem Einbezug mentalitärer Aspekte in die Sprachgeschichtsforschung geraten auch neue Quellen in den Blick. Grundlage für die sprachbewusstseinsgeschichtliche Forschung sind nicht mehr Texte, „die historische Sprach(ge-brauchs)formen *dokumentieren*", sondern Texte, „die Sprache und Sprach-

---

10 Zur Trias von Denken, Fühlen und Wollen (bzw. Sollen) als Dimensionen einer linguistischen Mentalitätsgeschichte vgl. Hermanns 1995b.
11 Legt man diesen weiten Objektbereich zugrunde, ist die Rede von einer Sprach*bewusstseins*geschichte insofern nicht unproblematisch, als der Bewusstseinsbegriff die Assoziation einer kognitiven Reflexionstätigkeit hervorruft, die gerade nicht notwendige Bedingung der Gegenstände der Sprachbewusstseinsgeschichte ist. Dass der Terminus in dieser Arbeit dennoch verwendet wird, liegt darin begründet, dass er sich in der Sprachgeschichtsforschung hinreichend etabliert hat und alternative Bezeichnungen ähnliche terminologische Schwierigkeiten mit sich brächten.
12 Vgl. Mattheier 1995: 15–16.
13 Linke 2003c: 39.
14 Vgl. Posner 1991: 42.
15 Linke 2003c: 39.

gebrauch *kommentieren*".¹⁶ Es handelt sich also vorrangig um Quellen, in denen Zeitgenossen sich *über* eigene oder fremde Sprachlichkeit äussern. In solchen metasprachlichen Äusserungen oder Metakommunikaten manifestieren sich – mehr oder weniger explizit – subjektive oder kollektive Sichtweisen, Wertungen oder Konzeptualisierungen von Sprache und Sprachgebrauch, aber auch Emotionen, Wünsche und normative Zielsetzungen hinsichtlich der eigenen oder fremden Sprachlichkeit. Sie sind nicht die einzige, aber eine wichtige, wenn nicht *die* zentrale Ressource für die Rekonstruktion historischen Sprachbewusstseins. Metakommunikate können in sehr unterschiedlichen Ausgestaltungen auftreten und sowohl im Umfang als auch im Grad der Explizitheit stark variieren. Für die historische Analyse von Sprachbewusstsein ist daher ein breites, vor allem schriftsprachliches Quellenspektrum verfügbar, das von systematischen Formen professioneller und populärer Sprachreflexion in Gestalt von sprachthematisierenden und -normierenden Texten bis zu vereinzelten, unsystematischen sprachbezogenen Bemerkungen in literarischem und privatem Schriftgut reicht.¹⁷

Was die Quellenlage betrifft, so hat die Sprachbewusstseinsgeschichte grundsätzlich das gleiche Problem wie andere (sprach-)historische Ansätze: Je weiter der Untersuchungszeitraum zurückreicht, desto prekärer wird sie. Vor der Frühen Neuzeit sind metasprachliche Quellen selten und vor allem in Form sprachreflexiver Bemerkungen und Texte von (Sprach-)Gelehrten greifbar, und die Berücksichtigung eines breiteren, nicht sprachgelehrten Metasprachdiskurses scheint aus quellenkritischer Perspektive überhaupt erst ab dem 19. Jahrhundert sinnvoll. Unter dem Aspekt der Verfügbarkeit metasprachlicher Quellen eignen sich sprachbewusstseinsgeschichtliche Analysen deshalb vorzugsweise für jüngere sprachgeschichtliche Epochen. Diese durch die Quellenlage bedingte zeitliche Einschränkung spiegelt sich auch in der Fokussierung der bisherigen Forschung auf die Zeit seit dem 17. Jahrhundert. Zudem gilt für die Sprachbewusstseinsgeschichte bis ins 20. Jahrhundert, dass es sich bei den verfügbaren Quellen überwiegend um Zeugnisse von gesellschaftlichen Eliten handelt. Das gilt auch für diese Arbeit. Die systematische Berücksichtigung laikalen Sprachbewusstseins, wie sie seit jüngerer Zeit in der Alltagslinguistik (engl. *folk linguistics*) praktiziert wird, ist aufgrund der Quellenlage für weiter zurückliegende Epochen hingegen nur sehr eingeschränkt möglich.

---

16 Ebd., Herv. i. O.
17 Da Möglichkeiten zur Aufzeichnung gesprochener Sprache lange fehlten, sind (von wenigen Ausnahmen abgesehen) sprachgeschichtliche Quellen vor dem 20. Jahrhundert nur in schriftlicher Form zugänglich; dies ist nicht nur für die Sprachbewusstseinsgeschichte, sondern für die sprachgeschichtliche Forschung insgesamt eine methodische Herausforderung.

Heuristisch lässt sich die bisherige sprachbewusstseinsgeschichtliche Forschung einerseits unterscheiden in Studien, die sich mit professioneller Sprachreflexion (Sprachtheorien, Wissenschaftsgeschichte), und solche, die sich mit laikalem Alltagswissen befassen; andererseits lässt sie sich einteilen in Studien, die eher auf das individuelle Sprachbewusstsein historischer Einzelpersonen fokussieren, und solche, die sich – wie die vorliegende Arbeit – für kollektive Deutungsmuster in historischen Kommunikationsgemeinschaften oder Sozialformationen interessieren.[18] Insgesamt gibt es inzwischen eine schier unüberblickbare Anzahl grösserer und kleinerer empirischer Studien, die sich in den Gegenstandsbereich der Sprachbewusstseinsgeschichte einordnen lassen.[19]

Für das 19. Jahrhundert dominieren Studien zur Geschichte professioneller Sprachreflexion, wie sie in der Wissenschaftsgeschichte zum Ausdruck kommt.[20] Weniger Beachtung findet bislang auch für das 19. Jahrhundert hingegen jener Bereich der Sprachbewusstseinsgeschichte, der als „Geschichte des Alltagsbewußtseins"[21] im Sinne von in einer Gruppe oder Sprachgemeinschaft verbreiteten kollektiven Spracheinstellungen, -theorien und -bewertungen bezeichnet werden kann.[22]

---

18 Vgl. Haß-Zumkehr 1995a und Leweling 2005 als Beispiele für individuelles, Linke 1996 und Schröter 2011 als Beispiele für kollektives Sprachbewusstsein.
19 Zu umfassenden empirischen Studien jüngeren Datums, die sich teilweise auch ausdrücklich als sprachbewusstseinsgeschichtliche Studien verorten, zählen Gardt 1994; Haß-Zumkehr 1995a; Linke 1996; Bär 1999; Siegfried 2004; Scharloth 2005c; Leweling 2005; Stukenbrock 2005b; Faulstich 2008; Schröter 2011. Insgesamt ist die Literatur zu umfangreich, als dass sie an dieser Stelle im Detail aufgeführt werden könnte. Für das 17. und 18. Jahrhundert sei hier deshalb auf den umfassenden Forschungsüberblick von Leweling 2005: 15–25 verwiesen.
20 Vgl. z. B. Putschke 1982; Bahner/Neumann 1985; Neumann 1989; Dieckmann 1991; Gipper 1992; Jäger 1993b; Haß-Zumkehr 1995a, 1995b; Kucharczik 1998a, 1998b; Putschke 1998; Sonderegger 1998; Bär 1999; Einhauser 2001; Knoblauch 2001; Kämper 2002; Schiewe 2003; Jäger 2006; Knobloch 2011; Bär 2012. Eine Gesamtdarstellung der Geschichte der Sprachwissenschaft des Deutschen in der Neuzeit liefert Gardt 1999a, zur sprachvergleichenden Sprachwissenschaftsgeschichte vgl. Scharnhorst 1999; Auroux et al. 2000–2006.
21 Mattheier 1998a: 22.
22 Vgl. aber Linke 1996 zur Sprachkultur des Bürgertums; weitere Arbeiten, die sich mit sprachlich-kommunikativem Alltagsbewusstsein in der *longue durée* befassen, schliessen zudem das 19. Jahrhundert ein (vgl. z. B. Eichler/Bergmann 1967 zu Laienurteilen über das Meissnische; Arendt 2010 zum öffentlichen Diskurs über das Niederdeutsche; Schröter 2011 zu Offenheit als Kommunikationsideal). Mit öffentlicher Sprachkritik im 19. Jahrhundert befassen sich zudem Kirkness 1975, 1998 (zum Purismus), Theobald 2012 (zur Pressesprache) sowie kleinere Arbeiten z. B. von Cherubim 1983 oder Dieckmann 1991. Für weitere Literatur vgl. zudem die Studienbibliographie *Sprachkultur, Sprachkultivierung, Sprachkritik* von Janich/Rhein 2010. Eine noch immer relevante Gesamtdarstellung stammt von Schiewe 1998, ferner auch Straßner 1995; eine Quellensammlung sprachkritischer Texte liefert Dieckmann 1989, eine bibliographi-

Für die deutsche Schweiz ist die Sprachbewusstseinsgeschichte insgesamt noch ein Forschungsdesiderat, auch wenn es einzelne Arbeiten gibt, die sich als sprachbewusstseinsgeschichtlich bezeichnen lassen.[23] Für das hier interessierende 19. Jahrhundert existieren fast ausschliesslich kleinere Arbeiten, von denen die meisten sprachwissenschaftsgeschichtlich zu verorten sind und vornehmlich die Ausbildung der Dialektologie und die Entstehung des *Schweizerischen Idiotikons* fokussieren.[24] Nur selten befassen sich Arbeiten mit dem (kollektiven) Sprachbewusstsein ausserhalb des im engeren Sinne wissenschaftlichen Diskurses. Zu diesen Ausnahmen zählen vor allem die Studie zur deutsch-französischen ‚Sprachenfrage' von Müller sowie einige kleinere Beiträge zum Dialektbewusstsein von Ris, Haas, Gadient sowie Ruoss.[25] In einer Synthese fasst schliesslich Sonderegger die sprachbewusstseinsgeschichtliche Entwicklung im 19. und 20. Jahrhundert zusammen.[26] Eine umfassende Arbeit, die die Sprachbewusstseinsgeschichte des Schweizerdeutschen in einer Gesamtschau vertieft darlegt, ist in Vorbereitung.[27]

2.2 Sprachbewusstseinsgeschichte als Kulturgeschichte

Mit dem Anliegen, die Sprachbewusstseinsgeschichte der deutschen Schweiz anhand von öffentlichen metasprachlichen Diskursen zu rekonstruieren, setze ich im Objektbereich ein Verständnis von Sprache als kulturellem Phänomen

---

sche Auswahl sprachkritischer Literatur Cherubim 1983: 180–182, zwei Bände mit sprachkritischen Texten aus der Philosophie legten Cloeren 1971 und Schmidt 1971 vor.

23 Für die Zeit vor 1800 vgl. Trümpy 1955; Sonderegger 1982 (zum frühneuzeitlichen Sprachbewusstsein); Schlosser 1985; Sonderegger 1995; Schiewer 2009; Ruoss 2015; ferner: Rohner 1984 (alle zu Sprachauffassung und -konzeption bei Johann Jakob Bodmer); Löffler 2015 (zu den sprachtheoretischen Positionen des Basler Philologen Johann Jakob Spreng). Studien zu den Schweizer Sprachgesellschaften des 18. Jahrhunderts stehen zurzeit noch aus (vgl. aber Mülinen 1906 zu Organisation und Tätigkeiten der Berner *Deutschen Gesellschaft*). – Für das 20. Jahrhundert vgl. Schwarzenbach 1969, Müller 1977; Weber 1984 sowie zu den Sprachvereinen der deutschen Schweiz Weber 1979; Rash 2001, 2005; Rützler 2007.
24 Vgl. z. B. Sonderegger 1968, 1986: 25–31, 2001; Wanner 1963; Studer 1954 sowie Sonderegger 1962: 32–36 mit weiterer Literatur; zum *Idiotikon* vgl. z. B. Wanner 1962; Haas 1981, 2008, 2013; Hammer 1986; Strübin 1993; Bigler 2008; Werlen 2013 sowie Sonderegger 1962: 133–136 mit weiterer Literatur.
25 Vgl. Müller 1977; Ris 1987a; Haas 1992; Gadient 2012a; Ruoss 2016, 2017. Als historische Perspektivierung findet das 19. Jahrhundert zudem – mehr oder weniger umfassend – auch Eingang in die Arbeiten von Schwarzenbach 1969 und Weber 1984.
26 Vgl. Sonderegger 1985: 1911–1927 bzw. 2003: 2860–2876.
27 Vgl. Ruoss/Schröter 2019.

voraus. Das bedeutet, dass hier – im Sinne von Wittgensteins ‚Sprachspiel' – Sprache und die „Tätigkeiten, mit denen sie verwoben ist",[28] als Gegenstand linguistischer Forschung betrachtet werden.[29] Da Sprache also als kulturelles Phänomen verstanden wird, soll im Folgenden geklärt werden, was in dieser Arbeit unter *Kultur* verstanden wird und in welchem Zusammenhang Sprache und Kultur sowie *Sprachgeschichte und Kulturgeschichte* unter dieser Perspektive stehen.

2.2.1 Kultur als Zeichensystem

‚Kultur' ist ein vieldeutiger, schillernder Begriff – alltagssprachlich genauso wie im wissenschaftlichen Kontext. Gerade im Rahmen der wissenschaftlichen Beschäftigung erfuhr der Kulturbegriff seit dem 19. Jahrhundert zahlreiche, kaum überschaubare Konzeptualisierungen.[30] Dieser Arbeit wird ein Verständnis von Kultur als „Produkt und formatives Moment von Gesellschaft und als Medium der Integration des Einzelnen in ein Kollektiv"[31] zugrunde gelegt, wie es sich in der Tradition anthropologisch-ethnologischer Forschung ausgebildet hat. Konkret beziehe ich mich auf den Kulturbegriff des Anthropologen Clifford Geertz, dessen semiotisches Verständnis von Kultur den Begriff für die Linguistik sowie für ihre geisteswissenschaftlichen Nachbardisziplinen besonders anschlussfähig macht.[32] Mit Rückgriff auf Max Weber beschreibt Geertz in seiner viel zitierten Definition Kultur als „selbstgesponnene Bedeutungsgewebe", in die der Mensch verstrickt ist:

> Der Kulturbegriff, den ich vertrete [...] ist wesentlich ein semiotischer. Ich meine mit Max Weber, daß der Mensch ein Wesen ist, das in selbstgesponnene Bedeutungsgewebe verstrickt ist, wobei ich Kultur als dieses Gewebe ansehe. Ihre Untersuchung ist daher keine experimentelle Wissenschaft, die nach Gesetzen sucht, sondern eine interpretierende, die nach Bedeutungen sucht. Mir geht es um Erläuterungen, um das Deuten gesellschaftlicher Ausdrucksformen, die zunächst rätselhaft scheinen.[33]

Zunächst betont diese Definition ein plurales und konstruktivistisches Verständnis von Kultur: Menschen sind in Bedeutungsgewebe (im Plural!) einge-

---

28 Ludwig Wittgenstein: Traktatus logico-philosophicus. Werkausgabe. Bd. 1. Frankfurt a. M. 1984: 241, zit. nach Linke/Ortner/Portmann-Tselikas 2003: X.
29 Vgl. Linke/Ortner/Portmann-Tselikas 2003: XI.
30 Vgl. Hermanns 1999: 380. Ich verwende in dieser Arbeit die Termini ‚Begriff' und ‚Konzept' ohne Bedeutungsunterschied.
31 Linke 2009a: 1132.
32 Vgl. ebd.: 1133.
33 Geertz 1983: 9.

sponnen und gehören damit unterschiedlichen (Sub-)Kulturen an.[34] Kultur als „Totalitätsbezeichnung" umfasst dann die Gesamtheit solcher Bedeutungsgewebe, ohne dass dabei vorab ein ontologischer Status dieser Gesamtheit suggeriert würde.[35] Dem konstruktivistischen Paradigma ist diese Definition insofern verpflichtet, als sich ihr zufolge die Menschen das Bedeutungsgewebe, in das sie eingesponnen sind, selbst geschaffen haben.[36] Sie sind damit also an der Konstruktion von Kultur als Teil ihrer Alltagswirklichkeit selbst beteiligt und ihr nicht einfach ausgesetzt.

Weiter ist für den hier vertretenen Kulturbegriff wesentlich, dass er semiotisch und handlungsorientiert ist. Ausgehend von der Prämisse, dass menschliches Verhalten symbolisches Handeln und damit zeichenhaft sein kann, wird ihm grundsätzliches Bedeutungspotenzial zugeschrieben.[37] Die Realisierung kultureller Bedeutung ist zugleich nur sozial denkbar, als intersubjektives Deuten und Verstehen dieses symbolischen Handelns und damit als (Be-)Deutung zeichenhafter, zwischenmenschlicher Praktiken.[38]

Kultur zeigt sich gemäss diesem Verständnis letztlich „in allen symbolischen, d.h. zeichenhaften Handlungen des Menschen sowie in den daraus resultierenden Produkten"[39] und bildet sich durch diese Handlungen als konnektive Struktur im menschlichen Zusammenleben aus. Insofern diese symbolischen Sinnwelten auch die Vergangenheit ordnen, trägt dabei auch Geschichte – als Objekt der intersubjektiven Erinnerung – zur kollektiven Selbstverständigung in diesem Sinne bei. Den in der Historizität gesellschaftlichen Erinnerns manifesten „narrativen Aspekt der konnektiven Struktur einer Gesellschaft"[40] haben Jan und Aleida Assmann im Konzept des ‚kulturellen Gedächtnisses' erfasst.[41] Unterschieden werden dabei zwei Register des kollektiven Erinnerns, die sich vornehmlich in ihrer historischen Reichweite unterscheiden. Das kommunikative Gedächtnis – verstanden als Speicher des Erinnerns – vermittelt Vergangenheit face-to-face in Form von Erzählungen und überdauert drei bis vier Generationen. Demgegenüber wird das kulturelle Gedächtnis meist schriftlich

---

34 Vgl. dazu auch Linke 2009a: 1132.
35 Vgl. Hermanns 1999: 356–357.
36 ‚Konstruktivistisch' bezieht sich hier auf die grundsätzlichen Überlegungen von Berger/Luckmann 2012 [1969], wonach Wirklichkeit gesellschaftlich konstruiert wird.
37 Vgl. Geertz 1983: 15–16.
38 Vgl. ebd.: 18–19.
39 Linke 2009a: 1131–1132.
40 Scharloth 2005c: 35.
41 Vgl. z.B. Assmann 1988, 1992. Differenziert reflektiert Scharloth 2005c: 35–43 das Konzept im Kontext der Konstruktion sprachgeschichtlichen Wissens und Linke 2005 lotet die linguistischen Perspektiven des Konzepts aus.

vermittelt und erinnert Vergangenes, das zu weit zurückliegt, um persönlich erinnert zu werden.[42] Die Bedeutung von Geschichte im Konzept des kulturellen Gedächtnisses wird hier deshalb ausdrücklich hervorgehoben, weil auch im Kontext der Schweizerdeutschdiskurse (sprach-)geschichtliches Wissen als Teil des kulturellen Gedächtnisses gemeinschaftsstiftend wirkt.

2.2.2 Sprachwissenschaft als Kulturwissenschaft

Es ist nun leicht einzusehen, dass bei einer solchen konstruktivistischen, semiotischen und zugleich handlungsorientierten Auffassung von Kultur sich gerade auch für die Sprache als zentrales menschliches Zeichensystem eine entscheidende Rolle bei der Konstruktion und Symbolisierung kultureller Orientierungsformationen ableiten lässt.[43] Dem so postulierten Zusammenhang von Sprache und Kultur sowie dem aus einem semiotischen Kulturverständnis abgeleiteten kulturalistischen und konstruktivistischen Sprachverständnis wurden in den vergangenen vier Jahrzehnten weniger in der Linguistik selbst, als vielmehr in ihren Nachbardisziplinen Aufmerksamkeit geschenkt. Es waren Fächer wie die Geschichtswissenschaft, die Literaturwissenschaft oder die Ethnologie, die den erkenntnistheoretischen Wert von Sprache im Zuge des sogenannten *linguistic turn* ins Zentrum der Diskussionen gerückt haben.[44]

Diese Tatsache ist umso bemerkenswerter, als das Bewusstsein um Kulturalität von Sprache gerade in der deutschen Sprachwissenschaft eine lange Tradition hat.[45] Die Thematisierung eines Zusammenhangs von Sprache und Kultur reicht bis ins 18. Jahrhundert zurück und erreichte im 19. Jahrhundert in der historisch-vergleichenden Sprachwissenschaft mit den Arbeiten von Wilhelm von Humboldt einen ersten Höhepunkt.[46] Die Sprachwissenschaft verstand sich dabei lange ausdrücklich als Kulturwissenschaft, wie das viel zitierte Diktum Hermann Pauls verdeutlicht, wonach Sprachwissenschaft nicht nur eine, son-

---

42 Vgl. Assmann 1988: 10–16.
43 Dass sich überdies auch in früheren ethnographischen, eher kognitivistischen Kulturdefinitionen von E. B. Tylor oder Ward Goodenough Anknüpfungspunkte für einen Zusammenhang von Sprache und Kultur finden lassen, darauf weisen Günthner/Linke 2006: 6–8 hin.
44 Vgl. Günthner/Linke 2006: 2–3.
45 Freilich wandelte sich das Selbstverständnis der Sprachwissenschaft als Kulturwissenschaft historisch parallel zur veränderten theoretischen Bestimmung des Begriffs ‚Kultur' selbst. Das aktuelle kulturalistische Verständnis von Sprache lässt sich aber durchaus in eine wesentlich ältere sprachtheoretische Traditionslinie einfügen, die über Humboldt bis auf Herder zurückgeht (vgl. Günthner/Linke 2006: 11–12).
46 Vgl. Günthner/Linke 2006: 2–3.

dern geradezu *die* Kulturwissenschaft darstelle.[47] Diese kulturalistische Orientierung des Fachs wurde jedoch im Zuge der ‚Strukturalisierung' des Gegenstands, die sich mit Namen wie de Saussure, Hjemslev und Chomsky verknüpft, wenngleich nicht vollständig verdrängt, so doch zumindest stark marginalisiert.[48] Eine programmatische Rückbesinnung auf die Kulturalität von Sprache erfolgte in der Linguistik erst wieder im Rahmen der pragmatischen Wende in den 1960er/1970er Jahren, als in kritischer Auseinandersetzung mit dem reduktionistischen Sprachverständnis der Sprachgebrauch in seiner kontextuellen Situierung und sprachliches Handeln als kommunikative und kulturelle Praxis in den Fokus der Betrachtung gelangten.[49] Sprache wurde nun als Sprachhandeln in der Lebenswelt der Sprecherinnen und Sprecher verortet. Eine Perspektive, die ab den 1980er Jahren durch die Etablierung einer soziopragmatischen Sprachgeschichtsschreibung auch Eingang in die historische Sprachwissenschaft fand (s. o. Kap. 2.1). Als wissenschaftstheoretisches Konzept wurde Kultur nach ersten Bestrebungen in den 1980er Jahren allerdings erst im darauf folgenden Jahrzehnt zu einem systematischen Orientierungsbegriff der germanistischen Linguistik – und zwar etwa zeitgleich für die diachrone wie für die synchrone Fachrichtung.[50] Damit trat der *cultural turn* im Vergleich zu den Nachbardisziplinen vergleichsweise spät ein.

---

47 Vgl. z. B. Auer 2000.
48 Das bewog Ludwig Jäger 1993b: 96, von der linguistischen Fachgeschichte als einer „Geschichte der Erosion des Erkenntnisgegenstandes Sprache" zu sprechen. Bei genauer Betrachtung lässt sich allerdings feststellen, dass in der germanistischen Linguistik die Perspektive, die Sprache als soziales und kulturelles Phänomen begreift, trotz allem nie ganz verschwunden ist (vgl. dazu Busse 2005: 30–32; Gardt 2003: 272).
49 Die Kritik an einer reduktionistischen sowie das Plädoyer für eine kulturalistische Auffassung von Sprache (vgl. z. B. Jäger 1993b, 1993c; Linke/Ortner/Portmann-Tselikas 2003; Ortner/Sitta 2003; Gardt 2003, 2012) führten zu teils intensiv geführten innerfachlichen Auseinandersetzungen um Gegenstand und Selbstverständnis der Linguistik (vgl. z. B. Jäger 1993a; Bierwisch 1993; Grewendorf 1993; kritisch mit Blick auf Gegenstand und Methodenpluralismus der Sprachgeschichte jüngst Maitz 2012 sowie die Replik von Gardt 2012).
50 Frühe Überlegungen zum Verhältnis von Sprachwissenschaft bzw. Sprachgeschichte und Kulturanalyse stammen von Utz Maas (vgl. Maas 1983, 1985, 1987). Auch die erste Auflage des Handbuchs *Sprachgeschichte*, das in der Reihe *Handbücher zur Sprach- und Kommunikationswissenschaft* (HSK) erschien, erhebt den konzeptionellen Anspruch, das Wechselverhältnis von Sprachgeschichte und Kulturgeschichte herauszustellen (vgl. Besch/Reichmann/Sonderegger 1984: V). Zu den wichtigen Publikationen, die zur Neuthematisierung der Kulturalität von Sprache sowohl für die synchrone als auch für die diachrone Sprachgermanistik seit den 1990er Jahren beitrugen, gehören etwa Gardt/Haß-Zumkehr/Roelcke 1999a; Auer 2000; Busse 2002, 2005; Gardt 2003, 2012; Linke 2003c; Hornscheidt 2003; Wengeler 2003b, 2006a, 2006b; Warnke 2004; Busse/Niehr/Wengeler 2005; Ehlich 2006; Günthner/Linke 2006; Jäger 2006.

Konstitutiv für die kulturanalytische Sicht in der Linguistik ist ein spezifisches Sprachverständnis. Es basiert – ausgehend von dem oben ausgeführten semiotisch-konstruktivistischen Kulturverständnis – auf der Einsicht eines unauflöslichen Zusammenhangs von Sprache und Kultur, die darin begründet liegt, dass Sprachgebrauch nicht nur kulturell eingebettet und geprägt ist, sondern dass Sprachhandlungen als symbolische Handlungen wesentlichen Anteil an der fortlaufenden Herstellung von Kultur haben. Günthner/Linke bringen dieses Sprachverständnis wie folgt auf den Punkt:

> Sprache existiert nur in ihrer Verwendung und diese ist stets kulturell gerahmt; zugleich werden kulturelle Fakten, kulturelle Gewohnheiten, Konzeptualisierungen und Werte durch Sprache und in der Sprache konstruiert und sedimentiert – ja archiviert. Sprache und Kultur sind folglich auch nicht als zwei von einander getrennte, homogene Entitäten zu betrachten: Kultur ist kein der Sprache bzw. dem Interaktionsprozess aufgepfropftes „Anderes", sondern genuines Moment jeder menschlichen Interaktion, ja jeder sprachlichen Äußerung. Zum anderen ist Sprache in diesem Sinn sowohl eine Domäne als auch gleichzeitig ein wesentliches Medium der „Produktion", der Hervorbringung von Kultur.[51]

Im Kontext der Auseinandersetzung mit dem ‚neuen' Kulturbegriff in der germanistischen Linguistik erstarkte nicht nur das fachliche Selbstverständnis, Sprachwissenschaft als Kulturwissenschaft, sondern auch Sprachgeschichte als Kulturgeschichte betreiben zu wollen.

2.2.3 Sprachgeschichte als Kulturgeschichte

In produktiver Auseinandersetzung mit dem neuen semiotischen Kulturbegriff wurde seit den 1990er Jahren der Gegenstandsbereich der Sprachgeschichtsschreibung über die Sozialgeschichte im engeren Sinne auf die Kulturgeschichte erweitert. In der germanistischen Sprachgeschichtsforschung beschränkte sich das Programm einer Sprachgeschichte als Kulturgeschichte bereits nach der Jahrhundertwende nicht mehr nur auf einzelne Studien, sondern konnte als umfassende Forschungsperspektive gelten. In den Kontext dieser kulturgeschichtlichen Orientierung der Sprachgeschichtsschreibung gehören Ansätze wie die historische Diskursanalyse, respektive Diskursgeschichte ebenso wie die Hinwendung zur Sprachbewusstseinsgeschichte und zur Mentalitätsgeschichte.[52]

---

51 Günthner/Linke 2006: 19.
52 Vgl. Linke 2003c: 38–41. Zu den wichtigen theoretischen und empirischen Beiträgen, die im Zusammenhang mit der kulturanalytischen Orientierung der Sprachgeschichtsforschung entstanden, gehören Maas 1987; Linke 1998b, 2003c; Gardt/Haß-Zumkehr/Roelcke 1999b; Hermanns 1999; Busse 2002; Polenz 2007; Gardt 2012. Ebenfalls dazuzuzählen sind die Beiträge

Auch die vorliegende Arbeit ist dieser Perspektive verpflichtet. Wer Sprachgeschichte als Kulturgeschichte betreibt, sieht die Aufgabe der Sprachgeschichtsschreibung darin,

> den Wandel sprachlicher Phänomene vor dem Hintergrund der Geschichte u. a. der Philosophie, der Religion, des politischen Denkens, der gesellschaftlichen Institutionen, selbstverständlich auch der Kunst (speziell der Literatur) und der Sozialgeschichte, bis hin zu einer Geschichte der „Mentalitäten" und einer „Alltagsgeschichte" zu beschreiben und zu beurteilen.[53]

Als gemeinsamen Nenner der verschiedenen sprachhistorischen Ansätze, die kulturanalytisch arbeiten, wurde das „Verständnis von Sprache als *Medium symbolischer Schöpfung und Setzung*"[54] bezeichnet. Sprachhistorischen Untersuchungen, denen ein solches Sprachverständnis zugrunde liegt, geht es nicht mehr nur um Sprache als blosser Ausdruck einer ihr vorgängigen Kultur, sondern auch um die Kultur gestaltende Potenz von Sprache. Davon ausgehend, sieht die kulturanalytische Sprachgeschichtsforschung in der historischen Sprachanalyse einen zentralen Weg zum Verständnis von Selbst- und Fremddeutung historischer Gemeinschaften.[55]

In diesem Punkt ist eine kulturanalytisch orientierte Sprachgeschichte unmittelbar anschlussfähig an die sogenannte *‚Neue' Kulturgeschichte*, die sich in der deutschsprachigen Geschichtswissenschaft etabliert hat.[56] Sie interessiert sich dafür, „wie die Menschen ihren Wahrnehmungen und Erfahrungen Sinn oder Bedeutung verleihen und sich so in der Welt orientieren, wie gemeinsam geteilte Weltdeutungen oder Weltbilder aussehen und wie sie das soziale Handeln bestimmen".[57] Sie richtet ihre Fragen also „auf die Sinnmuster und Bedeutungskontexte, mit denen Gesellschaften der Vergangenheit ihre Welt ausgestattet haben", und sie fragt nach den Formen, mit denen diese Gesellschaften „ihre Wirklichkeiten überhaupt erst zu sinnvollen Wirklichkeiten gestaltet haben".[58]

---

im Abschnitt „Deutsche Sprachgeschichte im Rahmen der Kulturgeschichte" in Besch et al. 1998 sowie die (empirischen) Beiträge in den Sammelbänden von Gardt/Haß-Zumkehr/Roelcke 1999a und Cherubim/Jakob/Linke 2002.
53 Gardt/Haß-Zumkehr/Roelcke 1999b: 1–2.
54 Vgl. Linke 2003c: 44, Herv. i. O.
55 Vgl. ebd.: 45.
56 Diese Selbstbezeichnung ist als dezidierte Abgrenzung dieser Forschungsrichtung gegenüber älteren kulturhistorischen Ansätzen zu verstehen, auf die sich die Neue Kulturgeschichte zwar bezieht, von denen sie sich jedoch konzeptionell deutlich unterscheidet (vgl. Landwehr 2013: 5). Zu Theorie und Methodik einer so verstandenen Kulturgeschichte vgl. Daniel 2001.
57 Wengeler 2002: 45.
58 Landwehr 2013: 6.

In dem Masse, wie diese Fragen auch mit Rückgriff auf die Rolle von Sprachlichkeit bei der Wirklichkeitskonstruktion beantwortet werden, sind sie unmittelbar mit den Interessen einer kulturanalytisch orientierten Sprachgeschichtsforschung verknüpft. Kulturanalytisch orientierte Sprachgeschichtsforschung ist dann eine spezifische Perspektivierung der allgemeinen Kulturgeschichte, die Sprache als Untersuchungsgegenstand in den Mittelpunkt rückt. Insbesondere seit den 1990er Jahren sind so zahlreiche sprachgeschichtliche Studien in historisch-kulturanalytischer Absicht entstanden.[59]

Insofern sich hier die Interessen und Erkenntnisse von Sprachgeschichte und Kulturgeschichte geschichtswissenschaftlicher Provenienz einander annähern und zuweilen überlappen, ist die hier vorliegende Arbeit auch einer *interdisziplinären Haltung* verpflichtet. Dem wird im Folgenden insbesondere dadurch Rechnung getragen, dass Sprache zwar als kulturelles Phänomen analysiert wird, das *eo ipso* bedeutsam ist, dass sie zugleich aber nicht als unabhängig von ihrer historischen und sozialen Einbettung verstanden und betrachtet wird. Da sie das zu analysierende Sprachhandeln und den darin konstituierten Sinn unwillkürlich mitstrukturieren, werden die kultur- und gesellschaftshistorischen Kontexte des 19. Jahrhunderts bei der Rekonstruktion der Schweizerdeutschdiskurse ausdrücklich berücksichtigt. Ein solches Vorgehen ist unabdingbar, will kulturanalytische Sprachgeschichtsforschung nicht lediglich Rekonstruktion bestimmter historischer kommunikativer Praktiken sein, sondern diese kulturanalytisch ausdeuten und in übergreifende Ordnungsstrukturen kultureller Bedeutungsgewebe einbetten.[60]

Eine so verstandene Sprachgeschichte ist daher in zweifacher Weise als Kulturgeschichte zu verstehen: Erstens bezüglich ihres Gegenstandsbereichs als historische Analyse eines genuin kulturellen Untersuchungsobjekts. Zweitens hinsichtlich ihrer wissenschaftstheoretischen Prämissen, aufgrund derer sie als integraler Bestandteil der allgemeinen Kulturgeschichte zu bestimmen ist, die den Bezugs- und Fluchtpunkt der sprachhistorischen Interpretation darstellen muss.

Die *Sprachbewusstseinsgeschichte*, der sich diese Arbeit verpflichtet fühlt, lässt sich nun unmittelbar in den Zusammenhang dieser kulturgeschichtlichen Orientierung der Sprachgeschichtsforschung einordnen. Sprachbewusstseinsgeschichte, die sich als Kulturgeschichte versteht, interessiert sich also dafür, welche Bedeutung Sprache als *Gegenstand* kultureller Orientierung und kollek-

---
59 Vgl. Haß-Zumkehr 1995a, 2001; Linke 1996, 1998a, 2001, 2003a, 2003b, 2004, 2006, 2009b, 2012; Solms 1999; Scharloth 2005b; Macha 2006; Bubenhofer 2009; Schröter 2011, 2014, 2016; Bubenhofer/Schröter 2012 sowie die Beiträge in Gardt/Haß-Zumkehr/Roelcke 1999a.
60 Vgl. Linke 2003c: 46–47.

tiver Selbstverständigung in historischen Kommunikationsgemeinschaften zukommt:

> Wenn es [...] darum geht herauszufinden, in welchem Maße und auf welche Weise historische Sprachgemeinschaften eigenes und fremdes Sprachverhalten beobachteten, einschätzten, normierten und disziplinierten, welcher „Geschmack" in sprachlichen Dingen für welche historischen Gruppen identitätsstiftend war, ob und unter welchen Bedingungen den sprachlichen Routinen und Ritualen alltäglicher wie institutioneller Kommunikation eine Zeichenhaftigkeit zukam, die über sachfunktionale Zusammenhänge hinaus auf kulturelle Ordnungen verwies bzw. solche allenfalls erst herstellte, ist der Versuch zu einer Sprachbewusstseinsgeschichte ein konsequentes kulturgeschichtliches Unternehmen.[61]

Sprache ist damit nicht nur als *Medium* der Kulturgeschichte von Interesse, sondern als alltagsweltliche Objektivation und historische Erfahrung, denen die Menschen Sinn und Bedeutung zumessen, auch als ihr *Gegenstand*. Sprachbewusstseinsgeschichte zu betreiben, bedeutet dann, das „Denken, Fühlen, Wollen"[62] einer Kommunikationsgemeinschaft gegenüber der eigenen oder fremden Sprachlichkeit als Teil des kulturellen Orientierungssystems dieser Gruppen in einem historischen Zeitraum zu interpretieren und einzuordnen. Im hier verbindlichen Verständnis ist Sprachbewusstseinsgeschichte damit immer schon Kulturgeschichte.

Für die historische Rekonstruktion von kollektiven Dispositionen gegenüber Sprache sind Metasprachdiskurse besonders vielversprechende Untersuchungsobjekte. Was darunter in der vorliegenden Arbeit verstanden wird, wird im Folgenden geklärt.

2.3 Metasprachdiskurse als Objekte der Sprachbewusstseinsgeschichte

2.3.1 Diskurs als Korpus – zum Diskursbegriff

In dieser Arbeit wird der Begriff ‚Diskurs' im Sinne der linguistischen Diskursanalyse verwendet, die sich auf den Foucault'schen Diskursbegriff bezieht, diesen jedoch deutlich anders akzentuiert.[63] Es ist vor allem das Verdienst der Hei-

---

61 Ebd.: 40.
62 Hermanns 1995b: 91.
63 Zu den verschiedenen konzeptuellen und wissenschaftsgeschichtlichen Traditionslinien des Diskursbegriffs vgl. Linke 2011a; Gerhard/Link/Parr 2013; Konerding 2009: 157–162; Spitzmüller/Warnke 2011: 9; zum Foucault'schen Diskurskonzept vgl. zusammenfassend Wengeler 2003a: 77–82; Spitzmüller 2005: 32–41; Spitzmüller/Warnke 2011: 65–75.

delberger-Mannheimer Forschergruppe um Dietrich Busse, Fritz Hermanns und Wolfgang Teubert, das Diskurskonzept Foucaults linguistisch adaptiert und Diskurse zu „sprachwissenschaftswürdigen Objekten"[64] gemacht zu haben.[65] Auf der Grundlage ihrer Arbeiten entstanden in den 1990er Jahren unter dem Label einer *linguistischen Diskursgeschichte* in der sogenannten Düsseldorfer Schule um Georg Stötzel zahlreiche empirische Untersuchungen, die der linguistische Diskursanalyse wichtige methodische und forschungspraktische Impulse gegeben haben.[66] Nach der Jahrtausendwende hat sich die linguistische Diskursanalyse als Forschungsperspektive in der Sprachgermanistik etabliert.[67]

Mit Bezug auf diese *Historische Diskurssemantik* bzw. *Diskursgeschichte* ist ‚Diskurs' in dieser Arbeit thematisch definiert. Vereinfacht man deren theoretische Überlegungen radikal, so lässt sich ‚Diskurs' metaphorisch als „Zeitgespräch"[68] oder „Gesellschaftsgespräch"[69] über ein Thema verstehen. Konstitutiv für dieses Zeitgespräch ist, dass sich darin in sprachlichen Äußerungen Aussagen zu einem bestimmten Thema manifestieren, die eine im weitesten Sinne semantische Beziehung aufweisen und so als Netz von Aussagen aufeinander verweisen. Ein solcher thematisch definierter Diskurs lässt sich auf theoretisch-abstrakter Ebene als „die Gesamtheit der Beziehungen zwischen thematisch verknüpften Aussagekomplexen"[70] verstehen. Auch wenn man Diskurs in

---

[64] Reisigl 2013: 262.
[65] Vgl. Busse 1987; Busse/Hermanns/Teubert 1994; Busse/Teubert 1994; Hermanns 1995b. Bereits früher finden sich linguistisch orientierte diskursanalytische Ansätze bei Maas 1984: 232–241 und Stierle 1979 (vgl. Spitzmüller/Warnke 2011: 78).
[66] Es handelt sich in erster Linie um Arbeiten von Stötzels Schülerinnen und Schülern zu öffentlichen Diskursen in der BRD nach 1945 (vgl. Wengeler 1992, 2003a; Niehr 1993; Böke/Liedtke/Wengeler 1996; Jung/Niehr/Böke 2000).
[67] Vgl. dazu z. B. den Sammelband von Warnke 2007. Als deskriptiver Ansatz, der sich vorrangig für den Zusammenhang von Sprache und diskursiver Wissenskonstitution interessiert, steht die so gefasste linguistische Diskursanalyse neben anderen, sogenannt kritischen Ansätzen, die sich vorrangig mit dem Zusammenhang von Sprache und Macht befassen. Zu den wichtigen Vertreterinnen und Vertretern kritischer Diskursanalysen im deutschen Sprachraum gehören Ruth Wodak (Wiener Schule) und Siegfried Jäger (Duisburger Schule). Gute und ausführliche forschungsgeschichtliche Überblicke zur Entwicklung und Lagerbildung in der linguistischen Diskursanalyse geben Bluhm et al. 2000; Konerding 2009; Spitzmüller/Warnke 2011: 78–118; Reisigl 2013. Vgl. zum Programm der *Critical Discourse Analysis (CDA)* zudem Wodak 2002, 2004, 2011, zu jenem der *Kritischen Diskursanalyse* der Duisburger Schule Jäger 2015.
[68] Hermanns 1994: 50, 1995b: 88.
[69] Wichter 1999: 274.
[70] Jung 1996: 463. Mit dieser Definition betont Jung gegenüber jener von Busse/Teubert 1994: 14 die Bedeutung von Aussagen anstelle von Texten als Einheiten des Diskurses. Er steht damit nicht nur den diskurstheoretischen Überlegungen Foucaults näher, der anstelle von Texten Aussagen (*énoncés*) untersuchen möchte (vgl. auch Spitzmüller 2005: 34). Diese Präzisierung

diesem Sinne als Aussagegeflecht definiert, ist die Rekurrenz auf Texte letztlich nicht nur „forschungspraktisch unumgänglich", sondern sie lässt sich auch damit begründen, dass Aussagen nur als „zeichenhaft-materielle Manifestationen" existieren, die – sofern sprachlich realisiert – notwendigerweise in einem Äusserungszusammenhang, einem Text stehen.[71] Mit Andreas Gardt verstehe ich vor diesem Hintergrund Diskurs entsprechend als

> die Auseinandersetzung mit einem Thema, [...] die sich in Äußerungen und Texten der unterschiedlichsten Art niederschlägt, [...] von mehr oder weniger großen gesellschaftlichen Gruppen getragen wird, [...] das Wissen und die Einstellungen dieser Gruppen zu dem betreffenden Thema sowohl spiegelt, [...] als auch aktiv prägt und dadurch handlungsleitend für die zukünftige Gestaltung der gesellschaftlichen Wirklichkeit in Bezug auf dieses Thema wirkt.[72]

Forschungspraktisch lassen sich Diskurse entsprechend als nach inhaltlichen bzw. semantischen Kriterien zusammengesetzte Textkorpora konzeptualisieren. Mit anderen Worten: Diskurse als Objekte der Diskursanalyse lassen sich als Mengen von (aus Aussagen bestehenden) Texten beschreiben, die „sich mit einem als Forschungsgegenstand gewählten Gegenstand, Thema, Wissenskomplex oder Konzept befassen, untereinander semantische Beziehungen ausweisen und/oder in einem gemeinsamen Aussage-, Kommunikations-, Funktions- oder Zweckzusammenhang stehen".[73]

Versteht man also Diskurs theoretisch-abstrakt als Aussagekorpus bzw. forschungspraktisch als Textkorpus, lassen sich heuristisch drei Abstraktionsstufen unterscheiden: ein imaginäres, ein virtuelles und ein konkretes Diskurskorpus. Das *imaginäre Korpus* umfasst eine hypothetische Menge aller Aussagen bzw. Texte eines Diskurses und ist eine rein theoretische Grösse. Das *virtuelle Korpus* ist eine Teilmenge daraus und setzt sich aus all jenen Aussagen bzw. Texten des Diskurses zusammen, die überhaupt noch erhalten sind. Was von der Diskursanalytikerin oder vom Diskursanalytiker davon tatsächlich aufgefunden, durch gezielte Sammlung zusammengestellt wird und letztlich als

---

scheint auch theoretisch einem thematisch definierten Diskursbegriff besser Rechnung zu tragen, zumal einzelne Aussagen in Texten einem bestimmten Diskurs zugehören können, selbst wenn der entsprechende Text als Ganzes nicht primär diesem Diskurs zugeordnet würde (vgl. Jung 1996: 459).
71 Vgl. Jung 1996: 463.
72 Gardt 2007a: 30.
73 Busse/Teubert 1994: 14. Diese korpusbasierte Definition von Diskurs, die auf Texte statt auf Aussagen fokussiert, ist nicht unproblematisch. Vgl. zur Kritik an der Redundanz der Kriterien dieser forschungspraktischen Definition Jung 1996: 455–457, der aber zugleich eingesteht, dass man forschungspraktisch „in der Regel nicht an Texten vorbei[kommt]" (ebd.: 463).

Quellengrundlage der Untersuchung dient, ist das *konkrete Korpus*.[74] Mengentheoretisch gesprochen sind konkrete Korpora also Teilmengen von virtuellen Korpora, die wiederum Teilmengen der imaginären Korpora von Diskursen darstellen.

Das konkrete Korpus besteht dann aus einer Menge von historischen Einzeltexten. Innerhalb solcher Texte kann es Aussagen geben, die mehreren Diskursen angehören. Je nachdem, ob das Diskursthema in einem Text hauptsächlich behandelt oder nur gestreift wird, lässt sich im Korpus zwischen Texten unterscheiden, in denen das untersuchte Thema den Hauptdiskurs darstellt, und solchen, in denen es nur als Nebendiskurs in Erscheinung tritt.[75]

Der thematische Diskursbegriff ist zudem ein „Zoom"-Begriff, der verschiedene grössere und kleinere Teilmengen thematisch verknüpfter Texte gleichermassen bezeichnen kann.[76] Es wurde entsprechend vorgeschlagen, analytisch zwischen thematisch umfassenden ‚Gesamtdiskursen' und thematisch spezifischeren ‚Teildiskursen' zu unterscheiden, die darin subsumiert sind und sich theoretisch in ‚Sub-Teildiskurse', ‚Sub-Sub-Teildiskurse' usw. differenzieren liessen.[77] So lässt sich im vorliegenden Fall ebenso berechtigt von einem (übergeordneten) ‚Metasprachdiskurs' wie von einem (thematisch spezifischeren) ‚Schweizerdeutschdiskurs' oder einem (thematisch noch spezifischeren) ‚sprachdidaktischen Diskurs zum Schweizerdeutschen' sprechen, die alle als je unterschiedlich grosse Diskurskorpora untersucht werden könnten. Dass Diskurse je nach Forschungsinteresse sehr unterschiedlich eingegrenzt werden können, macht zugleich deutlich, dass jede Definition eines Diskurses bereits das Produkt einer ersten Interpretation der Analytikerin bzw. des Analytikers darstellt, die ihr bzw. der sein Untersuchungsobjekt damit selbst mitkonstituiert.[78]

Allein schon aus pragmatischen Gründen werden in der Regel nur inhaltlich definierte Teilmengen von Diskursen untersucht. Diese Teilmengen können durch den Einbezug weiterer kontextueller Parameter für Untersuchungszwecke zusätzlich differenziert werden, etwa nach Zeit(raum) und Sprachgemeinschaft sowie nach Kommunikationsbereichen und Textsorten bzw. Medien.[79] Auch die

---

74 Vgl. Hermanns 1995b: 89–90.
75 Vgl. Jung 1996: 459–461; Spitzmüller 2005: 77–78.
76 Vgl. Hermanns 1995b: 89.
77 Vgl. Jung 1996: 457. Spitzmüller/Warnke 2011: 89 weisen darauf hin, dass man diese thematischen Gesamtdiskurse wiederum als Teil des „Diskurses einer gegebenen Gesellschaft" verstehen und so die Brücke zu jener Diskursvorstellung schlagen kann, die der Konzeptualisierung Foucaults nahekommt, der thematische Eingrenzungen von Diskursen für problematisch hielt.
78 Vgl. dazu bereits Busse/Teubert 1994: 16; Hermanns 1995b: 90.
79 Vgl. Jung 1996: 458. Spitzmüller 2005: 49–50 folgt im Grunde Jungs Vorschlag, ersetzt jedoch das Differenzierungskriterium ‚Textsorte' durch die umfassendere Kategorie ‚Medien'.

Schweizerdeutschdiskurse als Gegenstand dieser Arbeit sind nicht nur als inhaltlich (Sprache, Schweizerdeutsch), sondern auch als zeitlich (19. Jahrhundert), örtlich (deutsche Schweiz), nach Kommunikationsbereich (Gebildetenöffentlichkeit) und nach Medien (publizistisches Schriftgut) eingeschränkte Teilmengen eines gesamtgesellschaftlichen Diskurses zu verstehen. Der Einbezug solcher Aspekte in die Bestimmung von Diskursen ist einem genuin pragmatischen Verständnis der linguistischen Diskursanalyse von Sprache als *Sprache in Kontext* geschuldet. Er trägt dem Umstand Rechnung, dass diskursive Aussagen stets nur als Aussagen *von Akteurinnen und Akteuren in Situationen* verstanden werden können. Es ist also im Folgenden davon auszugehen, dass Aussagen in Diskursen nicht unabhängig sind von den Diskursakteurinnen und -akteuren, die ihrerseits soziokulturelle sowie mentalitäre Voraussetzungen mitbringen, die ihnen bestimmte Aussagen ermöglichen. Ebenso wenig sind sie unabhängig vom Äusserungskontext, der in einen historischen und soziokulturellen Zusammenhang eingebettet ist und spezifischen situativen, soziopragmatischen und medialen Bedingungen unterliegt. Diese analytische Differenzierung verschiedener, nach soziopragmatischen Kriterien unterschiedener Teildiskurse ermöglicht es überdies, (teil)diskursspezifische Differenzen, aber auch (teil)diskursübergreifende Zusammenhänge innerhalb des Gesamtdiskurses herauszuarbeiten.[80]

2.3.2 Metasprachdiskurse als sprachbewusstseinsgeschichtliche Objekte

Sprachbewusstseinsgeschichte, wie sie in dieser Arbeit betrieben wird, interessiert sich nicht für individuelle, sondern für kollektiv geteilte, in einer Kommunikationsgemeinschaft generierte und reproduzierte Sprachbewusstseinsinhalte. Verstanden als „Formationssystem[e] von Aussagen, [die] [...] auf kollektives, handlungsleitendes und sozial stratifizierendes Wissen verweis[en]",[81] sind Diskurse für die Rekonstruktion kollektiven Wissens in einer Kommunikationsgemeinschaft geeignete Untersuchungsobjekte.

---

80 Dass die Spezifizierung eines Gesamtdiskurses in Teildiskurse nicht nur theoretischen Wert hat, sondern auch empirisch nachzuweisen ist, zeigen nicht zuletzt die Ergebnisse der vorliegenden Arbeit. Dass sich aber nicht nur inhaltlich unterschiedliche Teildiskurse feststellen lassen, sondern dass auch inhaltlich ‚gleiche' Teildiskurse je nach Gesellschaftsbereich sehr unterschiedlich strukturiert sein können, zeigt etwa Jürgen Spitzmüllers Untersuchung zum Anglizismendiskurs, der die Unterschiede zwischen öffentlichem und fachspezifischem Diskurs herausarbeitet (vgl. Spitzmüller 2005).
81 Spitzmüller/Warnke 2011: 11.

2.3 Metasprachdiskurse als Objekte der Sprachbewusstseinsgeschichte — 31

Gilt es, solche kollektiven Dispositionen in Bezug auf Sprache zu rekonstruieren, bieten sich *Metasprachdiskurse* in besonderer Weise als Untersuchungsobjekte an. Metasprachdiskurse lassen sich nach obiger Diskursdefinition grundsätzlich als „*Gesamtheit aller Aussagen zum Thema Sprache*"[82] definieren. Historische Metasprachdiskurse sind damit in doppeltem Sinne genuin linguistische und mithin sprachgeschichtliche Gegenstände: Erstens, weil Sprache das zu untersuchende *Medium* des Diskurses, und zweitens, weil Sprache darüber hinaus auch den *Gegenstand* des fraglichen Diskurses darstellt.[83]

Der Zugriff auf diskursive Aussagen zum Thema Sprache erfolgt dabei mittels der Analyse von *metasprachlichen Äußerungen*. Was aber ist darunter zu verstehen? Ausgehend von der sprachtheoretischen Einsicht in die Selbstrückbezüglichkeit von natürlichen Sprachen, bezeichnet ‚Metasprache' oder ‚Metakommunikation' grundsätzlich „die Fähigkeit [...] des Menschen, ‚über seine Sprache und sein Sprechen zu sprechen'"[84] und – so wäre für eine literalisierte Gesellschaft zu ergänzen – über seine Sprache und sein Sprechen zu schreiben. Das Phänomen sprachlicher Selbstrückbezüglichkeit ist in der linguistischen Forschung unter zwei Perspektiven betrachtet worden. Erstens zog die Entdeckung der „Alltäglichkeit der Metasprache", also die Einsicht, dass Metasprache grundsätzlich für jede Kommunikation angenommen werden muss,[85] das Interesse an Metasprache als Phänomen alltäglicher Interaktion auf sich. Unter dieser Perspektive interessiert sich die Forschung vor allem für Formen und Funktionen von Metasprachlichkeit im unmittelbaren sprachlichen Vollzug.[86]

Ein zweites Interesse galt Metakommunikation als Sprechen/Schreiben über die eigene Sprache oder über die der anderen, durch das bestimmte Einstellungen sowohl in Bezug auf eigene oder fremde sprachliche Entitäten (Standardvarietät, Dialekte, Soziolekte etc.) als auch auf Aspekte des Sprachgebrauchs (Stil, Register, Normorientierung etc.) ausgedrückt werden.[87] In der vorliegenden Arbeit ist diese zweite Sehweise auf Metasprachlichkeit verbindlich. In solchen Metakommunikaten, verstanden als Aussagen *über* eigene oder fremde Sprachlichkeit, manifestieren sich letztlich subjektive und kollektive Sichtweisen, Wertungen, Konzeptualisierungen von Sprachen und Varietäten,

---

[82] Spitzmüller 2005: 47, Herv. i. O.
[83] Vgl. dazu auch Gardt 2007a: 41.
[84] Schlieben-Lange 2010 [1975]: 20.
[85] Vgl. Weinrich 1976: 108.
[86] Vgl. zu dieser „praktischen Sprachreflexion" auch Paul 1999.
[87] In der synchronen Sprachwissenschaft hat diese Dimension von Metasprache vor allem die Beschäftigung mit Aspekten wissenschaftlicher und laikaler Sprachkritik sowie mit dem Verhältnis der beiden zueinander befördert vgl. z. B. Polenz 1980; Sieber/Sitta 1992; Spitzmüller 2005.

aber auch Emotionen, Wünsche und normative Zielsetzungen hinsichtlich der eigenen oder fremden Sprachlichkeit, denen kulturelle Faktizität zugesprochen werden muss. Die kulturelle Faktizität kollektiver Dispositionen ergibt sich dabei aus deren intersubjektiven Zugänglichkeit unter anderem in Texten und durch Texte sowie aus der dadurch konstituierten kommunikativen Sinnhaftigkeit. Als „Objektivationen"[88] erlangen sie gesellschaftliche Bedeutung und kulturelle Realität. Die Rekonstruktion von Sprachbewusstsein, wie sie diese Arbeit anstrebt, bezieht sich entsprechend nicht auf individuelle kognitive Prozesse, sondern auf sprachlich realisierte Objektivationen, durch die solche Mentefakte im Diskurs gesellschaftliche Wirklichkeit erlangen.

Für die sprachbewusstseinsgeschichtliche Forschung gehören metasprachliche Äusserungen, die sich durch semantische Relationen als historisch konkrete Metasprachdiskurse formieren, zu den zentralen Quellen, anhand derer individuelles und kollektives Sprachwissen und Spracheinstellungen empirisch greifbar und damit rekonstruierbar werden.[89] Als Reflexe historischer Manifestationen zeitgenössischer Mentalitäten, Einstellungen und Theorien, kurz: als Reflexe des Wissens über Sprache, sind sie bereits verschiedentlich als Materialbasis sprachbewusstseinsgeschichtlicher Studien verwendet worden.

2.4 Sprachbewusstsein – Sprachreflexion – Spracheinstellung: Terminologische Klärungen

Wie bisher ausgeführt, stecken Sprachwissen und Sprachdenken den Gegenstandsbereich der Sprachbewusstseinsgeschichte ab. In der Linguistik im Allgemeinen und in der Sprachgeschichtsforschung im Besonderen haben sich dabei verschiedene Konzepte zur Erforschung von Sprachwissen und -denken mit jeweils leicht unterschiedlicher wissenschaftsgeschichtlicher Herkunft und Ausrichtung etabliert. Zu den zentralen Konzepten, die auch in dieser Arbeit Anwendung finden, gehören ‚Sprachbewusstsein', ‚Sprachreflexion' und ‚Spracheinstellung'.[90] Wie diese Termini in dieser Arbeit verwendet werden, inwiefern

---

[88] Vgl. Berger/Luckmann 2012 [1969].
[89] Methodisch ist die Sprachbewusstseinsgeschichte allerdings keineswegs auf metasprachliche Quellen beschränkt. Die Rekonstruktion kollektiver Dispositionen ist auch über Reflexe sprachlichen Verhaltens (vgl. etwa Linke 1996) oder über die fiktive Gestaltung von Sprachgebrauchssituationen (z. B. in der Literatur, vgl. Jordan 2000) möglich.
[90] Vgl. für eine systematische Auseinandersetzung mit diesen Begriffen und der Abgrenzung zueinander bereits Scharloth 2005c: 5–16. Der Begriff ‚Sprachgefühl' (zum Konzept vgl. Neuland 1993; Tanzmeister 1994), der ebenfalls auf Formen subjektiver Sprachbetrachtung abzielt,

sie sich voneinander unterscheiden bzw. wo sie sich überlappen, gilt es zum Schluss dieses Kapitels zu klären.

Unter dem Begriff *Sprachbewusstsein* haben sich in der Linguistik zwei grundlegend verschiedene Konzepte ausgebildet, die man in Anlehnung an Hans-Martin Gaugers Unterscheidung als ‚internes' und ‚externes' Sprachbewusstsein bezeichnen kann.[91] Das *interne* Sprachbewusstsein ist primär Gegenstand der Sprachphilosophie und Sprachtheorie. Es handelt sich dabei, vereinfacht gesagt, um einen konstitutiven Teil des individuellen Sprachvermögens in Form von vorbewusstem, nicht-reflektiertem Wissen um sprachliche Regularitäten. Das Interesse an dem so verstandenen Sprachbewusstsein bezieht sich entsprechend auf Fragen nach dem allgemeinen Sprachvermögen und nach den prinzipiellen Möglichkeiten der Metasprache.[92] Unter *externem* Sprachbewusstsein versteht Gauger „die Einstellung der Sprechenden zu ihrem Sprachbesitz im ganzen, zu der Tatsache, daß sie einer bestimmten Sprachgemeinschaft angehören."[93] In der Soziolinguistik wurde das bei Gauger noch eingeschränkte Konzept des ‚externen' Sprachbewusstseins schliesslich insofern erweitert, als dort unter Sprachbewusstsein in der Regel sämtliche Formen sowohl impliziten als auch expliziten Wissens über Sprache als soziales Phänomen verstanden werden.[94] Dazu zählen sprachsystematisches Wissen (z. B. über grammatische Strukturen) und sprachpragmatisches Wissen (z. B. um Sprachverwendungsweisen oder Varietäten) ebenso wie das Wissen um die sozialsymbolische Funktion von Sprache (z. B. Sprache als Mittel der Selbstverständigung einer Sprachgemeinschaft) und um Wertungen sprachlicher Einheiten (z. B. Prestigeträchtigkeit von Registern, Varietäten).[95]

Der Begriff des Sprachbewusstseins wird in dieser Arbeit in diesem breiten Verständnis gebraucht. Dabei ist auch die Vorstellung nützlich, dass so verstandenes Sprachwissen für ein Sprachgemeinschaftsmitglied nicht nur im engeren Sinne kommunikative Funktionen übernimmt, sondern überdies eine „soziale Orientierungsfunktion"[96] hat, indem es etwa dabei hilft, sich selbst als Teil ei-

---

hat sich in der empirischen Forschung nicht durchgesetzt (vgl. Scharloth 2005c: 5) und wird hier deshalb nicht berücksichtigt.
91 Vgl. Gauger 1976: 51, zu dieser Dichotomie vgl. auch Tanzmeister 1994: 366.
92 Vgl. Schlieben-Lange 2010 [1975].
93 Gauger 1976: 51.
94 Vereinzelt gab es auch Versuche, die unterschiedlichen Ebenen und Arten des Sprachbewusstseins zu klassifizieren (vgl. z. B. Schlieben-Lange 2010 [1975]; Neuland 1993; Tanzmeister 1994).
95 Vgl. Schlieben-Lange 1971, 2010 [1975]: 27, 29–33; Neuland 1993: 735–736; Scharloth 2005c: 14–15.
96 Scharloth 2005c: 15.

ner Sprechergruppe zu identifizieren oder aber andere Beteiligte entsprechend zu kategorisieren.[97] Über das individuelle Sprachwissen hinaus werden mit dem Terminus auch kollektive Wissensbestände, *kollektives Sprachbewusstsein*, bezeichnet.[98] Auch wenn der soziolinguistische Sprachbewusstseinsbegriff keinesfalls homogen ist, so betonen doch die meisten Definitionsversuche, dass das Konzept „alle Grade der Explizitheit des sprachlichen Wissens und der ihnen korrespondierenden Sprachhandlungsdispositionen" umfasse.[99] Damit können unter dem Sprachbewusstseinsbegriff sowohl Formen laikalen Alltagswissens als auch professionelle, wissenschaftliche Reflexion subsumiert werden.[100] Für diese Arbeit ist das insofern von Bedeutung, als auch in ihrem Quellenkorpus sehr unterschiedliche Grade von ‚Bewusstheit' repräsentiert sind.

Hierin liegt auch der wohl deutlichste Unterschied zum Konzept der *Sprachreflexion*. Die einschlägigen sprachhistorischen Arbeiten, die den Begriff zur Operationalisierung des Sprachdenkens verwenden, meinen damit Formen vorsätzlichen Reflektierens über den Gegenstand Sprache.[101] Sprachreflexion setzt – im Gegensatz zu Sprachbewusstsein – eine „Bewusstheit des Denkens" sowie der „intentionalen Äußerung" dieses Denkens voraus.[102] Der Terminus Sprachreflexion legt damit den Fokus stärker als jener des Sprachbewusstseins auf den Aspekt sprachlichen Handelns als Folge des Reflektierens über Sprache; sprachliche Manifestationen nicht-reflektierten Sprachwissens werden dabei allerdings nicht berücksichtigt.

Spracheinstellung (engl. *language attitude*) ist ein weiterer Begriff, der in dieser Arbeit zur Beschreibung von Sprachbewusstseinsinhalten zur Anwendung kommt. Das Einstellungskonzept stammt aus der Sozialpsychologie und

---

97 Vgl. ebd.
98 Vgl. Mattheier 1995: 16.
99 Vgl. Scharloth 2005c: 11. Es wurde bereits an anderer Stelle angedeutet, dass vor diesem Hintergrund der Begriff ‚Sprach*bewusstsein*' nicht unproblematisch ist, da er suggeriert, es handle sich um Wissen, das den Sprechenden *explizit* bewusst wäre (vgl. dazu schon Schlieben-Lange 2010 [1975]: 26, 1983: 117; Scharloth 2005c: 11). Da sich in der linguistischen Forschung der Terminus nichtsdestotrotz etabliert hat, findet er in dieser Arbeit ebenso Anwendung wie ‚Sprachwissen', das synonym gebraucht wird.
100 Vgl. Neuland 1993: 734. Diese Begriffsverwendung unterscheidet sich damit von jener in der Sprachdidaktik, wo ‚Sprachbewusstsein' als Adaption des angelsächsischen Konzepts der *language awareness* (vgl. Garrett 2006) in der Regel ausschliesslich explizites und deklaratives Sprachwissen bezeichnet. Die Förderung so verstandenen Sprachbewusstseins ist seit den 1990er Jahren zu einer Zielperspektive des Deutschunterrichts geworden (vgl. Neuland 1992, 2002; Edmondson/House 1997).
101 Vgl. Gardt et al. 1991: 17; Bär 1999: 58; zum philosophischen Konzept der Reflexion: Zahn 1992.
102 Vgl. Scharloth 2005c: 8.

fungiert als Erklärung für menschliches Verhalten.[103] Mit Rückgriff auf den amerikanischen Psychologen Gordon Allport definiert Fritz Hermanns ‚Einstellung' als „gelernte *Bereitschaft* zu einer bestimmten *Reaktion* auf etwas."[104] Einstellungen sind damit empirisch nicht direkt beobachtbar, sondern sie stellen das zu rekonstruierende Bindeglied zwischen dem (beobachtbaren) Einstellungsgegenstand, dem Stimulus, und der (beobachtbaren) Reaktion darauf dar.[105] Die Ansicht, dass Einstellungen und Verhalten dabei unmittelbar zusammenhängen, wird heute jedoch kaum noch vertreten. Den Zusammenhang zwischen Einstellung und Verhalten versteht man vielmehr so, dass Einstellungen bestimmte Handlungsmöglichkeiten nahelegen.[106] In Bezug auf *Spracheinstellungen* bedeutet das: Einstellungen zur eigenen und fremden Sprachlichkeit determinieren das Sprachverhalten zwar nicht, aber sie bieten in konkreten Situationen Sprachhandlungsmöglichkeiten an. Sprachhistorisch können Spracheinstellungen damit erklärende Faktoren für Sprachhandeln sein.

Über die innere Strukturiertheit von Einstellungen herrscht in der Sozialpsychologie keine abschliessende Einigkeit. In der Psychologie, aber auch in der Spracheinstellungsforschung weitgehend durchgesetzt hat sich das sogenannte Dreikomponentenmodell.[107] Es geht davon aus, dass sowohl für Prozesse, die zu Einstellungen führen, als auch für Bewertungsreaktionen als Folge von Einstellungen je zwischen einer *kognitiven*, einer *affektiven* und einer *konativen* bzw. *volativen*[108] Komponente zu unterscheiden ist. Während sich die kognitive Komponente etwa in Meinungsäusserungen und in der Formulierung von Überzeugungen manifestiert, äussert sich die affektive Komponente in Gefühlsrepräsentationen, wogegen die konative Komponente Handlungsdispositionen ausdrückt.[109] Auch in dieser Arbeit wird von der Vorstellung ausgegangen, dass sich Einstellungsreaktionen aus diesen drei Komponenten zusammensetzen, allerdings im Bewusstsein darum, dass diese Dreigliederung vor allem heuristische Bedeutung hat und sich die drei Komponenten in der Praxis in der Regel überschneiden und eng miteinander verbunden sind.

---

103 Vgl. Bohner 2002: 266.
104 Hermanns 2002a: 70, Herv. i. O.
105 Vgl. Bohner 2002: 267.
106 Vgl. Casper 2002: 25, 27.
107 Vgl. Bohner 2002: 58; Vandermeeren 1996: 692–693.
108 Hermanns 2002a: 76 schlägt vor, statt von ‚konativ' besser von ‚volativ' zu sprechen, da in der Regel nicht das eigene angebahnte Verhalten ausgedrückt werde, sondern nur ein „gewollter Soll-Zustand".
109 Vgl. Bohner 2002: 267.

Von der Sprachwissenschaft wurde das sozialpsychologische Einstellungskonzept mit Fokussierung auf das Objekt ‚Sprache' übernommen.[110] Spracheinstellungen bilden folglich jene Menge von Einstellungen, deren Einstellungsobjekt Sprache im weitesten Sinne ist. Hermanns oben zitierte verallgemeinernde Definition des Einstellungsbegriffs lässt sich dann für den Spracheinstellungsbegriff wie folgt adaptieren: *Eine Spracheinstellung ist eine gelernte Bereitschaft zu einer bestimmten Reaktion auf Sprache.* Metasprachliche Äusserungen stellen dabei *eine* historisch erschliessbare Form dar, in der sich solche ‚Reaktionen auf Sprache' manifestieren. Nach dem für diese Arbeit verbindlichen Einstellungsbegriff können sich Spracheinstellungen auf „sprachliche Objekte unterschiedlicher Komplexität- und Abstraktionsgrade richten",[111] also auf Sprachgebrauchsmuster auf allen linguistischen Rängen ebenso wie auf grössere sprachliche Entitäten wie Varietäten oder Einzelsprachen.[112] Teilt man diese Vorstellung, dann sind Spracheinstellungen beschreibbar als „Haltungen gegenüber Sprachen, Sprachvarietäten oder Sprachverhalten anderer Individuen oder Gruppen, oft mit wertender Berücksichtigung der jeweils eigenen Sprache".[113] Solche Haltungen und Wertungen sind nicht losgelöst von Haltungen und Wertungen gegenüber Sprechenden der jeweiligen Sprachen bzw. Varietäten. Vielmehr ist davon auszugehen, dass sich die Einstellungen gegenüber diesen Objekten wechselseitig beeinflussen, so dass „Einstellungen gegenüber der Sprache zumeist als Einstellungen gegenüber den Sprechern [wirken]".[114] So verstandene Spracheinstellungen überlappen sich damit teilweise auch mit den Sprachwissensinhalten, die oben unter dem Begriff des Sprachbewusstseins gefasst wurden.

Da unter Einstellungen gemeinhin etwas sowohl kulturell als auch individuell durch Erfahrung Gelerntes verstanden wird, können auch Spracheinstellungen sowohl individuell als auch kulturtypisch sein. Ist letzteres der Fall, handelt es sich um *kollektive Spracheinstellungen*, um gemeinsam geteilte Einstellungen innerhalb einer sozialen Gruppe.[115] Dass entsprechend nicht nur Spracheinstellungen einzelner Sprechender im Laufe ihrer Biographie veränder-

---

110 Während Spracheinstellungen im angelsächsischen Raum bereits seit den 1960er Jahren erforscht wurden (vgl. Giles et al. 1987 für einen forschungsgeschichtlichen Überblick), konnten sich Spracheinstellungen in der germanistischen Linguistik als Untersuchungsgegenstand erst seit rund zwei Jahrzehnten etablieren (vgl. Spitzmüller 2005: 10–12).
111 Schröter 2011: 28.
112 Vgl. ebd. Anders jedoch Giles et al. 1987, die ausdrücklich von „attitudes […] towards speakers representing different speech styles" reden (vgl. Spitzmüller 2005: 69).
113 Stickel 1999: 17, zit. nach Spitzmüller 2005: 69.
114 Neuland 1993: 730.
115 Vgl. Hermanns 2002a: 71.

bar sind, sondern dass gerade auch kollektiv geteilte Ansichten über Sprache historisch und (binnen-)kulturell variabel sind, wurde auch empirisch verschiedentlich nachgewiesen.[116]

Für die vorliegende Studie sind kollektive Spracheinstellungen nicht nur als Gegenstandsbereich eigenen Rechts relevant, sondern auch nützlich, weil sie sprachgeschichtliche Erklärungskraft besitzen. Geht man von der grundlegenden Einsicht der Sozialpsychologie aus, dass Einstellungen Verhalten beeinflussen, so ist auch davon auszugehen, dass Spracheinstellungen *sprachliches* Verhalten beeinflussen können. Die Ansicht, dass „subjektive Faktoren"[117] – und mithin Spracheinstellungen – Faktoren des Sprachwandels sein können, hat sich inzwischen über die im engeren Sinne soziopragmatische Sprachgeschichtsforschung hinaus durchgesetzt.[118] So ist beispielsweise weitgehend akzeptiert, dass bestimmte (subjektive) Theorien und positive bzw. negative Wertungen, die Sprechende einer Varietät gegenüber empfinden, deren Varietätenwahl beeinflussen können. Diese Überzeugung lässt sich auf die zeichentheoretische Einsicht zurückführen, dass eine sprachliche Äusserung neben der Grundfunktion von Sprache als Medium verbaler Kommunikation eine zusätzliche, sozialsymbolische Zeichenhaftigkeit trägt. Diese zusätzliche Symbolik des sprachlichen Ausdrucks hängt aber unmittelbar zusammen mit kollektiven Einstellungen oder Mentalitäten, die in einer sozialen Gruppe in Bezug auf das entsprechende Spracheinstellungsobjekt herrschen.[119] Für die deutsche Schweiz des 19. Jahrhunderts ist aufgrund der Ergebnisse dieser Arbeit beispielsweise davon auszugehen, dass die positive Einstellung gegenüber dem Schweizerdeutschen entscheidend dazu beitrug, dass keine soziale Gruppe Hochdeutsch zu ihrer Alltagsvarietät machte.

Allgemein ist anzunehmen, dass das Verhältnis zwischen Sprachgeschichte und der Geschichte ihrer Reflexion dialektisch ist. Mit Andreas Gardt und Kollegen sind „Kommunikations- und Sprachgeschichte einerseits und Geschichte ihrer Reflexion andererseits zwei sich wechselseitig beeinflussende, wenn nicht gar bedingende Gegebenheiten: Kommunikations- und Sprachgeschichte werden mitbestimmt von der Meta-Reflexion und damit von geschichtstypischen Einstellungen."[120] Es liegt dabei in der Komplexität der Sache, dass Sprachwandel nicht monokausal aus Einstellungen zu erklären ist. Durch die systemati-

---

116 Vgl. exemplarisch Stukenbrock 2005b für diachrone sowie Spitzmüller 2005 für binnenkulturelle Variabilität.
117 Neuland 1993: 723.
118 Vgl. z. B. Gardt 2003: 277; Besch 1983b: 1409; Spitzmüller 2005: 10–12; Cherubim 2011: 18.
119 Vgl. Linke 1996: 11–13.
120 Gardt et al. 1991: 17.

sche Rekonstruktion von Spracheinstellungen können diese allerdings in konkreten historischen Situationen als Faktoren des Sprachwandels plausibel gemacht werden.

Zusammenfassend: Die Termini ‚Sprachbewusstsein', ‚Sprachreflexion' und ‚Spracheinstellung' werden in dieser Arbeit gebraucht, um den Gegenstandsbereich der Sprachbewusstseinsgeschichte zu operationalisieren. Sprachbewusstsein wird dabei in einem sehr weiten Verständnis als Summe sowohl unbewusster als auch bewusster Wissensbestände verstanden. Sprachreflexion beschreibt demgegenüber das ausdrückliche Reflektieren über den Gegenstand Sprache, das sich in der Regel in gezielten Aussagen über Sprache manifestiert. Spracheinstellungen stellen kognitive, affektive oder konative Haltung gegenüber sprachlichen Phänomenen aller Art dar. Insbesondere im Bereich der Kognition überschneiden sich dabei Sprachreflexion und Spracheinstellungen, zugleich können beide als je spezifische Teilmengen eines holistischen Sprachwissens, des Sprachbewusstseins, verstanden werden.

3 Quellen und methodischer Zugang

3.1 Quellenkorpus und Akteure

3.1.1 Quellen und Korpus

Diskurstheoretisch konstituieren sich die historischen Schweizerdeutschdiskurse des 19. Jahrhunderts als „Korpus aller jener – mündlichen und schriftlichen – Einzeltexte, die das Thema irgendwie behandelt haben oder auch nur streiften".[1] Wie bereits dargelegt, ist von diesem *imaginären Korpus* jedoch nur ein Restbestand an Quellen als *virtuelles Korpus* überhaupt erhalten und potenziell verfügbar (s. o. Kap. 2.3.1). Aufgrund bestimmter forschungspraktischer Kriterien (Verfügbarkeit, Auffindbarkeit der Quellen) sowie aufgrund formal und inhaltlich begründeter Relevanzen wurde aus dem virtuellen das *konkrete* Quellenkorpus der vorliegenden Arbeit zusammengestellt.

Ausgehend von der Fragestellung liessen sich für das Korpus der hier untersuchten Schweizerdeutschdiskurse bestimmte formale Anforderungen ableiten. Dazu zählten eine mediale, zeitliche und raumgeographische Einschränkung auf schriftliche Texte, die zwischen dem ausgehenden 18. und dem frühen 20. Jahrhundert in der deutschen Schweiz oder von in der Schweiz Wohnhaften publiziert wurden und prinzipiell einer kleineren oder grösseren Öffentlichkeit zugänglich waren. ‚Öffentlichkeit' wird in dieser Arbeit als sozialer „Raum zwischen Individuum und Staat"[2] verstanden, in dem ein über die eigene Familie hinausgehender intersubjektiver Austausch von Ideen stattfindet. Als Begriff und gesellschaftliches Konzept entstand ‚Öffentlichkeit' in der deutschen Schweiz in der zweiten Hälfte des 18. Jahrhunderts, als im Kontext der Formierung des Bürgertums ein solcher sozialer Raum durch regionale und überregionale Sozietäten geschaffen wurde.[3] In der Mitte des 19. Jahrhunderts existierte bereits eine breite politische Öffentlichkeit, die nicht nur aus Formen gesellig motivierten Austausches in Gestalt von Abendgesellschaften, Kaffeeclubs und Sozietäten bestand, sondern vor allem auf dem Vereinswesen, auf Berufsorganisationen und Wirtschaftsverbänden sowie auf einer regen Publikationstätigkeit in unzähligen Zeitungen und Zeitschriften beruhte.[4]

---

[1] Hermanns 1995b: 89.
[2] Jost 1996: 46.
[3] Vgl. Würgler 1996: 26–28; Imhof/Kraft 2011.
[4] Vgl. Jost 1996: 50–52.

Open Access. © 2019 Emanuel Ruoss, publiziert von De Gruyter. Dieses Werk ist lizenziert unter der Creative Commons Attribution-NonCommercial-NoDerivatives 4.0 Lizenz.
https://doi.org/10.1515/9783110610314-003

In dieser Arbeit wurden vorrangig Texte aus dieser letzteren, publizistischen Öffentlichkeit berücksichtigt,[5] die noch lange in erster Linie eine *Gebildeten*öffentlichkeit darstellte. Diese Fokussierung auf den publizistischen Diskursbereich ist primär eine theoretische Entscheidung.[6] Ihr liegt die Überlegung zugrunde, dass die mediale Öffentlichkeit im 19. Jahrhundert ein wichtiges Forum bürgerlicher Meinungsbildung war. Dass bestimmte Themen in diesem Forum zur Sprache kamen, darf als Ausdruck eines gewissen gesellschaftlichen Interesses an diesen Themen und mithin als Indiz für deren gesellschaftliche Relevanz gelten. Da sich der publizistische Diskurs durch eine Vielzahl von Autoren auszeichnet, dürfen textübergreifende, musterhaft wiederkehrende metasprachliche Positionen, die darin manifest werden, zudem auch als Spuren kollektiv dominierender Vorstellungen einer bürgerlichen Öffentlichkeit (als deren Repräsentanten die Schreibenden gelten dürfen) gewertet werden; sie sind also nicht lediglich Ausdruck historischer Einzelmeinungen.[7]

Während es heute sinnvoll erscheint, öffentlich-laikale von fachwissenschaftlichen Metasprachdiskursen heuristisch zu trennen,[8] ist für die deutsche Schweiz des 19. Jahrhunderts davon auszugehen, dass die beiden Diskursbereiche deutlich enger verzahnt waren und sich in der damaligen Gebildetenöffentlichkeit die entsprechenden Teildiskurse vielfach überlagerten. Es werden deshalb jene Schnittstellen, an denen sprachwissenschaftliche Unternehmungen einem breiteren Publikum zugänglich gemacht wurden, ausdrücklich berück-

---

5 Nicht systematisch berücksichtigt wurden demnach Metakommentare in der (Dialekt-)Literatur oder in privater Schriftlichkeit (etwa in Briefen oder Tagebüchern). Obwohl potenziell relevant, fanden auch sprachnormierende Texte wie Erziehungsratgeber, Anstandslehren, Rhetoriken oder Schulbücher keine systematische Berücksichtigung. Dies, weil erste Recherchen in spezifisch schweizerischen Anstandslehren und Schulbüchern der Zeit zeigten, dass der Dialekt und dessen Verhältnis zum Hochdeutschen darin als Thema nicht relevant gesetzt werden. Wo in Vorworten und Einleitungen zu Schulbüchern dennoch Aussagen über das Verhältnis von Dialekt und Hochdeutsch gemacht werden, wurden diese allerdings bei der Korpusbildung berücksichtigt.
6 Darüber hinaus ist sie auch forschungspragmatischen Überlegungen geschuldet. Da Metakommentare in unveröffentlichtem Schriftgut in der Regel Zufallsfunde sind, wäre ihre Berücksichtigung selbst bei planmässiger Suche mit einem immensen Rechercheaufwand bei unsicherem Ertrag verbunden.
7 Damit ist freilich nicht gesagt, dass nicht auch Textsorten privater Schriftlichkeit hoch interessante und relevante sprachbewusstseinsgeschichtliche Quellen darstellen. Das zeigen beispielsweise die Studie von Linke 1996, die sich auch auf Egodokumente stützt, sowie die Hinweise auf Dialektbewertungen in Tagebüchern und Biographien, die Mattheier 2005 auswertet; dasselbe gilt für Metakommentare in literarischen Werken, wie sie z. B. Jordan 2000 berücksichtigt.
8 Vgl. Spitzmüller 2005.

sichtigt. Prominentestes und wichtigstes Beispiel dafür ist die Schaffung eines *Wörterbuchs der schweizerdeutschen Sprache*, des *Schweizerischen Idiotikons*. Berücksichtigt werden aber auch kleinere, regional ausgerichtete Dialektwörterbücher sowie fachwissenschaftliche Beiträge, die nicht nur der Wissenschaft, sondern auch einem breiteren Publikum zugedacht waren. Wie nicht zuletzt die Ausführungen in dieser Arbeit deutlich zeigen, fanden aufgrund dieser Verzahnung sprachwissenschaftliche Konzepte und Erkenntnisse im 19. Jahrhundert schnell Eingang in eine breitere Gebildetenöffentlichkeit, so dass in den Schweizerdeutschdiskursen vielfältige Phänomene des Wissenstransfers zwischen dem fachwissenschaftlichen und dem publizistisch-öffentlichen sowie insbesondere dem pädagogischen Diskursbereich zu konstatieren sind.

Neben den genannten formalen Anforderungen war als *thematisches Kriterium* konstitutiv, dass nur Quellen berücksichtigt wurden, in denen sich Schreibende metasprachlich zu Dialekt, Hochdeutsch oder zum Verhältnis der beiden Varietäten äussern.

Diese formalen sowie thematischen Anforderungen bildeten den Ausgangspunkt für verschiedene Recherchestrategien, mit denen Texte und Textpassagen aufgespürt wurden, die potenziell Teil der Schweizerdeutschdiskurse sind. Ein erster Schritt bestand in der systematischen Auswertung thematisch relevanter Sekundärliteratur auf diskursrelevante Quellen hin;[9] ebenfalls systematisch ausgewertet wurden einschlägige Bibliographien, in denen potenziell relevante Quellen zu erwarten waren.[10] Ergänzt wurden diese Recherchen um die planmässige Suche in Deutschschweizer Periodika, die entweder manuell oder elektronisch erschlossen wurden. Um eine gewisse zeitliche Repräsentativität der Texte im Korpus abzubilden, wurden Periodika aus dem gesamten Untersuchungszeitraum berücksichtigt. Zudem wurde angestrebt, durch die Wahl von Periodika aus verschiedenen Kantonen auch eine gewisse regionale Verteilung der Quellen zu gewährleisten. Insgesamt wurden so die kompletten Bestände von 90 Deutschschweizer Zeitschriften und Zeitungen des 19. Jahrhunderts manuell oder elektronisch systematisch auf diskursrelevantes Material durchsucht und ausgewertet.[11]

---

9 Dazu zählen insbesondere Trümpy 1955; Schwarzenbach 1969; Müller 1977; Weber 1984; Sonderegger 1985, 2003.
10 Ausgangspunkt bildete die umfassende Bibliographie von Sonderegger 1962. Ausgewertet wurden zudem die Arbeiten von Hoffmann 1836; Sinner 1851; Trömel 1854; Paul 1891; Mentz 1892; Brandstetter 1892; Barth 1906, die teilweise aufeinander aufbauen. Für den pädagogischen Teildiskurs (Kap. 11) wurden zudem die umfassende, vierbändige Bibliographie von Sichler 1906–1919 sowie jene von Büeler 1890 berücksichtigt.
11 Eine vollständige Liste der recherchierten Zeitungen und Zeitschriften findet sich im Literaturverzeichnis (s. u. Kap. 15.1).

Für diese fokussierte Form der Recherche wurde mit Stichwortsuchen gearbeitet. Dafür wurden themenrelevante Lemmata bestimmt, deren Vorkommen in Titeln von selbständigen Publikationen sowie von Zeitschriften- oder Zeitungsartikeln auf die Relevanz eines Textes als Quelle schliessen liess.[12] Erwartbar war etwa, dass sich Texte, deren Titel die Ausdrücke ‚Dialekt', ‚Mundart', ‚Hochdeutsch' oder ‚Schweizerdeutsch' enthalten, als potenziell relevante Quellen erweisen würden. Im Laufe der Recherche und auf der Basis erster Probeanalysen entstand so eine umfassende Liste von potenziell relevanten Suchausdrücken, so dass die zu recherchierenden Zeitungen und Zeitschriften letztlich nach folgenden Lemmata (und deren graphematischen Varianten) systematisch durchsucht wurden: ‚Bauernsprache', ‚Dialekt', ‚Fremdsprache', ‚Gemeindeutsch', ‚Gemeinsprache', ‚Gutdeutsch', ‚Heimatsprache', ‚Hochdeutsch', ‚Hochsprache', ‚Landessprache', ‚Mundart', ‚Muttersprache', ‚Nationalsprache', ‚Schriftdeutsch', ‚Schriftsprache', ‚Schweizerdeutsch', ‚Schweizersprache', ‚Schwizerdütsch', ‚Standarddeutsch', ‚Standardvarietät', ‚Volkssprache'.

Neben der traditionellen manuellen Durchsicht von Periodika in Bibliotheken und Archiven wurde dabei ausdrücklich auch auf Möglichkeiten der elektronischen Texterschliessung zurückgegriffen, die sich durch die umfassende Digitalisierung kompletter Zeitungs- und Zeitschriftenbestände sowie grosser Buchbestände aus dem 19. Jahrhundert in den vergangenen Jahren ergeben haben.[13] Dank verschiedener Onlinedienste war dadurch die gezielte Recherche in einem sehr grossen Textkorpus möglich, was mit herkömmlichen Recherchemöglichkeiten nicht zu bewältigen gewesen wäre. In der Schweiz stellen die durch Universitätsbibliotheken betriebenen Onlineplattformen *e-periodica.ch* und *e-newspaperarchives.ch* eine grosse Zahl an Zeitschriften bzw. Zeitungen des 19. Jahrhunderts in retrodigitalisierter Form zur Verfügung. Auf beiden Plattformen ist eine Volltextsuche möglich;[14] die Plattform *e-periodica.ch* stellt

---

12 Textlinguistisch lässt sich dieser Entscheid damit begründen, dass es sich bei Titeln in der Regel nicht nur um (kleinräumige) Themahinweise, sondern um Ganzheitshinweise handelt, die in aller Regel auf die zu erwartende Hauptthematik des Textes verweisen (vgl. Hausendorf/ Kesselheim 2008: 106–107).

13 Die konkrete Suche in den elektronischen Quellen erfolgte auf Basis oben genannter Liste von Suchausdrücken mittels Platzhaltern (Wildcards), wobei die Asteriske (*) als Platzhalter für eine beliebige Zeichenfolge und die Fragezeichen (?) als Platzhalter für ein einzelnes Zeichen stehen: *bauernsprach*, *dialect*, *dialekt*, *fremdsprach*, *gemeindeutsch*, *gemeinsprach*, *gutdeutsch*, *heimatsprach*, *hochdeutsch*, *hochsprach*, *landessprach*, *mundart*, *muttersprach*, *nationalsprach*, *schriftdeutsch*, *schriftsprach*, *schweizerdeutsch*, *schweizersprache*, *schw?zer?ütsch*, *standarddeutsch*, *standardvarietät*, *volkssprach*.

14 Die Qualität der hier jeweils zugrunde liegenden automatisierten Texterkennung (*optical character recognition*, OCR) ist freilich sehr unterschiedlich. Insbesondere bei den untersuchten retrodigitalisierten Zeitungen in Frakturschrift war die Erkennungsrate teilweise nicht

zudem manuell erschlossene Indizes sämtlicher redaktioneller Beiträge der Zeitschriften zur Verfügung. In beiden Grossbeständen erfolgte eine systematische Titel- bzw. Volltextsuche. Mittels Volltextsuche wurden ausserdem die digitalisierten Zeitungsarchive der *Schaffhauser Zeitung*, der *Neuen Zürcher Zeitung (NZZ)* sowie des *Berner Intelligenzblatts* recherchiert. Zusätzlich wurden – mit der forschungspraktisch notwendigen Beschränkung auf spezifisch schweizbezogene Begriffe wie ‚Schweizerdeutsch', ‚Schweizer Mundart' etc. – die umfassenden Bestände von *GoogleBooks* bzw. des *Internet Archive* durchsucht. Sämtliche Treffer dieser Recherchen auf Wortebene wurden in ihrem Kontext auf Textebene analysiert, in ihrer Relevanz eingestuft und gegebenenfalls in das Korpus übernommen.

Die Intensität, in der sich die Schweizerdeutschdiskurse im recherchierten Zeitraum in den Quellen manifestieren, ist sehr unterschiedlich. Gerade aus den ersten beiden Jahrzehnten des 19. Jahrhunderts sind vergleichsweise wenige Texte im Korpus enthalten. Überhaupt sind metasprachliche Texte zum Schweizerdeutschen in der ersten Jahrhunderthälfte selten, während sie ab den 1860er Jahren deutlich zunehmen. Diese Häufungen sind dabei weniger durch Unzulänglichkeit der Recherchen als vielmehr durch die diachrone Strukturierung des Diskurses selbst sowie durch die deutliche Zunahme der Publikationstätigkeiten und die dadurch gesteigerte Bedeutung der medialen Öffentlichkeit im Laufe des 19. Jahrhunderts zu erklären. Das Thema ‚Dialekt/Hochdeutsch' gewinnt in der ersten Jahrhunderthälfte erst allmählich an gesellschaftlicher Bedeutung, wird dann jedoch im letzten Drittel des Jahrhunderts zu einem viel diskutierten Thema.

Ausserdem unterscheiden sich die berücksichtigten Quellentexte auch hinsichtlich der Intensität und des Umfangs, mit denen sie Sprache thematisieren. Diskurstheoretisch kann man dabei zwischen einem Haupt- und Nebendiskursen unterscheiden (s. o. Kap. 2.3.1). Dokumente, in denen das Verhältnis von Dialekt und Hochdeutsch hauptsächliches Thema ist, sind Teil des Hauptdiskurses. Die metasprachlichen Kommentare können aber auch in thematisch ganz anders gelagerten (Kon-)Texten auftreten, in denen das Thema Sprache nur beiläufig gestreift und nicht vertieft reflektiert wird. In diesen Dokumenten stellen die Schweizerdeutschdiskurse lediglich einen Nebendiskurs dar.[15] Solche eher beiläufigen, meist kaum reflektierten Bemerkungen zur Sprachsitu-

---

überzeugend. Dennoch war die systematische Stichwortrecherche in den Zeitungen forschungspraktisch ein Erfolg und stellte die einzige Möglichkeit dar, mehrere Zeitungen über einen längeren Zeitraum hinweg zu erschliessen; ohne Volltextsuche wäre die Berücksichtigung verschiedener Zeitungen in diesem Umfang nicht möglich gewesen.

15 Vgl. zu solchen Diskursüberlagerungen auch Spitzmüller 2005: 77–80.

ation und den Varietäten in der deutschen Schweiz wurden sehr bewusst ebenfalls ins Quellenkorpus aufgenommen. Gerade sie sind als Zeugnisse bestimmter, als selbstverständlich geltender Spracheinstellungen und -bewertungen aufschlussreich und zeigen, wie sich Sprachbewusstseinsinhalte über die bewusste Sprachreflexion hinaus in anderen Kontexten reproduzieren.[16] Methodisch erwies sich diesbezüglich die Kombination aus manueller und elektronischer Quellenerschliessung als äusserst gewinnbringend, da die elektronische Volltextsuche zahlreiche diskursrelevante Textpassagen zutage förderte, die bei manueller Durchsicht verborgen geblieben wären.

Das konkrete Quellenkorpus, das dieser Arbeit zugrunde liegt, stellt schliesslich das Ergebnis eines vielschichtigen Such-, Bewertungs- und Auswahlprozesses dar und konstituiert sich als Kollektion der recherchierten Aussagen und Einzeltexte. Das dabei entstandene Korpus zu den öffentlichen Schweizerdeutschdiskursen des 19. Jahrhunderts umfasst vorrangig die folgenden Textklassen als Quellentypen: Artikel und Rezensionen aus Zeitschriften und Zeitungen, Monographien sowie Vorworte und Einleitungen aus sprachnormativen Texten (Schulbücher und Sprachlehren), mundartliterarischen Werken und fachwissenschaftlichen Schriften der Schweizer Dialektologie und ihrem Umfeld (Dialektgrammatiken, Dialektwörterbücher). Im Quellenverzeichnis (s. u. Kap. 15.1) sind sämtliche Texte dieses Korpus verzeichnet.

Die im Korpus repräsentierten Texte stammen dabei aus sehr unterschiedlichen Publikationskontexten. Dies betrifft sowohl ihre thematische Ausrichtung als auch die Reichweite ihrer Rezeption und die soziale Verortung ihrer Leserschaft. So umfasst das Korpus Texte aus gesellschaftlich-kulturellen (z. B. *Civitas, Berner Rundschau, Wissen und Leben*) sowie fachwissenschaftlich-pädagogischen Zeitschriften (z. B. *Schweizerisches Volksschulblatt, Schweizerische Lehrerzeitung, Aargauer Schulblatt*), aber auch Funde aus (politischen) Tageszeitungen sowie aus den zeitgenössisch weit verbreiteten Volkskalendern (z. B. *Appenzeller Kalender, Historischer Kalender, oder der [Berner] Hinkende Bot*), die auf das praktische Leben ausgerichtet waren und unterhaltenden Charakter hatten. Mit Blick auf die Reichweite sind überregionale Publikationen (z. B. *Neue Zürcher Zeitung, Neue Helvetia, Schweizerische Lehrerzeitung*) ebenso repräsentiert wie regionale (z. B. *Freiburger Nachrichten, St. Galler Jahrbücher, Berner Schulblatt*). Obwohl auch Texte aus dem katholisch-konservativen Milieu (z. B. *Blätter für die christliche Schule, Freiburger Nachrichten*) in das Quellenkorpus Eingang fanden, gibt es hinsichtlich des gesellschaftlichen Profils der Pub-

---

16 Vgl. ebd.: 78.

likationen insgesamt ein Übergewicht aus dem städtisch-bürgerlichen Milieu der meist evangelischen, politisch und wirtschaftlich eher liberalen Mittellandkantone Bern, Aargau, Zürich und St. Gallen. Dies lässt sich mit der deutlich erhöhten Publikationstätigkeit in diesen Kantonen erklären,[17] so dass die regionale Ungleichverteilung im Korpus bis zu einem gewissen Grad die historischen Verhältnisse widerspiegelt. Ergänzend zu diesen Texten wurden schliesslich zahlreiche thematisch relevante Textpassagen aus unterschiedlichen Textsorten und Quellengruppen in das Korpus aufgenommen.

Innerhalb dieses Korpus zu den Schweizerdeutschdiskursen nimmt eine Schrift des Theologen und Thurgauer Gymnasialrektors Johann Kaspar Mörikofer (1799–1877) eine besondere Stellung ein. Die Arbeit mit dem Titel *Die Schweizerische Mundart im Verhältniß zur hochdeutschen Schriftsprache* erschien 1838 zunächst anonym und wurde 1864 in zweiter Auflage gedruckt. Sie stellt die für das gesamte 19. Jahrhundert umfassendste Gegenüberstellung der beiden Varietäten dar und ist die wichtigste Arbeit im Kontext der Schweizerdeutschdiskurse des 19. Jahrhunderts. Die Bedeutung des Textes ergibt sich nicht nur aus ihrer breiten Rezeption, sondern vor allem auch dadurch, dass bei Mörikofer fast das gesamte Instrumentarium sprachreflexiver Argumentationen und Topoi bereits ausgelegt ist, das im Laufe des Jahrhunderts bedeutsam ist. Mörikofer ist dabei einer der wenigen Autoren, die die einzelnen Aspekte ausführlich erörtern und ihre Behauptungen argumentativ zu begründen suchen. In vielen Fällen – insbesondere auch in der zweiten Jahrhunderthälfte – werden die entsprechenden Argumentationen und Topoi zwar aktualisiert, aber oft nicht (mehr) ausführlich begründet – was nicht zuletzt als Hinweis auf deren Selbstverständlichkeit und allgemeine Bekanntheit zu deuten ist. Insofern lässt sich Mörikofers Schrift mit gutem Recht als diskursiver „Schlüsseltext"[18] verstehen, in dem diskursrelevante Aspekte besonders deutlich werden. Um im metsprachlichen Diskurs bedeutsame Sichtweisen zu illustrieren, wird deshalb in dieser Arbeit vergleichsweise häufig auf Mörikofers Schrift zurückgegriffen.

Schliesslich sei an dieser Stelle auf die Schreibweise von Quellenzitaten hingewiesen. Aus Gründen der Lesbarkeit wird darauf verzichtet, bei Quellenzitaten heute ungewohnte oder fehlerhafte, im 19. Jahrhundert jedoch mögliche

---

17 So gab es beispielsweise im Jahr 1871 in den Kantonen Bern (35 Publikationen), Aargau (33) und Zürich (31) jeweils fast doppelt so viele politische Zeitungen, die mindestens einmal wöchentlich erschienen, als in der gesamten Zentralschweiz (insgesamt 17 in den Kantonen Luzern, Schwyz, Uri, Nidwalden, Obwalden) (vgl. [Anonym.] 1871b; vgl. auch die *Bibliographie der Gesellschaftsschriften, Zeitungen und Kalender in der Schweiz* von Brandstetter 1896, in der dieses Ungleichgewicht augenscheinlich ist).
18 Vgl. Spieß 2013.

Schreibweisen mit *sic!* auszuzeichnen; nur, wo es sich um ganz offensichtliche Druckfehler handelt, wird dies entsprechend angezeigt. Zudem werden die in der Frakturschrift lange üblichen zwei *s*-Grapheme je als ‹s› geschrieben; die in älteren Quellen übliche Umlautschreibung mit übergeschriebenem ‹e› (‹å›, ‹ȯ›, ‹ů›) werden durch ‹ä›, ‹ö›, ‹ü› wiedergegeben.

3.1.2 Akteure

Die Ausführungen zum Quellenkorpus sollen durch einige Hinweise auf die Diskursakteure ergänzt werden, die sich in der einen oder anderen Weise zur Diskursthematik öffentlich geäussert haben. Dabei ist zunächst festzuhalten, dass die Schweizerdeutschdiskurse des 19. Jahrhunderts dezidiert *bürgerliche* Diskurse sind. Die meisten Akteure sind bürgerlicher Herkunft. Die Ursachen dafür sind einerseits in der Tatsache zu suchen, dass die Ausbildung einer medialen Öffentlichkeit damals vorrangig bürgerlich geprägt war.[19] In einer solchen Öffentlichkeit, die sich auch über den Meinungsaustausch in der Presse manifestierte, erwiesen sich die Mitglieder des Bürgertums als *ideology broker*,[20] die ihre eigene Position, die positive Evaluation der Dialekte, diskursiv durchzusetzen versuchten.

In dem Masse, wie der öffentliche Diskurs zum Verhältnis von Dialekt und Hochdeutsch ein Diskurs unter Gebildeten war, waren die Schweizerdeutschdiskurse zudem *elitäre* Diskurse. Die Vermutung, es handle sich vornehmlich um elitäre Diskurse, wird zunächst dadurch gestützt, dass in den Publikationen, die bei breiteren Bevölkerungskreisen populär waren (Beispiele dafür sind die untersuchten Volkskalender[21]), die Sprachsituation im gesamten Untersuchungszeitraum kein vordringliches Thema war und nur selten (und auch dann nur implizit) auf sie eingegangen wurde. Ein Blick auf Herkunft und Ausbildung der relevanten Akteure zeigt zudem, dass die meisten von ihnen akademisch gebildet waren. Viele waren zudem philologisch geschult, einige von ihnen waren sogar selbst wissenschaftlich tätig. Gerade auch solche Biographien trugen zum oben angesprochenen Wissenstransfer zwischen Fachwissenschaft und Gebildetenöffentlichkeit bei. In der ersten Jahrhunderthälfte äusserten sich neben Philologen vor allem auch Geistliche zur Thematik. Im letzten Drittel des 19. Jahrhunderts weitete sich der Kreis der Akteure dann allerdings auch auf die – in vielen Fällen nicht akademisch gebildete – Lehrerschaft aus. Historisch

---

19 Vgl. Jost 1996: 47.
20 Vgl. Spitzmüller/Warnke 2011: 179–180.
21 Vgl. Brunold-Bigler 1992: 1316–1317 zur Popularität von Volkskalendern im 19. Jahrhundert.

dürfte die Zunahme an Diskursakteuren mit der erhöhten Relevanz der Thematik sowie der Erweiterung der bürgerlichen Sozialformation zu tun haben, die sich dadurch charakterisiert, dass im Laufe des Jahrhunderts neue gesellschaftliche Gruppen in das Schweizer Bürgertum integriert werden (s. dazu u. Kap. 4.1). Die Schweizerdeutschdiskurse blieben letztlich über das 19. Jahrhundert hinaus bis in die zweite Hälfte des 20. Jahrhunderts bürgerlich dominierte Diskurse, zumal auch die verschiedenen ‚Mundartwellen' des vergangenen Jahrhunderts zu einem Gutteil vom gebildeten städtischen Bürgertum getragen wurden.[22]

Im Weiteren waren es vor allem *politisch liberale* und *evangelische* Akteure, die den Diskurs dominierten. Die meisten Texte stammen von Autoren aus dem tendenziell liberalen und evangelisch geprägten Schweizer Mittelland – aus Zürich, Bern, Aargau, Basel oder St. Gallen; nur ausnahmsweise sind Texte von Autoren zu finden, die aus den katholisch-konservativen Gebieten der voralpinen und alpinen Schweiz stammen.

Schliesslich waren die Schweizerdeutschdiskurse *von Männern dominierte* Diskurse. Dies lässt sich weitgehend aus den klaren Rollenbildern der bürgerlichen Gesellschaft erklären, in der die Öffentlichkeit als Wirkungsbereich der Männer, nicht aber der Frauen galt.[23] Wie deutlich das Missverhältnis zwischen den Geschlechtern war, ist dennoch erstaunlich: Bis auf zwei (!) Ausnahmen aus den Jahren 1880 und 1899 stammen sämtliche recherchierten Texte zur Thematik von Männern.[24] Ob von den zahlreichen anonym erschienenen Texten auch einige aus den Federn von Frauen stammen, bleibt ungeklärt.

3.2 Diskurshermeneutik als Methode der Diskursgeschichte

Die Rekonstruktion eines historischen Diskurses und seiner Strukturen, wie sie die Diskurgeschichte unternimmt, ist letztlich immer der Versuch, zunächst selbst zu verstehen und dann dieses Verstehen Anderen zu erklären und verständlich zu machen.[25] Dass die Diskursgeschichte deshalb nicht umhin

---

[22] Vgl. zu dieser Einschätzung Ris 1979: 47.
[23] Vgl. Frevert 1988: 15.
[24] Bei der ersten Autorin handelt es sich um die Elsässerin Marie Michel (1826–1915), deren Beitrag „Von der Muttersprache im Primarunterricht" 1880 unter ihrem Pseudonym Maria Rebe in den *Blättern für die christliche Schule* veröffentlicht wurde (vgl. Rebe 1880). Bei der zweiten Autorin handelt es sich um die in der Frauenbewegung engagierte Berner Lehrerin Fanny Schmid (1861–1911), die am 11. Februar 1899 an der Frauenkonferenz einen Vortrag über „Unsere sprachlichen Pflichten" hielt, der in der *Frauen-Zeitschrift Berna* veröffentlicht wurde (vgl. Schmid 1899).
[25] Ich beziehe mich bei diesen Überlegungen auf die Unterscheidung von Fritz Hermanns zwischen ‚Verstehen' und ‚Erklären'. Das „*Verstehen* selbst" ist bei ihm „etwas rein Kognitives,

kommt, bei ihren Analysen hermeneutisch vorzugehen, und insofern methodisch immer eine Diskurshermeneutik ist, hat Fritz Hermanns nachvollziehbar dargelegt.[26] Die vorliegende Untersuchung ist diesem Programm einer Diskurshermeneutik in Hermanns Sinne verpflichtet und zielt darauf, die Schweizerdeutschdiskurse des 19. Jahrhunderts in ihren gesellschaftlichen und kulturellen Zusammenhängen zu verstehen und verständlich zu machen. Letztlich gilt methodisch auch für die historische Erforschung von Diskursen, was Angelika Linke für die Geschichte des Sprachgebrauchs formuliert hat und was für jegliche historische Forschung gilt: Diskursgeschichte bleibt notwendigerweise *Rekonstruktion*,[27] das heisst,

> der Versuch, aus möglichst vielen einzelnen überlieferten Daten kohärente Ausschnitte vergangener Lebenswelten zu erschließen, die es uns im Idealfall ermöglichen, zumindest in vermittelter Form an diesen Welten „teilzuhaben" und so bestimmte historische Phänomene verstärkt aus dem jeweiligen historischen Kontext sowie aus der Perspektive der direkt Betroffenen heraus zu verstehen.[28]

Die konkreten Verfahrensweisen bei der Rekonstruktion von Diskursen sind abhängig von den Erkenntnisinteressen, und sie unterscheiden sich im Einzelfall je nach dem der Analyse zugrunde liegenden Quellenkorpus. Die meisten Arbeiten, die diskursanalytisch vorgehen, teilen jedoch bestimmte Methodenschritte, denen auch die vorliegende Arbeit verpflichtet ist.[29]

Grundlage und Ausgangspunkt der Analysen bildete das konkrete, auf der Basis bestimmter Forschungsinteressen erstellte Korpus zu den Schweizerdeutschdiskursen. Die metasprachlichen Texte bzw. Textstellen dieses Korpus wurden daraufhin einer qualitativen Analyse unterzogen, bei der es darum ging, die Texte zu lesen, ihre Bedeutung im Hinblick auf das Erkenntnisinteresse zu erschliessen und sie in ihrem diskursiven Zusammenhang zu verstehen.[30] Ein solches Diskursverstehen ist stets ein hermeneutischer Prozess, in dem Analysierende mögliche transtextuelle Zusammenhänge und diskursive Bedeutungsstrukturen nach und nach für sich erschliessen. Das bedeutet freilich

---

also Innerliches, das sich einzig und allein in unserm [sic!] Denken abspielt", während *Erklären* den Versuch darstellt, „etwas *verständlich zu machen*, als so-und-so zu verstehen" (Hermanns 2007: 190, Herv. i. O.).

26 Vgl. Hermanns 2007. Zum Programm einer „Linguistischen Hermeneutik" und Möglichkeiten ihrer theoretischen, empirischen, methodologischen und praktischen Profilierung vgl. Hermanns 2003b, 2009; Hermanns/Holly 2007a, 2007b; Gardt 2007b.
27 Vgl. Linke 1995, 1996: 41–45.
28 Linke 1995: 372.
29 Vgl. Hermanns 2007: 195; Gardt 2007a: 30.
30 Vgl. Hermanns 2007: 196; zur Textanalyse als Basis der Diskursanalyse auch Gardt 2013.

nicht, dass eine Text- bzw. Diskursanalyse beliebig sein kann. Vielmehr basieren Bedeutungsanalysen „auf Konventionen, die eine Vergleichbarkeit der Analyseergebnisse innerhalb eines bestimmten Rahmens ermöglichen", wobei „der Konsens der Experten [...] über den Grad der Angemessenheit einer Analyse [entscheidet]".[31]

Als Resultat dieses mehrfach durchlaufenen Analyseprozesses entstand eine ‚Ordnung' des Diskurses, indem das Korpus in einzeltextübergreifende thematische *Diskursstränge* und *Aussagengeflechte* zerlegt wurde. Wichtige Knoten eines solchen „multidimensionale[n] Netz[es] von Aussagen"[32] bildeten etwa die verschiedenen Themen, die als *thematische Teildiskurse* relevant werden, sowie deren *zeitliche Strukturierung.*[33] Die so ermittelte diskursive Struktur findet in der Ordnung der empirischen Kapitel dieser Arbeit ihren Niederschlag.

Wie im theoretischen Teil der Arbeit angesprochen, liegt dieser Arbeit die wissenssoziologische Annahme zugrunde, dass sich Bedeutung und mithin gesellschaftliche und kulturelle Sinnbildung in besonderer Weise in Form intersubjektiv zugänglicher, sprachlicher Handlungen realisiert (s. o. Kap. 2.2).[34] Sie geht weiter davon aus, dass ein Zugriff auf kulturelle Bedeutungsstrukturen über diskursiv signifikante Sprachgebrauchsmuster erfolgen kann.[35] Sprachgebrauchsmuster stellen gerade deshalb eine zentrale Schnittstelle zwischen Sprache und Kultur dar, weil in ihrer Verwendung über die lokalen Kommunikationserfordernisse hinaus ein systematisches „Moment der *Wahl*" und damit ein sozialer bzw. kultureller „Mehrwert" des sprachlichen Handelns liegt.[36] Im vorliegenden Fall versprachen solche musterhaft realisierten sprachlichen Handlungen einen Zugriff auf Dimensionen kollektiver Dispositionen in Bezug auf Sprache und damit auf sprachbezogene Sinnstrukturen und Spracheinstellungen einer historischen Kommunikationsgemeinschaft. Bei der Analyse war davon auszugehen, dass die unterschiedlichen Teildiskurse ihre je eigenen musterhaften Strukturen aufweisen, für die nicht immer dieselben sprachlichen Phänomene relevant sind. Eine verfahrensoffene, induktive Analyse, die die diskursiv relevanten sprachlichen Muster aus den Texten erst rekonstruiert, schien dabei eine wichtige Voraussetzung, um den Blick auf den Gegenstand nicht zu

---

31 Vgl. Gardt 2013: 38.
32 Spitzmüller 2005: 55.
33 Vgl. ebd.: 55–56.
34 Vgl. dazu grundlegend Berger/Luckmann 2012 [1969]: 72–73.
35 Zur kulturanalytischen Bedeutung von signifikanten Sprachgebrauchsmustern vgl. Bubenhofer 2009: 43–53; Linke 2011b: insb. 26–32.
36 Vgl. Linke 2011b: 27–28, Herv. i. O.

verstellen. Weil davon auszugehen ist, „daß die Gegenstände der Sozial- und Geisteswissenschaften selbst strukturiert sind",[37] soll diese Vorgehensweise auch sicherstellen, dass die Struktur des Gegenstands durch die empirische Analyse aus dem Quellenmaterial selbst erschlossen und nicht bereits als Prämisse der Arbeit und damit als vorgängig bekannt vorausgesetzt wird. Entsprechend folgte die Auswertung der Quellen keiner vorab festgelegten Liste von analytischen Zugriffsobjekten und entsprechenden linguistischen Methoden oder Zugriffsweisen. Welche sprachlichen Manifestationen diskursiv bedeutsam sind, wurde induktiv erst im Zuge wiederholter Analysen und Interpretationen bestimmt. Dies spiegelt sich auch im empirischen Teil der Arbeit wider, der sich nicht nach Analysemethoden gliedert, sondern der diskursinhärenten Ordnung folgt, die sich nicht an sprachwissenschaftliche Kategorien hält.

Dennoch: Analytische Zugriffsobjekte stellen grundsätzlich sprachlich-kommunikative Einheiten auf verschiedenen linguistischen Rängen dar. Ihre Analyse erfolgt mittels sprachwissenschaftlicher Methoden, deren Bedingungen jeweils in den Analysen vor Ort erläutert werden. Da es im Sinne des Erkenntnisinteresses dieser Arbeit primär um die Rekonstruktion von Bedeutung(en) geht, standen „semantisch organisierte transtextuelle Strukturen"[38] und damit – im weitesten Sinne – die semantische Dimension sprachlicher Äußerungen und deren Analyse im Vordergrund.[39] Relevant wurden vor allem Argumentationen/ (Argumentations-)Topoi, Implikationen/Präsuppositionen sowie Metaphern. Je nach Zeitraum und Teildiskurs wurden allerdings auch weitere linguistische Phänomene für das Diskursverstehen relevant.

Gerade ein Verstehen-im-Kontext, die Absicht also, den Diskurs in der über seine Selbstreferenzialität hinausgehenden gesellschaftlichen und kulturellen Bedeutung zu erfassen, erforderte es, das Verstehen des Diskurses nicht auf die Beschreibung seiner Strukturen zu beschränken, sondern diese mit Blick auf das zeitgenössische Weltwissen in den historischen Kontext einzuordnen, in dem sie zum Ausdruck kommen. Grundlage dafür bildet der nun folgende zweite Teil der Arbeit (Kap. 4 und 5).

---

37 Holz 2001: 128.
38 Spitzmüller/Warnke 2011: 128.
39 Insbesondere die Düsseldorfer Schule hat der linguistischen Diskursanalyse diesbezüglich zahlreiche methodische Anregungen gegeben. Karin Böke etwa hat die Bedeutung der Metaphernanalyse hervorgehoben (vgl. Böke 1996), Martin Wengeler jene der Topos- bzw. Argumentationsanalyse (vgl. Wengeler 1997, 2003b, 2007, 2013, 2015). Auflistungen der in der linguistischen Diskursanalyse untersuchten Analysekategorien finden sich bei Gardt 2007a: 31 sowie Spitzmüller/Warnke 2011: 135–201.

II Kontexte

4 Historische Kontexte:
Die deutsche Schweiz im 19. Jahrhundert

Will man sich historisch mit Sprache und ihrem Gebrauch durch Menschen beschäftigen, kommt man nicht umhin, auch die Lebensumstände zu thematisieren, in denen sich die Sprachbenutzerinnen und -benutzer zum fraglichen Untersuchungszeitpunkt befanden. In diesem Kapitel soll deshalb in angebrachter Knappheit Einblick in die politische, wirtschaftliche und gesellschaftliche Situation der Schweiz im 19. Jahrhundert gegeben werden.[1]

4.1 Staat, Wirtschaft und Gesellschaft

4.1.1 Staat: Helvetische Republik – Staatenbund – Bundesstaat

Die erste Hälfte des 19. Jahrhunderts markiert in der Schweizer Geschichte die teils turbulente Phase des politischen Übergangs von der alten Ordnung des Ancien Régime im 18. Jahrhundert zum modernen Schweizer Bundesstaat, der 1848 gegründet wurde. Kurz vor der Wende zum 19. Jahrhundert endete die sogenannte *Alte Eidgenossenschaft*, ein Geflecht von Bündnissen zwischen autonomen Klein- und Kleinstrepubliken auf dem Gebiet der heutigen Schweiz.[2] Mit der Alten Eidgenossenschaft endete auch die politische Herrschaft der deutschsprachigen über die romanischsprachigen Gebiete.[3] Nach der Besetzung durch das napoleonische Frankreich wurde 1798 auf dem dreisprachigen Territorium

---

[1] Dass dieser historische Einblick in der hier gebotenen Form nicht über einen groben Abriss der historischen Verhältnisse hinausgehen kann, versteht sich; werden historische Aspekte im Laufe der Arbeit relevant, werden sie vor Ort in die Analyse der Quellen miteinbezogen. Für eine vertiefte Lektüre zur Schweizergeschichte des 19. Jahrhunderts seien folgende Überblicksdarstellungen empfohlen, auf die sich, wo nicht anders vermerkt, auch die folgenden Ausführungen mehrheitlich beziehen: Helbling 1972–1977; Mesmer/Im Hof 1983; Kreis 1986; Hauser 1989; Kästli 1998; Maissen 2010b; Kreis 2014.
[2] Zur alten Eidgenossenschaft und zum Ancien Régime vgl. Im Hof 1977: 700–765; Braun 1984; Würgler 2012.
[3] Die Alte Eidgenossenschaft war zwar territorial mehrsprachig, blieb bis zur Helvetischen Revolution von 1798 allerdings eine „Herrschaft der Deutschschweizer" (Weilenmann 1925) mit Deutsch als ausschliesslicher Staatssprache. Erst im 19. Jahrhundert wurden Deutsch, Französisch und Italienisch weitgehend gleichgestellt, bevor die Schweiz 1848 ihre Dreisprachigkeit offiziell in der Verfassung verankerte (zur Geschichte der staatlichen Mehrsprachigkeit vgl. Weilenmann 1925; Haas 2000b: 49–56; zu den Mächteverhältnissen in den Sprachregionen auch Furrer 2007).

der Alten Eidgenossenschaft ein neuer, den Prinzipien der Französischen Revolution verpflichteter Zentralstaat installiert: die *Helvetische Republik*.[4] Unruhen führten zu einer neuerlichen zwischenzeitlichen Besetzung durch französische Truppen, bevor Napoleon der Schweiz eine neue verfassungsmässige Grundlage, die sogenannte Mediationsakte von 1803, aufoktroyierte. Mit ihr wurde die Schweiz wieder föderalistisch organisiert. Zugleich wurden die aus ehemaligen Untertanengebieten bzw. zugewandten Orten hervorgegangenen neuen Kantone Aargau, Graubünden, St. Gallen, Thurgau, Tessin und Waadt zu eigenständigen Gliedern der Eidgenossenschaft, womit die noch heute gültigen Kantonsgrenzen weitestgehend festgelegt waren. Die *Mediationszeit* (1803–1813), die bis zum Niedergang der napoleonischen Ära dauerte, verlief innenpolitisch vergleichsweise stabil, während die Schweiz aussenpolitisch Spielball der europäischen Grossmächte blieb.[5]

Die Zeit der politischen *Restauration* begann 1813, als konservative Kräfte in verschiedenen Kantonen die Mediationsakte ausser Kraft setzten und die alte Ordnung wiederherstellten. Mit seinem Inkrafttreten 1815 regelte ein neuer Bundesvertrag die Beziehungen zwischen den – dank Neuenburg, Wallis und Genf – nun 22 Kantonen aus inzwischen vier Sprachregionen. Aussenpolitisch regelte er die Handlungsfähigkeit der Eidgenossenschaft als Völkerrechtssubjekt. Innenpolitisch definierte der Vertrag ein Bündnis zwischen den Kantonen als souveränen Kleinstaaten, die ihre jeweilige Innenpolitik nun wieder selbst bestimmten. Als Folge davon wurde 1815 in vielen Kantonen wieder die alte Ordnung mit ihren Ungleichheitsstrukturen und Privilegien für eine kleine aristokratische und patrizische Machtelite eingeführt.

Ab den 1820er Jahren erstarkte in der Schweiz der politische Liberalismus, der sich für aufklärerische Ideale wie die politische Gleichheit sowie die Presse- und Meinungsfreiheit einsetzte. Auf politischen und gesellschaftlichen Druck hin kam es 1830/1831 in den Kantonen Tessin, Zürich, Bern, Luzern, Solothurn, Freiburg, Schaffhausen, St. Gallen, Aargau, Thurgau und Waadt zu neuen liberalen Regierungen und Verfassungen, in denen Forderungen wie Rechtsgleichheit, das Öffentlichkeitsprinzip oder individuelle Freiheitsrechte festgeschrieben wurden. Eine gewichtige politische Folge dieser liberalen Bewegung war die nun deutliche Lagerbildung zwischen den auf politische Veränderung drängenden Liberalen/Radikalen und den auf den Status quo eingeschworenen konservativen Kräften auch auf Bundesebene. In den 1840er Jahren spitzte sich der politische Gegensatz von konservativen (meist katholischen) und liberalen

---

4 Zur Helvetik vgl. Staehelin 1977; Capitani 1983: 164–169; Kästli 1998: 75–176; Fankhauser 2011.
5 Zur Mediationszeit vgl. Frei 1977.

(meist protestantischen) Kantonen zu und führte die beiden inzwischen in militärischen Schutzbündnissen organisierten Lager 1847 in einen kurzen und wenig verlustreichen Bürgerkrieg, den Sonderbundskrieg.[6]

Die siegreichen Liberalen erarbeiteten in kürzester Zeit eine neue Bundesverfassung, auf deren Grundlage 1848 der moderne Schweizer Nationalstaat entstand.[7] Im jungen *Bundesstaat* übernahm eine kleine radikal-liberale bürgerliche Elite die politische Macht, die sich mehrheitlich aus etablierten kantonalen Magistraten, Advokaten und Unternehmern zusammensetzte.[8] Zunächst auf kantonaler, danach auch auf nationaler Ebene formierte sich in den 1860er Jahren gesellschaftlicher Widerstand gegen die bestehenden Machtverhältnisse. Die Forderungen dieser ‚demokratischen Bewegung' umfassten vor allem die Machteinschränkung der politischen Elite sowie eine Ausweitung der Rechte für das Volk als eigentlichen Souverän. Die Erfolge der Bewegung in den Kantonen legten den Grundstein für die Revision der Bundesverfassung von 1874, mit der unter anderem das fakultative Referendum bei Bundesgesetzen oder allgemein verbindlichen Bundesbeschlüssen als neues direktdemokratisches Instrument eingeführt wurde.[9] Innenpolitisch erwiesen sich die veränderten Strukturen als integrativ. Die neuen Möglichkeiten der politischen Teilhabe stärkten den politischen Einfluss der parlamentarischen Minderheiten und beschleunigten die politische Integration der katholisch-konservativen Schweiz. Trotz einer allmählichen Diversifizierung der politischen Landschaft durch kleinere Erfolge der Konservativen und der Sozialdemokraten dominierte der Schweizer Freisinn (oft mit absoluten Mehrheiten) noch bis zum Ersten Weltkrieg fast uneingeschränkt die politischen Institutionen des Landes.[10]

Trotz teils heftigen Richtungsstreiten wurde die politische Integrität der Schweiz als Nationalstaat in der zweiten Jahrhunderthälfte innenpolitisch nicht mehr infrage gestellt. Die grundsätzliche Akzeptanz der bundesstaatlichen Strukturen als Folge eines ideellen und politischen Integrationsprozesses darf dabei auch als wichtiger Faktor der in dieser Arbeit zu beschreibenden sprachbewusstseinsgeschichtlichen Entwicklungen betrachtet werden. Wie diese Arbeit zeigen wird, spielte das politische Selbstverständnis eines Schweizer

---

6 Zur Entstehung des Konflikts und zu den Ereignissen im Sonderbundskrieg vgl. Bonjour 1948; Bucher 1966.
7 Die neue Verfassung von 1848 war in vielerlei Hinsicht ein pragmatischer Kompromiss zwischen den politischen Lagern. So verband sie die Idee eines Nationalstaates mit dem Fortbestand weitgehend politisch souveräner Kantone. Zur Verfassungsgeschichte vgl. Bucher 1977; Ruffieux 1983: 13–16; Mooser 1998.
8 Vgl. Gruner 1973: 55–82; Ruffieux 1983: 19.
9 Vgl. Kley 2011.
10 Vgl. Ruffieux 1983: 73–74.

Nationalstaats insbesondere im Hinblick auf den diskursiv etablierten Zusammenhang von ‚Sprache' und ‚Nation' und die Etablierung des Schweizerdeutschen als einem (deutsch-)schweizerischen Nationalsymbol eine gewichtige Rolle – und zwar in besonderer Weise auch in seiner abgrenzenden Funktion gegen das benachbarte Deutschland.

4.1.2 Wirtschaft: Vom Agrarstaat zum Industrie- und Dienstleistungsstaat

Wirtschaftlich entwickelte sich die Schweiz im 19. Jahrhundert vom Agrarstaat zum modernen Industrie- und Dienstleistungsstaat.[11] Zu Beginn des Jahrhunderts waren noch rund zwei Drittel und in der Jahrhundertmitte noch gut die Hälfte der Schweizer Bevölkerung in der Landwirtschaft tätig. Während die Zahl der Beschäftigten im primären Sektor stetig zurückging, nahm sie im Sekundär- und im Tertiärsektor kontinuierlich zu. Für die erste Jahrhunderthälfte ist deshalb von einer Phase der „langsamen Frühindustrialisierung"[12] auszugehen, zu deren wichtigsten Charakteristika die Mechanisierung der Textilindustrie sowie die Expansion bestehender (Textilindustrie, Uhrenindustrie) und die Entstehung neuer Branchen (Maschinenbau, chemische Industrie, Schwerindustrie, Lebensmittelindustrie) zählten. Auch der Handel florierte. Um 1830 gehörte die Schweiz im europäischen Pro-Kopf-Vergleich zu den führenden Exportländern. Exportiert wurden vor allem Textilien, zudem Uhren, landwirtschaftliche Produkte sowie Maschinen und chemische Erzeugnisse. Gehemmt wurde das Wirtschaftswachstum bis zur Jahrhundertmitte allerdings durch strukturelle Hindernisse, insbesondere durch einen fehlenden Schweizer Binnenmarkt und fehlendem Freihandel zwischen den Kantonen.

Die Schaffung eines gesamtschweizerischen Wirtschaftsraums im Zuge der Bundesstaatsgründung von 1848 verlieh der Schweizer Wirtschaft zu Beginn der zweiten Jahrhunderthälfte entsprechend Aufschwung. Durch vielfältige Handelsverträge unterstützt, entwickelte sich die Schweiz in den folgenden Jahrzehnten zu einer „kleinen, offenen Volkswirtschaft".[13] Bereits Ende der 1880er Jahre waren mehr Menschen in der Industrie (rund 40 % der arbeitstätigen Bevölkerung) als in der Landwirtschaft (rund 35 %) beschäftigt; bis 1910 überholte

---

11 Wenn nicht anders angemerkt, beziehen sich die folgenden Ausführungen auf das wirtschaftsgeschichtliche Standardwerk von Bergier 1990 sowie auf die zusammenfassende Darstellung von Andrey 1983. Einen Forschungsüberblick über die umfassende wirtschaftshistorische Literatur des 19. Jahrhunderts liefern Moser 2010 (zur Landwirtschaft), Rossfeld 2010 (zu Industrie, Handwerk und Gewerbe) sowie Veyrassat 2010 (zur Exportindustrie).
12 Andrey 1983: 192.
13 Maissen 2010b: 222.

auch der Dienstleistungssektor (rund 30 %) den primären Sektor (rund 25 %). Zwischen 1840 und 1890 verdreifachten sich die Exporte, und sie verdoppelten sich danach noch einmal bis zum Ersten Weltkrieg. Das neu gegründete Deutsche Reich wurde als Handelspartner zunehmend wichtiger und zählte kurz vor der Jahrhundertwende zu den wichtigsten Wirtschaftspartnern, während zugleich die wirtschaftliche Bedeutung Frankreichs für die Schweiz rapide abnahm.[14] Im Inland beschleunigten grosse Infrastrukturprojekte, insbesondere der Eisenbahnbau, die Gründung gewichtiger Geschäftsbanken und Kreditunternehmen, aber auch eine erhöhte internationale Nachfrage nach Schweizer Exportprodukten und ein gesteigerter Konsum das Binnenwachstum.[15] Nach ersten Ansätzen eines Strukturwandels in der ersten Hälfte des 19. Jahrhunderts hatte sich die Schweiz damit in der zweiten Jahrhunderthälfte endgültig zum Industriestaat und zu einer führenden Exportnation entwickelt.

Auch wenn sich dadurch die bereits vorhandene wirtschaftliche Ungleichheit zwischen dem Schweizer Mittelland und den voralpinen und alpinen Regionen noch einmal verstärkte, profitierte die Schweiz aus volkswirtschaftlicher Perspektive insgesamt von dieser Transformation. Zugleich beförderten die in den Jahrzehnten nach der Bundesstaatsgründung besonders rasante Geschwindigkeit wirtschaftlicher und technischer Entwicklung sowie die damit verbundenen Modernisierungseffekte der Industriegesellschaft auch Ängste und Unbehagen, die im letzten Drittel des Jahrhunderts in eine identitäre Krisenerfahrung und eine neoromantische Heimatbewegung mündeten. Die Moderne mit ihren einschneidenden Veränderungen der Lebensverhältnisse wurde zum Gegenstand einer allgemeinen Kulturkritik, die sich, wie zu zeigen sein wird (s. u. Kap. 9), bis über das Jahrhundertende hinaus insbesondere auch als Sprach(gebrauchs)kritik, als Kritik am Verlust des sprachlich Eigenen niederschlug.

4.1.3 Gesellschaft: Aufstieg des Bürgertums und bürgerliche Integration

Die gravierenden politischen und wirtschaftlichen Umwälzungen im Laufe des Jahrhunderts zeitigten auch Auswirkungen auf die gesellschaftlichen Strukturen. Das 19. Jahrhundert wurde zum Jahrhundert des Schweizer *Bürgertums*, das sich kulturell, ökonomisch und politisch an die Spitze der Schweizer Gesellschaft stellte.[16]

---

14 Vgl. Langendorf 2015; Jost 2007: 18.
15 Vgl. Bergier 1990: 228–256.
16 Die sozial- und gesellschaftsgeschichtliche Forschung für das 19. Jahrhundert ist zu umfangreich, um hier im Detail nachgezeichnet zu werden. Noch immer grundlegend sind die Arbeiten von Tanner 1995a (zentrale Ergebnisse daraus auch in Tanner 1995b) zum Bürgertum

Spätestens als Folge der liberalen Neuordnung in zahlreichen Kantonen zu Beginn der 1830er Jahre etablierte sich an Stelle der alten aristokratischen eine neue bürgerliche Elite von Vermögenden und akademisch Gebildeten an der politischen Spitze der Kantone. Seinen Aufstieg verdankte das Bürgertum auch der strukturellen Schwäche der schweizerischen Aristokratie, die ihre politische und ökonomische Vormachtstellung nach dem Zusammenbruch des Ancien Régime immer mehr einbüsste.[17] Die neue liberale Elite, die an ihre Stelle trat, verstand sich vornehmlich als patriarchalische Führung des Schweizer Volkes, das sie nach bestem Wissen und Gewissen fördern, dessen Macht sie jedoch beschränkt halten wollte.

Während sich das Schweizer Bürgertum der ersten Jahrhunderthälfte als eine durch Reichtum oder Bildung privilegierte (klein-)städtische Oberschicht darstellte, die sich gegen oben von der Aristokratie und gegen unten vom ‚gemeinen Volk' abgrenzte, kam es im Laufe der zweiten Jahrhunderthälfte zu einer *Verbürgerlichung breiterer Bevölkerungskreise*. Um 1900 lässt sich die Schweiz als bürgerliche Gesellschaft charakterisieren,[18] als eine Wertegemeinschaft, die sich über geteilte Tugenden und Leitbilder sowie über die Nation als Bezugsgrösse definierte und prinzipiell offen für gesellschaftliche Aufsteiger war. Als bürgerlich galt, wer sich durch als typisch schweizerisch empfundene Charaktereigenschaften wie Fleiss, Strebsamkeit, Ehrlichkeit, Einfachheit oder Bescheidenheit auszeichnete und über eine solide wirtschaftliche Grundlage verfügte. Die dadurch beförderte Integration neuer gesellschaftlicher Gruppen führte dazu, dass das Bürgertum gegen Ende des Jahrhunderts eine professionell und ökonomisch höchst heterogene Gruppe darstellte, zu der sich neben Unternehmern, Kaufleuten, Ärzten und Advokaten auch Pfarrer, Lehrer, Beamte, Handwerker und Bauern zählten.[19]

Ausgeschlossen blieb, wer dem Massstab bürgerlicher Tugendhaftigkeit nicht entsprach. Zu dieser Gruppe zählten aus moralischen und wirtschaftli-

---

und von Gruner 1968 (zentrale Ergebnisse daraus auch in Gruner 1965) zur Arbeiterschaft. Kommentierte Forschungsüberblicke zur Sozial- und Gesellschaftsgeschichte der deutschen Schweiz im 19. Jahrhundert liefern König 2011 (zum Bürgertum) sowie Wyler 2011 (zur Arbeiterschaft und zu gesellschaftlichen Randgruppen). Für die folgenden Ausführungen beziehe ich mich vornehmlich auf Tanner 1990, der einen guten Überblick zur Konsolidierung des Bürgertums und zu dessen Verhältnis zur Aristokratie liefert.
17 Vgl. Tanner 1990: 210–211.
18 Vgl. Tanner 2015: 39.
19 Innerhalb dieses breit aufgestellten Bürgertums gab es wiederum eine eigentliche Oberschicht, der nur rund zehn Prozent der Bevölkerung angehörten und die über grossen Wohlstand und politische Macht verfügte. In diesen Kreisen galten gesellschaftliche Normen und Verpflichtungen, die vom Grossteil anderer ‚Bürgerlicher' nicht erfüllt werden konnten (vgl. Wecker 2014: 468).

chen Gründen die gesellschaftlich Randständigen und ökonomisch Bedürftigen. Weit gewichtiger als diese Minderheiten war jedoch die Arbeiterschaft, die zunehmend zum ideologischen Feindbild des Bürgertums wurde. Wie in benachbarten Staaten hat sich auch in der Schweiz im 19. Jahrhundert die *Arbeiterschaft* als Sozialformation ausgebildet.[20] Im Gegensatz zu anderen europäischen Staaten führte die Industrialisierung in der Schweiz jedoch nicht zu einem Massenproletariat, auch wenn viele Arbeiter am Rande der Existenz lebten. Durch Arbeitervereine und -organisationen befördert, entwickelte sich allmählich ein eigenes Klassenbewusstsein und Selbstverständnis der Arbeiterschicht. Eine politisierte Arbeiterschaft in diesem Sinne formierte sich nach Anfängen in der ersten Jahrhunderthälfte allerdings erst im letzten Drittel des 19. Jahrhunderts, institutionalisiert in der Gewerkschaftsbewegung und in der 1888 gegründeten *Sozialdemokratischen Partei*, die zur politischen Stimme der Arbeiterschaft wurde.[21]

Nachdem die ideologisch-politische Konfliktlinie zwischen den aristokratischen ‚Herren' und dem Bürgertum durch die Integration der ersteren bis ins letzte Viertel des Jahrhunderts aufgelöst worden war, stellte nun der Gegensatz zwischen Arbeiterschaft und Bürgertum sozial und politisch eine neue gesellschaftliche Grenzlinie dar. Die eher fiktive Angst vor einer proletarischen Bedrohung beförderte dabei gegen Ende des Jahrhunderts noch einmal verstärkt die politische Integration katholisch-konservativer Kreise in einen festgefügten Bürgerblock, der unter freisinniger Führung auch die Bauern und die national gesinnte Arbeiterschaft umfasste und seine innere Stabilität letztlich der erwähnten bürgerlich-nationalen Ideologie verdankte. Unter der Perspektive einer soziopragmatischen Sprachgeschichtsschreibung drängt sich dabei der Verdacht auf, dass gerade auch diese im 19. Jahrhundert geschaffenen gesellschaft-

---

20 Zu den sozioökonomischen Verhältnissen und den Lebensbedingungen der Schweizer Arbeiterschaft vgl. Gruner 1965, 1968: 91–161; Wecker 2014: 468–470; zu den politisch und kulturell tätigen Arbeitervereinen und Organisationen vgl. Gruner 1968: 281–340, 468–503, 544–599; Müller 2010; Bürgi 2011.
21 Die Aufarbeitung der Bildungsbestrebungen der Arbeiterbewegung im 19. Jahrhundert stellt in der Schweizer Historiographie insgesamt ein Desiderat dar (vgl. Wyler 2011: 146). Das gilt noch verstärkt für die Charakterisierung von Sprache und Sprachgebrauch der deutschschweizerischen Arbeiterschaft und das Potenzial sprachgeschichtlicher Entwicklung, das mit der Ausbildung dieser Sozialformation zweifellos verbunden war. Während für Deutschland seit den 1980er Jahren kleinere und grössere Arbeiten zur Arbeitersprache im 19. Jahrhundert sowie zu den damit verbundenen Bildungsbestrebungen entstanden (vgl. z. B. Kettmann 1980: 51–58; Eisenberg 1983; Mattheier 1985a, 1985b, 1989a, 1989b; Grosse 1989, 1991; Schildt 1991; Klenk 1997, 1998; Mihm 1998), fehlen solche Untersuchungen mit Blick auf die deutsche Schweiz bislang vollständig.

lichen Bedingungen sprach(bewusstseins)geschichtlich bedeutsam waren. Die der Schweiz eigene nationale Integration der Arbeiterschaft und deren Orientierung am Bürgertum verbunden mit der Tatsache, dass das kulturell und wirtschaftlich dominante Bürgertum sich aus politisch-ideologischen Gründen weiterhin des Dialekts bediente, dürfte letztlich entschieden dazu beigetragen haben, dass der Dialektgebrauch in der Deutschschweiz nicht sozialsymbolisch aufgeladen und gesellschaftlich stigmatisiert wurde.

4.2 Nationalbewusstsein und nationale Integration

Von besonderer Bedeutung für die Sprachbewusstseinsgeschichte der deutschen Schweiz im 19. Jahrhundert ist die Durchsetzung des Nationalismus als Staats- und Gesellschaftsideologie und die Ausbildung eines spezifisch (deutsch-) schweizerischen Nationalbewusstseins. Vor dem Hintergrund des daran gekoppelten sozialintegrativen Prozesses des Nation-Building gewinnt das Schweizerdeutsche zumal in der Deutschschweiz als Nationalsymbol an Bedeutung.

Ein „Sonderverständnis",[22] das sich als Ausdruck eines frühen Nationalbewusstseins begreifen lässt, manifestierte sich in der Schweiz bereits im ausgehenden 15. und frühen 16. Jahrhundert.[23] Von Bedeutung war neben den eidgenössischen Gründungsmythen vor allem die Ethnisierung der Schweizer als Helvetier in der humanistischen Historiographie, die das Bild einer Abstammungsgemeinschaft bis in die Römerzeit erzeugte.[24] Damit gelang es vergleichsweise früh, die gesamte Bevölkerung der eidgenössischen Bündnispartner zu ‚nationalisieren' und einen helvetischen Stammespatriotismus zu etablieren.[25] Für das nationale Selbstverständnis im Sinne der Zugehörigkeit zu einer nationalstaatlich definierten Gemeinschaft waren jedoch vor allem jene Vorgänge entscheidend, die in der zweiten Hälfte des 18. Jahrhunderts einsetzten und sich im 19. Jahrhundert verstärkten. Sie trugen letztlich zur Konstruktion der Schweiz im Sinne einer „imagined community"[26] und damit zur „Erfindung der Nation"[27] bei.[28]

---

22 Kreis 2011b.
23 Vgl. Im Hof 1982: 194.
24 Vgl. Im Hof 1991a: 41–43, 53–56; Maissen 1994; Marchal 2007: 28–59.
25 Vgl. Maissen 2002.
26 Anderson 2005 [1983]. Die *imagined community* beschreibt eine grosse Menschengruppe, deren Mitglieder sich selbst nicht alle kennen (können), sich aber dennoch – meist mit Rückgriff auf historische, ethnische oder sprachliche Gemeinsamkeiten – als zusammengehörig und als Mitglieder einer Gemeinschaft betrachten.
27 So der Titel der deutschen Übersetzung von Anderson 2005 [1983].
28 Zum neuen patriotischen Nationalbewusstsein im 18. Jahrhundert vgl. Im Hof 1982, 1991a: 85–112; Zurbuchen 2000 sowie die Beiträge in Böhler et al. 2000. Zum Nationalbewusstsein

Nach einer „Krise des Nationalbewusstseins"[29] im frühen 18. Jahrhundert etablierte sich im Kontext der Aufklärung in der zweiten Jahrhunderthälfte ein neuer helvetischer Patriotismus der intellektuellen Eliten.[30] Neben dem Rückgriff auf eine gemeinsame Geschichte wurden in diesem Kontext die Überhöhung der schweizerischen Natur – insbesondere der Alpen – und der freiheitsliebenden Alpenbewohner sowie andere Stereotype besonderer Schweizer Tugenden und des darauf basierenden schweizerischen Republikanismus als gemeinschaftsstiftende Momente wirksam.[31] Obwohl das ‚Vaterland' die zentrale Orientierungsgrösse des gemeinsamen Selbstverständnisses darstellte, waren im ausgehenden 18. Jahrhundert politische Forderungen nach einem schweizerischen Einheitsstaat noch kaum Thema der Auseinandersetzungen.[32]

Nachdem 1798 durch einen gewaltsamen Umsturz der erste schweizerische Einheitsstaat errichtet worden war, wurden in der Zeit der *Helvetik* verschiedene Massnahmen ergriffen, um das noch vornehmlich auf eine kleine patriotische Elite beschränkte Nationalbewusstsein an breitere Bevölkerungskreise heranzutragen.[33] Die institutionellen Bemühungen des helvetischen Zentralstaates erzielten jedoch nicht den gewünschten Erfolg und verloren ihre Bedeutung durch die föderalistische Reorganisation der Schweiz als Folge der napoleonischen Mediationsakte von 1803.

Demgegenüber überstand der bürgerliche Patriotismus, der unter anderem in der *Helvetischen Gesellschaft* gepflegt und befördert wurde, die politische Krisenzeit zwischen Helvetischer Revolution (1798) und Wiener Kongress (1814/15). Zu wichtigen Trägern dieses Nationalgedankens wurden in den ersten Jahrzehnten des neuen Jahrhunderts Vereine und bürgerliche Gesellschaften. Bürgerliche Vereinigungen wie die *Helvetische Gesellschaft* (erneuert 1807) und die *Schweizerische Gemeinnützige Gesellschaft* (gegründet 1810), aber auch die pat-

---

sowie zu den Formen der nationalen Integration im 19. Jahrhundert vgl. Frei 1964a; Hunziker 1970; Capitani 1987; Im Hof 1991a: 113–244; Weishaupt 1992; Kreis 1993; Meyerhofer 2000; Zimmer 2000, 2003; Marchal 2007: 84–117 sowie die Beiträge in: Capitani/Germann 1987; Mesmer 1992; Marchal/Mattioli 1992; Altermatt/Bosshart-Pfluger/Tanner 1998a. Gute handbuchartige Überblicksdarstellungen zur Thematik liefern zudem Frei 1964b; Im Hof 1990, 1991b; Kreis 2011b.
29 Im Hof 1982: 194.
30 Vgl. Im Hof 1991a: 85–111.
31 Vgl. dazu Frei 1964b: 395–396; Im Hof 1982: 196, 205–206; Trümpy 1982; Marchal 1992; Weishaupt 1992: 17–51; Zimmer 1998; Capitani 2010; Maissen 2010a.
32 Vgl. Im Hof 1982: 199.
33 Ergänzend zur Propaganda durch Beamte, Pfarrer und die Presse sollten ein Umbau des Schulsystems, die Wiederbelebung alter Volksfeste oder die Pflege nationalen Liedgutes die Nationalideologie verbreiten helfen (vgl. Frei 1964a: 109–200).

riotische Arbeitervereinigung *Grütliverein* (1838) fungierten als Foren der politischen und gesellschaftlichen Integration.[34] Popularisiert wurde das Vereinswesen durch die Gründung des *Eidgenössischen Schützen-* (1824), *Turn-* (1832) und *Sängervereins* (1842), deren Verbandsfeste zu eigentlichen Nationalfesten und zu „Beschwörungsveranstaltungen im Dienst der nationalen Einheit"[35] wurden.[36] Des Weiteren stärkten auch der gemeinsame Militärdienst (ab 1817) und überregionale Solidaritätserfahrungen, etwa bei Naturkatastrophen, das Gemeinschaftsgefühl.[37] Im Sinne einer „invention of tradition"[38] wurden zudem Bräuche (wieder-)belebt, neu erfunden oder lokale Traditionen national umgedeutet, so dass etwa Schwingen, Steinstossen und Jodeln zu „Symbolen einer ‚urtümlichen' schweizerischen Hirtenkultur"[39] stilisiert und ehemals lokale Schlachtengedenkfeiern als „patriotische ‚Wallfahrten'"[40] zelebriert wurden. Im Zuge der liberalen Umwälzungen von 1831 verschrieb sich schliesslich die Schule der nationalen Erziehung im patriotischen Gesangs-, Geographie- und Geschichtsunterricht sowie in der sogenannten Vaterlandskunde.[41] Von aussen trugen die wiederholt angedrohten oder tatsächlich erfolgten politischen Einmischungen der ‚Heiligen Allianz' – Preussen, Österreich-Ungarn, Russland – in Schweizer Angelegenheiten zum politischen Bewusstsein einer nationalen Schicksalsgemeinschaft bei.[42]

Spätestens ab den 1830er Jahren kann von einer Popularisierung des nationalen Selbstverständnisses gesprochen werden. Der nationale Zusammenschluss und die Gründung eines Nationalstaates wurden nun öffentlich gefordert und politisch durch die sogenannten Radikalen vehement vertreten.[43] Das Gefühl nationaler Zu- und Zusammengehörigkeit, das im ausgehenden 18. Jahr-

---

34 Vgl. Erne/Gull 2014. Hinzu kamen zahlreiche weitere national organisierte Gesellschaften im Bereich von Wissenschaft und Kunst wie der *Schweizerische Kunstverein* (1806), die *Schweizerische Musikgesellschaft* und die *Schweizerische Gesellschaft zur Beförderung des Erziehungswesens* (beide 1808) oder die *Schweizerische Geschichtforschende Gesellschaft* (1811) und die *Schweizerische Naturforschende Gesellschaft* (1815).
35 Capitani 2009.
36 Vgl. Frei 1964a: 226–236; Capitani 2009.
37 Zum Militärdienst vgl. de Weck 2012; zu den Naturkatastrophen verschiedene Beiträge in Pfister 2002.
38 Hobsbawm 1983.
39 Maissen 2010b: 185.
40 Frei 1964a: 236.
41 Vgl. ebd.: 241–243.
42 Vgl. Andrey 1983: 253; Tanner 1997: 128; Guzzi-Heeb 1998: 145.
43 Vgl. Tanner 1997: 118–124, 2013; Altermatt/Bosshart-Pfluger/Tanner 1998b: 13; Kästli 1998: 271–274.

hundert auf eine kleine Gruppe intellektueller Eliten beschränkt war, erfasste nun auch breitere Bevölkerungskreise.[44]

Die Stärkung des Nationalbewusstseins spiegelte sich auch in der zeitgenössischen Reflexion über Sprache. Wie die Analysen dieser Arbeit zeigen, besann man sich ab dem zweiten Viertel des Jahrhunderts deutlicher als zuvor auf die Bedeutung des Schweizerdeutschen als nationales Erbe und als eigene, die deutsche Schweiz verbindende Sprache. Die Imagination einer eigenen ‚Nationalsprache' in diesem Sinne wirkte dabei ihrerseits auf die Gefühlsrealität einer nationalen Gemeinschaft zurück.

Dennoch: Auch nach der Gründung des Bundesstaats bekannten sich nicht alle in gleicher Weise zur ‚neuen' Schweiz von 1848. Insbesondere die katholisch-konservativen Kantone, die zu den Verlierern des Sonderbundskrieges gehörten, konnten sich zunächst nur schwer mit dem neuen Staat identifizieren.[45] Mit Blick auf die nationale Selbstverständigung stellt die zweite Hälfte des 19. Jahrhunderts deshalb eine wichtige Phase des Nation-Building dar. Nachdem die institutionellen Rahmenbedingungen 1848 geschaffen worden waren, kam es nun allmählich auch zu einer „kulturellen Nationalisierung des Alltags".[46] Gesamtschweizerische Institutionen wie die zentralisierte Postverwaltung (ab 1849) oder die gemeinsame Währung (ab 1850), aber auch der für junge Bürger obligatorische Militärdienst machten die nationale Zugehörigkeit in der Lebenswelt der Bevölkerung erfahrbar. Erlebbar wurde die Nation an den grossen Festen, die in der zweiten Jahrhunderthälfte etwa aufgrund kantonaler Jubiläen des Eintritts in die Eidgenossenschaft oder auch zur Erinnerung an gemeinsam geschlagene Schlachten begangen wurden und 1891 mit der Bundesfeier zum vermeintlich 600-jährigen Bestehen der Eidgenossenschaft einen Höhepunkt erreichten.[47] Eine zentrale Rolle bei der Konstruktion eines nationalen Selbstverständnisses spielten zudem die Geschichtsschreibung sowie die Vermittlung der Nationalgeschichte in der Volksschule.[48] Weiter trugen die bildende Kunst (in Form nationaler Motive), die Bildhauerei (in Form von Denkmälern) und die Architektur (in Form von Repräsentativbauten), denen die Nation nun zu einem wichtigen Bezugspunkt wurde, zur Inszenierung und Symbolisierung der Nation im öffentlichen Raum bei.[49] Politisch bewirkte schliesslich

---

44 Vgl. Tanner 1997: 130–135.
45 Vgl. Im Hof 1991a: 167.
46 Altermatt/Bosshart-Pfluger/Tanner 1998b: 13.
47 Vgl. Kreis 2011a.
48 Vgl. zur nationalen Geschichtsschreibung Capitani 1987; Zimmer 2000; Buchbinder 2002, zur nationalen Erziehung im Unterricht Frei 1964a: 243–247; Criblez/Hofstetter 1998.
49 Vgl. Ernst et al. 1998.

die Verfassungsrevision von 1874, die neue direktdemokratische Instrumente einführte, die endgültige Integration der konservativen Verlierer von 1847 auf Bundesebene.

Zusätzlich von aussen befördert wurde das schweizerische Nationalbewusstsein durch die Nationalstaatengründungen Italiens (1861) und insbesondere des Deutschen Kaiserreichs (1871), die das Kleinstaatsbewusstsein und die nationale Abgrenzung der Schweiz gegenüber ihren gleichsprachigen Nachbarn verstärkten.[50] In der deutschen Schweiz fanden diese politisch-ideologischen Entwicklungen ihren sprachbewusstseinsgeschichtlichen Niederschlag in einem dezidierten Sprachpatriotismus auf Basis des Schweizerdeutschen (s. u. Kap. 10). Das Schweizerdeutsche wurde für die Deutschschweiz gegen innen zum patriotischen Kennzeichen und gegen aussen zum Ausdruck nationaler Abgrenzung gegenüber Deutschland.

Das Selbstverständnis, sich *politisch* als Schweizerin oder Schweizer zu verstehen, war zu diesem Zeitpunkt in der Deutschschweiz kaum mehr infrage gestellt. Der Nationalismus wurde in der Schweiz des 19. Jahrhunderts insgesamt „zu einer Integrationsideologie und zu einer politischen Bewegung, die rational wie emotional die einzelnen Menschen in den souveränen Nationalstaat einzubinden und auf die Nation einzuschwören versuchten".[51] Die historische Forschung geht davon aus, dass die nationale Integration der Mehrheitsbevölkerung gegen Ende des 19. Jahrhunderts weitgehend abgeschlossen war. Zu diesem Zeitpunkt war die Nation für den grössten Teil der Bevölkerung zu einem integralen Bezugspunkt der eigenen Gruppenzugehörigkeit geworden, und eine Mehrheit der Schweizerinnen und Schweizer sah sich nicht mehr nur als Mitglieder einer kommunalen oder einer kantonalen, sondern auch einer nationalen Gemeinschaft.[52] Kurz vor Ende des Jahrhunderts erreichte so das politische Nationalbewusstsein seinen ersten Höhepunkt.

Allerdings: Im Kontext der europäischen Nationalismen wurde gegen Ende des Jahrhunderts zugleich das Gefühl der kulturellen Gemeinschaft der jeweiligen Landesteile mit den ihnen benachbarten gleichsprachigen Nationalstaaten

---

50 Vgl. Hunziker 1970: 64–174; Ackermann Ettinger 2009: 220–224.
51 Altermatt/Bosshart-Pfluger/Tanner 1998b: 13.
52 Zu den Elementen, die autostereotyp als einmalig schweizerisch galten und damit identitätsstiftend wirkten, zählt die historische Forschung vor allem die spezifische Topographie (die Alpen), die freiheitliche Tradition, den Föderalismus, die kulturelle Vielfalt (insbesondere die Mehrsprachigkeit) sowie die schweizerische Kleinstaatlichkeit und Neutralität. Zum schweizerischen Selbstbild gehörten aber auch der ‚Sonderfall Schweiz' und ein daraus abgeleitetes Sendungsbewusstsein, das sich aus dem Gefühl moralischer Überlegenheit und politischer Fortschrittlichkeit nährte (vgl. Frei 1964b: 396–398; Kreis 1992: 787–788; Ackermann Ettinger 2009: 224).

gestärkt. Diese doppelte Selbstverortung, die Zugehörigkeit zu einer politischen Schweizer Nation bei gleichzeitiger Zugehörigkeit zu einer deutschen, französischen oder italienischen Kulturnation, führte insbesondere aufgrund der politischen Krise zwischen Deutschland und Frankreich innenpolitisch zu starken Spannungen, die im Ersten Weltkrieg ihren Höhepunkt erreichten.

4.3 Die deutsche Schweiz und ihr ambivalentes Verhältnis zum eigenen ‚Deutschsein'

Das Verhältnis der Deutschschweizer Elite gegenüber Deutschland[53] und dem eigenen ‚Deutschsein' war nicht nur am Jahrhundertende, sondern im gesamten 19. Jahrhundert durch die oben bereits angedeutete Ambivalenz geprägt, politisch zur Schweiz zu gehören und zugleich Teil einer (gesamt-)deutschen Kultur zu sein.[54] Seit Jahrhunderten verstand sich die deutschsprachige Schweiz als Teil des deutschen Kulturraums, und als solcher wurde sie auch von ausserhalb verstanden.[55] Im 19. Jahrhundert speiste sich dieses Selbstverständnis aus der Teilnahme am deutschen Kultur- und Wissenschaftsbetrieb sowie aus vielfältigen persönlichen und beruflichen Beziehungen nach Deutschland oder zu in der Schweiz lebenden Deutschen. Gerade die Studienzeit, die grosse Teile der Deutschschweizer Eliten zumindest teilweise an deutschen Universitäten verbrachte, war ein wichtiges Element des deutsch-schweizerischen Kulturkontakts im 19. Jahrhundert.[56] Zur deutschen Kulturnation zu gehören, galt den Gebildeten in der deutschen Schweiz als Selbstverständlichkeit. Die Identifikation mit der deutschen Kultur wurde dabei in erster Linie über die gemeinsame (Schrift-)Sprache geleistet. Schweizer Schriftsteller wie Jeremias Gotthelf oder Gottfried Keller schrieben selbstverständlich hochdeutsch. Ebenso selbstverständlich rezipierte man deutsche und österreichische Literatur und lernte in den Schulen die deutsche Standardvarietät. Die neuhochdeutsche Schriftspra-

---

53 Der Einfachheit halber werde ich in dieser Arbeit die Begriffe ‚Schweiz' bzw. ‚Deutschland' pauschal für die verschiedenen politischen Konstrukte verwenden, die im 19. Jahrhundert in der heutigen Schweiz bzw. dem heutigen Deutschland Bestand hatten.
54 Die folgenden Ausführungen beziehen sich hauptsächlich auf die gesellschaftlichen Oberschichten in grösseren Städten, aus denen sich die Akteure des in dieser Arbeit untersuchten metasprachlichen Diskurses vorrangig rekrutieren.
55 Zu Formen des Kulturkontakts und Kulturtransfers im 18. Jahrhundert vgl. Guthke 1982; Pestalozzi 1982; Hentschel 2002: 27–35; York-Gothart/Zenker/Zurbuchen 2002b sowie die Beiträge in Thomke/Bircher/Proß 1994, York-Gothart/Zenker/Zurbuchen 2002a und Lütteken/Mahlmann-Bauer 2009.
56 Vgl. Bonjour 1958: 68–69; Ehringer 2013.

che wurde entsprechend uneingeschränkt auch als Kultur- und Gemeinsprache der Deutschschweiz betrachtet.

Wie dargelegt, existierte parallel zu dieser sprachlich-kulturellen Selbstverortung seit Jahrhunderten aber auch ein spezifisch schweizerisches Nationalbewusstsein, verbunden mit dem Selbstverständnis, politisch und kulturell Schweizer respektive Schweizerin zu sein (s.o. Kap. 4.2). Auch im frühen 19. Jahrhundert stand man deshalb Überlegungen, die Schweiz in einer deutschsprachigen Nation aufgehen zu lassen,[57] prinzipiell ablehnend gegenüber. Tatsächlich soll es in der ersten Jahrhunderthälfte aber auch Deutschschweizer gegeben haben, die sich vorstellen konnten, die deutschsprachige Schweiz in ein föderalistisches, liberales und demokratisches gesamtdeutsches Staatswesen zu integrieren.[58] Mit der Gründung des schweizerischen Nationalstaats 1848 und der gescheiterten Deutschen Revolution 1848/49 wurden jedoch neue Bedingungen geschaffen, die Überlegungen einer politischen Einigung mit Deutschland obsolet machten. Nachdem das Bewusstsein nationaler Souveränität durch die Nationalstaatengründung Italiens und Deutschlands noch einmal verstärkt worden waren, stand die politische Integrität und Souveränität der Schweiz als Nation in der zweiten Jahrhunderthälfte deshalb ausser Frage.[59] Entsprechend kam es in der Folge zu einer „Umwertung germanophiler Gesinnung".[60] Wer sich nun noch immer politisch mit Deutschland identifizierte, lief Gefahr, zum Landesverräter gestempelt zu werden.[61]

Mit Recht haben Aleida und Jan Assmann betont, dass „Erzeugung von Identität" notwendig auch „Erzeugung von Alterität" bedeute.[62] In dem Masse, wie sich in der Schweiz des 19. Jahrhunderts eine sprachübergreifende politisch-nationale Identität etablierte, musste sich auch das Verhältnis der einzelnen Sprachregionen gegenüber den grossen Nachbarstaaten verändern, mit denen man sprachlich, kulturell und teilweise auch persönlich aufs Engste verbunden war. Diese Erzeugung von Alterität gegenüber dem eigenen ‚Deutschsein' hat Michael Böhler wie folgt formuliert:

---

[57] Im Kontext des nationalen Aufbruchs im Zuge der Befreiungskriege wurden im frühen 19. Jahrhundert auf deutscher Seite Stimmen laut, die mit der politischen Vereinigung aller Deutschsprechenden liebäugelten. Prominente Vertreter dieser Bewegung wie Ernst Moritz Arndt oder ‚Turnvater' Ludwig Friedrich Jahn schlossen dabei die Integration der Schweiz in einen künftigen deutschen Nationalstaat nicht aus (vgl. Urner 1976: 54–55).
[58] Vgl. Bonjour 1958: 70.
[59] Vgl. ebd.
[60] Urner 1976: 64.
[61] Vgl. ebd.: 64–68.
[62] Assmann/Assmann 1990: 27.

> Dem Deutschschweizer mußte Deutschland fremd werden, mit dem er sich sprachlich, kulturell und vielleicht gar mentalitätsmäßig verbunden fühlte; zum Welschschweizer, dem er sprachlich-kulturell fernstand, mußte er ein Verbundenheitsgefühl entwickeln, und vice versa, ebenso für den Tessiner.[63]

Das 19. Jahrhundert stellte eine wichtige Phase dieser ‚Entfremdung' zwischen der Deutschschweiz und Deutschland zugunsten binnenschweizerischer Solidarität dar. Dennoch blieb auch am Ende des Jahrhunderts das Gefühl einer „[g]eistige[n] Gemeinschaft der Kulturnation"[64] und das Selbstverständnis der deutschschweizerischen Bevölkerung, Teil des deutschen Kulturraums und mit den Deutschen aufs Engste verbunden zu sein, bestehen.

Diese *politisch*-kulturelle Selbstverortung als Deutschschweizerin bzw. Deutschschweizer und die *sprachlich*-kulturelle Selbstverortung als Teil der deutschen Kultur führte zu jenem ambivalenten Verhältnis gegenüber dem eigenen ‚Deutschsein', das für das deutschschweizerische Selbstverständnis im Grunde im gesamten 19. Jahrhundert charakteristisch ist und sich durch den Nationalismus in der zweiten Jahrhunderthälfte weiter zuspitzte.[65] Plakativ lässt sich dieser Zwiespalt der Deutschschweizer Bevölkerung gegenüber dem nördlichen Nachbarn in der Formel *Zusammengehörigkeit und Abgrenzung* zusammenfassen, in deren Widersprüchlichkeit sich gleichsam das Spannungsverhältnis ausdrückt, das im Laufe des 19. Jahrhunderts und der Festigung eines Schweizer Nationalbewusstseins immer deutlicher zutage trat: Auf der einen Seite stand die nationale Emanzipation der Schweiz von Deutschland und das Bewusstsein, sowohl politisch als auch kulturell zwei unterschiedlichen Nationen anzugehören. Auf der anderen Seite stand das Gefühl sprachlicher, kultureller und eventuell auch mentalitärer Verbundenheit mit Deutschland und den Deutschen. Da die deutsche Sprache als entscheidende Gemeinsamkeit die kulturelle Identifikation förderte, manifestierte sich im 19. Jahrhundert die Spannung zwischen Zusammengehörigkeit und Abgrenzung letztlich auch in den metasprachlichen Debatten zum Verhältnis von Hochdeutsch und Dialekt. So sehr das Hochdeutsche als deutsche Gemein- und Kultursprache geschätzt wurde, so sehr achtete man darauf, das Schweizerdeutsche als Teil schweizerischer Identität zu erhalten.

---

63 Böhler 1996: 29.
64 Hunziker 1970: 169.
65 Diese doppelte Selbstverortung ist in der zweiten Jahrhunderthälfte des 19. Jahrhunderts von verschiedenen Deutschschweizer Persönlichkeiten belegt, so etwa vom Historiker Jacob Burckhardt, dem Schriftsteller Gottfried Keller oder dem Schweizer Staatsrechtler Carl Hilty (vgl. Bonjour 1958: 69–72; Jost 2007: 22).

Insofern spricht vieles dafür, dass die doppelte politisch-kulturelle Selbstverortung eine wichtige Bedingung für den Erhalt der Deutschschweizer Diglossie war. In der Deutschschweiz, die im Gegensatz zu den anderen Schweizer Sprachregionen ihre nationale Identität auch über die Sprache, das Schweizerdeutsche, bezog, bot sich die Diglossie als ein zur Monoglossie alternatives Varietätenverteilungsmodell an, in dem sowohl das national Eigene als auch das Sprach- und Kulturraumübergreifende angemessen repräsentiert waren.

5 Die Sprachsituation in der deutschen Schweiz im 19. Jahrhundert

Um eine Sprachbewusstseinsgeschichte der deutschen Schweiz im 19. Jahrhundert zu schreiben, gilt es zunächst, sich die zentralen Aspekte der spezifischen historischen Sprachsituation und mithin der Sprachgebrauchsgeschichte[1] zu vergegenwärtigen. Gemäss dem Erkenntnisinteresse dieser Arbeit stehen hier Fragen zur binnenschweizerischen Diagliederung im Zentrum (Kap. 5.4–5.6). Zusammen mit vorgängigen Hinweisen auf die Genese einer soziolinguistischen Sonderstellung der Schweizer Diglossiesituation (Kap. 5.2) sowie auf die im 19. Jahrhundert zu erwartenden Sprachfertigkeiten (Kap. 5.3) sollen sie den kommunikationsgeschichtlichen Wissenshorizont ausmessen, der für ein adäquates Verständnis der Schweizerdeutschdiskurse unabdingbar ist.

5.1 Historiographische und quellenkritische Vorbemerkungen

In der deutschen Sprachgeschichtsforschung wurde das 19. Jahrhundert lange stiefmütterlich behandelt, bevor man sich dieses Zeitraums ab den 1980er Jahren vermehrt anzunehmen begann. Inzwischen existieren zahlreiche soziopragmatische Untersuchungen zur Sprach- und Kommunikationsgeschichte des vorletzten Jahrhunderts.[2] Das trifft vor allem auf die Situation in Deutschland zu. Soziopragmatische Studien für die Sprachgeschichte der deutschen Schweiz stehen hingegen mit wenigen Ausnahmen noch aus.[3] Insbesondere zur Sprach-

---

[1] Mit Mattheier verstehe ich unter Sprachgebrauchsgeschichte „die Geschichte der Verbreitung der eine Sprachgemeinschaft bildenden Varietäten und Sprachstile und [...] die damit verbundenen Sprachgebrauchsregeln und ihre Veränderung" (Mattheier 1995: 16) bzw. die „Verteilung der verschiedenen in der Gesamtsprachgemeinschaft verwendeten Sprachvarietäten und Sprachstile auf die unterschiedlichen gesellschaftlichen Gruppen und Kommunikationsfunktionen" (Mattheier 1998a: 18).
[2] Anstelle einer ausführlichen Auflistung relevanter Arbeiten verweise ich auf den systematischen Forschungsüberblick von Mattheier 1998a. Seither sind zahlreiche weitere Arbeiten zur soziopragmatischen Sprachgeschichte des 19. Jahrhunderts hinzugekommen, von denen hier eine Auswahl aufgeführt werden soll, so z. B. die Beiträge in Cherubim/Grosse/Mattheier 1998 sowie Linke 1998a; Lerchner 1999; Jordan 2000; Semenjuk 2000: 1758–1760; Polenz 2002; Elspaß 2005a; Fischer 2006; Langer 2011; Theobald 2012; Ziegler 2012; Langer 2013; Langer/Langhanke 2013; Beyer et al. 2014; Elspaß 2014; Langhanke 2015; Schiegg 2016.
[3] Eine in der Sprachgeschichtsschreibung wenig beachtete Arbeit jüngeren Datums ist die zweibändige Habilitationsschrift des Berner Sozialhistorikers Norbert Furrer, der Fragen des

gebrauchsgeschichte fehlen bislang empirische Untersuchungen, deren Hauptaugenmerk auf dem 19. Jahrhundert liegt.[4]

Das vorliegende Kapitel kann sich deshalb nur bedingt auf bereits vorhandene empirische Studien stützen. Die nachfolgende Rekonstruktion der deutschschweizerischen Sprachgebrauchssituation im 19. Jahrhundert basiert deshalb wesentlich auf sprachthematisierenden Äusserungen, die im Rahmen dieser Arbeit recherchiert wurden. Insbesondere die Teilkapitel zur Domänenverteilung (Kap. 5.4) und zum Varietätenspektrum (Kap. 5.5) stützen sich auf die Auswertung von Metakommentaren aus dem Korpus dieser Untersuchung.

Die historische Rekonstruktion gesprochener Sprache birgt dabei quellenkritisch und methodisch einige Herausforderungen. Dies liegt in erster Linie daran, dass Aspekte gesprochener Sprache vor dem 20. Jahrhundert ausschliesslich mittelbar, als „Reflexe in schriftlichen Texten",[5] zu erschliessen sind. Auch ist es nicht möglich, im Sinne einer methodisch kontrollierten teilnehmenden Beobachtung den pragmalinguistischen Wert historischer Sprachgebrauchsweisen in ihren situativen Kontexten zu erschliessen.[6] Der Sprachgeschichtsschreibung bleibt einzig die Möglichkeit, aus relevanten Quellen mögliche vergangene Lebenswelten rekonstruktiv zu erschliessen, deren Ergebnisse an ihrer Plausibilität zu messen sind.[7]

Aus der Perspektive einer Sprachgeschichte, die sich für die „Traditionen des Sprechens"[8] interessiert, gibt es dabei eine Reihe von Quellen, die für sprachgebrauchsgeschichtliche Rekonstruktion fruchtbar gemacht werden können.[9] Zur Rekonstruktion gesprochener Sprache im 19. Jahrhundert wurde

---

Sprachkontakts und der Mehrsprachigkeit vom 15. bis ins 19. Jahrhundert nachgeht (vgl. Furrer 2002a, 2002b). Aus sprachbewusstseinsgeschichtlicher Sicht sind hier zudem die Arbeiten von Müller 1977 zur deutsch-französischen Sprachenfrage zu nennen sowie die Arbeit von Weber 1984 zur Sprach- und Mundartpflege, die das 19. Jahrhundert allerdings nur punktuell einbezieht.

4 Verschiedene Arbeiten tangieren indes sprachgebrauchsgeschichtliche Aspekte des 19. Jahrhunderts. Dazu zählen die bereits älteren Studien von Socin 1888b und Henzen 1954 [1938] sowie Trümpy 1955; Schwarzenbach 1969; Müller 1977; Weber 1984. Zudem analysiert eine unveröffentlichte Dissertation unter anderem Formen und Funktionen des Code-Switching sowie standarddeutscher Interferenzen in der zürcherischen Mundartdramatik zwischen 1870 und 1930 (vgl. Lötscher 1997). Einen guten Überblick über die Sprachgebrauchssituation im 19. Jahrhundert geben auch die Artikel von Stefan Sonderegger und Walter Haas (vgl. Sonderegger 1985, 2003; Haas 1982, 2000a).
5 Linke 1996: 41.
6 Vgl. ebd.: 41–42.
7 Vgl. ebd.: 42 sowie Linke 1995.
8 Vgl. Schlieben-Lange 1983.
9 Für prinzipielle quellenkritische Überlegungen vgl. Schlieben-Lange 1983: 37–40; Gloning 1993; Kilian 2002, 2005: 38–48.

bislang verschiedentlich auf literarische Quellen zurückgegriffen, die mit der nötigen methodischen Reflexion wichtige Einblicke nicht nur in sprachpragmatische, sondern auch in sprachstrukturelle Fragestellungen geben konnten.[10] Metakommentare, also „Aussagen über Struktur, Gebrauch oder Bewertung sprachlicher Phänomene",[11] wie sie in dieser Arbeit verwendet werden, fanden hingegen bislang kaum systematische Beachtung. Sie sind nicht nur in primär sprach- und kommunikationsreflexiven Texten – etwa Grammatiken, Sprachfibeln, Anstandslehren und dergleichen – als normative Formulierungen zu finden, sondern auch in vielen weiteren, sehr unterschiedlichen Quellengattungen – etwa in Reiseberichten, ethnographischen Beschreibungen, Zeitungsartikeln –, in denen Sprachgebräuche ausführlich oder nebenbei thematisiert werden. Als normative oder deskriptive Aussagen über historische Sprachverwendung stellen sie aber einen wichtigen Quellentypus für die Beantwortung variationslinguistischer und gesprächs- bzw. kommunikationsgeschichtlicher Fragestellungen dar.[12] Sie sind damit nicht nur ergiebige Quellen der Sprach*bewusstseins*geschichte, sondern auch der Sprach*gebrauchs*geschichte.

5.2 Zur Genese des soziolinguistischen Sonderfalls Schweiz im 18. Jahrhundert

In einem komplexen sprachhistorischen Prozess entstanden zwischen dem 16. und dem 18. Jahrhundert im deutschsprachigen Raum binnensprachliche Diglossiesituationen mit der neuhochdeutschen Schriftsprache als H[igh]-Varietät und den lokalen Dialekten als L[ow]-Varietäten.[13] Bis um 1700 etablierte sich in den meisten deutschen Sprachlandschaften zunächst eine *mediale Diglossie*,[14] in der die neuhochdeutsche Schriftsprache geschrieben, hingegen fast ausschliesslich Dialekt gesprochen wurde. Je nach Region kam es dann im späten

---

10 Vgl. z. B. Jordan 2000; Macha 2001, 2004, 2009; Fischer 2006; Wilcken 2015a, 2015b; mit Ausnahme der unveröffentlichten Arbeit von Lötscher 1997 sind Untersuchungen zum Schweizer Varietätengebrauch im 19. Jahrhundert auf Basis von Dialektliteratur derzeit noch ein Desiderat der Forschung. Für quellenkritische Überlegungen zum Gebrauch literarischer Quellen im Allgemeinen und mundartliterarischer im Besonderen vgl. Haas 1983; Mattheier 1993; Macha 2001; Langhanke 2011; Wilcken 2015a: 87–94, 2015b: 188–192.
11 Macha 2001: 474.
12 Vgl. ebd.: 476. Für die Schweiz hat bislang vor allem Trümpy 1955 auf metasprachliche Kommentare (insbesondere aus Reiseberichten) zurückgegriffen.
13 Zum Diglossiekonzept grundlegend Ferguson 1959; einen guten Überblick über die theoretischen Diskussionen um das Konzept bietet Hudson 2002.
14 Vgl. Kolde 1981: 68.

17. oder frühen 18. Jahrhundert zu einer Domänenausweitung des Hochdeutschen. Die Schriftsprache wurde polyvalent und damit zunehmend auch in sprechsprachlichen Kontexten gebräuchlich; die Domänenverteilung verschob sich immer mehr zuungunsten der Dialekte.[15]

Dennoch: Für die Mehrheitsbevölkerung im deutschsprachigen Raum war auch zu Beginn des 19. Jahrhunderts der Dialektgebrauch noch immer das Normale. Zwar hatten sich inzwischen vielerorts Formen von gesprochenem Hochdeutsch bereits in Kirche und Verwaltung sowie als Medium und Ziel des schulischen Unterrichts durchgesetzt, der Dialekt jedoch dominierte weiterhin den sprachlichen Alltag der Menschen, und zwar auch deshalb, weil ein beachtlicher Teil der Bevölkerung die Standardvarietät in Wort und Schrift damals nicht oder nur ungenügend beherrschte und daher ohnehin nur passiv an der medialen Diglossie teilhaben konnte. Das galt jedoch nicht für das Bildungsbürgertum, in dem sich im Laufe des 18. Jahrhunderts das Hochdeutsche als Sprechsprache des öffentlichen, teilweise auch des privaten Lebens etablierte.

Aufgrund dieser soziolinguistischen Entwicklung ergab sich seit der zweiten Hälfte des 18. Jahrhunderts für weite Teile des deutschen Sprachraums die Situation, dass eine grosse Bevölkerungsmehrheit in der alltäglichen Kommunikation noch immer den lokalen Dialekt gebrauchte,[16] während eine kleine gesellschaftliche Elite eine standardnahe Sprechweise – oder aber, wie die schwäbische und rheinländische Oberschicht, eine dialektgefärbte Verkehrssprache – zu ihrer Gesellschafts- und teilweise sogar zur Alltagssprache machte.[17]

In der deutschen Schweiz fand eine analoge Entwicklung nicht statt.[18] Dadurch etablierte sich in der zweiten Hälfte des 18. Jahrhunderts ein entscheidender soziolinguistischer Unterschied zwischen der deutschen Schweiz und den übrigen deutschsprachigen Zentren: Für die gebildeten Schweizerinnen und Schweizer blieb der Dialekt – im städtischen Patriziat zum Teil auch das Französische – die Wahlvarietät im (gehobenen) gesellschaftlichen Umgang. Die Tatsache, dass sich die Gebildeten nicht hochdeutsch unterhielten, wurde ab der zweiten Hälfte des 18. Jahrhunderts von deutschen Reisenden als „auffällige[r] Anachronismus"[19] empfunden und nicht selten kritisch bewertet.[20] Dennoch

---

15 Vgl. zu dieser Entwicklung Besch 1983b: 1400–1404. Zur historischen Diagliederung des Deutschen und ihrer Entwicklung vgl. Besch 1983b; Wiesinger 2000, ferner Löffler 2000 und mit besonderem Fokus auf die Entwicklung in Österreich Wiesinger 1985, 2003: 2974–2976.
16 Zu Begriff und der Reichweite des ‚Alltags' vgl. die Überlegungen von Wegera 1998.
17 Vgl. Mattheier 2000: 1951–1952; Wiesinger 2000: 1938.
18 Vgl. Haas 1992: 586, 2000a: 81; zuvor bereits Greyerz [1917]: 3.
19 Haas 1994c: 28.
20 Entsprechende Belege deutscher Reisender finden sich bei Trümpy 1955: 102–108.

5.2 Zur Genese des soziolinguistischen Sonderfalls Schweiz im 18. Jahrhundert — 73

blieb diese soziolinguistische Besonderheit in der deutschen Schweiz auch im 19. Jahrhundert – und darüber hinaus bis in die Gegenwart – erhalten.

Über die Gründe für diese Entwicklung ist kaum etwas bekannt.[21] Es dürfte jedoch leicht einzusehen sein, dass diese sprachgeschichtliche (Nicht-)Entwicklung nicht einfach sprachimmanent erklärbar ist. Gerade der viel zitierte sprachliche Abstand zwischen den alemannischen Dialekten und der neuhochdeutschen Schriftsprache ist dafür kein hinlängliches Argument, da erstens das Mass des linguistischen Abstands fragwürdig ist und je nach gewählten Kriterien auch widersprüchlich sein kann, und zweitens andere deutschsprachige Dialektregionen denselben oder einen grösseren sprachlichen Abstand geltend machen könnten. Plausibel erscheinen demgegenüber Erklärungsansätze, die die Ursachen dafür in der gesellschaftspolitisch und (sprach-)ideologisch unterschiedlichen Situation in der deutschen Schweiz vermuten. Schon seit dem 18. Jahrhundert wurde die republikanische Verfassung der Alten Eidgenossenschaft als Grund für die sprachliche Egalität genannt,[22] ein Erklärungsansatz, der im 19. Jahrhundert geradezu topischen Charakter erhalten sollte (s. u. Kap. 10.3). Diese Argumentation übersieht allerdings, dass vor dem Niedergang der alten Ordnung 1798 und darüber hinaus bis zu den liberalen Verfassungsreformen in den 1830er Jahren, ja teilweise bis zur Bundesstaatsgründung von 1848 in den Kantonen nicht nur gesellschaftliche, sondern auch politische Ungleichheit herrschte.[23] Zu Recht hat deshalb Walter Haas darauf hingewiesen, dass das Argument eines Zusammenhangs zwischen Staatsverfassung und Sprachgebrauch in der deutschen Schweiz nur mittelbar, d. h. über die politische Ideologie, sprachhistorische Erklärungskraft gewinnt.[24] Es ist durchaus wahrscheinlich, dass zwar nicht die tatsächlich gelebte politische und gesellschaftliche Gleichheit, dafür umso mehr die Imagination, dass die schweizerische Nation dem ‚Wesen' nach republikanisch und damit anders als andere sei, das Sprachverhalten der Eliten beeinflusst hat.[25] Damit ist es in der deutschen Schweiz weniger eine spezifische Sprachform, sondern das spezifische Sprachverteilungsmodell, dem seit dem 18. Jahrhundert politische und mithin nationalideologische Bedeutung zugeschrieben wird.

Das nationale Selbstverständnis der Schweiz nicht nur als Republik, sondern auch als mehrsprachige Nation dürfte schliesslich ebenso wesentlich dazu

---

[21] Genauere Untersuchungen dazu fehlen, weshalb die folgenden Ausführungen als historisch begründete Vermutungen gelten sollen.
[22] Vgl. Trümpy 1955: 106.
[23] Vgl. Capitani 1983: 132–134; Andrey 1983: 247–248.
[24] Vgl. Haas 1994c: 218, 1998: 84.
[25] Vgl. Haas 1998: 84.

beigetragen haben, dass hier das Hochdeutsche im Unterschied zu Deutschland nicht zu einem nationalen Symbol stilisiert werden konnte,[26] sondern lediglich „kulturelles Symbol"[27] blieb. Die Schweiz verstand sich nicht primär als Teil einer sprachlich begründeten deutschen, sondern als historisch und politisch begründete eigene Nation.

Als weitere Ursache dafür, dass in der deutschen Schweiz am diglossischen Sprachverteilungsmodell festgehalten wurde, ist die Bedeutung der französischen Sprache in den deutschsprachigen Orten (Kantonen) des 17. und 18. Jahrhunderts nicht zu unterschätzen. Auch wenn die Erforschung der sprachhistorischen Bedeutung des Französischen für die deutschsprachige Schweiz bislang noch ein Forschungsdesiderat darstellt, so lässt sich doch zumindest festhalten, dass das Französische für die politischen Eliten der Schweiz als internationale Kultur- und Verkehrssprache zu diesem Zeitpunkt weit wichtiger war als das Hochdeutsche. Dies lag nicht nur an den zum Teil sehr intensiven kulturellen und wirtschaftlichen Beziehungen einzelner Kantone zu Frankreich, die in der Helvetik ihren Höhepunkt erreichten, sondern muss auch damit erklärt werden, dass verschiedene Deutschschweizer Kantone bis 1798 französischsprachige Untertanengebiete hatten und auch danach weiterhin mehrsprachig blieben.[28] Gerade in diesen Kantonen war das Französische für breitere Bevölkerungskreise von zusätzlicher lebensweltlicher Relevanz. Alltägliche Gelegenheiten, Französisch zu sprechen, boten etwa Messen, Märkte oder Wallfahrten.[29] Zudem waren für deutschsprachige Amtspersonen in französischsprachigen Herrschaftsgebieten gute Französischkenntnisse meist Voraussetzung für ihre Tätigkeiten.[30] Individuelle deutsch-französische Mehrsprachigkeit war entsprechend für viele Gelehrte und hochgebildete Schweizer gerade in den westlichen Deutschschweizer Kantonen keine Seltenheit.[31] Die starke Stellung des Französischen in der Schweiz ist damit letztlich vor allem auch der territorialen Mehrsprachigkeit der Nation und ihrer Gliedstaaten, beziehungsweise des Bundes und seiner Kantone geschuldet.

Die hier angeführten sprach- und gesellschaftsgeschichtlichen Zusammenhänge dürfen mit als historische Bedingungen dafür gelten, dass in der deutschen Schweiz zu Beginn des 19. Jahrhunderts auch gebildete Schichten den

---

26 Zum deutschen Sprachnationalismus vgl. Gardt 1999b; Stukenbrock 2005b.
27 Haas 1998: 84.
28 Vgl. Furrer 2002a: 142–144, 2007: 104–108; Haas 2000b: 49–54.
29 Vgl. Furrer 2002a: 203–216.
30 Vgl. Lüdi 2013.
31 Vgl. Furrer 2002a: 220–225 sowie die umfassenden Quellenbelege in Furrer 2002a: 225–260, 2002b: 117–320.

Dialekt durchaus als Alltagsvarietät beibehielten. Wenngleich über die genauen Gründe dafür letztlich nur spekuliert werden kann, steht fest, dass das Bildungsbürgertum der deutschen Schweiz im 18. Jahrhundert eine entscheidende pragmatische Entwicklung nicht mitgemacht hat, die von vergleichbaren Gesellschaftsschichten in den anderen deutschsprachigen Zentren vollzogen wurde: Der Dialekt wurde hier weder sozial stigmatisiert, noch als Alltagsvarietät zurückgedrängt. Um 1800 ist die deutsche Schweiz damit zum soziolinguistischen Sonderfall geworden, und die Tatsache, dass sich alle Schichten des Dialekts bedienen, wird zum nationalen Kennzeichen.

5.3 Hochdeutsche Sprachfertigkeit

Lesen und Schreiben sind Kulturtechniken, die erst einmal erworben werden müssen. Und ein gewisses Mass an sprechsprachlicher Kompetenz im Hochdeutschen setzt für Leute, die im Dialekt sozialisiert wurden, entsprechende Übung voraus. Befasst man sich mit der soziopragmatischen Entwicklung von Standardsprache und Dialekt in der Deutschschweiz, kommt man deshalb nicht umhin, auch nach der zeitgenössischen hochdeutschen Sprach*fertigkeit* zu fragen.

5.3.1 Die Fähigkeit, Hochdeutsch zu lesen und zu schreiben

Die Alphabetisierung der Bevölkerung nahm in der Schweiz seit dem 17. Jahrhundert stetig zu.[32] Die jüngere Forschung geht davon aus, dass das Land bereits zu Beginn des 19. Jahrhunderts beinahe vollständig alphabetisiert war und damit im europäischen Vergleich Höchstwerte erreichte.[33] Solche primär quantitativen Befunde dürfen aber nicht darüber hinwegtäuschen, dass auch in der ersten Jahrhunderthälfte viele Kinder am Ende ihrer Schulzeit nur sehr rudimentäre Lese- und Schreibfähigkeiten besassen. Dies legen zeitgenössische Aussagen über die eingeschränkte Lese- und Schreibfähigkeit der Schulabgän-

---

32 Eine Pionierarbeit zur Alphabetisierung in der Schweiz im 17. und 18. Jahrhundert liefert die Studie von Wartburg-Ambühl 1981. Die aktuell grundlegendste und umfassendste Studie zum Schreiben und Lesen sowie eine Synthese der Resultate zur Alphabetisierung in der Schweiz von 1700–1900 stellt die Habilitationsschrift von Alfred Messerli dar, auf die sich auch die folgenden Ausführungen mehrheitlich beziehen (vgl. Messerli 2002a, zusammenfassend Messerli 2002b). Eine Zusammenschau und Zusammenfassung der jüngeren Ergebnisse aus der Alphabetisierungsforschung um 1800 liefert Schmidt 2014.
33 Vgl. Messerli 2002b: 59; Schmidt 2014: 167.

gerinnen und -abgänger nahe, wobei insbesondere bei der Schreibfähigkeit von deutlichen regionalen und geschlechterspezifischen Unterschieden auszugehen ist.[34] Funktionaler Analphabetismus oder Illetrismus, das heisst, dass Wörter und Texte zwar gelesen werden können, deren Sinn aber nicht ohne Weiteres verstanden wird, beziehungsweise dass Buchstaben zwar geschrieben werden können, die Schrift aber nicht funktional eingesetzt werden kann, dürfte in den ersten Jahrzehnten des 19. Jahrhunderts noch einen Grossteil der lese- und schreibfähigen Bevölkerung betroffen haben. Dies lag auch an den Zielen und Formen der zeitgenössischen Wissensvermittlung. Noch lange war der Unterricht in aller Regel Aufgabe der Kirche und entsprechend auf deren Anliegen ausgerichtet. Als Grundlage des Lese- und Schreibunterrichts diente der Katechismus, dessen Abfolge von Frage und Antwort auswendig zu lernen war, während das Verständnis des Textes nebensächlich blieb.[35] Erst durch eine neue Ausrichtung der Pädagogik und Didaktik, die sich im ausgehenden 18. Jahrhundert anbahnte und sich in der ersten Hälfte des 19. Jahrhunderts vielerorts durchsetzte, legte man vermehrt auch Wert auf das ‚verständige' Lesen. Die Ergebnisse der eidgenössischen Rekrutenprüfungen, die ab 1875 in der ganzen Schweiz systematisch erhoben wurden, legen nahe, dass sich bis im letzten Viertel des Jahrhunderts neben der Lesefähigkeit schliesslich auch das Leseverständnis beim grössten Teil der (männlichen) Bevölkerung voll entwickelt hat.[36] Bereits im ersten Jahr der landesweiten Erhebung erhielten 76 % der Rekruten die Noten 1 oder 2, die über „mechanisches Lesen" hinaus auch die korrekte Beantwortung von Leseverständnisfragen voraussetzten;[37] bis ins Jahr 1900 steigerte sich diese Zahl auf rund 84 %.[38]

Es ist davon auszugehen, dass sich parallel zur Lesekompetenz auch die *Schreibkompetenz* im Laufe des 19. Jahrhunderts massgeblich verbessert hat – und zwar sowohl im Sinne der Fähigkeit, einen Text selbständig zu verfassen, als auch im Hinblick auf eine normgerechte[39] Schreibweise. Beides ist zurückzuführen auf die Durchsetzung einer „literalen Norm", das heisst des gesellschaftlichen Anspruchs, dass jede erwachsene Person lesen und schreiben kön-

---

34 Vgl. Messerli 2002a: 321–327, 334; Schmidt 2014: 163, 166–167.
35 Vgl. Capitani 1983: 147–151.
36 Zur Geschichte der eidgenössischen Rekrutenprüfungen vgl. Lustenberger 1996, 1999.
37 Vgl. Rekrutenprüfung 1875: V, 14.
38 Vgl. Messerli 2002a: 340–341.
39 Gemeint sind hier die im 19. Jahrhundert üblichen orthographischen Gebrauchsnormen, die sich gerade im Schulunterricht vielfach noch an der Orthographie Adelungs orientierten (vgl. Polenz 1999: 237).

nen soll,⁴⁰ sowie auf die pädagogischen und didaktischen Umwälzungen der Zeit, die auch die Methodik des Schreibunterrichts entscheidend veränderten.⁴¹

Diese im Grundsatz sicherlich zutreffende Feststellung darf jedoch nicht darüber hinwegtäuschen, dass gerade wenig geübte Schreibende auch im 19. Jahrhundert noch weit von der usuellen Schreibnorm entfernt waren. So liest man auf einer Votivtafel aus dem Jahr 1816:

> Kund und zuo wüse wie das Ein knab Joseph Fän[n]er vuon Escholzmat mit Einer Schwäre krankheit behaftet hat er Seini zuflucht zu Gott dem allmächtig und Seiner Liebste muoter Maria Hilf In Freiburg genome durch Jre fürbit Sei gott dank und gebrise Jn ewikeit [...].⁴²

Und 1827 soll in Bern auf einer Tafel am Gitter eines Heiligenbildes zu lesen gewesen sein: „Ein jeder gut Daenkketer Christ wird gebaeten um ein Opfer zur Ausbeserung dieses Bilds weils vermoeg des Mangl des Gelds nicht kan hergestellt werden."⁴³ Beide Zeugnisse verweisen exemplarisch auf eine vom Idealbild normnahen Schreibens deutlich abweichende und für die Schweiz noch kaum erforschte Schreibrealität breiterer Bevölkerungskreise im 19. Jahrhundert.⁴⁴

5.3.2 Die Fähigkeit, Hochdeutsch zu sprechen

Im Gegensatz zu anderen deutschsprachigen Regionen gab es in der deutschen Schweiz zu Beginn des 19. Jahrhunderts keine gesellschaftliche Gruppe, die das Hochdeutsche als Alltagsvarietät pflegte und ihre Kinder hochdeutsch sozialisierte. Auch die wirtschaftlichen und kulturellen Eliten, die sich nicht mehr nur aus dem Patriziat, sondern zunehmend aus dem Stand aufstrebender Kaufleute rekrutierten, waren lange kaum in der Lage, fliessend Hochdeutsch zu sprechen.⁴⁵ Insbesondere in den westlichen Teilen der Deutschschweiz war unter

---

40 Vgl. Messerli 2002a: 23–230, hier: 30.
41 Vgl. Büttner 2014: 199–205, 2015: 229–230; Furger/Nänny 2016.
42 Zit. nach Haas 2000a: 138.
43 [Anonym.] 1827.
44 Studien, die die Schreibfähigkeit in der Deutschschweiz des 19. Jahrhunderts umfassend thematisieren, stehen m. W. noch aus. Insbesondere fehlen auch Ansätze zu einer „Sprachgeschichte von unten" (Elspaß 2005a), die alltägliche Schreibpraktiken wenig geübter Schreibender untersuchen würden und von denen wichtige Erkenntnisse zum Schriftsprachgebrauch breiterer Bevölkerungskreise zu erwarten wären.
45 Dies berichten beispielsweise deutsche Reisende im ausgehenden 18. Jahrhundert, die darüber erstaunt sind, dass selbst die gebildetsten Deutschschweizer häufig nur ein sehr schlechtes Hochdeutsch sprechen würden (vgl. Trümpy 1955: 106).

den städtischen Patriziern nicht das Hochdeutsche, sondern das Französische höhere Gesellschaftssprache. Aus dem 18. und 19. Jahrhundert gibt es zahlreiche Hinweise darauf, dass sich die bessere Gesellschaft insbesondere Berns sogar mit Deutschen vorzugsweise auf Französisch unterhielt, weil es ihnen vertrauter war als das Hochdeutsche.[46] Zu Beginn des 19. Jahrhunderts blieb die ausgebildete Kompetenz im mündlichen Gebrauch des Hochdeutschen einer kleinen gebildeten Minderheit vorbehalten, von der viele einen Teil ihrer Studien- oder Berufszeit im deutschsprachigen Ausland verbracht hatten.

Dies änderte sich auch im Verlauf der ersten Jahrhunderthälfte nicht grundlegend. Wie noch heute, wurden auch damals die Deutschschweizer Kinder im Dialekt sozialisiert und kamen daher erst in der Schule mit gesprochenem Hochdeutsch in Kontakt. Die Beobachtung eines Lehrers im Jahr 1868, es sei „gewiß keine gewagte Behauptung", dass „allerwenigstens für 99/100 der eintretenden Schulkinder [...] das Neuhochdeutsche fast durchweg eine etwas fremde Sprache" sei, ist also durchaus glaubhaft.[47] Auf die Fähigkeit, eigene Gedanken hochdeutsch zu formulieren, wurde damals in der Schule noch kein Wert gelegt. Wer die Schule besuchte, musste zwar Wörter und Sätze auf Hochdeutsch auswendig lernen und auf Geheiss wiedergeben, wurde aber nicht dazu befähigt, sich selbständig hochdeutsch auszudrücken. Noch 1827 moniert der Berner Landpfarrer Rudolf Johann Wyss (1763–1845), dass die Schüler über das Rezitieren hinaus keine selbständigen Gedanken auf Hochdeutsch formulieren könnten.[48] Das Lesen und Schreiben der neuhochdeutschen Schriftsprache war auch im 19. Jahrhundert noch lange Zeit wichtiger als das Sprechen.

Erst im Laufe des Jahrhunderts erhielt die gesprochene Sprache im muttersprachlichen Unterricht neue Aufmerksamkeit. Vor dem Hintergrund eines fundamentalen Wandels der muttersprachlichen Didaktik in Deutschland entwickelte sich auch der Sprachunterricht in der Schweiz von einem theoretisch-formalistischen zu einem praktisch-kompetenzorientierten Unterricht.[49] Der mündliche Ausdruck im Hochdeutschen wurde nun zu einem zentralen Unterrichtsziel der Volksschule, und bis gegen Ende des Jahrhunderts setzte sich das Hochdeutsche auch als Unterrichtssprache allmählich durch (s. dazu u.

---

46 Für das 18. Jahrhundert vgl. Socin 1888b: 392; Trümpy 1955: 102–103; für das 19. Jahrhundert finden sich solche Aussagen ausschliesslich über Bern, vgl. Hölder 1804: 11; Kohl 1849b: 320; Rapp 1855–1856: 452; L. B. 1863: 510; Hollmann 1869: 10; Hunziker 1895: 391; Morf 1901: 51; Helvetischer Almanach 1821: 106.
47 Vgl. Straub 1868: 151.
48 Vgl. Wyss 1827: 225.
49 Vgl. Weithase 1961: Bd. 1, 416–454 für die theoretische und 454–484 für die zunehmende praktische Bedeutung der gesprochenen Sprache in der Schule des 19. Jahrhunderts in Deutschland.

Kap. 5.4.2). Die Fähigkeit, sich fliessend hochdeutsch auszudrücken, war aber auch am Ende des Jahrhunderts noch nicht Allgemeingut. Wer nur die obligatorische Volksschule besucht hatte, dürfte dazu nur beschränkt in der Lage gewesen sein, zumal im Alltag kein Anlass bestand, hochdeutsch zu sprechen. Wer hingegen eine weiterführende Schule besuchte, an einer Hochschule studierte oder gar beruflich längere Zeit im deutschsprachigen Ausland verbrachte, dürfte über gewisse Hochdeutschfertigkeiten auch im Mündlichen verfügt haben. Eloquentes Sprechen soll jedoch selbst in gebildeteren Kreisen noch manchem etwelche Mühe bereitet haben, was in der *Schweizerischen Lehrerzeitung* 1879 zur Klage veranlasste, es sei „oft wahrhaft bemühend, mitanzuhören, wie auch Leute aus nicht ganz ungebildeten Kreisen, wenn sie einmal in den Fall kommen, sich des Hochdeutschen zu bedienen, förmlich mit der Sprache ringen müssen."[50]

Insgesamt ist im 19. Jahrhundert aufgrund der verbesserten Schulbildung und der zunehmenden Relevanz des gedruckten oder geschriebenen Hochdeutschen im Alltag der Deutschschweizerinnen und -schweizer jedoch von einer deutlichen Verbesserung insbesondere der Lese- und Schreibkompetenz auszugehen. Auch die sprechsprachliche Kompetenz verbesserte sich im Laufe des Jahrhunderts bei einer Mehrheit der Bevölkerung, wenngleich diese am geringsten ausgeprägt blieb. Am Ende des Jahrhunderts ist in der deutschsprachigen Schweiz deshalb von einer kollektiven ‚Zweisprachigkeit' auszugehen. Die Diglossie ist als *ausgebaut* zu betrachten, das heisst, die ganze Gesellschaft ist in der Lage, neben dem Dialekt auch die Standardvarietät – zumindest rudimentär – zu lesen, zu verstehen oder selbst zu gebrauchen.[51]

5.4 Domänenverteilung

Im vorliegenden Abschnitt soll nach der Domänenverteilung und ihrer Entwicklung im Laufe des 19. Jahrhunderts gefragt werden, soweit Informationen dazu aus den Metakommunikaten der Zeit rekonstruierbar sind. Da wir im gesamten Jahrhundert eine Situation vorfinden, in der die neuhochdeutsche Standardvarietät die dominante Schreibvarietät darstellt, wird im Folgenden lediglich auf die Verhältnisse im Bereich der gesprochenen Sprache eingegangen. Dialektschriftlichkeit hatte nur in der literarischen Domäne eine gewisse Legitimation, jedoch auch da nur für sehr bestimmte Gattungen wie etwa das Volkslied, die Mundartidylle oder das Volksschauspiel; in anderen Kommunikationsbereichen

---

50 [Anonym.] 1879: 429.
51 Vgl. Haas 1998: 81, 2004: 96.

spielte der Dialekt als Schreibvarietät keine oder eine zu vernachlässigende Rolle.

5.4.1 Dialekt als sozial nicht markierte Alltagsvarietät

Für das 19. Jahrhundert ist davon auszugehen, dass alltägliche Face-to-face-Interaktionen nicht nur in der Familie, sondern auch in halböffentlichen und öffentlichen Zusammenhängen von allen gesellschaftlichen Schichten dem Dialekt vorbehalten waren. Auch ist zeitgenössisch bezeugt, dass selbst wissenschaftliche Gegenstände in der Mundart besprochen wurden.[52] Der Dialekt blieb gegenüber dem Hochdeutschen in der deutschen Schweiz eine sozial nicht markierte Varietät. Dialektgebrauch *per se* war – und ist bis heute – weder Ausdruck von Schichtenzugehörigkeit noch von niedriger Bildung.[53] Dass dies im Vergleich zu anderen europäischen Staaten eine Besonderheit darstellte, bezeugt 1854 auch Max Wilhelm Götzinger.[54] Anstatt sozial stigmatisiert, wurde der Dialekt im Laufe des 19. Jahrhunderts recht eigentlich zum Nationalsymbol, und der Dialektgebrauch der Eliten wurde zum Ausdruck nationaler Identifikation und Gesinnung (s. u. Kap. 10). Es gibt bislang keine historischen Anhaltspunkte um im Grundsatz anzuzweifeln, dass der Dialekt im gesamten 19. Jahrhundert die fast ausschliessliche Alltagsvarietät in der Deutschschweiz war. Diese Tatsache wird als soziolinguistische Besonderheit in Metakommentaren geradezu topisch hervorgehoben.

Allerdings gibt es im Laufe des Jahrhunderts auch immer wieder vereinzelte Hinweise auf Fälle von privatem Hochdeutschgebrauch, insbesondere in Belegen der 1820er/1830er, der 1860er/1870er und der 1890er/1900er Jahre. Bereits 1827 lässt sich der St. Galler Pädagoge Steinmüller darüber aus, dass Landschullehrer damit begännen, auch in Gesellschaft hochdeutsch zu sprechen,[55] wäh-

---

52 „Wenn unsre Basler Gelehrten über wissenschaftliche Dinge in der Mundart sich unterhalten (und dieß geschieht in der Regel, das Gegentheil würde für Ziererei gelten), so mengen sie selbstverständlich die ganze Terminologie der Schule, auch die abstrusesten und abstractesten Wortformen so in den Dialekt, daß unsere urbasel'schen Vorfahren das seltsame Gemische kaum würden verstanden haben." (Hagenbach 1860: 336–337; vgl. dazu auch Mörikofer 1838: 96; Socin 1895: 55).
53 Das bedeutet freilich nicht, dass es innerhalb der Dialekte keine diastratische Variation gab (s. dazu u. Kap. 5.5).
54 „In Frankreich würde keiner für einen gebildeten Mann gelten, der seine Muttersprache im gemeinsten Dialekt spräche; in der Schweiz thut dies dem Kennzeichen der Bildung keinen Eintrag." (Götzinger 1854: 206).
55 Vgl. Steinmüller 1827: 127.

rend 1834 und 1838 auch für Zürich Versuche, das Hochdeutsche zu etablieren, impliziert werden.[56] Entsprechende Feststellungen decken sich mit einer Beobachtung von 1849, wonach „in Zürich in neuerer Zeit die Bewegung zu einer Vertauschung des alten groben Schweizer Dialekts mit dem reinen Hochdeutsch Anklang gefunden [hat] und [...] von da eigentlich ausgegangen [ist]".[57] Leider fehlen bei solchen Aussagen in der Regel Details, die die Information differenzieren oder näher beglaubigen würden.

Auch aus den darauf folgenden Jahrzehnten gibt es vereinzelte Hinweise auf alltägliche Situationen, in denen Hochdeutsch gesprochen worden sein soll, wo Dialekt zu erwarten gewesen wäre. Als Motivation dafür wird wiederholt der Wunsch nach besonderer Höflichkeit beschrieben. Es ist jedoch bezeichnend, dass Versuche, auch im Alltag Hochdeutsch zu sprechen, jeweils als dezidiert negativ dargestellt werden. So weiss die *Neue Zuger Zeitung* 1858 vom eidgenössischen Sängerfest in Zürich zu berichten, dass die Soldaten bei ihrem Ordnungsdienst besonders höflich gewesen seien und „daß alle dabei ‚hochdeutsch' redeten", was die Zeitung zur spitzen Bemerkung veranlasste, dass die Leute in der Schweiz nun offenbar „hochdeutsch reden [müssen]", wenn sie höflich sein wollen, weil das auf „Züridütsch" offenbar nicht funktioniere.[58] Rund eine Dekade später begründet ein Lehrer, warum er in seinem Referat ausdrücklich erwähnt, dass er seinen Kollegen den Hochdeutschgebrauch zwar für den Unterricht, nicht aber für den privaten Umgang ans Herz lege, wie folgt: „Wir hätten diese Bemerkung für überflüssig gehalten, wenn wir nicht schon Gelegenheit gehabt hätten, zu beobachten, daß der schriftdeutsche Sprachverkehr wirklich auf dieses Gebiet ausgedehnt wurde, was uns als eine lächerliche Uebertreibung vorkam."[59] Auch der Jurist und Verfasser eines der frühen Dialektwörterbücher, der Bündner Valentin Bühler (1835–1912), beobachtet Ende der 1870er Jahre den alltäglichen Hochdeutschgebrauch von autochthonen Deutschschweizern, und auch er betont vor allem das Lächerliche, das solchen Versuchen anhafte. Ihm zufolge sollen damals in Chur und St. Gallen – nicht aber in Zürich und Basel! – neben Rückkehrern aus Deutschland auch Einheimische, die noch nie in Deutschland gewesen seien, „aus vermeintlicher Vornehmheit" sich in Hochdeutsch versucht haben, was aufgrund mangelnder Kompetenz jedoch nichts weiter als „ergötzliche Szenen" abgesetzt habe.[60]

---

[56] Meyer von Knonau 1834: 27; [Anonym.] 1838b: 342.
[57] Kohl 1849a: 320.
[58] Vgl. Neue Zuger Zeitung, 24. 7. 1858: 121.
[59] [Anonym.] 1869a: 53–54.
[60] Bühler 1879: 85–86.

Ähnliche Beobachtungen sind bis ans Ende des Jahrhunderts immer wieder greifbar. So sollen um die Jahrhundertwende Berner Oberländer mit allen Touristen, auch schweizerischen, aus Ehrbezeugung ‚Gutdeutsch' gesprochen haben,[61] während in einem anderen Fall von Schulkindern berichtet wird, die auf eine schweizerdeutsche Frage hochdeutsch antworteten.[62] Viel rezipiert sind in diesem Zusammenhang die Aufzeichnungen des Zürcher Romanisten Ernst Tappolet von 1901. Er will in Zürich beobachtet haben, dass in bestimmten Kreisen sogar „ohne Beisein von Deutschen zwischen Schweizern, die sich als solche kennen oder kennen können, hochdeutsch gesprochen wird", und es Mütter gebe, die zu Hause mit dem Kind „zur Übung" hochdeutsch sprächen, während Gebildete es mit ihren „Untergebenen" so hielten.[63] Zudem wird in den Jahren bis zum Ersten Weltkrieg aus verschiedenen Deutschschweizer Städten berichtet, es gebe einzelne Einkaufsgeschäfte, in denen die Kundschaft ausschliesslich hochdeutsch bedient werde.[64]

Aufgrund dieser Beobachtungen ist nicht auszuschliessen, dass es zu Beginn des 20. Jahrhunderts einzelne Personen, vielleicht sogar ganze Familien gab, die einen Varietätenwechsel in diesem Sinne vollzogen haben. Dies scheint aber keine Besonderheit dieser Zeit gewesen zu sein, sondern muss aufgrund der metasprachlichen Quellen auch für weitere Zeitabschnitte im 19. Jahrhundert angenommen werden. Die historischen Zeitpunkte, in denen entsprechende Hinweise überhaupt zu finden sind, sind sprachbewusstseinsgeschichtlich insofern interessant, als sich in diesen Zeiträumen auch ein verstärktes Engagement für den Dialekt als Alltagsvarietät ausmachen lässt, wie in dieser Arbeit noch gezeigt wird. Quellenkritisch fällt dabei auf, dass entsprechendes Verhalten in aller Regel als Abweichung von der bestehenden Norm und damit als etwas sprachlich Unerhörtes und gesellschaftlich Fragwürdiges dargestellt wird.

Die Einschätzung, dass um 1900 unter höheren Schichten bereits allgemein Hochdeutsch gesprochen worden wäre, ist alles in allem wenig wahrscheinlich. Mit Verweis auf Tappolet wurde wiederholt behauptet, man habe in Deutschschweizer Familien um 1900 teilweise hochdeutsch gesprochen. Solchen Aussagen ist jedoch quellenkritisch mit Vorsicht zu begegnen, zumal sich selbst Tappolet nicht weiter über die näheren Umstände – beispielsweise die ursprüngliche Herkunft der Familienmitglieder – äussert. Auch weniger beachtete

---

61 Vgl. Tappolet 1901: 24.
62 Vgl. Winteler 1895: 4.
63 Tappolet 1901: 24.
64 Vgl. Tappolet 1901: 24; Stickelberger 1905: 2; [Anonym.] 1911: [s. p.], 1917: [s. p.]; Nebelspalter 40, H. 9 (1914): [s. p.].

Texte, die Tappolets breit rezipierte pessimistische Prognose aufnehmen, wonach in den grösseren Schweizer Städten sich bald einmal das Hochdeutsche als Alltagsvarietät durchsetzen würde,⁶⁵ relativieren diese Einschätzung. Tappolets Behauptung, man wisse in der Deutschschweiz nicht mehr, ob man Fremde im Zug im Dialekt oder auf Hochdeutsch ansprechen solle, wurde im Schweizer Satiremagazin *Der Nebelspalter* prompt karikiert.⁶⁶ Und auch der promovierte Dialektologe Heinrich Stickelberger (1856–1931) sieht Tappolets Beispiele als Einzelfälle und keinesfalls stellvertretend für eine allgemeinere Entwicklung in den Deutschschweizer Städten.⁶⁷ Insbesondere wird betont, dass womöglich in Zürich von bestimmten Kreisen im Alltag hochdeutsch gesprochen werde, nicht aber in den übrigen Städten, geschweige denn auf dem Land. So heisst es in einer Replik auf Tappolet anschaulich pointiert, bei ihm gingen „die Begriffe Zürich und Schweiz [...] ziemlich bunt durcheinander" und es gelte „[e]instweilen [...] zum Glück noch in den meisten Kantonen für ebenso vornehm Nasenringe zu tragen als Hochdeutsch zu sprechen".⁶⁸ Selbst für Zürich ist allerdings nicht davon auszugehen, dass der private Gebrauch des Hochdeutschen von grösseren gesellschaftlichen Gruppen praktiziert wurde.

Auch wenn damit die verfügbaren metasprachlichen Zeugnisse letztlich kein abschliessendes Urteil über den Umfang des Hochdeutschgebrauchs im Privaten erlauben, ist für den Beginn des 20. Jahrhunderts doch davon auszugehen, dass – abgesehen von einzelnen Ausnahmen – der Dialekt weiterhin die sozial nicht markierte Alltagsvarietät aller Schichten der autochthonen deutschschweizerischen Bevölkerung war. Die Sprachwirklichkeit in deutschschweizerischen Städten und Dörfern war freilich diverser und komplexer, als es die hier vorliegenden Überlegungen zum Umgang unter Autochthonen vermuten lassen. So waren in den grenznahen Bezirken und Kantonen 1900 vielfach mehr als zehn Prozent der Bevölkerung Reichsdeutsche, in grösseren Städten wie Basel (1900: 33 %) und Zürich (1900: 19 %) waren es sogar deutlich mehr.⁶⁹ Aus dieser demographischen Konstellation ergaben sich auch im alltäglichen Umgang mit ‚Fremden' vielfältige Ausnahmen von der Regel, nur Dialekt zu sprechen. Dass es im 19. Jahrhundert zur kommunikationsnormativen Gepflogenheit

---

65 Vgl. Tappolet 1901: 35.
66 Vgl. Boscovitz 1901.
67 Vgl. Stickelberger 1905: 2.
68 [Anonym.] 1902: [1]–[2].
69 Eigene Berechnung gemäss den Erhebungen der Eidgenössischen Volkszählung vom 1.12.1900 (vgl. Die Ergebnisse der Eidgenössischen Volkszählung vom 1. Dezember 1900. Hrsg. vom statistischen Bureau des eidg.[enössischen] Departements des Innern. Erster Band. Bern 1904).

gehörte, mit ‚Fremden', insbesondere solchen, die des Dialektes nicht mächtig sind, Hochdeutsch zu reden, ist verschiedentlich bezeugt.[70] In ländlichen Gebieten spielte dabei vor allem der Tourismus eine Rolle, der viele Nicht-Autochthone in die Bergregionen brachte, mit denen wohl auch die lokale Bevölkerung Hochdeutsch sprach, so gut sie es eben konnte.

5.4.2 Kommunikation in Institutionen

Während der Dialekt im gesamten 19. Jahrhundert seine exklusive Stellung im alltäglichen Sprachgebrauch beibehielt, wurde er in institutionellen Zusammenhängen im Laufe des Jahrhunderts vielfach zurückgedrängt, was im Folgenden am Beispiel der Kirche, der Schule, der politischen Institutionen und der Gerichte gezeigt wird.

Kirche

Es ist davon auszugehen, dass es um die Wende zum 19. Jahrhundert keine verbindliche usuelle Norm für die Wahl der Varietät in der Predigt gab, auch wenn der Dialekt noch vielerorts die selbstverständliche Varietät der Predigt darstellte. Selbst der weit über die Landesgrenzen hinaus bekannte Zürcher Pfarrer Johann Kaspar Lavater soll um 1790 „auf der Kanzel, wie im Umgange, den gemeinsten Pöbeldialekt"[71] gesprochen haben, wie verschiedene ausländische Beobachter übereinstimmend berichten.[72] Analysiert man metasprachliche Zeugnisse zur Sprache in der Kirche aus dem 19. Jahrhundert, gelangt man zur Überzeugung, dass der Dialekt bis in die Jahrhundertmitte als Predigtsprache

---

70 Vgl. Rüsch 1835: 72; Rengger 1838: 145; Hagenbach 1860: 337; Osenbrüggen 1867: 343; Tappolet 1901: 21; Bachmann 1908: 68.
71 Geiger 1789: 46, zit. nach Trümpy 1955: 110.
72 Vgl. z. B. auch Küttner 1785: 210–211 sowie Steinbrenner 1791: 84, zit. nach Furrer 2002a: 89. Umgekehrt soll der Berner Theologe Gabriel Hürner (1709–1750) bereits im frühen 18. Jahrhundert „allzeit hochdeutsch [ge]predigt" haben (vgl. Ischer 1902: 66). Zusammen mit Johann Georg Altmann (1697–1758), wie Hürner ein Anhänger Gottscheds, soll er sich sogar ausdrücklich für die hochdeutsche Predigt eingesetzt haben. Dass die Predigt in einer schriftnahen Sprache zu halten sei, wurde in der „Neu-verbesserte[n] Predikanten-Ordnung" Berns von 1748 schliesslich auch institutionell festgeschrieben (vgl. Predikanten-Ordnung 1748). Noch am Ende des 18. Jahrhunderts soll im bernischen Thun die Predigt in einer ‚edleren' Sprache als in anderen Schweizer Kirchen gehalten worden sein (vgl. Spazier 1790: 238), während auch in Solothurn Patres und Prediger anzutreffen gewesen seien, die nach Meinung eines deutschen Reisenden „sehr gut deutsch reden" konnten (vgl. Wiesli 1954: 44). Ob sie in diesem Idiom auch ihre Predigten hielten, ist indes nicht bekannt.

noch vielerorts gebräuchlich war. So berichtet der Strassburger Daniel Hirtz, dass hochdeutsche Predigten in der Stadt Bern 1823 die Ausnahme bildeten und sich insbesondere die älteren Geistlichen der Mundart bedienten.[73] Zugleich mehren sich ab den 1820er Jahren Berichte, wonach vermehrt auch hochdeutsch gepredigt werde.[74] Die verfügbaren metasprachlichen Kommentare legen dabei nahe, dass im zweiten Viertel des Jahrhunderts eine allmähliche Verschiebung des Varietätengebrauchs in der Kirche zugunsten des Hochdeutschen stattgefunden hat.[75] Diesem Befund widerspricht auch nicht, dass um die Jahrhundertmitte in Bern die Predigt noch im Dialekt gehalten worden sein soll.[76] Vielmehr ist anzunehmen, dass sich dieser pragmatische Wandel regional sehr verschieden schnell und unterschiedlich radikal vollzogen hat. Dennoch: Im Laufe der zweiten Hälfte des Jahrhunderts dürfte das Hochdeutsche in der Predigt eher zur Regel geworden, als Ausnahme geblieben sein. Gänzlich verdrängt wurde der Dialekt bis zum Jahrhundertende jedoch nicht. Auch um 1900 gibt es noch Hinweise auf Mundartpredigten, die nun aber definitiv die Ausnahme von der Regel darstellen und geradezu eine „Kuriosität"[77] geworden sind.[78]

Metasprachliche Aussagen zur Sprache in der Predigt sind bis auf seltene Ausnahmen wenig differenziert. Wie das Hochdeutsche auf der Kanzel sprachlich tatsächlich realisiert wurde, lässt sich historisch aus solchen Zeugnissen deshalb nur sehr bedingt rekonstruieren. Aufgrund verschiedener Zeugnisse des 19. Jahrhunderts ist jedoch davon auszugehen, dass es sich in vielen Fällen nicht um eine standardnahe, sondern um eine sehr mundartnah realisierte Form des Hochdeutschen handelte. Zeitgenössischen Beobachtern erschien die

---

73 Hirtz 1844, zit. nach Socin 1888a: 506.
74 In Winterthur soll der Wechsel zum Hochdeutschen bereits Mitte der 1820er Jahre stattgefunden haben (vgl. Waser 1901: 258), und auch in der Berner Landschaft sollen zu diesem Zeitpunkt einige Pfarrer bereits hochdeutsch gepredigt haben (dies impliziert Wyss 1827: 234). Auch für Basel ist Ende der 1820er Jahre davon die Rede, dass der Kanzelvortrag auf Hochdeutsch stattfinde (vgl. Hagenbach 1828: 126), eine Feststellung, die in den 1840er Jahren bestätigt wird (vgl. Burckhardt 1841: 85; Vögelin 1844: 91). In den Städten des Kantons Aargau sollen sich Prediger vor der Jahrhundertmitte ebenfalls beflissen haben, „ihren alemannischen Vortrag dem reinen Deutsch allmälig näher zu bringen" (Bronner 1844: 2), wie 1858 auch im katholischen Luzern die Predigten „meistens in der Schriftsprache" erfolgt sein sollen (vgl. Pfyffer 1858: 212).
75 Dies legen entsprechende Beobachtungen aus verschiedenen Kantonen nahe (vgl. Rüsch 1835: 72 (Appenzell), Bronner 1844: 2 (Aargau), Pestalozzi-Hirzel 1844: 35 (Zürich), Meyer 1866: VIII (Schaffhausen), Thürig 1870: 3; Reinhard 1883: 190–191 (beide Luzern)).
76 Vgl. Ris 1980b: 119; allerdings fehlen bei Ris Quellenbelege für diese Feststellung.
77 Bachmann 1908: 68.
78 Vgl. Tappolet 1901: 17; [Anonym.] 1902: [1]; Bachmann 1908: 68.

Sprache der Prediger deshalb zuweilen sogar als eine ‚dritte Sprache', die sie im Varietätenspektrum zwischen den beiden Polen ‚lokaler Dialekt' und ‚reines Hochdeutsch' ansiedelten und für die der Begriff ‚Kanzelsprache' oder ‚Kanzeldeutsch' gebräuchlich wurde (s. dazu u. Kap. 5.5.1). Dabei dürften die dialektalen Interferenzen in dieser hochdeutschen Varietät im Laufe des Jahrhunderts immer mehr abgenommen haben.[79]

Neben der Predigt stellte die *religiöse Unterweisung der Kinder* mittels Katechismus eine zweite wichtige Kommunikationssituation innerhalb der Institution Kirche dar. Aufgrund der verfügbaren Zeugnisse ist anzunehmen, dass hier das Hochdeutsche im Laufe des Jahrhunderts weniger stark an Einfluss gewann als in der Predigt. Zwar haben wohl nicht wenige Lehrer den schulischen Religionsunterricht hochdeutsch abgehalten,[80] bei den Pfarrern jedoch konnte sich diese Praxis im Laufe des Jahrhunderts nicht durchsetzen.[81] Gründe dafür sind wenig bekannt. Argumentativ wurde wiederholt die bessere Verständnissicherung geltend gemacht; manch einem galt der Dialekt im Vergleich zum Hochdeutschen deshalb als nützlicheres Instrument für den religiösen Unterricht.[82] Aus pragmatischer Perspektive dürfte für die Varietätenwahl zudem bedeutsam gewesen sein, dass es sich bei der Kinderlehre um dialogische Redekonstellationen handelte, für die auch in den meisten anderen Kontexten der Dialekt gebräuchlich war, während die Kanzelrede eine monologische Vortragssituation – oft auf Grundlage eines geschriebenen Manuskripts – darstellte, für die auch in anderen Zusammenhängen auf das Hochdeutsche zurückgegriffen wurde. Der Dialektgebrauch behauptete sich so bis ans Ende des Jahrhunderts wohl in den meisten Kirchgemeinden, wenngleich in der Katechese von unterschiedlichen individuellen Präferenzen bei der Varietätenwahl auszugehen ist.[83]

Mit Blick auf die Entwicklung des Varietätengebrauchs in der Kirche ist somit festzuhalten, dass Ende des 19. Jahrhunderts in der Predigt das Hochdeutsche „fast überall die Oberhand gewonnen"[84] hat, nachdem um 1800 die Rede

---

[79] Dies legt beispielsweise Osenbrüggen 1874: 156 nahe, der für Zürich eine Entwicklung in diese Richtung feststellt: „Schon lange haben die Prediger auf der Kanzel sich des Schriftdeutsch bedient und jetzt kann nur das unvermeidliche ‚ischt' und ‚Geischt' auffallen, wie der Tonfall einzelner Worte und der Rhythmus mancher Sätze. Früher gestatteten sich die Prediger in ihren Kanzelvorträgen größere Freiheit und da kam für das Mittel-Idiom der Name Kanzeldütsch auf."
[80] Ein Beleg dafür ist die ausführliche Kritik an dieser Praxis bei Wyss 1827.
[81] Vgl. Kohl 1849b: 279; Hagenbach 1860: 337; Socin 1895: 55; Stickelberger 1907: 332.
[82] Vgl. [Anonym.] 1811a: 70–71; Wyss 1827; s. dazu auch u. Kap. 11.2.
[83] Vgl. Adank 1884: 117; Socin 1895: 55; Schmid 1899: 45; zur Bedeutung individueller Präferenzen vgl. die Hinweise bei Stickelberger 1907: 331; Bachmann 1908: 68.
[84] Tappolet 1901: 17.

von der Kanzel vielerorts noch dem Dialekt vorbehalten gewesen war. Auch wenn aufgrund der ausgewerteten Quellen keine detaillierten quantitativen und qualitativen Befunde zum Sprachgebrauch in der Predigt möglich sind, lassen sie doch den Schluss zu, dass von einer klaren Veränderung der Varietätenverteilung zugunsten des Hochdeutschen auszugehen ist. Demgegenüber blieb für die religiöse Unterweisung der Kinder mehrheitlich der Dialekt gebräuchlich; hier konnten die Mundarten ihre Stellung behaupten.

Schule

Wie in der Kirche, gewann auch in der Schule das Hochdeutsche im Laufe des Jahrhunderts klar an Bedeutung.[85] In vielen *Volksschulen* wurde jedoch noch bis tief in das 19. Jahrhundert vorrangig im Dialekt unterrichtet.[86] Allerdings gab es auch in der ersten Jahrhunderthälfte bereits Schulen, in denen Hochdeutsch die Unterrichtssprache war.[87] Aus dem Kanton Solothurn wurde etwa schon Mitte der 1830er Jahre berichtet, in den Landschulen werde „fast überall die hochdeutsche Mundart von den Lehrern mit ziemlicher Fertigkeit gesprochen".[88] In dieser Umbruchphase, die nach der Jahrhundertmitte fortdauerte, muss in vielen Schulen von einer ziemlich willkürlichen Handhabe der Unterrichtssprache ausgegangen werden. Aufgrund fehlender gesetzlicher Bestimmungen lag die Varietätenwahl oft im Ermessen der Lehrpersonen; eine Praxis, für die sich noch 1843 die Lehrerschaft der Stadt Bern aussprach.[89] Das Hochdeutsche nahm in der Volksschule wohl erst in den 1870er Jahren als Unterrichtssprache überhand.[90] Dies lässt sich nicht nur darauf zurückführen, dass ab den 1850er Jahren das Hochdeutsche in immer mehr kantonalen Lehrplänen als Unterrichtssprache empfohlen oder verbindlich festgelegt wurde (s. u. Kap. 11.3.1), sondern hing offenbar auch mit dem ‚Aussterben' einer älteren Lehrergeneration zusammen, die sich dem Hochdeutschen verweigerte.[91] Aller-

---

85 Die folgenden Überlegungen beziehen sich auf den Varietätengebrauch in der Lehrer-Schüler-Interaktion. Abgesehen davon war man bereits früh im Jahrhundert bestrebt, die Schulkinder hochdeutsch lesen oder auch auswendig gelernte hochdeutsche Sätze aufsagen zu lassen. Im Laufe des Jahrhunderts kamen dann auch selbständig in Hochdeutsch gehaltene Antworten als Lernaufgaben hinzu.
86 Vgl. Rengger 1838: 145; Vögelin 1844: 101; Kohl 1849b: 279.
87 Vgl. Wyss 1827: 218; Meyer von Knonau 1834: 127; Mörikofer 1838: 76–77; Strohmeier 1836: 106.
88 Strohmeier 1836: 106.
89 Vgl. [Anonym.] 1843.
90 Vgl. Socin 1895: 54–55.
91 Vgl. ebd. Auch an anderer Stelle wird die Einführung des Hochdeutschen implizit als Generationenproblem dargestellt. So heisst es beispielsweise im Kommentar zum Aargauer Lehrplan von 1869: „Im Anfange mag es allerdings namentlich den älteren Lehrern [sic!] einige

dings wurde selbst im letzten Jahrhundertdrittel nur in den oberen Volksschulklassen hochdeutsch unterrichtet, während in den ersten Schuljahren der Dialekt weiterhin ganz oder teilweise vorherrschte.

Insgesamt ist damit im Laufe des Jahrhunderts ein deutlicher Wandel des Varietätengebrauchs im Unterricht zu konstatieren. Während zu Beginn des 19. Jahrhunderts der Dialekt als Unterrichtssprache der Volksschule dominierte, ist zu Beginn des 20. Jahrhunderts „die Schulsprache, abgesehen von den untersten Klassen der Volksschule, wohl überwiegend schriftdeutsch geworden".[92] Dennoch waren auch im neuen Jahrhundert Lehrer, die im Dialekt unterrichten, insbesondere in ländlichen Gegenden keine Seltenheit.[93] Im Gegensatz zur ersten Jahrhunderthälfte wurde dieser Zustand im letzten Drittel des Jahrhunderts allerdings eher als Missstand, denn als Selbstverständlichkeit empfunden.

Im Gegensatz zur Volksschule gibt es zur Sprachgebrauchssituation in *höheren Schulen* nur wenig konkrete metasprachliche Hinweise. Einzig aus Basel wird 1844 berichtet, dass in den städtischen Gymnasien noch immer der Dialekt angewandt werde. Bereits damals fand man allerdings, dass sich dies „mit dem Gegenstande dieses Unterrichtes nicht mehr wohl [...] verträgt".[94] Rund eine Dekade später war es jedoch noch immer nicht selbstverständlich, dass der gymnasiale Unterricht – selbst der Deutschunterricht! – auf Hochdeutsch stattfand.[95] Auch hier scheint sich im dritten Viertel des Jahrhunderts das Hochdeutsche aber allmählich durchgesetzt zu haben. Ende der 1870er Jahre war jedenfalls die Frage nach der Unterrichtssprache im *Verein schweizerischer Gymnasiallehrer* bereits kein Thema mehr.[96] Dass sich der Dialektgebrauch im gym-

---

Mühe und Ueberwindung kosten, sich selbst und ihre Schüler an den mündlichen Gebrauch der Schriftsprache zu gewöhnen [...]." (Lehrplan AG 1866: [Anhang] 9).
92 Bachmann 1908: 68.
93 Vgl. J. S. 1898; Tappolet 1901: 19. Auch Bachmann 1908: 68 ergänzt seine oben zitierte Aussage um die Feststellung, dass es „an örtlichen oder persönlichen Verhältnissen an vielfältigen Ausnahmen nicht fehlt". 1899 hält es ein unbekannter Autor im *Aargauer Schulblatt* sogar für wahrscheinlich, dass „an mehr als der Hälfte derselben [Schulen im Kanton Aargau, E. R.] Mundart und Schriftsprache neben einander [gehen]", wobei der Mundart „sogar noch der Vorzug gegeben" werde. Daran änderten auch die offiziellen Schulbesuche nichts: „Kommt nun ein Mitglied der Schulpflege oder der Herr Inspektor, so zeigt man, dass man auch schriftdeutsch reden kann. Nachher gehts wieder bequemer." (S. 1899: 209).
94 Vögelin 1844: 101.
95 Vgl. Götzinger 1854: 21.
96 An der Versammlung des *Vereins schweizerischer Gymnasiallehrer* von 1877 wird zwar die Frage nach der Bedeutung des Dialekts im Gymnasium diskutiert, allerdings geht es dabei um die systematische Behandlung des Dialekts als Unterrichts*thema*, das der Einführung in das Mittelhochdeutsche dienen soll. Dass der Unterricht selbst dabei auf Hochdeutsch stattfinden soll, scheint ausser Frage (vgl. [Anonym.] 1877b; Bäbler 1878).

nasialen Unterricht teilweise bis in die zweite Jahrhunderthälfte halten konnte, belegt auch deutlich den Unterschied zur Situation in Deutschland, wo der Dialektgebrauch – *notabene* der Schüler – im 19. Jahrhundert systematisch stigmatisiert wurde.[97]

Noch weit weniger als über die Gymnasien ist über den Sprachgebrauch an den Akademien und *Universitäten* bekannt. Als einzigartige Quelle gilt die Aufzeichnung von fünf Geographievorlesungen des Berner Professors Niklaus Blauner, die er 1783 in der *Alten Hohen Schule*, der Vorgängerin der späteren Universität, im Berner Dialekt hielt.[98] Obschon weitere Zeugnisse dieser Art bislang nicht bekannt sind, berichtet noch Albrecht Rengger, dessen Schrift 1838 posthum erschien, dass „[i]n den Schulen, selbst wo höherer Unterricht ertheilt wird, auf den Akademien [...] man, wenn anders der Lehrer nicht ein Ausländer ist, keine andere Sprache als die des Volkes [vernimmt]."[99] Und von den Berner Lehrerexamen 1832 in Hofwil ist bekannt, dass sie vollständig im Dialekt abgehalten wurden.[100] Für die in den 1830er Jahren neu gegründeten Universitäten Zürich und Bern ist allerding davon auszugehen, dass nicht nur wegen der vielen deutschen Professoren, sondern auch, weil man für wissenschaftliche Vorträge bereits in der ersten Jahrhunderthälfte das Hochdeutsche vorsah,[101] sich dieses als Unterrichtssprache bald durchsetzte.

Mit Blick auf die Sprachbewusstseinsgeschichte ist anzunehmen, dass die sich im Laufe des 19. Jahrhunderts deutlich zugunsten des Hochdeutschen verschobene Sprachpraxis im Bildungswesen sowohl als Symptom als auch als Katalysator einer veränderten Spracheinstellung gegenüber dem Hochdeutschen zu verstehen ist. Sie gibt einen Hinweis darauf, dass sich nicht nur die gesellschaftliche Bedeutung des Hochdeutschen veränderte, sondern dass sich auch der Anspruch einer Diglossiesituation mit totaler Überlagerung weitgehend durchsetzte, in der nicht nur wenige, sondern sämtliche Bevölkerungsteile die Standardvarietät in Wort und Schrift beherrschen. Die Schriftsprache und ihre mündliche Realisierung wurden damit je länger je deutlicher als integraler Teil der Deutschschweizer Sprachkultur verstanden. Zugleich deuten die im Vergleich mit Deutschland und Österreich sehr späten Forderungen, Hochdeutsch konsequent als Unterrichtssprache einzuführen, und die Schwierigkeiten bei der praktischen Umsetzung die äusserst starke Loyalität zu den Mundarten an

---

97 Vgl. Polenz 1999: 56.
98 Zur Quellenkritik und Überlieferungsgeschichte vgl. Capitani 1980, zur sprachlichen Beurteilung des Textes Ris 1980a.
99 Rengger 1838: 145.
100 Vgl. [Anonym.] 1832: [s. p.].
101 Vgl. z. B. Hagenbach 1828: 125.

und womöglich gar einen gewissen Unwillen, dem Hochdeutschen den entsprechenden Raum zu geben. Schliesslich verweist der in der Praxis noch bis ans Ende des 19. Jahrhunderts belegte Dialektgebrauch in der Schule auch auf die Selbstverständlichkeit, mit der man in der Schweiz die Mundarten grundsätzlich in den allermeisten Kommunikationssituationen als legitime und durchaus auch als angemessene Varietätenwahl betrachtete.

Politik

Bis zur Bundesstaatsgründung von 1848 wurden die gemeinsamen Geschäfte der eidgenössischen Orte durch bevollmächtigte Boten an der sogenannten Tagsatzung besprochen. Erst in Folge der Umwälzungen der Helvetischen Republik wurden diese zunächst rein deutschsprachigen Versammlungen mehrsprachig. Über den Sprachgebrauch in diesem politischen Gremium ist allerdings wenig bekannt. Gemäss zeitgenössischen Quellen wurde neben Französisch, Italienisch und Hochdeutsch von den Vertretern der deutschschweizerischen Kantone – trotz Anwesenheit anderssprachiger Abgeordneter – weiterhin Dialekt gesprochen.[102] Mit der Gründung des Bundesstaates wurde die Schweizer Mehrsprachigkeit in der Verfassung verankert. Spätestens ab diesem Zeitpunkt scheint der Dialekt in den Sitzungen der *Bundesversammlung* nicht mehr gebräuchlich gewesen zu sein. Im Gegensatz zu den Verhandlungen in den kantonalen Parlamenten bediente man sich aus Rücksicht auf die Abgeordneten der verschiedenen Sprachregionen und aus Gründen der wechselseitigen Verständigung der standardsprachlichen Varianten der jeweiligen Einzelsprachen.[103]

Von der Situation auf Bundesebene unterschied sich die Situation in den Deutschschweizer Kantonen. In den Länderorten (Uri, Schwyz, Unterwalden, Glarus und Appenzell) stellte traditionell die *Landsgemeinde* die verfassungs-

---

102 Diese Vermutung legt zumindest ein Bericht aus dem Jahr 1834 nahe. Darin heisst es über die Tagsatzung in Zürich: „Beim Reden steht keiner auf. Man spricht, als wäre man in einer Privatgesellschaft, zu einander [...]. Dabei vernimmt man abwechselnd alle Hauptsprachen der Eidsgenossenschaft, deutsch, italienisch, französisch, und neben dem reinsten Hochdeutsch allerlei Mundarten der Schweiz in lieblicher Mischung." (Der aufrichtige und wohlerfahrene Schweizer-Bote 31 (1834): 228).
103 Für entsprechende Hinweise vgl. z. B. Neues Tagblatt aus der östlichen Schweiz, 21. 7. 1868: [1]; Schaffhauser Nachrichten, 13. 3. 1894: [s. p.]; Der Grütlianer, 30. 7. 1890: [1]. Schon unmittelbar nach der Bundesstaatsgründung wird 1848 in der Beilage zur Deutschen Zeitung (Frankfurt a. M.) beobachtet, „daß die Mitglieder des Nationalrathes [...] ihren (z. B. im Berner Großen Rathe noch jetzt üblichen) Schweizer Dialekt aufgegeben, und [...] die deutsche Sprache angenommen haben, während die welschen Mitglieder französisch sprechen." ([Anonym.] 1848: 4).

mässige Versammlung der stimmberechtigten männlichen Bevölkerung dar.[104] Diese Volksversammlungen wurden – wie heute noch – im Dialekt abgehalten, auch wenn insbesondere bei den vorbereiteten Reden auch Hochdeutsch zum Zuge kommen konnte.[105] Zudem ist davon auszugehen, dass – wohl parallel zur Entwicklung in den Kirchen – auch an den Landsgemeinden Predigten teilweise hochdeutsch gehalten wurden.[106] Insgesamt waren wohl vor allem die Produktionsbedingungen ausschlaggebend für die Varietätenwahl, so dass im Vorfeld schriftlich verfasste Reden teilweise hochdeutsch abgelesen wurden, während der spontane Meinungsaustausch naturgemäss im Dialekt stattfand. Der Unterschied zwischen dem Dialektgebrauch im Versammlungsteil und den zuweilen hochdeutsch gehaltenen Reden wird auch um 1900 noch konstatiert, jedoch nicht ohne zu betonen, dass die Landsgemeinde noch immer als „[d]er sicherste Hort für den Gebrauch des Dialektes in öffentlicher Versammlung" gelte.[107]

Anders als in Kantonen mit Landsgemeinde fand der politische Entscheidungsfindungsprozess in den übrigen Deutschschweizer Kantonen ab 1803 in Parlamenten statt. Zeugnisse aus den ersten Jahrzehnten des 19. Jahrhunderts lassen vermuten, dass dort noch meist der Dialekt vorherrschte.[108] Die von mir untersuchten metasprachlichen Quellen deuten darauf hin, dass die pragmatische Gepflogenheit, in den politischen Gremien eine hochdeutsche Variante zu reden, sich erst im zweiten Viertel des Jahrhunderts, und zwar zuerst in der Ostschweiz anbahnte. Im Zürcher Parlament soll das ‚Grossratsdeutsch', wie man diese mündliche Variante des Hochdeutschen in Anlehnung an ihren Gebrauch in den Kantonsparlamenten, den ‚Grossen Räten', nannte, in den 1820er Jahren erstmals eingeführt worden sein, auch wenn sich damals noch viele Red-

---

104 Vgl. Stadler 2008a, 2008b.
105 Von der Landsgemeinde in Glarus heisst es 1860, dass „die parlamentarischen Verhandlungen nicht bloß von Seiten des gemeinen Mannes, sondern auch von sämmtlichen Staatsbeamten in Glarner Mundart geführt wurden" (Grube 1860: 128), während an der Landsgemeinde in Obwalden 1869 beobachtet wird, dass der Eröffnungsredner auf Hochdeutsch, die danach folgenden Redner aber im Dialekt ihre Voten abgaben (vgl. Christ 1869: 30–33). Dass die Versammlung grundsätzlich im Dialekt stattfand, „Hauptvorträge" aber teilweise auch hochdeutsch gehalten wurden, legt auch ein Bericht aus dem Kanton Schwyz nahe (vgl. Meyer von Knonau 1835: 145).
106 Vgl. [Anonym.] 1874c: 307.
107 Vgl. Tappolet 1901: 18; mit verdächtig ähnlicher Formulierung auch Bachmann 1908: 68.
108 1825 wird berichtet, man spreche „[i]n den Rathsversammlungen der deutschen Schweiz" noch immer „die gemeine Mundart des Landes" (Bonstetten 1825: 59). Eine Feststellung, die bis Ende der 1830er Jahre von verschiedenen Beobachtern für verschiedene Kantone wiederholt und gestützt wird (vgl. Meyer von Knonau 1835: 145; Rengger 1838: 145; Mörikofer 1838: 98).

ner ihrer Mundart bedienten.[109] In den darauf folgenden Jahrzehnten verschob sich in Zürich der Varietätengebrauch im Kantonsparlament kontinuierlich zuungunsten der Dialekte. Bereits 1867 wird beobachtet, dass der Zürcher Ratspräsident „ein möglichst reines Hochdeutsch" spreche, während den übrigen Rednern zwar „eine stärkere dialektische Beimischung gestattet", „die Annäherung an den Gebrauch der Schriftsprache" dabei aber „hörbar" sei.[110] Um 1900 wurden die Verhandlungen des Zürcher Kantonsrats definitiv hochdeutsch geführt.[111] Wie für das Zürcher ist auch für das St. Galler Parlament eine längere Phase der Koexistenz von Dialekt und Hochdeutsch zu vermuten.[112] In Basel dürfte die definitive Ablösung des Dialekts durch das Hochdeutsche erst in den letzten beiden Jahrzehnten des Jahrhunderts erfolgt sein.[113]

Diese Entwicklung einer Domänenverschiebung in den kantonalen Parlamenten erfuhren jedoch nicht alle Kantone in gleicher Weise. Noch zu Beginn des 20. Jahrhunderts wird festgestellt, dass „[i]n mancher Kantonsratssitzung der deutschen Schweiz [...] noch Mundart gesprochen [wird]".[114] Dies traf in besonderer Weise auf den Kanton Bern zu, wo das Parlament – mit wenigen Ausnahmen auf der politischen Linken – auch um die Jahrhundertwende noch eine Bastion des Dialekts gewesen sein soll,[115] was sprachpolitisch gerade des-

---

109 Vgl. Waser 1901: 259–260. So soll sich beispielsweise auch der Zürcher Regierungsrat Hans Conrad von Muralt stets nur im Dialekt geäussert haben (vgl. ebd.: 260).
110 Vgl. Osenbrüggen 1867: 343.
111 Vgl. Tappolet 1901: 18; Bruppacher 1905: [s. p.].
112 Dies impliziert eine Äusserung von 1855, der zufolge es zu diesem Zeitpunkt in St. Gallen ‚studierte' Abgeordnete gegeben haben soll, die ihre Voten hochdeutsch abgaben. Zugleich wird der neu ins Parlament gewählte „Landmann" dazu angehalten, die „Landes- und Muttersprache in Ehren" zu halten und es nicht dem „Studirten" gleich zu tun, indem er versuche hochdeutsch zu reden. Er mache sich damit noch „lächerlicher, als der Studirte, der den Landmann nachahmen will" (St. Galler Zeitung, 24. 5. 1855: [477]).
113 So sollen in der Stadt Basel noch bis in die 1880er Jahre sowohl Vertreter der Regierung als auch des Parlaments ihre Mundart verwendet haben, während 1895 festzustellen war, dass im Grossen Rat inzwischen „selten mehr die Mundart" gehört werde (vgl. Socin 1895: 55; wohl auf Socin zurückgreifend auch Tappolet 1901: 18; vgl. zudem Burckhardt 1841: 5, der den Dialektgebrauch im Basler Rat für die 1840er Jahre bestätigt).
114 Tappolet 1901: 18, vgl. auch Bruppacher 1905.
115 Vgl. Die Ostschweiz, 9. 10. 1899: [2], Tappolet 1901: 18; [Anonym.] 1902, implizit auch bei Hilty 1895: 78. Für diese Bastion setzte sich 1890 der konservative Berner Kantonsrat Ulrich Dürrenmatt (1849–1908) in einem seiner politischen Gedichte ein. Er störte sich daran, dass mit den „Roten" auch das Hochdeutsche in den Grossen Rat Einzug gehalten habe, und ruft dazu auf, den Dialekt und damit die Berner Identität zu verteidigen: „Dem Grossen Rat ist Heil gescheh'n / Erleuchtung aus den Sternen, / Er wollte Berndeutsch nur versteh'n / Nun muss er Hochdeutsch lernen. // Ein Cicero trabt hoch einher / Auf Grütlianerstelzen [der Grütliverein war ein wichtiger Schweizer Arbeiterverein, der soziale Ideen vertrat, E. R.], / Die Mutzensprache [als Mutzen, d. h. Bären werden die Berner bezeichnet, E. R.], hart und schwer / Teutonisch

halb brisant ist, weil im Berner Kantonsparlament auch Vertreter der französischsprachigen Minderheit aus dem Jura sassen.

Überblickt man die metasprachlichen Zeugnisse, darf mit guten Gründen angenommen werden, dass die Position des Hochdeutschen in den politischen Institutionen im Laufe des Jahrhunderts deutlich gestärkt wurde. In der zweiten Jahrhunderthälfte wurde in verschiedenen deutschschweizerischen Kantonsparlamenten das Hochdeutsche bzw. das ‚Grossratsdeutsch' gar zur dominierenden Verhandlungssprache. Allerdings ist selbst für solche ‚hochdeutschen' Parlamente davon auszugehen, dass es regelmässig zu mundartlichen Voten gekommen ist.[116] Zugleich zeigt sich auch deutlich, dass der Gebrauch der Standardvarietät in den kantonalen Parlamenten sich unterschiedlich entwickelte und Ende des Jahrhunderts der sprachliche Usus regional stark variierte.

Kaum Hinweise gibt es hingegen auf den Sprachgebrauch in *kommunalen politischen Gremien*. Obwohl möglicherweise in grösseren Städten, allen voran Zürich, auch auf Gemeindeebene Reden auf Hochdeutsch gehalten wurden, dürfte diese Praxis nicht bis in die ländlichen Gemeinden vorgedrungen sein.[117] Der Hochdeutschgebrauch in kommunalen Gremien dürfte somit um 1900 die Ausnahme gewesen sein. Obwohl damit letztlich dem Hochdeutschen gegen Jahrhundertende auch im politischen Kontext deutlich mehr Raum zugestanden wurde, behauptete der Dialekt auch in diesen Kommunikationssituationen vielerorts noch sein historisches Recht – eine Situation, die überdies bis heute erhalten geblieben ist.[118]

Gericht

Auch in vielen *Gerichten* der deutschen Schweiz vollzog sich in der zweiten Hälfte des 19. Jahrhunderts ein allmählicher Wandel hin zu hochdeutsch geführten Verhandlungen. Gemäss dem Gymnasiallehrer und Publizisten Johann Kaspar Mörikofer (1799–1877) wurden Ende der 1830er Jahre die Gerichtsverhandlungen noch im Dialekt abgehalten.[119] In den folgenden Jahrzehnten

---

umzuschmelzen. // [...] Wir Mutzen aber folgen nicht; / Wir wollen berndeutsch bleiben." (Titelgedicht „Hochdeutsch" in der *Berner Volkszeitung* (*Buchsi-Zeitung*), zit. nach Ris 1987a: 373).
116 Ein entsprechender Hinweis findet sich z. B. auch bei Tappolet 1901: 18.
117 Vgl. Bachmann 1908: 68 zu Zürich; Tappolet 1901: 18 zu den ländlichen Gemeinden.
118 Vgl. dazu auch die Beobachtungen von Stadlin 1990 zum Sprachgebrauch in den kantonalen Parlamenten, die zeigen, dass je nach Kanton entweder mehrheitlich Hochdeutsch oder mehrheitlich Dialekt gesprochen wird, wobei der Varietätengebrauch teilweise auch sehr komplex organisiert ist und von pragmatischen Faktoren wie der Verhandlungsphase oder der Rolle des Redenden abhängt.
119 Vgl. Mörikofer 1838: 98.

scheint sich diese Praxis aber in verschiedenen Kantonen geändert zu haben. In Basel sollen selbst die Staatsanwälte bis Ende der 1860er Jahre nur baseldeutsch plädiert haben, während am Ende des 19. Jahrhunderts „[a]uch die Vorträge der Advokaten [...], außer etwa bei Bagatellsachen", hochdeutsch gehalten wurden.[120] Zur gleichen Zeit, da in Basel die Gerichte zum Hochdeutschgebrauch übergingen, wurde auch im Kanton Luzern das Hochdeutsche in Gerichtssälen gebräuchlich.[121] Im ersten Jahrzehnt des 20. Jahrhunderts wird bereits pauschal festgehalten, dass „[d]ie Verhandlungen der Gerichte [...] überwiegend schriftdeutsch geführt" wurden.[122] Wie in verschiedenen Zeugnissen jedoch ausdrücklich erwähnt, wurde im Umgang mit Angeklagten oder Zeugen weiterhin Dialekt gesprochen.[123] Nicht anders als in den Kantonsparlamenten bildete jedoch der Kanton Bern auch in den Gerichtssälen eine Ausnahme: Noch zu Beginn des 20. Jahrhunderts wurde dort im Dialekt verhandelt und Recht gesprochen.[124]

5.4.3 Öffentliche und halböffentliche Redesituationen

Vor dem Hintergrund der Entstehung einer politischen Öffentlichkeit[125] und der liberalen Bewegung ergaben sich in der ersten Hälfte des 19. Jahrhunderts neue Gelegenheiten, als ‚Volksredner' das Wort an ein grösseres Publikum zu richten. Dies gilt nicht nur für Reden und Vorträge in Vereinen, sondern auch für neue Formen der politischen Agitation, etwa an den sogenannten Volkstagen[126] und an anderen Volksversammlungen. Grundsätzlich scheinen für solche Redesituationen bereits in der ersten Jahrhunderthälfte beide Varietäten gebräuchlich ge-

---

120 Vgl. Socin 1895: 55.
121 Vgl. Thürig 1870: 30.
122 Vgl. Bachmann 1908: 68, zudem Greyerz 1892: 582.
123 Vgl. Socin 1895: 55; Tappolet 1901: 18; Bachmann 1908: 68.
124 Vgl. die entsprechenden Hinweise in [Anonym.] 1889: 188; Hilty 1895: 78; Stickelberger 1905: 3; St. Galler Zeitung, 28. 10. 1864: [1]; Schaffhauser Nachrichten, 13. 3. 1894; Der Grütlianer, 28. 3. 1907: [2].
125 Für den Begriff ‚Öffentlichkeit' und die Entwicklung im Schweizer Kontext des 18. und 19. Jahrhunderts s. o. Kap. 3.1.1. In den mir vorliegenden Quellen wird Sprechen in der Öffentlichkeit vor allem in Form von Vorträgen, Reden, Toasten und Diskussionen an Vereinsversammlungen, eidgenössischen Festen oder politischen Volksversammlungen relevant gesetzt.
126 An den ‚Volkstagen' versammelten sich in der Nachfolge der französischen Julirevolution von 1830 in verschiedenen Kantonen Bürger, um die bestehenden Verfassungen gewaltlos zu revidieren. Dieser öffentliche Protest stand am Beginn der Regenerationszeit (vgl. Schmid 2015).

wesen zu sein.[127] So berichtet Mörikofer, dass nicht nur 1834 am eidgenössischen Freischiessen Dialektreden gehalten wurden, sondern 1836 auch bei einer grossen politischen Volksversammlung in Wiedikon (Zürich).[128] Demgegenüber wird 1844 für Basel festgehalten, dass „nur selten" Reden im Dialekt zu hören seien.[129] Auch Quellen aus dem Kanton Luzern legen nahe, dass dort der Dialekt – zumal nach der Jahrhundertmitte – in öffentlichen Redesituationen eher seltener gebraucht wurde als die Standardvarietät.[130] Dass beide Varietäten für Reden gebräuchlich waren, änderte sich aber auch in der zweiten Hälfte des Jahrhunderts nicht grundlegend. Dialektreden sind in diesem Zeitraum in sehr unterschiedlichen Kontexten belegt, etwa in Eröffnungsreden an kleineren und grösseren Festen, aber auch in öffentlichen Vorträgen wissenschaftlichen oder politischen Inhalts sowie in Vorträgen an grösseren Vereinsversammlungen.[131]

Es ist davon auszugehen, dass die Wahl der Varietät bei öffentlichen Reden und Vorträgen letztlich im gesamten 19. Jahrhundert weniger prinzipiell bestimmt, als von situativen Faktoren wie Anlass, Zuhörerschaft und Thema abhängig war. Das spiegelt sich auch in der Anleitung für „schweizerische Volksredner", die 1845 vom Pädagogen und Wahlschweizer Ignaz Thomas Scherr (1801–1870) anonym veröffentlicht wurde.[132] Die Frage „In welchem Sprachausdrucke soll der Volksredner sprechen?" erscheint ihm dabei als „[e]ine der ersten […], die sich zur Beantwortung aufdrängt".[133] Er beantwortet sie dahingehend, dass die Wahl der Varietät keine prinzipielle, sondern eine aus den situativen Umständen abzuleitende sei. Dabei spiele das Publikum ebenso eine Rolle wie der Gegenstand der Rede oder die bereits etablierten Gepflogenheiten

---

127 So berichtet Mörikofer 1838: 99–102, dass nicht nur am eidgenössischen Freischiessen 1834 Reden im Dialekt gehalten wurden, sondern auch bei einer grossen Volksversammlung in Wiedikon (Zürich) 1836. Demgegenüber heisst es 1844 aus Basel, dass im Dialekt „nur selten" Reden gehalten würden (Dekan Linder, in: Vögelin 1844: 91). Auch Quellen aus dem Kanton Luzern legen nahe, dass dort der Dialekt – zumal nach der Jahrhundertmitte – in öffentlichen Redesituationen eher seltener gebraucht wurde als die Standardvarietät (vgl. Pfyffer 1858: 212; Thürig 1870: 30).
128 Vgl. Mörikofer 1838: 99–102.
129 Vgl. Vögelin 1844: 91.
130 Vgl. Pfyffer 1858: 212; Thürig 1870: 30.
131 Vgl. Neues Tagblatt aus der östlichen Schweiz, 14. 7. 1857: [3] (zum Freischiessen); [Anonym.] 1899a: 33, Die Ostschweiz, 1. 2. 1899: [2] (zu den Eröffnungsreden); Neues Tagblatt aus der östlichen Schweiz, 14. 7. 1857: [3] (zu wissenschaftlichen/politischen Vorträgen); Der Grütlianer, 22. 4. 1899: [5], 5. 4. 1900: [3], 6. 2. 1902: [1], 29. 11. 1902 (Beilage): [1], 5. 8. 1905: [2], 17. 11. 1903: [1] (zu Vereinsversammlungen).
132 Vgl. Scherr 1845; zu historischen Einordnung von Scherrs Text vgl. Schwarzenbach 1992.
133 Scherr 1845: 13.

innerhalb eines Vereins.[134] Als Grundsatz stellt Scherr für den Sprachgebrauch vor Publikum fest:

> Die Mundart eignet sich vorzugsweise für den traulichern Kreis, für Gegenstände des gewöhnlichen Volkslebens, zur kürzern gefühlbewegenden Ansprache und für Versammlungen, die größern Theils aus den untern Volksklassen bestehen. [...] Die schriftdeutsche Sprache eignet sich für amtliche Vorträge, für Reden in größern gemischten Versammlungen, zur Erörterung von Gegenständen, wobei fremde und neuhochdeutsche Ausdrücke unvermeidlich sind, für Reden, die ins wissenschaftliche Gebiet einschlagen, für gebildete Kreise u. dgl.[135]

Bis ans Ende des Jahrhunderts scheint sich an der grundsätzlich pragmatisch motivierten Varietätenwahl in öffentlichen Rede- und Vortragssituationen, wie sie bereits Scherr nahelegt, kaum etwas geändert zu haben. So resümiert der Philologe Albert Bachmann 1908 in einem Lexikonartikel zur Sprachsituation in der deutschsprachigen Schweiz: „In öffentlichen Versammlungen nichtamtlichen Charakters wird es noch sehr verschieden gehalten: je feierlicher der Anlass, je gebildeter die Redner oder das Publikum, je wissenschaftlicher, abstrakter der Gegenstand und seine Behandlungsweise, desto mehr ist die Schriftsprache die gegebene Ausdrucksform."[136]

Neben den Vortrags- und Redesituationen ergaben sich in Vereinsversammlungen immer auch eigentliche Verhandlungssituationen in Form von Plenardiskussionen. Aufgrund des Wenigen, das dazu bekannt ist, darf auch mit Blick auf die Diskussionskultur in Vereinen von einer allmählichen Verschiebung zugunsten des Hochdeutschen ausgegangen werden. So wird 1892 festgestellt, dass „[d]as Bedürfniß nach schriftgemäßem Ausdruck" nun auch „in den Sitzungen wissenschaftlicher und anderer Vereine" sich rege.[137] Auch in Lehrerversammlungen scheint das Hochdeutsche an Bedeutung gewonnen zu haben, wie zwei Berichte aus dem Kanton Bern nahelegen. Ihnen zufolge soll die Berner Lehrerschaft bei ihren Versammlungen 1849 noch im Dialekt gesprochen haben,[138] während sie Ende der 1880er Jahre hochdeutsch tagte.[139] Bis zu Beginn des 20. Jahrhunderts bleibt das Bild jedoch uneindeutig, und es scheinen, je nach Verein und Ort, verschiedene Gepflogenheiten im Hinblick auf die Varietätenwahl geherrscht zu haben.[140] Was die Versammlungssprache angeht, ist

---

134 Vgl. ebd.: 13–19.
135 Ebd.: 19.
136 Bachmann 1908: 68.
137 Vgl. von Greyerz 1892: 582.
138 Vgl. Kohl 1849b: 277.
139 Vgl. [Anonym.] 1889: 188.
140 Dass der Dialekt in vielen Vereinen noch immer sein Recht behauptete, impliziert Stickelberger 1905: 20. Demgegenüber sind um die Jahrhundertwende hochdeutsch geführte Vereins-

von regionalen und sozialen Unterschieden und der Tendenz zu einem deutlichen Ost-West-Gefälle auszugehen. Demnach sollen sich die Zürcher und Ostschweizer in Vereinsversammlungen mehr der Schriftsprache bedient haben als etwa die Berner oder Basler.[141] Gerade in Bern soll auch am Jahrhundertende „[m]it Ausnahme der Lehrer an ihren Synoden und Konferenzen [...] überall alles in Versammlungen [...] in der Mundart" gesprochen haben[142] – auch diesbezüglich blieb Bern also eine Bastion des Dialekts.

Als spezielle Form des öffentlichen Redens in Vereinen dürfen schliesslich Tischreden und Trinksprüche gelten. Für solche gab es an Festen und Vereinsversammlungen immer Gelegenheiten. Als kurze, teils spontane Ansprachen in kleinerem Kreise wurden diese Reden und Sprüche traditionell im Dialekt dargebracht, woran sich auch im Laufe des Jahrhunderts nichts grundsätzlich änderte.[143] Allerdings war auch für diese kommunikativen Gattungen zumindest in der zweiten Jahrhunderthälfte ein Auftritt im Dialekt ebenso salonfähig wie einer auf Hochdeutsch – und nicht selten wurden wohl auch am gleichen Abend Toaste in beiden Varietäten dargeboten.[144]

5.5 Varietätenspektrum und Registervariation

Im Kontext der Frage nach der binnensprachlichen Diglossie und der *Varietätenverteilung* war bislang nur von *dem* Dialekt und *dem* Hochdeutschen als lin-

---

versammlungen sowohl in den „gelehrten Gesellschaften" Basels (vgl. Socin 1895: 55) als auch in einer lokalen Sektion des *Schweizerischen Alpenclubs (SAC)* im Kanton Zürich (vgl. Schwarzenbach 1969: 306) bezeugt. Darüber hinaus stützt auch die Auswertung öffentlicher Redesituationen in mundartliterarischen Werken im letzten Drittel des Jahrhunderts die These, dass beide Sprachformen kontextabhängig gebräuchlich waren (vgl. Lötscher 1997).
141 Vgl. Socin 1895: 55. Diese Tendenz legt auch folgender Kommentar in der *Schweizerischen Bauzeitung* zu den an einem Eisenbahnfest gehaltenen Dialektreden nahe: „Für einen ausserkantonalen Zuhörer war es interessant, einmal wieder ordentliches Schweizerdeutsch zu hören, denn alle Redner bedienten sich unserer Landessprache. Während wir in der Ostschweiz bei ähnlichen Anlässen gewöhnlich schriftdeutsche Reden anzuhören haben (und oft was für ein Schriftdeutsch!) freute es uns zu bemerken, dass im Kanton Bern unser schweizerisches Idiom noch in Ehren steht und dass sich dasselbe trefflich für solche Gelegenheiten eignet [...]." ([Anonym.] 1899a: 33).
142 Vgl. [Anonym.] 1889: 188, auch Stickelberger 1905: 3 bestätigt diese Feststellung.
143 Für entsprechende Hinweise vgl. St. Galler Zeitung, 27. 9. 1865: 914–915; Der Volksfreund, 4. 7. 1883: [2]; Schaffhauser Nachrichten, 19. 2. 1896. Eine dialektale Tischrede ist vom Zürcher Sechseläuten, einem traditionellen Umzug der Zünfte der Stadt, aus dem Jahr 1834 erhalten (vgl. [Anonym.] 1834a).
144 Vgl. Verhandlungen der Schweizerischen gemeinnützigen Gesellschaft 40 (1860): 42; Neues Tagblatt aus der östlichen Schweiz, 5. 3. 1872: [1].

guistischen Abstraktionen die Rede. Im Hinblick auf die Frage nach der Varietätenverteilung in der bestehenden Diglossiesituation schien dies berechtigt. Tatsächlich ist für die deutsche Schweiz des 19. Jahrhunderts von einer deutlichen sprachstrukturellen und pragmatischen Trennung zwischen den alemannischen Dialekten und der Standardvarietät auszugehen.[145] Aus variationslinguistischer Perspektive ist innerhalb dieser beiden Varietäten jedoch mit weiterer Binnenvariation zu rechnen. Im Folgenden sollen die zentralen Aspekte der dialektalen und hochdeutschen Variation auf soziolektaler und stilistischer Ebene beschrieben werden, wie sie aus den metasprachlichen Kommentaren der Zeit rekonstruierbar sind.[146]

5.5.1 Kanzeldeutsch und Grossratsdeutsch als hochdeutsche Varietäten

In einer ethnographischen Beschreibung des Kantons Zürich von 1834 wird aufgezählt, es gebe da und in anderen Kantonen „dreierlei Teutsch", nämlich „die Volkssprache, das reine Teutsch und eine sogeheißene Kanzel- oder Geschäftssprache, die von den meisten Predigern oder Geschäftsleuten, doch nur in ihrer amtlichen Stellung, oft auch gegen Teutsche [...] geredet wird".[147] Dieselben drei Sprachformen unterscheidet ein Schweizer Pfarrer bereits 1819: „Es versteht sich, daß ich auf der Treppe in einem Alltagsrock nicht die Kanzel-, noch weniger die Büchersprache, sondern den Provinzial-Dialekt redete, wie wenn alles meine Hausgenossen wären."[148] Und auch 1824 wird die Kanzelsprache

---

145 Diese strikte Trennung der Varietäten kennzeichnet bis heute die Sprachsituation der deutschen Schweiz, während sich die übrigen deutschsprachigen Regionen durch andere Dialekt-Standard-Konstellationen auszeichnen. In der Interaktionssituation äussert sich dieser Unterschied darin, dass es in der Deutschschweiz zu *Code-Switching* kommt, während für Deutschland und Österreich das *Code-Shifting* (bzw.: *Code-Gliding*) in einem Dialekt-Standard-Kontinuum charakteristisch ist, das im kontinuierlichen Übergang von einer standardnäheren zu einer dialektnäheren Sprechweise (oder umgekehrt) besteht (vgl. Auer 1986: passim; zu einer Typologie verschiedener Dialekt-Standard-Konstellationen sowie zu den grundsätzlichen historischen Entwicklungsmöglichkeiten vgl. Auer 2005, 2011). Diesen für Diglossiesituationen typischen Varietätengebrauch bestätigt für die Deutschschweiz auch die Auswertung der Zürcher Dialektdramatik von 1870 bis 1930, die im Dialektgespräch zwar Formen des Code-Switching, nicht aber des Code-Shifting feststellt (vgl. Lötscher 1997).
146 Nicht Gegenstand dieses Kapitels sind die sprachsystematischen Unterschiede der verschiedenen hoch- und höchstalemannischen Dialekte der Schweiz. Einen guten Überblick darüber geben u. a. Lötscher 1983: 137–184; Wiesinger 1983: 834–835; Hotzenköcherle 1984; Haas 2000a: 57–74.
147 Meyer von Knonau 1834: 127, 1844/1846: Bd. 2, 2.
148 Der Gemeinnützige Schweizer 3 (1819): 104.

als eine dritte Sprache charakterisiert, die „weder Hochdeutsch noch Schweizerdeutsch"[149] sei.

Worum aber handelt es sich bei dieser ‚dritten Sprache', die die zeitgenössischen Beobachter zwischen dem Dialekt und der normnahen Standardvarietät einordnen? Walter Haas äusserte die Vermutung, es könnte sich dabei um eine Form des Dialekt-Standard-Kontinuums handeln, das durch Code-Shifting von der einen in die andere Varietät charakterisiert ist.[150] Dass es im frühen 19. Jahrhundert vorkam, dass gesprochener Dialekt und gesprochenes Hochdeutsch „viel freier ineinander über[gingen]",[151] als man sich das heute vorstellen kann, ist nicht prinzipiell auszuschliessen. Die sprachgeschichtliche Entwicklung und die Tatsache, dass dieses sprachliche Verhalten keine metasprachlichen Erwähnungen findet und auch in der Dialektliteratur nur ein einzelnes Beispiel bekannt ist,[152] legen jedoch nahe, dass unter Autochthonen ein solches Hinübergleiten vom Dialekt zur Standardvarietät selbst damals nicht gebräuchlich war. Auch die These, es handle sich bei diesem Sprachgebrauch um die viel zitierte ‚Kanzelsprache', scheint mir problematisch. Die verfügbaren Metakommentare legen vielmehr nahe, dass es sich bei der Kanzelsprache um eine stark dialektal gefärbte Variante des Hochdeutschen handelte.

Wie der Begriff besagt, war die Kanzelsprache zunächst die Sprache, in der gepredigt wurde. Ihr säkulares Pendent war das ‚Grossratsdeutsch'.[153] Für zeitgenössische Beobachter hatten die beiden Sprachlagen grosse Ähnlichkeit, wie etwa folgende Erläuterungen des Juristen und Wahlschweizers Eduard Osenbrüggen Ende der 1860er Jahre belegen:

---

149 Hardmeyer 1824: 11.
150 Vgl. Haas 2000a: 82. Als Belege führt Haas (ebd.) eine Passage aus einem Werk des Zürcher Schriftstellers Jakob Stutz aus dem Jahr 1836 an, die ein solches Sprachverhalten fingiert. Bei diesem Auftritt gleitet ein ‚Fremder' in einem politischen Monolog sprachlich allmählich von Dialektnähe zu Standardnähe (vgl. Stutz 1836: 230–231) – die Herkunft des Fremden bleibt dabei allerdings offen.
151 Haas 1980: 81.
152 Auf schriftliche Nachfrage bestätigte mir Walter Haas, dass ihm keine weiteren Beispiele bekannt sind. Auch Lötscher 1997 dokumentiert in ihrer umfassenden Untersuchung zur Zürcher Dialektdramatik im letzten Jahrhundertdrittel keine Beispiele dieser Art. Eine systematische Analyse dialektliterarischer Texte der Zeit könnte hier womöglich weiteren Aufschluss über Form und Gebrauch solcher Sprachkontaktmuster geben.
153 Der Begriff spielt auf das (Zürcher) Kantonsparlament, den ‚Grossen Rat', an, in dem sich Redner dieser Sprechweise bedient haben sollen. Der Begriff, der zunächst eine hochdeutsche Lernervarietät bezeichnet, dürfte seit dem frühen 20. Jahrhundert eine Bedeutungsverschiebung erfahren haben und zunehmend für einen dialektalen Stil mit vielen hochdeutschen Transferenzen gebräuchlich geworden sein. In diesem Sinne wird er etwa gebraucht von Rollier 1920: [1]. Vgl. zur Reflexion des Begriffs auch schon Schwarzenbach 1969: 285–286; Ris 1973: 30.

> Die Züricher [...] unterscheiden in neuerer Zeit Gutdeutsch (Hochdeutsch), Großenraths-Dütsch und Züridütsch. Früher hatten auch die Pfarrer auf der Kanzel – nach der Regel „medium tenuere beati" – ein dem Großenraths-Dütsch ähnliches Mittel-Idiom, Kanzel-Dütsch genannt. Das kräftige Züridütsch ist zwar die allgemeine Herzenssprache und im Verkehr der Züricher unter sich allein zulässig, aber im Gespräch mit Fremden aus Deutschland wird das Hochdeutsch verwendet, so gut es gehen kann, und da kommt denn das Großenraths-Dütsch auch außer dem Rathhause als Sprachform zur Anwendung bei denen, die nicht durch längeren Aufenthalt in Deutschland sich das Hochdeutsch ganz angeeignet haben.[154]

Weniger der Hinweis auf den Sprachgebrauch im Ratssaal, als der Hinweis auf den Umgang mit Fremden macht in diesem Zitat deutlich, dass es sich beim besagten ‚Mittel-Idiom' vor allem um einen *Versuch* von wenig geübten Sprecherinnen und Sprechern handelt, Hochdeutsch zu gebrauchen. Noch deutlicher wird dies in folgender Formulierung desselben Autors aus dem Jahr 1874: „Außerhalb dem Rathhause kommt eine solche Mittelsprache auch oft zum Vorschein, wenn Schweizer, die des Hochdeutschen nicht ganz Herr sind, im Gespräch mit Deutschen sich bestreben hochdeutsch zu sein."[155] Und noch 1901 heisst es zur Sprache im Grossen Rat nicht ohne kritischen Unterton: „Im Zürcher Kantonsrat werden die Verhandlungen schriftdeutsch geführt, oder wenigstens in einer Sprache, die nicht Dialekt ist und die vom Bewusstsein begleitet ist, Schriftdeutsch zu sein."[156]

Sprachstrukturelle Eigenschaften dieses ‚Mittel-Idioms' werden in den Metakommentaren kaum thematisiert, vielmehr begnügt man sich in der Regel damit, diese Sprechweise lediglich zu erwähnen.[157] Zur sprachlichen Ausgestaltung wird 1834 immerhin festgestellt, dass man in dieser Ausdrucksweise „mit teutschen Worten in volkstümlicher Aussprache"[158] spreche. Ähnlich wird noch 1860 die Kanzelsprache im Kanton Glarus charakterisiert: „Die Geistlichen predigen zwar hochdeutsch, aber mit Glarner Zunge, mit Glarner Ton, und ihre Aussprache ist spezifisch verschieden von der eines geborenen Deutschen. Aehnlich verhält es sich in allen Schweizer Kantonen."[159] Vergleichsweise differenziert beschreibt schliesslich ein deutscher Reisender die hochdeutsche Variante, die er bei Schweizer Pfarrern beobachtete. In ihr würden die Pfarrer nicht nur auf die „groben und platten Provinzialismen und Idiotismen, welche der

---

154 Osenbrüggen 1867: 343.
155 Osenbrüggen 1874: 156.
156 Tappolet 1901: 18.
157 Eine sprachsystematische Rekonstruktion dieser Varietät(en), wie sie jüngst Wilcken 2015a für das ‚Missingsch' im niederdeutschen Sprachraum vorgelegt hat, steht noch aus.
158 Meyer von Knonau 1834: 127, 1844/1846: Bd. 2: 2.
159 Grube 1860: 128–129.

Würde ihrer Rede schaden würden", verzichten, sondern auch grammatikalisch korrekte hochdeutsche Formen bilden – so in der Konjugation („gewesen sein' statt dialektal ‚g'si si') oder in der Pluralbildung („die Gemsen' statt ‚die Gemscheni').[160] Anders, als wenn sie „mit einem Fremden völlig hochdeutsch reden", würden Pfarrer in der Kanzelsprache „dem Ohr der Schweizer ungewohnte hochdeutsche Diphthonge, wie ‚ei', ‚eu'" vermeiden und „‚Zit' statt ‚Zeit', ‚Früde' statt ‚Freude' u. dgl." sagen.[161] Diese detaillierteren Beobachtungen bekräftigen die These, dass es sich beim Kanzel- bzw. Grossratsdeutsch um zwei hochdeutsche Varietäten mit starken dialektalen Interferenzen gehandelt haben muss. Ebenso bekräftigt wird die These durch die parodistische Wiedergabe des „zürcherische[n] Kanzeldeutsch[s]" eines Oberrichters von 1868, bei dem es sich offensichtlich um Hochdeutsch mit dialektalen Interferenzen handelt.[162]

Die Hintergründe für den Gebrauch dieser Sprachlage mögen im Einzelnen unterschiedlich gewesen sein. Im kirchlichen Kontext dürfte er weniger einer mangelhaften Hochdeutschkompetenz der Pfarrer selbst, als vielmehr dem pragmatischen Ziel der Verständnissicherung geschuldet gewesen sein. Zumindest fehlen – ganz im Gegensatz zum ‚nicht reinen' Gebrauch des Hochdeutschen bei Lehrern – metasprachliche Zeugnisse, die den Grund der Kanzelsprache in der mangelnden Sprachkompetenz der Geistlichen orten. Gerade in ländlichen Gegenden hätte eine allzu standardnahe Realisierung der Predigt zum Preis ungenügenden Verstehens von Seiten der Gläubigen erkauft werden müssen.[163] Um dies zu verhindern, war es auch in den Augen zeitgenössischer Beobachter noch lange völlig akzeptabel, dass Prediger vom zeitgenössischen Ideal ‚reinen' Hochdeutschs abwichen.[164]

Bei der Anwendung ausserhalb der Kirche dürfte es sich indes um eine eigentliche *Lernervarietät* gehandelt haben.[165] Ein solches „intendiertes Hoch-

---

160 Kohl 1849b: 278–279.
161 Ebd.: 279.
162 Die Rede wird wie folgt imitiert: „Er thuet dann dergleichen, wie wann man im Kanton Zürich die Wahrheit nicht mehr sagen dürfte ... Khm ... Woll, die Worret darf man sagen, aber nur keine so verfluechten Lügen ..." (Locher 1868: 48–49).
163 Vgl. Bronner 1844: 2; Kohl 1849b: 279.
164 Vgl. z. B. Hardmeyer 1824: 15; [Anonym.] 1874c: 307. 1896 wird solches *recipient design* in der hochdeutschen Predigt hingegen nicht mehr goutiert und zwar mit der Begründung, es sei „nicht nötig, sich im Kanzeldeutsch dem Dialekt einer Gegend völlig anzupassen", denn „ein gutes Schriftdeutsch wird bei uns gewiss überall verstanden" (Fischer 1896: 936–937).
165 Mit ‚Lernervarietät' (i. S. von *interlanguage*) bezeichne ich ein sprachliches System, das im Spracherwerbsprozess ein (Zwischen-)Produkt auf dem Weg zum vollständigen Erwerb einer Zielsprache darstellt (vgl. Riehl 2014: 87). In Fällen, in denen der Dialekt die Erstsprache und die Hoch- oder Standardsprache die Zweitsprache darstellen, ergeben sich dabei sprachliche Zwischenstufen mit Sprachmaterial aus beiden Varietäten. Oft handelt es sich dabei um deut-

deutsch"[166] ist nicht nur in Parlamentsreden und im Umgang mit Nicht-Autochthonen, sondern auch in öffentlichen Reden[167] und für die Schule belegt, wo die dialektale Färbung des Hochdeutschen der Lehrerschaft zunehmend zum Anlass für puristische Sprachkritik wurde.[168] In diesem Kontext nannte der Pädagoge Johannes Kettiger 1853 diese ‚dritte' Sprache *Schweizerhochdeutsch*.[169] Während Kettiger damit deutlich eine Lernervarietät benannte, sollte der Begriff erst später die schweizerische Variante des Standarddeutschen bezeichnen, die gegen Ende des Jahrhunderts zunehmend an Akzeptanz gewann.[170]

5.5.2 Binnendialektale Variation

Ein anderer Aspekt sprachlicher Variation betrifft die diaphasische und diastratische Variation innerhalb des dialektalen Sprachgebrauchsspektrums.[171] In den metasprachlichen Äusserungen aus dem 19. Jahrhundert wird diesen Formen binnendialektaler Variation in der Regel nur am Rande Rechnung getragen. Eine erste Differenzierung innerhalb des dialektalen Diasystems betrifft die stilistische Unterscheidung zwischen qualitätsarmer und qualitätsvoller Mundart. Sie kommt in verschiedenen metasprachlichen Äusserungen zum Ausdruck, die vor einer ‚gemeinen', ‚pöbelhaften' Verwendung des Dialekts warnen. Wer etwas auf sich hielt, war bemüht, einen allzu ‚groben' Dialekt zu vermeiden und stattdessen eine ‚kultivierte', ‚gehobene', ‚sittliche' Ausdrucksweise zu gebrauchen. So unterscheidet 1828 bereits der Basler Theologe und Kirchenhistoriker

---

lich dem Hochdeutschen zuzuordnende Varietäten, die jedoch durch mehr oder weniger starke dialektale Interferenzen gekennzeichnet sind.
166 Mihm 1998: 289.
167 Vgl. Pfyffer 1858: 212.
168 Vgl. Scherr 1845: 14; Seiler 1879: XII; [Anonym.] 1895a: 102; Schmid 1899: 18.
169 Es dürfte zugleich einer der frühsten Belege für diese Wortschöpfung sein: „Unsere Mundart (Volkssprache) [...] macht sich beim Lesen der Schriftsprache und bei unsern Versuchen, uns rein deutsch auszudrücken, über Gebühr [...] geltend [...] Durch diese Gewohnheit ist es dazu gebracht, daß wir eigentlich drei verschiedene Sprachen sprechen, lesen, singen und nur zu oft auch schreiben; den Dialekt nämlich, die Schriftsprache und ein durch die Mundart entstelltes *Schweizerhochdeutsch*, wie ich es nennen möchte. Das Uebeltönende und Ungemäße der letztern Sprech- und Leseweise liegt am Tage, und es ist Sache der Schule, die üble Gewohnheit auszumerzen." (Kettiger 1853: 27, Herv. E. R.).
170 Vgl. z. B. Hilty 1892: 712; Blümner 1892; Niedermann 1905.
171 Auf die diatopische Variation, also auf die sprachmateriellen Unterschiede innerhalb der hoch- und höchstalemannischen Sprachlandschaft soll an dieser Stelle nicht eingegangen werden.

Karl Rudolf Hagenbach (1801–1874) innerhalb der Basler Mundart die „Sprache des gemeinen Lebens" von der „feinern [dialektalen, E. R.] Umgangssprache".[172]

Ein wohl einmaliges historisches Zeugnis in dieser Hinsicht sind handschriftliche Notizen des Zürcher Juristen Johann Rudolf Spillmann (1817–1879) zu einem „Unterricht in der Volkssprache". Damit wollte er seine künftige Frau (*notabene* selbst eine Zürcherin) von „den wüsten, groben Ausartungen der Züricherischen Volkssprache, die Du dir angewöhnt hast" und die ihr „ganzes weibliches Wesen" ‚verunstalteten', befreien.[173] Freilich beabsichtigte er ausdrücklich nicht, ihr Hochdeutsch beizubringen, sondern vielmehr, ihr ein gehobenes Register der Volkssprache anzugewöhnen: „Absolute Unwichtigkeiten, Verkehrtheiten, Plumpheiten, Grobhölzigkeiten soll man auch in der Volkssprache nicht mitmachen, sondern das Wüste, Breite u.[nd] Schwerfällige vermeiden."[174]

Die stilistische Unterscheidung in einen allgemeinen und einen gehobenen Dialekt impliziert auch der Verfasser einer Anstandslehre von 1850, wenn er festhält, die Kinder sollten entweder an „gutes Deutsch oder an die gewöhnliche Muttersprache [d. h. den Dialekt, E. R.], jedoch mit Vermeidung unartiger, gemeiner Ausdrücke" gewöhnt werden; letztlich gehe es darum, den Kindern „eine gefällige Form desjenigen, was sie sagen wollen, geläufig zu machen".[175] 1868 machte ein Lehrer im *Berner Schul-Blatt* eine ähnliche Unterscheidung. Er sah die Aufgabe seines Berufsstandes darin, beim Gebrauch des Dialekts im Unterricht „alle gemeinen und lächerlichen Ausdrücke" zu vermeiden; der Lehrer selbst solle sich zudem „auch außer der Schule nur der edlern mundartlichen Sprachformen bedienen".[176] Im ersten Jahrzehnt des 20. Jahrhunderts unterschied Renward Brandstetter in der Luzerner Mundart unter anderem einen „derben", einen „gewöhnlichen" und einen „höflichen" Stil.[177]

---

[172] Hagenbach 1828: 116; s. dazu auch u. Kap. 8.1.
[173] Spillmann 1844/1845: 11. Das Manuskript befindet sich in der Bibliothek des *Schweizerischen Idiotikons*, Zürich. Ich danke Christoph Landolt, Redaktor beim *Schweizerischen Idiotikon*, dafür, dass er mir den Text vermittelt hat. Die Transkription des Textes erfolgte durch Felix Landolt, Zürich, der auch die biographischen Angaben zu Johann Rudolf Spillmann und seiner Verlobten, Katharina ‚Gaton' Scheuchzer, recherchiert hat; auch ihm bin ich zu Dank verpflichtet.
[174] Ebd. Zu Spillmanns Manuskript im Kontext eines am Hochdeutschen orientierten Mundartideals s. u. Kap. 8.1.2.
[175] Nägeli 1850: 163.
[176] Grütter 1869: 201.
[177] Als weitere nennt er den „humoristischen", den „euphemistischen", den „kosenden" und den „poetischen" Stil (vgl. Brandstetter 1904: 5–6 mit entsprechenden Beispielen).

Die heuristischen Kategorien einer *gemeinen* und einer *feineren* Realisierung des Dialekts, die in der Sprachwirklichkeit als Extrempole einer Skala von ‚gemein' bis ‚fein' zu veranschlagen sind, sind im gesamten Jahrhundert dokumentiert und haben neben einer stilistischen auch eine soziale Dimension. So schien gerade die ‚bessere' Gesellschaft eine vermeintlich kultiviertere Form des Dialekts anzustreben und sich damit auch sprachlich von den breiteren Bevölkerungskreisen abheben zu wollen. Neben der Vermeidung von als zu grob oder gemein empfundenen Ausdrücken[178] wird als Merkmal des Sprachgebrauchs der Gebildeten vor allem die Verwendung von hochdeutschen Transferenzen hervorgehoben.[179] In der ersten Jahrhunderthälfte finden sich wiederholt Hinweise darauf, dass sich die Gebildeten in diesem Sinne anders ausdrückten als die bildungsferne Bevölkerung.[180] Auch am Übergang zum 20. Jahrhundert wird dieser schichtenspezifische Dialektgebrauch beobachtet.[181] Albert Bachmann fasst zu Beginn des Jahrhunderts diese stilistischen Unterschiede pointiert zusammen: „[D]er Gebildetere meidet gewisse Ausdrücke und Wendungen, die

---

178 Ein schönes Beispiel dafür liefert der Aargauer Bezirksschullehrer Joseph Victor Hürbin (1831–1915), der nicht ganz wertneutral feststellt, dass „viele in kokettierenden Instituten lackierte Mütter täglich auf der Lauer [liegen], um ihren Kindern solch rohe, bäurische Ausdrücke vor dem Munde wegzufangen, wenn jene zufälliger Weise eine solche im Verkehre mit weniger geschminkten Kameraden gehört und sich in ihrer Natürlichkeit au[f]gepfropft hätten". Diese Leute hielten es für „eine Todsünde gegen den besseren gesellschaftlichen Ton", zu sagen: „*Ghei mer dänes Buech nit abe!*" Stattdessen klinge es „solchen feinfelligen Ohren weit angenehmer", wenn man sage: „*Faell mer dänes Buech nit abe!*" (Hürbin 1867: 24, Kursivierungen i. O. in Antiqua).
179 Vgl. dazu auch Kap. 5.6.1. Während dieser durch hochdeutsches Lehngut ‚kultivierte' und ‚verbesserte' Dialekt in der ersten Jahrhunderthälfte grundsätzlich als Zeichen des Fortschritts begrüsst wurde, wird die Sprechweise der Gebildeten in der zweiten Jahrhunderthälfte als ‚Mischsprache' und ‚Zwitterding' abgelehnt (s. u. Kap. 8.2.2).
180 Die Dichotomie zwischen ‚Gebildeten' und ‚Ungebildeten' stellt die primäre gesellschaftliche Binnenkategorisierung dar, die im Quellenkorpus in Bezug auf den Sprachgebrauch vorgenommen wird. Ebenfalls oft unterschieden wird zwischen dem Sprachgebrauch in der Stadt und jenem auf dem Land, wobei sich die soziale und die geographische Kategorisierung oftmals überschneiden und analytisch nicht genau unterschieden werden. Bereits Stalder impliziert Unterschiede im Dialektgebrauch der verschiedenen Gesellschaftsschichten, wenn er schreibt, dass „zwischen der Sprechart des höchsten Staatsbeamten und geringsten Taglöhners *selten ein merklicher Unterschied* verspüret wird" (Stalder 1819: 9, Herv. E. R.). 1823 stellt Ruckstuhl Unterschiede in der Aussprache von ‚Gebildeten' und ‚Landleuten' fest, wobei er jene der Gebildeten aufgrund ihrer „Reinheit und Klarheit" deutlich präferiert (vgl. Ruckstuhl 1823: 7–8). Und um sich von den übrigen Bewohnern zu unterscheiden, sollen im Appenzell Gebildete 1835 die allzu „eigenthümliche Betonung" der lokalen Aussprache bewusst vermieden haben (vgl. Rüsch 1835: 72).
181 Vgl. Adolf Socin 1895: 11 für Basel; Brandstetter 1890: 210, 1901: 10 für Luzern.

der Ungebildetere ohne Scheu gebraucht, er mischt wohl auch mehr Schriftsprachliches in seine Rede als dieser, aber im Wesentlichen, in Lauten und Formen besteht zwischen der Sprechweise Beider, sofern sie wenigstens aus dem gleichen Orte stammen, gewöhnlich kein Unterschied."[182] Der in der ‚gebildeten' Sprechweise manifeste Anspruch auf einen ‚feineren Ton' (im Dialekt!) ist insofern auch als Ausdruck bürgerlichen Lebensgefühls und bürgerlicher Sprachkultur zu verstehen, als er auf einen gehobenen Konversationsstil abzielt, der sie vom ‚gemeinen' Sprachgebrauch breiterer Bevölkerungskreise unterscheidet.

Über diese stilistische Zweiteilung des Dialekts hinaus ist von weiteren Formen soziolinguistischer Variation auszugehen.[183] So weist Roland Ris mit Rückgriff auf eine Arbeit von Heinrich Baumgartner darauf hin, dass es innerhalb der Stadt Bern im frühen 20. Jahrhundert vier Dialektausprägungen gegeben habe: (1) Die Sprache des Patriziats, die durch viele französische Transferenzen markiert ist, (2) die Sprache der alteingesessenen Burger (der alten, ehemals regimentsfähigen Geschlechter), (3) als Folge der Verstädterung: die Sprache der ländlichen Zuzüger und (4) die (Gruppen-)Sprache der städtischen Unterschicht, das nach dem Stadtberner Matte-Quartier benannte ‚Mattenenglisch'.[184] Für Luzern nennt Brandstetter im letzten Jahrzehnt des 19. Jahrhunderts neben einer Sprechweise der „gebildeteren Klassen" und einer anderen, die „allgemein im Gebrauche ist", als dritte das „Luzernerische Rotwelsch".[185] Von ähnlichen soziolinguistischen Schichtungen des lokalen Dialekts ist auch in der übrigen Deutschschweiz auszugehen, insbesondere in den grösseren Städten.

Als spezielles dialektales Register muss schliesslich die sogenannte *Rednermundart* gelten, für die es aus dem 19. Jahrhundert zahlreiche Beispiele gibt.[186]

---

[182] Bachmann 1908: 68.
[183] Bis weit in die zweite Hälfte des 20. Jahrhunderts interessierte sich die Dialektologie noch kaum für sprachliche Variation, die sie eher als Störfaktor bei der Rekonstruktion sprachinhärenter Gesetze und ‚echter' Mundart auffasste. Sprachliche Unterschiede entgingen genauen Beobachtern jedoch nicht, weshalb Aspekte diastratischer Variation dennoch gelegentlich dokumentiert sind (vgl. Brandstetter 1883: 212, 1890: 209–210, 1901: 9, 1904: 6–7; Socin 1895: 11 sowie Sonderegger 1962: 50 mit entsprechenden Hinweisen auf dialektologische Arbeiten, die sich allerdings auf das frühe 20. Jahrhundert beziehen).
[184] Vgl. Baumgartner 1940; Ris 1980b: 124–126.
[185] Vgl. Brandstetter 1890: 209–215.
[186] Den Begriff hat Schwarzenbach 1969: 285 für das 20. Jahrhundert vorgeschlagen. Ris 1973: 30 kritisiert den Begriff mit dem Argument, dass durchaus nicht alle Reden in der deutschen Schweiz in diesem stark hochdeutsch geprägten Stil realisiert würden. Dies trifft wohl auch für das 19. Jahrhundert zu, weshalb dieser spezifische Rednerstil auch für damals nur als *eine* mögliche Realisierung öffentlichen Redens gelten darf.

Es handelt sich dabei um eine Sprechweise, die offensichtlich vor allem in mundartlichen Vorträgen und Reden gepflegt wurde. Von Beobachtern wird diese Ausdrucksweise eindeutig dem dialektalen Bereich zugeordnet. Sie unterscheidet sich aber dadurch vom alltäglichen Sprachgebrauch (auch der Gebildeten), dass sie noch einmal deutlich mehr hochdeutsche Transferenzen aufweist, die sich über die Lexik hinaus auch in grammatikalischen Transfereffekten manifestieren. Das belegen einige Reden im Dialekt, die Scherr seiner Rhetorik *Der schweizerische Volksredner* als Beispiele mitgibt.[187] Der Anfang einer Bürgerrede vor einer Gemeindeversammlung im Kanton St. Gallen klingt dabei so:

> Herr President!
> Werthe Mitbörger!
> Uesere löbleche Gmeind hät scho bi manche Alöße zeiget, daß sie d'Bitte ond d'Asueche, die en wohlthätige Zweck betreffid, nöd vo der Hand wist, vielmeh mit chrestlicher Nächsteliebe gern helft ond bistürt, [...] ond so hoff i denn oh, i werr mine werthe Mitbörger nöd belestige, wenn i för ein vo üsere uglöcklichste Gmeindsgnosse e guets Wort i der Versammlig ilegg.[188]

Die Authentizität der Reden ist zwar quellenkritisch schwer zu beurteilen,[189] dennoch vermitteln sie einen Eindruck davon, wie man sich diese Rednermundart vorzustellen hat. Wie Ris zu Recht bemerkt, könnten bei der stark standardsprachlichen Prägung der Rednermundart in besonderer Weise auch die Produktionsbedingungen eine Rolle spielen, etwa dann, wenn beim Vortragen der Rede ein schriftsprachlich formuliertes Manuskript *ad hoc* in den Dialekt umgesetzt wird.[190]

Mit der Unterscheidung zwischen *einfachem* und *gehobenem Stil*, zwischen *Dialektgebrauch der Gebildeten* und des *allgemeinen Volkes* sowie mit dem Hinweis auf die *Rednermundart* sind nun einige grundsätzliche Aspekte der binnen-

---

187 Vgl. Scherr 1845: 258–278.
188 Ebd.: 256; „Herr Präsident! Werte Mitbürger! Unsere löbliche Gemeinde hat schon bei manchen Anlässen gezeigt, dass sie die Bitten und die Ansuchen, die einen wohltätigen Zweck betreffen, nicht von der Hand weist, vielmehr mit christlicher Nächstenliebe gerne hilft und beisteuert, [...] und so hoffe ich denn auch, ich werde meine werten Mitbürger nicht belästigen, wenn ich für einen von unseren unglücklichsten Gemeindsgenossen ein gutes Wort in dieser Versammlung einlege." (Übers. E. R.).
189 Der aus Schwaben stammende Scherr behauptet zwar, seine Beispiele seien „von Männern besorgt werden [sic!], die mit der Mundart ihres Volkes genau bekannt sind, und die auch allgemeine Sprachbildung besitzen", weshalb er nicht gewagt habe, „in ihrer Schrift etwas zu ändern" (ebd.: 251). Zugleich versieht er die Rede im Berner Dialekt mit dem Hinweis „Freier bearbeitet als die andern Reden dieses Abschnittes" (ebd.: 273), was letztlich eine Bearbeitung aller Reden durch seine Hand nicht ausschliesst, ja nahelegt.
190 Vgl. Ris 1973: 30.

dialektalen Variation rekonstruiert, von denen man durchaus annehmen darf, dass sie in der gesamten Deutschschweiz mehr oder weniger stark ausgeprägt waren.

5.5.3 Varietätenkonstellation in der Schweiz des 19. Jahrhunderts

Skizzieren wir die bisherigen Ergebnisse, könnte sich ein rudimentäres Modell der gesprochenen Register in der deutschen Schweiz des 19. Jahrhunderts wie folgt präsentieren:[191]

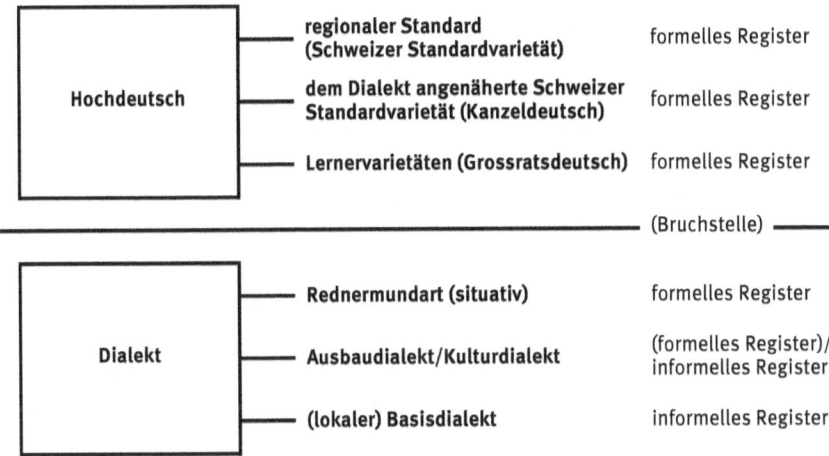

Grafik 1: Register der gesprochenen Sprache in der deutschen Schweiz des 19. Jahrhunderts.

Obwohl nicht auszuschliessen ist, dass es im frühen 19. Jahrhundert Fälle gab, in denen es zu Formen des Code-Shifting gekommen ist, so ist doch für die Mehrheitsbevölkerung davon auszugehen, dass sich der Sprachgebrauch durch eine deutliche und bewusste Trennung zwischen den alemannischen Dialekten und dem Hochdeutschen auszeichnete (Code-Switching). Sowohl der Dialekt als

---

[191] Das Modell, das sich an ein Modell für die Varietätenkonstellation im niederdeutschen Raum anlehnt (vgl. Menke 1992: 226), ist ausschliesslich als Resultat der Analyse metasprachlicher Zeugnisse der Zeit zu verstehen und muss vorläufigen Status beanspruchen. Umfassende Studien zu den verschiedenen gesprochensprachlichen Soziolekten, Stilebenen und Registern müssten über die detaillierte Beschaffenheit der einzelnen Sprechlagen und ihrer Organisation im Varietätenspektrum weiter Aufschluss geben.

auch das Hochdeutsche sind deshalb als je eigene Varietätenbündel anzusehen. Dieser Befund wird im Modell durch die Bruchstelle zwischen den Varietäten gekennzeichnet.

Im Bereich des Hochdeutschen ist von einem breiten Spektrum von *Lernervarietäten* (i. S. des *Grossratsdeutschs*) sowie von verschieden stark dem Dialekt angenäherten Varianten des Hochdeutschen (i. S. der *Kanzelsprache*) auszugehen. Aufgrund der dafür charakteristischen dialektalen Interferenzen ist es im Modell innerhalb des hochdeutschen Bereichs näher beim Dialektpol anzusiedeln. Das obere Ende der Skala markiert ein *schweizerischer Regionalstandard*.

Im Bereich des Dialekts stellen die archaischen, meist in ländlichen Gegenden und von älteren Leuten gesprochenen historischen *Basisdialekte* den mundartlichen Extrempol dar. Davon unterscheidet sich im Laufe des Jahrhunderts zunehmend deutlich ein zunächst vor allem im städtischen Bildungsmilieu verwendeter, später auch auf breitere Bevölkerungsschichten übergreifender *Ausbaudialekt* oder *Kulturdialekt*.[192] Zu dessen wesentlichen Merkmalen zählt die Aufnahme lexikalischer Transferenzen aus dem Schriftdeutschen bei gleichzeitigem Wegfall bestimmter basisdialektaler Begriffe; zudem sind hier dialektübergreifende Ausgleichsprozesse im Bereich der (lokalen) Lautung sowie grammatische Transferenzen aus der neuhochdeutschen Schriftsprache zu erwarten. Noch deutlicher als die dialektale Variante der Gebildeten sind hochdeutsche Transferenzen in die *Rednermundart* eingegangen. Die vorliegenden metasprachlichen Hinweise legen den Schluss nahe, dass dieses mundartliche Register für Situationen öffentlichen Redens, nicht aber für das Alltagsgespräch verwendet wurde. Insgesamt ist damit von einer primär durch die Unterscheidung in informelle und formelle Register gekennzeichneten Trennung in Dialekt und Hochdeutsch[193] sowie innerhalb der jeweiligen Varietäten von primär soziolinguistisch begründbaren unterschiedlichen Realisierungsformen auszugehen.

5.6 Entwicklungstendenzen im 19. Jahrhundert

Zwei sprachhistorische Entwicklungsprozesse in der deutschen Schweiz des 19. Jahrhunderts erweisen sich im Kontext dieser Arbeit als besonders relevant. Erstens der sprachmaterielle und -systematische Umbau der Dialekte als Folge von Sprachkontakt und Modernisierung; zweitens die Stabilisierung der Diglos-

---

[192] Zu den Termini vgl. Kloss 1976: 312–315.
[193] Vgl. Haas 1998: 89–91.

siesituation bei gleichzeitiger Verschiebung der Varietätenverteilung zugunsten des Hochdeutschen.

5.6.1 Aspekte des sprachkontaktinduzierten Dialektwandels

Zu den zentralen Faktoren sprachlichen Wandels in der deutschen Schweiz des 19. Jahrhunderts zählt die Intensivierung des Varietätenkontakts. Diese betrifft einerseits den Kontakt zwischen Dialekten und Hochdeutsch, andererseits jenen zwischen den diatopischen Varianten innerhalb der Schweiz.[194] Die Entwicklung verläuft in vielfältigem Zusammenspiel mit gesellschaftlichen Prozessen, von denen insbesondere die Demokratisierung der Bildung, die zunehmende Verbreitung von gedruckten Massenmedien und die binnenschweizerische sowie die grenzüberschreitende Migration sich nachhaltig auswirken.

In sprachstruktureller und -materieller Hinsicht kam es im Laufe des Jahrhunderts in der Folge sowohl zu einem *Dialektabbau* im Sinne eines Abbaus diatopischer Variation als auch zu einem *Dialektausbau* im Sinne einer strukturellen und funktionalen Erweiterung der dialektalen Varietäten.[195] Die damit zusammenhängenden Sprachwandelprozesse werden im Folgenden grundsätzlich beschrieben und, wo möglich, mit Beobachtungen aus zeitgenössischen Metakommentaren exemplifiziert.[196]

---

194 Die folgenden Ausführungen fokussieren auf den binnendeutschen Varietätenkontakt. Insbesondere in den westlichen Kantonen der Deutschschweiz spielt daneben aber auch der Sprachkontakt mit dem Französischen eine Rolle. Metasprachliche Hinweise auf entsprechende Sprachkontaktphänomene, die über die Entlehnung einzelner Begriffe hinaus bis zu einem eigentlichen Code-Switching gehen konnten, stammen überwiegend aus Bern. Sie werden bereits im 18. Jahrhundert beobachtet (vgl. Redrecht 1724; Palaemon 1724), aber auch im 19. Jahrhundert wird der Einfluss des Französischen wiederholt beklagt und parodiert (vgl. für Bern: Hölder 1804: 11–12; [Anonym.] 1804, 1815, 1838a; Kohl 1849b: 272–275; Tobler 1897 [1872]: 247; Illustriertes Familienbuch 1853: 280; für Solothurn: Strohmeier 1836: 106; für Basel: Kelterborn 1899: 91).
195 Vgl. zu diesen beiden Effekten des Varietätenkontakts von Dialekten und Standardsprachen zusammenfassend Munske 1983: 1006–1011.
196 Während die zu beschreibenden Entwicklungstendenzen sicherlich zutreffen, ist mit Blick auf die empirische Haltbarkeit und Allgemeingültigkeit der zitierten Beispiele quellenkritisch Vorsicht geboten. Es handelt sich um historische Einzelbeobachtungen, aus denen nicht hervorgeht, wie frequent ein beschriebenes Phänomen tatsächlich war, welche Sprechergruppen es betraf und ob es über die beobachtete Lokalmundart hinaus auch grossräumigere Gültigkeit beanspruchen durfte. Ebenfalls unklar bleibt, inwiefern sich die beschriebenen Veränderungen mittel- und langfristig in breiteren Bevölkerungskreisen durchsetzen konnten oder ob es sich lediglich um kurzfristige Modeerscheinungen handelte. Die Beispiele sind deshalb in erster Linie als lokale Momentaufnahmen zu verstehen, deren empirische Evidenz in systematischen Studien erst noch bestätigt und detailliert beschrieben werden müsste.

Wie in vergleichbaren Sprachkontaktsituationen betraf der *Dialektabbau* zunächst und vornehmlich lexikalische, weniger stark aber auch phonetische, morphologische und syntaktische Phänomene.[197] Im Laufe des Jahrhunderts kamen zahlreiche Idiotismen oder lokale Bezeichnungsvarianten ausser Gebrauch oder wurden durch alternative hochdeutsche Lehnwörter ersetzt,[198] die – meist regelhaft – phonetisch und morphologisch dem eigenen Dialekt angepasst wurden.[199] Insbesondere aus der ersten Hälfte des 19. Jahrhunderts gibt es aber auch metasprachliche Hinweise auf phonetische[200] und morphologische[201] Akkommodationsprozesse, in deren Verlauf kleinräumig gebräuchliche Formen zugunsten einer allgemeineren, meist an der Standardvarietät orientierten Form aufgegeben wurden. Im Abbauprozess diatopischer Varianten spielten neben dem bislang noch kaum erforschten Kontakt zwischen Dialekt und Hochdeutsch auch binnenschweizerische Ausgleichsprozesse ein Rolle, die im 19. Jahrhundert durch Migration und Mobilität innerhalb des Landes deutlich zunahmen. Hier ist von sprachmateriellen, sprachstrukturellen und sprachprag-

---

197 Diese Beobachtung entspricht einem allgemeinen Befund der Sprachkontaktforschung (vgl. Riehl 2014: 37–38); tendenziell trifft sie auch auf Sprachwandel allgemein zu (vgl. Nübling 2013: 2–3).
198 Für konkrete Beispiele vgl. Hagenbach 1828: 128, 1860: 336; Brandstetter 1883: 212, 1890: 209–210; Blattner 1890: 7; Greyerz 1892: 587–588; Socin 1895: 57; J. M. 1901; Tappolet 1901: 26–28; Stickelberger 1905: 3–4; Singer 1928: 12–13.
199 Dieses Prinzip der lautlich-formalen Adaption lexikalischer Transferenzen aus der Standardvarietät beobachtet schon Rengger 1838: 146–147: „Aber um ein Duldungsrecht zu erhalten, müßen diese [Lehnwörter, E. R.] die Landestracht anziehen und sich in die Beugungsformen der Volksmundart schmiegen."
200 In der ersten Jahrhunderthälfte werden nebst anderen folgende Beispiele dokumentiert: ‚Gnade' statt ‚Gnod', ‚Waffe' statt ‚Wofe', ‚Ameise' statt ‚Umbeise' in Basel (vgl. Hagenbach 1828: 128); ‚Ich glaub' statt ‚I globa', ‚Bei' statt ‚Ba', ‚Zwei' statt ‚Zwe' in St. Gallen (vgl. [Anonym.] 1834b: 80). Am Jahrhundertende beobachte man in Basel etwa ‚Dutzed' statt ‚Dotzed', ‚zerrysse' statt ‚verrysse' oder ‚Ball' (Tanzfest) statt ‚Baal' (vgl. Socin 1895: 57) und in Zürich ‚Zunft' statt ‚Zouft', ‚Zins' statt ‚Zeis' oder ‚Maas' statt ‚Määs' (vgl. Tappolet 1901: 26–28; weitere Beispiele bei Stickelberger 1905: 3–4).
201 Für Basel beschreibt Socin 1895: 57 den Abbau der endungslosen Form im Nom. Sg. der sw. Adj.-Flexion (‚das guet Esse' zugunsten von ‚das gueti Esse'), den Tappolet 1901: 27 auch in Zürich beobachtet; ausserdem den Abbau der Genusmarkierung beim Zahlwort ‚zwei' (‚zwee' (n.) – ‚zwo' (f.) – ‚zwei' (m.)) zugunsten der Neutrumsform. Während Letzteres für die Stadtbasler Mundart bereits Ende des 19. Jahrhunderts zutreffen mochte, blieb die Distinktion zumindest bei älteren, immobilen Sprecherinnen und Sprechern in weiten Teilen des Mittellandes bis in die Mitte des 20. Jahrhunderts erhalten (vgl. Hotzenköcherle 1986 [1971]: 309–313; Wolfensberger 1967: 130–138) und dürfte erst in der zweiten Jahrhunderthälfte mehrheitlich aufgegeben worden sein.

matischen Akkommodations- und Konvergenzprozessen zwischen den lokalen Dialekten auszugehen.[202]

Neben dem Abbau diatopischer Variation vollzog sich im *Dialektausbau* die zweite wichtige sprachkontaktinduzierte Entwicklung. Dass sich die Dialekte in diesem Sinne veränderten, wird zeitgenössisch wiederholt festgehalten.[203] Auch der Dialektausbau ist primär im Bereich des Wortschatzes zu beobachten, wo er sich in Form standardsprachlicher Entlehnungen manifestiert.[204] Solche dialektal adaptierten hochdeutschen Lehnwörter konnten den lokal gebräuchlichen Wortschatz ergänzen, sie konnten aber auch bereits vorhandene Dialektausdrücke konkurrieren und auf Dauer gar ersetzen.[205] Weniger stark als das Lexikon sind andere linguistische Ränge vom funktionalen Ausbau betroffen. Dennoch würden sich empirisch wohl auch auf phonetischer, morphologischer und syntaktischer Ebene standarddeutsche Transferenzen leicht nachweisen lassen.[206]

Zusammenfassend lässt sich festhalten, dass es im Laufe des 19. Jahrhunderts zu einem deutlichen Umbau der Dialekte infolge des binnendeutschen und binnenalemannischen Varietätenkontakts gekommen ist.[207] Mit Mattheier könnte man von den „diatopischen Auswirkungen der zentralen gesellschaftlichen Prozesse" des 19. Jahrhunderts sprechen.[208] Aus dem hier analysierten metasprachlichen sowie teilweise auch dialektschriftlichen Material lassen sich dazu thesenhaft einige Entwicklungstendenzen festhalten. So fand die deutlichste Veränderung der Dialekte im Bereich des Lexikons statt. Entsprechende Wandelphänomene manifestieren sich im Abbau diatopischer Varianten sowie

---

[202] Bereits 1822 wird beispielsweise die Angleichung der Emmentaler an die Stadtberner Mundart beobachtet (vgl. Kuhn 1822: 73).
[203] Vgl. Meyer 1866: XI–XII; [Anonym.] 1874d; Bühler 1879: 85; Id.: Bd. I, Sp. VI; Brandstetter 1883: 212, 1890: 209–210; Socin 1895: 16; Brandstetter 1901: 10; Stickelberger 1905: 20.
[204] Ein schönes und wohl ziemlich authentisches Beispiel für einen in diesem Sinne ausgebauten Dialekt gibt Jakob Senn (vgl. Senn 1951 [1864]: 5–6).
[205] Vgl. Munske 1983: 1009. Für Beispiele begrifflicher Konkurrenz um die Jahrhundertwende vgl. Greyerz 1892: 587–588; Socin 1895: 57; Tappolet 1901: 26.
[206] So wird zeitgenössisch etwa der Gebrauch neuer schriftsprachlicher Konjunktionen im Dialekt beobachtet. Zu den neuen Konjunktionen bzw. Konjunktionaladverbien, die zeitgenössisch erwähnt werden, zählen etwa die – dialektal realisierten – ‚sowohl ... als auch', ‚nicht nur ... sondern auch', ‚allein', ‚bevor', ‚gleichwohl', ‚jedoch', ‚dennoch', ‚indessen', ‚dessen ungeachtet', ‚vielmehr', ‚deshalb', ‚demnach', ‚mithin' (vgl. Hürbin 1867: 44–45).
[207] Vgl. Munske 1983: 1006–1011.
[208] Mattheier 1998a: 19. Während für die deutsche Schweiz Forschungen dazu noch fehlen, entstanden für Deutschland verschiedene Arbeiten zum kontaktinduzierten Sprachwandel im 19. Jahrhundert mit besonderer Berücksichtigung von Ausgleichsprozessen zwischen Stadt und Land (für Literaturhinweise vgl. ebd.).

in der funktionalen Erweiterung durch Entlehnungen. Auch auf phonetischer Ebene ist zwar von bestimmten Ausgleichsphänomenen auszugehen, dennoch haben sich wesentliche und differenzierende Dialektmerkmale in diesem Zeitraum erhalten. Zudem wurden hochdeutsche Entlehnungen in aller Regel in das Laut- und Biegungssystem der Dialekte integriert, womit die strukturelle Abgrenzung zwischen Dialekten und Hochdeutsch im Sinne der Diglossie bewahrt wurde. Auch die grammatischen Strukturen blieben weitgehend stabil.

Auf Grundlage von Ergebnissen der Sprachkontaktforschung ist davon auszugehen, dass nicht alle Sprachkontaktmuster dieselbe Verbreitung fanden, sondern dass einige diaphasisch auf bestimmte dialektale Register und diastratisch auf bestimmte Sprechergruppen beschränkt blieben.[209] Ein Dialektausbau im Sinne einer funktionalen Erweiterung des Lexikons und teilweise auch der Grammatik war letztlich aber die zentrale Voraussetzung dafür, dass die deutschschweizerischen Mundarten als Sprechsprachen in ihrer kommunikativen Reichweite nicht eingeschränkt wurden und so letztlich ihre gesellschaftliche Funktion als Alltagsvarietäten aller Schichten beibehielten.

5.6.2 Diglossie im Wandel

Neben diesen sprachkontaktinduzierten Veränderungen, die die Dialekte im Laufe des Jahrhunderts durchliefen, lässt sich als zweite zentrale sprachgebrauchsgeschichtliche Entwicklungstendenz der Wandel der Diglossie durch die *Verschiebung des Varietätenverhältnisses* feststellen. Während man für das 18. Jahrhundert attestieren kann, dass „die entscheidenden Weichenstellungen für die Entwicklung der modernen Deutschschweizer Diglossie [...] gelegt"[210] wurden, gilt für das 19. Jahrhundert, dass es die entscheidende Phase der Ausbildung und Stabilisierung der deutschschweizerischen Diglossiesituation darstellt. Diglossietypologisch entwickelte sich die soziolinguistische Situation im 19. Jahrhundert vom ‚archaischen' zum ‚ausgebauten' Diglossie-Typ.[211] Während zu Beginn des Jahrhunderts grosse Teile der Bevölkerung nur den Dialekt, nicht aber das Hochdeutsche beherrschten und benutzten und damit also nur ‚passiv' an der Diglossie teilhatten (‚archaischer Typ'), ist davon auszugehen, dass um 1900 beinahe die gesamte Bevölkerung in der Lage war, Hochdeutsch

---

209 Dass verschiedene Register unterschiedliche Sprachkontaktmuster aufweisen, ist ein allgemeiner Befund der Sprachkontaktforschung (vgl. Riehl 2014: 39).
210 Haas 2004: 102.
211 Zu dieser typologischen Unterscheidung innerhalb von Gesellschaften mit Diglossie mit totaler Überlagerung vgl. Haas 1998: 82, 2004: 95–97.

zu lesen, zu verstehen und sich darin zumindest rudimentär auszudrücken (,ausgebauter Typ'). Neben der Demokratisierung der Bildung bedingten und förderten gesellschaftliche, (national-)ideologische, wirtschaftliche und medienhistorische Entwicklungen diesen sprachsoziologischen Wandel.[212]

Die Diglossie befand sich im 19. Jahrhundert jedoch nicht nur hinsichtlich der gesellschaftlichen Teilhabe, sondern auch im Hinblick auf die *Varietätenverteilung* im Wandel. Es kam zu einer deutlichen Domänenverschiebung zugunsten des Hochdeutschen. Im Bereich der *gesprochenen Sprache* wurde es in neuen Domänen und Kommunikationssituationen gebräuchlich, trat dort neben den Dialekt und mitunter sogar an dessen Stelle. Wie bereits dargelegt, ist der Hochdeutschgebrauch gegen Ende des Jahrhunderts in der Kirche, in der Schule sowie in politischen Institutionen vielerorts eher zu erwarten als der Gebrauch des Dialekts (s. o. Kap. 5.4). Auch in der öffentlichen und halböffentlichen Redesituation vor Publikum hatte er seinen festen Platz. Im deutschsprachigen Kontext vollzog die deutsche Schweiz damit einen allgemeinen Prozess der Ausweitung der Schriftsprache hin zur „polyvalenten Standardsprache".[213] Allerdings erfolgte die Durchsetzung der gesprochenen Standardsprache gerade in institutionellen Zusammenhängen in der deutschen Schweiz vergleichsweise spät und weniger konsequent als in anderen deutschsprachigen Gebieten, so dass hier der Dialekt selbst in institutionellen Kommunikationszusammenhängen seinen Vorrang relativ lange behaupten konnte. Absolut stabil blieb hingegen die fast uneingeschränkte Dominanz des Neuhochdeutschen in der *Schrift*; daran änderte auch die im 19. Jahrhundert sich etablierende Dialektliteratur grundsätzlich nichts.[214]

Diglossiegeschichtlich wurden im 19. Jahrhundert die Varietäten dennoch funktional stark ausdifferenziert.[215] Der Blick auf diesen Zeitraum zeigt, dass die funktionale Verteilung der Varietäten historisch wandelbar ist und sie – wie die vorliegende Arbeit zeigen wird – mithin einen Gegenstand von gesellschaftlichen Aushandlungsprozessen darstellt. Metasprachliche Hinweise auf die Verteilung der Varietäten in verschiedenen gesellschaftlichen Domänen legen zudem nahe, dass der Wandel der Varietätengebrauchsnormen regional unter-

---

212 Vgl. dazu bereits Haas 2004: 101–104.
213 Besch 1983a: 964.
214 Erst in der zweiten Hälfte des 20. Jahrhunderts gewann die Dialektschriftlichkeit in ausserliterarischen Kontexten – etwa auf Postkarten, in Briefen oder in Werbungen – allmählich an Bedeutung. Doch erst im neuen Jahrtausend wurde sie vor dem Hintergrund des Schreibens in digitalen Medien zu einem eigentlichen Massenphänomen und für viele Deutschschweizerinnen und -schweizer zu einem zentralen Bestandteil ihres Schreiballtags.
215 Die „specialisation of function" für H[igh variety] und L[ow variety] zählt bereits Ferguson 1959: 328 zu den grundlegendsten Charakteristika der Diglossie.

schiedlich verlief und es innerhalb der Schweiz am Ende des Jahrhunderts zum Teil beträchtliche Unterschiede in der Reichweite des Dialekts bzw. des Hochdeutschen gab. Insgesamt ist hier von einem Gefälle zwischen den (nord-)östlichen und den westlichen Deutschschweizer Kantonen auszugehen. Dies zeigt sich nicht nur darin, dass in den östlichen Kantonen in bestimmten Domänen früher und konsequenter zum Hochdeutschen übergegangen wurde, sondern auch darin, dass insbesondere im westlichen Kanton Bern der Dialekt auch an der Wende zum 20. Jahrhundert noch in Kommunikationssituationen dominiert, für die in den östlicheren Kantonen längst die Standardvarietät zur usuellen Norm geworden ist.

Unabhängig von diesen regionalen Unterschieden wurde das Hochdeutsche in institutionellen und formellen Situationen im Laufe des Jahrhunderts grundsätzlich in der gesamten deutschen Schweiz deutlich gestärkt. Demgegenüber konnte sich der Dialekt in der Funktion einer *uneingeschränkten Alltagsvarietät aller Schichten* halten. Eine wichtige sprachliche Voraussetzung dafür, dass der Dialekt den kommunikativen Ansprüchen einer modernen Gesellschaft genügen konnte, lag in der Praxis, hochdeutsches Sprachmaterial phonetisch und morphologisch in das (regional unterschiedliche) dialektale Laut- und Formensystem zu integrieren. Individuelle Voraussetzung dafür war die diglossische Kompetenz einer Sprecherin, eines Sprechers, diesen Transfer regelhaft zu vollziehen und dadurch „den H[igh variety]-Wortschatz auch in der L[ow variety]-Situation zu bewirtschaften und dennoch die Äusserungen für L[ow variety] zu markieren".[216] Damit blieb trotz umfangreichem hochdeutschem Sprachmaterial in den Dialekten ein deutlich wahrnehmbarer Unterschied zwischen Dialekt und Hochdeutsch erhalten. Der Übergang zwischen den Varietäten war entsprechend nicht graduell (Code-Shifting, Code-Gliding), sondern durch den bewusst vorgenommen Code-Wechsel (Code-Switching) gekennzeichnet.[217]

Eine sprachsoziologische Voraussetzung dafür, dass der Dialekt seine Stellung halten konnte, liegt zudem darin, dass in der deutschen Schweiz keine gesellschaftliche Gruppe das Hochdeutsche zu ihrer Konversationssprache machte und dazu übergegangen wäre, die Kinder hochdeutsch zu erziehen. Noch um 1900 wurden folglich sämtliche Mitglieder der Sprachgemeinschaft im Dialekt als Erstsprache sozialisiert, während das Hochdeutsche – in der Regel erst durch die Schule institutionell vermittelt – als Zweitsprache erworben wurde. In der gesamten Sprachgemeinschaft überlagerte damit das Hochdeutsche den Dialekt erwerbsmässig.

---

216 Haas 2004: 102.
217 Vgl. zu den verschiedenen Typen von Dialekt-Standard-Konstellationen Auer 2011.

Diglossietheoretisch ist das insofern bedeutsam, als in der deutschen Schweiz damit im 19. Jahrhundert (und bis heute) eine Diglossie mit totaler Überlagerung (*diglossia with total superposition*) erhalten blieb, in der sämtliche Mitglieder der Sprachgemeinschaft im Dialekt als Erstsprache sozialisiert sind und es folglich keinen Teil der (autochthonen!) Bevölkerung gibt, der Hochdeutsch beherrscht und spricht, ohne dass er auch Dialekt beherrschte und spräche. In den meisten übrigen deutschsprachigen Gebieten, wo bereits mehr oder weniger grosse Gruppen primär Hochdeutsch sozialisiert wurden (Diglossie mit partieller Überlagerung, *diglossia with partial superposition*), unterscheidet sich die sprachsoziologische Situation zu diesem Zeitpunkt bereits deutlich vom Deutschschweizer Diglossietypus.[218]

Nachdem nun die politik- und gesellschaftsgeschichtlichen sowie die sprachgeschichtlichen Voraussetzungen geklärt wurden, folgen in den Teilen III und IV die Analysen der Schweizerdeutschdiskurse. Die einzelnen Kapitel sind thematisch weitgehend in sich geschlossen und fokussieren teils sehr unterschiedliche Facetten des damaligen Metasprachdiskurses; dennoch hängen sie in vielfältiger Weise zusammen und sind nicht voneinander unabhängig zu verstehen. Wenngleich sich die Analysekapitel auch zeitlich überschneiden, wurden sie – soweit dies möglich war – so angeordnet, dass ihre Abfolge die den Schweizerdeutschdiskursen inhärente Chronologie selbst abbildet.

---

218 Zu den Konzepten *diglossia with total superposition* und *diglossia with partial superposition* vgl. Britto 1991: 61; mit Bezug zur Deutschschweiz Haas 1998: 80–81, 2004: 95–98, 103.

III **Sprachwissen und Sprachbewusstsein**

6 Perspektiven auf die Dialekte

6.1 Diskursgeschichtliche Voraussetzungen

Die Beurteilung der Dialekte im frühen 19. Jahrhundert ist im deutschen Sprachraum insgesamt ambivalent. Sie ist geprägt durch eine fortgeführte soziale Stigmatisierung der Dialekte sowie deren Re-Evaluation vor dem Hintergrund romantischen Sprachdenkens und der wissenschaftlichen Beschäftigung mit den Volkssprachen.[1] Die Abwertung der Dialekte als bäuerliche und ungebildete Ausdrucksweisen sowie die Aufwertung des Hochdeutschen führten seit dem 17. Jahrhundert zunehmend zu einer „sozialen Hierarchisierung"[2] des Varietätenspektrums. Die Ablehnung der Dialekte, die sich im 18. Jahrhundert im Zuge aufklärerischen Sprachdenkens akzentuierte, prägte auch im 19. Jahrhundert in weiten Teilen des deutschsprachigen Raums die Einstellung der bildungsbürgerlichen Schichten gegenüber den Substandardvarietäten.[3] In Konkurrenz zu dieser Sichtweise kam es zu einer Neubewertung der Dialekte im Kontext der ‚Entdeckung des Volkes' in der Romantik und zu einem damit einhergehenden verstärkten gelehrten Interesse an den Mundarten. Als Symptome dieser Entwicklung dürfen sowohl die Ausbildung von Mundartliteraturen als auch die Anfänge der Dialektologie in den ersten Jahrzehnten des 19. Jahrhunderts gelten.[4]

Die soziale Stigmatisierung der Dialekte hat in der deutschen Schweiz des 18. Jahrhunderts nicht in demselben Masse stattgefunden wie in anderen Regionen. Geht man von dem Wenigen aus, das in der Forschung dazu bekannt ist, reagierten Deutschschweizer vielfach negativ auf Versuche ihrer Landsleute, hochdeutsch zu sprechen; mit einem gewissen patriotischen Stolz hielt man an den eigenen Dialekten fest.[5] Gegen Ende des 18. Jahrhunderts ist in elitären, nicht selten aristokratischen Zirkeln aber auch noch eine andere Haltung belegt. Deren Vertreter stehen nicht nur dem fortwährenden Dialektgebrauch in der deutschen Schweiz ablehnend gegenüber, sondern sie betrachten die diatopischen Varietäten *per se* als minderwertige Sprachformen des Deutschen.[6]

---

1 Vgl. Mattheier 2005: 270–274.
2 Linke 1996: 238.
3 Vgl. Knoop 1982: 1–6; Reichmann 1993: 300–307; Linke 1996: 238–240; Jordan 2000; Mattheier 2005; Davies/Langer 2006; Faulstich 2008: 316–321; Gardt 2008: 300–301; Polenz 2013: 241–243.
4 Vgl. Mattheier 2005: 270.
5 Vgl. Trümpy 1955: 102–108 mit Belegen.
6 Vgl. ebd.: 108–111.

Open Access. © 2019 Emanuel Ruoss, publiziert von De Gruyter. Dieses Werk ist lizenziert unter der Creative Commons Attribution-NonCommercial-NoDerivatives 4.0 Lizenz.
https://doi.org/10.1515/9783110610314-006

6.2 Dialektkritische Positionen in der ersten Hälfte des 19. Jahrhunderts

Bevor sich ab der Mitte des 19. Jahrhunderts eine positive Sichtweise auf die Dialekte geradezu konkurrenzlos durchsetzt, lässt sich im metasprachlichen Diskurs eine dezidiert dialektkritische Position rekonstruieren, deren Vertreter von der Minderwertigkeit der Dialekte überzeugt waren. Sie gründeten ihre Auffassungen vor allem auf der Vorstellung, dass es sich bei Dialekten um ‚verderbte' Formen des Hochdeutschen handle und dass die Substandardvarietäten der individuellen Erkenntnisfähigkeit ebenso im Wege stünden wie der kulturellen Entwicklung des Schweizervolks. Belege dieser kritischen Einstellung gegenüber den ‚Volkssprachen' finden sich vornehmlich in den ersten drei Dekaden des Jahrhunderts und beschränken sich in der Regel auf beiläufige Äusserungen; Texte, die sich hauptsächlich mit der Thematik befassen, sind hingegen äusserst rar.[7]

6.2.1 Dialekte als verderbte Sprachformen – korruptionstheoretische Kritik

Zu den populären Auffassungen, die der teilweise negativen Bewertung der Dialekte bis weit in die erste Hälfte des 19. Jahrhunderts zugrunde lagen, zählte ihre Bestimmung als ‚korrupte' oder ‚korrumpierte' Formen der neuhochdeutschen Schriftsprache. Dem sprachtheoretischen Konzept der ‚Korruption' liegt die Vorstellung zugrunde, dass bestimmte Sprachformen infolge Sprachveränderung oder -kontakts als schlechte, ‚verderbte' Formen einer ursprünglicheren Sprachform zu betrachten seien.[8] Wer diese Einschätzung in Bezug auf die Mundarten teilte, betrachtete sie nicht als historische Varietäten, sondern als heruntergekommene und durch den Volksmund und dessen Redeschlendrian verunstaltete Formen des Hochdeutschen.

In Bezug auf die deutsche Schweiz ist diese korruptionstheoretisch begründete Kritik an den Dialekten seit dem ausgehenden 18. Jahrhundert belegt. Als

---

[7] Dass in der ersten Hälfte des 19. Jahrhunderts explizit sprachreflexive Quellen weitgehend fehlen, darf dabei durchaus als Indiz dafür gelten, dass die bürgerliche Öffentlichkeit der Thematik insgesamt noch nicht das gleiche Gewicht beimass, wie dies in der zweite Hälfte des Jahrhunderts der Fall sein sollte.

[8] In der europäischen Neuzeit gehört die These sprachlicher Korruption seit dem Humanismus zum Inventar sprachtheoretischer Argumentation. Sie fand zunächst vor allem in der Romania im Kontext der Frage nach dem Sprachursprung und der Emanzipation der Volkssprachen gegenüber dem Latein Anwendung; in Deutschland wurde Korruption vor allem im 18. Jahrhundert Thema der Sprachreflexion (vgl. Neis 2009; Metzeltin/Gritzky 2003: 23).

Heterostereotyp ist sie wiederholt in Berichten deutscher Reisender anzutreffen. Als Beleg unter vielen kann die Aussage des sächsischen Schweizreisenden Carl Gottlob Küttner gelten, wonach man in Basel „Worte, die wirklich deutsch sind, […] in einer sehr verderbten Sprache" ausspreche.⁹ Die Ansicht, bei den Dialekten handle es sich um minderwertige, ‚falsche' oder ‚unreine' Formen des Deutschen, wird in der zweiten Hälfte des 18. Jahrhunderts jedoch auch in binnenschweizerischen Urteilen wiederholt manifest.¹⁰ So stellte der Zürcher Kaufmann Johann Rudolf Schinz auf einer Reise ins Wallis im Jahr 1763 fest, die Sprache der Oberwalliser sei „verderbt und voll von unverständlichen Idiotismen".¹¹ Die Vorstellung vom Dialekt als heruntergekommener Sprachform spiegelt sich auch in der Einschätzung des deutschstämmigen Basler Gerichtsherrn und späteren Grossrats Peter Ochs wider, wonach vieles in der Basler Mundart „verdorbenes Deutsch"¹² sei. Auch beim Basler Philologen Johann Jakob Spreng lässt sich diese Sichtweise nachweisen,¹³ ebenso bei dem eine Generation jüngeren Berner Patrizier Karl Viktor von Bonstetten, der sich 1785 entschieden negativ über den Dialekt als Sprachwahl der Berner Patrizier äusserte.¹⁴

Dass der korruptionstheoretische Blick auf die diatopischen Varietäten auch in der ersten Hälfte des 19. Jahrhunderts im Schweizer Bürgertum noch lebendig blieb, belegen entsprechende Zeugnisse. So war selbst Franz Joseph Stalder, der mit seinem *Versuch eines schweizerischen Idiotikons* (1806/12) und seiner *Schweizerischen Dialektologie* (1819) neue Massstäbe für die Dialektforschung setzte, noch „in der Korruptionstheorie befangen".¹⁵ In seiner ethnogra-

---

9 Vgl. Küttner 1785: 39, zit. nach Furrer 2002a: 87; weitere Belege bei Trümpy 1955: 99–100.
10 Vgl. die Belege in Trümpy 1955: 108–110.
11 Schinz 1911 [1763]: 184, zit. nach Furrer 2002a: 86.
12 Ochs 1786: 19.
13 So hegte Spreng 1743 den Wunsch, in einem ‚helvetischen Wörterbuch' „die den Schweizern eigene, und geübten Deutschen anstössige Wörter und Redensarten" zusammenzutragen und mit einer „reine[n] Verdeutschung" zu versehen. Diese Absicht formulierte Spreng in der von ihm herausgegebenen, den „Hohansehnlichen Ehrengliedern der Deutschen Gesellschaft in BERN" zugeeigneten Gedichtsammlung von Carl Friedrich Drollinger (vgl. Drollinger 1743: [s. p.]). Im 18. Jahrhundert war es nicht aussergewöhnlich, dass Idiotika, als Verzeichnisse regionalen Wortschatzes, auch ausdrücklich „antibarbarisch" motiviert waren und dazu dienen sollten, auf ‚richtige' Alternativen für ‚falsche' oder ‚schlechte' Dialektbegriffe zu verweisen (vgl. dazu Haas 1994a: 346, 1994b: XXIX).
14 Vgl. Bonstetten 1785: 921–927; zu dieser Sprachauffassung in von Bonstettens Werk sowie zu weiteren Belegen aus der Zeit vgl. Trümpy 1955: 109.
15 Trümpy 1955: 151. Diese Feststellung darf aber nicht darüber hinwegtäuschen, dass sich in Stalders Schriften durchaus eine ambivalente Haltung in Bezug auf die Dialekte rekonstruieren lässt. Wie noch gezeigt wird, vertritt er nämlich zugleich prominent die Auffassung ihrer besonderer ‚Altertümlichkeit' und ‚Ehrwürdigkeit' (s. u. Kap. 6.3.1). Seine Position in dieser Frage

phischen Beschreibung der Region Entlebuch (Kanton Luzern) moniert der Luzerner Pfarrer beispielsweise die „rauhen und unverständlichen Worte" der Schweizer Dialekte und hält fest, dass „auch die Entlebucher-Aussprache, wie jede andere Schweizer-Aussprache, von unrichtigen Zusammenfügungen der Worte, von Provinzialsimen u. s. f. strotze[ ]".[16] Und in seinem Idiotikon von 1806 befürchtet Stalder, dass „dies schweizerische Idiotikon manche grammatische Sünde, manche barbarische Sprachverunreinigung ans Licht stellen" werde,[17] während er „[a]lle durch die Mundart bloß verhunzten oder verdorbenen Schriftwörter" aus seinem Idiotikon grundsätzlich ausschliessen möchte.[18]

Hinweise auf die Überzeugung, es handle sich bei den Dialekten um minderwertige Abarten des Hochdeutschen, finden sich auch in den folgenden Jahrzehnten. So beklagt sich ein Lehrer aus dem Kanton Appenzell Ausserrhoden in den 1830er Jahren darüber, dass viele Wörter des lokalen Dialekts „theils verdorben deutsch, und theils gar nicht deutsch" seien,[19] während ein Berner über die Mundart in seiner Geburtsgemeinde festhält: „Die Sprache [...] ist schwerfällig, arm an Worten, beschränkt in der Wortfügung [...], der Accent ist rauh hart, die Stimme monoton, ohne Klang, die Mundart sehr verdorben [...]."[20] Solche metasprachliche Äusserungen, die nicht in im engeren Sinne sprachreflexiven Texten zu finden sind, sondern als Nebenbemerkung in anderen Textzusammenhängen geäussert werden, sind quellenkritisch besonders aufschlussreich. Sie geben nicht nur einen Hinweis darauf, dass der korruptionstheoretische Blick auf die Dialekte über den engeren Kreis sprachgelehrten Denkens hinaus wirksam war, sondern verweisen auch auf die Selbstverständlichkeit und Alltäglichkeit dieser Betrachtungsweise.

Insgesamt lassen sich in der ersten Hälfte des 19. Jahrhunderts Spuren einer aus der aufgeklärten Sprachkritik stammenden korruptionstheoretischen Kritik an den Volkssprachen noch deutlich nachweisen. Die sprachbewusstseinsgeschichtliche Relevanz dieser Feststellung liegt vor allem darin, dass die Dialekte unter dieser Perspektive noch nicht als autonome, historische Varietäten wahrgenommen, sondern in erster Linie in Abhängigkeit von der sie überdachenden

---

ist also eher kompilatorisch und durchaus nicht konsistent – ein Befund, der auch auf andere Autoren der Zeit zutrifft.
16 Stalder 1797: 38.
17 Stalder 1806: 10.
18 Vgl. ebd.: 12. Dennoch bewertet er einige Begriffe, die Aufnahme in seinem Werk gefunden haben, als ‚corrumpierte' (vgl. Stalder 1806: 27, 1812: 126, 244) oder ‚verhunzte' (vgl. Stalder 1806: 89, 128, 140, 161, 164, 222, 255, 344, 411, 478, 1812: 69, 90, 93, 236, 242, 271, 305, 492, 494) Formen.
19 Rosenberger 1832–1833: [1833] 35.
20 Glur 1835: 323.

Hoch- und Schriftsprache konzeptualisiert wurden. Eine Rolle spielte dabei sicherlich die wiederholt belegte, sprachhistorisch geradezu verkehrte Vorstellung, die Dialekte hätten sich allmählich als abweichende Formen der Schriftsprache entwickelt.[21] Diese Orientierung am hochdeutschen Ideal zeigt sich besonders deutlich in der Tatsache, dass Dialekte je nach Grad ihrer Abweichung vom Hochdeutschen als mehr oder weniger ‚verderbt' und ‚unrein' gelten konnten. Dieses graduelle Verständnis sprachlicher Korrumpiertheit illustriert das Urteil eines ungenannten Autors im *Helvetischen Almanach* von 1811, dem zufolge die Mundart des Kantons Schaffhausen, obschon sie „nichts weniger als rein" sei, „doch nicht unter die verdorbensten" gehöre und „für den Norddeutschen verständlicher als verschiedene andere Schweizersche Volksdialekte" sei.[22]

Betrachtet man die für diese Arbeit ausgewerteten metasprachlichen Belege über den gesamten Untersuchungszeitraum, so lässt sich insgesamt feststellen, dass die korruptionstheoretische Sichtweise auf die Dialekte fast ausschliesslich bis in die Jahrhundertmitte belegt ist. Wenngleich in sprachreflexiven Texten noch bis ins letzte Jahrhundertviertel darauf hingewiesen wird, dass die Korruptionstheorie in weniger gebildeten Bevölkerungskreisen zum Teil noch verbreitet sei, so spielt diese Perspektive auf die Dialekte zumindest im hier untersuchten, publizistischen Diskurs ab der Jahrhundertmitte keine Rolle mehr. Wie noch zu zeigen sein wird, darf im letzten Jahrhundertdrittel zumal in der Gebildetenöffentlichkeit die Korruptionstheorie tatsächlich als vollständig überwunden gelten (s. u. Kap. 6.4).

6.2.2 Dialekt als Hindernis für die Kultur – erkenntnistheoretische Kritik

Ein zweiter Strang der Dialektkritik argumentiert erkenntnis- und kulturtheoretisch. Im Zentrum steht die Behauptung, der Gebrauch der Dialekte hemme die kulturelle Entwicklung sowohl des Individuums als auch der schweizerischen Gesellschaft. Diese Auffassung vertritt geradezu mustergültig der Aargauer Albrecht Rengger, ehemaliger Minister des Innern der Helvetischen Republik, in seiner Schrift „Von den Mundarten der deutschen Schweiz, als einem Hindernisse der Cultur", die 1838 posthum erscheint.[23] Zu den für diesen Zusammenhang bedeutsamen Prämissen seiner Argumentation zählt erstens eine teleologische

---

21 Vgl. z. B. Wyss 1826 [1818]: 105; Bronner 1844: 1.
22 [Anonym.] 1811b: 12. In gleichem Sinn versucht auch Stalder, die Redeweise des Entlebuchs als im binnenschweizerischen Vergleich gute Mundart darzustellen (vgl. Stalder 1797: 38).
23 Vgl. Rengger 1838.

Sichtweise, der zufolge die Sprachgeschichte eine Geschichte der Sprachvervollkommnung darstellt,[24] und zweitens die Auffassung, dass zwischen Sprache und Kultur bzw. zwischen sprachlichem und kulturellem Entwicklungsstand eine Äquivalenzbeziehung bestehe.[25] So besehen entspricht die Entwicklung vom Dialekt zum Hochdeutschen der Entwicklung der deutschen Sprache überhaupt und erscheint zugleich als Ausdruck einer geistig-kulturellen Entwicklung der deutschen Sprachgemeinschaft selbst.[26] Die Hochsprache indiziert in ihrer kultivierten Form dabei semiotisch den kulturell höheren Zustand der deutschen Gesellschaft. In der Aufgabe, eine Sprache zu ‚kultivieren' und zu ‚normieren', wurde folglich ein Beitrag zur erstrebten Vervollkommnung der Kultur erblickt.[27] Die Dialekte wiederum erscheinen in dieser Sichtweise nicht mehr nur als ältere, sondern vor allem auch als kulturell rückständige Formen des Deutschen:

> Was jetzt bloß noch Volkssprache ist, war einst allgemeine, allen Classen übliche, Sprache des Landes. So wie aber mit der fortschreitenden Civilisation sich der Ideenkreis erweiterte und neue Verhältnisse eintraten, bedurfte es auch neuer Worte, die bald aus dem eigenen Sprachvermögen, bald aus fremden Quellen geschöpft wurden. [...] So ist in jedem Lande die Sprache der gebildeten Classen und die Schriftsprache entstanden und gehet, den Cultur-Bedürfnissen Schritt haltend, immer noch neuer Vervollkommnung entgegen. Statt dessen ist die Volkssprache seit Jahrhunderten stehen geblieben.[28]

Charakteristisch für den hier ausgedrückten Zusammenhang: Die beiden Sprachformen werden nicht als synchrone Varietäten des gegenwärtigen Diasystems, sondern sprachhistorisch als zwei aufeinanderfolgende historische Etappen der Entwicklung der deutschen Sprache konzeptualisiert.

---

24 Diesem Gedanken liegt ein in der Spätaufklärung verbreitetes Modell der Geschichtsschreibung zugrunde. Diesem „Perfektibilitätsmodell" zufolge ist die Menschheitsgeschichte als „immanentes weltgeschichtliches Entwicklungsgeschehen" zu deuten, das sich „im Modus kontinuierlichen Fortschritts vollzieht" (vgl. Scharloth 2008: 102). Im deutschen Sprachraum wird diese teleologische Geschichtsauffassung schon bald von namhaften Sprachgelehrten auch mit Blick auf die Sprachgeschichte vertreten (vgl. entsprechende Hinweise bei Gardt 1999a: 174, 225, 213–214; Faulstich 2008: 95–96, 129, 353, 415, 460).
25 Diese Vorstellung wurde massgeblich von Adelung geprägt, der 1781 das Programm einer Sprachgeschichte entwirft, in dem er sprachlichen und kulturellen Fortschritt parallelisiert (vgl. Kämper 2008: 67). Adelung 1781: 14–15 beschreibt diese Interdependenz von Sprache und Kultur bzw. von Sprachgeschichte und Kulturgeschichte folgendermassen: „Da die Sprache mit der Cultur eines jeden Volkes in dem genauesten Verhältnisse stehet, so läßt sich auch die Geschichte der erstern nie ohne beständige Rücksicht auf den jedesmahligen Zustand und Fortschritt der Cultur begreiflich machen."
26 Vgl. Gardt 2008: 301.
27 Vgl. Scharloth 2005c: 164–165.
28 Rengger 1838: 143.

Anders als bei der Vorstellung der Dialekte als ‚korrupte' Formen des Hochdeutschen manifestiert sich hier bereits die neuere sprachhistorische Erkenntnis, dass es sich bei den Dialekten um zeitlich weiter zurückreichende Sprachformen handelt. Dieses Bewusstsein wurde im 18. Jahrhundert insbesondere durch Johann Jakob Bodmers Arbeiten befördert und allmählich zu einem Gemeinplatz.[29] Bodmer und seine ideellen Nachfolger beurteilten das vergleichsweise höhere Alter der Dialekte aufgrund ihrer grösseren Nähe zu den idealisierten alten Sprachen allerdings noch durchaus positiv. Erst unter der im dialektkritischen Diskurs dominanten fortschrittsoptimistischen Perspektive der Aufklärung, wonach das Alte nicht das Bessere, sondern vielmehr das Rückständige darstelle, wird die positive Bewertung des Alters in ihr Gegenteil verkehrt.[30] Unter dieser Perspektive werden die Dialekte als in ihrer Entwicklung stehengebliebene Historiolekte des Deutschen betrachtet. Diese Einschätzung ist zeitgenössisch weit verbreitet und findet sich nicht nur bei Adelung, sondern auch bei anderen Sprachgelehrten wie Fulda oder Hartmann.[31] Die hier diskutierte Form negativer Dialektbeurteilung basiert im Gegensatz zur korruptionstheoretischen Argumentation also nicht auf einer Entwicklungskritik, wonach die Dialekte als abweichende und verderbte Formen aus der richtigeren, reineren Schriftsprache hervorgegangen seien. Stattdessen wird gerade die vermeintliche Nicht-Entwicklung der Dialekte moniert, indem auf ihre diachrone Statik und ihren Status als historisches Relikt einer überwundenen Sprach- und Kulturstufe verwiesen wird. Bei den Vertretern der dialektkritischen Diskursposition lässt sich diese Dialektauffassung beinahe durchgängig nachweisen. Sie steht auch beim Votum des Basler Diakons und Schulmanns Johannes Linder an der Versammlung der *Schweizerischen Gemeinnützigen Gesellschaft* 1844 im Zentrum der Argumentation, der mit Blick auf den Varietätengebrauch daraus den Schluss zieht: „Wenn der Dialect der Bildungsstufe eines Volkes nicht entspricht, wäre es eine Thorheit sich an denselben zu binden, um sich dadurch von andern Völkern zu unterscheiden."[32] Noch bis in die 1840er Jahre finden sich Belege, die die Sichtweise teilen, Dialekte seien ‚stehen gebliebene' und sprachlich ‚verarmte' Sprachstufen.[33]

---

[29] Vgl. Haas 1990: 35.
[30] Vgl. Stukenbrock 2005b: 125–126.
[31] Vgl. die Belege bei Haas 1990: 35 und Scharloth 2005c: 488. Erst Grimms sprachhistorische Theorie soll mit dem „Aberglauben der durchgängigen Altertümlichkeit mundartlicher Formen" aufgeräumt haben (vgl. Haas 1990: 35).
[32] Linder in Vögelin 1844: 91–92.
[33] Vgl. z. B. Bonstetten 1825: 59; Rapp 1841: 111; Wackernagel in Vögelin 1844: 85; Schweizer-Sidler in Vögelin 1844: 86.

Vor dem Hintergrund einer Parallelisierung von sprachlicher und kultureller Entwicklung und der Vorstellung von Sprachgeschichte als Prozess kontinuierlicher Sprachkultivierung erscheinen die rezenten Dialekte ihren Kritikern als historisch anachronistische Sprachformen, die den kommunikativen Bedürfnissen einer auf differenzierte sprachliche Darstellung bedachten Gesellschaft nicht mehr genügen konnten und zu überwinden waren. Dem aktuellen Stand der Kultur angemessen erschien nur das Hochdeutsche, verstanden als historische Fortsetzung und Weiterentwicklung der Dialekte.

Unauflöslich verknüpft mit dieser sprach- und kulturhistorisch begründeten Kritik an den Dialekten war eine Erkenntniskritik. Sie basierte auf einer tendenziell *idealistischen* Auffassung der Interdependenz von Sprache und Denken,[34] der zufolge – vereinfacht gesagt – „Denken mit Hilfe von Sprache"[35] erfolgt. Mit Blick auf die Dialekte führte diese Sichtweise zur Einschätzung, in den Mundarten könne nicht gleich gut gedacht werden wie in der Hochsprache, also könnten in diesen Sprachformen weder geistig-intellektuelle Höchstleistungen noch wissenschaftlicher Fortschritt erzielt werden.[36] So ist auch für Albrecht Rengger „Denken und Sprechen [...] einerley" und die Sprache damit „nicht allein ein Werkzeug der Mittheilung", sondern „zugleich das Beding, an welches die Ausübung des Denkvermögens [...] unerläßlich geknüpft ist".[37] Folgerichtig ist eine ‚entwickelte' Sprache nicht nur Ausdruck, sondern unabdingbare Voraussetzung für die geistig-intellektuelle Entwicklung:

> Wenn also die Sprache die Form ist, in welcher sich der menschliche Geist abgeprägt hat, wenn sich mit seiner Fortbildung diese Form veredelt und verschönert, so wird sie hinwieder für das Denkvermögen des Einzelnen ein Model, in welchem sich, je nach seiner Beschaffenheit, die Begriffe scharf oder stumpf, fein oder grob abdrucken. Eine gebildete Sprache ist demnach ein wesentliches Beförderungsmittel, so wie eine rohe Sprache ein mächtiges Hinderniß der Geistescultur.[38]

---

34 Das Verhältnis zwischen Sprache und Denken gehört seit der Antike zu den zentralen Themen der Sprachreflexion und gewinnt im deutschsprachigen Raum zunächst bei Leibniz, im 19. Jahrhundert vor allem durch die Arbeiten Wilhelm von Humboldts an Bedeutung (vgl. dazu Gardt 1999a: 230–245). Folgt man Gardt, lässt sich das Verhältnis in Form von zwei Extrempositionen beschreiben: Erstens als *realistische* Auffassung, die dem Denken das Primat gegenüber der Sprache einräumt; zweitens als *idealistische* Auffassung, die die Möglichkeit von Erkenntnis, die unabhängig von Sprache stattfindet, verneint (vgl. Gardt 1999a: 230–232).
35 Wiesinger 1995: 329.
36 Vgl. ebd.
37 Rengger 1838: 147.
38 Ebd.

Dieses Verständnis von Sprache und Denken, von Sprachentwicklung und geistig-intellektuellem Fortschritt findet sich als Begründungsmuster für eine dialektkritische Haltung auch bei anderen Zeitgenossen.[39]

In zeittypischer Korrelation von Sprache und Sprechergruppe wurde ein Zusammenhang von Sprachform und geistig-intellektueller Entwicklung jedoch nicht nur auf Ebene des Individuums konstatiert, sondern in kollektiver Übertragung auf die gesamte Sprechergemeinschaft projiziert. Die Sprachsituation in der Deutschschweiz musste den Dialektkritikern deshalb als besonders nachteilig für die künftige Entwicklung des ganzen Landes gelten. So schreibt 1835 ein anonymer Autor:

> Was in dieser Beziehung von einem einzelnen Individuum gilt, findet auch auf ein ganzes Volk seine Anwendung, und es läßt sich daher mit Recht behaupten, daß die Sprache eines solchen der treueste Abdruck und das Gepräge seiner geistigen Bildung ist. Legt man diesen Maßstab an die Schweiz, so dürfte kaum ein für den allgemeinen Bildungszustand unseres Landes ganz günstiges Resultat sich ergeben und man könnte leicht zu der Ansicht gelangen, daß in sprachlicher Beziehung die Schweiz wesentliche Fortschritte machen muß, soll sie nicht im Punkte intellektueller Bildung hinter andern Ländern Europas zurückbleiben.[40]

Ähnlich argumentiert auch der Basler Dekan Linder, wenn er an der Versammlung der *Schweizerischen Gemeinnützigen Gesellschaft* 1844 moniert, dass ein Festhalten an einer ‚verarmten' Sprache aus patriotischen Gründen letztlich „dem Volke wenig allgemeinen Nutzen schaffen" könne.[41]

In der Vorstellung, bei den Dialekten handle es sich um alte, kulturell einer früheren Entwicklungsstufe entstammende Ausdrucksformen, welche den kulturellen Fortschritt hemmen würden, lassen sich in den wenigen dialektkritischen Texten im frühen 19. Jahrhundert deutliche Parallelen zu Positionen aufgeklärten Sprachdenkens erkennen. Mit der Begründung, nur eine kultivierte Sprache gewährleiste geistig-kulturellen Fortschritt, wurde auch in anderen deutschsprachigen Regionen im 18. und im frühen 19. Jahrhundert Kritik an den Vernakularsprachen laut. Mit vergleichbaren Argumenten wurde nicht nur im deutschen Sprachnormierungsdiskurs gegen Dialektismen argumentiert,[42] son-

---

39 Vgl. z. B. Bonstetten 1828: 117; [Anonym.] 1835: 171.
40 [Anonym.] 1835: 171.
41 Linder in Vögelin 1844: 91. Karl Viktor von Bonstetten äusserte sich bereits 1785 mit den gleichen Argumenten kritisch gegenüber seinem Berner Dialekt, der aufgrund sprachlicher Mängel zu einer „Vervollkommnung" nicht fähig sei und der Entwicklung einer aufgeklärten Gesellschaft „ein unübersteigliches Hinderniß" sein müsse (vgl. Bonstetten 1785: 922–923, hier: 923).
42 Vgl. Scharloth 2005c: 164–165, 524, 2005d, 2008; Faulstich 2008: 95–96, 129, 353, 415, 460.

dern in verschiedenen deutschsprachigen Regionen die Grundlage der Kritik an den Volkssprachen gelegt.[43] Die Deutschschweizer Dialektkritik lässt sich daher über den binnenschweizerischen Diskurs hinaus in diese gesamtdeutschsprachige Dialektkritik auf Basis aufgeklärten Sprachdenkens einordnen.

6.2.3 Forderungen nach einem Varietätenwechsel

Die bisherigen Ausführungen haben gezeigt, mit welchen Argumenten in der ersten Jahrhunderthälfte die Kritik an den Dialekten begründet wurde. Damit verknüpft wurden auch Forderungen nach einem Varietätenwechsel. Texte oder Textstellen, die einen solchen radikalen Schritt explizit (häufiger auch nur implizit) fordern, finden sich im Korpus ausschliesslich aus der ersten Hälfte des 19. Jahrhunderts und sind selbst in diesem Zeitraum rar. Im gesamten Quellenkorpus sind es lediglich zwei Texte. Es handelt sich dabei um zwei Abhandlungen aus den 1830er Jahren. Die erste erschien 1835 anonym unter dem Titel „Fragmentarische Bemerkungen über die deutsche Sprache in der deutschen Schweiz" im Unterhaltungsblatt *Der Wanderer in der Schweiz*.[44] Die zweite stammt von Albrecht Rengger, einem der Aufklärung verpflichteten Aargauer Arzt und ehemaligen Minister des Innern zu Zeiten der Helvetischen Republik. Sie trägt den sprechenden Titel „Von den Mundarten der deutschen Schweiz, als einem Hindernisse der Cultur" und erschien 1838 posthum in einem Band mit mehrheitlich noch ungedruckten Schriften des Autors.[45]

Ausgangspunkt beider Texte ist die Feststellung, dass die Gebildeten der deutschen Schweiz zu wenig Wert auf Sprachkultur legten, was insbesondere in der Weigerung, sich des Hochdeutschen zu bedienen, zum Ausdruck komme. Da diese „Anhänglichkeit an die rauhe und unbeholfene Sprache der Natur", an den Dialekt, letztlich „nur auf Kosten der Bildung fortdauern" könne,[46] setzen sich die beiden Texte mit der – wie es 1835 heisst – „wichtige[n] Frage"

---

43 Für Österreich vgl. Wiesinger 1995: 329–333; für das niederdeutsche Sprachgebiet vgl. Arendt 2010: 85–87.
44 Vgl. [Anonym.] 1835.
45 Vgl. Rengger 1838. Eine genaue Datierung fehlt, der Entstehungszeitpunkt lässt sich jedoch anhand einer Anmerkung zu Stalders *Dialektologie* (vgl. Stalder 1819) bei Rengger (vgl. Rengger 1838: 144) einschränken: Vorausgesetzt, diese Anmerkung stammt von Rengger selbst, muss der Text zwischen 1819 (Erscheinungsdatum von Stalders Werk) und 1835 (Renggers Tod) entstanden sein (vgl. dazu schon Trümpy 1955: 110). Schwarzenbachs (1969: 349) Datierung auf die Zeit um 1815 ist damit wenig wahrscheinlich.
46 [Anonym.] 1835: 171.

auseinander: „[W]elches sind die geeigneten Mittel, die Kultur der deutschen Sprache in der Schweiz zu befördern?"[47]

In beiden Texten wird dabei festgestellt, dass der Schule bei dieser Entwicklung zwar eine gewisse Bedeutung zukomme, es aber weit wichtiger sei, dass sich bei den Gebildeten ein sprachkultureller Wandel vollziehe und in bürgerlichen Kreisen das Hochdeutschsprechen zur usuellen Norm werde. „Die Schulen", so heisst es im *Wanderer* von 1835, „reichen für die Erlangung dieses Zweckes bei weitem nicht aus. Die Sprachreform muß von dem höher stehenden Theile des Volkes ausgehen, und in den gebildetern Kreisen muß es Sitte werden, die Muttersprache möglichst rein zu reden, wie dieß in andern civilisirten Ländern Europas der Fall ist."[48] Und auch Rengger ist der Ansicht, insbesondere in der bürgerlichen Öffentlichkeit, etwa in politischen Versammlungen und Regierungsbehörden, solle durch „Vorgang und Beyspiel der gebildeteren Glieder"[49] anstelle der Dialekte allmählich die deutsche Hoch- und Kultursprache eingeführt werden.

Zum Erfolg dieses Kulturwandels beitragen könnte nach Rengger zudem, wenn die „zahlreiche Jugend, die alle Jahre von Deutschlands hohen Schulen ins Vaterland zurückkehrt", fortfahre, „die Sprache zu sprechen, welche sie dort gelernt hat". Von der älteren Generation verlangt er, dass sie die Rückkehrer dabei insofern unterstützt, als sie sie „gegen die Spöttereyen ihrer Mitbürger" schützt. Schliesslich sieht er auch die deutschen Immigranten in der Pflicht, die statt ihre „bessere Sprache gegen unsere schlechtere zu vertauschen", der Hochsprache treu bleiben und den Deutschschweizerinnen und -schweizern, die sich mit ihnen unterhalten, damit „eine natürliche Veranlassung" geben, „die nämliche Sprache zu sprechen".[50] Als vorbildlich gilt ihm in dieser Hinsicht die frankophone Schweiz, wo in der Schule die französische Literatursprache vorherrsche und auch die Gebildeten in den meisten Fällen ihr Patois zugunsten der französischen Nationalsprache aufgegeben hätten.[51] Bei Rengger zielen diese Forderungen damit insgesamt auf eine Entstigmatisierung des Hochdeutschen als Umgangssprache, während der Autor der „Fragmentarischen Bemerkungen" demgegenüber stärker auf eine Herabsetzung des Prestiges der Dialekte setzt.[52]

Während die beiden Autoren ähnliche Vorstellungen darüber entwickeln, welche Massnahmen nötig seien, um bei den bürgerlichen Oberschichten einen

---

47 Ebd.: 175.
48 Ebd.
49 Rengger 1838: 148.
50 Vgl. ebd.: 148–149.
51 Vgl. ebd.: 146.
52 Vgl. [Anonym.] 1835: 175.

Varietätenwechsel einzuleiten, haben sie doch unterschiedliche Ansichten über die wünschenswerte Reichweite dieser Entwicklung. Im Beitrag aus dem *Wanderer in der Schweiz* klingt die Hoffnung an, der Gebrauch des Hochdeutschen werde über den Kreis der Gebildeten hinaus, denen er vor allem eine Vorreiterfunktion zuschreibt, Nachahmer finden.[53] Auch in einer weiteren Quelle findet sich diese Hoffnung, wenngleich dort nicht zugleich ein Varietätenwechsel gefordert wird.[54]

Demgegenüber appelliert Rengger vor allem an Standesgenossen seiner städtisch-bürgerlichen Oberschicht, sich „dieser Knechtschaft [des Dialekts, E. R.] zu entziehen, und uns auf eine Stufe gesellschaftlicher Cultur zu heben, die wir rings um uns her verbreitet sehen".[55] Dass auch weitere Bevölkerungsgruppen fortan Hochdeutsch reden, ist ihm hingegen kein Anliegen, was er damit begründet, dass beim ‚Volk' „weder von außen noch von innen [...] neue Geistesbedürfnisse erweckt" würden, weshalb ihm „[d]ie einfache Sprache, die ihm gestern genügte", auch heute noch genüge.[56] Renggers sprachliche Vision für die deutsche Schweiz ist damit dezidiert sozialdistinktiv und seine Forderung in dieser Eindeutigkeit einmalig. Während Rengger damit die sprachlich indizierte soziale Separierung der Bevölkerung ausdrücklich in Kauf nimmt, warnen andere Autoren gerade vor dieser Entwicklungsperspektive explizit (s. dazu u. Kap. 10.3).

Texte, die in der deutschen Schweiz einen Varietätenwechsel forderten, finden sich also selten, wobei nicht auszuschliessen ist, dass noch weitere solche Texte aufzuspüren wären. Obwohl wenig zahlreich, sind sie ausgesprochen aufschlussreich als Ausdruck einer kritischen und unzufriedenen Haltung gegenüber der aktuellen Sprachsituation, die wohl innerhalb der von Rengger angesprochenen akademisch gebildeten Gesellschaft ohne Weiteres zu finden war.

Als Indizien dafür liegen weitere Äußerungen in sprachreflexiven Quellen vor, die den Wunsch nach einem Varietätenwechsel zumindest implizieren.[57] Berichte auswärtiger Reisender bestätigen entsprechende Bestrebungen. Der Deutsche Johann Georg Kohl beispielsweise berichtete um die Jahrhundertmitte:

---

53 Vgl. ebd.
54 Vgl. Linder in Vögelin 1844: 91–92.
55 Vgl. Rengger 1838: 149.
56 Vgl. ebd.: 144.
57 Vgl. z. B. [Anonym.] 1804: 52; Müller 1811: 134; [Anonym.] 1832: [s. p.]; ähnliche Implikationen auch Hardmeyer 1824: 13; Bonstetten 1825: 63.

Manche Schweizer haben nicht nur vorgeschlagen, den hochdeutschen Dialekt durchweg unter den Gebildeten einzuführen, sondern einzelne haben auch aus Princip daran festhalten wollen, sowohl in ihrer Familie, als überhaupt in allen Berührungen mit Gebildeten hochdeutsch zu reden, um die Einführung desselben zu begünstigen. Allein sie haben bisher noch immer nicht damit durchdringen können und meistens hat man ihre Bemühungen bespöttelt.[58]

Ein interessanter Hinweis, dass selbst die hochdeutsche Erziehung der Kinder zumindest als valide Option galt, stammt aus einer Sittenlehre Mitte des Jahrhunderts.[59] Eher nebenbei wird in einem Kapitel über Höflichkeit und Anstand erwähnt, man solle die Kinder entweder „an ein gutes Deutsch oder an die gewöhnliche Muttersprache [d. h. den Dialekt, E. R.]" gewöhnen.[60] Der Autor schliesst damit eine Sozialisation in der Hochsprache zumindest nicht aus. Im Quellenkorpus bleibt diese Äusserung jedoch singulär. In der Regel wurde die sprachliche Sozialisierung nicht ausdrücklich thematisiert, denn es wurde für selbstverständlich genommen, dass die Kinder in der – im wahrsten Sinne des Wortes – *Mutter*sprache und damit im Dialekt erzogen wurden.

6.2.4 Dialektkritik in der ersten Hälfte des 19. Jahrhunderts – Ausläufer aufgeklärter Sprachkritik

Wie die bisherigen Ausführungen gezeigt haben, lassen sich aus metasprachlichen Textstellen im ausgehenden 18. und fast bis in die Mitte des 19. Jahrhunderts mitunter Spuren einer dezidiert kritischen Perspektive auf die Dialekte und die deutschschweizerische Sprachsituation im Geiste aufgeklärten Sprachdenkens rekonstruieren. Gerade die Ansicht, dass es sich bei den Dialekten um korrupte Sprachformen handelt, dürfte weit verbreitet gewesen sein. Dennoch ist davon auszugehen, dass auch in der ersten Hälfte des 19. Jahrhunderts in der deutschsprachigen Schweiz nur eine Minderheit – in den vorliegenden Quellen vor allem Vertreter aus adeligen und der französischen Kultur nahestehenden Kreisen – eine ausdrücklich dialektablehnende Haltung hatte. Geradezu sinnbildlich dafür sind die Mehrheitsverhältnisse an der Versammlung der *Schweizerischen Gemeinnützigen Gesellschaft* von 1844 (*notabene* eine dezidiert bürgerliche Institution), an der es ausser einem Mitglied alle für wünschbar

---

58 Kohl 1849b: 279; zu solchen Versuchen, das Hochdeutsche als Alltagsvarietät zu etablieren, s. auch o. Kap. 5.4.1.
59 Vgl. Nägeli 1850, dessen *Anleitung zur körperlichen und geistigen Erziehung der Kinder* 1850, ein Jahr nach der Erstveröffentlichung, bereits in zweiter, vermehrter Auflage erschien.
60 Ebd.: 163.

hielten, die Dialekte auch weiterhin als Alltagsvarietäten zu gebrauchen.[61] Während aber in der ersten Jahrhunderthälfte dialektkritische Stimmen zumindest noch aufzufinden sind, verstummen sie in der zweiten Jahrhunderthälfte praktisch vollständig.

Insgesamt scheint die Sprachsituation im öffentlichen Diskurs der ersten Jahrzehnte des 19. Jahrhunderts jedoch weder für Dialektkritiker noch für -befürworter ein vordringliches Thema gewesen zu sein. Der Frage nach dem Verhältnis von Dialekt und Hochdeutsch kommt erst im zweiten Viertel des Jahrhunderts neue Bedeutung zu. In diesen Zeitraum fallen auch die wenigen Texte, die ausdrücklich zum Varietätenwechsel auffordern. Wie verschiedentlich betont wird, gab damals vor allem die zunehmende Diskrepanz zwischen dem Sprachgebrauch des deutschen Bürgertums und den äquivalenten Kreisen in der Schweiz Anlass zur neuen Auseinandersetzung mit der eigenen Sprechweise.[62] Auch war die auswärtige Kritik an der Deutschschweizer Sprachsituation – die zum Teil ja auch von Schweizern geteilt wurde – durchaus bekannt.[63] Glaubt man zeitgenössischen Quellen, hat sich in diesem Kontext sogar ein eigentliches sprachliches Minderwertigkeitsgefühl gegenüber den Hochdeutschsprechenden breit gemacht (s. u. Kap. 7.3.1). Vor diesem Hintergrund schien sich den Akteuren der gebildeten Mittel- und Oberschichten, welche die Debatte dominierten, die Frage nach der Legitimität des fortwährenden Dialektgebrauchs neu und dringlicher zu stellen.

6.3 Gegenmodell: Der sprachliche Eigenwert des Dialekts

Die Frage nach der Legitimität des Dialekts als Alltagsvarietät rief nicht nur Dialektgegner auf den Plan, die sich eine Veränderung der Situation wünschten, sondern auch deren Verteidiger. In der Debatte meldeten sich nun gerade auch jene Akteure zu Wort, die dem Dialekt in der deutschen Schweiz auch weiterhin seine Berechtigung zusprachen. Der Kritik am Dialekt begegneten dessen Befürworter mit Rechtfertigungsbemühungen, welche die Wertigkeit der Mundarten als ‚Sprachen' eigenen Rechts nachweisen sollten. In den einschlägigen Darstellungen wird denn auch ausführlich auf besondere Güteeigenschaften der Dialekte verwiesen. Hervorgehoben werden vor allem zwei Aspekte: der

---

[61] Vgl. Vögelin 1844.
[62] Vgl. entsprechende Hinweise bei Hagenbach 1828; [Anonym.] 1835; Mörikofer 1838; Rengger 1838; Vögelin 1844.
[63] Vgl. z. B. Vögelin 1844: 107.

sprachhistorische Vorzug des Schweizerdeutschen sowie bestimmte sprachmaterielle Qualitäten, die es vermeintlich vor anderen deutschen Varietäten auszeichnen. Insbesondere in der zweiten Jahrhunderthälfte sollen zudem der Nachweis der Relevanz der Dialekte für die Wissenschaft sowie der Nachweis ihrer Bedeutung als Gebervarietäten für das schriftsprachliche Lexikon die Wertigkeit der Mundarten belegen. Im Kontext dieser sprachlichen Gütezuschreibung spielt der wertende Vergleich mit dem Hochdeutschen eine entscheidende Rolle, da mit der besonderen Güte des Schweizerdeutschen in aller Regel dessen spezifische Vorteile gegenüber der Standardvarietät betont und die Dialekte damit in ihrer Bedeutung gestärkt werden sollen. Gerade im zweiten Viertel des 19. Jahrhunderts scheinen Bekräftigungen des Wertes der Dialekte auch das Gefühl entkräften zu wollen, sich der eigenen Sprechweise wegen schämen zu müssen (s. u. Kap. 7.3.1).

Die Betonung sprachlicher Güte der Dialekte spielt spätestens ab dem zweiten Viertel des Jahrhunderts eine zentrale Rolle in den untersuchten metasprachlichen Äusserungen. Während dialektkritische Stimmen nach der Jahrhundertmitte fast vollständig verstummen, konsolidiert sich die im Folgenden zu beschreibende Gegenposition, die den sprachlichen Eigenwert und die Güte der Dialekte betont, spätestens in der zweiten Hälfte als einzige und unbestrittene Diskursposition.

6.3.1 Sprachhistorische Gütezuschreibungen: Die besondere Altertümlichkeit der Dialekte

Als zentrale Begründung eines besonderen Wertes des Schweizerdeutschen werden in vielen sprachreflexiven Texten des 19. Jahrhunderts das vergleichsweise höhere Alter der Dialekte und die direkte Abstammung von älteren Sprachstufen angeführt.[64] Diese Qualität der „Sprache der Schweizer" versucht bereits Franz Joseph Stalder in den Vorworten zu seinen Idiotika (1806/1812), vor allem aber zu seiner Dialektologie (1819) deutlich hervorzuheben. Ihren besonderen Wert sieht er gerade darin, dass sie die noch lebendigen Überreste der

---

64 Der Nachweis des hohen Alters einer Sprache diente auch in anderen sprachgeschichtlichen Zusammenhängen wiederholt dem Versuch, die Wertigkeit einer Sprache oder Varietät gegenüber einer sie konkurrierenden Sprache oder Varietät zu heben. Mit Blick auf die deutsche Sprachgeschichte erfolgte die Aufwertung des Deutschen im 17. Jahrhundert beispielsweise auch über die Behauptung ihres vermeintlich besonders hohen Alters (vgl. Gardt 1999a: 21; Stukenbrock 2005b: 140–144). Und im 18. Jahrhundert führte Johann Jakob Bodmer das Alter der Schweizer Mundarten als Argument gegen die sächsische Kritik ins Feld, es handle sich bei ihnen um korrumpierte Formen des Hochdeutschen (vgl. Knoop 1982: 7).

„Sprache des vorweltlichen Alterthumes"[65] darstellt. Insbesondere in der Lexik seien „Sprachüberreste des deutschen Alterthums"[66] und „Spuren uraltdeutscher, unbekannter Herkunft"[67] bewahrt worden. Ausgehend vom Postulat einer direkten Abstammungslinie der Schweizer Dialekte vom Althochdeutschen, schreibt Stalder der ‚Schweizersprache' innerhalb des Varietätenraums des Deutschen eine überragende Stellung zu. Entsprechend beklagt er, dass sich viele im In- und vor allem „im Auslande, wo man so oft des schweizerischen Dialektes mit Unrecht und plumper Unwissenheit des Altsprachlichen höhnend spottet", seines sprachhistorischen Stellenwerts noch nicht bewusst seien, und erhofft sich deshalb, dass durch „nähere und genauere Erkenntniß" dieses Zusammenhangs die Wertschätzung der ‚Schweizersprache' gesteigert werde.[68]

Auch bei Johann Kaspar Mörikofer spielt der Nachweis sprachlicher Verwandtschaft des Schweizerdeutschen mit älteren deutschen Sprachstufen eine Rolle, die er insbesondere in lexikalischen, semantischen und flexionsmorphologischen Gemeinsamkeiten erkennt.[69] Wesentlich ist dabei die romantische Stilisierung der alt- und mittelhochdeutschen Zeit zu einem Höhepunkt deutscher Dichtung und Kultur und die damit verbundene Überhöhung des Alt- und Mittelhochdeutschen in sprachlich-poetischer Hinsicht. Das Althochdeutsche stilisiert er als „frühlingsfrische Sprache des Naturlebens und des Morgenschmelzes der Liebe", während er das Mittelhochdeutsche zur „Seelensprache des Wohllautes und der Schönheit" verklärt.[70] Die vermeintlich direkte Abstammung der ‚schweizerischen Mundart' vom Mittel- und Althochdeutschen gilt entsprechend nicht nur als Beleg für ihr hohes Alter, sondern unterstreicht überhaupt ihren besonderen sprachlichen Wert.[71] Für Mörikofer unterscheidet sich damit das Schweizerdeutsche, dessen Wert er in der Altertümlichkeit und der Tradition sieht, kategorial vom Hochdeutschen, dessen Wert sich vor allem stilistisch begründen lasse. Er plädiert entsprechend dafür, dass die Beurteilung von Dialekt und Hochdeutsch nach prinzipiell anderen Kriterien zu erfolgen habe. Damit spricht er dem Dialekt aber letztlich einen vom Hochdeutschen unabhängigen, in der eigenen Geschichte gründenden hohen Wert zu und legitimiert so mittelbar auch die Koexistenz beider Varietäten als Sprachformen eigenen

---

65 Stalder 1819: III. Vgl. dazu auch ebd.: 3 sowie Stalder 1812: IX–X.
66 Ebd.
67 Stalder 1819: 4.
68 Vgl. ebd.: III–IV. Wie an anderer Stelle erwähnt (s. o. Kap. 6.2.1), steht diese Haltung in einem gewissen Widerspruch zu den ebenfalls belegten korruptionstheoretischen Äusserungen Stalders.
69 Vgl. Mörikofer 1838: 49; zu Mörikofers Argumentation zudem Ruoss 2017: 215–218.
70 Vgl. Mörikofer 1838: 47, 50.
71 Vgl. ebd.: 50.

Rechts.⁷² Das Gewicht, das er dem Alterstopos bei der Legitimierung und Erhöhung des Eigenwerts des Schweizerdeutschen zumisst, zeigt sich bei Mörikofer daran, dass er ein ganzes Kapitel darauf verwendet, die „historische Bedeutung der schweizerischen Mundart" nachzuweisen.⁷³

Mit der Behauptung einer besonderen Nähe des Schweizerdeutschen zu den alt- und mittelhochdeutschen Sprachformen wird im frühen 19. Jahrhundert letztlich auf einen bereits etablierten Topos zurückgegriffen. Schon im Schweizer Humanismus soll nämlich das Bewusstsein einer besonderen Nähe zu den älteren Sprachstufen existiert haben.⁷⁴ Befördert durch Johann Jakob Bodmers Studien zur mittelalterlichen Sprache und Literatur im 18. Jahrhundert, wird diese Vorstellung spätestens mit den Anfängen der historischen Sprachwissenschaft im frühen 19. Jahrhundert über die Schweiz hinaus zum sprachgeschichtlichen Gemeinplatz.⁷⁵

Dass der Nachweis einer „ehrwürdige[n] historischen Grundlage"⁷⁶ der Schweizer Dialekte ihnen aber überhaupt ein besonders Ansehen verleihen konnte, setzt eine hohe Wertschätzung älterer Kultur- und Sprachstufen voraus, wie sie sich in der zweiten Hälfte des 18. Jahrhunderts im Kontext (früh-)romantischer Poetik und Kulturtheorie ausbildete.⁷⁷ Vermittelt durch die romantische Sprachphilosophie gewann die Auffassung der Vorzüglichkeit der älteren Sprachstufen im 19. Jahrhundert erneut an Einfluss. Spätestens mit der Begründung der historischen Sprachwissenschaft durch Jacob Grimm wurde das sprachlich Alte „zum absoluten Wert deklariert".⁷⁸ Wie intertextuelle Verweise nahelegen, scheint diese Ansicht in der Schweiz vor allem durch die Werke Johann Jakob Bodmers und Johann Jakob Breitingers sowie Johann Gottfried Herders Verbreitung gefunden zu haben. Die Ansicht, das Alte stelle *per se* einen Wert dar, illustriert eine Textstelle aus Scherrs *Anleitung für den schweizerischen Volksred-*

---

72 Vgl. ebd.: 52. In dieser Feststellung manifestiert sich auch bereits die Überzeugung, dass es sich bei den Dialekten und dem Hochdeutschen um kategorial unterschiedliche Sprachformen handle (s. dazu u. Kap. 7).
73 Vgl. ebd.: 46–54. Für eine ausführlichere Rekonstruktion von Mörikofers sprachhistorischer Argumentation vgl. Ruoss 2017.
74 Vgl. Sonderegger 1982: 52–53; Trümpy 1955: 99–100.
75 Vgl. Haas 1990: 35.
76 Tobler 1837: IV.
77 Auch hier leistete Bodmer mit der Einschätzung, es handle sich bei der mittelalterlichen Literatur um eine Blütezeit deutscher Kultur, einen wichtigen Beitrag zur positiven Rezeption des Mittelalters, die nachweislich auch Positionen der (Früh-)Romantik mitbestimmte (vgl. Bär 1999: 33, 228). Bodmer galten mittelhochdeutsche Sprache und Literatur gerade aufgrund ihrer uneingeschränkten ‚Natürlichkeit' als besonders wertig (vgl. Debrunner 1996: 99–101).
78 Haas 1981: 12.

ner von 1845 mustergültig: „Die schweizerische Mundart namentlich hat viele Vorzüge und steht der althochdeutschen Sprache, wie sie jetzt nur noch in Schriften vorliegt, näher als die meisten andern deutschen Mundarten; schon deßwegen ist sie ehrwürdig."[79]

Der entscheidende Zusammenhang zwischen den alten Sprachstufen und den rezenten Dialekten wird meist über die Behauptung einer direkten Abstammungslinie hergestellt. Damit wird suggeriert, dass die Güte der alt- bzw. mittelhochdeutschen „Seelensprache des Wohllautes und der Schönheit"[80] genealogisch bedingt und auf die aktuellen Dialekte quasi vererbt worden sei. Weil die Dialekte mit dem Mittelhochdeutschen ‚stammverwandt' seien, trügen sie noch heute das edle Wesen dieser „im reichsten, königlichen Schmucke prangenden Sprache lebenswarmer, ingründiger Dichtung"[81] in sich. Der hier ausgedrückten Vorstellung der Vererbbarkeit sprachlicher Güte liegt eine anthropomorphisierende Sprachauffassung zugrunde. Demnach hat Sprache ein ‚Wesen' oder einen ‚Charakter', übertragbar von der einen Sprechergeneration auf die nächste, grundsätzlich sich erhaltend über die Zeit hinweg. Um die hohe Wertigkeit der Dialekte glaubhaft zu machen, genügt argumentativ deshalb die Feststellung, es handle sich beim Schweizerdeutschen um den direkten Nachfahren, den alleinigen Erben des Alt- und Mittelhochdeutschen. Diese Verwandtschaft allein verleiht für Mörikofer „unserer schweizerischen Mundart einen neuen Werth".[82]

Damit wird die dem aufklärerischen Fortschrittsparadigma verpflichtete Dialektkritik in ihr Gegenteil verkehrt: Das Alter der Mundarten ist nicht mehr Beweis ihrer Rückständigkeit, sondern ein besonderes Qualitätsmerkmal.[83] Diese Umwertung des Alters war für die Prestigesteigerung der Mundarten nicht nur in der Schweiz von nachhaltiger Bedeutung. Solange das Alte als minderwertig galt, war eine Rechtfertigung der Dialekte auf sprachhistorischer Grundlage nicht möglich. Erst unter dieser neuen Perspektive, die das sprachlich Alte

---

79 Scherr 1845: 18–19.
80 Mörikofer 1838: 47.
81 Ebd.
82 Ebd.: 50.
83 Diese gegensätzlichen Auffassungen kommen auch im unterschiedlichen Gebrauch der Metapher vom sprachlichen Stammbaum zum Ausdruck. Während kritische Stimmen die Dialekte als abgestorbene Äste des deutschen Sprachbaumes darstellen (vgl. Rengger 1838: 143), sehen die Befürworter in den Dialekten die Wurzeln der deutschen Gesamtsprache (vgl. z. B. Sutermeister 1859: 14; Aufruf 1862: [2]) oder betonen gar das „historische[ ] Recht" der schweizerischen Mundarten als „Aeste eines Sprachstammes, welcher, gleichberechtigt mit dem hochdeutschen, [...] sprachlich selbständig emporgewachsen ist" (Schweizer-Sidler/Thomann 1873).

positiv konnotiert, konnten nun auch die als besonders alt erachteten deutschschweizerischen Dialekte ihr eigenes Prestige geltend machen. Der Altersnachweis konnte nicht nur die verbreitete korruptionstheoretische Ansicht zurückweisen, es handle sich bei den Dialekten im Vergleich zum Hochdeutschen um jüngere Formen, dank ihm konnten im Gegenteil Ansehen und Wertschätzung der Dialekte gehoben werden.

Im Kontext einer diskursiven Aufwertung des Schweizerdeutschen ist bedeutsam, dass dieser Nachweis in der Regel in Relation zu anderen Varietäten des Deutschen und insbesondere auch zum Hochdeutschen erbracht wird. Es geht nicht nur darum, das absolute Alter hervorzuheben, sondern das im Vergleich zu den übrigen deutschen Varietäten *höhere Alter* der Deutschschweizer Dialekte sowie ihre *grössere Nähe* zu den idealisierten älteren Sprachstufen. Damit wird letztlich die wertstiftende Besonderheit des ‚schweizerischen Dialekts' begründet und behauptet.

Das Lob des Alters gehörte im 19. Jahrhundert fortan zu den wichtigen Argumentationsstrategien beim Nachweis des sprachlichen Eigenwerts der Dialekte. In den sprachreflexiven Texten der ersten Jahrhunderthälfte wird deshalb dem Wissen um das Alter der Dialekte ganz besonderes Gewicht beigemessen, um im Sinne eines „semantischen Kampfs"[84] gegen die von Dialektkritikern kolportierte negative Konnotation sprachlichen Alters anzuschreiben. Insofern ist das topisch wiederkehrende Lob des Alters und der Genealogie auch insbesondere ein Lob der Dialekte vor allem *in Relation zum Hochdeutschen*. Eine besondere Rolle spielte dies in der ersten Jahrhunderthälfte, als das Verhältnis zwischen Dialekt und Hochdeutsch grundlegend diskutiert und der Dialekt von seinen Befürwortern eigens legitimiert werden musste.

Das Stereotyp der hohen Wertigkeit wirkte auch in der zweiten Jahrhunderthälfte nach, wobei das Alter oft nicht einmal mehr argumentativ nachgewiesen, sondern als Begründung lediglich noch konstatiert wurde. Exemplarisch dafür stellt 1867 der Aargauer Bezirksschullehrer Joseph Victor Hürbin (1831–1915) fest, es sei „eine unleugbare Thatsache, daß unsere Mundart dem Alt- und Mittelhochdeutschen weit näher steht, als die jetzige Schriftsprache", wobei für ihn „in diesem Umstand allein ein gewichtiger Grund [liegt], die Mundart zu schonen und [...] zu schützen".[85] Neue sprachwissenschaftliche Kenntnisse liessen in der zweiten Hälfte des Jahrhunderts an der Altertümlichkeit der Dialekte keine Zweifel mehr, weshalb auch eine argumentative Begründung nicht mehr in gleichem Masse dringend war. Der Topos einer ‚besonderen Altertümlichkeit der schweizerischen Mundart' und die damit verbundene Bevorzugung unter

---

84 Vgl. zu Konzept und weiterer Literatur Felder 2006.
85 Hürbin 1867: 26.

den deutschen Varietäten blieben auch im 20. Jahrhundert aktuell, wenn es um die Güte der Dialekte ging.[86]

6.3.2 Sprachmaterielle Gütezuschreibungen: Reichtum und Eigentlichkeit

Neben den sprachhistorischen spielten sprachmaterielle Gütezuschreibungen eine zentrale Rolle bei der Aufwertung der Dialekte. Dabei nahm die Lexik des Schweizerdeutschen als Objekt des Lobes eine besondere Stellung ein. Ihr wurden vor allem grosser Reichtum sowie eine vergleichsweise grössere Eigentlichkeit als herausragende Eigenschaften zugeschrieben.

Dass sich das Schweizerdeutsche vor allen anderen deutschen Dialekten und besonders vor dem Hochdeutschen durch einen einmaligen *Reichtum* des Wortschatzes auszeichne, war im Kontext sprachreflexiver Dialektaufwertung im 19. Jahrhundert ein häufig erwähnter Topos. So heisst es bei Stalder 1806 etwa, man werde in seinem Idiotikon viele Begriffe finden, „für welche wir in der allgemeinen Sprache keine Benennungen haben".[87] Und eine ethnographische Beschreibung des Kantons Zürich hält 1834 fest: „Die Sprache des gemeinen Lebens und des geselligen Umganges ist ungemein reich und drückt viele Schattirungen aus, die von den ausgebildetesten Sprachen nicht immer erreicht werden."[88] Auch für viele weitere ähnliche Einschätzungen ist charakteristisch, dass die Behauptung grossen lexikalischen Reichtums in einen wertenden Vergleich mit anderen Varietäten und Sprachen eingebettet ist. Der Wortschatz des Schweizerdeutschen wird damit in Relation zu anderen (Kultur-)Sprachen als mindestens *gleich reich*, in der Regel gar als *reicher* dargestellt. Während der Autor im zitierten Beispiel selbst den Vergleich mit den ‚ausgebildetesten' Sprachen nicht scheut, zielt diese sprachvergleichende Perspektive in der Regel auf die Gegenüberstellung von Dialekt und Hochdeutsch. So konnte der spätere Redaktor beim Idiotikon, Albert Bachmann, mit Blick auf den Wortschatz 1884 in voller Überzeugung und „ohne Ueberhebung behaupten, dass unserer Mundart der Vorrang vor der Schriftsprache gebühre."[89]

Gelegentlich wurde nicht nur der Reichtum der Dialekte hervorgehoben, sondern auch auf lexikalische Mängel in der Schriftsprache gezielt. Damit wur-

---

[86] Vgl. Weber 1984: 94–96. Dasselbe stellt 1928 der Berner Germanistikprofessor Samuel Singer fest, der aber diese populäre Meinung aus linguistischer Sicht relativiert (vgl. Singer 1928: 16–18).
[87] Stalder 1806: 10–11.
[88] Meyer von Knonau 1834: 126.
[89] Bachmann 1884: 9.

de der Spiess umgekehrt und die Mundarten wurden in ihrem Ansehen über das Hochdeutsch erhoben. Ein besonders illustratives Beispiel dafür stammt aus dem Jahr 1867:

> Nach keiner Richtung hat sich die Mundart so sehr entwickelt als auf dem Gebiete der Wortbildung; daher die Mannigfaltigkeit im Ausdrucke und die scharfe und prägnante Bezeichnung jedes Dinges, jeder Eigenschaft und jeder Thätigkeit. Wer von dieser Reichhaltigkeit sich überzeugen will, versuche es einmal, alle Ausdrücke, die er während eines Tages oder einer Woche im Volksverkehre hört, *richtig* in's Schriftdeutsche zu übertragen. Er wird dabei die Erfahrung machen, daß er in vielen Fällen trotz aller weitläufigen Umschreibung die Sache doch nie genau bezeichnen kann, ja er wird sich gar oft in die Unmöglichkeit versetzt sehen, sich schriftdeutsch verständlich machen zu können, weil ihm die Ausdrücke geradezu abgehen [...]. Wer nun aber die Unzulänglichkeit der Schriftsprache zur Bezeichnung so wichtiger Funktionen eingesehen hat, der wird keinen Augenblick mehr an der hohen Bedeutung der Mundart und ihrer Nothwendigkeit zweifeln.[90]

Die Vorstellung, der Dialekt habe für jedes ‚Ding', jede ‚Eigenschaft' und jede ‚Thätigkeit' ein besonders treffendes Wort zur Verfügung, kehrt in vielen ähnlichen Äusserungen wieder. Nicht selten manifestiert sie sich in der Behauptung, dass für viele ‚Gegenstände', für die der Dialekt einen spezifischen Ausdruck habe, in der Standardvarietät auf eine Umschreibung zurückgegriffen werden müsse.[91] Die Ansicht eines besonderen Reichtums und mithin einer besonderen Differenziertheit des schweizerdeutschen Wortschatzes findet sich bei Autoren im gesamten Untersuchungszeitraum.[92]

Nicht immer bezieht sich die Feststellung eines vergleichsweise grösseren dialektalen Wortschatzes auf das gesamte Lexikon. Teilweise erfolgt sie mit der Einschränkung, dass die besondere Differenzierung vornehmlich für die Bereiche emotiver und perzeptiver Lexik gelte, während man umgekehrt dem Hochdeutschen im Bereich der abstrakten Begriffe den Vorzug zugesteht. In diesen Zusammenhang gehört etwa die Feststellung, dass durch desubstantivische Verbbildungen in den Dialekten „der Schweizer eine Menge von Sinneseindrücken zu bezeichnen [vermag], welche der Deutsche umschreiben muss", so etwa ‚es tödtelet' zu ‚Tod' oder ‚es bränzelet' zu ‚Brand'.[93] Gerade in Hinsicht auf die Perzeption hätten die Dialekte überdies eine besondere Präzision und

---

[90] Hürbin 1867: 35, Herv. i. O. in Fettdruck.
[91] Vgl. z. B. Hagenbach 1828: 116; Schmid 1899: 4.
[92] Vgl. z. B. Stalder 1806: 10–11; Hagenbach 1828: 116; Meyer von Knonau 1834: 126; Mörikofer 1838: 28–29; Hürbin 1867: 35–36; Grütter 1869: 190; [Anonym.] 1873b: [1]; Werder 1878: 15; Greyerz 1892: 588; Schmid 1899: 4.
[93] Hagenbach 1828: 115–116.

Differenziertheit ausgebildet, welche in der Schriftsprache nicht zu finden sei.[94] Auch andernorts wird der „Reichthum von scharfen und schärfsten Bezeichnungen von Sinneseindrücken"[95] der Dialekte lobend hervorgehoben. Gerade diese „genaue und liebevolle Beobachtung und Individualisirung alles dessen, was in das [sic!] Bereich der Sinne fällt", mache schliesslich den „unbeschreiblichen Reiz" der Mundart aus.[96] Die Überzeugung, die Schweizer Dialekte hätten „einen Schatz von Ausdrücken, die den Sinn so scharf präcisieren, wie sie uns in einer andern Sprache nicht zu Gebote stehen",[97] gehört spätestens in der zweiten Hälfte des 19. Jahrhunderts in den sprachreflexiven Texten zu den zentralen Stereotypen, mit denen das Schweizerdeutsch charakterisiert wird.

Um den Leserinnen und Lesern „einen Maßstab zu geben für den außerordentlichen Wortreichtum unserer Volkssprache",[98] wurden in den betreffenden Texten gelegentlich auch längere Listen von Dialektwörtern mit abgedruckt.[99] Über Gebühr viele Wortbeispiele führt auch der Dialektologe Fritz Staub in einem Aufsatz in der *Zeitschrift für deutsche Mundarten* 1877 an, weil er, wie er zugibt, dem „Versuch nicht widerstehen [konnte], [...] mit dem Reichthume unseres Sprachschatzes einigermassen zu paradieren".[100] Den empirischen Nachweis des ausserordentlichen Reichtums der Dialekte zu führen, motivierte nicht selten auch die Verfasser von gesamtdeutschschweizerischen oder regionalen Idiotika und Dialektwörterbüchern im 19. Jahrhundert. So verfasste bereits Titus Tobler seinen *Appenzellischen Sprachschatz* „[i]m Gefühle, wie sehr man den ungeschriebenen Mundarten Unrecht thue", weshalb er mit seinem Wörterbuch unter anderem bezweckte, der Leserschaft „den Reichthum der Ausdrücke, denjenigen der Verschattungen von Begriffen u. s. f. vor die Augen zu stellen".[101] Es waren wohl gerade solche Projekte, die das kollektive Bewusstsein um einen besonderen Reichtum des Schweizerdeutschen nachhaltig prägten. Das galt insbesondere auch für das *Schweizerischen Idiotikon*, das *Wörterbuch der schweizerdeutschen Sprache*, dessen Publikationen ebenso wie die zahlreichen Rezen-

---

94 Hagenbach führt als Beispiel dafür unter anderem Begriffe an, die ein spezifisches Geräusch beschreiben wie ‚gixen', ‚tosen', ‚schättern', ‚dängelen' oder eine visuelle Qualität wie ‚glitzern', ‚zwitzern', ‚tümber' (ebd.: 116).
95 [Anonym.] 1873b: [1].
96 Werder 1878: 15.
97 Schmid 1899: 4.
98 [Anonym.] 1896c.
99 Vgl. Schlegel 1812: 265; Hagenbach 1828; Mörikofer 1838: 29–30; Staub 1877; Bachmann 1884: 10; [Anonym.] 1896c; Gempeler-Schlettli 1904.
100 Staub 1877: 18.
101 Tobler 1837: IV.

6.3 Gegenmodell: Der sprachliche Eigenwert des Dialekts — 141

sionen und Berichte[102] darüber im letzten Drittel des Jahrhunderts ganz entscheidend zur Bestätigung eines positiven Empfindens gegenüber den Dialekten beigetragen haben.[103] Mit dem Nachweis einer immensen Fülle dialektaler Ausdrücke, von der man sich in den seit 1881 erscheinenden Lieferungen des Wörterbuchs überzeugen konnte, erhielt der Reichtumstopos seine wissenschaftliche Bestätigung und Legitimation.[104]

Wie bereits mit dem Lob auf das Alter griffen die Autoren im sprachreflexiven Diskurs der Deutschschweiz auch mit dem Hinweis auf den lexikalischen Reichtum auf eine traditionelle Kategorie der Sprachbewertung zurück. Sprachlicher – genauer: lexikalischer – Reichtum war in der Sprachreflexion der europäischen Neuzeit für viele Einzelsprachen ein entscheidendes Kriterium bei der Behauptung einer besonderen Qualität der eigenen Sprache.[105] Auch im restlichen deutschsprachigen Raum stellte das Reichtumsideal in der Sprachtheorie und -reflexion seit dem 17. Jahrhundert in sehr unterschiedlichen Spielarten eine zentrale Kategorie der Sprachbeurteilung dar.[106] In der deutschen Schweiz des 19. Jahrhunderts diente das Argument nun allerdings nicht mehr dazu, die

---

102 Vgl. z. B. [Anonym.] 1874a, 1874b, 1874d; Tobler 1875; Selber 1876; Schweizer-Sidler 1881; Schenkel 1884.
103 Zum *Schweizerischen Idiotikon* s. u. Kap. 10.4.
104 So nutzt beispielsweise Otto von Greyerz 1892: 599 das Idiotikon, um die Feststellung besonderen Reichtums der Dialekte empirisch zu untermauern: „Wenn man ein schweizerisches Idiotikon mit einem neuhochdeutschen Wörterbuche vergleicht, so ist man erstaunt über die Fülle von uralten, sinnreichen und treffenden Ausdrücken, welche unser Dialekt vor der Litteratursprache voraus hat."
105 Vgl. Haßler 2009: 939. Wie andere Sprachwerturteilskriterien entspricht auch sprachlicher ‚Reichtum' bzw. ‚Überfluss' (*copia*) einer Forderung der antiken Rhetorik (vgl. Gardt 1999a: 174; zur Geschichte des rhetorischen Konzepts *copia* vgl. Margolin 1994: 385–394). Historisch zeigt sich, dass das Reichtumskonzept in der Sprachtheorie beinahe ausschliesslich auf die Ebene der Lexik beschränkt bleibt. Sprachlicher Reichtum bezeichnet in der Regel immer *lexikalischen* Reichtum (vgl. Haßler 2009: 944). Die Ergebnisse der Studie von Josten 1976 zu Sprachnormen und -idealen des 16. und 17. Jahrhunderts verweisen dabei auf die Tradition und *longue durée* von Sprachbewertungen auf Basis des rhetorischen Paradigmas im deutschsprachigen Raum.
106 Im Kontext der kulturpatriotischen Sprachreflexion des 17. Jahrhunderts diente der Nachweis eines besonderen Sprachreichtums der Aufwertung des Deutschen gegenüber den prestigeträchtigen Kultursprachen Latein und Französisch (vgl. Kirkness 1975: 48–49; Wells 1990: 240; Polenz 2013: 193). Auch in der (früh-)aufklärerischen Sprachreflexion stellte Reichtum eine zentrale sprachtheoretische Kategorie dar, wobei es nicht mehr um den Reichtumsnachweis ging, sondern Reichtum als Qualitätsideal galt, das durch Sprachkultivierung anzustreben sei (vgl. Kirkness 1975: 48–49; Gardt 1999a: 173–174; Leweling 2005: 121–123). Auch noch im 19. Jahrhundert diente lexikalischer Reichtum dem Beweis sprachlicher Güte (vgl. Dieckmann 1989: 25–30, 33, 293–294).

eigene Gesamtsprache (das Deutsche) gegenüber anderen Einzelsprachen (etwa dem Französischen) zu bewerten, sondern dazu, innerhalb des deutschen Varietätensystems den Wert der Deutschschweizer Mundarten gegenüber der hochdeutschen Leitvarietät zu erhöhen.

Die Zeugnisse des 19. Jahrhunderts sprachen der Dialektlexik neben ihrem Reichtum noch einen weiteren entschiedenen Vorzug gegenüber dem Hochdeutschen zu: ein besonderes Mass an *Eigentlichkeit*. Als sprachtheoretisches Konzept bezeichnet Eigentlichkeit einen spezifischen Zustand des semiotischen Verhältnisses zwischen Bezeichnetem und Bezeichnendem. Eigentlichkeit gilt als gegeben, wenn ein Begriff der von ihm bezeichneten Sache ‚wesenhaft' entspricht, wenn er sie also „in objektiv richtiger Weise"[107] bezeichnet. Dies trifft zu, wenn Wörter „über eine besondere Nähe zum natürlichen Sein der Dinge"[108] verfügen. Folgt man Andreas Gardt, meint ‚Eigentlichkeit' einen „Zustand der Kongruenz von Sprache und Wirklichkeit", wobei „[d]er Bezug zwischen Wort und Sache [...] nicht arbiträr [ist]", sondern „die Wörter [...] den Sachen in einer rational letztlich nicht nachvollziehbaren Weise der inneren Entsprechung zugeordnet [sind]."[109]

Im Kontext einer Aufwertung des Schweizerdeutschen kommt diese Auffassung nun in der Behauptung zum Tragen, es wiesen viele Dialektwörter eine vergleichsweise grössere Nähe zur ontologischen Qualität der von ihnen bezeichneten Sache auf als äquivalente hochdeutsche Ausdrücke. Auch beim Eigentlichkeitsnachweis geht es letztlich darum aufzuzeigen, dass Eigentlichkeit ganz wesentlich ein Qualitätsmerkmal der Dialekte, nicht aber des Hochdeutschen ausmacht.[110] Die Behauptung dieser Eigentlichkeit wird sprachhistorisch begründet mit dem höheren Alter und der direkten Abstammung der Dialekte von den älteren Sprachstufen.[111] Als direkte Nachfolger hätten die Dialekte die „Naivetät" bewahrt, das heisst, einen quasi-natürlichen Zusammenhang von Signifikat und Signifikanten beibehalten, der in den älteren Sprachstufen noch zu finden gewesen sei.[112] Das Hochdeutsche habe demgegenüber als Folge sei-

---

[107] Gardt 1994: 132.
[108] Ebd.: 135–136.
[109] Gardt 1995: 163.
[110] Dies ist umso interessanter, als in der deutschen Sprachreflexion des 17. und 18. Jahrhunderts in Abgrenzung gegenüber den klassischen Bildungssprachen, insbesondere dem Französischen, die besondere Eigentlichkeit des Deutschen hervorgehoben wurde (vgl. ebd.).
[111] Zu dieser Argumentation s. o. Kap. 6.3.1.
[112] Der Begriff ‚Naivetät'/‚Naivität' ist zeitgenössisch durchaus positiv konnotiert und meint eine besondere Natürlichkeit (vgl. Adelung: Bd. 3, Sp. 426; DWB: Bd. 13, Sp. 321).

ner Kultivierung diesen natürlichen Zusammenhang von Sprachausdruck und bezeichnetem Gegenstand verloren.

Ist die Rede vom ausgeprägt natürlichen Zusammenhang zwischen Gegenstand und Ausdruck in den Mundarten, kommt der vermeintlichen *Naturgemässheit* der schweizerdeutschen Lautung besondere Aufmerksamkeit zu. Das heisst: Das Wesentliche, der innere Charakter der bezeichneten Sache spiegelt sich am klarsten in ihrer Lautung. Onomatopoetische Begriffe wie ‚flätschnass' oder ‚tätschnass', die im Dialekt besonders häufig vorkommen würden, seien nicht nur präziser als die hochdeutschen Bezeichnungen (in diesem Falle etwa: ‚tropfnass', ‚klatschnass', ‚patschnass'), sondern die „Mannigfaltigkeit, Kraft und Kühnheit der Tonnachahmungen"[113] sei auch ein Beispiel für „die ungemeine Treue, womit die Mundart Töne darzustellen sucht".[114] Kurz: Diese lautliche Mannigfaltigkeit sei letztlich das, was „dem Dialekte seinen unbeschreiblichen Reiz"[115] gebe. In anderen Zeugnissen bildet gerade die schweizerische Aussprache nicht weniger als „gleichsam das Echo der Natur".[116] Die „Schallnachahmungen und die charakteristischen Laute" der Schweizer seien demnach lediglich Ausdruck der menschlichen Bemühungen, „durch die Sprache das Bild und den Eindruck wieder geben [zu] wollen, die irgendein Gegenstand in der Empfindung hervorbringt".[117]

Noch am Ende des Jahrhunderts wurde der Topos besonderer Naturgemässheit der Dialekte weiterhin aktualisiert. So etwa 1890, wenn die Rede davon ist, dass es „[e]in charakteristisches Merkmal der Volkssprache" sei, „dass sie den unmittelbaren sinnlichen Eindruck so ursprünglich und eigentlich als möglich wiedergeben will".[118] Auch im Kontext einer mundart- und kulturpessimistischen Sprachkritik, wie sie sich ab den 1860er Jahren manifestierte (s. u. Kap. 9), klingt diese Vorstellung von der Eigentlichkeit der Dialekte noch immer an, wenn mit einigem Bedauern beklagt wird, dass „unser Dialekt [...] in unserer Periode [...] mehr und mehr von seiner Unmittelbarkeit [...] ein[büsst]".[119]

6.3.3 Der Wert der Mundarten für die Schriftsprache

In der zweiten Jahrhunderthälfte gewann ein weiteres Argument an Gewicht, das die Bedeutsamkeit der Schweizer Dialekte nachweisen sollte: Der Wert der

---

113 Mörikofer 1838: 27.
114 Werder 1878: 15.
115 Ebd.
116 Mörikofer 1838: 27.
117 Ebd.
118 Schnorf 1890: 80.
119 Werder 1878: 15.

Mundarten als Ort lexikalischer Innovation und als lexikalische Quelle der Schriftsprache. Betont wurde dabei zunächst die Bedeutung der regionalen Varietäten für die Herausbildung einer gemeinsamen neuhochdeutschen Schriftsprache. Voraussetzung dafür war die sprachhistorische Erkenntnis, dass das Neuhochdeutsche sich im Sinne eines Auswahl- und Ausgleichsprozesses entwickelt hat.[120] Sie darf in der Mitte des 19. Jahrhunderts als etabliert gelten. So konnte Scherr bereits 1845 feststellen, dass „[w]er mit der Ausbildung der neuhochdeutschen Sprache auch nur einigermassen vertraut ist", wisse, „wie viel zu dieser Ausbildung die Volksmundarten beigetragen haben".[121] Diese Einschätzung teilten in der Folgezeit zahlreiche weitere Autoren. So stellte beispielsweise Sutermeister fest, dass das Hochdeutsche zum Zeitpunkt seiner Entstehung „nichts Anderes, als ein aus verschiedenen Mundarten zusammengewürfeltes Deutsch" war, das „fort und fort das Bedürfnis hatte, gespeist und getränkt zu werden von den lebendigen Volksdialekten, aus denen es hervorgegangen" sei.[122] Als Winteler 1877 im *Verein Schweizerischer Gymnasiallehrer* einen Vortrag zum Verhältnis von Dialekt und Hochdeutsch hielt, durfte in sprachgelehrten Kreisen bereits als allgemein bekannt gelten, dass „nicht etwa die Kultursprachen das Ursprüngliche [sind], aus denen sich die Mundarten – durch Vergröberung – ableiteten", sondern dass umgekehrt die Schriftsprachen „aus den Mundarten auf mehr oder minder künstlichem Wege [...] gezüchtet [sind]".[123]

Vor diesem Hintergrund wurde in der zweiten Hälfte des Jahrhunderts der Wert der Schweizer Dialekte gerade auch darin gesehen, dass sie die Schriftsprache lexikalisch bereichern und ‚lebendig' halten würden. Da die Schriftsprache starren Regeln folge und aus sich selbst heraus keiner Veränderung fähig sei, müsse sie, wie es 1868 aus unbekannter Feder heisst, „so lang sie eine lebende Sprache ist, auch aus dem Born der Volkssprache immer auf's Neue sich nähren und fortentwickeln".[124] Die Bedeutung der Dialekte für die Schriftsprache wurde dabei weniger in einer quantitativen Erweiterung des gemeindeutschen Wortschatzes gesehen, als vielmehr in dessen qualitativer Verbesserung, die sich als ‚Kräftigung' und ‚Verjüngung' manifestiere. Der Dialekt stellt mithin einen „Jungbrunnen" dar, „aus welchem die Sprache sich fortwährend neue Kraft, Frische und Jugend holt".[125] Als „Born [...], aus welchem der Schrift-

---

120 Vgl. Glaser 2003.
121 Scherr 1845: 248.
122 Sutermeister [1884]: 33.
123 Winteler 1877: 4. Zur Überwindung der Korruptionstheorie als Folge eines neuen Dialektverständnisses in der Sprachwissenschaft s. u. Kap. 6.4.
124 [Anonym.] 1868a: 344; vgl. auch Gull 1865: 306.
125 J. M. 1890: [s. p.].

6.3 Gegenmodell: Der sprachliche Eigenwert des Dialekts — 145

sprache neues Leben quillt",[126] schützt die Mundart die Schriftsprache vor dem Verlust an Erneuerungskraft und hält sie vital. Diese Ansicht teilend, stellt schliesslich auch Otto Sutermeister 1859 klar, dass der deutsche „Sprachleib" nur deshalb noch kein „Sprachleichnahm" geworden sei, weil „aus der freien und beweglichen Sprache des Volksmundes ein unversiegbarer Lebensborn quillt".[127]

Gerade die Literatur galt in der zeitgenössischen Diskussion als Möglichkeit, dialektale Ausdrücke in die Schriftsprache einzuführen. Historisch wurden etwa Schiller und Goethe als Beispiele dafür genannt, dass „wo irgend aus einem deutschen Stamme ein Schriftsteller ersten Ranges hervortrat", dieser mit „Schätze[n] aus seiner eigentlichen Muttersprache [d. h. dem Dialekt, E. R.]" die „Sprache aller Gebildeten" bereichert habe.[128] Zugleich zeigte man sich überzeugt, auch Schweizer Schriftsteller hätten die deutsche Sprache „aus der Sparbüchse der Schweizermundart mit verlorenen Wurzeln erfrischt",[129] womit die hiesigen Dialekte im Lauf der neueren deutschen Sprachgeschichte in besonderer Weise Eingang in das Lexikon der Gemeinsprache gefunden hätten.[130] Gerade mit solchen Feststellungen unterstreichen die Diskursteilnehmer die herausragende Bedeutung, die sie den schweizerischen Mundarten *für* die neuhochdeutsche Schriftsprache zumessen.

Auch die metaphorische Rede vom Dialekt als ‚Born', als ‚Lebensquell' hat im sprachreflexiven Diskurs durchaus topischen Charakter.[131] Sie dient vor allem der argumentativen Aufwertung, aber ebenso der Legitimation der Dialekte als Quellen immer neu gebildeter Sprachformen, ohne die die normierte Standardvarietät in ihrer Entwicklung markant eingeschränkt wäre. Die Aufwertungsfunktion, die diesem Argument im Diskurs zukommt, wird aus der Äusserung eines Referenten an der Konferenz der St. Galler Lehrerschaft von 1884 unmissverständlich deutlich: „Was aber den Werth des Dialektes insbesondere erhöht, besteht darin, dass er, wie die Sprachforscher sagen, eine unversiegbare Quelle ist zur Nährung, Erhaltung und Belebung der Schrift- oder Literatursprache."[132] Der Auffassung, dass die Dialekte der „Nährboden der Schriftspra-

---

126 [Anonym.] 1886: 18.
127 Sutermeister 1859: 11.
128 Scherr 1845: 248.
129 Eckardt 1857: 143.
130 Vgl. z. B. [Anonym.] 1868a: 344; Wißler 1898: [1].
131 Vgl. Sutermeister 1859: 11; [Anonym.] 1868a: 344; Grütter 1869: 190; Kühne 1884: 24; [Anonym.] 1886: 18; J. M. 1890; Wißler 1898. In anderer Metaphorik ist für Adank 1884: 104 der Dialekt „das Magazin, aus dem die Schriftsprache ihre Subsistenzmittel bezieht".
132 Kühne 1884: 24.

che"¹³³ seien, hat nach Vorläufern im 18. Jahrhundert im frühen 19. Jahrhundert vor allem Jacob Grimm Gewicht verliehen.¹³⁴ Im Anschluss an ihn verbreitete sich diese positive Beurteilung eines durch die Dialekte erweiterten Hochdeutschs und diente im Verlauf des Jahrhunderts – nicht nur, aber in besonderer Weise auch in der deutschen Schweiz – als Argument für die Wertigkeit der Dialekte.¹³⁵ Gerade gegen die Jahrhundertwende lässt sich das Bedürfnis, die Schriftsprache mit dialektalem Sprachgut (wieder) zu beleben, in den grösseren Zusammenhang einer zunehmenden Sprachskepsis gegenüber den ritualisierten und festgeschriebenen Formen der Standardvarietät einordnen, die schliesslich zu einer literarischen und philosophischen Sprachkrise beigetragen hat.¹³⁶

6.3.4 Der wissenschaftliche Wert des Dialekts als Fenster zu Geschichte und Volk

Das sprachgelehrte Interesse an den Mundarten, das bereits früher nachzuweisen ist, konsolidiert sich als wissenschaftlich-empirische Beschäftigung im frühen 19. Jahrhundert.¹³⁷ In der Schweiz trugen vor allem die Arbeiten Franz Joseph Stalders zum Bewusstsein einer besonderen wissenschaftlichen Bedeutung der schweizerischen Mundarten bei.¹³⁸ Schon bald nach Erscheinen seiner

---

133 Socin 1888b: 88.
134 Die positive Beurteilung einer durch Dialektismen erweiterten Leitvarietät hat ihren Ursprung jedoch bereits im Sprachnormierungsdiskurs des 18. Jahrhunderts und wurde im Anschluss an Bodmer und Herder auch von Carl Friedrich Fulda, Georg Christoph Lichtenberg oder Karl Philipp Moritz vertreten (vgl. Bär 1999: 129–130; Scharloth 2005c: 262–263, 479–480; Faulstich 2008).
135 Diese Auffassung findet sich auch bei verschiedenen Sprachautoritäten, die sich mit dem Verhältnis von Dialekt und Standardsprache befassen. So z. B. bei Rudolf von Raumer (vgl. Socin 1888b: 481), Heinrich Rückert (ebd.: 491–492) oder – gegen Ende des Jahrhunderts – beim Grammatiker Otto Lyon (vgl. Naumann 1989: 85). Die essenzielle Bedeutung der Dialekte als ‚Quellen' der Schriftsprache wird über den Schweizer Kontext hinaus auch im niederdeutschen Sprachgebiet als Argument für den Wert der Vernakularsprache angeführt (vgl. Arendt 2010: 97–98).
136 Vgl. Polenz 1999: 302–303; zur erkenntnistheoretischen Begründung dieser Sprachkrise Schiewe 1998: 167–197.
137 Zur frühen Beschäftigung mit den Dialekten und zur Geschichte der Dialektologie allgemein vgl. Knoop 1982; Löffler 2003: 11–39.
138 Vgl. Stalder 1805, 1806, 1812, 1817, 1819. Exemplarisch dafür ist ein Beitrag des Dichters und Professors für Philosophie in Bern Johann Rudolf Wyss (1782–1830) im Organ der 1811 gegründeten *Schweizerischen Geschichtforschenden Gesellschaft*, der sich zu den „Wünsche[n] und Vorschläge[n] zur zweckmäßigen Beschäftigung" der schweizerischen Geschichtsforschung äussert und mit Verweis auf die Arbeiten Stalders die Sprache als wichtigen Untersuchungsgegenstand nennt (vgl. Wyß 1817: 281–282).

ersten Werke und als Folge der Ergebnisse der historischen Sprachwissenschaft im Gefolge von Jacob Grimm durfte es deshalb unter Sprachinteressierten für „anerkannt" gelten, „daß die Mundarten unseres Landes dem deutschen Sprachforscher als Quelle [...] immer besonders wichtig seyn müssen".[139] Aufgrund des Bewusstseins ihres historischen Alters betrachtete man die Dialekte nicht zuletzt als „Leuchtthürme", die „sichere Pfade in weite Gegenden der im dichtesten Dunkel liegenden Vorzeit" weisen,[140] und damit als wichtiges historisches Forschungsobjekt. Noch 1862 wird ihre Funktion als Schlüssel zur Sprachgeschichte betont und im Aufruf zum *Schweizerischen Idiotikon* als wichtiger Vorzug der schweizerischen Dialekte hervorgehoben:

> Eine auch nur oberflächliche Bekanntschaft mit der ältern Gestalt des Deutschen genügt, um den Werth unserer Mundarten für die Wissenschaft darzuthun. Wie unvergleichlich näher stehen sie dem Alt- und Mittelhochdeutschen [...]. Darum haben wir Schweizer zum Verständniß und Studium des Altdeutschen einen unschätzbaren Vorsprung vor unsern Stammverwandten über dem Rheine voraus, welche die alte Sprache so fremdartig anmuthet, daß sie dieselbe recht eigentlich erlernen müssen, um sie zu verstehen. Darum aber auch erwächst dem Schweizer die Pflicht, den Dialekt besonders zu pflegen und zu ehren.[141]

Im Gegensatz zum sprachhistorischen Dialektlob zieht der Dialekt seinen besonderen Wert hier nun nicht allein aus seiner Anciennität, sondern aus der daraus abgeleiteten Feststellung, dass er als Relikt einer längst entschwundenen Zeit ein ‚Fenster' in die Vergangenheit darstelle und damit der historischen Wissenschaft von praktischem Nutzen sei.[142]

Neben dem wissenschaftlichen Wert, der den Dialekten in der Folge insbesondere für die historische Sprachwissenschaft – aber auch für andere historische Wissenschaften wie die Archäologie – zugesprochen wurde,[143] war man schon bald davon überzeugt, dass die Mundarten „nicht nur dem Sprachforscher", sondern „auch für den, der die Charakteristik des Volkes studirt", von nicht zu unterschätzender Bedeutung seien.[144] So wie die Dialekte als sprachliche Überreste älterer Sprachstufen in historischer Perspektive der Sprachforschung quasi ein Fenster in die Vergangenheit öffneten, sollten sie als ‚Volks-

---

139 Ruckstuhl 1823: 11.
140 Ebd.: 14.
141 Aufruf 1862: [2].
142 Vgl. z. B. Bachmann 1884: 13–14.
143 Für die historisch ausgerichtete Sprachwissenschaft waren im 19. Jahrhundert die Mundarten lange Zeit ein zentrales Untersuchungsobjekt. Allerdings blieben sie dabei ausschliesslich Mittel zum Zweck (vgl. Knoop/Putschke/Wiegand 1982: 44–45).
144 Wyss 1826 [1818]: VII–VIII.

sprachen' Einblick in das ‚Wesen' des eigenen Volkes bieten. Grundlegend für diese Erwartung war ein Sprachdenken, das einen unmittelbaren Zusammenhang von Sprache und Volkskultur postulierte und „Lexik und grammatikalische Strukturen […] als Repräsentanten von Lebenspraxen und Denkweisen"[145] interpretierte.[146] Vor diesem Horizont wurden die Dialekte im Laufe des Jahrhunderts zunehmend auch als Spiegel der Volkskultur wahrgenommen und verstanden. Gerade die zeitgenössischen Idiotika sowie Sprichwort- und Volksliedsammlungen verfolgten mithin die Absicht, Einblick in den Reichtum und das Wesen des (einfachen) Schweizer ‚Volkslebens' und ‚Volksgeistes' zu geben;[147] umgekehrt sah man den Wert solcher Dialektwörterbücher zu einem Gutteil gerade in ihrer Funktion als wissenschaftliche Sammlung und Quellenfundus nicht nur der sprachwissenschaftlichen Forschung.[148]

6.4 Die Sprachwissenschaft und die Überwindung der Korruptionstheorie

Im letzten Drittel des 19. Jahrhunderts darf die korruptionstheoretische Sichtweise auf die Dialekte, die in der ersten Hälfte noch nachweisbar ist, im hier untersuchten publizistischen Diskurs als überwunden gelten. Aus sprachbewusstseinsgeschichtlicher Perspektive darf die Überwindung der Korruptionstheorie im Laufe des Jahrhunderts als wichtiges Indiz für das sich ausbildende Bewusstsein der sprachlichen Autonomie und des sprachlichen Eigenwerts der Dialekte in einer breiteren Gebildetenöffentlichkeit gelten.

Eine wichtige Rolle spielte dabei die Sprachwissenschaft mit ihrer im 19. Jahrhundert sich ändernden Sichtweise auf die Dialekte, die, wie bereits erwähnt, insbesondere in der Folge von Jacob Grimms sprachhistorischen Arbeiten als gegenüber dem Hochdeutschen entstehungsgeschichtlich ältere Formen allgemein anerkannt wurden. Die Rehabilitierung der Dialekte, die im 19. Jahrhundert im gesamten deutschsprachigen Raum zu beobachten ist,[149] ist unbe-

---

[145] Scharloth 2005c: 170.
[146] Im 19. Jahrhundert wurde dieser Gedanke, der eine lange Tradition hat, durch die Weltansichten-Theorie Wilhelm von Humboldts noch einmal katalysiert, wobei sein erkenntnistheoretisches Konzept in der Rezeption bald schon ideologisch umgedeutet wurde (vgl. Werlen 2002: 131–162, zur Ideologisierung des Konzepts im deutschen Sprachnationalismus Gardt 2000d: 258–263).
[147] Vgl. z. B. Tobler 1837: XVI.
[148] Vgl. z. B. Schenkel 1884: 182–183.
[149] Vgl. Mattheier 2005: 270–274.

stritten von deren positiver Neubewertung durch die historische Sprachwissenschaft und die Dialektologie beeinflusst worden. Gerade auch in der deutschen Schweiz wurden die sprachhistorischen Erkenntnisse als Korrektiv zur Korruptionstheorie dankbar aufgegriffen. Bereits Mörikofer lehnte auf dieser Grundlage die korruptionstheoretische Sichtweise ab und betonte stattdessen den eigensprachlichen Charakter und die existenzielle Legitimität der Deutschschweizer Dialekte als komplementär zum Hochdeutschen.[150] Dass und wie wissenschaftliche Erkenntnisse und Konzepte in die öffentliche Diskussion transferiert wurden, belegen die intertextuellen Verweise auf sprachwissenschaftliche Autoritäten und Positionen, die in vielen Texten zur Legitimation der eigenen Haltung angeführt werden. Besonders häufig wird Jacob Grimm, die in dieser Zeit wohl wichtigste Autorität auf dem Gebiet, dankbar beigezogen, um den besonderen Status des Dialekts zu behaupten.[151] Eine Scharnierfunktion im Wissenstransfer zwischen den im 19. Jahrhundert noch nicht so deutlich gegeneinander abgrenzbaren Domänen der Wissenschaft und der publizistischen Öffentlichkeit nehmen dabei alle jene Akteure ein, die – wie z. B. Staub, Winteler oder von Greyerz – in Personalunion sowohl Fachleute als auch Akteure des öffentlichen Diskurses waren. Viele der Akteure, die sich an den zeitgenössischen Metasprachdiskursen beteiligten, hatten zudem einen philologischen Hintergrund und waren über entsprechende Entwicklungen im Fach informiert, oder zeigten zumindest – wie viele engagierte Lehrer – ein Interesse an den Entwicklungen in der Disziplin. Dadurch strukturierten die wissenschaftlichen Sprachauffassungen das kollektive Dialekt(selbst)bewusstsein der Gelehrtenöffentlichkeit in der deutschen Schweiz wesentlich mit.

Die daran gekoppelte ablehnende Haltung gegenüber der Korruptionstheorie wird im Verlaufe des Jahrhunderts vielfach manifest. An der Versammlung der *Schweizerischen Gemeinnützigen Gesellschaft* von 1844 verwahrte man sich entsprechend dagegen, dass der Lehrer „die Schriftsprache als das Richtige, die Mundart als das Unrichtige hinstelle",[152] während in einer Zürcher Schulgrammatik von 1852 ausdrücklich klargestellt wurde:

Die Schriftsprache hat sich aus den Dialecten gebildet; die Dialecte sind also nicht, wie Manche glauben, ein verdorbenes oder schlechtes Deutsch, sondern ein eben so richtiges,

---

150 Vgl. Mörikofer 1838: passim.
151 Vgl. entsprechende intertextuelle Verweise bei Vögelin 1844: 111; Aufruf 1862: [1]; Sutermeister 1859: 17, [1884]: 34; Grütter 1869: 190; [Anonym.] 1873b: [1]; Schweizer-Sidler/Thomann 1873: 4; Bäbler 1878: 13; [Anonym.] 1880: [1]; Staub/Tobler/Huber 1880: [1]; Schenkel 1884: 149; Utzinger 1887b: 255; Seiler 1895: 188; Socin 1895: 9.
152 Vögelin 1844: 102–103.

nur eben ein anderes (in manchen Stücken allerdings weniger ausgebildetes) Deutsch, als die Schriftsprache.[153]

Diese hier ausgedrückte Sehweise, die, sprachhistorisch argumentierend, Dialekt und Hochdeutsch als grundsätzlich ebenbürtig darstellt, findet sich in vielen weiteren Metakommentaren der Zeit.[154]

Die Abkehr von der korruptionstheoretischen Sicht lässt sich in zwei Belegen, die die Sprachgeschichte metaphorisch als Baum darstellen, besonders schön illustrieren. Im Aufruf für ein *Schweizerdeutsches Wörterbuch* zeichnen die Initianten ihr Verständnis des sprachhistorischen Verhältnisses von Dialekt und Hochdeutsch anschaulich nach: „Allein die Dialekte sind nicht ein verdorbenes Hochdeutsch, sondern die Wurzeln des Baumes, der jetzt als Schriftsprache sich zum allgemeinen und alleinigen Träger der deutschen Bildung erhoben hat."[155] Noch zwei Dekaden zuvor hatte Albrecht Rengger unter korruptionstheoretischer Perspektive die „Mundarten des Volkes" mit „alten Zweige[n]" am Stamm des Alemannischen verglichen, die „mehr oder weniger verkrüppelt und ihrer Lebenssäfte beraubt" eine „frühere, niedrige Bildungsstufe der Sprache bezeichnen".[156]

Dass gerade die Erkenntnisse der historischen Sprachwissenschaft und der Dialektologie diesen Paradigmenwechsel befördert haben, machen verschiedene Textstellen deutlich. So stellt der Dialektologe und Gymnasiallehrer Jost Winteler bei der Jahresversammlung des *Vereins schweizerischer Gymnasiallehrer* am 9. Oktober 1876 in Olten fest, dass aus wissenschaftlicher Sicht grundsätzlich „alle entstandenen Variationen gleichberechtigt" seien.[157] Spätestens seit den 1870er Jahren setzt sich in den Quellen fast ausnahmslos die Ansicht durch, dass die Korruptionstheorie wissenschaftlich überholt und eine Beurteilung der Dialekte nach ihrem Massstab abzulehnen sei. So brauchten die Initianten des Idiotikons in einer Bittschrift an die Landesregierung „nicht erst weitläufig auseinanderzusetzen", dass „[u]nsere schweizerischen Mundarten [...] keineswegs etwa bloss Verunstaltungen und Vernachlässigungen der gegenwärtigen sog. hochdeutschen Sprache" seien.[158] Und ein Jahr später wurde die Vor-

---

153 Lüning 1853: 1–2.
154 Vgl. z. B. Wackernagel 1843: 14; Hürbin 1867: 26; Schweizer-Sidler/Thomann 1873: 4; Winteler 1878: 6, 1895: 7; Staub/Tobler/Huber 1880: [1]; Schweizer-Sidler 1881: 2; Adank 1884: 104; Bachmann 1884: 4; Sutermeister [1884]: 33; Utzinger 1887b: 255; 272; Socin 1888a: 95, 1895: 8; Tobler 1890: 240; Schnorf 1890: 59; Born 1899: 276.
155 Aufruf 1862: [2].
156 Rengger 1838: 143.
157 Winteler 1877: 4.
158 Schweizer-Sidler/Thomann 1873: 4.

6.4 Die Sprachwissenschaft und die Überwindung der Korruptionstheorie — 151

stellung, „als sei der Dialekt corrupte Schriftsprache", sogar als „Wahn" zurückgewiesen, so normal schien dem Autor inzwischen, dass der Dialekt „doch eine ganz selbständige Stellung einnimmt".[159]

Auf der Höhe zeitgenössischer sprachwissenschaftlicher Erkenntnis fasst schliesslich Jost Winteler die Entwicklung dieses Bewusstseins mit einer analogen Pointe zusammen:

> [E]s [gab] eine Zeit [...] – sie liegt noch nicht sehr weit hinter uns – in welcher die Doctrin von der Identität des Denkens und Sprechens Wissenschaft und Praxis beirrte. In jener erzeugte sie eine grundfalsche Auffassung und Verknüpfung der Entwicklungsthatsachen der Sprache überhaupt; mit Bezug auf das Deutsche speziell die Vorstellung, als sei das Schriftdeutsche eine geradlinige Fortsetzung einer mittel- und alt-hochdeutschen Nationalsprache – die es nie gegeben hat – und als seien folgerichtig die Mundarten ältern und neuern Datums nur Vergröberungen und Entstellungen dieser idealen Entwicklungsformen der Sprache. [...] Schwerlich dürfte von der jungen Generation solchen Anschauungen ernstlich mehr gehuldigt werden. Jedermann weiß oder kann wissen, daß, geschichtlich genommen, die Mundarten allein natürlich entwickelte Sprachformen sind, während alle Schriftsprachen mehr oder minder Kultur- und Kunstprodukte sind. In Bezug auf Korrektheit im Bau sind die erstern den letztern meistens überlegen. Davon also, daß die Mundarten bloße Sprachverderbnisse und als solche möglichst auszurotten seien, wird kein Vernünftiger im Ernste mehr reden wollen.[160]

Diesen Paradigmenwechsel bringt der Zürcher Sekundarlehrer Heinrich Utzinger (1842–1913) rund eine Dekade später noch einmal deutlich auf den Punkt: „Es gab eine Zeit, wo selbst die Sprachgelehrten sehr geringschätzig über die Volksdialekte urteilten [...] Das war eine Folge mangelhafter Geschichtskenntnis. Heute sind es fast nur noch hochnasige Ausländer, welche unsere Mundarten bespötteln."[161]

Das „Vorurtheil, als sei der Dialekt eine verderbte Schriftsprache",[162] war gemäss der sprachhistorischen Forschung zu diesem Zeitpunkt nicht mehr haltbar und scheint unter den oft auch sprachlich geschulten Akteuren des metasprachlichen Diskurses überwunden. Auch Otto Sutermeister beobachtete diesen paradigmatischen Wandel: „Wenn dieselben [Dialekte, E. R.] ehedem von Büchergelehrten, die allen historischen Sinnes und Wissens bar waren, in Bausch und Bogen als ein ‚verdorbenes Hochdeutsch' mißachtet wurden, so möchte heute der Sprachkundige fast ‚den Spieß umkehren' und das Hochdeutsche eine verdorbene Mundart nennen."[163] Zumindest bei den Autoren sprach-

---

159 [Anonym.] 1874d.
160 Winteler 1878: 6–7.
161 Utzinger 1887b: 255.
162 Socin 1888a: 95.
163 Sutermeister [1884]: 33; in diesem Sinne auch Winteler 1877: 4–5 sowie Schnorf 1890: 59.

reflexiver Texte ist damit die Auffassung, die Dialekte seien „plumpe und rohe Entartungen der Schriftsprache", wie man „früher allgemein glaubte",[164] ein für allemal überholt. In der publizistischen Gebildetenöffentlichkeit hat sich der Dialekt damit bis ins letzte Jahrhundertdrittel endgültig emanzipiert, weg vom Image der Minderwertigkeit, hin zum anerkannten Status als natürlich entwickelte Varietät eigenen Rechts.

Inwiefern sich jedoch dieses Bewusstsein auch über den engen Kreis der sprachwissenschaftlich Gebildeten oder zumindest Interessierten hinaus erstreckt haben mag, ist aus den vorliegenden Quellen nicht abschliessend zu beurteilen. Winteler zumindest geht noch 1877 davon aus, dass, „wenn auch theoretisch überwunden, doch in der Praxis immer noch das alte Vorurteil nachwirkt, als seien die Volksmundarten verbauerte Formen der guten Sprache – als welche die Schriftsprache gilt".[165] Diesen Eindruck bestätigt auch sein St. Galler Kollege Ulrich Adank, der am 14. Juli 1884 vor der Lehrerschaft des Kantons St. Gallen eine Rede zum Thema „Dialekt und Schriftsprache in der Volksschule" hielt, und konstatierte: „Der Dialekt ist kein verdorbenes Hochdeutsch, *wofür ihn noch viele halten.*"[166] Dass die Korruptionstheorie als Deutungsmuster im letzten Drittel des 19. Jahrhunderts nach wie vor wirksam sein konnte, dafür gibt es weitere Hinweise. Gerade die Lehrerschaft wurde nicht nur in Wackernagels Sprachbuch in die Pflicht genommen mit dem Wunsch, „[d]ie Vergleichung der Mundart und des Hochdeutschen geschähe in allen Ehren von beiden Seiten", und „nicht wie bisher so, daß der Lehrer die Mundart als ganz unberechtigt, als ohne Gesetz und Regel, als die wilde, gemeine Sprache des Paria behandelt".[167] Noch dreissig Jahre später hielt es der Zürcher Sprachwissenschaftler und Volkskundler Ludwig Tobler (1827–1895) für nötig, die Lehrpersonen zu ermahnen, dass die Mundart „nicht als eine verdorbene Schriftsprache behandelt werden"[168] dürfe. Obwohl also letztlich von der Überwindung der Korruptionstheorie in gebildeten Kreisen auszugehen ist, weisen diese Belege darauf hin, dass in breiteren Bevölkerungskreisen und gerade auch unter Lehrpersonen der Topos der Dialekte als vergleichsweise minderwertige Sprachformen auch kurz vor der Jahrhundertwende noch seine Vertreter gehabt haben dürfte.

---

[164] Schnorf 1890: 59.
[165] Winteler 1877: 4.
[166] Adank 1884: 104, Herv. E. R.
[167] Wackernagel 1843: 14.
[168] Tobler 1890: 277.

6.5 Dialektlob und Prestigesteigerung: Die diskursive Aufwertung der Dialekte im 19. Jahrhundert

Wie gezeigt, ist der Wert des Dialekts in der ersten Hälfte des 19. Jahrhunderts in der Deutschschweizer Öffentlichkeit umstritten. In den einschlägigen Darstellungen werden die dialektkritischen Argumente ab den 1820/1830er Jahren jedoch zunehmend zurückgewiesen, und im Gegenzug wird der sprachliche Eigenwert des Schweizerdeutschen betont. Die diskursive *Strategie der Dialektaufwertung* ist in der Regel in einen wertenden Sprachvergleich mit dem Hochdeutschen eingebettet, was die Vermutung stützt, dass es letztlich vor allem um eine Aufwertung des Schweizerdeutschen *relativ* zur Standardvarietät ging.[169] Der Nachweis besonderer Qualitäten der Dialekte verbindet sich dabei mit der Feststellung der vergleichsweisen Minderwertigkeit der Hochsprache, wodurch das Prestige des Schweizerdeutschen nicht nur absolut, sondern vor allem relativ zum Hochdeutschen gesteigert wird. Das bedeutet jedoch nicht, dass das Hochdeutsche in entsprechenden Darstellungen *grundsätzlich* negativ beurteilt wird; sein Wert und seine Vorzüge bleiben zeitgenössisch insgesamt unbestritten (s. u. Kap. 7.2).

Die Tatsache, dass in der ersten Hälfte des 19. Jahrhunderts noch fast ausnahmslos alle den Dialekt sprachen, lässt vermuten, dass dessen Aufwertung vor allem auf die soziale Legitimierung des fortwährenden Dialektgebrauchs zielte. Die Deutschschweizer Dialekte werden nun diskursiv als Sprachformen eigenen Werts dargestellt. Wie die sprachgeschichtliche Forschung verschiedentlich gezeigt hat, ist der Nachweis, dass es sich bei der eigenen Ausdrucksweise um eine qualitätvolle Sprache handelt, jeweils eng verbunden mit einem Prozess der sprachlichen Selbstlegitimierung und Emanzipation.[170] Dass für eine ideologische Inanspruchnahme jener Gütekriterien, die den deutschschweizerischen Dialekten diskursiv zugeschrieben werden, „günstige Voraussetzungen" in den Varietäten selbst bereits angelegt sind, ist dabei nicht zu bezweifeln.[171] Die Feststellung der Nähe bestimmter sprachmaterieller Eigenschaften der Dialekte zu jenen des mittel- bzw. des althochdeutschen Sprachmaterials ist ebenso wenig grundsätzlich abzulehnen, wie die Funktion der regionalen Varietäten als Spenderbereich der standardsprachlichen Lexik. Es ist jedoch mit Oskar Reichmann wichtig festzuhalten, dass es sich bei der Funktio-

---

[169] Vergleiche mit anderen Substandardvarietäten sind hingegen selten. Durch sie sollte vor allem die besondere Stellung des ‚schweizerischen Dialekts' im deutschsprachigen Dialektspektrum unterstrichen werden (vgl. z. B. Schenkel 1884: 147).
[170] Vgl. Gardt 1999a: 109; Reichmann 2000: 452.
[171] Vgl. Reichmann 2000: 452.

nalisierung dieser sprachlichen Charakteristika als Gütezuschreibungen trotzdem ausschliesslich um kulturelle Akte handelt, und „nicht irgendetwas ohne diese Zuschreibung bereits Vorhandenes, das man sich lediglich bewußt geworden wäre".[172]

Auch bei den Gütezuschreibungen in den Schweizerdeutschdiskursen des 19. Jahrhunderts handelt es sich um kulturelle Akte. Dabei ist davon auszugehen, dass die im Kreis bürgerlicher Diskursakteure selbstbewusst betonte Güte der eigenen Sprache sich tatsächlich auch positiv auf das soziale Prestige der Dialekte ausgewirkt hat. Die Einschätzung des Zürcher Philologen Vögelin von 1844, „daß [...] [die] rühmende Ansicht unserer Mundarten in dem Kreise der Schweizer weit verbreiteter sei als [...] [die] tadelnde",[173] scheint nicht nur für die Mehrheit der Versammlung der *Schweizerischen Gemeinnützigen Gesellschaft* 1844 zuzutreffen, sondern auch für breitere Bevölkerungskreise.[174] Überdies fehlen ab Mitte der 1840er Jahre Textzeugnisse, die sich dialektkritisch äussern oder gar dazu auffordern, den Dialekt zugunsten des Hochdeutschen aufzugeben. In den zur Verfügung stehenden Quellen herrscht grundsätzlich Konsens über die Gleichwertigkeit von Dialekt und Hochdeutsch. Ein weitgehend positives Mundartbewusstsein hat oppositionelle Einstellungen gegenüber den Dialekten endgültig aus der öffentlichen Sprachdiskussion verdrängt. Die topisch wiederholten Güteeigenschaften – das historische Alter und die sprachgeschichtliche Ursprünglichkeit, der sprachliche Reichtum, der Wert für die Wissenschaft und die Schriftsprache – gelten als anerkannte Qualitäten insbesondere deutschschweizerischer Dialekte. Ihr Prestige ist zu diesem Zeitpunkt markant gestiegen und in Vergleich mit dem Hochdeutschen gestärkt.

Empirisch deutet vieles darauf hin, dass das Lob auf den Dialekt nicht nur Ausdruck einer kollektiven Einstellung war, sondern dass dieses Lob seinerseits die positive Einstellung diskursiv mitkonstruierte. Die positive Evaluation der Schweizer Dialekte im öffentlichen Diskurs, die sich im gesamten Jahrhundert beobachten lässt, dürfte dabei auch zu einer Aufwertung der Mundarten, respektive zur Wahrung ihres bereits im frühen 19. Jahrhundert hohen gesellschaftlichen Prestiges und damit zur mittelfristigen Stabilisierung der positiven Einstellung gegenüber dem Schweizerdeutschen beigetragen haben. Dies gilt zunächst vor allem für das Ansehen der Volkssprache in bürgerlich-gebildeten Kreisen. Dabei begünstigte wohl die Tatsache, dass in der deutschen Schweiz zu diesem Zeitpunkt der Dialekt auch von den Gebildeten noch als uneinge-

---

172 Ebd.
173 Vögelin 1844: 90.
174 Wie an anderer Stelle zu zeigen sein wird, ist auch in breiteren Bevölkerungskreisen von einer hohen Sprachloyalität gegenüber dem Dialekt auszugehen (s. u. Kap. 7.3.2).

schränkte Alltagsvarietät verwendet wurde, diese Entwicklung. Für die bürgerlichen Akteure der deutschen Schweiz war das Interesse an den Mundarten damit nicht ein rein nostalgisches oder professionell-wissenschaftliches, sondern es war für sie von alltagspraktischer und nicht zuletzt national-ideologischer Relevanz. Aufgrund dieser empirischen Ergebnisse ist auch der Einschätzung von Walter Haas grundsätzlich beizupflichten, wonach schon Ende der 1850er Jahre „[d]ie ‚moralische' und politische Unanfechtbarkeit der Mundart [...] außer Zweifel" stand.[175]

---

[175] Haas 1992: 593.

7 Konzeptualisierung des Verhältnisses von Dialekt und Hochdeutsch

7.1 Dialekt und Hochdeutsch als Dualismus

Die Konzeptualisierung des Verhältnisses von Dialekt und Hochdeutsch wird im metasprachlichen Diskurs wesentlich durch die Vorstellung einer ontologischen Gegensätzlichkeit der beiden Varietäten strukturiert. Dabei werden Dialekt und Hochdeutsch als Sprachformen mit kategorial unterschiedlichen Wesenszügen dargestellt und als eigentlicher Dualismus konzeptualisiert. Diskursiv manifestiert sich die Konstruktion dieser vermeintlich ontologischen Verschiedenartigkeit über die Korrelation mit bestimmten aussersprachlichen Kategorien und Merkmalen, die zueinander in einer Antonymierelation stehen. Als „diskurssemantische Grundfiguren", d. h. als epistemologische Ordnungsschemata, die oft auch unabhängig vom Bewusstsein der Schreibenden inhaltliche Elemente von Texten ordnen und die innere Struktur eines Diskurses mitbestimmen,[1] strukturieren die Gegensatzpaare *Natur/Kultur* und *Emotionalität/Rationalität* das kulturelle Wissen um das Verhältnis *Dialekt/Hochdeutsch* bzw. *Mundart/Schriftsprache* in der deutschen Schweiz wesentlich mit. Dies ist beispielsweise der Fall, wenn der Dialekt zur „warmen natürlichen, ungekünstelten Herzenssprache"[2] stilisiert und dem Hochdeutschen als Kulturprodukt und affektierter Verstandessprache entgegenstellt wird.

7.1.1 Natürlichkeit/Künstlichkeit als diskurssemantische Grundfigur

Die Behauptung einer besonderen Natürlichkeit des Dialekts basiert auf einem historischen Argument. Der ontologische Charakter einer ‚natürlichen' Sprachform wird dem Dialekt aufgrund seiner *unbewussten ethnischen* Tradition zugeschrieben, die man von der *bewussten institutionalisierten* Tradition der neuhochdeutschen Schriftsprache unterscheidet.[3] Im Gegensatz zu letzterer erschien die Mundart als eine „aus dem Leben herausgebildete, naturgemäß überlieferte und durch die Natur stets wieder aufgefrischte Sprache".[4] Besonders anschaulich streicht der Berner Pädagoge Otto von Greyerz (1863–1940) diesen

---

[1] Vgl. Busse 1997: 20, 2000: 51.
[2] Wyss 1827: 25.
[3] Vgl. auch schon Haas 1992: 598.
[4] Mörikofer in Vögelin 1844: 109.

Unterschied zwischen den Varietäten heraus: „Die Mundart ist im Vergleich zur Schriftsprache ein Naturprodukt. Sie entsteht und behauptet sich ohne Grammatik, ohne Lehrmeister, ohne Sprachakademie. Sie vererbt sich von den Eltern auf die Kinder als eine selbstverständliche Sache. Niemand denkt weiter über diese naive Sprache nach [...]."[5]

Als Symptome und zugleich Belege für die besondere Natürlichkeit des Dialekts gelten linguistische Charakteristika wie Kürze, geringe syntaktische Komplexität oder die Feststellung, im Sprachgebrauch eröffne sich ein besonders kreativer Spielraum. Bereits rund ein halbes Jahrhundert vor von Greyerz charakterisierte Johann Kaspar Mörikofer die Mundart entsprechend wie folgt:

> [S]ie ist durch das Leben gebildet, verfolgt den nächsten Zweck auf dem kürzesten Wege, verbannt Geziertes und Gekünsteltes, ist bestimmt, klar und bequem: daher ist in der Sprache des Volkes eine Sicherheit und Bündigkeit, verbunden mit der sparsamsten Kürze, so daß sie immer das Gepräge der Natürlichkeit und Verständigkeit trägt.[6]

Es ist leicht ersichtlich, dass die Kriterien, die nicht nur hier den Dialekten im Vergleich mit dem Hochdeutschen bzw. der Schriftsprache als wesenhaft zugesprochen werden, in erster Linie Merkmale konzeptioneller Mündlichkeit darstellen und es sich bei ihnen um Versprachlichungsstrategien in sprachlichen Nähesituationen handelt.[7] Dass solche Eigenschaften zeitgenössisch dem Dialekt qua Sprachform zugeschrieben wurden, ist leicht verständlich, waren doch die Dialekte gerade in der deutschen Schweiz zu diesem Zeitpunkt fast ausschliesslich Medien der Mündlichkeit, während das *Schrift-* oder *Bücherdeutsch* – wie die entsprechenden Begriffe bereits nahelegen – vorrangig geschrieben oder gelesen wurde.

Als sprachlicher Gegenpol zu der lebendigen, natürlichen Sprache des Volkes, die alles „Gezierte und Gekünstelte" verbannt, wurde das Hochdeutsche dargestellt. Im Vergleich mit dem Dialekt nimmt es sich als ein von der Natur entfremdetes Kulturprodukt aus, als eine „überfeinerte und abgeglättete Sprache",[8] welche die ursprüngliche Originalität und Natürlichkeit verloren habe.

Vor dem Hintergrund der zeittypischen Organismus-Konzeption von Sprache[9] bringen verschiedene Autoren diesen Gegensatz in biologischer Metaphorik, nämlich im Bild zweier Pflanzen zum Ausdruck. Die eine von ihnen ist wild und von Menschenhand unberührt, während die andere von Gärtnerhand

---

5 Greyerz 1892: 582.
6 Mörikofer 1838: 40.
7 Zum Konzept sprachlicher ‚Nähe' und ‚Distanz' vgl. Koch/Oesterreicher 1985, 1994, 2007.
8 Stalder 1819: 4–5.
9 Vgl. Kucharczik 1998a, 1998b.

sorgsam gezüchtet bzw. kultiviert wird. So werden Mundart und Schriftsprache verglichen mit

> zwei Bäumen, die neben einander im Walde aufgewachsen sind. Noch sehen sie einander gleich. Da wird der eine [die Schriftsprache, E. R.] ausgegraben, in den Garten eines Vornehmen versetzt, dort von Gärtners Hand sorgfältig gepflegt [...]: der Baum ist ein Kunstprodukt geworden, ein Ebenbild des gebildeten, fein geschniegelten Besitzers. Der andere Baum [die Mundart, E. R.] wächst unterdessen im Walde ohne Pflege des Menschen auf, Sturm und Wetter preisgegeben, knorrig, aber malerisch, ein Bild der Kraft und Ausdauer [...]. Die Schriftsprache dagegen ist ein Kunstprodukt, ein Ergebnis der Konvention und der Kompromisse [...].[10]

Nach gleichem Muster steht die Mundart an anderer Stelle als „frische Haideblume" der Schriftsprache als „feinere[n], von Menschenhand gepflegte[n] Gartenblüthe" gegenüber,[11] oder sie steht als „Feldblume" da, die im Gegensatz zu „den stilisierten Zierpflanzen des Kunstgärtners, der Redeblumen der akademisch Gebildeten" ihre „Kraft" erhalten habe.[12] Gerade in solch unmittelbaren Vergleichen wird anschaulich, wie durch die Gegensatzpaare *natürlich* vs. *künstlich* diskursiv das Bild von kategorial unterschiedlichen Sprachformen konstruiert wurde.

Vor dem Hintergrund des Dialektlobs und der Aufwertung der Mundarten (s. o. Kap. 6.5) hatten Zuschreibungen dieser ‚Wesenszüge' vielfach auch wertende Funktion. Im Sinne einer sprachlichen Stil- und sittlichen Kulturkritik wurden die beiden Sprachformen als Ausdruck zweier unterschiedlicher Sprach- und Verhaltenskulturen gedeutet. Das vermeintlich Unnatürliche des Hochdeutschen wurde als Ausdruck einer ‚überkünstelten' Natur empfunden und mit *Affektation*, *Täuschung* und *Verschleierung* in Verbindung gebracht. Mit seinem „hohlen Phrasenwesen", seiner „mit Empfindungen spielende Affectation" und seiner „gemüthslose[n] Kunstverfeinerung" wurde das Hochdeutsch als „eine leere Schreib- und Sprachcoquetterie" diffamiert,[13] „sprachlich wie logisch oft so unrichtig und leer" wie „lakaienmäßig höflich und umständlich".[14]

Aus der vermeintlichen Natürlichkeit des Dialekts wurden dagegen besondere *Authentizität, Echtheit und Ehrlichkeit* abgeleitet. Im Dialekt, so wird argumentiert, kämen „jene theatralische Repräsentation, das Effektmachen, der poetische Mischmasch sentimentaler Ergüsse, die Kunst- und Gelehrten-Rednerei", welche das hochdeutsche Sprechen ausmachten, fast überhaupt nicht

---

10 Utzinger 1887b: 255.
11 Werder 1878: 13.
12 Kelterborn 1899: 82.
13 Mörikofer in Vögelin 1844: 111.
14 Mörikofer 1838: 87.

vor.[15] Vor dem Hintergrund eines ethischen Selbstverständnisses von „Redlichkeit und Uneigennützigkeit, Biedersinn und Geradheit, Sittlichkeit und Gottesfurcht"[16] war dem Dialektgebrauch damit auch eine moralische Qualität attestiert, die dem deutschschweizerischen Bürgertum zugeschrieben wurde.[17] Im Gegensatz zum Hochdeutschen verstand man die Mundarten als Ausdruck „anspruchsloser Aufrichtigkeit und Gediegenheit";[18] sie zeigten „unser Volk nicht im täuschenden Sonntagsstaate, sondern im einfach schlichten, aber soliden Werktagskleide – wie es in Wahrheit ist, leibt und lebt".[19] Die Auffassung, der Dialekt zeichne sich sprecherunabhängig durch eine erhöhte Ehrlichkeit und Gradlinigkeit aus, während das Hochdeutsche die Wahrheit hinter sprachlichen Floskeln zu verbergen suche, entwickelte im Laufe des Jahrhunderts topischen Charakter. Die angebliche Unfähigkeit des Schweizerdeutschen zu Unehrlichkeit und Unredlichkeit wurde in der Jahrhundertmitte in einem Gedicht als unumstössliche Tatsache zelebriert: „Zwor i verblüemter Redesart / Ischt me drin nöd so glehrt; / Der Schwyzer seit halt frank und frisch, / Wie ihm der Schnabel gwachse isch, / E jedem, was ihm g'hört. / Drum heimelig und doch grad us / Ischt eüse Schwyzersproch [...]."[20]

Zwei Beispiele aus der Zeit kurz vor der Jahrhundertwende belegen nicht nur, wie aktuell das kontrastierende Stereotyp des verschleiernden, ja verlogenen Hochdeutschen bis ans Ende des Jahrhunderts blieb, sondern zeugen auch davon, wie dieses Vorurteil politisch instrumentalisiert wurde. Der konservative Berner Politiker und Journalist Ulrich Dürrenmatt spannte es ein, um die Integrität der – nicht selten deutschstämmigen – Sozialdemokraten anzuzweifeln, wenn sie im Kantonsparlament Hochdeutsch sprachen: „Ihm [dem ‚Roten', E. R.] ist das Hochdeutsch, das er spricht, / Gewiss ganz unentbehrlich; / Als Phrase taugt das Berndeutsch nicht, / Es klingt zu treu und ehrlich."[21] Analog

---

15 Ebd.
16 Blick auf mein Vaterland, am Ende des Jahrs 1801, jedem biederen Schweizer zur Beherzigung vorgelegt von E. M. M. Zürich [1801]: 19–20, zit. nach Frei 1964a: 64.
17 Vgl. Frei 1964a: 64.
18 Mörikofer 1838: 87.
19 [Anonym.] 1863: 196.
20 Zschokke [ca. 1845]: 106; „Zwar in verblümter Redensart / Ist man darin nicht so geübt; / Der Schweizer sagt halt frank und frisch, / Wie ihm der Schnabel gewachsen ist, / Einem jeden, was ihm gebührt. / Darum heimelig und doch geradeaus / Ist unsere Schweizersprache [...]." (Übers. E. R.). Dass das Autostereotyp vom redlichen Schweizerdeutschen auch in der ersten Hälfte des 20. Jahrhunderts noch nachgewirkt hat, veranschaulicht der Ausspruch „Baseldytsch ka me nit liege" („Baseldeutsch kann man nicht lügen"), der von einem Basler Nationalrat verbürgt ist (vgl. Schwarzenbach 1969: 134).
21 Aus einem Gedicht des konservativen Berner Politikers Ulrich Dürrenmatt in der von ihm herausgegebenen *Berner Volkszeitung (Buchsi-Zeitung)* (zit. nach Ris 1987a: 373).

bezweifelte auch das Schweizer Satiremagazin *Nebelspalter* die moralische Integrität von Hochdeutschsprechenden und kontrastiert sie mit den Dialektsprechern:

> Hat einer irgend eine faule Sache,
> Bedient er sich der hochmütigen Sprache,
> So daß man gegenüber gelehrtem Stolz
> Ganz vertattert ist und da steht wie Holz
> [...]
> Du bist nicht gewachsen hochdeutscher List
> Wobei du total verloren bist
> [...]
> Hingegen bist du um Vieles geweckter
> Als unerschrockener Dialekter,
> Schmeichler und Lügner werden mit voller Kraft
> mit saftigen Worten ab Ort geschafft.[22]

Als diskurssemantische Grundfigur bildet das Gegensatzpaar *Natur* vs. *Kultur* im Metasprachdiskus damit eine „grundlegende Achse des semantischen Systems",[23] entlang der das kulturelle Wissen über das deutsche Varietätengefüge geordnet wurde. Die rekonstruierbare semantische Differenz von *Natürlichkeit* und *Künstlichkeit* fungiert als grundlegendes Kategorisierungsschema für die Konzeptualisierung des Verhältnisses von Dialekt und Hochdeutsch. Damit wird in der Deutschschweiz der Gegensatz von Dialekt und Hochdeutsch und mithin von einer schweizer(deutschen) und einer (hoch)deutschen (Kommunikations-)Kultur symbolisch gleich besetzt wie in Deutschland der Gegensatz zwischen einer ‚natürlichen' bürgerlich-deutschen (sprich: hochdeutschen) und einer ‚affektierten' adelig-französischen Sprachkultur.[24] Unter den je verschiedenen sprachhistorischen Bedingungen gilt dabei jeweils das sprachlich Eigene als das Natürliche und – im Sinne der in beiden Ländern vergleichbaren bürgerlichen Ethik – als das moralisch Überlegene.

7.1.2 Sprache der Nähe – Sprache der Distanz

Eine wichtige Rolle bei der kategorialen Abgrenzung des Dialekts vom Hochdeutschen spielt auch der Topos vom Dialekt als ‚Sprache des Herzens', als Medium der ‚Gemüthlichkeit' und des ‚Gemüths'. Emotionen und Affekte, so die

---

22 [Anonym.] 1900.
23 Scharloth 2005c: 315.
24 Vgl. Linke 1996: 77–80; Scharloth 2005b: 140–144, 2005c: 315–399.

viel geäusserte Auffassung, könnten deutlich besser, wenn nicht ausschliesslich in der Mundart ausgedrückt werden, so dass überhaupt des Schweizers „innerstes Gemüthsleben [...] nur in derselben sich zu offenbaren [pflegt]".[25] Anders als das Hochdeutsche ist der Dialekt die Sprachform, „die mit sinnlicher Frische und Unmittelbarkeit des Ausdrucks grosse Tiefe des Gefühls verbindet".[26] Die affektive Einschätzung, wonach die Mundart nicht nur „am unmittelbarsten aus dem Gemüthe dringt", sondern „ebenso auf dasselbe wieder einwirkt",[27] gehört zu den konsensualen und weit verbreiteten Überzeugungen im 19. Jahrhundert. Begründet wird sie unterschiedlich, sprachpragmatisch etwa damit, dass sich das Gespräch in Mundart „leichter und angenehmer" bewege und „Wiz und Laune weitern Spielraum" hätten.[28] Eine andere, biographisch fundierte Erklärung für die Emotionalität der heimatlichen Sprache bemüht 1884 ein St. Galler Lehrer:

> Ueberdies liegt im Dialekt etwas Zartes, Weiches[,] das nicht recht begriffen und erklärt, wohl aber empfunden werden kann. [...] Es ist, als ob der Dialekt vorzüglich geeignet sei, Jugenderinnerungen wachzurufen und die zarten Saiten des Gemüths zu berühren und in wohlthuende Schwingungen zu bringen und dies ist es vorzüglich, was dem Volke den Dialekt lieb und angenehm macht.[29]

Auch anderweitig erhält die Mundart höhere Weihen: „weil sie das Liebste in uns hervorzaubert", wird sie zur Sprache, „die uns immer die liebste ist".[30]

„Gemütlichkeit" ist aber auch deshalb „ein Hauptvorzug des Dialekts", „weil er das erste ist, was wir aus dem Munde der Mutter hören".[31] Besonders deutlich wird diese Emotionalisierung der *Mutter*sprache als Sprache des Gemüts in den folgenden lyrischen Zeilen des Aargauer Pfarrers und Schriftstellers Emil Zschokke (1808–1889), die in den 1840er Jahren abgedruckt werden:

> Die Sproch, wo's Müetterli ein lehrt,
> Wenn's uf em Arm ein treit,
> Die tönet eim dur Trur und Glück,
> Dur's ganze Läbe als Musik,
> Die Lib und Seel erfreut.

---

25 Pestalozzi-Hirzel 1844: 35.
26 [Anonym.] 1886: 18.
27 Vögelin 1844: 96.
28 Burckhardt 1841: 85.
29 Kühne 1884: 24.
30 Schmid 1899: 75.
31 Stickelberger 1905: 21.

> Wenn Eine i der Frömde us,
> Fast stirbt vor Heimweh-Schmerz,
> Und s'chunt e Schwyzer, frogt: wie's gang?
> So dringt de Ton wie Alphornchlang
> Voll Trost ein [sic!] tief i's Herz.³²

Mit der Zuschreibung besonderer Emotionalität unterscheidet sich die deutsche Schweiz nicht grundsätzlich von anderen deutschsprachigen Gebieten, in denen das „emotion argument" bei der positiven Re-Evaluation der Mundarten im 19. Jahrhundert ebenfalls eine Rolle spielt.³³

Wie Andreas Gardt für ähnliche dialektreflexive Bemerkungen aus dem 18. Jahrhundert zu Recht feststellt, geht es bei solchen Zuschreibungen letztlich um die Kategorisierung der Varietäten in „eine Sprache der Nähe (der *Dialekt*) und eine Sprache der Distanz (das *Hochdeutsche*)".³⁴ Der Dialekt ist als natürlich erworbene „Sprache der Mutter und des Herzens"³⁵ das Medium für soziale Nähebeziehungen und -situationen. Die Mundart werde daher „in den gemüthlichen Beziehungen des Lebens ihre Bevorzugung finden", wie es 1844 in der *Neuen Zürcher Zeitung* heisst.³⁶ Das Hochdeutsche ist demgegenüber als sekundäre, intellektuell erworbene Varietät und aufgrund seiner linguistischen Eigenschaften die „Sprache des Verstandes".³⁷ Sie scheint für Nähesituationen und Herzensangelegenheiten nicht geeignet, weil sie „einen fremden Ton hineinbringt, der zur Gemütlichkeit der übrigen Unterhaltung nicht stimmt und etwas Gespreiztes an sich hat".³⁸

In der Schweiz dient die Rede vom Dialekt als „Sprache des Herzens" nicht nur der Förderung und besonderen Wertschätzung der Substandardvarietäten. Sie trägt diskursiv auch dazu bei, einen kategorialen Unterschied zwischen den Varietäten zu markieren und den Dialekt so als grundlegend andere Sprachform im binnendeutschen Varietätenraum zu positionieren. Insofern tragen die semantischen Gegensatzpaare *Emotionalität* vs. *Rationalität* bzw. *Nähe* vs. *Distanz*

---

32 Zschokke [ca. 1845]: 105; „Die Sprache, die einen das Mütterchen lehrt / wenn es einen auf dem Arm trägt, / Die klingt einem durch Trauer und Glück, / Durch das ganze Leben wie Musik, / Die Leib und Seele erfreut. / Wenn einer in der Fremde draussen, / Beinahe stirbt vor Heimwehschmerz / Und es kommt ein Schweizer, fragt: wie's gehe? / So dringt der Ton wie Alphornklang / Voll Trost ein[em(?)] tief in's Herz." (Übers. E. R.).
33 Vgl. Matthier 2005: 272–273, hier: 272. Der Topos des Dialekts als Herzenssprache ist in der Schweiz heute noch aktuell (vgl. Truog 2012).
34 Gardt 2008: 308, Herv. i. O.
35 [Anonym.] 1874e.
36 [Anonym.] 1844b: 1055.
37 [Anonym.] 1874e.
38 Stickelberger 1905: 21.

ebenso wie *Natürlichkeit* vs. *Künstlichkeit* als grundlegende Kategorisierungsschemata zu einer dualistischen Konzeptualisierung des Varietätengefüges in zwei sich zwar opponierende, zugleich aber wechselseitig durchaus ergänzende Sprachformen bei. Eine Konnotation der Varietäten als kategorial unterschiedlich ist auch in weiteren dichotomischen Zuschreibungen zu beobachten. Konkret wird dabei in Gegensätzen wie *lebendig* (Dialekt) vs. *tot* (Hochdeutsch),[39] *konkret* vs. *abstrakt*[40] oder *naiv* vs. *reflektiert*[41] eine dualistische Konzeption der Varietäten diskursiv gefestigt. Syntaktisch kommen häufig einen Gegensatz ausdrückende Adverbien („demgegenüber', „dagegen') oder adversative Konjunktionen („während', „hingegen') zum Zuge, um die Gegensätzlichkeit der beiden Sprachformen zu markieren.

Gegensätzliche Zuschreibungen an die Varietäten, wie sie bis hierher beschrieben wurden, strukturierten im 19. Jahrhundert nicht nur das Bewusstsein von Dialekt und Hochdeutsch als zwei autonomen, sprachlichen Entitäten, sondern sie setzten es bereits voraus. Erst das Bewusstsein sprachlicher Verschiedenheit ermöglichte entsprechende Attribuierungen. Die dualistische Konzeptualisierung von Dialekt und Hochdeutsch ermöglichte semantisch dann eine beinahe beliebige (Neu-)Besetzung der Varietäten, wie sie sich beispielsweise im Kontext des sprachpatriotischen Teildiskurses im Gegensatz von *eigen* und *fremd* wieder finden (s. u. Kap. 10.1.1). Die kategorial unterschiedlichen symbolischen Besetzungen der beiden Varietäten dürfen deshalb auch als Ausdruck eines zeitgenössisch bereits etablierten Eigensprachbewusstseins bezüglich der Dialekte gelten. Die Auffassung, der Dialekt sei eine dem Hochdeutschen *per se* ebenbürtige Varietät, stellt im Vergleich zu anderen noch wirksamen Vorstellungen ein alternatives Varietätenmodell bereit: In ihm sind die Mundarten nicht mehr einfach Abweichungen des Hochdeutschen oder Überreste älterer Sprachstufen, sondern das deutsche Varietätengefüge ergänzende, dem Hochdeutschen gegenüber komplementäre Sprachformen eigenen Rechts.

7.2 Die Stellung des Hochdeutschen als Gemein- und Kultursprache

Als Schrift- und Kultursprache genoss das Hochdeutsche in der deutschen Schweiz des 19. Jahrhunderts ein hohes Prestige, wenngleich (und wohl auch:

---

[39] Vgl. Stalder 1819: VII; Mörikofer 1838: 36–37; Christ 1869: 9.
[40] Vgl. Mörikofer 1838: 27; [Anonym.] 1844a: 230; Werder 1878: 14–15; Schweizer-Sidler 1881; Sch. 1895: 30.
[41] Vgl. Mörikofer 1838: 31–32; Sutermeister 1861: 70.

weshalb) seine Wertigkeit selten explizit thematisiert wird. Besonders illustrativ dafür ist die Rechtfertigung eines anonymen Autors, der über die Funktion des Dialekts in der Volksschule schreibt und festhält, „der hohe Werth und der vielseitige Nutzen, welcher durch dieselbe (Schriftsprache) der Menschheit geboten wird, [ist] hinlänglich bekannt, so daß es ganz unnütz wäre, sich noch über dieselbe auszulassen."[42] Die Schriftsprache galt allgemein als „Trägerin höherer wissenschaftlicher Bildung";[43] wer etwas auf seine Bildung gab, hatte sich also eine gewisse Fertigkeit darin anzueignen.[44] Entsprechende Sprachfertigkeiten in Schrift und Wort waren umgekehrt auch Beleg für einen Bildungsstand, der noch lange nicht allen Schichten zugänglich war. Hochdeutsch zu sprechen verlieh deshalb ein gewisses Ansehen und konnte eine dem Alltag enthobene Ernsthaftigkeit oder Feierlichkeit indizieren, wie etwa in der Kanzelpredigt des Pfarrers. *Ex negativo* spiegelt sich diese pragma- und sozialsymbolische Bedeutung des Hochdeutschen in dem 1827 geäusserten Vorwurf, Schulmeister, die im Unterricht hochdeutsch sprächen, würden das lediglich aus „Ruhmsucht", „Eigendünkel" und „Stolz" tun, um sich, dem Pfarrer auf der Kanzel nacheifernd, „ein Ansehen bei den Bauern [zu] geben".[45]

Es darf geradezu als wichtiges Merkmal des metasprachlichen Diskurses des 19. Jahrhunderts gelten, dass die Legitimität der neuhochdeutschen Schriftsprache und ihre mündlichen Realisierungsformen als Teil der deutschschweizerischen Sprachkultur keineswegs infrage gestellt werden. Im Gegenteil: Verschiedentlich wird ausdrücklich auf die Bedeutung sowohl der geschriebenen als auch der gesprochenen Standardvarietät für die Deutschschweiz hingewiesen. Die Relevanz des Hochdeutschen wird dabei vor allem unter zwei Aspekten diskutiert: im Hinblick auf seine *Funktion als Zugang zu uneingeschränkter gesellschaftlicher Teilhabe* sowie im Hinblick auf seinen *Status als sprachliches Bindeglied* zwischen der deutschen Schweiz und dem gesamtdeutschen Sprach- und Kulturraum.

---

42 [Anonym.] 1868a: 344.
43 Wackernagel in Vögelin 1844: 99.
44 In diesem Sinne wird etwa 1824 erklärt, „jeder Deutsche Schweizer, der Lust hat und bestimmt ist, durch Kunst und Wissenschaft seinem Geiste eine *hoehere* Ausbildung zu geben, sollte vom Knabenalter an Gelegenheit finden, eine *reine, edle und wohllautende Aussprache des Deutschen sich eigen zu machen.*" (Hardmeyer 1824: 13, Herv. i. O. gesperrt).
45 Wyss 1827: 234.

7.2.1 Hochdeutsch als notwendige Voraussetzung für die gesellschaftliche Teilhabe

Die Überzeugung, die Beherrschung des Hochdeutschen sei eine unverzichtbare Voraussetzung für die Teilhabe am gesellschaftlichen, politischen, kulturellen und wissenschaftlichen Leben in der Deutschschweiz und darüber hinaus, ist im gesamten Untersuchungszeitraum unbestritten. Sie bezieht sich zunächst auf die Feststellung, dass die neuhochdeutsche Schriftsprache ausschliessliches Medium politischen, aber auch kulturellen Schriftguts darstelle. Weiter bezieht sie sich auf das Hochdeutsche als in bestimmten Situationen einzig adäquate mündliche Ausdrucksweise. Seine Erlernung und Beherrschung wird deshalb schon früh nicht nur in der Schrift, sondern auch im mündlichen Ausdruck als notwendige Ergänzung zum dialektalen Sprechen gefordert.[46] Gerade jene Autoren, die sich für den Beibehalt des Dialekts als Umgangssprache aller Bevölkerungsschichten stark machen, betonen zugleich, dass damit kein Verzicht auf das Hochdeutsche einhergehe. Vielmehr hält man es für unabdingbar, dass – wie sich der Basler Theologe Karl Rudolf Hagenbach ausdrückte – jeder Bürger „neben dem Schriftdeutsch, sich auch das [gesprochene, E. R.] Hochdeutsche als Fertigkeit aneignen soll, um nicht verlegen zu seyn, es da zu sprechen, wo es nöthig ist".[47] Die Forderung nach einer (mündlichen) ‚Zweisprachigkeit' gilt in den sprachreflexiven Quellen über die hier zitierten Autoren hinaus als Selbstverständlichkeit. Das ausgesprochene Bewusstsein, dass „so wenig als die Gesammtsprache die Mundarten verdrängen darf, [...] sie über den Mundarten fehlen [darf]",[48] lässt sich im gesamten Untersuchungszeitraum immer wieder belegen.

Begründet wird die Notwendigkeit von Standardspracherwerb und -kompetenz in erster Linie mit der zunehmenden Bedeutung gerade auch des gesprochenen Hochdeutschs in der Deutschschweiz (s. dazu o. Kap. 5.4 u. 5.6). Bereits 1844 wird vom zürcherischen Kantonalverein der *Schweizerischen Gemeinnützigen Gesellschaft* gefordert: „Jeder Bürger in der Republik soll im Stande sein,

---

46 Vgl. z. B. Hardmeyer 1824.
47 Hagenbach 1828: 128–129. Die hier von Hagenbach vorgenommene terminologische Differenzierung zwischen ‚Schriftdeutsch' als geschriebener und ‚Hochdeutsch' als gesprochener Standardvarietät ist eine Ausnahme. In der Regel werden diese Begriffe synonym verwendet und können sowohl die gesprochene als auch die geschriebene Realisierung der Standardvarietät bezeichnen.
48 Sutermeister 1859: 20. Ebenso nachdrücklich hatte bereits Mörikofer betont, es sei zwar „nicht daran zu denken, die Mundart zu verdrängen", zugleich müsse „aber nicht erst erwiesen werden, daß Kenntniß der Schriftsprache und Fertigkeit in ihrem Gebrauch der Mundart zur Seite gehen muß." (Mörikofer 1838: 41).

mittelst der gewonnenen Sprachbildung [im Hochdeutschen, E. R.], wenn innerer Drang oder äußere günstige Verhältnisse ihn rufen, den politischen Gang in weiterm Kreise erkennen zu lernen, und in engern oder weitern Kreise einzuwirken."[49] Denn, so fährt der Text weiter: „Der Mangel an Sprachbildung darf ihn [den Bürger, E. R.] nicht hemmen, sich in die neue Zeit zu stellen."[50] Das Argument, gesellschaftliche Teilhabe verlange Fertigkeit im Hochdeutschen, wird in weiteren Texten vorgebracht und verfestigt.[51] Es gewinnt im Laufe des Untersuchungszeitraums durch sprachgeschichtliche und allgemein gesellschaftsgeschichtliche Entwicklung zunehmend an Gewicht. Gegen Ende des Jahrhunderts zeigt sich deshalb Otto von Greyerz überzeugt, die Schweizer seien „nicht allein dem Auslande zu liebe [...] genötigt, [sich] die deutsche Schriftsprache [...] anzueignen", sondern ebenso sehr, weil „[i]n unserm eigenen Lande [...] sich die Fälle [mehren], wo die Mundart nicht mehr hinreicht".[52]

Von Greyerz hielt die Mundart aber auch in vielen Fällen für nicht angemessen, „weil sie unsern romanischen Brüdern unverständlich" sei.[53] Damit spricht er die Funktion der Standardvarietät als Medium binnenschweizerischer Verständigung im mehrsprachigen Staat an. Obschon die Eidgenossenschaft ab 1798 nicht mehr nur deutschsprachig regiert wurde und die Schweiz sich 1848 offiziell zum dreisprachigen Staat erklärte, spielte diese Argumentation erstaunlich lange keine Rolle. Es ist für den sprachreflexiven Diskurs in der deutschen Schweiz im 19. Jahrhundert, in dem man sich primär mit der Klärung des Verhältnisses zwischen der deutschen Schweiz und Deutschland beschäftigte, geradezu bezeichnend, dass die Bedeutung der Standardvarietät für die landesweite Verständigung lange kaum thematisiert wurde.[54] Erst in einer Phase des

---

49 [Anonym.] 1844a: 231.
50 Ebd.
51 Darauf verweist beispielsweise Otto Sutermeister 1859: 20–21, der feststellt: „je mehr das [...] Prinzip der Oeffentlichkeit zur Geltung kommt, je weniger sich somit der Einzelne [...] abschließen kann – um so mehr wird es nothwendig, daß auch der Geringste im Volke an dem, was Alle angeht, an den Angelegenheiten der Zeit und der Nation in seinem Maße Antheil nehme. Dies ist wieder nur möglich, wenn ihm die Allen gemeinsame Sprache zugänglich ist."
52 Greyerz 1892: 582.
53 Ebd.
54 Eine der wenigen weiteren Erwähnungen des Verständigungsarguments findet sich bei Jost Winteler 1895: 3–4, dem gerade auch „für die Verbindung mit unsern romanisch redenden Miteidgenossen [...] unser Besitz des Hochdeutschen überaus wichtig" scheint. Ausserdem rechtfertigt *Der Grütlianer* 1890 mit der „Rücksicht auf die Nichtdeutschschweizer", dass an den Versammlungen des *Grütlivereins* die Reden nicht im Dialekt, sondern hochdeutsch gehalten werden (Der Grütlianer, 30. 7. 1890, [1]), während er mit dem gleichen Argument eine Dialektrede bei der Einweihung des Landesmuseums in Zürich kritisiert (vgl. Der Grütlianer, 28. 6. 1889, [2]).

verstärkten Dissenses zwischen den Sprachregionen, der im letzten Viertel des Jahrhunderts im Kontext der sogenannten Sprachenfrage ausgetragen wurde,[55] kommt der Standardvarietät als Medium binnenschweizerischer Verständigung eine gewisse Aufmerksamkeit zu.[56]

7.2.2 Die neuhochdeutsche Schriftsprache als historisches Band zwischen der Deutschschweiz und der deutschen Kultur- und Sprachgemeinschaft

Die metaphorische Rede von der Schriftsprache als Band, das die (Deutsch-)Schweiz mit dem gesamten deutschsprachigen Kultur- und Kommunikationsraum verbindet, gehört ebenfalls zum Argumentarium, mit dem insbesondere im letzten Drittel des 19. Jahrhunderts die Legitimität des Hochdeutschen in der Schweiz begründet wurde. 1879 argumentiert ein anonymer Autor in der *Schweizerischen Lehrerzeitung*, dass die „hochdeutsche Schriftsprache [...] ja das Nationaleigentum sämmtlicher deutscher Völkerschaften [ist], ein Bindemittel, das wohl wert ist, mit Liebe und Pietetät gepflegt zu werden".[57] Die Überzeugung, die Gemeinsprache sei „das hervorragendste geistige Band, das uns deutsche Schweizer mit dem Volke, von dem wir seit Jahrhunderten politisch getrennt sind, verknüpft und es uns ermöglicht, teilzunehmen an dessen Streben nach den idealen Gütern der Menschheit",[58] kehrt als Topos auch in vielen anderen Texten wieder. Die Standardvarietät gilt dabei nicht nur als regionen- und grenzübergreifendes Verständigungsmittel, sondern auch als die sprachliche „Trägerin der höhern Cultur",[59] als Medium der grenzüberschreitenden Literatur und Wissenschaft. Ihr sei es deshalb letztlich zu verdanken, „daß auch wir Schweizer lebendigen Anteil haben an der deutschen Literatur, daß auch wir mühelos all das genießen und uns an dem erfreuen können, was irgendwo auf dem weiten deutschen Sprachgebiet ein Dichter künstlerisch gestaltet hat, daß

---

55 Vgl. dazu ausführlich Müller 1977.
56 Anders im 20. Jahrhundert und bis heute: Sowohl von Seiten der Deutschschweiz als auch der französischsprachigen Schweiz wird die Funktion des Hochdeutschen als sprachliche Brücke zwischen den Sprachregionen nun zu den regelmässig wiederkehrenden Argumenten des binnenschweizerischen „Verständigungsdiskurses" (vgl. dazu Coray 2004). Zum Argument der „Brückensprache" in den Diskussionen um die Ausweitung der Dialekte an den Schulen in den 1970er/1980er Jahren vgl. Kolde 1986: insb.: 144. Auch Sonderegger 1981: 14–16 plädiert im Sinne der Sprachverständigung implizit für eine gute Beherrschung des Hochdeutschen.
57 [Anonym.] 1879: 430.
58 Seiler 1895: 1970.
59 [Anonym.] 1874d: [2].

wir all das miterleben können, was dort großen Männern Herz und Gemüt derart bewegt".[60]

Wird die Bedeutung der Gemeinsprache als verbindendes Element zu Deutschland besonders hervorgehoben, wird in vielen Fällen zugleich betont, dass damit keineswegs die Bedeutung der Dialekte als spezifisch schweizerische Ausdrucksweise infrage zu stellen sei. Ganz in diesem Sinne wird noch 1905 beteuert: „So sehr wir indes die Wohltaten, die uns die Beziehungen zum übrigen deutschen Sprachgebiet gebracht haben, zu schätzen wissen, so entschieden wollen wir für den mündlichen Verkehr unter uns Schweizern am Dialekt festhalten."[61] Bekräftigungen, dass neben der Gemeinsprache auch das nationale Idiom seine Existenzberechtigung habe, sind in solchen Fällen auch als Versuche zu lesen, der Ambivalenz der in der Deutschschweiz dominanten doppelten sprachlich-kulturellen Selbstverortung (s. o. Kap. 4.3) produktiv zu begegnen. Besonders anschaulich kommt diese Ambivalenz in einer Stellungnahme eines nicht namentlich genannten Autors aus dem Jahr 1874 zur Geltung:

> Wie wir Schweizer unsere vollste politische unabhängigkeit hüten und schützen wollen, gerade so eifrig werden wir andrerseits di sprachliche und literarische verbindung mit Deutschland ungeschwächt erhalten. [...] Um aber nicht missverstanden zu werden, bemerke ich doch ausdrücklich, dass es in gleichem maße unsere pflicht sein soll, auch unsere mundarten als ein nationales erbgut von unschätzbarem werte zu hegen und zu eren.[62]

Der Autor etabliert hier eine vornehmlich sprachlich-politische Selbstverortung der Deutschschweizer als (Deutsch-)Schweizer sowie eine sprachlich-kulturelle als Teilhabende an einer nationenübergreifenden gesamtdeutschen Kulturgemeinschaft auf Basis der gemeinsamen Schrift- und Verkehrssprache. Als unverzichtbare Ergänzung zu den Dialekten als „nationale[m] erbgut" verbindet die Gemeinsprache die deutsche Schweiz mit den übrigen deutschen Volksstämmen zu einer historisch gewachsenen Kulturgemeinschaft.

---

60 Bruckner [1909]: 2–3.
61 Stickelberger 1905: 17.
62 [Anonym.] 1874c: 307. Bei den Eigentümlichkeiten der Schreibweise handelt es sich nicht um individuelle Fehler, sondern um eine in der *Schweizerischen Lererzeitung* zwischen 1873 und 1878 gebräuchliche vereinfachte Orthographie. Die neue Schreibweise, von Mitgliedern des Lehrervereins erarbeitet, wurde in der *Lererzeitung* (den neuen Regeln entsprechend ohne Dehnungs-*h* geschrieben) 1873 versuchshalber eingeführt (vgl. [Anonym.] 1873a: 2). Aufgrund der orthographischen Entwicklungen in Deutschland und fehlender Nachahmer gab man sie 1878 wieder auf. Diese Reformbemühung im Besonderen sowie Standardisierungsbestrebungen in der Deutschschweiz des 19. Jahrhunderts im Allgemeinen sind noch immer Desiderate der Forschung.

7.2 Die Stellung des Hochdeutschen als Gemein- und Kultursprache — **169**

Die Auffassung, dank der gemeinsamen Sprache konstitutiver Teil der deutschen Kulturnation zu sein, wird in vielen Fällen ausdrücklich betont.[63] Das Selbstverständnis, sowohl einer Schweizer Nation anzugehören als auch Teil einer deutschen Sprach- und Kulturgemeinschaft zu sein, speiste sich auch aus der historischen Erfahrung, dass Deutschschweizer Schriftsteller und Intellektuelle seit Jahrhunderten nicht nur an der deutschen Kultur teilgenommen, sondern selbst auch an der steten Ausbildung und Entwicklung der neuhochdeutschen Schriftsprache mitgewirkt haben.[64] Insofern indiziert die Rede von der Gemeinsprache als einem verbindenden Band auch das Selbstverständnis, ein konstitutiver Teil des deutschen Geisteslebens zu sein. Dass der Anspruch kultureller Teilhabe aber nicht bloss eine schweizerische Anmassung ist, sondern schweizerische Literatur und Kunst tatsächlich „von der deutschen Geschichtsschreibung stets nach Verdienen gewürdigt" und „als ein Theil des großdeutschen Litteratur- und Kunstgebietes betrachtet" worden seien,[65] darauf legte nicht nur Ludwig Tobler wert.

Die Selbstverständlichkeit, die neuhochdeutsche Schriftsprache zu schreiben und auch das Hochdeutsche als mündliche Realisierung einer deutschen Gemeinsprache für bestimmte Kommunikationszusammenhänge zu pflegen, findet sprachbewusstseinsgeschichtlich gerade in dieser doppelten sprachlich-kulturellen Selbstverortung eine plausible Erklärung. Das Bewusstsein sprachlich-kultureller Interdependenz deutschschweizerischer und gesamtdeutscher Kultur und der Wert, einem grösseren Kulturraum anzugehören, machte zeitgenössisch eine sprachliche Separierung von den übrigen deutschsprachigen Staaten wenig wünschenswert:

> Niemand, auch kein Schweizer, [sei] auf den Einfall geraten [...], sie [die schweizerische Literatur und Kunst, E. R.] von jenem Verbande loszureißen. Eine „Losreißung" begehren wir aber auch jetzt nicht auch nur als möglich hinzustellen; es müßte dabei die Zerreißbarkeit allzu ehrwürdiger Bande angenommen, es müßten Verpflichtungen aufrichtiger Dankbarkeit geleugnet und an ihre Stelle Versprechungen gesetzt werden, zu deren Erfüllung unsere Kräfte sich als schlechterdings unzureichend erweisen dürften.[66]

Wie auch in diesem Beispiel deutlich wird, erscheinen die Nachteile eines sprachlichen Alleingangs allzu gross. Sich einen solchen zu wünschen, würde

---

63 Vgl. etwa Mörikofer 1838: 55–56; Tobler 1861: 24; Aufruf 1862; [Anonym.] 1874d: [2], 1874c: 307, 1879: 430; Seiler 1895: 170; Winteler 1895: 3; Stickelberger 1905: 15–17; Bruckner [1909]: 3–4; Hollmann 1869: 9–10.
64 Vgl. z. B. Ruckstuhl 1823; Mörikofer 1838: 67; Hollmann 1869: 9–10; Fürst 1899: 95.
65 Tobler 1861: 61.
66 Ebd.: 24.

den Wert verkennen, als kleines Land Teil eines grösseren Kulturraums zu sein, von dessen Hervorbringungen man grossmehrheitlich profitiert. „Man muss", so heisst es bei Heinrich Stickelberger drastisch, „ein beschränkter Chauvinist sein, um zu verkennen, welche Kulturfrüchte die Wechselwirkung zwischen der deutschen Schweiz und Deutschland-Oesterreich für beide Teile getragen hat."[67] Die nationalsprachliche Entwicklung der Niederlande wird dabei wiederholt als abschreckendes historisches Beispiel dafür genannt, wie durch nationalsprachlichen Alleingang die Zugehörigkeit und damit die Einflussnahme im grossen Ganzen des deutschen Kulturraums aufgegeben würden. So betont etwa Jost Winteler in einem Vortrag vor der aargauischen Lehrerschaft, man habe in dieser Frage „oft genug auf Holland hingewiesen, wo die Mundart Schriftsprache geworden ist, ohne dass wir deutsche Schweizer wohl Grund hätten, die [...] Holländer darum zu beneiden"; denn nur durch die Teilnahme am Hochdeutschen habe sich die Deutschschweiz den „Mitgenuss an der gesamten geistigen Arbeit der [...] deutschsprechenden Völker" gewahrt und sich „eine Weite des geistigen Horizontes" gesichert, „deren wir mittels einer besondern deutschschweizerischen Schriftsprache niemals hätten teilhaftig werden können".[68]

Die Frage, ob es sinnvoll wäre, wenn die Deutschschweiz ihre eigene schweizerdeutsche Schriftsprache kodifizieren würde, spielt im Metasprachdiskurs entsprechend nur eine marginale Rolle. Wird die Thematik aufgegriffen, dann in der Regel nur um darzulegen, dass eine solche sprachliche Separation unnötig und unvernünftig wäre. Die Zurückweisung dieser Idee spielte vor allem in der ersten Jahrhunderthälfte eine gewisse Rolle. Sie diente in der Regel dazu klarzustellen, dass die Forderung, die Mundarten als gesprochene Alltagsvarietät beizubehalten, nicht einhergehe mit der Forderung einer eigenen Schrift- und Hochsprache auf Basis der Dialekte. So erläuterte der gebürtige Luzerner Pädagoge und Schriftsteller Karl Ruckstuhl (1788–1831) in seiner Abhandlung über „Unsere schweizerische Muttersprache" aus dem Jahr 1823, wie verschiedene germanischstämmige Nationen ihre eigene Schriftsprache entwickelt hätten. Der rhetorischen Frage, ob „nicht der schweizerische Patriot auch unserm Vaterland ein solches Eigenthum gönnen" wollte, stellte er aber die entschiedene Überzeugung entgegen, dass man in dieser Hinsicht „im patriotischen Eifer auch zu weit gehen [könnte]" und dass „[d]ie Gemeinschaft der Bü-

---

67 Stickelberger 1905: 17.
68 Winteler 1895: 3; vgl. auch Stickelberger 1905: 16–17. Die Niederlande wurden noch in den 1980er Jahren in Diskussionen um die Problematik einer Ausweitung des Dialektgebrauchs als abschreckendes Beispiel kultureller ‚Ghettoisierung' ins Feld geführt (vgl. kritisch gegenüber diesem Argument Haas 1986: 50).

chersprache mit der deutschen [...] unserer National-Ehre keinen Eintrag [thut]".[69] In gleicher Weise betonte Karl Rudolf Hagenbach in den *Baslerischen Mittheilungen zur Förderung des Gemeinwohls*, dass er mit seinem Plädoyer für den Beibehalt des Baseldeutschen als Umgangssprache nicht zugleich einer eigenen (Basler) Schriftsprache das Wort rede, da nur die gemeinsam geteilte Schreibvarietät die Verständigung zwischen den deutschsprachigen Regionen ermögliche; also „wozu hier etwas besonders?".[70] Und auch für Johann Kaspar Mörikofer stand die Stellung der neuhochdeutschen Schriftsprache in der Schweiz ausser Frage; er hielt es weder für wünschenswert noch für möglich, „der oberdeutschen Sprache wieder Geltung im Schriftgebrauch [zu] verschaffen".[71]

Während die Frage nach einer Schweizer Schriftsprache in den 1820er und 1830er Jahren damit zumindest aufgegriffen wurde, fehlen in den darauf folgenden Jahrzehnten entsprechende Thematisierungen. Es ist daher bezeichnend, dass in der Jahrhundertmitte nicht ein Schweizer, sondern mit dem schwäbischen Germanisten Karl Moritz Rapp ein Deutscher den Versuch unternahm, eine Grammatik für eine geschriebene „Deutsche Schweizersprache" zu entwerfen, um damit „die deutsche Schweizersprache als eine bestehende Schriftsprache zu fingieren und in solcher zu schreiben".[72] Rapp verstand sein Vorhaben aber ausdrücklich als Spielerei und als „theoretische[s] Vergnügen".[73] Ein ernsthafterer Versuch, ein Einheitsschweizerdeutsch zu kodifizieren und damit die neuhochdeutsche Schriftsprache als dominierende Schreibvarietät zu konkurrenzieren, sollte indes erst in den 1930er Jahren vor dem Hintergrund kulturellnationaler Selbstbesinnung und Isolation zur Zeit der sogenannten ‚Geistigen Landesverteidigung' erfolgen.[74] Die Vorschläge von Emil Bär und Arthur Baur stiessen aber weitgehend auf Ablehnung. Die Loyalität gegenüber der deutschen Gemeinsprache erwies sich selbst in dieser politisch antideutsch aufgeladenen Zeit als zu gross und die vollständige sprachliche Separierung von Deutschland blieb Wunschvorstellung einer kleinen Minderheit.[75]

---

69 Ruckstuhl 1823: 36. Seine Überzeugung begründet er übrigens ausdrücklich auch damit, dass mit Blick auf die Entwicklung des Hochdeutschen „[d]ie Deutschen [...] im Grund mehr von uns angenommen [haben], als wir von ihnen" (ebd.) – selbstredend eine sehr kühne Interpretation der historischen Begebenheiten.
70 Vgl. Hagenbach 1828: 129.
71 Mörikofer 1838: 53.
72 Rapp 1855–1856: 473. Rapp veröffentlicht im selben Jahrgang von *Frommanns Deutschen Mundarten* denn auch unter dem Pseudonym Jovialis eine Probe des Wilhelm Tell in der von ihm entworfenen geschriebenen „Schweizersprache" (vgl. Jovialis 1856).
73 Rapp 1855–1856: 473.
74 Vgl. Baer 1936; Baer/Baur 1937.
75 Vgl. dazu auch Weber 1984: 112–116, Schröter 2019.

7.3 Die Stellung des Dialekts als Alltagsvarietät

Die Frage nach der Varietätenverteilung im Bereich der Mündlichkeit gehört im metasprachlichen Diskurs von den 1820er Jahren bis in die Jahrhundertmitte zu den vordringlichsten Themen. Das dürfte auch damit zusammenhängen, dass die bis anhin gültige diglossische Situation zusehends unter Druck geriet (s. o. Kap. 6.2). Über die genauen Gründe dafür ist wenig bekannt. Aus sprachhistorischer Perspektive scheint plausibel, dass ein gesteigertes Bewusstsein der pragmatischen Diskrepanz zwischen dem Varietätengebrauch des (bildungs-)bürgerlichen Deutschlands und der gebildeten Schichten in der Schweiz dazu beigetragen hat, dass man sich damals im Rahmen einer bürgerlichen Öffentlichkeit mit der Varietätenthematik zu befassen begann. Beispielsweise dienen die Feststellung „wir fühlen uns neben dem Deutschsprechenden im Rückstande" und die damit verbundene Unsicherheit den Varietätengebrauch betreffend („Wie nun? wollen wir, sollen wir dasselbe [Schweizerdeutsch, E. R.] wirklich gegen die hochdeutsche Schrift- und Umgangssprache vertauschen?") bei Mörikofer als Ausgangspunkte und Aufhänger seiner Abhandlung.[76] Aber auch bei Hagenbach und in den dialektkritischen Diskursbeiträgen der Zeit stellt die vom Ausland abweichende Pragmatik des Dialektgebrauchs in der deutschen Schweiz den Ausgangspunkt der Überlegungen dar.[77] Aus sozialgeschichtlicher Sicht ist zu vermuten, dass die verstärkte Migration deutscher Intellektueller und Schulmänner, die in den 1820er und 1830er als politisch Verfolgte aus Deutschland in die Schweiz kamen,[78] den Zeitpunkt mitbestimmte, zu dem sich die Debatte entwickelte. Viele dieser politischen Flüchtlinge haben wohl nicht nur selbst geläufig hochdeutsch gesprochen, sondern viele dürfte auch die Vorstellung befremdet haben, unter Gebildeten Dialekt zu sprechen.[79] Die Frage, inwiefern es sich auch in der bürgerlichen Öffentlichkeit gebühre, Dialekt zu sprechen, und der Versuch, „die Gränzen auszumitteln, welche etwa der Mundart zu stecken sein möchten",[80] beschäftigten im zweiten Viertel des 19. Jahrhunderts deshalb vorrangig das gebildete (klein-)städtische Bürgertum.[81]

---

76 Vgl. Mörikofer 1838: 3. Auch in weiteren Passagen verweist er ausdrücklich auf die Unterschiede im Varietätengebrauch, nicht ohne dabei zu betonen, dass die deutschschweizspezifische Pragmatik des Dialektgebrauchs in Deutschland als ein „Übelstand" und als „eine schlimme Gewohnheit und ein Rückstand in der Bildung" verachtet werde (vgl. ebd.: 83–84, 98).
77 Vgl. Hagenbach 1828; [Anonym.] 1835; Rengger 1838.
78 Vgl. Urner 1976: 99–104.
79 Einen entsprechenden Hinweis liefert beispielsweise Wyss 1827: 231.
80 Mörikofer 1838: 98.
81 Der Basler Pfarrer und Kirchenhistoriker Karl Rudolph Hagenbach richtete beispielsweise seine Abhandlung über die Frage „[S]ollen wir in unsrer Umgangssprache das sogenannte

7.3.1 Legitimierung des Dialekts als Alltagsvarietät aller Schichten

Während einzelne Quellen die Legitimität des Dialekts als Alltagssprache der Gebildeten infrage stellen (s. o. Kap. 6.2), dominiert in anderen die Ansicht, der Dialekt sei unabhängig von Herkunft und Bildung als Umgangssprache beizubehalten. So kommt Hagenbach nach eingehender Erörterung zum Schluss, der Dialekt sei „im gewöhnlich bürgerlichen geselligen Leben"[82] und im „bürgerlich-geselligen Umgang"[83] legitim. Er fordert damit in erster Linie den Beibehalt des Status quo, in dem der Dialekt die Umgangssprache auch der bürgerlichen Oberschichten ist. Diese Haltung dominiert die damalige Sprachendiskussion klar. Aufgrund der nationalen Bedeutung der Dialekte ist auch für Mörikofer „nicht daran zu denken, die Mundart zu verdrängen, da dieselbe unter den gebildeten Ständen so gut ihr wohlerworbenes Bürgerrecht hat, als unter der Volksclasse".[84] Für den Zürcher Juristen Johann Rudolf Spillmann ist der Dialekt grundsätzlich nicht nur „die Verkehrssprache mit dem ungebildeten Volke", sondern auch „mit den Gebildeten, sofern diese der gleichen Gegend (Land, Kanton, Gemeinde, Bezirke, Provinz etc.) angehören u.[nd] sofern sie also diese Sprache verstehen".[85] Diese Auffassung teilt auch die grosse Mehrheit der *Gemeinnützigen Gesellschaft* 1844.[86]

Gerade in der ersten Jahrhunderthälfte wird argumentativ besonders auf die Notwendigkeit egalitären Sprachgebrauchs als Konstituens eines republikanischen Staatswesens hingewiesen. Um zu verhindern, dass es zu einer gesellschaftlichen „Scheidewand zwischen *Vornehmen* und *Pöbel*"[87] kommt, sollten Gebildete aus gesellschaftspolitischen Gründen und staatsbürgerlicher Verantwortung auf eine andere Sprachform als die des ‚einfachen Volkes' verzichten.[88]

Die im frühen 19. Jahrhundert usuelle Sprachgebrauchsnorm, wonach der Dialekt ungeachtet des sozioökonomischen Status der Sprechenden für die alltägliche Interaktion zu verwenden sei, wird als normative Forderung in der Fol-

---

Baseldeutsche beibehalten und in wie fern?" ausdrücklich an die Bürgerschaft der Stadt Basel. Dass die Varietätenfrage insbesondere für diese gesellschaftliche Gruppe von einiger Relevanz sei, stellt er gleich einleitend mit der Bemerkung fest, dass „es gebildeten Leuten nicht gleichgültig seyn kann, in welcher Sprache sie gewöhnlich ihre Gedanken ausdrücken", da „die Sprache das Organ der geistigen Mittheilung und somit das Mittel zu dem edelsten Zwecke ist" (Hagenbach 1828: 111).
82 Hagenbach 1828: 127.
83 Ebd.: 128.
84 Mörikofer 1838: 41–42.
85 Spillmann 1844/1845: 6.
86 Vgl. Vögelin 1844.
87 Hagenbach 1828: 113, Herv. i. O. gesperrt.
88 Zu der dem Dialekt zugeschriebenen politischen Bedeutung s. ausführlich u. Kap. 10.3.

ge über den ganzen Untersuchungszeitraum hinweg bekräftigt.[89] Insgesamt lässt sich empirisch jedoch feststellen, dass bis in die Mitte des 19. Jahrhunderts in den einschlägigen Texten der ausführlichen Begründung und Legitimierung dieses Anliegens deutlich mehr Raum zugestanden wird als danach. In der zweiten Jahrhunderthälfte scheint diese usuelle Norm bereits selbstverständlich. Forderungen, den Dialekt als Umgangssprache der gebildeten Schichten abzuschaffen, fehlen in der zweiten Jahrhunderthälfte.[90] Diese auffällige Nicht-Thematisierung der Varietätenverteilung nach der Jahrhundertmitte legt nahe, dass die Frage nach der Legitimität des Dialekts als Umgangssprache vor allem in der ersten Jahrhunderthälfte umstritten ist, während in der zweiten Hälfte die im dominanten Diskurs etablierte prinzipielle Varietätenverteilung nicht mehr infrage gestellt wird. Entsprechend rückt auch die argumentative Begründung der Legitimität des Dialekts als Alltagsvarietät, für die in Texten der ersten Jahrhunderthälfte einiger Aufwand betrieben wurde, in den Hintergrund. Die Stellung des Dialekts wird nun weitestgehend als nicht zu hinterfragende Tatsache vorausgesetzt. Für die Einstellung gegenüber dem Dialekt und – damit einhergehend – wohl auch für die historische Entwicklung der Varietätenverteilung war bedeutsam, dass die Dialekte nicht nur als Sprechweisen der ‚einfachen Leute', sondern gerade auch der ‚Gebildeten' legitimiert wurden.

Wie verschiedene Zeugnisse nahelegen, richteten sich entsprechende Appelle und Texte auch ausdrücklich gegen ein sprachliches Minderwertigkeitsgefühl, das manch einen Deutschschweizer beim Gebrauch seines Dialektes vor Deutschen beschlichen haben soll.[91] So lassen sich zumindest jene Textstellen

---

89 Vgl. beispielsweise Mörikofer 1838: 99–100; Vögelin 1844: 94; [Anonym.] 1844a: 231; Götzinger 1854: 21; Sutermeister 1861: 67–68, [1884]: 35; Straub 1868: 152; [Anonym.] 1868a: 343, 1878c: 54; Greyerz 1892: 592–593; [Anonym.] 1898: [1]; Keller 1898: 73; Kühne 1884: 23.
90 Um die Wende zum 20. Jahrhundert sollen im Kontext der deutsch-französischen Sprachenfrage allerdings Einzelne wieder Ähnliches gefordert haben (vgl. Bruckner [1909]: 1–2). Das zeigt auch das Beispiel eines Zürcher Lehrers, der die Stärkung des Hochdeutschen ausserhalb der Schule fordert (vgl. Pfenninger 1893: 95–97), damit aber im Korpus ein Unikat bleibt; Forderungen in diesem Sinne stiessen im öffentlichen Diskurs insgesamt auf Ablehnung.
91 Dass man sich des Dialekts teilweise zu schämen schien, darauf gibt es verschiedene Hinweise. Mörikofer 1838: 3 betont beispielsweise, es würden „Viele an ihrer Mutter- und Haussprache irre; sie schämen sich ihres Schweizerdeutsch und können es doch nicht lassen." Und im gleichen Jahr heisst es an anderer Stelle: „Es ist nämlich eine nicht seltene Erscheinung, daß [...] die Sprache es ist, welche nur zu häufig von Einheimischen und Fremden verachtet wird, so daß viele, selbst gebildete Schweizer, sich ihrer Muttersprache schämen, und so weit gekommen sind, selbst im gewöhnlichen Umgange mit ihren Mitbürgern sich des sog. Hochdeutschen zu bedienen, und es für Rohheit zu erklären, wenn andere noch an der heimischen Sprache Wohlgefallen finden, und von ihr, als einem theuren Schatze, nicht Abschied nehmen wollen." ([Anonym.] 1838b: 342).

lesen, die ausdrücklich betonen, dass es auch für die gebildete bürgerliche Gesellschaft weder eine Schande noch Ausdruck mangelnder Bildung sei, im Dialekt zu sprechen. Hagenbach hebt beispielsweise als Ergebnis seiner Überlegungen explizit hervor, „daß ein gebildeter Basler sich im bürgerlich-geselligen Umgang seines Baseldeutschen nicht zu schämen habe".[92] Umgekehrt diente in manchen Fällen die Versicherung, dass in der Schweiz „auch der Gebildetste sich des Dialektes nicht schämt"[93] oder dass es „keineswegs von Bildung [zeugt], wenn man seine eigentliche Muttersprache, [...] die volksthümliche Mundart, geringschätzt oder gar verachtet",[94] dazu, die egalitäre Sozialsymbolik des Dialekts zu bekräftigen und allfälligen Vorurteilen den argumentativen Boden zu entziehen. Geradezu als unschweizerisch werden in einem Gedicht eines anonymen Autors von 1820 nicht nur die Dialektkritiker, sondern eben auch all jene gebrandmarkt, die sich ihres Dialektes wegen „schämen":

> 'S goht mänge-n-eusi Sproch go schelte,
> Me sött em eis i d'Gosche geh,
> Und, daß er's völlig ließ lo gelte,
> E recht no bi d-n-Ohre neh.
> [...]
> Drum wer si schämt, wie d'Schwützer [sic!] z'rede,
> De ist ken ganze Biderma;
> Wenn i z'bifehle hät, i wet e
> Bald usem Ländli g'fergget ha.[95]

Wie in diesem Beispiel, so setzten sich in der ersten Hälfte des 19. Jahrhunderts verschiedene Autoren mit Vehemenz dafür ein, dass der Dialekt auch forthin die Alltagsvarietät aller Schichten bleibt. Dabei traten sie auch gegen negative emotive Einstellungen und die soziale Stigmatisierung der Dialekte ausdrücklich an. Dies darf als wichtige sprachbewusstseinsgeschichtliche Voraussetzung dafür gelten, dass der Gebrauch des Dialekts als Alltagsvarietät spätestens in der zweiten Jahrhunderthälfte unbestritten war und sich ein spezifisches Diglossiebewusstsein als Konstituens der deutschschweizerischen Sprachkultur ausbilden konnte.

---

92 Hagenbach 1828: 128.
93 Stickelberger 1881: 1.
94 Scherr 1845: 18.
95 [Anonym.] 1820: 313–314; „Es geht manch einer unsere Sprache schelten / Man sollte ihm ein's auf die Schnauze geben, / Und, dass er es ganz bleiben liesse, / Ihn auch noch kräftig bei den Ohren nehmen. / [...] / Denn wer sich schämt, wie die Schweizer zu reden, / Der ist kein ganzer Biedermann; / Wenn ich zu befehlen hätte, ich wollte ihn / Bald aus unserem Ländchen geschafft haben." (Übers. E. R.).

Im 19. Jahrhundert wurde jedoch nicht nur ausdrücklich dafür geworben, am Dialekt festzuhalten. In dem Masse, wie der Dialekt als Alltagsvarietät legitimiert wurde, wurde umgekehrt der Gebrauch des Hochdeutschen in der alltäglichen Interaktion auch explizit als unangebracht zurückgewiesen.

7.3.2 Sprachloyalität gegenüber dem Dialekt und Stigmatisierung des Hochdeutschen an „unrechtem Orte"

Verstösse gegen das pragmanormative Gebot, im Alltag den Dialekt, keinesfalls aber Hochdeutsch zu reden, erregten Widerspruch. Dies belegen zahlreiche Hinweise, wonach der Gebrauch des Hochdeutschen im Alltag als unangebracht sanktioniert wurde. Schon zu Beginn des Jahrhunderts wird die Stigmatisierung des Hochdeutschgebrauchs in der alltäglichen Konversation wiederholt bezeugt. 1819 stellt beispielsweise Franz Joseph Stalder fest: „Auch wird der Schweizer, der gegen seinesgleichen sich durch eine herrische und fremdklingende Mundart [d. h. Hochdeutsch, E. R.] auszeichnen will, meistentheils mitleidsvoll belächelt, gewiß doch einer thörichten und elenden Ziererei, wohl selbst eines Mangels an Volksthümlichkeit beschuldigt."[96] Sowohl Äusserungen von Dialektbefürwortern wie auch von -gegnern liefern in den folgenden Jahrzehnten Belege dafür, dass der im Alltag hochdeutschsprechende Deutschschweizer im besten Falle als lächerlich, häufiger jedoch als Ausbund fehlender moralischer Standhaftigkeit[97] galt oder gar eines fehlenden Patriotismus und mangelnder Vaterlandsliebe bezichtigt wurde: Es werde „für unschweizerisch gehalten und der Vorwurf der Affektation bleibt nicht aus, wenn es Jemand einfällt, unter Landsleuten hochdeutsch oder richtig zu reden", beklagt sich 1835 ein Dialektkritiker.[98] Eine solche Brandmarkung hochdeutsch redender Deutschschweizer wurde auch von ausländischen Reisenden – meist wenig wohlwollend – dokumentiert. Als Beleg dafür kann der Schweizreisende Christoph Meiners gelten, der im ausgehenden 18. Jahrhundert moniert, dass selbst die „aufgeklärte[n] Schweizer [...] ihre Landsleute als Thoren [verachten], wenn

---

96 Stalder 1819: 9. Wie an anderer Stelle gezeigt wurde, steht diese moralische Disqualifikation des Hochdeutschgebrauchs als ‚Ziererei' im Zusammenhang mit dessen negativer Beurteilung als affektierte Sprechweise (s. o. Kap. 7.1.1).
97 Vgl. z. B. Mörikofer 1838: 97–98, der glaubt, „in der vornehmen oder prüden Abweisung des vaterländischen Ausdruckes eine leichte Oberflächlichkeit zu sehen, die mehr dem äußern Scheine, als nach freier freundlicher Mittheilung verlangt."
98 [Anonym.] 1835: 170–171.

sie vorsezlich, oder unversehens besser oder anders, als die übrigen Schweizer reden".[99]

Einen Hinweis darauf, dass die Stigmatisierung des Hochdeutschgebrauchs auch dazu beigetragen haben könnte, dass Versuche Einzelner, die Varietät zu wechseln, sich nicht in weiteren Kreisen durchzusetzen vermochten, gibt der Zürcher Meyer von Knonau. Er fasste dieses Phänomen für den Kanton Zürich 1834 folgendermassen zusammen: „[B]is auf die neuesten Zeiten fanden Versuche, die reindeutsche Mundart zu behaupten, die grössten Schwierigkeiten; selbst gelehrte Männer traten tadelnd dagegen auf. Satyre und der Vorwurf von Ziererei und Teutschmichelei schreckten manchen zurück [...]."[100] Der Vorwurf der Ziererei, des falschen Stolzes und der Abgeschmacktheit des Hochdeutschgebrauchs sind in weiteren Zeugnissen belegt, wobei die Kritik nicht selten auf ‚Halbgebildete', darunter die wenig gebildete Lehrerschaft, abzielte, die zur Projektionsfläche entsprechenden Spotts wurden.[101] Ziel solcher Vorwürfe und Objekt entsprechender ‚Satyre' scheinen darüber hinaus auch Rückkehrer aus dem deutschsprachigen Ausland gewesen zu sein, die im Umgang mit Landsleuten zunächst an ihrem Hochdeutsch festhielten.

Das Bild des Rückkehrers, der vorgibt, ob dem Hochdeutschen seinen Dialekt verlernt zu haben, schien eine gewisse Popularität zu haben. Als Typus fand ein solcher ‚Dialekt-Verweigerer' Eingang in das Stück *D'r unbikannt Geechenständ* des Zürcher Schriftstellers Jakob Senn (1824–1879).[102] Darin gibt der nach kurzer Zeit aus dem grenznahen Konstanz zurückgekehrte Protagonist vor, die dialektalen Bezeichnungen für die häuslichen Gegenstände nicht mehr zu kennen. Der Gedächtnisverlust hält aber nur so lange an, bis dem Herrn eine Haue, die er ebenfalls nicht benennen zu können vorgab, ins Gesicht schlägt,

---

99 Meiners 1785: 147. Nur in Ausnahmefällen wird von deutschen Beobachtern der Stigmatisierung des Hochdeutschen ein gewisses Verständnis entgegengebracht (vgl. Heinse 1809: 1778).
100 Meyer von Knonau 1834: 127. Auch in den Ratssälen Berns würde, wer „die reine Sprache der Bücher sprechen wollte, [...] sich entweder lächerlich machen oder nicht verstanden werden", wie von Bonstetten 1825: 60 festhält.
101 Mörikofer 1838: 41 zielt mit seiner Kritik ausdrücklich auf die „Halbgebildeten", während Steinmüller eine Dekade zuvor mit Blick auf die Lehrerschaft urteilt: „Nichts ist abgeschmackter, als wenn der schweizerische Landschullehrer seine ländliche Mundart mit dem Hochdeutschen verwechseln [d.h. tauschen, E. R.] will. Nur mit wenigen Ausnahmen wird jeder dadurch, und zwar mit größerm Rechte, bey Kindern und Bauersleuten die Zielscheibe des Gespötts." (Steinmüller 1827: 187). Weitere Zeugnisse legen nahe, dass Lehrer zum Teil noch lange selbst in der Schule mit Spott zu rechnen hatten, wenn sie hochdeutsch redeten (vgl. Monatliche Nachrichten schweizerischer Neuheiten 1812: 61, zit. nach Trümpy 1955: 105–106; [Anonym.] 1869a: 53).
102 Vgl. Senn 1951 [1864]: 48–49.

worauf er in breitestem Dialekt flucht: „du verfluechti Hauä!"[103] Interessanterweise findet sich dieselbe Anekdote des Rückkehrers, der seinen Dialekt erst durch den Schlag ins Gesicht wieder findet, bereits rund drei Jahrzehnte zuvor,[104] und auch der Artikel zu *Hau(w)en* im Idiotikon erwähnt diese Anekdote.[105] Noch zu Beginn des 20. Jahrhunderts wurde jedenfalls festgehalten, es brauche nur „ein aus der Fremde heimkehrender Schweizer hochdeutsch zu sprechen, wie wird er da als eingebildeter Querkopf ausgelacht!"[106]

Von Dialektkritikern – beispielsweise Rengger – wurde diese soziale Stigmatisierung des Hochdeutschgebrauchs als zentraler Faktor benannt, der die in ihren Augen wünschenswerte Ausbreitung des Hochdeutschen verhinderte:

> Die jungen Leute, die nach mehrjährigem Aufenthalte auf einer deutschen Universität in ihr Vaterland zurückkehren, sprechen in den ersten Tagen oder Wochen wohl noch deutsch, werden aber auch dadurch ein Gegenstand des Spottes für ihre Mitbürger, die sie recht lächerlich zu machen glauben, wenn sie von einem solchen Jünglinge sagen „er spricht." Dieser nimmt also, einer falschen Schaam nachgebend, bald wieder die Volkssprache an.[107]

In welchem Masse das Phänomen, dass „selbst die Vielgereisten, die in deutscher Wissenschaft Gebildeten, die längere Zeit in Deutschland gelebt und mit dem deutschen Akzent sich vollkommen vertraut gemacht haben", sobald sie zu Hause waren „alsbald in den lieben Muttersprachlaut zurück [fallen]",[108] letztlich mit einer Stigmatisierung des Hochdeutschgebrauchs oder aber mit dem soziolinguistischen Konzept der *language loyalty*,[109] der Anhänglichkeit an

---

103 Ebd.
104 In Hagenbachs Abhandlung über den Basler Dialekt kommentiert der Setzer Hagenbachs Feststellung, dass der Schweizer, wenn er nach Hause zurückkehre, wieder den Dialekt annehme, dahingehend, dass dieser Rückkehrer es in diesem Falle nicht mache „wie jener Bauernsohn, der, als Gelehrter heimkehrend, den Rechen in seines Vaters Garten nicht mehr zu benennen wußte bis, als er zufällig auf denselben getreten war, ein kräftiger Schlag des Stieles in sein Gesicht ihm den Namen des verhaßten Instruments wieder ins Gedächtniß rief." (Hagenbach 1828: 113).
105 Vgl. Id.: Bd. II, Sp. 1811–1812.
106 Stickelberger 1905: 17.
107 Rengger 1838: 145.
108 Grube 1860: 128. Hagenbach 1828: 113 erwähnt dieses Verhalten lobend, während Mörikofer 1838: 97 das Zurückwechseln in den Dialekt bei Deutschlandrückkehrern sogar als Ausdruck eines besonders hohen Bildungsstands beurteilt.
109 *Language loyalty* oder ‚Sprachloyalität' ist ein Konzept aus der Sprachkontaktforschung und bezeichnet die sprachliche Solidarität gegenüber der eigenen Varietät und die sich darin ausdrückende Gruppenidentität in Situationen des Sprach- oder Varietätenkontakts (vgl. zuerst Weinreich 1953: 99–102; zum Konzept Niculescu 1996). Mit Blick auf die Bedeutung von

das eigene Idiom, zu erklären wäre, kann nicht restlos geklärt werden. Es darf jedoch vermutet werden, dass beide Faktoren eine gewisse Rolle spielten: Stigmatisierung und Loyalität.

Dennoch: Im Alltag Hochdeutsch zu sprechen, wurde während des gesamten 19. Jahrhunderts als Taktlosigkeit und Ausdruck ungebührlicher Geltungssucht kritisiert. In diesem Sinne warnt noch im letzten Drittel des Jahrhunderts ein Autor davor, „mit dem hochdeutschen am unrechten orte groß zu tun" und hält es für „abgeschmackt", „mit einem bauer, bloß aus eitelkeit, ein gespräch in schriftdeutscher sprache zu beginnen".[110] Die Sprachgebrauchsnorm, im Alltag Dialekt, hochdeutsch hingegen nur in *ausser*ordentlichen Kommunikationssituationen zu sprechen, scheint sich in der zweiten Hälfte des Jahrhunderts als kommunikative Maxime gefestigt zu haben. So konnte Hagenbach 1860 feststellen, dass „[s]elbst die, welche im Auslande oder im Umgange mit Ausländern es zu einer gewissen Fertigkeit und Sicherheit des Hochdeutschen gebracht haben, [...] in Gegenwart ihrer Mundartsgenossen eine natürliche Scheu empfinden, davon Gebrauch zu machen."[111]

Und Winteler fügte in seiner berühmt gewordenen Dissertation über die *Kerenzer Mundart des Kantons Glarus* der Feststellung, dass er in der Familie unverfälschten Dialekt gesprochen habe, für seine deutschen Leser erläuternd hinzu: „Hochdeutsch sprechen ist in der Familie des echten deutschen Schweizers überhaupt unerhört, selbst in der Stadt, geschweige denn auf dem entlegenen Land."[112] Knapp zwanzig Jahr später bekräftigte Winteler noch einmal, dass der Hochdeutschgebrauch unter Schweizern geächtet sei. Eine Tatsache, die seines Erachtens die Deutschschweiz letztlich von anderen deutschsprachigen Regionen unterschied: „Wir verpönen es alle, wenn Schweizer unter sich hochdeutsch reden, sehr im Unterschiede zu allen andern deutschen Stämmen, wo in den bessern Ständen nur noch hochdeutsch gesprochen wird."[113] An Wintelers Kommentaren zeigt sich exemplarisch, wie die Legitimität des Dialektgebrauchs gegen Ende des Jahrhunderts – anders, als noch in der ersten Jahrhunderthälfte – nicht mehr der Argumentation bedurfte. Die Diglossie mit totaler

---

Sprachloyalität und -legitimation im Zusammenhang mit sprachlichen Ausgleichsprozessen zwischen (ländlichem) Dialekt und (städtischer) Standardvarietät vgl. Hartig 1987.
110 [Anonym.] 1874c: 307. Und der Davoser Jurist Valentin Bühler hält fest, dass „man in Basel und in Zürich z. B. für einen Einheimischen im Umgang mit Einheimischen es als unleidliche Abgeschmacktheit hält u.[nd] als Bizareri [sic!] auslegt, wenn er, aus Deutschland zurückgekehrt, sich nicht des Dialekts wieder bedient", betont aber auch, dass „man in Chur, und namentlich in St. Gallen (Stadt), es diesfalls nicht so genau [nimmt]." (Bühler 1879: 86).
111 Hagenbach 1860: 338.
112 Winteler 1876: V.
113 Winteler 1895: 15.

Überlagerung wird nun nicht ohne Stolz als schweizerische Besonderheit dargestellt.

7.3.3 Einschränkung und Marginalisierung der Dialektschriftlichkeit

Im normativen Teildiskurs der ersten Hälfte des 19. Jahrhunderts ist die gesprochene Sprache das vordringliche Thema. Nur selten äussern sich Autoren auch zum schriftlichen Gebrauch der Varietäten in unterschiedlichen Kommunikationskontexten. Der Vorrang der neuhochdeutschen Schriftsprache als Medium der Schriftlichkeit entspricht nicht nur der zeitgenössischen Praxis, sondern ist auch im Metasprachdiskurs unumstritten. Die Dialekte hingegen werden als wesenhaft mündliche und im Leben des Volks verhaftete Varietäten wahrgenommen, weshalb sie – mit wenigen Ausnahmen – als angemessene Schreibvarietäten nicht in Betracht gezogen werden. Die Feststellung, „[a]ls Schriftsprache eignet sich in der Regel die Volkssprache niemals, – Gedichte in Mundart etc. sind die anzuerkennende Ausnahme",[114] kann in Hinblick auf die mediale Schriftlichkeit geradezu als allgemeine Gebrauchsmaxime des 19. Jahrhunderts gelten.

Wie in diesem Leitspruch Johann Rudolf Spillmanns war die Poesie auch in der Realität die ausschliessliche schreibsprachliche Domäne, in der dem Dialekt ein gewisses Recht zuerkannt wurde. Auch in der Mundartdichtung unterlag der Dialekt jedoch gewissen normativen Einschränkungen, bestimmt durch die Gattungen und den Stoff. Die Grenzen der Dialektliteratur wurden dabei vorrangig aus den ‚wesenhaften' Grenzen des Dialekts selbst abgeleitet. Literatur in der Volkssprache konnte sich in dieser Logik ausschliesslich innerhalb der Grenzen des Volkstümlichen, des Volkslebens bewegen. Sie sollte das Unmittelbare und Anschauliche vermitteln, alles, was darüber hinaus ins Allgemeine, Abstrakte, Philosophische zielte, schien zur Darstellung nicht geeignet (s. dazu ausführlich u. Kap. 8.3).

Es gibt singuläre Belege, die sich mit dem Gebrauch des geschriebenen Dialekts über die Domäne der Literatur hinaus befassen. So zogen die Mitglieder der *Schweizerischen Gemeinnützigen Gesellschaft* 1844 zumindest in Betracht, den geschriebenen Dialekt über die „Poesie, deren Unmittelbarkeit ihr [der Mundart, E. R.] ein weiteres Feld gestattet", hinaus auch in weiteren Kontexten zu gebrauchen.[115] Doch auch sie gestanden ihr dabei nur „ein sehr enges Gebiet" zu, das sich „in Prosa auf rein populäre Tages- und Zeitinteressen, nicht

---

114 Spillmann 1844/1845: 6.
115 Vögelin 1844: 96.

aber irgendwelche theoretische Belehrung oder ideale Gegenstände betreffende Darstellungen" zu erstrecken hätte.[116] Im folgenden Jahr schlägt Scherr in seinem *Volksredner* sogar vor, eine eigentliche Volkszeitung im Dialekt zu lancieren.[117]

Metasprachliche Zeugnisse, die den geschriebenen Dialekt auf neue Gebrauchskontexte auszuweiten suchten, sind in den recherchierten Quellen jedoch Ausnahmen und hatten zeitgenössisch kaum Aussicht auf Akzeptanz. Ebenso selten sind aber auch Stimmen, die es aus eher prinzipiellen Überlegungen heraus ablehnen, überhaupt im Dialekt zu schreiben. Ausgerechnet Otto Sutermeister, der sich rund ein Jahrzehnt später als Herausgeber der Sammlung „Schwyzerdütsch", einer 52 Hefte umfassenden Serie von dialektliterarischen Texten,[118] einen Namen machen sollte, äussert sich Ende der 1850er Jahre wiederholt kritisch zur Verschriftlichung des Dialekts. Ausgehend von der Überlegung, dass eine Mundart ihrem ‚Wesen' nach medial mündlich sei, hält es Sutermeister *per definitionem* nicht für möglich, eine Mundart auf das Papier zu bringen. Seines Erachtens kann „das ganze Colorit der Mundart" nicht geschrieben werden, da sie „[i]hrem innersten Leben und Wesen nach [...] eben in vollem Einklang mit ihrem Namen [steht]" und nur „im Munde [...] wahrhaft [lebt]".[119] Auf dem Papier hingegen gehöre sie „zu den todten Sprachen", weil sie da „schon nicht mehr warm und voll und rein aus dem Herzen durch den Mund [fließt]" und nicht mehr „das frische baare Leben selbst", sondern „Reflexion, Kunst" verkörpere.[120] Zwei Jahre später bekräftigt und präzisiert er seine Ansicht noch einmal: „Die Mundart reflectirt nicht über das Was noch das Wie des zu Sagenden [...] Es liegt also gar nicht in unserer Macht und Willkühr, die Mundart zu schreiben; denn so wie wir schreiben, haben wir das Sprechen schon objectivirt, d. h. die Unmittelbarkeit und Subjectivität des gesprochenen Wortes aufgegeben: das Wort wird ein anderes."[121] Vom Umfang her steht Sutermeisters medientheoretische Argumentation, die letztlich auf die unterschiedlichen Konstitutionsbedingungen von gesprochener und geschriebener Sprache verweist, einzigartig da im Diskurs, auch wenn in anderen Quellen der mediale Gegensatz zwischen Dialekt als gesprochener und Schriftsprache als geschriebener Varietät ebenfalls impliziert wird.[122]

---

116 Ebd.
117 Vgl. Scherr 1845: 251.
118 Vgl. Sutermeister 1882–1889.
119 Sutermeister 1859: 12.
120 Ebd.
121 Sutermeister 1861: 69–70.
122 So verweist etwa Stalder 1819: 8 allgemein darauf, dass die Besonderheit des ‚schweizerischen Dialekts' gerade in dem liege, „was sich weder schreiben noch in üblichen Schriftzei-

Neben einer prinzipiellen Seite hatte die Diskussion um die Verschriftung der Dialekte auch eine praktische. Wiederholt wurde problematisiert, dass das Grapheminventar der neuhochdeutschen Schriftsprache zu wenig differenziert sei, um die phonetische Realisierung eines Dialektwortes richtig zu verschriften. Die damit verbundene Unsicherheit sowie die Apologie der eigenen Verschriftungsstrategie werden im Laufe des Jahrhunderts insbesondere in Vorworten zu literarischen Texten thematisiert. Darüber hinaus ist im Kontext dialektologischer Studien die möglichst lautgetreue Abschrift gesprochener Varietäten immer wieder Gegenstand der Diskussion.[123]

Insgesamt lässt sich feststellen, dass der Dialektschriftlichkeit im metasprachlichen Diskurs des 19. Jahrhunderts nur wenig Aufmerksamkeit zuteil wurde. Wurde der Dialekt als Medium der Schriftlichkeit dennoch zum Thema, wurde seine Funktionalität marginalisiert und in enge, klar umrissene Grenzen gebannt. In der Mundartdichtung wurde er zwar im Laufe des Jahrhunderts zunehmend akzeptiert, allerdings nur unter dem Vorbehalt formaler und inhaltlicher Beschränkungen. Für nicht-literarische Schriftlichkeit gestand man ihm hingegen nur in Einzelfällen eine gewisse Berechtigung zu. Dass der Dialekt auch in bislang der neuhochdeutschen Schriftsprache vorbehaltenen Domänen geschrieben werden könnte, kam im 19. Jahrhundert nicht ernsthaft in Betracht.

Die empirische Beobachtung, dass Dialektschriftlichkeit im metasprachlichen Diskurs kaum eine Rolle spielte, lässt sich als Symptom für die bewusstseinsmässige Selbstverständlichkeit der Stellung der neuhochdeutschen Schriftsprache als Medium der Schrift verstehen (s. dazu o. Kap. 7.2). Umstritten war im metasprachlichen Diskurs nicht die Varietätenverteilung in der Schrift, die zu diesem Zeitpunkt längst zugunsten des Neuhochdeutschen entschieden war, umstritten waren die Funktionen der mündlichen Varietäten, die einander konkurrierend gegenüberstanden. Nicht zuletzt aus kulturhistorischen und -politischen Gründen erschien ein schriftsprachlicher Alleingang der Schweiz gegenüber dem (hoch-)deutschen Sprachraum als keinesfalls wünschenswert. Das Bewusstsein, dass die neuhochdeutsche Schriftsprache für die Schweiz ein entscheidender Schlüssel zur Teilhabe am deutschen Sprach-, Kultur- und Wirtschaftsraum war und weiterhin bleiben sollte, hat zu dieser Ansicht wohl ganz wesentlich beigetragen. Man hielt es daher letztlich sogar für ein „Glück", dass

---

chen ausdrucken läßt", während Mörikofer 1838: 132 – ähnlich wie Sutermeister – der Ansicht ist, dass der Dialekt „in einen inneren und äußern Widerspruch mit den Erfordernissen der schriftlichen Darstellung" gerät.

123 Vgl. z. B. Stalder 1806: 18; Wyss 1826 [1818]: 105–106; Wyss 1863: 218; Sutermeister [1884]: 46–48.

es historisch nie dazu gekommen war, „daß man das Schweizerdeutsche zur Schriftsprache erhoben hätte".[124]

7.4 Norm und Präskription: Die Diglossie als Alternative

7.4.1 Die komplementäre Verteilung des Varietätengebrauchs

Die Vorstellung der wesenhaften und pragmatischen Komplementarität von Dialekt und Hochdeutsch ist in der deutschen Schweiz des 19. Jahrhunderts entscheidend für eine diglossische Konzeptualisierung des Verhältnisses zwischen den beiden Varietäten. Zu den frühsten Texten, die die Vorstellung einer solchen Komplementarität der Sprachformen diskursiv prägen, gehört die bereits erwähnte Abhandlung Johann Kaspar Mörikofers von 1838, in der er den Nachweis von Mundart und Schriftsprache als kategorial unterschiedlichen Gegenständen zu erbringen sucht.[125] Mit Blick auf das Verhältnis der beiden Varietäten sowie auf die Legitimität der Mundarten kommt er zum Schluss: „[D]ie Volkssprache [...] kann und darf neben der Schriftsprache bestehen; denn beide haben ihr eigenthümliches, geschiedenes und unvereinbares Gebiet."[126] Diese Komplementaritätsvorstellung, wonach sich beide Sprachformen letztlich funktional ergänzen, kehrt im sprachreflexiven Diskurs seit dem zweiten Viertel des Jahrhunderts musterhaft wieder. Beispielhaft zum Ausdruck gebracht wird diese egalitäre und doch komplementäre Beziehung zwischen den Varietäten in der 1890 von einem ungenannten Autor in der *Allgemeinen Schweizer Zeitung* geäusserten Überzeugung, „[d]er Dialect und die Schriftsprache sind zwei Geschwister, aber keine Zwillingsgeschwister, daher Jedem das Seine".[127]

Auf Basis dieses *Komplementaritätsmodells des Varietätengefüges* wurde dem Dialekt der Vorzug als Sprache des täglichen Lebens zuerkannt. Zugleich sah man in seiner ‚Naivität' seine ‚natürlichen' Grenzen als Ausdrucksmittel für ‚höhere Gegenstände' und gedankliche Reflexion. Ungeeignet erschien der Dialekt deshalb grundsätzlich da, wo er „den Kreis des täglichen Lebens und der Gewohnheit überschreitet".[128] Diese klare Vorstellung bezüglich der kommunikativen Funktionen des Dialekts kommt auch an der Jahresversammlung der *Schweizerischen Gemeinnützigen Gesellschaft* von 1844 zum Ausdruck:

---

[124] [Anonym.] 1874a: [2], vgl. auch Bruckner [1909]: 4.
[125] Vgl. Mörikofer 1838: 33.
[126] Ebd.: 36.
[127] J. M. 1890: [s. p.].
[128] Götzinger 1854: 21.

Wie sollen wir uns nun zwischen jenem Lobe und diesem Tadel [des Dialekts, E. R.] entscheiden? Wir glauben eben in der schon angegebenen Weise, indem wir jedem Theile sein bestimmtes Gebiet anweisen und die Mundart auf den häuslichen, gesellschaftlichen und gemeindebürgerlichen Verkehr beschränken. In diesem Umfange, glauben wir, haben alle jene gerühmten Vorzüge ihren wirklichen und unbestreitbaren Werth, und die Vorwürfe und Ausstellungen scheinen uns [...] nur dann ein Gewicht zu haben, wenn jene Gränzen wollten überschritten werden; wenn wir gleich kaum glauben, daß solches je im Ernste versucht worden sei, und überhaupt auch wir uns als im Ganzen dem [die Dialekte, E. R.] lobenden Theile gleichgestimmt bekennen müssen.[129]

Mit den kommunikativen Grenzen des Dialekts waren zugleich jene des Hochdeutschen ausgesteckt. Es wurde verschiedentlich darauf hingewiesen, dass das Hochdeutsche zwar nicht im alltäglichen Umgang, jedoch in bestimmten aussergewöhnlichen Situationen – namentlich bei der Predigt, in wissenschaftlichen Vorträgen oder solchen mit „erhabenem" oder „feierlich-ernstem" Inhalt[130] – zur Anwendung kommen sollte. Diese konnotative Aufladung des Hochdeutschen als hohe Stillage, als feierliche und ernsthafte Ausdrucksweise ist sprachbewusstseinsgeschichtlich wesentlich. In entsprechenden Kommunikationszusammenhängen schien das Hochdeutsche der „Würde des Gegenstandes"[131] angemessener und aufgrund seiner als gehoben empfundenen Stilebene und der vermeintlich besseren Fähigkeit zur Abstraktion und Reflexion als Medium des Gedankenausdrucks dem Dialekt überlegen. Zur Behandlung von „allgemeinen Gedanken" und „höheren Gegenstände[n] der Bildung",[132] wie sie in Wissenschaft, Literatur und Kunst eingefordert wird, schienen die Mundarten ebenso unfähig wie unpassend. Die 1869 geäusserte Feststellung, „[d]ie Mundart vermittelt den alltäglichen mündlichen Verkehr. Weiter reicht sie nicht. Was über ihn hinausgeht, ist Sache der schriftdeutschen Sprache",[133] bringt diese sprachliche Aufgabenteilung mustergültig zum Ausdruck.

In einer modernen Kommunikationsgesellschaft sollte damit das Hochdeutsche jene zusätzlichen Funktionen übernehmen, für die der Dialekt nicht geeignet schien. Jede Varietät sollte so zu ihrem Recht kommen.[134] Ein Festhalten an der Mundart auf dem ‚Ideengebiet' des Hochdeutschen wurde deshalb ebenso abgelehnt wie der Gebrauch des Hochdeutschen in mundartlichen Domänen. Die pragmatische Norm wurde damit zum sprachideologischen Kompromiss: So

---

129 Vögelin 1844: 94.
130 Vgl. Hagenbach 1828: 128, ähnlich z. B. auch: Spillmann 1844/1845: [6]; Vögelin 1844: 88.
131 Greyerz 1892: 582.
132 Hagenbach 1828: 122.
133 Grütter 1869: 193.
134 Vgl. z. B. Hagenbach 1828: 124; Mörikofer 1838: 33–46; [Anonym.] 1838c: 356; Sutermeister 1861: 69.

konnte man letztlich „den urwüchsigen Dialekten, [...] deren Ausdruck in ihren Grenzen vorzüglich ist, vollkommen Anerkennung schenken" und zugleich entschieden der Ansicht sein, dass „sie sich zur Darstellung von Gegenständen der Wissenschaft und Kunst wenig eignen".[135]

7.4.2 „Jedes an seinem Ort" als Grundmaxime deutschschweizerischer Sprachkultur

Die Deontik einer komplementären Verteilung der Varietäten hatte auch explizit präskriptives Potenzial. In Bezug auf den Dialektgebrauch bestand es im Gebot, sich in den dafür vorgesehenen Interaktionssituationen sprachlich nicht nach der Decke zu strecken. Wie an anderer Stelle ausgeführt, wurden entsprechende Versuche nicht nur in sprachreflexiven Texten angeprangert, sondern auch im sprachlichen Alltag von den Mitbürgern als illegitime Affektation blossgestellt und als Wichtigtuerei gebrandmarkt (s. o. Kap. 7.3.2). Auf der anderen Seite wurde der Gebrauch des Hochdeutschen in klar umrissenen Kommunikationssituationen verlangt. So erhob man neben der Forderung nach Dialektgebrauch im alltäglichen bürgerlichen Umgang auch den Anspruch, dass die Schweizer „dem *guten* Deutsch die Ehre geben, insofern, als wir es da anwenden, wo es an seinem Platze ist, und nicht glauben mit unsern Dialecten durch Dick und Dünn gehen und sie überall ins Vordertreffen stellen zu können".[136]

Dieses Gebot einer vorrangig funktionalen Trennung der Varietäten wurde im Laufe des Jahrhunderts zu einer „Grundmaxime der Sprachkultur"[137] in der deutschen Schweiz. Sie konsolidierte sich im zweiten Viertel des Jahrhunderts und setzte sich als pragmanormativer Grundsatz in der zweiten Jahrhunderthälfte definitiv durch. Ab den 1860er Jahren wurde die ursprünglich vorrangig pragmatische Trennungsmaxime durch sprachpuristische Forderungen zusätzlich verstärkt. Dialekte und Standardvarietät sollten nicht nur in den ihnen zugedachten Kommunikationssituationen eingesetzt, sondern es sollte auch darauf geachtet werden, dass beide Varietäten sprachmateriell ‚rein' gebraucht würden (s. dazu u. Kap. 9).

Solche sprachpuristischen Forderungen blieben allerdings Anliegen selbsternannter Sprachpfleger. Der pragmatische Aspekt der Trennungsmaxime hingegen wurde auch im Sprachgebrauch breiter Bevölkerungsteile wirkungsmächtig und zur allgemeingültigen Norm. Mit ihm setzte sich bis zur Jahrhun-

---

[135] E. O. 1869: 2.
[136] J. M. 1890: [s. p.], Herv. i. O. gesperrt.
[137] Haas 1992: 578.

dertwende das Bewusstsein der Diglossie als gesellschaftstaugliches Modell der Varietätenverteilung durch. Anstatt einer „sozialen Hierarchisierung"[138] von Dialekt und Hochdeutsch, wie sie zunehmend die Situation in Deutschland charakterisierte, sah das schweizerische Gegenmodell eine auf kontextuellen und situativen Kriterien basierende komplementäre Verteilung der beiden Sprachformen vor. Es charakterisiert sich gerade dadurch, dass nicht nur für beide Varietäten je eigene Kommunikationskontexte vorgesehen sind, sondern dass alle Beteiligten, unabhängig ihrer sozialen Herkunft, in einer entsprechenden Situation sich derselben Varietät bedienen.

Dieses deutschschweizerische Modell ist kulturhistorisch auch als Lösungsansatz für die Spannung zu deuten, die sich zwischen der vorrangig national motivierten Wertschätzung der Dialekte und der kulturell motivierten Wertschätzung der Gemeinsprache einstellte. Der *Aufruf betreffend Sammlung eines Schweizerdeutschen Wörterbuchs* bringt dies besonders prägnant zum Ausdruck:

> Wir sind weit entfernt, den Segen einer einheitlichen Sprache, eines Gemeingutes sämmtlicher deutschen Völkerschaften, gering zu schätzen; auch beugen wir uns ohne Rückhalt vor der Ueberlegenheit der jetzigen deutschen Schriftsprache, als des vollkommensten Werkzeuges zum freien und adäquaten Ausdrucke deutschen Wissens und Fühlens; beruht ja auf diesen beiden Grundlagen das ganze Gebäude deutscher Literatur seit 4 Jahrhunderten, und steht die deutsche Kultur in Wechselwirkung mit der deutschen Schriftsprache. Allein das hindert uns nicht, unserer angestammten Sprechweise neben dem Hochdeutschen eine hohe Bedeutung [...] beizumessen, und den Vorwurf, als sei sie niedrig und roh, entschieden zurückzuweisen.[139]

Entsprechend dieser *doppelten Sprachloyalität* wurde in der öffentlichen Debatte im gesamten 19. Jahrhundert die Wertschätzung beider Varietäten gefordert, wenngleich freilich je nach Kontext die Güte der einen oder der anderen Varietät auch einmal besonders hervorgehoben wurde.[140]

Dennoch: Dass mit der Maxime einer pragmatischen und sprachstrukturellen Separierung der Varietäten vor allem „dem Volksdialekt sein Existenzrecht innerhalb seiner natürlichen Grenzen [entschieden gewahrt]"[141] werden sollte, steht ausser Frage. Ungeachtet dieser Hoffnung, den Dialekt zu erhalten, sind

---

138 Linke 1996: 238.
139 Aufruf 1862: [1].
140 Es scheint nicht unbedeutend, dass gerade auch Gebildete diese doppelte Wertschätzung fordern: So etwa 1884 der damalige Student und spätere Professor für Germanische Philologie an der Universität Zürich Albert Bachmann (vgl. Bachmann 1884: 5) oder 1909 Wilhelm Bruckner, ausserordentlicher Professor für Sprachwissenschaft an der Universität Basel (vgl. Bruckner [1909]: 4).
141 Sutermeister [1884]: 34.

freilich gerade jene Linguisten, die gegen Ende des Jahrhunderts den zeitnahen Tod der Dialekte prognostizierten, ein Beleg dafür, dass es auch viele Zweifel daran gab, dass sich die Diglossiesituation auf lange Frist halten würde (s. dazu u. Kap. 9.1). Zu sehr war man noch in der teleologischen Vorstellung einer historischen Entwicklung in Richtung einer monoglossischen Situation auf Grundlage einer grossen Nationalsprache verhaftet und verkannte damit gründlich die „inhärente Stabilität"[142] der Diglossiesituation in der deutschen Schweiz.[143]

Diese ‚inhärente Stabilität', dürfte letztlich vor allem aus einem in reflexiver Verständigung und kommunikativer Praxis laufend aktualisierten schweizerischen Diglossiebewusstsein gewachsen und gefestigt worden sein. Geht man von einer prinzipiellen Interdependenz zwischen Sprachbewusstsein und sprachlichem Verhalten aus,[144] darf als begründet gelten, dass das Bewusstsein eines komplementären Varietätenverteilungsmodells, wie es sich im sprachreflexiven Diskurs in der deutschen Schweiz des 19. Jahrhunderts manifestiert, in der Deutschschweiz mittelfristig auch zum Fortbestand einer Diglossie mit totaler Überlagerung beigetragen hat.

---

[142] Haas 1998: 87.
[143] Vgl. ebd.
[144] Vgl. z. B. Besch 1983b: 1409; Gardt 2003: 277; Cherubim 2011: 18.

8 Wandel des Mundartideals

In den bisherigen Ausführungen wurde gezeigt, dass die Existenzberechtigung des Dialekts als Alltagsvarietät in der ersten Hälfte des 19. Jahrhunderts zwar nicht unangefochten blieb, dass aber dennoch die Ansicht dominierte, die Dialekte sollten als Sprachen eigenen Rechts neben dem Hochdeutschen bestehen bleiben. Die strikte Trennung der Varietäten wurde zur Grundmaxime der deutschschweizerischen Sprachkultur, die in den darauf folgenden Jahrzehnten unangefochten Bestand hatte. Legitimiert wurde damit der historische Status quo einer Diglossie mit totaler Überlagerung, in welcher der Dialekt von allen Mitgliedern der Sprachgemeinschaft als Erstsprache erworben wird. Dialekt und Hochdeutsch übernehmen dabei je unterschiedliche Funktionen im kommunikativen Nah- bzw. Distanzbereich.[1] Diese Konzeptualisierung des systematischen und pragmatischen Verhältnisses von Dialekt und Hochdeutsch ist das Eine. Das Andere, wenngleich davon nicht unabhängig, ist die Frage nach den stilistischen Normvorstellungen, die sich in dieser Zeit in Bezug auf die Realisierung des Dialekts metasprachlich manifestieren.[2]

Normtheoretisch lassen sich *subsistente* und *statuierte* Normen unterscheiden. Statuierte Normen werden institutionell formuliert und in Form von legalisierenden Akten für verbindlich erklärt, während subsistente unformuliert sind und im Zuge der sprachlichen Sozialisierung vermittelt werden.[3] Sie „bedürfen

---

[1] Zum Konzept sprachlicher ‚Nähe' und ‚Distanz' vgl. Koch/Oesterreicher 1985, 1994, 2007; für die theoretische und empirische Bedeutung des Konzepts in verschiedenen linguistischen Teildisziplinen vgl. die Beiträge in Feilke/Hennig 2016.

[2] Aufgrund des Erkenntnisinteresses dieser Studie kann der Frage nach den in der Deutschschweiz gültigen hochdeutschen Normvorstellungen nicht nachgegangen werden. Aufgrund einer unsystematischen Sichtung entsprechender Metakommentare im Quellenkorpus lässt sich jedoch als erste Hypothese formulieren, dass man sich im 19. Jahrhundert über weite Teile im Sinne des ‚Standardismus' (vgl. Maitz/Elspaß 2013) an den kodifizierten Normen der Standardvarietät orientierte und Abweichungen davon als Fehler bewertete. Erst im ausgehenden 19. und frühen 20. Jahrhundert wurden davon abweichende Formen, insbesondere in Wortschatz und Lautung (eine allzu ‚norddeutsche' Aussprache wurde wiederholt ausdrücklich abgelehnt, vgl. Mörikofer 1838: 65–66; Scherr 1845: 15; [Anonym.] 1866b: 170, 1874c: 307, 1874f: 172; Adank 1884: 115–116), nach und nach als legitime Formen einer spezifisch schweizerischen Variante des Hochdeutschen beurteilt, die nun teilweise als ‚Schweizer Hochdeutsch' oder ‚Schweizer Schriftdeutsch' bezeichnet wurde. Ein Standardvarietätenbewusstsein setzte sich im 20. Jahrhundert – etwa in Gestalt schweizerischer Binnenkodifizierung (vgl. Ammon 1995: 246–251) – schliesslich nur langsam und in breiteren Bevölkerungskreisen bis heute nicht vollständig durch (vgl. Scharloth 2005a, 2005e). Die historische Entwicklung der Normvorstellungen in Bezug auf die Standardsprache ist für die Deutschschweiz des 19., aber auch des 20. Jahrhunderts insgesamt noch ein Forschungsdesiderat.

[3] Vgl. Gloy 1998: insb. 397, 402–403.

keiner speziellen Setzung, Bewußtmachung und Verbreitung durch Normierungstätigkeiten".[4] Solche Gebrauchsnormen strukturieren nicht nur den Grossteil des Sprachverhaltens, als kulturelle Setzungen sind sie zudem historisch veränderbar.[5] Die Normen, ihre historische Entwicklung sowie die impliziten oder formulierten Reflexionen darüber sind Gegenstände der Sprachbewusstseinsgeschichte.

In der deutschen Schweiz durchläuft die Auffassung davon, was ‚gute' Mundart ausmache, im zweiten Drittel des 19. Jahrhunderts eine paradigmatische Veränderung. Während noch in der ersten Jahrhunderthälfte der Dialekt durch sprachliche Annäherungen an das Hochdeutsche vor allem ‚veredelt' und ‚bereichert' werden soll, kommt ab den 1860er Jahren der sprachlichen ‚Reinheit' des Dialekts der höchste Wert zu.[6]

8.1 Das Ideal einer *kultivierten* Mundart in der ersten Hälfte des 19. Jahrhunderts

8.1.1 Prolog: Der Blick von aussen – lautästhetische Kritik an den Deutschschweizer Dialekten

Zu den zentralen Gegenständen zeitgenössischer Kritik an den deutschschweizerischen Dialekten gehörte die Lautung, die als besonders unschön galt. Dieses Urteil kam nicht nur in der binnenschweizerischen Selbstwahrnehmung zum Ausdruck, sondern dominierte auch das Fremdbild, das sich insbesondere Reisende über die Sprechweise in der Schweiz machten. Bereits seit dem 17. Jahrhundert klagten sie über die lautästhetischen Mängel; der Klang der Schweizer Sprechweise sei ‚unzierlich' und ‚schwerfällig' und selbst im Vergleich zu anderen deutschen Dialekten besonders ‚hart' und ‚rau'. Diese Kritik kehrt in entsprechenden metasprachlichen Äusserungen bis ins 19. Jahrhundert topisch wieder.[7]

---

4 Polenz 1999: 229.
5 Vgl. ebd.
6 Walter Haas hat zu dieser „Erfindung der reinen Mundart" einen einschlägigen Artikel verfasst (vgl. Haas 1992).
7 Vgl. dazu die Belege bei Trümpy 1955: 18, 106–107. Teilt man Trümpys Urteil, wurde die lautliche Härte zeitgenössisch sogar „zum bekanntesten Merkmal des Schweizerdeutschen" (ebd.: 18). Eine gewisse Bestätigung findet dieses Urteil in der Einschätzung des niedersächsischen Philosophen und Hofrats Christoph Meiners (1747–1810), „die beleidigende Haerte" der Kehllaute sei geradezu „[d]ie einzige oder wichtigste Eigenthuemlichkeit [...], wodurch sich die Schweizerischen Dialekte von allen uebrigen ihnen verwandten Dialekten unterscheiden" (Meiners 1785: 141).

Damit verkörperte die schweizerdeutsche Lautung geradezu das Gegenteil dessen, was zeitgenössisch für erstrebenswert galt. Denn dass Sprache wohlklingend sein sollte, ist seit der Antike eine traditionelle sprachästhetische Forderung der Rhetorik,[8] die seit dem 17. Jahrhundert im Kontext der Sprachkultivierungsbestrebung und verstärkt im Sprachnormierungsdiskurs des 18. Jahrhunderts auch für das Deutsche erhoben wurde.[9] Auch in der Stilistik des frühen 19. Jahrhunderts spielt der Wohlklang eine prominente Rolle. Ihm widmet die wohl einschlägigste deutsche Stillehre der Zeit, Johann Christoph Adelungs Arbeit *Über den Deutschen Styl*, sogar ein eigenes Kapitel.[10] Mit Blick auf die vorliegende Thematik ist von Bedeutung, dass in Adelungs Verständnis der Wohlklang einer Sprache erst dann als vollkommen gelten kann, wenn die Lautung frei von „ihr entgegen stehenden Fehlern" ist.[11] Zu solchen zählt er aber namentlich auch die ‚Härte' einer Sprache, die sich phonetisch „in der unnöthigen Häufung der Consonanten", der „Häufung der einsylbigen Wörter" und „in der Verbindung einzelner Wörter und Begriffe" manifestiere.[12] Ausserdem beeinflusse die Qualität der Konsonanten den Wohllaut, wobei Adelung zwischen angenehmeren ‚weichen' Konsonanten (‹b›, ‹w›, ‹s›, ‹h›, ‹j›, ‹d›) und solchen, die das Ohr ‚härter' empfindet (‹p›, ‹f›, ‹z›, ‹ch›, ‹k›, ‹t›), unterscheidet.[13]

Wie unvorteilhaft mussten allen an diesen sprachstilistischen Normen orientierten Betrachtern die Deutschschweizer Dialekte mit ihrem Hang zu ‚harten' Konsonanten in Form von „krachenden Gurgeltönen"[14] da nun erscheinen! Im zweiten Band des *Mithridates* von 1809 polemisiert Adelung gegen das „Schweizerische":

---

8 Zur Geschichte des ‚Wohlklangs' als Konzept der Rhetorik vgl. Umbach/Riedl/Krämer 1996: 10–20.
9 Vgl. für den Barock Gardt 1994: 163–164, zum 18. Jahrhundert Scharloth 2005c: 159–161 sowie Faulstich 2008: 68. Im Normierungsdiskurs beziehen sich beide Diskurspositionen auf den ‚Wohlklang' als zentrales Kriterium für die deutsche Leitvarietät, allerdings herrscht zeitgenössisch durchaus keine Einigkeit darüber, welche sprachlichen Eigenschaften wohlklingend sind bzw. darüber, die Aussprache welcher Sprachlandschaft sich durch besonderen Wohlklang auszeichnet (vgl. ebd.).
10 Das Werk erschien 1785–1786 und wurde 1800 bereits in der vierten Auflage gedruckt. Seine Bedeutung als stilistische Norminstanz hat sich bis weit in das 19. Jahrhundert erhalten. Von der Popularität des Titels zeugt nicht zuletzt die Tatsache, dass 1822 die handliche, einbändige Bearbeitung von Adelungs Stillehre durch Theodor Heinsius nach 1800 und 1808 bereits in dritter Auflage erschien (vgl. Adelung 1822).
11 Adelung 1800: 200.
12 Vgl. ebd.: 200–201, hier: 201.
13 Vgl. ebd.: 203–204.
14 Stalder 1819: 9.

> Unter den *Oberdeutschen Volks-Dialecten* zeichnet sich der *Schweizerische* vor allen übrigen aus. [...] Wenigstens ist sie [die Sprache der Alemannen, E. R.] unter allen Deutschen Mundarten die abschreckendste, besonders wegen ihrer vielen Gurgellaute und Aspirationen [...] Sie theilet sich dabey wieder in mehrere Mundarten, welche sich an Missklang eben so sehr als ihre Berge und Gletscher an Furchtbarkeit und Rauhigkeit zu übertreffen suchen.[15]

Adelungs Tirade bringt die zeitgenössische Ablehnung gegenüber den deutschschweizerischen Dialekten mustergültig zum Ausdruck. Diese fanden vor dem Hintergrund des Ideals sprachlichen Wohlklangs alleine ihrer Lautung wegen kaum ein wohlwollendes Urteil seitens deutscher Beobachter. Auch Schweizern, die dem Dialekt grundsätzlich skeptisch gegenüberstanden, war die dialektale Aussprache ein Stein des Anstosses. Polemisch äussert sich 1825 etwa Karl Viktor von Bonstetten zum „Accent" der Zürcher, der „so schwerfällig und übeltönend" sei, dass „das Ohr des Fremden [...] dadurch dermaßen verwundet [wird], daß man einige Zeit braucht um dahinter zu kommen[,] welche Ideen durch diese Töne ausgedrückt werden sollen".[16]

In der deutschen Schweiz war man sich dieser lautlich-ästhetischen Kritik durchaus bewusst. Johann Kaspar Mörikofers lapidare Feststellung, „[m]an klagt über unsere unschönen rauhen Laute"[17] belegt es und lässt überdies erkennen, dass die Thematik auch Ende der 1830er Jahre noch immer Anlass zur sprachreflexiven Beschäftigung gab. Mörikofer selbst suchte in seiner Arbeit die wenig wünschbare Lautung der schweizerdeutschen Dialekte zu entschuldigen durch den Verweis auf ihre naturgegebene Entstehung im rauen Gebirge, während er zugleich durch die Behauptung einer Korrelation des Schweizerdeutschen mit der Schweizer Nation diesen sprachlichen Makel als nationale Eigenheit zu relativieren versuchte.[18]

Die stilistischen Idealvorstellungen, wie sie in Deutschland verbreitet waren, machten nicht an der Schweizer Grenze halt. Gebildete nahmen auch hier – wenngleich kaum aktiv, dann doch zumindest passiv – an den dominierenden sprachbewusstseinsgeschichtlichen Entwicklungen im deutschsprachigen Raum teil. So dürfte es wohl auch in den bürgerlichen Oberschichten der deutschen

---

15 Adelung 1809: 201–202, erste Herv. i. O. kursiv, zweite Herv. i. O. kursiv und gesperrt.
16 Bonstetten 1825: 57. Auch der aus dem Engadin stammende, kurzzeitig in Deutschland wohnhafte Pfarrer Heinrich Bansi (1754–1834) polemisiert im *helvetischen Volksfreund* 1797 gegen „die grobe, beschwerliche, das Ohr beleidigende Aussprache" der Deutschschweizer, die „sich doch nicht einfallen lassen [können], dass man sich durch Übelklang unter den Völkern auszeichnen müsse" (Der helvetische Volksfreund 1797: 135–136, zit. nach Trümpy 1955: 107).
17 Mörikofer in Vögelin 1844: 107.
18 Vgl. Mörikofer 1838: 4.

Schweiz letztlich ein „Bedürfnis nach qualitätvoller Sprache"[19] gegeben haben, wobei die für das Hochdeutsche formulierten Stilprinzipien auch für die Dialekte zunächst noch als erstrebenswertes Ideal galten.

8.1.2 Ästhetische Perspektive. Der Wunsch nach einer lautlich und lexikalisch edleren Sprechlage

Unabhängig davon, auf welchen Standpunkt sich Autoren in Bezug auf die ‚Dialektfrage' in der ersten Hälfte des 19. Jahrhunderts stellten, benannten viele von ihnen neben den Vorteilen stets auch bestimmte Nachteile des Dialekts. In dieser Kritik am Sprachzustand zeigt sich, dass der rezente Dialekt in den Augen zeitgenössischer Beobachter (noch) nicht einem Idealzustand entsprach. Zu den zentralen Vorwürfen gegenüber den Dialekten gehörten ästhetisch-stilistische, die fehlenden Wohlklang (Härte) und zu viele grobe, ‚pöbelhafte' Begriffe bemängelten. Mit Kriterien wie Wohlklang, Angemessenheit oder Deutlichkeit orientierten sich die Kritiker in ihrem Werturteil an stilistischen Idealen, die seit der Aufklärung zu den konstitutiven Merkmalen sprachlicher Güte zählten.[20] Die Forderungen nach einer ‚Veredelung' des Dialekts, wie sie im Folgenden beschrieben werden, sind vor dem Hintergrund dieser zeitgenössischen Idealvorstellungen zu deuten.

Der Basler Pastor Karl Rudolf Hagenbach bringt in seiner Abhandlung über das Baseldeutsche von 1828 die zeitgenössische „Veredelungsmaxime"[21] auf den Punkt. Er ergänzt seine Überzeugung, dass der Basler Dialekt grundsätzlich auch als Verkehrssprache unter Gebildeten beibehalten werden solle, mit folgender Empfehlung: „Behält man nun aber im gewöhnlichen bürgerlichen Leben das *Baseldeutsche* bei, so arbeite man dahin, statt dasselbe durch das Hochdeutsche zu verdrängen, es durch die Schriftsprache nach und nach zu

---

[19] Haas 1992: 581.
[20] Vgl. Polenz 2013: 116–211. Für Adelung, der für das frühe 19. Jahrhundert als massgebliche Autorität in Fragen des sprachlichen Stils an dieser Stelle stellvertretend angeführt werden soll, zählen ‚Sprachrichtigkeit', ‚Reinigkeit', ‚Klarheit und Deutlichkeit', ‚Angemessenheit und Üblichkeit', ‚Präzision und Kürze', ‚Würde', ‚Wohlklang', ‚Lebhaftigkeit' sowie ‚Einheit' zu den idealen Eigenschaften des schönen Stils. Sie sollen dazu führen, dass das Gesagte nicht nur verständlich, sondern eben auch wohlgefällig ist (vgl. Adelung 1785: Bd. 1: 37–38, zit. nach Faulstich 2008: 165, 466). Im Normierungsdiskurs des ausgehenden 18. Jahrhunderts zählten entsprechend diesem Ideal vor allem die Schlüsselwörter ‚deutlich', ‚verständlich', ‚klar' sowie ‚rein' und ‚richtig' zu den Kriterien für eine gemeinsprachliche Leitvarietät (vgl. Faulstich 2008: 463–520; 537–538).
[21] Haas 1992: 593.

veredeln [...]."²² Hagenbach will ausdrücklich nicht den Dialekt durch ein „basilisirte[s] Hochdeutsch" ersetzen, von dem er wenig hält. Ziel ist stattdessen eine „veredelte" Variante des Dialekts, wie sie zeitgenössisch im bürgerlichen Basel bei „öffentlichen Verhandlungen rein bürgerlicher Gegenstände" bereits existiert haben soll.²³

Zu diesem Zweck fordert der Basler Pastor zunächst „das zu verbessern, was ursprünglich mangelhaft an unserer alemannischen Aussprache ist".²⁴ Konkret sollen bestimmte, als unschön empfundene phonetische Charakteristika des Basler Dialekts zugunsten einer gemässigteren Lautung aufgegeben werden. So fordert er von der Basler Bürgerschaft unter anderem, sich gegen die eigene Gewohnheit „nicht allzu gedehnt und schleppend" („worein man so leicht verfällt") und „nicht durch die Nase oder den Hals" zu sprechen sowie „die Umlaute *bös, übel* richtig zu betonen und damit nach und nach das schlechtlautende *bés, ibel* u. s. w. zu verdrängen".²⁵ Weiter sollte auf bestimmte, nur im Dialekt gebräuchliche Ausdrücke und Syntagmen verzichtet und an ihrer Stelle aus dem Hochdeutschen adaptierte Synonyme gebraucht werden.²⁶ Entsprechend positiv äussert sich Hagenbach darüber, dass sich die ‚Baslersprache' in diesem Sinne „seit etwa einem halben Jahrhundert eben so gut gesäubert und verschönert habe, als unsere Straßen".²⁷ Wörter wie ‚Fazenezli' für ‚Schnupftuch', ‚Kollaium' für ‚Kollegium', ‚Umbeise' für ‚Ameise' höre man kaum mehr, und statt ‚grint' oder ‚g'hile' werde ‚geweint', statt ‚z'Immis' werde ‚zu Mittag' gegessen.²⁸

Nicht nur Hagenbach fordert in der ersten Jahrhunderthälfte die Veredelung des Dialekts durch ‚Milderung' der als zu grob und undeutlich empfundenen Aussprache sowie Verzicht auf bestimmte Ausdrücke.²⁹ Sehr dezidiert fordert

---

22 Hagenbach 1828: 127, Herv. i. O. gesperrt.
23 Vgl. ebd.
24 Ebd.
25 Ebd., Herv. i. O. gesperrt. Hagenbach schlägt damit eine Aussprache vor, mit der sich der bürgerliche Sprecher über die Normallautung erhebt und ‚gegen unten' abgrenzt. Zugleich grenzt er sich aber auch ausdrücklich von einer zu ‚gezierten' hochdeutschen Aussprache ab, die ‚Beer' statt ‚Bär', ‚lésen' statt ‚lèsen', oder ‚Ufen' statt ‚Ofen' sagen würde (vgl. ebd.) – ein Indiz, dass er sich der Gefahr bewusst war, dass mit seiner Forderung nach verbesserter dialektaler Aussprache die hochdeutsche Lautung gleich vollständig übernommen werden könnte.
26 Vgl. ebd.: 128.
27 Ebd.
28 Vgl. ebd.
29 Aussprache und Lexik stellen die dominierenden Gegenstände der normativen Forderungen dar. Eine Ausnahme macht der Basler Diakon Johannes Linder, der 1844 die Grammatik ins Zentrum rückt. Er findet es „doch wenigstens nicht unschweizerisch, wenn wir einen Accusativ und die *tempora historica* [das Imperfekt, E. R.] annehmen" (Linder in Vögelin 1844: 92, Herv. i. O. in Antiqua). Dass solche grammatikalischen Neuerungen bei anderen Zeitgenossen wenig Akzeptanz gefunden hätten, legt allerdings Rengger 1838: 146–147 nahe, der betont,

das 1839 vor versammelter Lehrerschaft auch ein Appenzeller Schulmann, der sich insbesondere vom „Gutdeutschsprechen" in der Schule erhofft, dass der Dialekt sich in diese Richtung verbessere.[30] Die Forderung findet sich zudem in einer wohl einzigartigen handschriftlichen Quelle des ansonsten unbekannten Zürcher Juristen Johann Rudolf Spillmann (1817–1879). Spillmann verfasste 1844 ein Manuskript für den *Unterricht in der Zürcherischen Volkssprache*, das als Grundlage für die Unterrichtung seiner Verlobten und späteren Ehefrau, Katharina Scheuchzer (1818–1899), dienen sollte. Das erklärte Ziel war, Scheuchzer die „wüsten, widrigen Ausdrücke" abzugewöhnen und ihre Ausdrucksweise so zu verbessern, dass sie sich – gerade auch als Frau – sprachlich von den einfachen Leuten abhebt.[31] Neben drei umfassenden Wörterverzeichnissen, die Ausdrücke der ‚wüsten zürcherischen Volkssprache' jenen der anzustrebenden ‚besseren zürcherischen Volkssprache' gegenüberstellen,[32] finden sich auch die folgenden allgemeinen „Regeln für die Formation der Volkssprache":

> 1.) Absolute Unwichtigkeiten, Verkehrtheiten, Plumpheiten, Grobhölzigkeiten soll man auch in der Volkssprache nicht mitmachen, sondern das Wüste, Breite u. Schwerfällige vermeiden.
>
> 2.) Da, wo die abweichenden Formen der Volkssprache leicht (d. h. ohne daß es Anstoß beim Volke erregt oder diesem nur auffällt, daß man seinen Dialekt verbessern will) auf

---

dass, „[w]er die Hülfswörter der Schriftsprache gebrauchen oder in der jüngst vergangenen Zeit, welche für die schweizerischen Mundarten nicht vorhanden ist, sprechen wollte, [...] allgemein verlacht werden [würde]."

30 Vgl. [Anonym.] 1840: 408–409; der Wunsch einer Veredelung der Volkssprache wird auch von der Redaktion der *Allgemeinen schweizerischen Schulblätter*, die den Vortrag abdrucken, ausdrücklich unterstützt (vgl. ebd.: 418).

31 „Dieses Ekelhafte stets in deiner Sprache hören zu müssen, wäre mir ein halber Todesärger. – (Ein Gauner infanticida, [...] ein Knechtli in Gassen in Zürich, ein Wegknecht, die Schiffleute am Zürichsee, [...] Hallunken u.[nd] Lumpenhunde, die Krämer, die Banditen in den Appenninen, Räuber u. Zigeuner mögen solche rohe Spitzbubensprache führen, aber Du nicht! Es verunstaltet dein ganzes weibliches Wesen!)" (Spillmann 1844/1845: 10–11).

32 Mit „Verzeichniß der wüsten, widrigen Ausdrücke, welche J.[ungfer] G.[aton] Sch.[euchzer] [= K. Scheuchzer] noch braucht, u.[nd] die sie sich abgewöhnen soll", überschreibt er ein dreispaltiges Wörterverzeichnis mit über 100 Einträgen, das in der ersten Spalte Wörter in der ‚wüsten zürcherischen Volkssprache', in der zweiten jene der ‚besseren zürcherischen Volkssprache' und in der dritten die ‚Bedeutung im Hochdeutschen' verzeichnet (vgl. ebd.: 15–23). Es folgt ein zweites „Verzeichniß der wüsten, allzu corrupten Ausdrücke des Züricher Volkes [...], welche Niemand nachahmen oder mitmachen soll", das wiederum in drei Spalten zwischen ‚corrupt', ‚richtiger' und ‚hochdeutsch' unterscheidet (vgl. ebd.: 29–34). Schliesslich folgt ein „Verzeichniß zu billigender Ausdrücke u.[nd] Phrasen der Züricher Volkssprache als solcher", das über zweihundert Ausdrücke umfasst: u. a. etwa ‚Chriesi' für ‚Kirsche', ‚Öppis' für ‚Etwas', ‚Gülle' für ‚Jauche' (vgl. ebd.: 43–55).

> hoch-deutsche Formen ganz oder annähernd zurückzuführen sind, soll man in diesem Sinne die volkssprachlichen Formen verbessern; – bei dieser Correctur soll immer das Hochdeutsche der Maßstab u. Leiter sein. Wo das Vertauschen einer volkssprachlichen Form mit einer hochdeutschen unmerklich geschehen kann, soll man diesen Tausch machen.[33]

Um zu veranschaulichen, wie diese Regeln zu verstehen und anzuwenden seien, führt er folgende Beispiele an: „*verliden* mit *erliden* kann unmerklich vertauscht werden, – ferner: ‚sitert' ist zu verbessern in ‚siter', wobei die hochdeutsche Form ‚seither' leiten soll, das [sic!] kein *t* hat, – *muon i* ist zu verbessern in *muß i*, es ist hochdeutscher [...]."[34]

Deutlich zum Ausdruck kommen in Spillmanns Äußerungen zwei Prinzipien der postulierten Verbesserungsmaxime: Erstens sollte auf dialektale Ausdrücke verzichtet werden, die als besonders grob oder aber als sittlich oder ästhetisch problematisch empfunden wurden. Zweitens sollten Dialektbegriffe, die auch im Hochdeutschen existierten, sprachlich demselben möglichst angenähert werden. Was er in der zitierten Passage andeutet, formuliert Spillmann an anderer Stelle explizit: Als „leitendes Gesetz" gilt das „Veredeln der Volkssprache im Sinne einer Annäherung an die Schriftsprache".[35] Die Explizitheit, in der Spillmann diese Gebrauchsnorm formuliert, ist im Quellenkorpus einmalig. Sie legt nicht zuletzt auch Zeugnis davon ab, wie nicht nur kodifizierte, sondern auch usuelle Normvorstellungen handlungsleitend werden und mittelbar individuelles und/oder kollektives Sprachverhalten strukturieren.

Im Gegensatz zu den expliziten Ausführungen in Spillmanns Manuskript wird die Zielvorstellung einer in diese Richtung ‚verbesserten' und ‚veredelten' Mundart meist nur impliziert. So etwa in der Äußerung eines unbekannten Autors in den *Jahrbüchern der Stadt St. Gallen* aus dem Jahr 1834:

> Es ist auffallend, wie sehr sich die Sprache innert zwanzig Jahren unter dem männlichen Geschlechte verbessert hat. Seitdem unsere [d. h. St. Galler, E. R.] Bürgerschaft aus ihrer frühern Abgeschlossenheit heraus getreten ist, hat die Sprache unter uns an Reichthum und Reinheit gewonnen.[36]

Weniger zufrieden zeigt sich der Autor mit der „Sprache des weiblichen Geschlechtes", die „hinter jener des männlichen zurük geblieben" sei: „Viele Ausdrüke der St. Galler Mundart werden einzig noch von ihm fortgepflanzt; das

---

33 Ebd.: 14.
34 Ebd., Herv. i. O. unterstrichen.
35 Ebd.
36 [Anonym.] 1834b: 79–80.

Grelle oder das Singende, Schleppende in der Aussprache hat sich nur hin und wieder verloren aber dürfte sich allmälig immer mehr verlieren."[37]

Auch hier bedeutet eine ‚Verbesserung' des Dialekts in erster Linie seine sprachliche Annäherung an das Hochdeutsche, auf das sich hier auch das Ideal sprachlicher ‚Reinheit' noch bezieht.[38] Denn der Fortschritt des Dialekts, so der Autor weiter, äussere sich aus lexikalischer Perspektive gerade darin, dass „Wendungen und Ausdrüke, die der Schriftsprache angehören und früher nie oder selten angewandt wurden, [...] in der Umgangssprache ziemlich allgemein in Gebrauch gekommen [sind]", während „eine Menge eigenthümlicher St. Gallerausdrüke bei immer grösser werdendem Verkehr im öffentlichen Leben und durch die bessere Jugendbildung noch mehr verschwinden".[39] In phonetischer Hinsicht sieht der anonyme Autor die Optimierung darin, dass „sich die Härte und das schleppende Wesen bedeutend gemildert", „[d]ie Endsilben, die noch alle bei uns auf eigenhütmliches a ausgiengen, [...] sich immer mehr [vermischen]" und „die Umlaute in der Mitte der Wörter [...] schon ziemlich allgemein ausgesprochen [werden]".[40] Zudem bestehe die Hoffnung, dass „das Grelle oder das Singende, Schleppende in der Aussprache" sich noch weiter verlieren werde.[41] Hier wird noch einmal deutlich, dass in besonderer Weise der Abbau phonetischer und prosodischer Varianten in Gestalt eines sprachlichen Ausgleichs und der Annäherung an das Hochdeutsche ein massgebliches Kriterium war, wenn es um die ästhetische Verbesserung der Dialekte ging.

Reflexe einer positiven Beurteilung lautlicher Annäherung sind selbst bei Mörikofer zu finden, wenn er feststellt, dass sogar die Zürcher Mundart, die „sonst breit und schwer ist", in jüngster Zeit „durch veredelten Sprachgesang und feinere Haltung viel gewonnen und sich mancher Härte und Mißtöne entledigt hat, ohne irgend von dem einheimischen Laut- und Sprachverhältnis zu lassen".[42] Gerade die Feststellung, dass der Dialekt verbessert wurde, *ohne* von den ‚einheimischen Laut- und Sprachverhältnissen' zu lassen, ist allerdings ein weiterer Beleg dafür, dass es Mörikofer, wie vor ihm bereits Hagenbach, nicht

---

37 Ebd.: 80.
38 Damit steht diese Verwendung des Begriffs ‚Reinheit' in Bezug auf die Dialekte der Reinheitsvorstellung, wie sie in der zweiten Jahrhunderthälfte verstanden wird, diametral entgegen (s. u. Kap. 8.2; vgl. dazu auch schon Haas 1992: 588).
39 [Anonym.] 1834b: 79–80.
40 Ebd.: 80.
41 Ebd.
42 Mörikofer 1838: 39–40. Die gleiche Ansicht wiederholt er 1844, wenn er betont, dass in Zürich „durch einen reichern geistigen Verkehr der letzten Jahre, die Mundart sich, mit unverletzter Beibehaltung der Laute und der Modulation, doch mancher Härten und Schroffheiten entledigt hat" (Mörikofer in Vögelin 1844: 110); vgl. dazu auch Rengger 1838: 146–147.

um einen Varietätenwechsel ging, sondern um die Kultivierung des Dialekts zu einer stilistisch gehobenen Sprachform.

Wie diese Äusserungen aus dem zweiten Viertel des 19. Jahrhunderts veranschaulichen, wurde der sprachliche Ausgleich durch hochdeutsche Transferenzen oftmals nicht als negative Entwicklung im Sinne eines Dialektverfalls gedeutet. Dass die eigene Sprechweise „der Form nach sich veredelt, hauptsächlich aber bereichert hat",[43] wird geradezu als wünschenswerte Entwicklung bewertet, deren Fortsetzung man sich erhofft. Als Mass für die ‚Veredlung' und ‚Bereicherung', die ‚Richtigkeit' und ‚Bestimmtheit' diente die neuhochdeutsche Schriftsprache mit ihren mündlichen Realisierungsformen. Die im 19. Jahrhundert dafür gebräuchliche Bezeichnung ‚Gutdeutsch' bezeugt die Auffassung einer besonderen Qualität dieser Varietät auch terminologisch.[44]

In einigen Fällen hatte dieser Wunsch nach verbesserter Sprache auch ausdrücklich sozialsymbolischen Charakter. So gibt es Hinweise darauf, dass der im bürgerlichen Umfeld beanspruchte gehobene mundartliche Sprechstil nicht zuletzt auch mit dem Wunsch nach einer sprachlich wahrnehmbaren Unterscheidung der eigenen Sozialformation verknüpft sein konnte.[45] Analog zu Entwicklungen in Deutschland und Österreich sollte eine bürgerliche Sprachkultur auch die Funktion sprachlich-symbolisch induzierter sozialer Abgrenzung erfüllen.[46] Im Gegensatz zu den deutschsprachigen Nachbarländern wird in der deutschen Schweiz die Zugehörigkeit zu einer bürgerlichen Sprachkultur jedoch nicht über die Differenz von Dialekt und Hochdeutsch, sondern binnendialektal über den Gebrauch verschiedener dialektaler Sprechlagen markiert.

Dass dem Wunsch nach einer kultivierten Ausdrucksweise allerdings nicht in jedem Fall eine sozial distinguierende Motivation zugrunde lag, zeigt das Beispiel des bereits erwähnten Karl Rudolf Hagenbach. Geht es nach dem Basler Pastor, sollte die ‚Veredelung' des Dialekts, die im Bürgertum „so zu sagen unbewußt statt finden" wird, von dort aus „allmählich auf die Ungebildetern über-

---

43 [Anonym.] 1835: 171.
44 Der Ausdruck wird u. a. gebraucht von St. 1860: 23; Osenbrüggen 1867: 343; E. O. 1869: 2; [Anonym.] 1873b: [1]; Osenbrüggen 1874: 168; [Anonym.] 1874d, 1878c: 53; Utzinger 1887a: 140; Socin 1888a: 95; J. M. 1890; [Anonym.] 1892b, 1893; H. B. 1894: 427; Socin 1895: 7; Kelterborn 1899: 91; [Anonym.] 1902; Stickelberger 1905: 5 sowie weitere Belegstellen in Id.: Bd. XIII, Sp. 2206. Mit Hinweis auf Jeremias Gotthelfs *Jacobs, des Wandergesellen, Wanderungen durch die Schweiz* ist im Idiotikon zudem die Bezeichnung ‚Schöndeutsch' verzeichnet (vgl. ebd.: Bd. XIII, Sp. 2209). Inwiefern dieser Ausdruck abgesehen von seiner Erwähnung bei Gotthelf gebräuchlich war, muss hier jedoch offen bleiben.
45 Vgl. z. B. [Anonym.] 1834b; Spillmann 1844/1845; Nägeli 1850: 163.
46 Für das deutsche Bürgertum vgl. Linke 1996.

gehen".[47] Denn: „Gerade dadurch, daß die höhern Stände zu den niedern sich herablassen in der ihnen gewohnten Sprache, können sie dieselbe vor gänzlicher Entartung und dem Herabsinken ins Rohe und Gemeine bewahren, das allen platten Pöbelsprachen anhängt!"[48] Hagenbach erhofft sich davon eine allmähliche Kultivierung der Sprechweise des gesamten Volkes nach dem Vorbild der bürgerlichen Oberschichten. Dass dieser Prozess aber ohnehin durch die Volksbildung befördert würde, davon war der Berner Pädagoge Karl Grütter noch Ende der 1860 Jahre überzeugt.[49]

8.1.3 Pragmatische Perspektive. Der Wunsch nach polyfunktionaler Sprache

Das in der ersten Jahrhunderthälfte rekonstruierbare Ideal eines ‚verbesserten' Dialekts scheint jedoch nicht ausschliesslich auf das Bedürfnis nach qualitätvoller Sprache zurückführbar. Auch das Bedürfnis nach polyfunktionaler Sprache spielte eine Rolle. Dies legen zumindest jene Aussagen nahe, die sich eine Verbesserung des Dialekts vor allem als *Bereicherung des dialektalen Lexikons* durch Begriffe aus der neuhochdeutschen Schriftsprache vorstellen. Entsprechende Forderungen motivieren sich nicht vorrangig ästhetisch-stilistisch, sondern durch – im sprachwissenschaftlichen und alltagssprachlichen Sinne des Wortes – *pragmatische* Überlegungen. Gerade *weil* man sich weiterhin auch in gebildeten Kreisen des Dialekts bedienen wollte (s. dazu o. Kap. 7.3), bedurfte man einer Varietät, die sich für sämtliche Gegenstände und Kommunikationssituationen einer modernen bürgerlichen Gesellschaft als funktional erweisen würde.

Unter *Kultivierung des Dialekts* wurde dabei vor allem dessen sprachfunktionaler Ausbau verstanden, letztlich mit dem Ziel, „die Volkssprache nach den Bedürfnissen unserer Zeit zu entwickeln und zu bereichern".[50] Dass der Dialekt als funktionale Alternative zum Hochdeutschen im Medium der Mündlichkeit nur als polyfunktionale Alltagsvarietät fortbestehen konnte und dass er flexibel

---

47 Hagenbach 1828: 127.
48 Ebd.: 114.
49 „Die Mundart [...] wird nie untergehen. Zeit und Gelegenheit zur Uebung derselben bieten sich genug dar. Aber sie wird in edlere Form sich kleiden und schöner und fließender werden, je mehr das Volk im Verständniß der Schriftsprache und in der Bildung überhaupt fortschreitet." (Grütter 1869: 198).
50 Scherr 1845: 251. Der sprachfunktionale Ausbau gilt auch anderen Autoren als Grund oder Motivation für die Aufnahme standardsprachlicher Transferenzen in den Dialekten (vgl. z.B. Meyer von Knonau 1834: 126; Rengger 1838: 146–147).

genug war, schriftsprachliche Lexeme zu adaptieren, das wussten zeitgenössische Beobachter:

> Sie [die Mundart, E. R.] wird bestehen, eben weil sie nicht aus veralteten Trümmern gebildet, sondern lebendig, bildsam und empfänglich geblieben ist. Denn es hat unsere Mundart eine Elasticität und Fügsamkeit, wornach sie jeden Ausdruck der hochdeutschen Sprache in sich aufnehmen kann, so daß ihr auch jede Mittheilung aus dem geistigen Leben möglich wird. Daher ist auch in letzter Zeit an verschiedenen Orten eine Milderung und Kultivierung der Mundart spürbar.[51]

Durch den sprachmateriellen und -systematischen Ausbau des Dialekts wurde erst möglich, dass man sich im Dialekt nun „richtiger und bestimmter aus[drücke] als vormals".[52] Dieser sprachmaterielle Ausbau der Dialekte, von den Zeitgenossen bereits in der ersten Jahrhunderthälfte nicht nur beobachtet, sondern auch gefordert, wurde somit auch sprachgebrauchsgeschichtlich bedeutsam. Dadurch, dass das Schweizerdeutsche als polyvalenter „Ausbaudialekt"[53] fungierte, stellte es für das deutschschweizerische Bürgertum letztlich auch mittel- und langfristig eine Alternative zum Hochdeutschen dar.

Die Rekonstruktion der Idealvorstellung der Dialekte im metasprachlichen Diskurs in der ersten Jahrhunderthälfte zeigt, dass das Hochdeutsche sprachlicher Fluchtpunkt der gewünschten Entwicklung der deutschschweizerischen Dialekte war. Aus ästhetisch-stilistischer Sicht hing der Wunsch nach einer sprachmateriellen Annäherung an das Hochdeutsche mit dem Bedürfnis einer Qualitätssteigerung der eigenen Sprache zusammen und mit der Absicht, zu einer gehobenen, ‚edleren' Sprechweise zu gelangen. Aus pragmatischer Perspektive waren mit dem sprachmateriellen Ausbau die Hoffnung auf polyfunktionale Sprache und mithin der Wunsch verbunden, sich im eigenen Dialekt über sämtliche gesellschaftsrelevanten Gegenstände zu unterhalten. Transferenzphänomene im Dialekt wurden in entsprechenden metasprachlichen Äusserungen der ersten Jahrhunderthälfte deshalb weitgehend begrüsst sowie eine Weiterentwicklung in diesem Sinne für wünschenswert oder gar notwendig erachtet.

Mit den hier dargelegten Kultivierungsbestrebungen des sprachlich Eigenen wird in der deutschen Schweiz auf Ebene der Substandardvarietäten zugleich

---

51 Mörikofer in Vögelin 1844: 109–110.
52 Rengger 1838: 146.
53 Zum Konzept des Ausbaudialekts vgl. Kloss 1976: 312–317, 1978: 55–60. Aufgrund der Tatsache, dass der Dialekt unter anderem in Predigten, in politischen Gremien sowie für wissenschaftliche Diskussionen gebraucht wurde (s. o. Kap. 5.4.2), erscheint es berechtigt, bei den deutschschweizerischen Dialekten bereits im 19. Jahrhundert von ‚Ausbaudialekten' zu sprechen, die über die Anwendungsgebiete von ‚Normaldialekten' hinausgehen.

eine diskursive Strategie adaptiert, die seit dem 17. Jahrhundert die Entwicklung der neuhochdeutschen Schriftsprache zur europäischen Kultursprache prägte. Dass innerhalb des deutschen Varietätenspektrums die schweizerischen Dialekte an sich nun ‚kultiviert' werden sollten, darf auch als Ausdruck eines dialektalen Eigensprachbewusstseins verstanden werden. Unter dieser Perspektive stellen die Dialekte nicht *per se* defizitäre Sprachformen dar, sondern auch ein Dialekt trägt – zumindest als Medium der Mündlichkeit – den Kern der ‚Veredelung' und das Potenzial zu einer polyfunktionalen Varietät in sich, das es folgerichtig zu entwickeln gilt.

Unter der Voraussetzung, dass man an den Mundarten als Alltagsvarietäten festhalten wollte, konnten die Schweizer Bildungsschichten mit einer ‚kultivierten' Variante des Dialekts letztlich auch den Vorwurf der Unbildung und sprachlichen ‚Gemeinheit' entschärfen, der mit Blick auf den fortwährenden Dialektgebrauch der Gebildeten nicht nur aus dem Ausland erhoben wurde:

> Den Charakter der Gemeinheit aber, wie oft die Deutschen meinen, den dürfen wir der schweizerischen Mundart nicht aufbürden lassen: denn [...] [sie] bewahrt [...] gerade dadurch, daß sie zugleich Sprache der Gebildeten ist, eine Empfänglichkeit für den Ausdruck alles Schönen und Zarten und eine Leichtigkeit des Hinübergreifens in das Gebiet der Schriftsprache, daß kein Schweizer auf dem Boden der Volkssprache sich so beengt finden muß, um nicht den bezeichnenden sowohl als edlen Ausdruck in dieselbe übertragen und hineinlegen zu können.[54]

Soweit dies aus dem metasprachlichen Diskurs rekonstruierbar wird, gestaltete sich das Verhältnis vieler Diskursakteure zum Dialekt in der ersten Jahrhunderthälfte insgesamt sehr pragmatisch. Er wurde als dynamische, veränderbare Varietät konzipiert, die vor allem als Mittel zum kommunikativen Zweck dienen sollte. Diese Wahrnehmung wandelte sich erst im zweiten Drittel des Jahrhunderts grundlegend.

8.2 Das Ideal einer *reinen* Mundart im späten 19. Jahrhundert

Im zweiten Drittel des 19. Jahrhunderts vollzieht sich im sprachreflexiven Diskurs ein grundlegender Paradigmenwechsel im Hinblick auf den Idealzustand des Dialekts. Wie ausgeführt, dominierte in der ersten Jahrhunderthälfte in den mundartfreundlichen Quellen grundsätzlich die Auffassung, der Dialekt dürfe und solle sich verändern. Die Adaption hochsprachlicher Lexik, Syntax sowie eine Annäherung an gewisse phonetische Phänomene, die als sprachstilistisch

---

54 Mörikofer 1838: 95.

wertig galten, wurden nicht nur als Verbesserungen des Dialekts gelobt, sondern eine Entwicklung in diese Richtung wurde sogar gefordert. Äusserungen, die in diesem Sinne eine ‚Verbesserung' der Mundart als wünschenswerte Entwicklung darstellen, gehen nach der Jahrhunderthälfte quantitativ jedoch deutlich zurück und fehlen im letzten Drittel des Jahrhunderts fast vollständig. An Stelle einer *kultivierten* wird als neues Dialekt-Ideal die *reine Mundart* gefordert. *Reinheit* wird im metasprachlichen Diskurs in der zweiten Jahrhunderthälfte geradezu zum Schlag- und Schlüsselwort.[55] Worauf aber rekurriert der Begriff in seiner Anwendung auf die Dialekte der deutschen Schweiz?

8.2.1 Historische Perspektive. Die Entdeckung der Historizität und der Ursprünglichkeit der Mundarten

Im Gegensatz zur aufgeklärten Sprachbetrachtung, die sprachliche Reinheit im Sinne einer Normmaxime verstand, prägten die historische Sprachwissenschaft und die Dialektologie ein neues, geschichtlich begründetes Verständnis des sprachlichen Reinheitsbegriffs.[56] Im Laufe des 19. Jahrhunderts wurde zunächst in der Sprachwissenschaft, später auch darüber hinaus als sprachlich *rein* angesehen, „was einen sprachhistorisch ältern Zustand verkörpert" oder als gesetzmässige Entwicklung aus diesen ursprünglicheren Sprachzuständen betrachtet werden konnte.[57] Diese diachrone Perspektive auf sprachliche Reinheit trat zeitgenössisch in Konkurrenz zu einem Reinheitsbegriff, der sich an den (stilistischen) Normen des Hochdeutschen orientierte. Sprachliche Reinheit bezeichnete nun nicht mehr eine sprachliche Güte, „die es herzustellen galt",[58] sondern war eine Qualität, die den ältesten Sprachen wesenhaft zukommt. Sprachgeschichtlich führte diese Überzeugung unweigerlich zu einer Hierarchisierung der verschiedenen Sprachstufen und zur Vorstellung, die Reinheit einer Sprache nehme im Laufe der Zeit immer mehr ab.[59] Anschauliches Beispiel für diesen Wertewandel bildet die Beurteilung von Archaismen, die in den Augen aufgeklärter Sprachkritiker eben noch gegen die Reinheit der Sprache verstiessen,

---

55 Zu den Konzepten ‚Schlagwort' und ‚Schlüsselwort' vgl. Hermanns 1994; zur Bedeutung des Konzepts ‚Schlüsselwort' in der linguistischen Tradition vgl. Liebert 1994, der auch einen Vorschlag für ein Modell zur diskursiven Genese von Schlüsselwörtern entwirft: vgl. Liebert 2003.
56 Vgl. Haas 1992: 590; Gardt 1999a: 263.
57 Vgl. Haas 1992: 590.
58 Ebd.
59 Vgl. Gardt 1999a: 263, 275–276.

nun jedoch als besonders rein galten.⁶⁰ Für die Vertreter dieser Auffassung galt daher der ältere Sprachzustand letztlich als der bessere, weil er der ursprünglichere war.

Dass aber gerade die Dialekte eine besondere lexikalische und grammatikalische Nähe zu den schriftlich überlieferten älteren Sprachformen haben, ist schon länger bekannt. Die von Herder und Bodmer, später auch von Schlegel betonte „hohe Altertümlichkeit" insbesondere der Schweizer Dialekte hatte bereits im 18. Jahrhundert ihren Teil zur gesteigerten Wertschätzung der Dialekte als volkstümliche und historische Sprachformen und -quellen beigetragen.⁶¹ Spätestens mit den Arbeiten des bayrischen Dialektologen Johann Andreas Schmeller wurden die Dialekte sprachhistorisch als organische Fortentwicklung und Fortsetzung der älteren Sprachstufen gedeutet. Vor dem Hintergrund des neuen, historischen Reinheitsbegriffs musste innerhalb des Varietätengefüges deshalb den Dialekten eine besondere sprachliche Reinheit zugestanden werden. Dieses auf einer organischen Sprachvorstellung basierende historisch begründete Verständnis wurde in der Sprachwissenschaft innert weniger Jahrzehnte dominierend.⁶²

Zur Verbreitung dieser Idee hat in der Deutschschweiz neben der historischen Sprachwissenschaft mittelbar auch die Dialektlexikographie beigetragen, die sich forschungspraktisch in der Regel nur für Sprachmaterial interessierte, das sich genealogisch auf einen sprachhistorisch älteren Dialektstand zurückführen liess. In die zeitgenössischen Idiotika und Dialektwörterbücher fand entsprechend nur Wortgut Eingang, das lokal eigen (,idiotisch') und im sprachgenealogischen Sinne ,echt' war, während der zwar gebräuchliche, aber ,neue', ,fremde' und damit auch ,unechte' Sprachstoff gezielt ausgeschlossen blieb.⁶³ Dieses Vorgehen mag der zeitgenössischen Forschungspraxis entsprochen haben und teilweise auch ökonomischen Erwägungen geschuldet gewesen sein. Dennoch spiegelt sich gerade auch in der exklusiven Programmatik der Dialektlexikographie letztlich eine Orientierung am fraglichen historisch-genealogisch begründeten Dialektideal.

Ab der Jahrhundertmitte manifestierte sich die neue Reinheitsmaxime auch ausserhalb der Sprachwissenschaft in zahlreichen metasprachlichen Äusserungen, die von den Dialektsprechenden nun ausschliesslich die ,reine' Mundart forderten.⁶⁴ Auch hier wurde ,Reinheit' grundsätzlich den älteren sprachhistori-

---

60 Vgl. schon Haas 1992: 590.
61 Vgl. Sonderegger 1998: 446–447.
62 Vgl. Haas 1992: 590.
63 Vgl. z. B. Tobler 1855–1857: [1855] 359; Aufruf 1862; Id.: Bd. 1, Sp. V–VI.
64 Auch in der ersten Hälfte des Jahrhunderts gibt es bereits Belege, in denen dieser historische Reinheitsbegriff zur Anwendung kommt, wie Walter Haas 1992: 587–588 mit Verweis auf

schen Stufen zugesprochen sowie Sprachformen, die sich vermeintlich vom Menschen unabhängig ‚organisch', d. h. nach sprachgesetzlichen Regeln, gebildet haben. ‚Rein', ‚echt' und ‚ursprünglich' wurden dabei weitgehend synonym verwendet, um diesen für vorbildlich erachteten Sprachzustand zu qualifizieren.

Wurde das Ideal reiner Mundart konkretisiert, drehte sich die Argumentation häufig um dialektale ‚Eigentümlichkeiten', die als Ausdruck und Beleg der tradierten und fortbestehenden Ursprünglichkeit der entsprechenden Varietäten betrachtet wurden. Was allgemein und sprachlich nicht ‚eigentümlich' war, schien die Reinheit und damit die Echtheit und den ursprünglichen Charakter der Mundart hingegen zu gefährden. *Reine Mundart* wurde deshalb in vielen Fällen *ex negativo* als Abwesenheit von (offensichtlich) hochdeutschem Lehngut in der dialektalen Rede aufgefasst. Exemplarisch dafür stellte 1853 eine Schulgrammatik die Gebrauchsmaxime auf: „Wer einen Dialect spricht, der spreche ihn rein und suche ihn nicht etwa durch Wort- und Redeformen der Schriftsprache zu verbeßern, denn dadurch würde er in der That ein verdorbenes Deutsch."[65]

Der paradigmatische Wandel des Dialektideals, der sich innert weniger Jahrzehnte im Laufe des zweiten Jahrhundertdrittels vollzog, wird in solchen Äusserungen deutlich erkennbar. Er bildete schliesslich die bewusstseinsgeschichtliche Voraussetzung für die Ausbildung einer eigentlich mundartpuristischen Sprachkritik, die sich im Verlauf des letzten Drittels des 19. Jahrhunderts in der Klage vom Dialektverfall und in Forderungen nach ‚reinem' Dialekt und ‚reinem' Hochdeutsch etablierte (s. dazu u. Kap. 9.2).

8.2.2 Soziale und ethnische Perspektive. Das ‚einfache Volk' als neue Trägerschicht der idealen Mundart

Mit dem neuen Dialektideal wandelte sich auch die Sprechergruppe, die sprachlich als vorbildlich galt. Waren es noch bis um die Mitte des Jahrhunderts gebildete städtische Oberschichten, die als sprachliche Vorreiter gesehen wurden,[66] änderte sich dies zwangsläufig mit der Vorstellung, der Dialekt sei nur als organisch entwickelte Nachfolge der ursprünglichen Sprachzustände wertig. Da Sprachkontakt als wichtigste Ursache für die zunehmende Verunreinigung des

---

Rengger 1838: 146 feststellt. Im Gegensatz zu späteren Stimmen sieht dieser in der ‚reinen Landessprache' aber noch kein Sprachgebrauchsideal.
65 Lüning 1853: 2.
66 Vgl. z. B. Hagenbach 1828.

Dialekts betrachtet wurde,[67] erfüllten die Dialekte abgelegener Landschaften als „unveränderte Überlieferung alter Sprachzustände"[68] in besonderer Weise die Kriterien sprachlicher Reinheit. Auch die Bildung, so war man überzeugt, gefährde die Reinheit des Dialekts, da nicht nur die Besprechung von Bildungsgegenständen ohne die Entlehnung abstrakter und bildungssprachlicher Begriffe aus der Standardvarietät schlicht nicht möglich sei, sondern der vermehrte Kontakt mit der Büchersprache zwangsläufig zur Verunreinigung des Dialekts führen müsse. Pointiert resümiert deshalb Sutermeister: „Gewandtheit im schriftlichen Ausdruck oder Belesenheit und reines Sprechen der Mundart finden Sie deshalb fast nie beisammen. Vielschreiber und Vielleser sind schlechte Mundart-Redner [...]."[69] Auch deshalb wurde ab der Mitte des 19. Jahrhunderts nicht nur in Dialektologenkreisen zunehmend die sesshafte, wenig gebildete Landbevölkerung zum Hort des Dialektideals, während die Sprache der Städter zunehmend als Mischsprache wahrgenommen und stigmatisiert wurde (s. u. Kap. 9.2.2). Exemplarisch für diese soziale Verortung reiner Mundart, die weit über das Jahrhundertende dominant blieb, schreibt der Luzerner Dialektologe Renward Brandstetter 1904:

> Es ist bekannt, dass die SchwMM [= Schweizer Mundarten, E. R.] immer mehr von der neuhochdeutschen Schriftsprache durchsetzt werden. Ich betrachte die LzM [= Luzerner Mundart, E. R.] in ihrer reinsten Reinheit, wie sie im Munde der ältern ländlichen Generation, besonders der nicht Bücher und Zeitungen lesenden Frauen klingt, und ich schliesse alles aus, was nicht echteste M[undart] ist.[70]

Dass man in der Sprechweise der einfachen Landbevölkerung die „echteste Mundart" in ihrer „reinsten Reinheit" noch erhalten sah, hängt, wie Walter Haas mit Recht betont, mit der Vorstellung der Mundart als „‚Sprache des Volkes' im Sinne des *vulgus*" zusammen.[71] Das ‚einfache Volk' wird nicht nur als sozialer Ort betrachtet, in dem die Mundart ihr historisches Zuhause hatte,[72] sondern ihm wird auch eine ‚naive' Sprachverwendungsweise unterstellt,[73] die in besonderer Weise dem Wesen des Dialekts entspreche. Stilistisch wird diese

---

67 Vgl. z. B. Vögelin 1844: 95; Hürbin 1867: 44–45; Stickelberger 1881: 1; Greyerz 1892: 582; Bachmann 1908: 70.
68 Haas 1992: 590.
69 Sutermeister 1861: 71.
70 Brandstetter 1904: 6.
71 Vgl. Haas 1980: 60.
72 Vgl. ebd.
73 ‚Naiv' ist hier im zeitgenössischen, noch durchaus positiven Verständnis als „das natürliche, einfache (auch einfältige), ungezwungene, ungesuchte, ungekünstelte, unverstellt offene, aufrichtige, treuherzige" zu verstehen (DWB: Bd. 13, Sp. 321).

‚naive' Sprechweise durch einfache Konstruktionen und die Vermeidung bildungssprachlicher und moderner Begriffe, vor allem aber durch den Gebrauch autochthonen Sprachmaterials charakterisiert. Als Voraussetzung dieses „unreflektierte[n] Alltagssprechen[s]"[74] wird häufig eine nicht genauer definierte einfache, ‚volkstümliche' Denkweise angenommen, die sich durch ihren unmittelbaren Realitätsbezug auszeichne. Diese Auffassung von der formalen und inhaltlichen Volkstümlichkeit ‚echter' Mundart kommt in einem Beitrag zum *Schweizerischen Idiotikon*, der 1882 in der *Neuen Zürcher Zeitung* erscheint, exemplarisch zum Ausdruck: „[D]er Born der reinen Volkssprache, die weder durch die Schule noch durch den Verkehr abgeschliffen ist, fließt selten und an wenigen Orten mehr ungetrübt, und zwar sowohl was die *Form* als auch was den *Inhalt* und die *volksthümliche Denkweise* anbetrifft."[75] Intellektuelle Reflexion und dadurch erzeugtes reflektierendes Sprechen sind unter dieser Perspektive nicht in Einklang zu bringen mit dem vermeintlich natürlich-spontanen und alltagspraktischen Charakter der Mundart und für rein-mundartliches geradezu ein Störfaktor.

Reinheit als Volkstümlichkeit bezog sich nicht nur auf eine spezifische, dem einfachen Volk zugeschriebene ‚naive' Denkweise und einen durch Sprachkontakt kaum beeinflussten Sprachgebrauch, sondern auch auf den Status der einfachen Landbevölkerung als Trägerschaft eines ethnisch-historisch begründeten Volkstums – eine Vorstellung, die sich im Kontext der Romantik verbreitete und in der zweiten Jahrhunderthälfte in der Deutschschweiz deutlich an Bedeutung gewann. In ihrer traditionellen Lebensweise und Kultur sah man nicht nur die Sitten, sondern auch die Sprache der Altvordern in ursprünglicher Weise erhalten, ohne äussere Einflüsse von Generation zu Generation tradiert als die vermeintlich ursprüngliche „Stammessprache", der gerade die „kernigsten Wörter und Wendungen" ihren „Werth und Charakter" geben.[76]

Diese Vorstellung zeigt, dass die historische und die ethnische Dimension des dialektalen Reinheits-Ideals letztlich nicht unabhängig voneinander zu denken sind, sondern sich unmittelbar aufeinander beziehen. Sie liegt etwa zugrunde, wenn der Basler Philologe und Lehrer Gustav Adolf Seiler (1848–1936) in der Einleitung zu seinem baseldeutschen Wörterbuch von der Schule fordert, den Dialekt als „den altehrwürdigen erebten Schatz unsern Nachkommen rein und unverfälscht zu überliefern".[77] Die Rede vom „erebten Schatz", den es zu überliefern gilt, impliziert eine ontologische und statische Vorstellung des Dia-

---

74 Haas 1992: 598.
75 R. S. 1882: [s. p.], Herv. E. R.
76 Winteler 1878: 16.
77 Seiler 1879: XII, zitierte Passage i. O. gesperrt.

lekts, der in seiner ursprünglichen Wesenhaftigkeit und Form wie ein Gegenstand von einer Generation an die nächste vererbt werden kann, wobei nur diese „‚ethnische' Tradition"[78] letztlich die Reinheit des Dialekts zu garantieren scheint. Auch an anderen Stellen, an denen man sich im Diskurs – wie in unserem Beispiel Seiler – der Erbschaftsmetaphorik bedient, misst sich der Grad der Reinheit der rezenten Mundart gerade daran, inwiefern sie „die Kraft und Frische des uralten Erbes"[79] noch erhalten hat.

8.3 Exkurs: Mundartideal und Mundartdichtung

8.3.1 Zum Zusammenhang von Dialektliteratur und Spracheinstellungen

Wiederholt wurde in der linguistischen Forschung darauf hingewiesen, dass Theorie und Praxis der Dialektpoesie in ihrem engen und unauflöslichen Zusammenhang zu soziokulturellen und insbesondere auch soziolinguistischen Entwicklungen zu betrachten seien.[80] Dazu zählen insbesondere auch Veränderungen in Hinblick auf das historische Varietätenbewusstsein. Konzeptualisierungen des Dialekts sowie Einstellungen ihm gegenüber wirken unwillkürlich auf das dialektliterarische Normenbewusstsein zurück und prägen dadurch die Geschichte der Mundartliteratur mit. So war die Herausbildung eines gesamtdeutschsprachigen Dialekt- bzw. Regionalsprachenbewusstseins im 18. Jahrhundert für die Entstehung einer Dialektliteratur von fundamentaler Bedeutung;[81] erst vor dem Hintergrund dieser „Neubewertung von regionaler Sprachlichkeit"[82]

---

[78] Haas 1992: 598, der sich damit auf Überlegungen zur ethnischen Sprachvermittlung bei Fishman 1965 bezieht.
[79] Aufruf 1862: [1].
[80] Vgl. Haas 1980, 1983; Sonderegger 1989; Mattheier 1993. Die Begriffe ‚Dialektliteratur' und ‚Mundartliteratur' (bzw. ‚Dialektdichtung' und ‚Mundartdichtung') verwende ich synonym. In Übereinstimmung mit Mattheier 1993: 635 sollen damit nur literarische Texte gemeint sein, d. h. Texte, „deren formale und inhaltliche Struktur nach fiktional-poetischen Prinzipien gestaltet ist, die als ganze durch eine nicht standardsprachlich, sondern nur in einer Teilregion verbreitete Sprachvarietät [...] als literarisches und sprachliches Gestaltungsmittel charakterisiert ist". Davon abzugrenzen ist folglich Literatur, die grundsätzlich standardsprachlich gestaltet ist und worin Dialektales nur sporadisch eingesetzt wird (vgl. ebd.). Weiter lassen sich in der so definierten Dialektliteratur die *überlieferte Volksdichtung* von der *mundartlichen Kunstdichtung* (auch Individualdichtung oder Kunstpoesie genannt) als Teilbereiche unterscheiden (vgl. Wagner 2001: 443), wobei sich die Ausführungen in diesem Abschnitt ausschliesslich auf die Kunstdichtung beziehen werden.
[81] Vgl. Sonderegger 1989: 134–139.
[82] Mattheier 1993: 638.

erhielt Dialektalität innerhalb der literarischen Domäne einen neuen Stellenwert.[83] Spracheinstellungen, eng verknüpft mit der zeitlich und örtlich variablen Regional- und Sozialsymbolik der Dialekte, wirken aber auch in Form sprachlicher Stereotype und Sprachwertvorstellungen auf den Normenkanon dialektliterarischer Schriftlichkeit zurück.[84] Es ist daher Klaus Mattheier beizupflichten, dass „[d]ie Geschichte der Mundartliteratur […] entscheidender als das bisher erkannt worden ist, geprägt [ist] von dem sich wandelnden Verhältnis zwischen Mundart und Standardsprache im Laufe der Jahrhunderte."[85] Dies gilt jedoch nicht nur für die dialektliterarischen Texte selbst, sondern in besonderer Weise auch für die literarische Kritik, die ebenfalls bestimmte Auffassungen über den Dialekt zum Ausdruck bringt, die ihrerseits wiederum auf die Normvorstellung dialektliterarisch Schreibender zurückwirken können.

Die Thematisierung von Dialektliteratur in der Literaturkritik muss daher als Teildiskurs der Metasprachdiskurse im 19. Jahrhundert betrachtet werden. Da sich die vorliegende Untersuchung für die sprachbewusstseinsgeschichtlichen Aspekte der Schweizerdeutschdiskurse interessiert, soll in diesem Exkurs vor allem der Frage nach der Interdependenz von den im sprachreflexiven Diskurs manifesten Varietätenkonzeptualisierungen und -bewertungen einerseits und der (theoretischen) Reflexion über Mundartliteratur andererseits nachgegangen werden.[86] Zur Kontextualisierung der Thematik folgt jedoch zunächst ein historischer Abriss der Geschichte der Dialektdichtung in der deutschsprachigen Schweiz im 19. Jahrhundert.

8.3.2 Kontext: Dialektdichtung in der Deutschschweiz des 19. Jahrhunderts

Nach ersten Vorläufern im 17. und 18. Jahrhundert[87] etablierte sich eine mundartliche Kunstdichtung in der deutschen Schweiz erst um die Wende zum 19. Jahrhundert.[88] Qualitativ sowie quantitativ könnte man die deutschschwei-

---

83 Vgl. ebd.
84 Vgl. Haas 1980: 58–73; Mattheier 1993: 647–650.
85 Ebd.; 636.
86 Da das Untersuchungskorpus nicht mit Fokus auf den *dialektliterarischen Diskursbereich* erstellt wurde, können die folgenden Ausführungen keinen systematischen Charakter beanspruchen. Den Ausführungen zugrunde liegen all jene metasprachlichen Äusserungen des Quellenkorpus, die Dialektliteratur theoretisch oder in Form literarischer Kritik thematisieren.
87 Vgl. dazu Trümpy 1955: 157–264, 289–294; Greyerz 1924: 13–17; Teichmann/Zinsli 2001: 447–459, für Luzern: Haas 1968: 22–25.
88 Der folgende Überblick basiert im Wesentlichen auf den Ausführungen von Teichmann/Zinsli 2001. Für die Geschichte der schweizerischen Dialektliteratur im 19. Jahrhundert noch immer massgeblich ist die Abhandlung von von Greyerz 1924 sowie, mit besonderer Berück-

zerische Dialektliteratur des vorletzten Jahrhunderts vereinfachend in drei Phasen gliedern: In eine Anfangsphase bis in die 1820er Jahre, eine Etablierungsphase bis in die 1860er Jahre und eine erste Hochphase bis an das Ende des 19. Jahrhunderts.

Die 1803 erschienen *Alemannischen Gedichte* des Südbadener Dichters Johann Peter Hebel, die in Deutschland breit rezipiert wurden, fanden gerade auch in der deutschsprachigen Schweiz grossen Anklang und beförderten die Anfänge der schweizerdeutschen Kunstpoesie im frühen 19. Jahrhundert. Allerdings gab es in den ersten beiden Jahrzehnten nur eine kleine Zahl dialektliterarischer Texte, und Dialektdichtung fand – meist in Gedichtform – vor allem Eingang in Kalender und Zeitungen.[89] Selbständig erschienene dialektliterarische Publikationen waren rar[90] und fanden kaum wohlwollende Kritik.[91] Insgesamt blieb der Erfolg der Dialektliteratur in den ersten beiden Jahrzehnten des 19. Jahrhunderts noch bescheiden.[92] In den 1820er/1830er Jahren nahm die mundartliterarische Produktion dann deutlich zu, und epische Formen wie die Mundartidylle sowie Formen witzig heiterer Dialektdichtung und Prosatexte ergänzten das Repertoire. Nun wurden auch Mundartdramen salonfähig, wiewohl sich diese Gattung erst in den letzten Dekaden des 19. Jahrhunderts allgemein durchzusetzen vermochte. Wie aus der Bibliographie der selbständigen Zürcher Dialektliteratur ersichtlich, steigt ab den 1860er Jahren die Zahl der Veröffentlichungen – zumal in Zürich – noch einmal deutlich an.[93] Ab den 1880er Jahren setzt sich das Mundartdrama endgültig als populäres Volksschauspiel durch

---

sichtigung prosaischer und poetischer Verwendung des Dialekts vor der Entstehung einer Dialektliteratur im engeren Sinne, Trümpy 1955: 157–365. Eine aufschlussreiche Karte über die regionale Verteilung der Dialektliteratur im 19. Jahrhundert findet sich in Sonderegger 2003: 2866. Regionale Überblicksdarstellungen für das 19. Jahrhundert stammen von Socin 1895 (Basel) und Heer 1889 (Zürich), Haas 1968: 15–48 (Luzern), Sonderegger 1986: 15–24 (Appenzell) und Ris 1987b (Bern). Zudem existieren umfassende lokale Bibliographien zu selbständig erschienener Dialektliteratur aus den Kantonen Zürich (vgl. Waser 1955) und Bern (vgl. Ris 1989) sowie – weniger systematisch – Luzern (vgl. Haas 1968).

89 Vgl. Trümpy 1955: 365.
90 Dies bestätigen die Bibliographien von Waser 1955 und Ris 1989.
91 Vgl. Trümpy 1955: 365.
92 Dass die dialektpoetischen Beiträge in der Literaturzeitschrift *Alpenrosen* nach reger Berücksichtigung in den frühen 1810er Jahren bis in die 1820er Jahre jährlich zurückgingen (vgl. Ludin 1902: 161), kann als Indiz dafür gelten, dass die anfängliche Begeisterung für die Mundartliteratur zwischenzeitlich wieder nachliess. Dies spiegelt sich auch in der Haltung der Redaktion, die nach zunächst programmgemässer Aufnahme von Dialekttexten (vgl. Alpenrosen 1811: VI–VII) sich 1822 vornimmt, diese nur noch „sparsam zu liefern" (Alpenrosen 1822: 375).
93 Vgl. Waser 1955, ausgezählt von Schwarzenbach 1969: 359.

und erlebt in den folgenden Jahrzehnten einen markanten Aufschwung.[94] Während sich die Mundartdichtung im 19. Jahrhundert insgesamt als literarische Domäne erst etabliert, wird sie zu Beginn des 20. Jahrhunderts populär. Dieser auch in der literarischen Produktion sich widerspiegelnde Popularitätsschub[95] findet seine kulturgeschichtliche Erklärung vor allem in der Ende des 19. Jahrhunderts erstarkten Heimatschutzbewegung.[96]

8.3.3 Grenzen volkssprachlicher Dichtung

Wie populäre Sprachstereotype über Varietäten auf die literarische Reflexion zurückwirken können, zeigt sich in der deutschen Schweiz im 19. Jahrhundert an der Auffassung, dass es sich bei den Dialekten und dem Hochdeutschen um zwei kategorial verschiedene Sprachformen handle, die aufgrund ihrer Konstitution ihre je eigenen Gebrauchsgrenzen haben. Dabei schienen die Mundarten als eigentliche Volkssprachen in besonderer Weise für die Erfordernisse des praktisch-tätigen ‚Volkslebens' geeignet zu sein, nicht aber für intellektuelle Reflexionen und die Behandlung geistig-abstrakter Gegenstände (s. o. Kap. 7.3.3). Diese den Dialekten zugeschriebenen Gebrauchsgrenzen wirkten nun nachweislich auch in der Literaturtheorie und -kritik handlungsleitend und beeinflussten so mittelbar auch präskriptiv die Wahl der Stoffe und Inhalte mundartliterarischen Schaffens. Entsprechend argumentiert bereits der im Korpus früheste dialektliterarische Theoretiker der Schweiz, Johann Kaspar Mörikofer, der 1838 in seiner Abhandlung über das Schweizerdeutsche der „Literatur in der schweizerischen Mundart" ein eigenes Teilkapitel widmet.[97] Sein Urteil über Gegenstände und Formen (Gattungen) sowie seine Kritik an der zu rohen Sprache der Schweizer Dialektliteratur[98] begründet er mit dem ontologischen Argument, Dialekt und neuhochdeutsche Schriftsprache seien wesenhaft verschieden:

> [D]ie Volkssprache hat ihre Gränzen, innerhalb derer ihre Anwendung den Vorzug vor der Schriftsprache verdient. Allein sie muß sich auf dem Gebiete halten und auf selbes sich beschränken, auf welchem sie lebt und sich bewegt. Es ist also sehr verfehlt, dem Volksle-

---

[94] Vgl. Teichmann/Zinsli 2001: 453–457.
[95] Vgl. die Auszählung der Bibliographie von Waser 1955 durch Schwarzenbach 1969: 359–360.
[96] Vgl. Schwarzenbach 1969: 131–136; zu den Anfängen einer sprachlich orientierten Heimatschutzbewegung in Bern in den 1890er Jahren vgl. Ris 1987a.
[97] Vgl. Mörikofer 1838: 141–157.
[98] Vgl. ebd.: 144.

ben ganz fremde Gedanken, Gefühle und Gesinnungen, welche Ergebnisse einer höhern Kultur sind, in die Mundart einzwängen zu wollen [...].[99]

Die Grenzen des Dialekts als eines literarischen Ausdrucksmittels werden nicht nur bei Mörikofer entlang des Volkslebens und der Volkstümlichkeit gezogen. Als literaturtheoretische Prämisse bleibt diese Beschränkung dialektliterarischer Inhalte und Stoffe im gesamten 19. Jahrhundert wirksam. Geeignet schien der Dialekt deshalb vielen Kritikern für die „Photographirung der alltäglichen Wirklichkeit" und zu „typisch-charakterisierender Sittenschilderung des Kleinlebens aus Stadt und Land".[100] Dieses literarische Verfahren, wonach in der Erwartung der Leserschaft ‚Textbedeutung' und ‚Mundartbedeutung' in Übereinstimmung gebracht sind, d. h. Inhalte und Stoffe eines Werkes mit den Verwendungsstereotypen der im Werk gebrauchten Varietät korrespondieren, wurde als „Parallelismus" bezeichnet.[101]

Als zentrales Argument für die Behauptung, die Mundartliteratur eigne sich nur in engen Grenzen und unter ganz bestimmten Umständen, dient die im öffentlichen Diskurs rekonstruierbare Ansicht, dass ‚Naivität' ein Konstituens der Mundart sei. Unter dieser Prämisse scheint jegliche Form der inhaltlichen Reflexion in mundartliterarischen Werken gegen das ‚Wesen' des Dialekts zu verstossen. Das Argument besonderer Naivität legitimiert im Diskurs somit nicht nur die Möglichkeiten des Dialektes – etwa als geeignete Varietät für spontanes Alltagssprechen –, sondern markiert – hier mit Blick auf ihre literarische Anwendung – auch seine Grenzen. Diese Auffassung veranschaulicht exemplarisch eine zeitgenössische Kritik an den Dialektgedichten des Baslers Jacob Mähly im Band *Rhigmurmel* von 1856:

> Das Volksgedicht, vor Allem das Volksgedicht im Dialekt, schließt seiner Natur nach jede abstrakte Reflexion, also namentlich jede Polemik aus; es muß sich, um mit der Kunstsprache zu reden, zu seinem Gegenstande naiv verhalten, d. h. es muß, wie das Volk selbst, am Einzelnen, Konkreten das Allgemeine hervorheben und demonstriren, darf da-

---

99 Ebd.: 146.
100 [Anonym.] 1871a: [1].
101 Vgl. Haas 1980: 61. Als zentrales Prinzip mundartliterarischer Textgestaltung bleibt der Parallelismus bis weit ins 20. Jahrhundert erhalten (vgl. ebd.: 61–62). Auch die These, Dialektliteratur sei aufgrund der Sprachform thematisch beschränkt, wird bis in die jüngste Zeit an prominenter Stelle, im Artikel „Mundartdichtung" im *Reallexikon der deutschen Literaturgeschichte*, vertreten: „Schon ihr [der Mundartliteratur, E. R.] Material, die Mundart als sozial und damit auch *geistig begrenzter Ausdrucksbereich*, ist nach ihrer äußeren und inneren Form für einen großen Teil der literarisch Interessierten unzugänglich oder doch eine Sprache minderen Grades." (Wagner 2001: 445, Herv. E. R.).

gegen nie über den Horizont des naiven Volkes hinaus, das Abstrakte, Allgemeine an und für sich behandeln wollen.[102]

Die präskriptive Dimension dieser Konzeptualisierung des Dialekts zeigt sich im mundartliterarischen Teildiskurs nun darin, dass Formen von Reflexion als dem Dialekt unangemessen erachtet und den davon betroffenen Texten zum Vorwurf gemacht wurden. In der oben zitierten Rezension wird gerade das Zuviel an Reflexion als „Hauptfehler" des Gedichtbandes kritisiert, da der Autor damit letztlich „gegen die [dialektale, E. R.] Form verstößt".[103]

In ihrer Konsequenz führt diese theoretische Maxime zur Auffassung, dass die Dialektliteratur formal und inhaltlich „auf ein sehr enges Gebiet"[104] beschränkt bleiben müsse. Geeignet scheint sie nur für „Gegenstände, die sich an die Sphäre des täglichen Volkslebens anschließen".[105] Bleibt sie innerhalb ihrer sozialen Sphäre, ist sie hingegen als Ausdrucksmittel angemessen, ja mithin besser geeignet als die neuhochdeutsche Schriftsprache.[106]

Der Anspruch, Dialektliteratur sei ihrem Wesen gemäss ausschliesslich für bestimmte Gattungen zuständig und zulässig, findet sich bereits in der ersten Hälfte des Jahrhunderts und wird auch in der zweiten in der Regel unwidersprochen vertreten.[107] Die spezifische sprachliche Form der Dialekttexte hingegen ist bis in die Jahrhundertmitte noch nicht Gegenstand der literarischen Kritik. Dies ändert sich im letzten Drittel des Jahrhunderts, als die Forderung nach mundartlicher Reinheit zum Credo der Literaturkritik wird.

8.3.4 Die Anwendung des Reinheitsgebots auf die Dialektliteratur

Walter Haas hat wiederholt darauf aufmerksam gemacht, dass sich die Forderung nach reiner Mundart, die sich bis ans Ende des 19. Jahrhunderts durchgesetzt hatte, auch auf die stilistischen Bewertungsmassstäbe der Dialektliteratur

---

102 [Anonym.] 1857: 139.
103 Ebd.
104 Vögelin 1844: 96.
105 Ebd.
106 Vgl. Mörikofer 1838: 147; Tobler 1875: 148.
107 Im Gegensatz zum niederdeutschen Sprachraum, wo die zwei herausragenden Mundartdichter, Klaus Groth und Fritz Reuters, eine sehr unterschiedliche Auffassung über den ästhetischen Anspruch der Mundartliteratur vertreten, scheint es in der deutschen Schweiz nicht zu entsprechenden Kontroversen gekommen zu sein. Zu den unterschiedlichen Positionen Groths und Reuters im Hinblick auf die Ansprüche an die niederdeutsche Literatur vgl. Arendt 2010: 95–96; Langhanke 2015: 487–508, insb. 504–508.

zurückwirkte.[108] Diese These bestätigt sich nun auch in entsprechenden Äusserungen im Quellenkorpus, das dieser Arbeit zugrunde liegt. Ab den 1860er Jahren zunächst nur vereinzelt, dann vor allem im letzten Viertel des Jahrhunderts sich häufend kommen Forderungen nach sprachlicher Reinheit der Dialektliteratur auf. Die Tatsache, dass puristische Forderungen in Bezug auf die Dialektliteratur im Korpus für eine lange Zeit fehlen, deckt sich dabei mit Haas' Beobachtung, dass „[i]n den ersten 70 oder 80 Jahren des 19. Jahrhunderts [...] die Literaturmundart die tolerante Haltung der tatsächlich gesprochenen Mundart [widerspiegelt]".[109] Im Selbstverständnis früher Mundartdichter wurde die Übernahme von hochsprachlichem Lehngut als normal betrachtet.[110] Auch in der Kritik Mörikofers war die sprachliche Reinheit von Hebels Dichtung und der seiner Schweizer Nachfolger noch kein Thema; im Gegenteil: Gerade die künstlerische Bearbeitung des Dialekts durch Hebel wurde gelobt.[111]

Erst im Zuge der Etablierung des mundartlichen Reinheitsgebotes diente der Literaturkritik zunehmend auch die sprachliche Ausgestaltung der Dialekttexte als Massstab der Beurteilung. Kritik erschöpfte sich dabei nicht lediglich darin, die „Dialektdichter aufzumuntern, uns in den Erzeugnissen ihrer Muse möglichst unverfälschte Mundart zu bieten".[112] Deutlich häufiger wurden in den rezensierten Werken ‚Dialektfehler' gesucht, und der literarische Wert wurde gemäss der Korrektheit der verwendeten Formen beurteilt.[113] Das sprachliche Ideal mundartlicher Reinheit wurde nun auch zum formalen Massstab dialektliterarischer Qualität.

Wie viel Gewicht bei der Beurteilung von Dialektliteratur auf die sprachliche Form gelegt wurde, musste auch Otto Sutermeister erfahren als Herausgeber der Reihe *Schwizer-Dütsch*,[114] einer Sammlung von volkstümlichen Dialekttexten in 52 Heften. Ein Rezensent der *Neuen Zürcher Zeitung* kritisierte die neu erschienen Hefte im Basler und Berner Dialekt dahingehend, dass die darin enthaltenen Texte, entgegen der Ankündigung des Herausgebers, zuweilen weder rein mundartlich verfasst noch volkstümlich gedacht seien.[115] Sutermeister selbst verteidigte sich damals in einer Replik mit dem Argument, der Rezensent vertrete eine Vorstellung von mundartlicher Reinheit, die die Notwendigkeit his-

---

108 Vgl. Haas 1980: 71–73, 1983: 1644.
109 Haas 1980: 72.
110 So z. B. bei Hebel, vgl. Socin 1888b: 450–454.
111 Vgl. Mörikofer 1838: 141–157, zu Hebel: ebd.: 142–147.
112 Utzinger 1887b: 272.
113 Vgl. z. B. R. S. 1882; L. T. 1892.
114 Vgl. Sutermeister 1882–1889.
115 Vgl. R. S. 1882: [s. p.].

torischer Veränderbarkeit von Sprache ignoriere.[116] Zwei Jahre später griff er die Thematik im „Schlüssel" zur *Schwizer-Dütsch*-Reihe jedoch noch einmal auf, wobei er sich nun für die zuweilen fehlende Reinheit entschuldigte, zugleich aber betonte, sie sei ihm stets leitendes Prinzip gewesen:

> Was die Sorge für reine Darstellung der Mundart überhaupt betrifft, so darf der Herausgeber bei allem Zugeständnis, daß ihm hie und da Verstöße in dieser Hinsicht begegneten, bezeugen, daß er sich die möglichste Reinheit angelegen sein ließ. So ließ er sich seine Texte, wo es immer tunlich war, von zuverlässigen Gewährsmännern aus allen Kantonen verifiziren [...].[117]

Die Entschuldigung Sutermeisters für seine „Verstöße" gegen die „reine Darstellung der Mundart" können als Indiz dafür gesehen werden, wie wirkmächtig der mundartliche Purismus in den 1880er Jahren war und wie nun sprachliche Reinheit als Stilideal insbesondere auch für die Dialektliteratur galt.

Neben den mundartliterarischen Neuerscheinungen wurden zu diesem Zeitpunkt retrospektiv auch die frühen und teilweise bereits zu Klassikern gewordenen Dialektdichter mit dem neuen Massstab der Reinheit gemessen und durchaus kritisch beurteilt. Der bereits erwähnte Otto Sutermeister, der rund zwanzig Jahre später selbst wegen der Veröffentlichung von Dialekttexten in unreiner Mundart kritisiert werden sollte, erbrachte bereits Anfang der 1860er Jahre den Nachweis, dass selbst die unzweifelhaften „besten Mundart-Dichter" wie Usteri und Hebel, „denen es [...] allein vergönnt sein könnte, reine Mundart zu schreiben, die Mundart vielfach trübten", indem sie etwa „Umstellungen der gewöhnlichen Wortfolgen" vornahmen oder Anschauungen und Begriffe, die „offen aus der Schriftsprache übersetzt sind", ebenso benutzten wie allzu „roh[e], unkünsterisch[e], gemeinnatürlich[e]" Wörter.[118]

Von anderer Seite wurden die zeitgenössisch durchaus beliebten Stücke der Zürcher Dialektdichter August Corrodi und Johann Martin Usteri wegen ihres vermeintlichen Mangels an volkstümlicher Sprechweise kritisiert. So heisst es in einer Rezension zu Corrodis Stück *De Herr Professor*:

> Mit Bezug auf die äussere Form der Darstellung haben Usteri und Corrodi abermals einen Fehler gemein, den wir bei Hebel nicht treffen. Es liegt manchenorts nicht die Mundart, die naive Sprechweise des Volkes vor, sondern bloss ein mit mundartlichen Formen geflicktes Schriftdeutsch. Und da sind gerade auch im „Professor" eine Reihe von Sprachformen und Wendungen, die wohl lieblich, witzig und zutreffend, aber nie und nimmer volksthümlich genannt werden können.[119]

---

116 Vgl. Sutermeister 1882.
117 Sutermeister [1884]: 43–44.
118 Sutermeister 1861: 73–75.
119 [Anonym.] 1872a: 49.

In dieser Kritik wird noch einmal deutlich, wie unmittelbar die Forderungen nach einer bestimmten sprachlichen Form mit der Vorstellung zusammenhängen, Dialekt habe ‚volkstümlich' zu sein. Vor dem Hintergrund des historischen und ethnischen Reinheitsideals wurde die Ausdruckweise des sogenannten einfachen Volkes auch hier zum Massstab mundartlicher Echtheit.

Es ist anzunehmen, dass die Dialektologie ebenso wie auf das mundartliche Reinheitsideal insgesamt auch auf die sprachlich-stilistischen Idealvorstellungen der Dialektliteraturtheorie ihren Einfluss ausgeübt hat. Wenngleich dieser Zusammenhang noch kaum erforscht ist, so sind die engen Verbindungen von Dialektologie und Dialektliteratur im 19. Jahrhundert bereits verschiedentlich hervorgehoben worden: Dass die Dialektologie schon früh auch mundartliterarische Texte als reichhaltige Quelle ihrer wissenschaftlichen Forschung entdeckte, ist nicht nur für Fritz Staubs Arbeit am *Schweizerdeutschen Wörterbuch* bezeugt,[120] sondern wurde auch im bundesdeutschen Zusammenhang nachgewiesen.[121]

Umgekehrt blieb auch die Mundartdichtung der Zeit nicht unberührt von den Entwicklungen der Dialektologie. Das erstarkte Forschungsinteresse an den Mundarten wirkte nun insofern auf die literarische Produktion zurück, als mundartliterarische Werke teilweise ausdrücklich mit dem Ziel der Materiallieferung für dialektologische Forschung verfasst wurden.[122] In der deutschen Schweiz ist ein solches Vorgehen im Zusammenhang mit der Entstehung des *Schweizerischen Idiotikons* nachweisbar, als verschiedene mundartliterarische Neuproduktionen sowie Sammlungen von Sprichwörtern und dergleichen teilweise ausdrücklich als „Beitrag zum Idiotikon" (wie es gelegentlich im Titelzusatz hiess) veröffentlicht wurden.[123] Einen Beleg dafür, dass gerade auch die Dialektologie mit ihrer Suche nach ‚reinen' mundartlichen Formen dazu beitrug, literarische Werke an ihrer sprachlichen ‚Echtheit' zu messen, gibt der Luzerner Dialektologe Renward Brandstetter. Mit seinem dialektologischen Blick verweist er auf die mundartlichen ‚Fehler', welche er bei den zwei Luzer-

---

120 Vgl. Haas 1981: 28.
121 Vgl. Langhanke 2009.
122 Vgl. Langhanke 2009: 25–32, der diese enge Verbindung zwischen Dialektologie und Dialektdichtung für Westfalen nachzeichnet.
123 Vgl. Haas 1981: 28–29. Zu den prominentesten Beispielen gehören die *Chelläländer Stückli* des Zürchers Jakob Senn aus dem Jahr 1864. Senn macht darin in seiner Vorrede deutlich, dass er seine Geschichten als Beitrag zur Sammlung des Idiotikons verstehe (vgl. Senn 1951 [1864]: 3–8); ein Jahr zuvor hatte bereits der Solothurner Bernhard Wyss (1833–1890) seine *Bilder aus dem Stilleben unseres Volkes* mit dem Titelzusatz veröffentlicht: „Ein novellistischer Beitrag zum schweiz. Idiotikon" (vgl. Wyss 1863); ebenfalls als „Beitrag zum Schweizer-Idiotikon" verstand Franz Josef Schild seine Sammlung von mundartlichen Sprichwörtern (vgl. Schild 1864).

ner Mundartdichtern Jost Bernhard Häfliger (1759–1837) und Josef Felix Ineichen (1745–1818) feststellte,[124] und die er nicht nur aus literatur-ästhetischen Überlegungen, sondern auch aus dialekthistoriographischen, für unzulässig hält:

> Durchaus unstatthaft ist es, dass Dialektdichter dieses Mischdeutsch anwenden, was bei manchem vorkommt, wie auch dem Metrum zu lieb der M[undart] oft Zwang angetan wird. Auch Häfliger und Pfarrer Ineichen sind von diesem Flecken durchaus nicht rein, so dass ihre Gedichte nur mit Vorsicht als Quelle für die Erforschung der M[undart] gebraucht werden dürfen.[125]

Anders als in Brandstetters Urteil schien weder bei Häfliger und Ineichen (im späten 18. Jahrhundert) noch bei Usteri, Corrodi oder auch Hebel (in den ersten beiden Dritteln des 19. Jahrhunderts) die Reinheit des Idioms das massgebliche Kriterium bei der Gestaltung ihrer literarischen Texte gewesen zu sein. Erst im letzten Drittel des Jahrhunderts, als sich das Dialektideal deutlich gewandelt und das Ideal reiner Mundart den Charakter einer verbindlichen Gebrauchsnorm angenommen hatte, setzte sich auch bei Literaturkritikern und Autoren die Ansicht durch, dass Dialektliteratur nicht nur innerhalb bestimmter inhaltlicher Grenzen, sondern zusätzlich auch nur im Formenkleid reiner Mundart ihren ästhetischen Wert haben könne.

Auch wenn letztlich monokausale Erklärungen der Komplexität kultureller Phänomene nicht gerecht werden können, so ist es doch plausibel anzunehmen, dass das mundartliche Reinheitsideal auch das dialektliterarische Normbewusstsein der Zeit massgeblich mitstrukturierte. Neben diesen sprachlich-formalen Normvorstellungen bestimmten auch die erwähnten stofflich-inhaltlichen Restriktionen die Grenzen des literarisch Machbaren – Grenzen, die die Schweizer Dialektliteratur erst in den 1960er Jahren unter der Führung einer neuen Generation von Mundartpoeten gänzlich ablegen konnte.[126] Beide Einschränkungen stehen dabei in einem unmittelbaren Zusammenhang mit den zeitgenössischen Konzeptualisierungen des Dialekts und dürfen daher als Beleg für die enge Interdependenz zwischen der Geschichte der Dialektliteratur und der Geschichte der Einstellungen und des Bewusstseins gegenüber den Mundarten gelten.

In den Kapiteln 6–8 dieses dritten Teils zu Sprachwissen und Sprachbewusstsein ging es um in der Deutschschweiz des 19. Jahrhunderts dominante Sprach-

---

124 Zu Häfliger und Ineichen vgl. Haas 1968: 22–25.
125 Brandstetter 1901: 11.
126 Vgl. Haas 1980: passim.

bewusstseinsinhalte. Die Analysen zu den Konzeptualisierungen von Dialekt und Hoch- bzw. Schriftsprache haben gezeigt, dass die Sprachauffassungen mit Blick auf die beiden Varietäten im Laufe des 19. Jahrhunderts homogener wurden und sich diachron deutlich wandelten.

Noch bis fast in die Mitte des 19. Jahrhunderts konkurrierten sich mit Blick auf die Mundarten zwei sehr unterschiedliche Werthaltungen. Zum einen herrschte eine dezidiert dialektkritische Perspektive vor, die als Ausläuferin aufgeklärter Sprachkritik zu verstehen ist. Sie speiste sich aus einer korruptionstheoretischen Auffassung, der zufolge die Mundarten als ‚korrumpierte' Formen der neuhochdeutschen Schriftsprache zu betrachten seien, sowie aus der erkenntnistheoretischen Kritik, Dialekte behinderten die kulturelle Entwicklung einer Sprachgemeinschaft. Unter dieser Perspektive, die einen unmittelbaren Zusammenhang zwischen Sprache und Denkfähigkeit einer Sprechergemeinschaft annimmt, wurden die Mundarten als Kommunikationsmittel einer historisch überkommenen Kulturstufe abgelehnt. Aus dem Anspruch auf eine mit der kulturellen Entwicklung schritthaltende Sprache wurden im zweiten Viertel des 19. Jahrhunderts wiederholt Forderungen nach einem Sprachenwechsel abgeleitet, zumal bei den gebildeten Deutschschweizerinnen und -schweizern.

Die dialektkritische Sichtweise zeichnete sich durch ein deutliches Hierarchiegefälle in der Konzeptualisierung des Varietätengefüges aus, wobei die Mundarten als minderwertig galten. Demgegenüber betonte das zeitgenössisch ebenfalls wirksame Gegenmodell gerade die Wertigkeit der Dialekte im Allgemeinen und der Schweizer Mundarten im Besonderen. Topisch gelobt wurden das Alter und der lexikalische Reichtum des Schweizerdeutschen sowie der Wert der Mundarten als Quelle der Schriftsprache und ihre wissenschaftliche Relevanz als ‚Fenster' zu Geschichte und ‚Wesen' des Volkes.

In diachroner Perspektive lässt sich ab dem zweiten Jahrhundertviertel insgesamt von einer diskursiven Hochwertung der Dialekte sprechen, die sich über das gesamte 19. Jahrhundert als konstitutiv für die Schweizerdeutschdiskurse erwies. Geprägt durch die Ergebnisse und die Autorität der sich etablierenden sprachwissenschaftlichen Disziplinen, kam es in der hier untersuchten Gebildetenöffentlichkeit zur Überwindung der Korruptionstheorie in diesem Zeitraum. Die einst konkurrierenden Diskursperspektiven wurden so im Laufe des Jahrhunderts zugunsten einer positiven Sichtweise auf die Mundarten uniformiert. Entsprechend musste auch für die Legitimierung des Schweizerdeutschen, der noch vor der Jahrhundertmitte einige Aufmerksamkeit zukam, in der Folge kaum mehr diskursiver Aufwand betrieben werden.

Etwa zur gleichen Zeit, da sich das Selbstverständnis der positiven Wertigkeit der Dialekte als dominante Auffassung nach der Jahrhundertmitte durchsetzte und stabilisierte, wandelten sich auch die damit verbundenen sprachlichen Ideale der Mundart massgeblich. Dieser Wandel, im Laufe des zweiten Jahrhundertdrittels vollzogen, betraf den Übergang vom Ideal einer nach hochdeutschem Vorbild ‚kultivierten' hin zu einer an historischen Formen zu messenden ‚reinen' Mundart. Während man nachweislich noch bis in die 1840er Jahre die lautliche sowie lexikalische Annäherung an das Hochdeutsche begrüsste, ja forderte, wurde dies spätestens ab den 1860er Jahren deutlich abgelehnt. Stattdessen wurde die Orientierung an historisch genuinem Dialektmaterial verlangt. Von Bedeutung dürfte in diesem Zusammenhang das historistische Paradigma gewesen sein und die Historisierung der wissenschaftlichen Sprachbetrachtung vor diesem Hintergrund. Die Abkehr von einer stilistischen Orientierung am Hochdeutschen und die Hinwendung zur eigensprachlichen Geschichtlichkeit zeugen von einer sprachbewusstseinsgeschichtlichen Emanzipation des Dialektverständnisses im Laufe des Jahrhunderts: Die Dialekte wurden nicht mehr als relativ zum Hochdeutschen betrachtet und an ihm gemessen, sondern als autonome Sprachformen, denen prinzipiell eigene und im Vergleich mit dem Hochdeutschen andere konstitutive Merkmale zukommen, aus denen sie ihre Güte beziehen.

Die grundsätzliche Überzeugung, dass Mundarten und Schriftsprache ontologisch unterschiedliche Qualitäten haben, wird zu einem zentralen Moment der Sprachpositionierung des Schweizerdeutschen im 19. Jahrhundert. Gerade die Dialektbefürworter verstehen das Verhältnis zwischen Dialekt und Standardsprache als Dualismus, der sich diskursiv als semantische Opposition zwischen Natürlichkeit (Mundart) und Künstlichkeit (Schriftsprache) sowie zwischen kommunikativer Nähe (Mundart) und Distanz (Schriftsprache) niederschlägt. Entsprechend der ontologischen Komplementarität der beiden Varietäten wurde auch ihre wechselseitig sich ergänzende Verwendung in der Kommunikation gefordert. Dem Hochdeutschen, beziehungsweise der Schriftsprache wurde dabei die Rolle der Gemein- und Kultursprache zugemessen, während dem Dialekt die uneingeschränkte Legitimität als Alltagsvarietät und als Medium privater Kommunikation aller Schichten zukam. Auf Grundlage dieser komplementären Zuordnung konsolidierte sich im Deutschschweizer Kontext des 19. Jahrhunderts die Diglossie als ein zur Monoglossie alternatives Varietätenverteilungsmodell.

IV Diskursbereiche

9 Purismus und Mundartpessimismus – der sprachkritische Diskurs

Im Laufe der zweiten Hälfte des 19. Jahrhunderts und verstärkt ab den 1860er Jahren wird der metasprachliche Diskurs in der deutschsprachigen Schweiz dezidiert *sprachkritisch*. Im Zentrum dieses sprachkritischen Teildiskurses stehen nicht mehr primär Fragen nach der Berechtigung des Dialekts oder der Verteilung der Gebrauchsdomänen, wie dies noch in der ersten Hälfte des Jahrhunderts der Fall war, sondern – in aller Regel negative – Einschätzungen zum beobachteten dialektalen Wandel und zum zeitgenössischen Sprachgebrauch. Diese Gebrauchskritik ist einerseits der oben dargelegten verbreiteten puristischen Sprachauffassung geschuldet, zugleich aber auch als Symptom einer eher resignierten Sichtweise auf Zustand und Zukunft der Dialekte zu verstehen, die sich in dieser Zeit etabliert. Für das letzte Drittel des Jahrhunderts hat Stefan Sonderegger deshalb zu Recht von einer „pessimistischen Grundstimmung" gesprochen und die letzten Jahrzehnte des 19. Jahrhunderts als Phase des „Mundartpessimismus" bezeichnet.[1] Zu den zentralen Dimensionen dieses Mundartpessimismus gehörte erstens die zeitgenössische *Diagnose*, dass sich die Dialekte in einem Stadium des Verfalls befinden, sowie zweitens die *Prognose* eines drohenden Untergangs der schweizerdeutschen Dialekte.

9.1 Dimensionen des Mundartpessimismus

9.1.1 Dialektverfall als Diagnose

Vor dem Hintergrund der puristischen Normvorstellungen gegenüber dem Dialekt (s. o. Kap. 8.2) häufen sich im letzten Drittel des Jahrhunderts Bemerkungen, die den beobachteten sprachlichen Wandel als negative Entwicklung beurteilen. Sprachkritiktheoretisch lassen sich entsprechende Urteile als Form der *Sprachentwicklungskritik*[2] beschreiben, da sie den rezenten Dialektzustand und -gebrauch als Symptom einer negativen sprachhistorischen Entwicklung bewerten. Unter Verweis auf Vergangenheit wird dabei postuliert, dass die Qualität des Dialekts bzw. des dialektalen Sprechens abnehme. Das Urteil eines anony-

---

[1] Sonderegger 1985: 1916, 2003: 2864.
[2] Damit bezeichnet ist die wertende Kritik an aktuellen Sprachsystemzuständen/-gebräuchen, die als Ergebnis negativer historischer Entwicklung verstanden werden; sie zielt darauf ab, „eine möglichst optimale Sprachform zu erreichen und verbindlich zu machen" (Cherubim 1983: 177); zu einer Typologie der Sprachkritik vgl. Heringer 1982; Cherubim 1983.

men Autors in der *Schweizerischen Lererzeitung* von 1878, die Dialekte hätten in der Vergangenheit „vilfach Schaden gelitten" und seien „durch den Einfluss des Schriftdeutschen der Gefahr gänzlicher Entstellung ausgesetzt",[3] steht illustrativ für solche Einschätzungen. Sie sind sozusagen spiegelbildlich zu der noch im frühen 19. Jahrhundert nachweisbaren korruptionstheoretischen Auffassung (s. o. Kap. 6.2.1): Die Dialekte erscheinen nun nicht mehr als korrumpierte Formen des Hochdeutschen, sondern ihrerseits als durch Korruption aus dem Schriftdeutschen bedroht.

Die Rede vom ‚Schaden' präsupponiert dabei einen Zustand der Unversehrtheit oder Ganzheit der Sprache, bevor sie durch äussere Einflüsse *beschädigt* wurde. Die dadurch vermittelte Vorstellung, dass es sich beim beobachtbaren sprachlichen Wandel um eine allmähliche Zerstörung der materiellen Integrität eines vermeintlich ‚ursprünglichen' und ‚echten' Dialekts handle, kehrt in vielen der sprachkritischen Äusserungen wieder. Besonders häufig wird diese Auffassung impliziert durch die Verwendung des metaphorischen Bildes von der Sprache als Bauwerk, das auf abstrakterer Ebene Sprache als Artefakt konzeptualisiert.[4] Wie in den folgenden zwei Beispielen aus den viel beachteten Texten von Otto von Greyerz (1892) und Ernst Tappolet (1901) zu Zustand und Entwicklung der Sprachsituation in der deutschen Schweiz werden rezente Sprachzustände häufig als Stadium der Erosion eines Bauwerks oder Artefakts dargestellt:

> Indessen, so einfach wie sie der oberflächlichen Betrachtung erscheinen, sind diese Sprachzustände nicht. Wer sie etwas kritischer betrachtet und wer in der Lage ist, unsern gegenwärtigen Dialekt mit demjenigen früherer Jahrzehnte zu vergleichen, wird finden, daß unsere Mundart *in einem bedenklichen Zustande drohenden Verfalles begriffen* ist.[5]
>
> Man nennt das gemeinhin Verschlechterung der Mundart, [Fritz] Reuter nennt es Messingsch, und *gewiss ist es ein Zustand des Verfalls vom alten, mundartlichen Standpunkt aus*.[6]

Insbesondere im zweiten Zitat kommt mustergültig zum Ausdruck, dass mit der Vorstellung des *Verfalls* semantisch gleichsam die Vorstellung eines in der Ver-

---

3 [Anonym.] 1878c: 54.
4 Vgl. zur Metapher SPRACHE ALS ARTEFAKT im Kontext von Metasprachdiskursen auch Spitzmüller 2005: 231–242. Die Artefaktmetaphorik überschneidet sich teilweise mit der Organismusmetaphorik und der Körper-/Containermetaphorik (abgeschlossene Einheit) und ist zuweilen als Subsystem der Substanzmetaphorik einzuordnen (vgl. ebd.: 231–232).
5 Greyerz 1892: 581, Herv. E. R.
6 Tappolet 1901: 28, Herv. E. R. Der Begriff ‚Messingsch' (auch: ‚Missingsch' oder ‚Messing') wurde im niederdeutschen Kontext seit dem 17. Jahrhundert zur Bezeichnung der norddeutschen Umgangssprache verwendet, die ein niederdeutsch-hochdeutsches Sprachkontaktprodukt darstellte (vgl. dazu jüngst Wilcken 2015a: insb. 9–22).

gangenheit idealen Sprachzustandes präsupponiert wird. Im Rahmen der kognitiven Metapherntheorie könnte man im vorliegenden Fall von einem ‚Metaphernkonzept' (hier: SPRACHE ALS BAUWERK) sprechen, einem kognitiven Modell, auf dessen Grundlage beim Gebrauch von Metaphern ganze Bereiche miteinander verbunden werden (hier: der Herkunftsbereich BAUWERK mit dem Zielbereich SPRACHE).[7] Dieses kognitive Metaphernverständnis geht entsprechend davon aus, dass bei metaphorischen Übertragungen „nicht nur einzelne Lexeme, sondern komplexe Schemata metaphorisiert werden", die unser Denken bzw. unsere Wahrnehmung strukturieren.[8] Die hier vorliegende metaphorische Konzeptualisierung der Sprache als Bauwerk, das verfallen kann, impliziert beispielsweise zugleich, dass dieses Bauwerk zuvor errichtet und fertig gebaut worden ist. Sie umfasst einen linearen Weg von (a) der Errichtung über (b) die Fertigstellung hin zum (c) Verfall. Innerhalb dieses Metaphernkonzepts ist der Idealzustand erreicht, wenn das Bauwerk fertiggestellt ist. Ihm kommen retrospektiv Attribute wie ‚Ganzheit' oder ‚Abgeschlossenheit' zu; mit Blick auf die Zukunft zeichnet es sich durch seine materielle ‚Unversehrtheit' aus. Ist der Zustand erreicht, besteht allerdings auch die latente Gefahr des Verfalls oder gar der Zerstörung dieses Sprachgebäudes.[9]

Was hier an Beispielen der Bauwerkmetaphorik zum Ausdruck kommt, ist für viele der zeitgenössischen sprachkritischen Äußerungen bezeichnend: Der beobachtete Sprachwandel wird dezidiert als negative Entwicklung gesehen, indem die historische Veränderung des Dialekts nicht als Phase der (sprachlichen) *Konstruktion* verstanden – eine Möglichkeit, die im Metaphernkonzept selbst auch angelegt wäre –, sondern im Gegenteil als Phase der *Destruktion* dargestellt wird. Damit erscheint der ideale Dialekt, der sich durch seine materielle Unversehrtheit und Abgeschlossenheit auszeichnet, durch die aktuellen sprachhistorischen Entwicklungen existenziell bedroht.

Die Verwendung negativ konnotierter Metaphorik findet sich auch in zahlreichen weiteren Ausprägungen, die den Zustand der Dialekte als ‚verwahrlost',[10] ‚verarmt'[11] und ‚verunstaltet',[12] als ‚zersetzt',[13] ‚verflacht',[14] ‚getrübt'[15]

---

7 Vgl. dazu grundlegend Lakoff/Johnson 1980.
8 Vgl. Spitzmüller 2005: 192–204, hier: 199 sowie z. B. Liebert 1992: 5–8, 2010: 135–139.
9 Vgl. dazu auch Spitzmüller 2005: 233.
10 Pestalozzi-Hirzel 1844: 35.
11 Tobler 1875: 154; Hunziker 1892: 131.
12 Pestalozzi-Hirzel 1844: 35.
13 Adank 1884: 116.
14 Tobler 1890: 277.
15 Ebd.

und ‚verwildert'[16] oder gar als ‚entartet'[17] kritisieren. Die gewählten Metaphern sind dabei vielfältig und basieren nicht selten selbst innerhalb eines einzelnen Textes, eines Absatzes oder auch nur eines Satzes auf verschiedenen Herkunftsbereichen. So drückt beispielsweise ‚verarmt' in sozioökonomischer Hinsicht das negative Resultat eines Entwicklungszustandes aus, während ‚verwahrlost' und ‚entartet' in sozialethischer bzw. bioethischer Hinsicht einen Zustand der Abweichung von der wünschenswerten Norm bezeichnen. Durch die entsprechende metaphorische Übertragung auf den Zielbereich Sprache wird der aktuelle Zustand und Gebrauch der Dialekte auf ganz unterschiedliche Weise, jedoch immer deutlich als Normabweichung und anschaulich als Stadium des Verfalls konzeptualisiert.

Wie Wolfgang Klein zu Recht feststellte, setzt die Rede vom *Sprachverfall* die Vorstellung voraus, dass es sich bei der Sprache um eine ontologische Entität handle. Sie gründet mithin auf der Imagination, dass es hinter den sprachlichen Erscheinungen eine Einheit und damit *die* (Einzel-)Sprache gebe, die sich durch bestimmte, klar festgelegte Eigenschaften auszeichne.[18] Als Sprachverfall werden dann jene Veränderungen disqualifiziert, die von der Vorstellung dieses diskursiv gesetzten Normenkatalogs abweichen und damit nicht der ‚richtigen', ‚guten' oder ‚echten' Sprache entsprechen. Dasselbe gilt für die Rede vom *Dialektverfall*, einem Begriff, der seinerseits eine spezifische normative Vorstellung einer sprachlichen Entität mit klar festgelegten Eigenschaften voraussetzt.[19] Im Kontext des sprachkritischen Diskurses wird mit dieser Rede vom Dialektverfall nicht zuletzt die Vorstellung aktualisiert, dass es *den* (einen) ‚echten' Dialekt, den man sich als statisches und unveränderbares Objekt vorstellt,[20] gibt oder gab. Im Unterschied zu Fällen, in denen sich die Rede vom Sprachverfall auf normierte Standardvarietäten bezieht, können sich die Kritiker eines Dialektver-

---

16 Ebd.
17 Heyne 1879: V; Seiler 1879: XII; Greyerz 1892: 581.
18 Vgl. Klein 1986: 20.
19 Vgl. dazu schon Mattheier 1986: 70–71. Mit Mattheier (ebd.: 59–60) impliziert der Begriff zunächst zwei Vorstellungskomplexe: Erstens die Vorstellung von einem ursprünglich statischen Dialekt, der plötzlich einer Veränderung unterworfen wird, und zweitens die Vorstellung dieser Veränderung als eines Prozesses der Zerstörung dieser Einheit. Mattheiers Überlegungen wären m. E. noch um einen dritten Vorstellungskomplex zu ergänzen, die Vorstellung eines deutlichen ‚Nicht-Sollens', die sich aus der deontischen Bedeutungsdimension (vgl. Hermanns 1989, 1995a, 1995b, 2002b: 346–348) des Begriffs herleitet. Die Veränderung des Dialekts wird im Begriff ‚Dialektverfall' damit ausdrücklich zu einem zu vermeidenden Prozess.
20 In der Bauwerkmetaphorik erscheint er gar als Immobilie und damit wortwörtlich als *unbewegliches* Objekt, das zugleich nach Fertigstellung als Körper in sich abgeschlossen und vervollständigt ist.

falls in ihrer Argumentation nicht auf kodifizierte Normen und entsprechende Abweichungen beziehen, sondern sie stützen sich auf usuelle Normvorstellungen des eigenen und kollektiven Sprachwissens.[21] Damit ist die Verfallsrhetorik im sprachkritischen Teildiskurs nicht zuletzt auch als Symptom und Folge der in dieser Arbeit rekonstruierten kollektiv verbreiteten Vorstellung eines statischen Dialektideals zu verstehen, dessen ontologische Existenz an eine bestimmte ursprüngliche Form geknüpft zu sein scheint (s. o. Kap. 8.2). Jegliche Abweichungen von diesem in die Vergangenheit projizierten Ideal, wie sie insbesondere in standardsprachlichen Transferenzen gesehen wurden, müssen dann als Beleg der qualitativen Verschlechterung des (einen) Dialekts wahrgenommen werden. Auf dieser statischen Vergleichsfolie erscheinen die rezenten Dialekte zwangsläufig als in einem vom Ideal abweichenden, minderwertigen Zustand.

Diese in der Metaphorik sprachkritischer Äusserung besonders deutlich zum Ausdruck kommende Diagnose einer qualitativen Verschlechterung des Dialekts sowie das Postulat eines Zustands des Verfalls erweisen sich im letzten Drittel des Jahrhunderts als klar dominierende Sichtweise der wertenden Dialektkritik. Stimmen, die der sprachlichen Veränderung etwas Gutes abgewinnen oder sie zumindest nicht als Verfall ablehnen, sind im Gegensatz zur ersten Jahrhunderthälfte (s. dazu o. Kap. 8.1) spätestens im letzten Drittel des 19. Jahrhunderts kaum mehr vorhanden.

9.1.2 Dialekttod als Prognose

Neben der Einschätzung, dass der Dialekt unter dem Einfluss des Hochdeutschen zunehmend ‚verfalle', führte im letzten Drittel des 19. Jahrhunderts vor allem die Beobachtung, dass sich auch das Gebrauchsverhältnis von Dialekt und Hochdeutsch allmählich zuungunsten der Mundarten verschob, wiederholt zu düsteren Zukunftsprognosen für den Fortbestand des Schweizerdeutschen.[22] Das Szenario eines Sprachtods des Schweizerdeutschen wurde von verschiedenen Seiten skizziert.[23]

---

21 Vgl. Mattheier 1986: 70.
22 Eine empirische Schwierigkeit der Analyse mundartpessimistischer Äusserungen dieser Zeit liegt darin, dass bei entsprechenden Einschätzungen oft nicht genau zwischen den zwei prinzipiell verschiedenen Formen des Sprachwandels – der sprachsystematischen und -materiellen Veränderung des Dialekts durch standardsprachliche Transferenzen auf der einen und dem Ersatz der Mundart durch das Hochdeutsche in bestimmten Gebrauchssituationen auf der anderen Seite – unterschieden wird (vgl. dazu schon Sonderegger 2003: 2864).
23 ‚Sprachtod' bezeichnet metaphorisch die historische Situation, in der eine Sprachgemeinschaft aufhört, ihre Sprache/Varietät zu verwenden (vgl. Aitchison 2013: 222–234; Dressler/

In einigen Fällen legte man den Zeitpunkt, in dem man in der deutschen Schweiz aufhören würde, Dialekt zu sprechen, bereits für die kommenden Jahrzehnte fest. So soll bereits Mitte der 1870er Jahre der Initiant und langjährige Redaktor des Idiotikons, Fritz Staub, gegenüber dem Dialektologen Jost Winteler die Befürchtung geäussert haben, „[i]n zwanzig Jahren spreche kein Mensch mehr Schweizerdeutsch".[24] Rund drei Dekaden später – Staubs Befürchtung war noch immer nicht Realität geworden – sorgte der Zürcher Romanist Ernst Tappolet mit einer ähnlichen Prognose für einiges Aufsehen. In seinem Aufsatz *Ueber den Stand der Mundarten in der deutschen und französischen Schweiz* gelangte er „nach langem Widerstreben zur festen Überzeugung", dass auch „der deutschen Schweiz die Invasion der Schriftsprache bevorsteht, und dass dabei die Volksmundarten den Kürzeren ziehen müssen".[25] Zürich beschied er, „die erste *hochdeutsch redende Schweizerstadt* zu werden", der bald darauf die übrigen grösseren deutschschweizerischen Städte folgen würden.[26] Tappolets Befürchtung sorgte aufgrund ihrer Konkretheit, Vehemenz sowie des Umfangs ihrer empirischen Begründung für einiges Aufsehen. Wohl auch deshalb hat Stefan Sonderegger diesen Aufsatz als „Höhepunkt des Mundartpessimismus"[27] bezeichnet. Tappolets Aussagen sind quellenkritisch jedoch mit Vorsicht zu geniessen. Der Prognose eines baldigen Sprachtods ist vor allem auch alarmistische Funktion zuzuschreiben. Sie soll in erster Linie auf die Schutzbedürftigkeit des Schweizerdeutschen aufmerksam machen. Anlass dazu gaben nicht zuletzt die Entwicklungen in der französischsprachigen Schweiz, wo die Mundarten

---

de Cillia 2006). Die Tatsache, dass die Metapher auf einer organischen Sprachvorstellung gründet, führte wiederholt zu Kritik am Begriff als fachwissenschaftlichem Terminus. Dass er als solcher dennoch erhalten blieb, ist ein Beispiel dafür, dass auch die linguistische Terminologie keineswegs frei von Metaphern ist (vgl. dazu auch Spitzmüller 2005: 204–205 mit weiterer Literatur), und es zeigt, wie Sprachauffassungen, die innerhalb der Disziplin seit langem nicht mehr vertreten werden, begrifflich bis heute mittransportiert werden.

24 Diesen Ausspruch überliefert Jost Winteler in seiner Autobiographie von 1917. Staub soll ihn bei einem Treffen geäussert haben, das wohl im Frühling 1876 stattfand (vgl. Winteler 1917: 643; zur Datierung des Treffens vgl. Haas 1981: 45). Weitere Aussagen Staubs in diesem Sinne sind jedoch nicht überliefert, auch wenn er aufgrund seiner Stellung Gelegenheit gehabt hätte, sie an prominente(re)n Stellen – etwa bei der Einwerbung von Geldern für das Idiotikon – gezielt einzusetzen. Auch wenn sie sich in den Mundartpessimismus der Zeit gut einreihen, sind Wintelers Erinnerungen daher mit der nötigen quellenkritischen Vorsicht zu begegnen; ob sich Staub tatsächlich so geäussert hat, bleibt letztlich ungewiss.

25 Tappolet 1901: 35.

26 Vgl. ebd., Herv. i. O. gesperrt. Diese Prognose findet sich – wohl in Kenntnis von Tappolets Arbeit – auch bei Heinrich Morf, ebenfalls Romanist und akademischer Lehrer Tappolets (vgl. Morf 1901: 59).

27 Sonderegger 2003: 2864.

innert weniger Jahrzehnte stark marginalisiert worden waren. Obgleich das Hochdeutsche um 1900 auch in der Deutschschweiz auf einem Höhepunkt seiner Geltung angekommen war, ist historisch trotzdem nicht anzunehmen, dass die Sprachgebrauchssituation um die Jahrhundertwende Prophezeiungen eines Sprachtods tatsächlich rechtfertigte (s. dazu auch o. Kap. 5.4). Das bestätigen auch zeitgenössische Einschätzungen von Tappolets Urteil, etwa jene des Germanisten Heinrich Stickelberger. Er kommt 1905 nach einer differenzierten Betrachtung der Sprachsituation zwar ebenfalls zum Schluss, „dass der Fortbestand des Schweizerdeutschen bedroht ist", betont aber mit Verweis auf Tappolet, dass das durchaus „nicht in dem Masse" der Fall sei, „wie von gewisser Seite angenommen wird".[28]

Obwohl ausser in den zitierten Beispielen also kaum je ernsthaft befürchtet wird, dass das Schweizerdeutsche in wenigen Jahrzehnten ausser Gebrauch komme, war das Gefühl einer existenziellen Bedrohung des Schweizerdeutschen im letzten Drittel des 19. Jahrhunderts durchaus verbreitet. Neben den düsteren Prognosen Staubs und Tappolets finden sich zahlreiche weitere metasprachliche Äusserungen, wonach die Dialekte auch in der deutschen Schweiz als zwingende Folge sprachhistorischer Entwicklungsprozesse über kurz oder lang ausser Gebrauch kommen würden. „Der Dialekt wird ersterben; die Zukunft gehört der Schriftsprache",[29] mit diesen Worten wird diese Zukunftsperspektive etwa an der Berner Schulsynode von 1869 nüchtern auf den Punkt gebracht. Über die Art des Sterbens gab es durchaus verschiedene Ansichten, wobei insgesamt drei mögliche Szenarien skizziert wurden: Erstens ein unmittelbarer Varietätenwechsel, das heisst der zunehmende Gebrauch der Standardsprache in neuen Domänen und in der Alltagsinteraktion, der schliesslich zum Wechsel der Alltagsvarietät führt. Zweitens die allmähliche sprachsystematische und lexikalische Überlagerung der Dialekte durch das Neuhochdeutsche, wobei diese Entwicklung – wie in Deutschland – in eine zwischen Dialekt und Standardsprache einzuordnende Umgangssprache münden würde.[30] Drittens

---

28 Stickelberger 1905: 22. Ähnlich legen auch weitere Texte nahe, dass man Tappolets Schilderungen für übertrieben hielt (vgl. z. B. Boscovitz 1901; [Anonym.] 1902: [2]).
29 R–r. 1869: 186.
30 Der Begriff ‚Umgangssprache' wird im Detail verschieden definiert und ist aufgrund seiner Vagheit in der Sprachwissenschaft nicht unumstritten (zur Problemgeschichte des Begriffs vgl. Bichel 1973). In der Regel bezeichnet er eher allgemein die gesprochenen Substandardvarianten zwischen Dialekt und Hochdeutsch, die regional gefärbt, aber überregional verständlich sind (vgl. zum Konzept Bichel 1980; Munske 1983; Dittmar 2004). Zur Entstehung und zu den Existenzformen von regionalen Umgangssprachen im 19. Jahrhundert vgl. Kettmann 1980; Fischer 2006; Wilcken 2015b.

eine Synthese der ersten beiden Szenarien, wobei der Varietätenwechsel über den Zwischenschritt einer Umgangssprache stattfände.[31]

In den meisten Fällen hielt man zwar keine dieser drei Optionen für wünschenswert, zeigte sich aber zugleich von der Unaufhaltsamkeit einer entsprechenden Entwicklung überzeugt. So konstatiert Hagenbach 1860 in einem Beitrag „Ueber die Stadt-Baselsche Mundart", dass die Mundart „auch ohne äußere Machtgebote, rein nach dem Gesetze der historischen Entwicklung ihrem Absterben [...] entgegen geht",[32] während eine Publikation des *Schweizerdeutschen Wörterbuchs* die „Verwesung" des Dialekts gar als unaufhaltsamen „gewaltigen Naturprozess" qualifiziert.[33] Nicht nur in diesen Beispielen erscheint der Niedergang der Dialekte als unvermeidliche Konsequenz einer gesetzmässig ablaufenden Sprachgeschichte. Diese sah teleologisch vor, dass die Entwicklung der grossen National- und Kultursprachen zwangsläufig zum Verlust der Dialekte führen würde. Ebenso wurde mit Blick auf die Zukunft der Dialekte als gewiss vorausgesagt, dass „unser Allemannisch unaufhaltsam dem Untergange" entgegengehe,[34] dass man den Dialekt nicht künstlich erhalten könne, „wenn seine Stunde geschlagen haben" werde,[35] oder aber dass generell sich „unsere sprachliche Entwicklung [...] in einer Richtung [vollzieht], welche zum Untergang der überlieferten Volkssprache führt".[36]

In vielen solchen Fällen ging man insbesondere aufgrund der historischen Erfahrung davon aus, dass die Schrift- und Kultursprache auf die Dauer den Dialekt ersetzen würde. Dabei stützte man sich auf die zeitgenössische Beobachtung, dass neben einer *qualitativen Veränderung* der Dialekte zunehmend auch eine *quantitative Verschiebung* des Verhältnisses zwischen den Varietäten eintrat. So stellte für die deutsche Schweiz bereits 1844 ein Zürcher Philologe fest, dass man die Volkssprache „in unsern Kirchen und Rathsälen, ja selbst in Kreisen der Geselligkeit immer mehr schwinden [sehe]".[37] Aber auch der Blick nach Deutschland und Österreich, wo die Dialekte an Bedeutung verloren, sowie in die Westschweiz, wo die Marginalisierung der Patois bereits weit fortgeschritten war, mussten die Ansicht eines unaufhaltsamen Fortschreitens und Überhandnehmens der National- und Kultursprachen auf Kosten der Substandardvarietäten bestärken.

---

31 Vgl. z. B. [Anonym.] 1873b: [1]; [Anonym.] 1875: [1].
32 Hagenbach 1860: 342.
33 Vgl. Staub/Tobler/Huber 1880: [1].
34 Pfenninger 1893: 97.
35 [Anonym.] 1874d.
36 Greyerz 1892: 581.
37 Pestalozzi-Hirzel 1844: 35. Zum Prozess der Verschiebung der Varietätenverhältnisse zuungunsten der Dialekte s. o. Kap. 5.4 und 5.6.

Metaphorisch werden die beobachteten Entwicklungstendenzen oft als existenzielle Auseinandersetzung zwischen den Varietäten dargestellt. Dieser Konzeptualisierung von Sprachwandel als Kampf/Krieg zwischen zwei sprachlichen Entitäten liegt in abstraktem Sinne die metaphorische Vorstellung von Sprache als einem Organismus aus Fleisch und Blut zugrunde,[38] der sich in einer physischen Auseinandersetzung befindet. Im mundartpessimistischen Kontext ist dann die Rede von einem „Kampf zwischen Hochdeutsch und Dialekt"[39] und von einem „Zerstörungskrieg"[40] gegen die Dialekte, die „immer mehr und mehr in die Enge getrieben"[41] würden. Oder es wird beobachtet, wie das Hochdeutsche zunächst in die städtischen Mundarten wie in einen Körper ‚eindringt' und die daraus entstandene ‚Mischsprache' in der Folge immer weiter in das Innere der Schweiz ‚vordringt'.[42] Solch martialische Metaphorik zur Veranschaulichung des beobachteten Sprachwandels findet sich in zahlreichen Quellen. Auch Otto von Greyerz stellt 1892 den beobachteten lexikalischen Wandel der Deutschschweizer Dialekte als Verdrängungskampf dar:

> Es gibt schwerlich Jemand, dessen Mundart sich von Einflüssen der Schriftsprache ganz frei erhielte [...]. Ueberall *dringt* [...] der gebräuchlicher gewordene schriftdeutsche Ausdruck *ein* und *verdrängt* den mundartlichen. [...] Zusammenfassend sei gesagt, daß eine Mundart am allermeisten auf dem Gebiete des Wortschatzes den Einflüssen der Schriftsprache *unterworfen* ist.[43]

Im rhetorisch stilisierten Konflikt zwischen den Varietäten wird hier das ‚eindringende Hochdeutsche'[44] als Aggressor dargestellt, der von aussen – wie in einen Körper oder in ein Territorium – einfällt und die Grenzen der als geschlossen imaginierten Einheit der Mundart(en) überschreitet und verletzt, um sich schliesslich im eroberten Gebiet festzusetzen. Dabei erscheinen die sprachlichen Veränderungen je nach Perspektive als Verletzung der räumlich-geographischen oder aber der körperlich-räumlichen Integrität des Dialekts. Dass in diesem Krieg die Vernichtung der Mundarten auf Dauer unausweichlich ist, zeigt sich sprachlich auch daran, dass sich die Mundart als handelndes Subjekt, als das sie dargestellt wird, dem Angriff gegenüber oft passiv, ja geradezu wehr- und willenlos ausgesetzt sieht. Als die schwächere Streitpartei wird sie folge-

---

38 Vgl. dazu auch Spitzmüller 2005: 214–219; zur Kriegsmetaphorik: 219–222.
39 [Anonym.] 1898: [1].
40 J. S. 1898: [s. p.].
41 Ebd.
42 Vgl. z. B. Meyer 1866: XII; [Anonym.] 1873b: [1].
43 Greyerz 1892: 583, Herv. E. R.
44 Meyer 1866: XII.

richtig „zusehends verdrängt"[45] und im Kampf der Varietäten zum Opfer von „Verstümmelung"[46] und „Vernichtung".[47]

In den Kontext der Vorstellung von sprachlichem Wandel als Kampf zwischen den Varietäten sind auch die vereinzelten Versuche einzuordnen, die beobachtete Entwicklung als einen *Kampf ums Dasein* im Sinne von Darwins Evolutionstheorie darzustellen. Auf sie bezieht sich ein Kommentator in der *Neuen Zürcher Zeitung*, der feststellt, dass die Dialekte in der deutschen Schweiz „zerbröckeln" und „sich verflachen", und prophezeit, dass sie schliesslich „nach Darwinschen Grundsätzen im Neuhochdeutschen aufgehen" werden.[48] Die Vorstellung von Sprachgeschichte als Darwin'schem Daseinskampf verweist hier auf eine naturalistische Vorstellung, wie sie August Schleicher in der zweiten Jahrhunderthälfte prominent vertreten hat.[49] In einer Fehlinterpretation des Darwin'schen Konzepts wird im vorliegenden Beitrag allerdings das Überleben des ‚Stärkeren' anstatt die mit *survival of the fittest* bei Darwin beschriebene adaptive Spezialisierung vorausgesagt. Auch in weiteren Fällen wird die rezente Situation als Daseinskampf in diesem Sinne beschrieben.[50]

Die Konzeptualisierungen sprachlichen Wandels und der Zukunft des Dialekts sind zeitgenössisch zwar keinesfalls einheitlich. Dennoch: Gemeinsam ist den unterschiedlichen Vorstellungen, dass sie den Untergang der Dialekte als entwicklungsgeschichtlich unausweichlich prognostizieren. Die Varietäten werden dabei teils als natürliche Organismen dargestellt, die unwillkürlich einer naturgesetzlichen Entwicklung unterliegen, teils als handlungsmächtige und selbsttätige Subjekte, die miteinander im Widerstreit stehen. Beiden Vorstellungen liegt auf einer basalen Ebene ein Organismuskonzept von Sprache zugrunde, das sich nicht zuletzt in der Prophezeiung des Dialekttods manifestiert.

In den sprachreflexiven Zeugnissen des letzten Jahrhundertdrittels war man sich damit letztlich unter dem Eindruck eines deutlich empfundenen gesellschaftlichen und sprachlichen Wandels fast ausnahmslos einig, dass die Dialek-

---

45 Staub/Tobler/Huber 1880: [1].
46 Greyerz 1892: 592.
47 Ebd.
48 J. S. 1898: [1].
49 Vgl. Kucharczik 1998a: 271–281, 1998b: 100–106. Schleicher stellt zwar die Verbindung zwischen seiner Sprachtheorie und den Überlegungen Darwins ausdrücklich her (vgl. Schleicher 1860, 1863), sein sprachhistorisches Verständnis und die Darwin'sche Theorie waren jedoch nicht deckungsgleich.
50 Vgl. z. B. [Anonym.] 1875: [1], der das historische Verhältnis von Dialekten und Kultursprachen sozialdarwinistisch umdeutet, oder Greyerz 1892: 585, der die Rede vom Daseinskampf auf die binnenschweizerischen Verhältnisse und den sprachlichen Ausgleich zwischen den Dialekten bezieht.

te ihrem allmählichen Ende entgegen gehen und im Sprachgebrauch von der Standardsprache verdrängt würden. Da die sprachlichen Wandelphänomene in aller Regel als Verfall und Verlust und nicht etwa als positive Veränderung erachtet wurden, mündete der Mundartpessimismus in vielen Fällen in eine wertende *Sprachgebrauchskritik*.

9.2 Puristische Sprachkritik

Obschon man allgemein überzeugt schien, dass die sprachliche Entwicklung letztlich in den Untergang der Dialekte führen müsse, so sollte in den Augen vieler Sprachkritiker die deutschschweizerische Sprachgemeinschaft diesen vermeintlich natürlichen Prozess zumindest nicht noch durch einen ‚schlechten' Gebrauch der Mundarten zu beschleunigen helfen.[51] Entsprechend wurde im letzten Drittel des 19. Jahrhunderts vor dem Hintergrund des nun dominanten puristischen Mundartideals (s. o. Kap. 8.2) in einer bis dahin nicht gekannten Weise der Gebrauch von ‚Mischformen' stigmatisiert und zu einem ‚reinen' Gebrauch des Dialekts aufgerufen. Damit unmittelbar verknüpft waren erste Bestrebungen, die letztlich in die Forderung nach einer bewussten Mundartpflege mündeten.

9.2.1 Die Maxime doppelter sprachlicher Reinheit als ideelle Grundlage

Die Forderungen nach sprachpragmatischer Trennung von Dialekt und Hochdeutsch, seit der ersten Jahrhunderthälfte gestellt, dauerten in der zweiten Jahrhunderthälfte an. Als illustratives Beispiel dafür darf folgende Äusserung eines Lehrers von 1884 gelten: „Das wahre *juste milieu* in der Anwendung von Dialekt und Schriftsprache kann unmöglich in einer Vermengung desselben bestehen, es liegt in der vollen Achtung beider zu ihrer Zeit und an ihrem Platze."[52] Damit wird das grundlegende Prinzip einer strikten pragmatischen Trennung der Varietäten im Sinne der Diglossie noch einmal bekräftigt: Volles Geltungsrecht dem Dialekt und dem Hochdeutschen in den ihnen zugedachten Kommunikationssituationen! Zusätzlich umfasst die Äusserung aber auch eine sprachformale

---

[51] Diese Überzeugung findet sich 1874 in einem Artikel in der *Allgemeinen Schweizer Zeitung* folgendermassen ausgedrückt: „Können wir nun auch unsern Dialekt nicht künstlich halten, wenn seine Stunde geschlagen haben wird, so sollten wir ihn doch nicht corrumpiren helfen." ([Anonym.] 1874d).
[52] Adank 1884: 116, Herv. i. O.

Präskription, die mit dem Hinweis auf die ‚volle Achtung' beider Varietäten ebenso ausgedrückt wird wie in der Aufforderung, sie nicht zu ‚vermengen'. Die normative Forderung zielt in diesem Beispiel demnach nicht nur auf eine pragmatische, sondern auch auf eine strikte formale Separierung der Varietäten in ihre je ‚echten' oder ‚richtigen' Formen.

Entsprechende sprachpuristisch motivierte Äußerungen häuften sich in der zweiten Jahrhunderthälfte und nahmen in den letzten Jahrzehnten des 19. Jahrhunderts weiter zu. Sie fanden sich zunächst vor allem im Kontext der Schule, wo Dialekt und Schriftsprache unmittelbar aufeinandertrafen. Bereits 1853 – und damit vergleichsweise früh – fordert der Basler Lehrer Johannes Kettiger, dass in der Schule „reiner Tisch gehalten" werde zwischen den Varietäten und „die Schriftsprache nämlich nicht in die Mundart und namentlich die Mundart nicht in die Schriftsprache hinübergezogen würde".[53] Kettigers Motivation liegt allerdings noch primär darin, die Schüler zu besserer „Reinheit der Aussprache"[54] im Hochdeutschen zu bringen. Erst allmählich zielten solche Forderungen darauf ab, nicht nur ein ‚reines' Hochdeutsch zu befördern, sondern auch die ‚Reinheit' der Mundart gegen das Hochdeutsche zu sichern. In diesem Sinne kritisiert auch Otto Sutermeister in seinem *Antibarbarus*, „daß man Mundartformen in's Hochdeutsche willkürlich oder nachläßigerweise einschmuggelt", da man dadurch nicht nur das Hochdeutsch verhunze, sondern auch „die Reinheit und Unschuld" der Mundart „trübt und schädigt".[55] Bereits 14 Jahre zuvor verknüpfte der Schaffhauser Lehrer Johannes Meyer mit dem Sprachunterricht entsprechend zwei Hoffnungen: dass zum einen mit einer strikten formalen Separierung der Varietäten die Hochsprache zu verbessern wäre, und dass zum anderen auch die Mundart in ihrer ‚reinen' Form erhalten würde. Mit Blick auf die in seinem Lehrbuch vorgeschlagene varietätenvergleichende Methode des Hochdeutscherwerbs stellt er fest:

> Kommt diese Methode zur Geltung, so hoffe ich, daß fortan unsere Mundarten, die sichtlich dem Untergang entgegen gehen, ihr Daseyn noch länger fristen werden; denn man wird sich Mühe geben, sie rein zu erhalten und nicht mit Hochdeutsch zu verbrämen; andererseits wird aber auch das häßliche Messing-Hochdeutsch, das in ganz Allemannien in Schulen, Kirchen und Behörden vernommen wird, wie eine alte Sage verklingen [...].[56]

Die Vision einer strikten Trennung von Dialekt und Hochdeutsch unter den ihnen je spezifischen Voraussetzungen von Reinheit wurde im Laufe der zweiten

---

53 Kettiger 1853: 28.
54 Ebd.: 27.
55 Sutermeister 1880: 4–5.
56 Meyer 1866: XIII–XIV; zu dieser vergleichenden Unterrichtsmethode s. u. Kap. 11.3.2.

Jahrhunderthälfte im sprachreflexiven Diskurs zur *kommunikativen Maxime* erhoben. Den Grundsatzanspruch doppelter sprachlicher Reinheit beider Varietäten bringt 1870 der Luzerner Pädagoge Jakob Bucher (1837–1926) auf den Punkt: „Sprechen wir eine mundart, so sollen wir si rein sprechen, sprechen wir schriftdeutsch, so sollen wir es ebenfalls möglichst rein sprechen: das sei unser grundsaz. Etwas hessliches ist jener mischmasch, welcher aus dialekt und schriftsprache zusamengewürfelt ist."[57] In gleichem Sinne heisst es 1874 in der *Allgemeinen Schweizer Zeitung*: „Die Hauptsache jedoch ist und bleibt, daß man beide Sprachen, den Dialekt und die Schriftsprache, von jeder Vermengung frei halte."[58]

Auch in weiteren metasprachlichen Äusserungen wurde doppelte Reinheit als kommunikative Norm nun ausdrücklich eingefordert.[59] Während also im Gegensatz zur ersten Jahrhunderthälfte die Legitimität des Dialekts in für ihn vorgesehenen Verwendungsbereichen nicht mehr grundsätzlich infrage gestellt wurde, forderte man nun von den Schweizerdeutschsprechenden sowohl für den Dialekt als auch für das Hochdeutsche die Einhaltung bestimmter sprachlich-formaler Grundsätze ein.

Ab den 1870er Jahren dominierte diese Maxime doppelter sprachlicher Reinheit als kommunikative Normvorstellung im sprachreflexiven Diskurs. Sie sollte gerade von Gebildeten eingehalten werden, denen in dieser Hinsicht eine Vorreiterrolle zuerkannt wurde. Nach vorherrschender Meinung waren diese einerseits aufgrund ihrer Profession und des verstärkten Kontakts mit Hochdeutschsprechenden in den Städten besonders der Gefahr einer ‚Verunreinigung' ihres Dialekts ausgesetzt. Andererseits konnte man bei ihnen aber auch die nötige sprachliche Bildung und das metasprachliche Bewusstsein voraussetzen, die eine strikte formale Trennung der Dialekte erfordert. Es ist also nur konsequent, dass Jakob Bucher 1874 von den Gebildeten erwartet, „die heimische Mundart als die Sprache der Mutter und des Herzens so rein und gut zu verstehen und zu sprechen, wie die reine Schriftsprache als Sprache des Verstandes und des gemeinsamen Verkehrs zwischen Nord- und Süddeutschland".[60] Analog verlangt 1893 ein Zürcher Lehrer, man müsse „unser liebes Allemannisch" und das Hochdeutsche „beide nur fein säuberlich auseinander-

---

57 Bucher 1870: 35.
58 [Anonym.] 1874d: [s. p.].
59 Vgl. z. B. [Anonym.] 1874c: 268, 1895a: 102; H. B. 1894: 424. Oft wird der Wunsch nach doppelter Reinheit aber auch nur impliziert, etwa in der Klage eines Bieler Pfarrers von 1863, dass die Bieler mit ihrer verfeinerten Sprache inzwischen Halbgelehrten glichen, die mehrere Liedlein pfeifen, aber keines unvermischt und recht (vgl. Molz 1864: 5).
60 [Anonym.] 1874e.

halten, damit wir nicht das bekommen, was man jetzt so häufig unter der Flagge Hochdeutsch zu hören bekommt, ein mit allemannischen Anklängen versetztes Deutsch oder dann ein mit schriftdeutschen Elementen vermischtes ‚Züritütsch.' [sic!] Beides ist Messing".[61]

Die puristische Ideologie hinter dieser Maxime doppelter Reinheit zeichnet sich dadurch aus, dass sie für beide Varietäten je eigene Referenzpunkte für sprachliche Reinheit kannte: In Bezug auf das Hochdeutsche meinte ‚rein' die normative Korrektheit im Hinblick auf die kodifizierten Normen des *Standardismus*;[62] in Bezug auf die Mundart hingegen bedeutete Reinheit im Sinne eines sprachlichen *Konservatismus* den Erhalt und Gebrauch alter, autochthoner Dialektformen. Die zwei sehr unterschiedlichen sprachlichen Idealvorstellungen, welche die Maxime der doppelten Reinheit konstituierten, sind dabei auch als Symptom eines Bewusstseins der Eigensprachlichkeit des Dialekts zu beurteilen, dessen Ideal nun nicht mehr vom Hochdeutschen abhängt, sondern dem ein eigenes Recht auf eine autonome Form sprachlicher Reinheit zugestanden wird.

Die puristisch orientierten Bestrebungen zur Sprachkultivierung in der deutschen Schweiz hatten damit einen deutlich anderen Fokus als die puristischen Strömungen im Nachbarland. Der Purismus in Deutschland äusserte sich nicht erst seit dieser Zeit vorwiegend als Fremdwortpurismus.[63] Das Begehren nach sprachlicher Reinheit sollte das Deutsche insbesondere von französischen Einflüssen befreien, eine Forderung, die in den 1870er Jahren mit dem Sieg über die Franzosen noch einmal deutlich zunahm und die 1885 im *Allgemeinen Deutschen Sprachverein* institutionalisiert und durch ihn popularisiert werden sollte. Auch wenn insbesondere in den Sprachgrenzkantonen, allen voran Bern, der Einfluss des Französischen bereits seit dem 18. Jahrhundert vereinzelt kritisiert worden war,[64] fällt im Vergleich mit Deutschland auf, dass eine puristische Sprachkritik, die auf den Gebrauchsrückgang insbesondere französischer Transferenzen in den Dialekten abzielte, in der Deutschschweiz des 19. Jahrhun-

---

61 Pfenninger 1893: 97.
62 Zum ‚Standardismus' (auch ‚Standardsprachenideologie', ‚Standardideologie') vgl. Maitz/Elspaß 2013.
63 Vgl. zum deutschen Purismus Kirkness 1975, 1998; Schiewe 1998: 262–273; Polenz 1999: 264–274, zur Systematik verschiedener fremdwortkritischer Ansätze in der deutschen Sprachgeschichte vgl. Gardt 2001a, 2001b.
64 Beispielsweise wird im *Bernischen Freytags-Blättlein* 1724 die „schandliche[ ] Mischel-Sprach" aus Deutsch und Französisch, die manchenorts vorgeherrscht haben soll, an den Pranger gestellt (vgl. Redrecht 1724; Palaemon 1724), während 1815 im Berner Volkskalender *Der Hinkende Bot* Einschübe französischer Syntagmen als ‚Kauderwelsch' diskreditiert werden (vgl. z. B. [Anonym.] 1815: [s. p.]).

derts lange keine oder nur eine marginale Rolle spielte und erst im Kontext der ‚Sprachenfrage' um die Jahrhundertwende aktuell wurde.[65] Sprachlicher Purismus, wie er sich in der deutschen Schweiz des letzten Jahrhundertdrittels manifestierte, zielte stattdessen binnensprachlich auf eine klare sprachlich-formale Trennung von Dialekten und Standardvarietät. Dies belegt nicht zuletzt die zunehmend kritische Beurteilung des rezenten Sprachgebrauchs, der nun als ‚unreine' Ausdrucksweise zum Gegenstand der puristisch motivierten Sprachkritik wurde.

9.2.2 Stigmatisierung der Kontaktvarianten und Hierarchisierung des dialektalen Varietätenspektrums

Vermehrt und überdies vehementer als zuvor tritt im letzten Jahrhundertdrittel die Kritik am rezenten Dialektgebrauch auf. Ins Kreuzfeuer nahm sie speziell eine diagnostizierte *Mischsprache*, die mehr und mehr Deutschschweizerinnen und -schweizer, allen voran gebildete Kreise und die Stadtbevölkerung gesprochen haben sollen. Das Konzept der ‚Mischsprache', zeitgenössisch wenig differenziert verwendet, konnte sowohl ein intendiertes Hochdeutsch als Lernervarietät bezeichnen als auch eine Sprachlage benennen, die sich durch den Gebrauch (neuer) standardsprachlicher Transferenzen im Dialekt charakterisieren lässt.[66]

Auch wenn in den meisten Fällen keine Einigkeit darüber herrschte, welche Eigenschaften eine Ausdrucksweise aufweisen musste, um als ‚Mischsprache' zu gelten, ist zumindest die Ablehnung gegenüber dieser vermeintlich *dritten Sprachform* in den zeitgenössischen Sprachwerturteilen konsensual. Vergleichsweise früh beklagte bereits 1823 der in Koblenz als Lehrer tätige Luzerner Grossrat Karl Ruckstuhl im Schweizer Almanach *Alpenrosen*, dass „[i]n unsern Städten [...] der Volks Dialekt durch [...] ungeschickte Nachahmung des Bücher-Deutsch verdorben"[67] würde. Mit dieser Kritik am Einfluss der Schriftsprache

---

65 Sie wurde nach der Jahrhundertwende vor allem im *Deutschschweizerischen Sprachverein* (DSSV) und vornehmlich in Bezug auf die Standardsprache vorangetrieben (vgl. Müller 1977: 26–27; Rash 2001: 266–270; 2005: 112–116); vereinzelt findet sich fremdwortpuristische Kritik aber bereits früher vgl. z. B. [Anonym.] 1873b: [1]. Zur Sprachenfrage allgemein vgl. Müller 1977.
66 Aufgrund der Fragestellung wird in diesem Abschnitt nur der Stigmatisierung bestimmter dialektaler Varianten nachgegangen. Da sich die puristische Ideologie im Sinne des Standardismus aber auch auf das Hochdeutsche bezog, wurden zeitgenössisch insbesondere im schulischen Kontext auch Lernervarianten, die durch starke dialektale Interferenzen in der Standardvarietät charakterisiert sind, als unliebsame ‚Mischsprachen' kritisiert (zur Differenzierung dieser dialektalen Kontakt- bzw. hochdeutschen Lernervarietät vgl. Kap. 5.5).
67 Ruckstuhl 1823: 6.

auf die Dialekte war er seiner Zeit jedoch voraus. Wie an anderer Stelle dargelegt (s. o. Kap. 8), fasste man in der ersten Jahrhunderthälfte die Erweiterung des basisdialektalen Wortschatzes um standardsprachliches Lehngut eher als Bereicherung auf. Erst nach der Mitte des 19. Jahrhunderts häuften sich vor dem Hintergrund des dialektnormativen Paradigmenwechsels die sprachkritischen Stimmen, die die ausbaudialektale Sprechlage als „hässliche[s] ‚messingdeutsch', welchem in keinem sinne mer der schöne name ‚muttersprache' gebürt",[68] stigmatisierten und unumwunden ablehnten. Lexikalische Entlehnungen, die insbesondere bei städtischen bildungsnahen Schichten festzustellen waren,[69] wurden fortan nicht mehr als Bereicherung und positive Dialekt*verbesserung* aufgefasst, sondern als Ausdruck eines Dialekt*verfalls* dezidiert kritisiert. Für den Basler Realschulvorsteher Julius Werder (1848–1921) handelt es sich bei dieser Sprechweise überhaupt nicht mehr um Dialekt, sondern um einen „Jargon", der weder ‚echter' Dialekt noch korrektes Hochdeutsch sei:

> Und ferner zugestanden: unser Dialekt, wie alle Dialekte, büßt in unserer Periode – der Zeit eines babylonischen Gewimmels, der Zeitungen, der Colporteurliteratur, des Dünkels und der Unnatur – mehr und mehr von seiner Unmittelbarkeit und Jugendfrische ein. Was zumal in unseren großen Städten gesprochen wird, ist weder reine Mundart noch weniger reines Schriftdeutsch, wird vielmehr ein recht klägliches Gemisch von beiden, ein fadenscheiniger und wilder Jargon.[70]

In dieser Äußerung, die für die zeitgenössische Sprachkritik als typisch gelten darf und sich in ähnlicher Form vielfach findet, werden auf Basis des sprachpuristischen Ideologems sprachkontaktinduzierte Formen des Dialekts als minderwertig stigmatisiert. Das Wertgefälle zwischen den Gebrauchsvarianten wird dabei vorderhand über die metaphorische Zuschreibungen ‚rein' (positiv) respektive ‚vermischt' (negativ) markiert. Im Unterschied zur Reinheit als substanziellem Idealzustand zeichnen sich vermischte Substanzen durch ihre qualita-

---

[68] [Anonym.] 1874c: 307.
[69] Für den Kanton Luzern beobachtet dies etwa der Dialektologe Renward Brandstetter: „Die Sprache der Gebildeten ist vielfach mit Wörtern aus dem Schriftdeutschen durchsetzt, die dann allerdings mundartlich zurechtgemodelt sind. So sagt der Gebildete *got* Gott, *artst* Arzt, *häitse* heizen, *sonndern* sondern. Der gemeine Mann würde diese Ausdrücke nie gebrauchen, sondern dafür *öise herrget, tokχter, i-füre*[,] *em kχonnträri* [...] sagen" (Brandstetter 1883: 212, Kursivierungen i. O. in Antiqua). Dass diese lexikalische Entwicklungstendenz sich jedoch auch auf weitere Teile der Bevölkerung erstreckte, dafür darf beispielsweise die Aussage Hermann Blattners (1890: 7) als Beleg gelten, der in seiner Dissertation über die Mundarten des Kantons Aargau 1890 feststellte, dass „sogar im Munde der Bauern [...] schriftdeutsche Wendungen und Wörter" zu beobachten seien.
[70] Werder 1878: 15.

tive Minderwertigkeit aus.[71] Durch die im metasprachlichen Diskurs oft gebrauchte Reinheitsmetaphorik zur Beschreibung sprachlicher Güte werden diese qualifizierenden Konnotationen verschiedener substanzieller Qualitäten letztlich auf die verschiedenen Sprachlagen innerhalb des dialektalen Varietätenspektrums übertragen.

Das puristische Axiom, wonach eine Varietät weniger wertvoll sei als eine andere, wenn sie die Eigenschaft ‚unrein' aufweise, diente dabei als Stützung der Schlussregel dieses im sprachkritischen Diskurs der Zeit typischen diskursiven Argumentationsmusters.[72] Dieses lässt sich wie folgt formulieren: Die Feststellung *Die (beobachtete) ‚Mischsprache' weist im Gegensatz zum (reinen) Dialekt die Eigenschaft ‚unrein' auf* führt über die Schlussregel *Wenn die ‚Mischsprache' im Gegensatz zum (reinen) Dialekt die Eigenschaft ‚unrein' aufweist, ist sie minderwertig* zur Folgerung *Die ‚Mischsprache' ist im Vergleich zum (reinen) Dialekt die minderwertige ‚Sprache'.*

In vielen Fällen begnügte man sich damit, auf die sprachliche Unreinheit dieser ‚Mischsprache' hinzuweisen, um sie zu diskreditieren. In anderen Fällen wurden ihr ausdrücklich die eine Sprache auszeichnenden Güteeigenschaften wie Kraft, Alter, lexikalische Eigentümlichkeiten oder Wohllaut abgesprochen.[73] Das *Messing* wurde so in den sprachkritischen Äußerungen der Zeit wiederholt als sprachmateriell und ästhetisch minderwertige Sprachform disqualifiziert und als „Zwitterding von zweifelhafter Schönheit"[74] oder gar ausdrücklich als „hässlich"[75] diffamiert.

Auch wurde befürchtet, man würde mit der Ausbreitung dieser neuen Ausdrucksweise die Begeisterung für die eigene Sprache verlieren und damit ein wichtiges Gut regionaler und nationaler Identifikation gefährden.[76] Zugleich wird deutlich, wie eng die Kritik an sprachlichen Mischformen auch mit dem sprachpatriotischen Diskurs der Zeit und der nationalen Selbstverständigung über die Dialekte (s. u. Kap. 10) zusammenhing.

---

71 In Bezug auf Sprache gilt Reinheit seit der antiken Rhetorik als erstrebenswertes Ideal (vgl. Spitzmüller 2005: 239–244).
72 Ich übernehme das analytische Konzept der diskursiven Argumentationsmuster von Faulstich 2008: 47–50, die das Argumentationsschema Toulmins 1975: 90–93 für diskurslinguistische Zusammenhänge adaptiert hat. Ähnlich wie Faulstich zielt auch Wengeler 2003a, 2003b in seinen theoretischen Überlegungen zum *Argumentationstopos* als Analysekategorie der Diskursgeschichte auf allgemeine textübergreifende Argumentationsmuster in Diskursen.
73 Vgl. z. B. Aufruf 1862: [1]; Winteler 1878: 16.
74 [Anonym.] 1874d: [s. p.]. Auch an andernorts ist die Rede von einem ‚Zwitterding' (vgl. z. B. Adank 1884: 116; Bosshart 1891: 83).
75 Vgl. Meyer 1866: XIV; Bucher 1870: 35, 1870; [Anonym.] 1874c: 307; Winteler 1878: 16; Sutermeister [1884]: 37; Seiler 1895: 188.
76 Vgl. z. B. Tobler 1875: 154.

Insgesamt zeigt sich damit eine neue Qualität der öffentlich formulierten Sprachgebrauchskritik im letzten Drittel des 19. Jahrhunderts: Die nicht immer genauer differenzierten Kontakt- bzw. Lernervarietäten wurden nun systematisch zu Sprachformen minderen Wertes herabgesetzt. Negative Sprachwerturteile wurden dabei vorrangig mit dem ontologischen Status dieser neuen Sprechweise als sprachliche Mischform begründet, weshalb sie, im Gegensatz zum Dialekt und dem Hochdeutschen, auch nicht als Varietät/Sprache eigenen Rechts wahrgenommen wurde. Basierend auf einer puristischen Sprachideologie etablierte sich damit im letzten Drittel des 19. Jahrhunderts eine klare Hierarchisierung verschiedener Sprachgebrauchsformen, in der die Dialekte und das Hochdeutsche in ihrer je ‚reinen' Form gegenüber der Mischform als qualitativ überlegen eingestuft wurden. Dadurch entstand ein Werturteilsgefälle zwischen den je ‚reinen', in ihren eigenen Kontexten jeweils legitimierten Sprechweisen einerseits und einem als ‚Mischmasch' kritisierten minderwertigen Sprachgebrauch andererseits. Im Kontext des sprachkritischen und sprachpuristischen Teildiskurses wurden damit diese historischen Kontaktvarietäten letztlich zu *Stigmalekten*[77] degradiert, deren Gebrauch es individuell zu vermeiden und als Sprachgemeinschaft zu verhindern galt. Im Gegensatz zu den meisten übrigen Regionen des deutschen Sprachraums wurde damit nicht der Dialekt an sich stigmatisiert, sondern seine dem Hochdeutschen angenäherte Realisierungsform, die umgangssprachliche Züge trug.[78] Der ‚reine' Dialekt wurde demgegenüber zu einem eigentlichen *Prestigelekt*. Im Kontext dieser sozialen Stigmatisierung der ‚unreinen' Sprechlagen sind auch die Bemühungen bürgerlicher Dialektpfleger zu sehen, die sich nun zunehmend dem Erhalt und der Pflege dieser ‚reinen' Varianten verpflichteten.

9.2.3 Anfänge der Dialektpflege

Die Diagnose eines „kägliche[n] Gemisch[s]",[79] das die ‚reine' Mundart verdränge, ging oftmals Hand in Hand mit der Aufforderung, die Dialekte so lange

---

[77] Ich verwende die Begriffe ‚Stigmalekt' und ‚Prestigelekt' in Anlehnung an die Konzepte „Stigma-Soziolekt" und „Prestige-Soziolekt" (vgl. Steinig 1980: 107). Im Gegensatz zu letzteren sollen die Begriffe ‚Stigmalekt'/‚Prestigelekt' ohne die soziale Determinierung der Varietät, die dem Terminus ‚Soziolekt' inhärent ist, auskommen und in der Lage sein, auch weitere Kategorien von Lekten (vgl. z. B. Löffler 2010: 79–80) zu bezeichnen.
[78] Zur Stigmatisierung des Dialekts in Deutschland im 18. und 19. Jahrhundert vgl. Linke 1996: 147–151; Mihm 1998: 290; Jordan 2000: Bd. 1, 214; Bd. 2, 145–150; Davies/Langer 2006; Faulstich 2008: 316–321; Gardt 2008: 300–301.
[79] Werder 1878: 15.

und so gut als möglich in ihrer Ursprünglichkeit zu bewahren. Von der Reinhaltung des Dialekts bzw. von der Wiederherstellung seiner Reinheit erhoffte man sich, den prognostizierten Rückgang und Verlust der Dialekte abzuwenden oder zumindest zu verlangsamen und damit ein Schweizer Kulturgut zu bewahren. So wollte Joseph Victor Hürbin 1867 mit seiner Forderung nach klarer formalen Trennung von Dialekt und Hochdeutsch in der Schule nicht nur „zur gedeihlichen Sprachbildung unserer vaterländischen Jugend" beitragen, sondern auch ausdrücklich zur „Erhaltung des schweiz.[erischen] Idioms" schlechthin.[80] Auch weitere sprachpflegerische Forderungen waren in diesem Sinne patriotisch motiviert. So wurde etwa 1874 in der *Schweizerischen Lererzeitung* deklariert, dass die „eifrige pflege des schriftdeutschen unbedingtes erforderniss" sei, dass es aber zugleich gelte, „auch unsere mundarten als ein nationales erbgut von unschätzbarem werte zu hegen und zu eren" und „diselben rein zu erhalten, soweit es immer möglich ist!"[81] Wie anhand dieser Beispiele ersichtlich wird, sollten durch eine strikte formale Auseinanderhaltung der Varietäten gerade auch die als Dialektverfall empfundenen Sprachwandelprozesse verhindert und die vermeintlich ‚echten' Formen der Volkssprache gesichert werden. Auch hier überlagern sich letztlich der sprachkritische und der sprachpatriotische Teildiskurs der Zeit.

Schon früh wurde erkannt, dass die Mundartpflege in diesem Sinne nicht nur eine gewisse Fertigkeit in der Standardvarietät voraussetzte, sondern auch ein metasprachliches Bewusstsein davon, welche sprachlichen Erscheinungen als rein mundartlich bzw. rein hochdeutsch zu beurteilen seien. Deshalb nahm man insbesondere die Schule als sozialen Ort des Hochdeutscherwerbs in die Pflicht, dieses Bewusstsein zu vermitteln. Von einer strikten Trennung der Varietäten in der Schule und der Vermittlung eines entsprechenden metasprachlichen Bewusstseins versprach man sich, das Sprachverhalten der Jugend nachhaltig zu beeinflussen und damit den Fortbestand des ‚reinen' Dialekts zu sichern.[82]

Als Konstituente eines in der Gebildetenöffentlichkeit weitgehend geteilten Sprachbewusstseins wurde so bis in die 1890er Jahre die Auffassung populär, dass der Dialekt als nationales Gut des Schutzes und der Pflege bedürfe, um weiter fortzubestehen. Implizit, im Falle eines Vortrags von Albert Bachmann vor dem studentischen *Zofingerverein* sogar ausdrücklich, verband man entsprechende Forderungen mit der Hoffnung, dass vor der Drohkulisse eines allmählichen Verlusts althergebrachter Traditionen durch die moderne Kultur die

---

80 Hürbin 1867: 46.
81 [Anonym.] 1874c: 307.
82 Zu sprachpflegerischen Bemühungen im pädagogischen Kontext s. u. Kap. 11.3.3.

„Bemerkungen über die Wichtigkeit der Mundart nicht ohne Wirkung bleiben" mögen.[83] Vor diesem Hintergrund kritisierte auch Jost Winteler 1895, dass „wir mit der Vernachlässigung der Mundart ein Unrecht an der Geschichte und der Zukunft unseres Landes begehen", und forderte, dass wir „uns der Pflege unserer Mundart weit mehr, als bisher, befleissen müssen".[84] Als eher bescheidene Massnahme schlug er den vermehrten Einsatz von Volksliedern im Unterricht vor.[85]

Einen deutlich radikaleren Vorschlag für Schutz und Pflege des Dialekts hatte der Berner Pädagoge und Germanist Otto von Greyerz rund drei Jahre zuvor unterbreitet. Wie andere vor ihm war er in seinem Aufsatz „Die neuere Sprachentwicklung in der deutschen Schweiz" aus dem Jahr 1892 zum Schluss gekommen, „daß wir Schweizer weder einen reinen Dialekt noch eine reine Schriftsprache", sondern stattdessen „eine dritte Sprache" reden würden, welche die denkwürdige „Aussicht hat, sich immer mehr zu verbreiten".[86] Um „unsre Mundart nicht unter dem Einflusse der Schriftsprache verkümmern zu lassen", forderte er, dass sie inskünftig „auf den vertraulichen Umgang, besonders auf das intime Familienleben beschränkt bleibe und daß man sie nicht auf den Schauplatz des formellen öffentlichen Verkehrs zerre, für welchen sie [...] nicht geschaffen ist."[87] In einer solchen „Abgrenzung" und „Trennung der Gebrauchsgebiete" der Varietäten sah von Greyerz „das sicherste Mittel zur Vermeidung einer zwitterhaften Mischsprache".[88] Um diese ‚Mischsprache' zu verhindern, schreckte er nicht davor zurück, „die Reinheit der Mundart durch Beschränkung ihres Gebrauchs auf spezifische Verwendungsbereiche [zu] erkaufen",[89] wie es Walter Haas treffend formulierte. Bei von Greyerz wird damit der Schutz und die Konservierung des ‚reinen' Dialekts letztlich zum Selbstzweck.

Während von Greyerz' Ablehnung einer zunehmenden Durchmischung der Varietäten gemeinhin Zustimmung fand, blieben die von ihm vorgesehenen sprachpflegerischen Massnahmen umstritten. Zwar gab es Stimmen wie den Berner Germanisten Ferdinand Vetter, der 1898 ähnlich wie von Greyerz forderte, den Dialekt zwar „im Familienkreise" zu pflegen, hingegen „aus Schule, Kirche und öffentlichen Reden" zu verbannen.[90] Eine Mehrheit befürchtete jedoch,

---

83 Bachmann 1884: 15.
84 Winteler 1895: 12.
85 Vgl. ebd.: passim.
86 Greyerz 1892: 591.
87 Ebd.: 592.
88 Ebd.: 593.
89 Haas 1992: 597.
90 [Anonym.] 1898: [1].

dass dadurch auch die gesellschaftliche Bedeutung des Dialekts unwillkürlich zurückgedrängt würde. So heisst es in einer Rezension der *Neuen Zürcher Zeitung* zu von Greyerz' Schrift:

> Gegen die Diagnose und das Krankheitsbild, wie es der Verfasser entwirft, wird sich schwerlich etwas einwenden lassen; [...] Dagegen erlauben wir uns, seinem Kurverfahren folgenden Ausgang zu prophezeien: Wenn seine beiden Bedingungen erfüllt würden, nämlich völlige Beherrschung beider Sprachvarianten durch unsere Gebildeten, so würde binnen Kurzem das Hochdeutsch den Dialekt in den Städten gänzlich verdrängen [...].[91]

Zwar wurde insbesondere von Greyerz' Plädoyer für eine Anpassung des Schulunterrichts wohlwollend aufgenommen,[92] die Radikalität seiner Forderung nach einer rein gehaltenen, in ihrer Funktionalität deutlich reduzierten Mundart ging jedoch vielen zu weit. Bis zu einem gewissen Grad lief diese auch der während des 19. Jahrhunderts etablierten diglossischen Konzeption der Sprachsituation entgegen, die den Dialekt als polyvalente, auch in der Öffentlichkeit angewandte Alltagsvarietät vorsah. Letzteres erforderte jedoch auch weiterhin eine gewisse Wandelbarkeit und Aufnahmefähigkeit der Mundart – gerade auch gegenüber hochdeutschen Entlehnungen.

Auch wenn von Greyerz' radikales Programm zum Schutz der Mundarten zeitgenössisch keine Aussicht auf Erfolg zeitigte, so ist es doch ein weiteres Indiz für das zeitgenössische Begehren, die Dialekte in puristischer Absicht zu pflegen und vor weiteren Veränderungen zu schützen. Insgesamt ist festzustellen, dass sich dialektpflegerische Forderungen im letzten Drittel des Jahrhunderts vor dem Hintergrund einer mundartpessimistischen Stimmung und einer sprachpuristischen Ideologie häufen. Kulturgeschichtlich lassen sich solche Bestrebungen zur Bewahrung der Dialekte in den Kontext eines neuen Traditionalismus einordnen, der sich, flankiert von einem erstarkten Nationalismus, ab den 1870er Jahren nicht nur in der Schweiz auf die eigene historische ‚Volkskultur' besinnt. Die damit einhergehende Popularisierung eines neuen Traditionsbewusstseins, welches „das Historische als natürlich Gewachsenes gegenüber dem Neuen bevorzugte" und die landesspezifischen Natur- als auch Kulturgüter durch die historischen Entwicklungen in Gefahr sah, ist dabei als kompensatorische Praxis dieser Entwicklungen zu verstehen.[93] Subsumiert unter dem Begriff der Heimat wurde nun das historisch legitimierte Eigene und Ursprüngliche zum kulturellen Referenzpunkt und zum schützenswerten Gut.[94] Die diskursive

---

91 [Anonym.] 1892a: [s. p.].
92 Vgl. z. B. Hunziker 1892.
93 Vgl. Bundi 2005b: 15–17, hier: 17.
94 Vgl. ebd.: 17. Die Forderung nach Heimatschutz, der neben Naturschutz auch die bewusste Pflege der Volkskultur in Sprache, Architektur, Bräuchen und Sitten umfasste, mündete 1905

Aufwertung der Volkskultur und der Ruf nach deren Schutz betrafen dabei in besonderer Weise auch die Dialekte, die schon seit der ersten Hälfte des 19. Jahrhunderts zu einer (deutsch-)schweizerischen Eigentümlichkeit stilisiert wurden. Neben Trachten, Handwerk oder Volksliedern wurden sie zum konstitutiven Bestandteil der schweizerischen Volkskultur und mithin einer schweizerischen Identität. So entstand ab den 1890er Jahren, zunächst besonders ausgeprägt in Bern,[95] eine eigentliche Mundartbewegung, die sich um die Jahrhundertwende in weiten Teilen der deutschen Schweiz ausbreitete.[96] Mit der Gründung des *Deutschschweizerischen Sprachvereins (DSSV)* wurde schliesslich 1904 die Mundartpflege als Teil einer ‚doppelten Sprachpflege' von Hochdeutsch und Dialekt institutionalisiert.[97]

9.3 Sprachkritik als Modernisierungskritik

9.3.1 Der Verlust des sprachlich Eigenen als Symptom der Moderne

Die Sprachentwicklungskritik der letzten Jahrzehnte des 19. Jahrhunderts, die sich im metasprachlichen Diskurs als Sprachverfallskritik und als Furcht vor dem Verlust des sprachlich Eigenen niederschlägt, lässt sich historisch als Symptom einer allgemeineren Kritik an der Moderne beschreiben. Der *Mundartpessimismus* zeigte sich zeitgenössisch als Ausdruck eines umfassenderen *Kulturpessimismus*, der sich als Verlusterfahrung des Gewohnten und als Umprägung einst verbindlicher Traditionen, Werte und Normen manifestierte. Im sprachreflexiven Diskurs äussert sich dies darin, dass der Dialektverfall als Phänomen eines umfassenderen Verfallsprozesses des kulturell Eigenen kontextualisiert wird. Gerne wird in solchen Fällen darauf hingewiesen, dass ebenso wie die lokalen Trachten als sichtbarer Ausdruck regionaler Identität nun auch die

---

in die Gründung des *Schweizer Heimatschutzes* (vgl. Le Dinh 1992; Bundi 2005a, 2005b; Bachmann 2012; Bundi 2012; für die ähnlich motivierte deutsche Heimatbewegung vgl. Klueting 1991).

95 Vgl. Ris 1987a, ferner: Bauer 1973.

96 Vgl. Ris 1979.

97 Obschon der DSSV im Geiste der deutsch-französischen ‚Sprachenfrage' zur Pflege und zum ‚Schutz' des Deutschen in der Schweiz gegründet wurde, verstand es der Verein von Beginn als seine Aufgabe, neben dem Hochdeutschen auch die Dialekte zu pflegen. Zur Geschichte und Sprachpolitik des DSSV vgl. Steiger 1944; Spuler 1964; Müller 1977: 23–36; Weber 1979, 1984; Rash 2005. Vgl. in diesem Zusammenhang auch das aus einem Vortrag vor der Gesellschaft für deutsche Sprache in Zürich hervorgegangene Plädoyer für doppelte Sprachpflege von Schnorf 1907 (2. erw. Auflage: 1908), das auch vom DSSV ausdrücklich begrüsst worden sein soll (vgl. Schnorf 1908: III).

Dialekte als ihr auditives Pendant zurückgedrängt würden. „Die malerischen Kleidertrachten", heisst es 1867 in diesem Sinn, „sind bis auf wenige verschwunden [...]. Auf diese Weise verlor unser Vaterland [...] sein [...] nationales Farbenspiel. [...] Kein besseres Schicksal als unsern Landestrachten droht schon seit geraumer Zeit auch dem schweizerischen Idiom [...]."[98]

Dieser Kulturpessimismus erweist sich in vielen Fällen als grundsätzliche Kritik an der Moderne. Der dialektale Veränderungsprozess wird dabei als *ein* Symptom für einen übergreifenden Paradigmenwechsel gedeutet, charakterisiert durch die Verdrängung des Natürlichen durch die „alles Leben zuschneidende Cultur".[99] Dieser Eindruck nährte sich zeitgenössisch nicht zuletzt von der lebensweltlichen Erfahrung rasanter sozioökonomischer Veränderung seit der Jahrhundertmitte.[100] Oft wurden entsprechend auch in metasprachlichen Kontexten „die modernisierende Zeit und Cultur",[101] „der Kosmopolitismus",[102] „die nivellirende Zeit"[103] oder „der Einfluss der neuen Zeit"[104] als Ursachen des kulturellen Wandels im Allgemeinen und des sprachlichen Wandels im Besonderen benannt. Konkret verwies man auf zwei bzw. drei sozioökonomische Faktoren: die Schule und die damit einhergehende Literarisierung der Bevölkerung, die gesteigerte Mobilität und die – damit zusammenhängende – erhöhte binnenschweizerische und grenzüberschreitende Migration.[105]

Diese Modernisierungsphänomene wurden in aller Regel nicht grundsätzlich abgelehnt, aber dennoch als Faktoren eines kulturellen *Nivellierungsprozesses* kritisiert, der auch vor der Sprache nicht Halt macht. Diagnostiziert wurde insbesondere ein Prozess der Auflösung des Individuellen in einem uniformierenden Allgemeinen. Bereits 1858 kontextualisierte Alfred Hartmann (1814–1898), erster Feuilletonredaktor bei der Berner Tageszeitung *Der Bund*, seine Sorge um die Zukunft der Dialekte als Modernisierungskrise, da er „die große anonyme Nivellirgesellschaft, die es in Verding genommen, alles Unebene glatt zu hobeln", dafür verantwortlich sah, „sich nicht nur an unsere Berge, sondern

---

98 Hürbin 1867: 23; vgl. zudem z. B. Hartmann 1858; Aufruf 1862; J. S. 1898; Kelterborn 1899: 81; Bruppacher 1905: [s. p.].
99 Hürbin 1867: 23.
100 Dass dem Eindruck eines rasanten gesellschaftlichen Wandels historische Faktizität zugesprochen werden muss, darauf verweist Sarasin 1997: 31–32.
101 Hürbin 1867: 23–24, 1896: 2.
102 [Anonym.] 1874d: [s. p.].
103 [Anonym.] 1881: [1].
104 Blattner 1890: 7.
105 Vgl. z. B. Hunziker 1877: VI; Staub/Tobler/Huber 1880: [1]; Socin 1888a: 93–94; Blattner 1890: 7; J. S. 1898; Vetsch 1907: [s. p.].

auch an unserer Sprache gemacht" zu haben.[106] Zum diskursiven Schlag- und Schlüsselwort[107] wurde in diesem Zusammenhang der Begriff der *Eigentümlichkeit* bzw. des *Eigentümlichen*. Das Gefühl, die Moderne bewirke zunehmend einen unaufhaltsamen Verlust des Eigentümlichen, konnte aufgrund der Omnipräsenz von Sprache dabei besonders leicht an der eigenen Ausdrucksweise nachgewiesen werden. So wird 1873 im *Schweizerboten* von einem anonymen Autor beklagt:

> [D]as Eigenthümliche in Laut- und Wortform, in Wortbiegung und Wortbildung, in der Bedeutung der Wörter und dem Satzgefüge verschwindet immer mehr, um einer gewissen Gleichförmigkeit Platz zu machen, welche durch Anlehung [sic!] an die Schriftsprache, wenn nicht geradezu durch Entlehnung aus derselben entsteht.[108]

Ähnliche Klagen über den „nivellirenden Einfluß der Schriftsprache"[109] auf die Vielfalt der Dialekte, darüber, dass „die uniformirende Ausgleichung der Sprache immer weiter [schreitet]" oder „das moderne Verkehrsleben in Volkstrachten und Gebräuchen alles Ursprüngliche verwischt",[110] kehren im letzten Drittel des Jahrhunderts topisch wieder. Sprachwandel erscheint dabei in vielen ähnlichen Aussagen letztlich als Erfahrung von Krise und Verlust kultureller Individualität und kollektiver Heterogenität: „Die Freizügigkeit der Neuzeit, die Einflüsse der zunehmenden Bildung und Halbbildung der mittlern und untern Stände drängen den Dialekt zurück, und bewirken, daß er allmälig erblaßt. [...] Mit ihm geht eben wieder ein Stück des individuellen Lebens verloren."[111]

Der Eindruck eines zunehmenden Verlusts der eigenen Individualität, der in diesem Zitat aus der *Allgemeinen Schweizer Zeitung* mustergültig ausgedrückt wird, kann sich dabei je nach Kontext auf die zunehmend weniger eindeutige sprachliche Abgrenzung lokaler oder regionaler Sprechergemeinschaften beziehen,[112] wie auch auf die quasi-nationale Sprachgemeinschaft der Schweizerdeutschsprechenden.

Vor dem Hintergrund einer Nationalisierung der Dialekte (s. dazu u. Kap. 10) wurde der zu beobachtende Sprachgebrauchswandel im ausgehenden 19. Jahrhundert denn auch wiederholt als Symptom für den Verlust nationaler Individualität dargestellt: Der Verlust des sprachlich Individualisierenden ging

---

106 Hartmann 1858: [s. p.].
107 Vgl. Hermanns 1994: insb. 43–50.
108 [Anonym.] 1873b: [1].
109 [Anonym.] 1875: [1].
110 Fürst 1899: 92.
111 [Anonym.] 1874d: [2].
112 Vgl. z. B. Blattner 1890: 7; Bruppacher 1905: [s. p.].

einher mit der Auflösung der in der Dichotomie von Dialekt und Hochdeutsch eindeutig gezogenen Grenzen. Damit schien auch die Abgrenzung zwischen dem (national) Eigenen und dem (national) Fremden gefährdet. Regionale und nationale Abgrenzbarkeit drohten sich unter dieser Perspektive zugunsten einer zunehmenden, die Unterschiede zwischen den ‚Völkerschaften' verwischenden Uniformität aufzulösen. Der Verlust sprachlicher Differenzierung gegenüber Deutschland im Kontext der rezenten Entwicklungen wurde zum Krisenmoment des nationalen Selbstverständnisses. Rhetorisch versiert und publikumswirksam kommt dies 1862 in den einleitenden Passagen des Aufrufs zur Sammlung eines *Schweizerdeutschen Wörterbuches* zum Ausdruck:

> Es ist eine ebenso unläugbare als wehmüthig stimmende Thatsache [...], daß unsere nationalen Eigenthümlichkeiten, auf die wir uns so gerne und mit Recht Etwas zu Gute thaten, eine nach der andern abbröckeln und dem gleichmachenden und verschleifenden Zuge der Zeit anheimfallen. Unendlich rascher und verderblicher, aber ebenso unwiederbringlich wie am Gestein unserer Gebirge nagt ihr Zahn an unserem idealen Eigen [sic!]. Dahin schwinden heimische Sitten und mit ihnen heimischer Sinn, die alten Bräuche und mit ihnen althergebrachter Glaube; es wollen die Trachten und die treue Anhänglichkeit an die Art der Altvordern aufhören, unsere Auszeichnung zu sein. Aber auf keinem Boden schleicht das Verderbniß so heimlich und darum so sicher, wie auf dem unserer Mundarten.[113]

In dem Masse, wie die Dialekte als nationales Symbol und konstitutives Merkmal nationalen Selbstverständnisses dargestellt wurden, wurde ihre Veränderung zu einer Verlusterfahrung kollektiver Identität stilisiert. Die Dialekte als „eines unserer köstlichsten Güter"[114] und „eines der ehrwürdigsten Zeugnisse schweizerdeutscher Eigenart"[115] drohten an die Kultur der Moderne verloren zu gehen.

9.3.2 Musealisierung der Dialekte

Im Kontext dieses wiederholt beschriebenen Gefühls kultureller und identitärer Verlusterfahrung bei gleichzeitiger Befürchtung einer quasi-natürlichen Ausbreitung der Standardvarietät auf Kosten der Dialekte sind auch Bestrebungen zur *Musealisierung der Dialekte* zu sehen, die sich im letzten Drittel des 19. Jahrhunderts in verschiedenen Formen ausgestalteten. Der Plan zur Sammlung eines schweizerdeutschen Wörterbuchs war nicht nur prominentester Ausdruck

---

113 Aufruf 1862: [1].
114 Seiler 1879: XII.
115 Bachmann 1908: 70.

einer anzustrebenden Sprachkonservierung, sondern erhielt allein als Absichtserklärung im skizzierten historischen Umfeld bereits viel öffentlichen Zuspruch. So heisst es bei Hürbin 1867:

> Und sicherlich durfte man mit Errichtung dieses sprachlichen Denkmals [des Idiotikons, E. R.] keinen Augenblick mehr zögern, wenn man nicht Gefahr laufen wollte, gerade das Kostbarste, weil Eigenthümlichste unsrer Mundart zu verlieren; denn die modernisirende Zeit und Cultur hat mit besonderer Wohllust gerade nach den naturwüchsigsten Ausdrücken gegriffen, um dieselben mit Form und Sinn unter die Schwelle des Bewußtseins zu drücken [...].[116]

Nicht nur in diesem Beispiel wurde der Wert des *Schweizerdeutschen Wörterbuchs* als *sprachliches Denkmal* schweizerischer Volkskultur von nationalkonstitutiver Bedeutung gesehen und anerkannt (s. dazu u. Kap. 10.4). Das gross angelegte Projekt war jedoch nicht die einzige Unternehmung, die sich in dieser Zeit der Musealisierung der Dialekte verschrieb. Die empfundene Resignation, die sich aufgrund des diagnostizierten Dialektverfalls und des befürchteten allmählichen Verschwindens der Dialekte bei vielen Sprachliebhabern einstellte, wurde auch in weiteren Werken produktiv gemacht, die ebenfalls dadurch motiviert waren, das – wie Walter Haas formuliert – „todgeweihte Sprachgut für die Zeit nach dem Untergang zu konservieren".[117] Nicht ganz unbescheiden formulierte beispielsweise Otto Sutermeister 1884 die Hoffnung, die er mit seiner 52-teiligen Anthologie *Schwizer-Dütsch* verknüpfte:

> Neben dem hochverdienstlichen schweizerischen Idiotikon ersteht hier ein zweites Denkmal schweizerischen Volkstums, das [...] seine Bestimmung hinlänglich erfüllt, wenn ihm zugestanden wird, daß es derselben Liebe zu Volk und Sprache entsprungen und daß, was dort zum Zwecke gründlichster Erforschung in systematischer Ordnung gegliedert erscheint, hier sich zusammenschließt zu einem Abbild der Sprache in ihrem lebendigen Fluß und Zusammenhang, zu einem Abbild des wahrhaftigen Volksgeistes in seinem vollen, blühenden Leib.[118]

Aber auch in weniger monumentalen Werken, die sich des Dialekts annehmen, kommt diese Haltung zum Ausdruck. Plakativ zusammengefasst lautet das Credo: Solange das sprachlich Eigene noch greifbar ist, soll es als Zeugnis einer vom Untergang bedrohten schweizerischen Volkskultur für nachfolgende Generationen erhalten werden. In diesem Sinn motiviert 1864 auch der Bieler Pfarrer Adam Friedrich Molz (1790–1879) – nicht ganz ohne Selbstironie – seine mund-

---

116 Hürbin 1867: 24.
117 Haas 1992: 594.
118 Sutermeister [1884]: 45.

artliterarischen Aufzeichnungen damit, ein sprachliches Denkmal des Bieler Dialekts für die Nachkommen zu schaffen:

> Jo, jo! mer wei-n-is es nit verhehle, es isch weni Hoffnig u kei Uufkumme mehr fir ysi uralti, herzliebi, reini Bielersprach. Drum, werthi Mitburger, ha-n-i es Preebli dervo welle uufb'halte, zum Denggmal ysne Nachkumme. Wenn si dee fast uusg'storbe-n-isch, eppe i zweyhundert Johr; [...] su wird eppe einisch e-n-arme g'lehrte Schlugger das Biechli do im'ene staubige Winggel asichtig; studiert noche, was es bidyti, u wenn er's endlich versteit, dee lauft er i d'Soiree, i Leist, i d's Theater, uf d's Rathuus sogar, u liest oder erklärt dene Neibieler druus vor; si aber loße uufmerksam die fast vergessene Wort ihrer Vorfahre; wenn si scho die rechti Uussprach dervo nit meh wisse, su g'seht me doch mänge briegge vor luuter Riehrung.[119]

Dabei setzt gerade ihre Ironisierung die hier bediente Denkfigur als bekannt voraus. Auch der bereits erwähnte Vorschlag Otto von Greyerz', den Dialekt in seiner Reinheit zu bewahren, indem man seinen Gebrauch auf das Familienleben beschränkt (s. o. Kap. 9.2.3), kann als Reaktion auf das Bedürfnis verstanden werden, die Mundart quasi im häuslichen Heimatmuseum lebendig zu konservieren.[120]

Insgesamt lässt sich dieser Wunsch nach einer *Musealisierung der Dialekte*, wie er in der Zeit des Mundartpessimismus nachweisbar ist, auch als Ausprägung des Historismus verstehen.[121] Dieser Interpretation ist insbesondere dann zuzustimmen, wenn unter dem Begriff eine „Praxis historisierender Kompensation des Kulturwandels" verstanden wird, die „im Fluß der Entwicklung Elemente der Wiedererkennbarkeit und Hilfen zur Identitätsbestimmung und -sicherung festzuhalten" sucht.[122]

---

119 Molz 1864: 5–6. „Ja, ja! wir wollen es nicht verhehlen, es ist wenig Hoffnung und kein Auferstehen mehr für unsere uralte, herzliebe, reine Bielersprache. Darum, werthe Mitbürger, wollte ich ein Pröblein davon aufbewahren als Denkmal für unsere Nachkommen. Wenn sie dann beinahe ausgestorben sein wird, ungefähr in zweihundert Jahren [...] so wird einmal ein armer gelehrter Schlucker dieses Büchlein da in einem staubigen Winkel sehen; [er] wird darüber nachdenken, was es bedeuten könne, und wenn er es endlich versteht, läuft er in die Soiree, in die Gesellschaft, in das Theater, auf das Rathaus sogar, und liest oder erklärt diesen Neubielern daraus vor; sie aber hören den fast vergessenen Worten ihrer Vorfahren aufmerksam zu; wenn sie schon die richtige Aussprache davon nicht mehr kennen, so sieht man doch manchen weinen vor lauter Rührung." (Übers. E. R.).
120 Vgl. auch Haas 1992: 597.
121 Vgl. ebd.: 595.
122 Assion 1986: 359, 356. Der Begriff ‚Historismus' ist schillernd und das hier vertretene Verständnis unterscheidet sich von seiner dominanten Bedeutung zur Beschreibung einer geschichtsphilosophischen Strömung des 19. Jahrhunderts (vgl. dazu Baberowski 2005: 63–79; Jordan 2007; zur Begriffsgeschichte Scholtz 1974).

10 Dialekt und Nation –
der sprachpatriotische Diskurs

Gegenstand des vorliegenden Kapitels ist der Zusammenhang zwischen *Sprache* und *Nation*, wie er sich in den Metasprachdiskursen der deutschen Schweiz des 19. Jahrhunderts manifestiert. Es wird der Frage nachgegangen, in welcher Hinsicht diese beiden Grössen im sprachreflexiven Diskurs aufeinander bezogen werden und welche Rolle Sprache im Prozess nationaler Selbstverständigung spielt. Dem Erkenntnisinteresse dieser Arbeit gemäss geht es dabei nicht um das Bewusstsein in der Schweiz, eine mehrsprachige Nation zu sein,[1] sondern um Aspekte einer national fundierten sprachlichen Identität der deutschen Schweiz auf Basis ihrer Dialekte.[2]

Ausgangspunkt ist die These, dass in der Deutschschweiz Prozesse kollektiver Selbstverständigung in Bezug auf kulturelle, ethnische und politische Zusammengehörigkeit auch über den Hinweis auf eine gemeinsame Sprache geführt wurden. Eine erste Voraussetzung dafür ist die Vorstellung, dass es eine einheitliche, gemeinsam geteilte ‚Schweizersprache' überhaupt gibt. Dass diese Vorstellung existiert hat und im sprachreflexiven Diskurs im 19. Jahrhundert aktualisiert wird, sollen die Ausführungen eingangs dieses Kapitels zeigen (Kap. 10.1). Eine weitere Voraussetzung dafür stellt das Bewusstsein eines notwendigen Zusammenhangs zwischen den beiden Grössen *Sprache* und *Nation* dar. Diskursiv manifestiert sich dieses Bewusstsein in Argumentationen, die Sprache als kulturelle bzw. politische Bezugsgrösse bestimmen (Kap. 10.2). Vor diesem Hintergrund wird das *Schweizerdeutsche* zu einem nationalen Symbol, dem zuweilen sogar staatsexistenzielle Bedeutung zugemessen wird (Kap. 10.3) und die eigene Sprache wird zu einem gemeinschaftskonstitutiven Moment für die deutsche Schweiz (Kap. 10.5). Die Bedeutung der Sprache für die schweizerische Nation manifestiert sich schliesslich öffentlichkeitswirksam im Projekt eines nationalen Wörterbuchs, des *Schweizerischen Idiotikons*, das 1862 nationalpolitisch motiviert initiiert wird (Kap. 10.4).

---

1 Vgl. zum öffentlichen Diskurs zur Mehrsprachigkeit im 19. Jahrhundert die Beiträge in Widmer et al. 2004, insbesondere Godel/Acklin Muji 2004; Coray 2004 sowie Coray/Acklin Muji 2002; Coray 2002; zum Bewusstsein der sprachlichen Minoritäten in diesem Zeitraum vgl. Im Hof 1975; zum Zusammenhang von ‚Nation' und ‚Sprache(n)' in der Schweiz ferner auch Koller 2000.
2 Der speziellen Gebrauchssemantik der Begriffe ‚Nation' und ‚national', die im Deutschschweizer Metasprachdiskurs in einer spezifischen Schräglage zum Faktum schweizerischer Mehrsprachigkeit steht, wird in Kap. 10.5.2 Rechnung getragen.

Open Access. © 2019 Emanuel Ruoss, publiziert von De Gruyter. Dieses Werk ist lizenziert unter der Creative Commons Attribution-NonCommercial-NoDerivatives 4.0 Lizenz.
https://doi.org/10.1515/9783110610314-010

10.1 Schweizerdeutsch. Die Erfindung einer Nationalvarietät

Die Feststellung, dass Sprache zu den wichtigsten Mitteln der Vergemeinschaftung zählt, ist in der soziolinguistischen Forschung unbestritten.[3] Als Beispiel im Kleinen können Gruppensprachen als Medium identitätsstiftender Prozesse gelten. Sprache kann aber auch Medium und Gegenstand der Selbstverständigung gesellschaftlicher Grossgruppen sein. Wie von der sprachgeschichtlichen Forschung verschiedentlich nachgewiesen, hat sich Sprache in der europäischen Vergangenheit auch als zentraler Faktor im Prozess nationaler Identitätsstiftung erwiesen.[4] In entsprechenden sprachnationalen Diskussionen fungiert die Vorstellung der *eigenen Sprache* mithin als Identifikationsmerkmal, mit dem man sich gegen ‚innen' der sprachlichen Gemeinsamkeiten bewusst wird und sich zugleich gegen ‚aussen' abzugrenzen versucht. Diese Debatten sind insofern monozentrisch, als dabei die Variation innerhalb der eigenen Sprache ignoriert wird zugunsten der Behauptung einer vermeintlich einheitlichen Nationalsprache. Im Kontext des deutschen Sprachnationalismus wurde in diesem Zusammenhang auch von der „Homogenitätsfiktion der *Nationalsprache*"[5] gesprochen.

Das Konzept der ‚Nationalsprache', darauf hat Oskar Reichmann bereits früh hingewiesen, ist historisch und sozial geprägt und ein Produkt diskursiver Zuschreibungen.[6] In Anlehnung an Benedict Andersons Konzept der Nation als *imagined community*, einer imaginierten Gemeinschaft oder – in Anlehnung an die deutsche Übersetzung von Andersons Werk – einer erfundenen Gemeinschaft, könnte man deshalb von der Nationalsprache als einer *imagined language*, als einer vorgestellten oder erfundenen Sprache sprechen, die über entsprechende diskursive Zuschreibungen konstruiert wird.[7]

---

[3] Die Komplexität des Zusammenhangs von Sprache als Medium und Gegenstand der Identitätsstiftung kann an dieser Stelle nicht erörtert werden. Einen guten Forschungsüberblick liefert Heller 2005.
[4] Vgl. dazu die Beiträge im Sammelband von Gardt 2000a sowie Gardt 1999b, 2000b, 2000d; Stukenbrock 2005b. Aus europäischer Perspektive die Beiträge in Barbour/Carmichael 2000 sowie Maitz 2008.
[5] Stukenbrock 2005b: 432, Herv. i. O.
[6] Vgl. Reichmann 1978, 1980, 2000. Diese Feststellung gilt überdies für sprachliche Entitäten aller Art (vgl. Blommaert 2006: 511–512, ferner: Klein 1986: 18–23); empirisch untersuchen Januschek 1989 und Androutsopoulos 2011 unter diesem Gesichtspunkt beispielsweise die „Erfindung der Jugendsprache" bzw. die „Erfindung ‚des' Ethnolekts".
[7] Ich übernehme die Idee, in diesem Zusammenhang von *imagined language* zu sprechen, von Andreas Gardt, der diese in einem Vortrag am XIII. Kongress der Internationalen Vereinigung für Germanistik (IVG) an der Tongji University in Shanghai, China, geäussert hat.

Vor dem Hintergrund dieser Überlegungen soll im Folgenden gezeigt werden, wie im metasprachlichen Diskurs des 19. Jahrhunderts auch in der deutschen Schweiz die Vorstellung einer Schweizer ‚Nationalsprache' als *imagined language* einer *imagined community* konstruiert wurde.[8] Der Begriff ‚Nationalsprache' ist im deutschschweizerischen Kontext jedoch gleich in zweierlei Hinsicht zu relativieren: Erstens ist das Konzept der *National*sprache in der mehrsprachigen Schweiz *per definitionem* widersprüchlich; zweitens wird Schweizerdeutsch im Diskurs kaum je als National*sprache* im Sinne eines sprachlichen Gesamtsystems betrachtet, sondern vielmehr als (rein) gesprochene National*varietät*, als nationale *Sprech*sprache, während die neuhochdeutsche Schriftsprache als ‚nationale' Schreibvarietät der (Deutsch-)Schweiz nicht infrage gestellt wird.

Wenngleich die Vorstellung einer von allen Deutschschweizerinnen und -schweizern geteilten ‚nationalen' Varietät bereits früher nachweisbar ist, zählt die diskursive Konstruktion des Bewusstseins einer eigenen Nationalvarietät auf Basis der Dialekte doch zu den zentralen Prozessen im metasprachlichen Diskurs des 19. Jahrhunderts. Dieses Bewusstsein wird vor dem Hintergrund veränderter gesellschaftlicher, politischer und sprachhistorischer Bedingungen, insbesondere des Patriotismus, der Nationalstaatengründung und der nationalen Integration, im Laufe des Jahrhunderts erneuert und gefestigt.

10.1.1 Diskursgeschichtliche Voraussetzungen

Hinweise auf ein Bewusstsein, dass es in der Schweiz eine eigene, von anderen unterscheidbare Sprache gibt, sind seit dem Humanismus belegt.[9] Sie sind im grösseren Zusammenhang eines sich etablierenden Eigenbewusstseins der Schweiz als zusammengehöriger politischer Einheit zu sehen (s. o. Kap. 4.2), das sich seit dem 16. Jahrhundert auch in Kollektivbezeichnungen wie ‚Schweiz' oder ‚Schweizerland' manifestiert.[10] In diesem Zusammenhang kam auch der

---

[8] Dass die Konstruktion mittels Sprache imaginierter Gesellschaften gegenwärtig noch Aktualität besitzt, macht die jüngst geäusserte Kritik von Ulf-Thomas Lesle zur ethno-orientierten Minderheitensprachenförderung in der Europäischen Union deutlich, in deren Kontext teils auch das Niederdeutsche zum Ausdruck einer historisch-ethnischen Abstammungsgemeinschaft stilisiert wird (vgl. Lesle 2004, 2015).
[9] Für die folgenden Ausführungen beziehe ich mich vorrangig auf die einschlägigen Überlegungen von Stefan Sonderegger zu dieser Thematik (vgl. Sonderegger 1982, 1999, 2003: 2850–2853).
[10] Vgl. Sonderegger 1982: 51 sowie weitere Belege in DWB: Bd. 15: Sp. 2474; die verschiedenen Bezeichnungen für die alte Eidgenossenschaft dokumentiert Oechsli 1917.

Sprache, die in der alten Eidgenossenschaft gesprochen und geschrieben wurde, immer mehr Aufmerksamkeit zu. Erste Versuche historisch-topographischer Landesbeschreibungen, die Entdeckung und sprachliche Analyse althochdeutscher Texte und bis zu einem gewissen Grad auch die von Luthers Version abweichende Sprache der Zürcher Bibelübersetzung trugen dazu bei, dass in der Schweiz des 16. Jahrhunderts die Unterschiede zwischen der eigenen (Schrift-)Sprache und jener der nördlichen Nachbarn zum Gegenstand sprachgelehrten Interesses wurden.[11]

Es scheint nicht zufällig, dass zeitgleich mit diesen frühen kontrastiven Betrachtungen auch erste Gesamtbezeichnungen für *die* Sprache in der deutschsprachigen Schweiz gebräuchlich wurden.[12] Schon in den Schriften des Luzerner Stadtschreibers Renward Cysat (1545–1614) hatten sich diese Sammelbegriffe etabliert: Er bezeichnet diese Sprache in seinem Werk als ‚Lingua Heluetica', ‚Heluetisch', ‚Schwyzerisch' und ‚vnsere (eydgnossische) Landtsprach' und stellt die ‚Schweizersprache' als *eigene* Sprache bereits einer fremden Sprache jenseits des Rheins gegenüber, indem er eher allgemein ‚Schwyzerisch' von ‚Vsslendisch' und spezifischer die ‚Lingua Heluetica' von der ‚Lingua Germanica' unterschied.[13] Auch ausserhalb der Schweiz wurde dem ‚Schweizerischen' schon bald eigensprachlicher Charakter zugesprochen, so etwa in der *Zimmerischen Chronik*, einer schwäbischen Familienchronik, die um die Mitte des 16. Jahrhunderts verfasst wurde.[14] Parallel zu diesen frühen Nennungen wurden bereits sprachliche – vor allem lautliche und lexikalische – Unterschiede der ‚Schweizersprache' im Vergleich zur Sprache der Schwaben beschrieben.[15] Kennzeichnend für solche frühen kontrastiven Sprachbetrachtungen ist, dass die angeführten sprachlichen Merkmale – ganz im Sinne der oben erwähnten Sammelbezeichnungen – bereits als allgemeingültige Merkmale für die ganze Eidgenossenschaft, respektive für alle ihre Bewohnerinnen und Bewohner in Anspruch genommen wurden, obwohl sie bei genauerer Betrachtung wohl nur für einzelne Dialektgebiete galten.

Das im Humanismus etablierte Bewusstsein einer einheitlichen ‚Schweizersprache' wurde im 17. Jahrhundert durch die Schriften deutscher Grammatiker

---

11 Vgl. Sonderegger 1982.
12 Vgl. die Belege bei Trümpy 1955: 15, 23.
13 Für letztere verwendet Cysat auch die Bezeichnungen ‚Tütsch' oder ‚Hochtütsch' und bezeichnet deren Sprecher analog dazu als ‚die Hochtütschen'. Brandstetter 1909: 95 hat Cysats Bezeichnungen für „das Schweizeridiom" aus dessen Handschriften zusammengetragen.
14 Vgl. Trümpy 1955: 23–24.
15 Vgl. Sonderegger 1982: 55, der auf die kontrastiven Betrachtungen bei Tschudi und Gessner verweist sowie auf die zahlreichen Quellenbelege bei Trümpy 1955: 14–23, der als frühsten Beleg Felix Fabris *Descriptio Sueviae* von 1488/89 erwähnt.

weiter befördert und zum sprachgelehrten Gemeinplatz. Im Kontext der Systematisierung verschiedener Sprachlandschaften galt die ‚schweizerische Mundart' in den einschlägigen Schriften bereits fraglos als *eigene* regionale Sprachform des Deutschen.[16] Das Konstrukt einer aufgrund politischer Grenzen festgelegten eigenen ‚Schweizersprache' blieb auch im 18. Jahrhundert erhalten,[17] während nun weitere Bezeichnungen (z. B. ‚Schweizer Sprache', ‚schweizerische Sprache', ‚Schweizersprache', ‚Schweizerdialect' oder ‚Schweizer Mundart' mit ihren jeweiligen grafischen Varianten) dafür gebräuchlich wurden.[18]

Die verschiedenen Ausdrücke, die sich seit dem 16. Jahrhundert für die ‚Schweizersprache' etabliert haben, werden weitgehend synonym verwendet. Zugleich ist ihr Denotat noch unterspezifiziert.[19] Sie konnten sowohl die gesprochenen als auch die geschriebenen Varietäten bezeichnen, so dass aus heutiger Perspektive oft nicht eindeutig zu entscheiden ist, was damit genau gemeint ist.

Metakommentare zu regionalen Sprachformen bezogen sich bis ins 18. Jahrhundert allerdings mehrheitlich auf landschaftliche Schreibvarietäten und nicht primär auf gesprochene Varietäten.[20] Auch wenn damit entsprechende Begriffe bereits damals gesprochenes Schweizerdeutsch bezeichnen konnten, bezog sich die Vorstellung, die mit dem Konzept einer eigenen ‚Schweizersprache' verknüpft war, noch lange nicht vorrangig auf gesprochene Sprache, wie das später im 19. Jahrhundert der Fall sein sollte. Dies zeigt sich nicht zuletzt darin, dass sich die Zürcher Philologen Johann Jakob Bodmer und Johann Jakob Breitinger im Kontext des Sprachnormierungsdiskurses des frühen 18. Jahrhunderts für den ‚schweizerischen Dialekt' stark machten, womit sie jedoch eine schweizerische Schreibvarietät meinten.[21]

Erst ab Mitte des 18. Jahrhunderts ist ein deutlicher Wandel im Bewusstsein um eine eigene *gesprochene* ‚Schweizersprache' zu beobachten. Die Termini ‚Schweizersprache', ‚Schweizer Mundart', ‚Schweizer Dialekt' oder ‚Schweizerdeutsch' standen nun zunehmend als Sammelbezeichnungen für die in der

---

16 Vgl. Sonderegger 1982: 58.
17 Noch bis ins frühe 19. Jahrhundert orientierte man sich an einer politischen bzw. historisch-ethnischen Kategorisierung der Sprachlandschaften; erst Andreas Schmeller unternahm den Versuch, Dialektgebiete auf Grundlage wissenschaftlicher Kriterien einzuteilen (vgl. Knoop 1982: 2).
18 Vgl. entsprechende Belege bei Trümpy 1955: 24, 110.
19 Diese begriffliche Uneindeutigkeit gilt nicht nur für die ‚Schweizer Sprache' und ihre Synonyme. ‚Sprache', ‚Dialekt' oder ‚Mundart' werden im deutschsprachigen Raum noch lange Zeit synonym verwendet und sind semantisch noch nicht ausdifferenziert (vgl. Knoop 1982: 2, sowie die begriffsgeschichtlichen Anmerkungen zu ‚Dialekt'/‚Mundart' von Bär 1999: 372–379).
20 Vgl. Knoop 1982: 2.
21 Vgl. z. B. Bodmer/Breitinger 1746: Bd. 2, 624.

deutschen Schweiz gesprochenen Mundarten, seltener auch für eine gesprochene Variante des Hochdeutschen; demgegenüber trat die Bedeutungskomponente ‚Schweizer Schreibvarietät' in den Hintergrund. Für die in der Schweiz gebräuchliche Schreibvarietät, die nun weitgehend der gesamtdeutschen Norm entsprach, und für deren mündliche Realisierung galten in der Regel allgemeine, semantisch von der Schweiz unabhängige Bezeichnungen wie ‚Hochdeutsch', ‚Hochsprache' oder ‚Gutdeutsch'. Zudem wurde in der Schweiz, wo das Hochdeutsche fast nur geschrieben Anwendung fand, der Terminus ‚Schriftdeutsch' gebräuchlich, der fortan nicht nur die geschriebene, sondern auch die gesprochene Variante des Hochdeutschen bezeichnen konnte. So wurden ‚Schweizer Mundart' und entsprechende Synonyme spätestens ab dem 19. Jahrhundert fast ausschliesslich als Sammelbezeichnungen für die in der Deutschschweiz gebräuchlichen Dialekte bzw. als Bezeichnung für eine vermeintlich einheitliche deutschschweizerische Sprechsprache verwendet.

Eine plausible Erklärung findet diese Bedeutungsverengung, die sich durch das Hinzukommen neuer semantischer Merkmale auszeichnet, in den sprachhistorischen Entwicklungen der Zeit: Bis zum Ende des 18. Jahrhunderts war der Übergang der deutschen Schweiz zur neuhochdeutschen Schriftsprache weitgehend abgeschlossen.[22] Mit einer gemeinsamen Schriftsprache und der nun auch zunehmend gebräuchlichen mündlichen Realisierung der Standardvarietät bildete sich im 18. Jahrhundert im deutschen Sprachraum auch ein neues Regionalsprachenbewusstsein aus.[23] Es ist zu vermuten, dass unter anderem diese Prozesse auch in der deutschen Schweiz dazu führten, dass man sich eines kategorialen Unterschieds zwischen dem geschriebenen Hochdeutsch als ‚Schriftdeutsch' und der gesprochenen ‚Schweizersprache' bewusst wurde. In der zweiten Hälfte des 18. Jahrhunderts galt die Aufmerksamkeit daher je länger, je weniger einer geschriebenen ‚Schweizersprache', sondern zunehmend den gesprochenen Dialekten.

10.1.2 Schweizerdeutsch – ein begriffsgeschichtlicher Abriss

Besonders anschaulich lässt sich die angedeutete Entwicklung einer Begriffsverengung anhand der semasiologischen Begriffsgeschichte des Terminus *Schweizerdeutsch* aufzeigen. Sie soll hier in groben Zügen nachgezeichnet werden.[24] Im Gegensatz zu alternativen Bezeichnungen wurde ‚Schweizerdeutsch'

---

22 Vgl. Sonderegger 2003: 2853–2855.
23 Vgl. Sonderegger 1989: 134–139.
24 Den folgenden Ausführungen liegt die Auswertung eines umfassenden Belegkorpus zu den Begriffen ‚Schweizer Dialekt', ‚Schweizer Mundart', ‚Schweizersprache', ‚Schweizerdeutsch' in-

gemäss aktuellem Wissensstand erst in der Mitte des 18. Jahrhunderts gebräuchlich.[25] In einer frühen Phase, im zweiten Drittel des 18. Jahrhunderts, zeigt sich, dass der Ausdruck zunächst sowohl für die geschriebene als auch für die gesprochene Sprache gebräuchlich war. So wurde er in den drei frühsten Belegen von 1743 und 1746 noch auf die Schriftsprache bezogen. In diesem Zusammenhang spielte die Position von Bodmer und Breitinger als Widersacher Gottscheds eine nicht zu unterschätzende Rolle, wie aus dem Kontext des ersten Belegs des Ausdrucks ‚Schweizerdeutsch' von 1743 klar wird. Er findet sich im einleitenden Kommentar eines anonymen Herausgebers zu Theodor Ludwig Laus Übersetzung von Vergils *Aeneas*. Darin betont der Herausgeber, der sein Werk den „Beyden größten itzlebenden schweizerischen Kunstrichtern"[26] zueignet, er habe auf Wunsch seines Freundes Lau „[v]on dieser Stelle an bis zum Ende [...] [sich] bemüht, *Schweizerdeutsch* zu schreiben, um der Zürcher Vollkommenheit immer näher und näher zu treten".[27] ‚Schweizerdeutsch' meint hier also nicht allgemein eine nationale Besonderheit schweizerischen Schreibens, sondern jene bestimmte Normhaltung, die von Bodmer und Breitinger vertreten und verteidigt wurde und die dem Autor eine bestimmte poetische Freiheit, mithin durch den Einbezug von Provinzialismen, zugesteht.[28] Das Determinans ‚Schweizer-' steht hier demnach *totum pro parte* für die zwei Zürcher Kunstkritiker, die im Normierungsdiskurs als ‚Schweizer' den ‚sächsischen Sprachrichtern' um Gottsched gegenüberstanden.

Auch der zweite und der dritte verfügbare Beleg aus dem Jahr 1746 stehen im Kontext des Normierungsdiskurses, und auch hier klingt die Auseinandersetzung zwischen den Zürchern und Gottsched an. Die Belegstellen finden sich

---

klusive graphematischer Varianten aus dem 18. und 19. Jahrhundert zugrunde. Das Korpus umfasst 1001 Belege und basiert auf Volltextrecherchen im Onlinedienst *GoogleBooks* (books.google.com), der Plattform für digitalisierte Schweizer Zeitschriften *E-Periodica* (e-periodica.ch) sowie der Plattform für digitalisierte Schweizer Zeitungen *Schweizer Presse Online* (e-news paperarchives.ch) im Januar/Februar 2016. Die Erstellung des Korpus wurde finanziell unterstützt durch den Universitären Forschungsschwerpunkt „Sprache und Raum" (SpuR) der Universität Zürich; die Recherchen und den Aufbau einer Belegdatenbank hat Luca Schmid erledigt.

25 Vgl. zu dieser Einschätzung bereits Trümpy 1955: 24, der als früheste Belegstelle den von Johann Jakob Spreng herausgegebenem *Eidsgenoß* vom Mittwoch, 7. Mai 1749 anführt. Der Ausdruck ist aber schon einige Jahre früher zu belegen (vgl. Lau 1743: [3]; Scheuchzer 1746: 13). Dass der Terminus bereits vor dieser Zeit gebraucht wurde, soll damit keinesfalls ausgeschlossen werden, entsprechende Belege sind mir jedoch nicht bekannt.

26 Lau 1743: [3].

27 Ebd.: 10, Herv. E. R.

28 Zur Sprachkonzeption Bodmers vgl. Rohner 1984; Sonderegger 1995; Schiewer 2009 sowie zu seiner Position im Normierungsdiskurs Faulstich 2007: insb. 96–105; Ruoss 2015.

in einer sprachlich und stellenweise auch inhaltlich bearbeiteten Neuauflage der ersten beiden Teile von Johann Jakob Scheuchzers (1672–1733) *Beschreibung der Natur-Geschichten Des Schweitzerlands* (1706/1707) sowie dem Anhang von deren drittem Teil (1708).[29] Zur sprachlichen Bearbeitung der Werke des Zürcher Arztes und Naturforschers schreibt der Herausgeber der Neuauflage, der Zürcher Theologe und Philosoph Johann Georg Sulzer (1720–1779):

> Der Verfasser [= Johann Jakob Scheuchzer, ER] hat vor [sic!] seine Landsleute geschrieben/ und deßwegen hat er sich auch ihrer Sprache bedienet/ er hat in *Schweizer-Deutsch* geschrieben. [...] Weil nun dieses Werck nach der Absicht des Herrn Verlegers auch sollte in Deutschland gelesen werden/ so mußte man eine Abänderung machen. [...] Ich habe zu dem Ende hin die Sprache/ Schreibart etc. an mehr als ein tausend Orten verändert [...] [E]inige Stellen habe ich mit Fleiß nicht verändert. Die Haupt-Absicht dieses Wercks ist doch immer auf Schweizerische Leser gerichtet. Es wäre also ganz ungerecht gewesen/ wenn man den hochdeutschen Lesern zugefallen [sic!] die Sprache so geändert hätte/ daß sie den Schweizern nicht mehr überall verständlich geblieben wäre. Also gieng meine Mühe nur dahin/ die Sprache wenigstens so auszubessern/ daß ein zimlich reines *Schweizer-Deutsch* solte heraus kommen. Und dieses ist so beschaffen/ daß ein Hochdeutscher/ der nicht gar zu ekel ist/ es wol wird lesen können/ ob es gleich sowol in der Ortographie/ als in Endungen und andern Stücken/ von seiner gewohnten Schreibart abgeht. [...] Genug/ wenn dieses Werck so eingerichtet ist/ daß ein Deutscher Liebhaber dasselbe lesen und verstehen kan/ wenn gleich nicht alles gut Obersächsisch ist.[30]

Abgesehen von der quellenkritischen Bedeutung dieser Aussage Sulzers im Hinblick auf die Normierung der deutschen Schriftsprache,[31] ist für unseren Zusammenhang vornehmlich von Bedeutung, dass sich der Ausdruck ‚Schweizer-Deutsch' – wie bereits 1743 im Vorwort zu Lau – ausschliesslich auf geschriebene Sprache bezieht. Bis ans Ende des 18. Jahrhunderts sind weitere Belege für diese Verwendung von ‚Schweizerdeutsch' in der Bedeutung von ‚Schweizer Schreibvarietät' nachzuweisen.[32]

---

29 Vgl. Scheuchzer (1706–1708). Es handelt sich dabei um die Sammlung dreier Jahrgänge von Wochenschriften, die unter den Titeln *Seltsamer Naturgeschichten Des Schweizer-Lands Wochentliche Erzehlung* (1705), *Natur-Geschichten des Schweizerlands* (1706) und *Schweizerische Bergreisen* (1707) zunächst in Form periodischer Beiträge publiziert worden waren.
30 Scheuchzer 1746: 13, Herv. E. R.
31 Dass die Sprache in der Neuauflage von 1746 gesondert thematisiert werden muss, weist nicht nur darauf hin, dass in der Schweiz der Druck, normnah zu schreiben bzw. zu drucken, seit der Erstausgabe von 1716 noch einmal gestiegen ist, sondern es verweist auch auf ein Bewusstsein der Schweizer, mit der eigenen Schreibweise von der Idealnorm abzuweichen und insofern an eben dieser Norm sich zu orientieren.
32 Vgl. z. B. Schubart 1774: 219; Onomatologia Medico-Practica 1784: Sp. 174; [Anonym.] 1793: 340; 1794: 535.

Um die Mitte des 18. Jahrhunderts meint der Ausdruck jedoch auch bereits ‚gesprochene Sprache in der Deutschschweiz'. Im *Eidsgenoß* von 1749 ist die Rede davon, dass die Frauen „Scheu trügen, ihr tägliches Schweizerdeutsch, welches sie von ihren Eltern Lehrmeistern und Wärterinnen nicht besser erlernet hätten", mit dem Herausgeber zu reden.[33] Ebenfalls auf die gesprochene Sprache beziehen sich die Belege aus zeitgenössischen Polizeisignalementen, in denen ‚Schweizer-Deutsch' teilweise als sprachliches Erkennungsmerkmal obrigkeitlich gesuchter Personen diente, so etwa, als die Kanzlei der Stadt Bern 1785 nach dem 24-jährigen Franz Gruber fahndete, der „keine andere Sprache als Schweizer-Deutsch"[34] rede.

Bis ins frühe 19. Jahrhundert verengte sich die Bedeutung des Begriffs ‚Schweizerdeutsch' in diese Richtung, so dass gegen Ende des Jahrhunderts ‚Schweizerdeutsch' fast ausschliesslich in der Bedeutung von ‚gesprochene Sprache in der Deutschschweiz' belegt ist. Mit dem Aufkommen einer eigenständigen Mundartliteratur im ausgehenden 18. Jahrhundert konnte der Ausdruck zudem auch für die schriftliche Realisierung der Dialekte angewendet werden, wie nicht zuletzt Otto Sutermeisters Dialektsammlung *Schwizer-Dütsch* zeigt.[35] Dabei kam, wie im Fall von Sutermeister, nun auch ‚Schwizerdütsch' (in verschiedenen graphematischen Varianten) als eine der dialektalen Lautung des Ausdrucks nachempfundene Schreibweise in Gebrauch.

Insgesamt legt die diachrone Analyse des Begriffs Folgendes nahe: Spätestens im 19. Jahrhundert bedeuteten die Kollektivbegriffe ‚Schweizerdeutsch' sowie die vor allem im 18. und 19. Jahrhundert synonym gebräuchlichen Syntagmen ‚Schweizer Mundart' und ‚Schweizer Dialekt' hauptsächlich ‚Gesamtheit der Deutschschweizer Dialekte' bzw. ‚mündliche Verkehrssprache der deutschen Schweiz' – und haben damit dasselbe Denotat wie noch heute. Semasiologisch betrachtet, kam es zu einer Bedeutungsverengung dieser Ausdrücke. Noch bis ins späte 18. Jahrhundert wurde mit ihnen nämlich eher allgemein das gesamte mündliche und schriftliche Varietätenspektrum bzw. ausschliesslich die regionale Schweizer Schreibsprache bezeichnet. Die Bedeutung ‚mündliche Verkehrssprache der Deutschschweiz' war darin – wie im ersten Fall – nur als Teilbedeutung oder – wie im letzten Fall – überhaupt nicht mitgemeint. Im 19. Jahrhundert bezeichnete ‚Schweizerdeutsch' demgegenüber eine spezifisch schweizerische Art zu sprechen und wurde im Sinne einer eigenen nationalen

---

33 Vgl. Der Eidsgenoß 1749: 145. ‚Wärterin' bezeichnet in diesem Kontext eine für die Sorge des Kindes zuständige Frau (vgl. Adelung: Bd. 4, Sp. 1391).
34 Hoch-Obrigkeitlich bewilligtes Donnstags-Blatt 1785: 47–48 und 55; vgl. auch die Belege bei Trümpy 1955: 23; Furrer 2002a: 61; 2002b: 304.
35 Vgl. Sutermeister 1882–1889.

Varietät verwendet. Dies wird gerade da ersichtlich, wo der Ausdruck in dialektnaher Verschriftung als ‚Schwizerdütsch' realisiert wird, womit der Unterschied des Schweizerdeutschen zum Hochdeutschen durch die nicht realisierte frühneuhochdeutsche Diphthongierung – ein salientes Merkmal des gesprochenen Alemannischen – zusätzlich ikonisch markiert wird. Wie das Bewusstsein einer solchen ‚Nationalvarietät' im 19. Jahrhundert diskursiv etabliert wurde, soll im Folgenden aufgezeigt werden.

10.1.3 Homogenisierung: Reduktion linguistischer Vielfalt

Zentrales Prinzip bei der Konstruktion einer vermeintlich einheitlichen ‚Nationalvarietät' im metasprachlichen Diskurs in der deutschen Schweiz des 19. Jahrhunderts ist die Reduktion sprachlicher Heterogenität. Sprachliche Gesamtsysteme im Sinne von historischen Einzelsprachen sind durch „strukturierte Heterogenität"[36] gekennzeichnet. Synchron kann man etwa diatopisch Dialekte, diastratisch Soziolekte, diaphasisch bestimmte Stile und Register unterscheiden, während aus diachroner Perspektive eine Unterscheidung verschiedener Historiolekte mit ihren jeweiligen strukturierten Subsystemen hinzukommt.[37] Dasselbe Prinzip strukturierter Heterogenität gilt nicht nur für Einzelsprachen, sondern auch für einzelne Sprachlandschaften innerhalb von Gesamtsprachen. Im sprachreflexiven Diskurs zeigt sich nun aber, dass die diatopische, diastratische, diaphasische sowie die diachrone Vielfalt der deutschschweizerischen Sprachsituation zugunsten einer sprachlichen Einheit, einer ‚Schweizersprache', homogenisiert wird.[38] Dies geschieht in vielen Fällen vor dem Hintergrund eines sprachhistorischen, sprachstrukturellen oder sprachpragmatischen Vergleichs zwischen der Schweiz und Deutschland. Gegenstand dieses Vergleichs sind in der Regel nicht einzelne deutschschweizerische Dialekte, sondern ist *das Schweizerdeutsche* als vermeintlich einheitliche Schweizer ‚Nationalvarietät'.

In wenigen Fällen wird das Schweizerdeutsche nicht dem Hochdeutschen, sondern anderen substandardsprachlichen Varietäten gegenübergestellt. Sie sind oft besonders illustrativ für das Prinzip *diatopischer Homogenisierung*. So heisst es in einer Feststellung aus Ignaz Thomas Scherrs *Der schweizerische*

---

[36] Reichmann 1980: 515.
[37] Vgl. Coseriu 2007 [1988]: 24–25.
[38] Zur Behauptung struktureller Homogenität im Kontext von sprachpatriotischer Argumentation im deutschländischen Kontext vgl. Reichmann 1978: 412, 2000: 465; Gardt 1999b: 97–107; Stukenbrock 2005b: 432–433.

Volksredner von 1845: „Die schweizerische Mundart namentlich hat viele Vorzüge und steht der althochdeutschen Sprache, wie sie jetzt nur noch in Schriften vorliegt, näher als die meisten andern deutschen Mundarten [...]."[39] Durch die singularische Verwendung des Begriffs ‚Mundart' und den Gebrauch des definiten Artikels wird in Scherrs Äusserung die binnenschweizerische Dialektvielfalt sprachlich auf *eine* Einheit reduziert, deren Existenz damit bei den Leserinnen und Lesern als bereits bekannt vorausgesetzt wird. Grammatikalisch wird durch die Verwendung des Singulars anstelle des Plurals die Vielzahl der Dialekte zu einer (sprachlichen) Einheit gebündelt, für die gerade nicht relevant ist, ob sie aus unterscheidbaren Elementen besteht, und die nicht darauf angelegt ist, die Einheiten einer Menge in ihrer Verschiedenheit zu betrachten.[40] Durch die Verwendung des Singulars wird damit die sprachliche Heterogenität zugunsten einer vermeintlichen sprachlichen Einheit reduziert. Durch den zusätzlichen Gebrauch des definiten Artikels kommt den Sammelbezeichnungen überdies das semantische Merkmal ‚bekannt' zu.[41] Wenn Scherr davon spricht, dass „[d]ie schweizerische Mundart [...] viele Vorzüge" habe, dann wird damit also nicht nur die ontologische Existenz einer eigenen, in der gesamten Schweiz gebräuchlichen Varietät impliziert, sondern auch vorausgesetzt, dass den Lesenden bereits bekannt ist, was mit ‚schweizerischer Mundart' bezeichnet wird.

Gemäss diesem sprachlichen Muster wurde in zahlreichen Texten die Vorstellung der ontologischen Existenz einer ‚schweizerischen Mundart' sprachlich stets von neuem aktualisiert und trug auf diese Weise letztlich zur diskursiven Konstruktion des Konzepts einer uniformen ‚gesprochenen Sprache der Deutschschweiz' bei. Terminologisch manifestiert sich die Heterogenitätsreduktion in Form zahlreicher Bezeichnungen, die sich alle an der Schweiz als politischer oder ideeller Einheit orientieren. Für das Konzept ‚gesprochene Sprache der Deutschschweiz' finden sich im 19. Jahrhundert zahlreiche synonym verwendete Wörter und Syntagmen wie ‚Schweizerdeutsch', ‚Schweizerisch', ‚Schweizermundart' (auch: ‚Schweizer Mundart', ‚schweizerische Mundart'), ‚Schweizerdialekt' (auch: ‚Schweizer Dialekt', ‚schweizerischer Dialekt'), ‚Schweizersprache' (auch: ‚Schweizer Sprache') oder ‚Sprache der Schweizer'.[42]

---

[39] Scherr 1845: 18–19.
[40] Vgl. Weinrich 2007: 337–338.
[41] Vgl. ebd.: 410–411.
[42] Zeitgenössisch gab es zahlreiche Synonyme in ebenso zahlreichen graphematischen Varianten. In den Berner Polizei-Signalementen, die der Historiker Norbert Furrer für die Zeit von 1728–1849 ausgewertet hat, finden sich dafür die Bezeichnungen ‚Schweizerisch', ‚schweizerisch', ‚Schweizer-Sprache', ‚Schweizersprache', ‚deütsch Schweizer Sprach', ‚Schweizer Sprach', ‚schweizerdeutsche Mundart', ‚schweizerische Mundart', ‚Schweizer-Mundart', ‚Schweizerdia-

Die bereits früh als bekannt vorauszusetzende dialektologische Erkenntnis, dass die „Mundart der Schweiz" „sonst unter dem allgemeinen Namen der alemannischen bekannt" ist und sich „als solche über die Gränzen derselben [der Schweiz, E. R.] hinaus" in süddeutsche und österreichische Gebiete erstreckt,[43] bleibt damit terminologisch zugunsten einer durch nationale Grenzen definierten Sprache unberücksichtigt. Auch die Tatsache, dass die deutschschweizerischen Dialekte im Diskurs kaum je miteinander verglichen werden oder in irgendeiner Form wertend zwischen ihnen differenziert wird, darf als Beleg für die diskursive Homogenisierung in der Raumdimension gelten. Zwar ist man sich der dialektalen Unterschiede durchaus bewusst und es existieren auch binnenschweizerisch Dialektstereotypen. Solche Aspekte diatopischer Variation treten jedoch im Kontext der auf das Verhältnis von Schweizerdeutsch und Hochdeutsch fokussierten Schweizerdeutschdiskurse zugunsten der postulierten diatopischen Vereinheitlichung in den Hintergrund.

So, wie die diatopische Variation vereinheitlicht wurde, wurde die Heterogenität der Sprache auch in der *Sozialdimension* diskursiv uniformiert. Die Behauptung, dass sich in der Deutschschweiz alle Bürger ungeachtet ihrer Bildung oder ihrer sozioökonomischen Stellung derselben Sprechweise bedienen, gehört zu den fest etablierten Topoi im Metasprachdiskurs.[44] Dem sozialegalitären Sprachgebrauch wird dabei der Status einer nationalen Besonderheit zugesprochen. Exemplarisch dafür heisst es 1884 in den *Schaffhauser Beiträgen zur vaterländischen Geschichte*:

> Insbesondere aber unterscheiden wir Schweizer uns dadurch, was die Sprache anbelangt, von andern Deutschen, daß bei uns alle Stände und Volksklassen, Bürger und Bauern, Gelehrte und Ungelehrte, Regierende und Regierte, Arm und Reich, sich des nämlichen Idioms bedienen, während überall in Deutschland der Gebildete sich der Schriftsprache und nur der gemeine Mann sich des Dialektes bedient. Ein Escher von der Linth in Zürich sprach eben schwizerdütsch wie der letzte Urner Aelpler im hintersten Maderaner- oder Göschener Thal.[45]

Bei Beispielen wie diesem handelt es sich in erster Linie um Projektionen, deren argumentativer Wert in einer die sozioökonomischen Unterschiede überwinden-

---

lekt', ‚deutscher Schweizer-Dialekt', ‚deutsch im Schweizer-Dialekt', ‚Schweizerdeutsch', ‚Schweizer-Deutsch', ‚Schweizerdeütsch', ‚Schweizer deütsch' (vgl. Furrer 2002a: 61).
43 Vgl. Mörikofer 1838: 13.
44 Auf diesen Topos und den Aspekt ‚republikanischer Egalität', der mit dem Dialektgebrauch verbunden wird, wird an anderer Stelle ausführlich eingegangen (s. u. Kap. 10.3.1).
45 Schenkel 1884: 148. Es muss offen bleiben, ob im zitierten Ausschnitt mit „Escher von der Linth in Zürich" Hans Conrad Escher von der Linth (1767–1823) oder dessen Sohn, Arnold Escher von der Linth (1807–1872), gemeint ist.

den, inkludierenden und (sprach-)gemeinschaftsstiftenden Rhetorik gesucht werden muss, denen in der Zeit selbst jedoch durchaus realitätssuggestiver Charakter zugeschrieben werden darf. Diese Interpretation legen gerade auch jene metasprachlichen Zeugnisse nahe, die deutlich machen, dass zeitgenössisch durchaus auch innerhalb der Dialekte zwischen Sprachgebrauchsweisen verschiedener Sozialformationen unterschieden wurde.[46] Das Zitat illustriert zudem, dass die verschiedenen Dimensionen sprachlicher Homogenisierung in den sprachreflexiven Texten kombiniert werden konnten. So wird in obigem Beispiel nicht nur die Redeweise eines Zürchers mit der eines Urners, sondern in der Sozialdimension auch die eines hoch gebildeten und sozioökonomisch privilegierten Städters mit der Redeweise in aller Regel kaum gebildeter und armer Älpler aus abgelegenen Bergtälern gleichgesetzt. Grammatikalisch wird die Besonderheit, dass in der Deutschschweiz noch *alle* den Dialekt sprechen, dabei gerne mittels des Adversativ-Junktors ‚nicht nur ..., sondern auch' hervorgehoben. Dieser fungiert als quantitative Korrektur, die „dem ersten Konjunkt ein (nicht erwartetes) zweites Konjunkt als Teilkorrektur anfügt",[47] und in unserem Fall das Volk als Menge der zu erwartenden Dialektsprecher um die nicht zu erwartende Menge der Gebildeten ergänzt. In solchen Fällen heisst es dann typischerweise: „Diese alemannische Mundart wird nicht nur vom Volke, sondern auch von den gebildeten Klassen gesprochen",[48] oder: „Deshalb ist er [der Dialekt, E. R.] nicht nur im Munde der niedern Volksklassen zu finden, sondern er erfreut sich [...] auch der Achtung und ist der Liebling aller, auch der obersten Schichten unserer Bevölkerung [...]."[49]

Zur Konstruktion der Vorstellung einer in sich homogenen ‚Schweizersprache' trägt neben der diatopischen und diastratischen schliesslich auch ihre *diachrone Perspektivierung* bei. Dies geschieht zweifach: Zunächst dadurch, dass einer in sich homogenen ‚Schweizersprache' in obigem Sinne nicht nur eine synchrone, sondern auch eine historische Existenzform bescheinigt wird. Über den deutschen Philologen Kaspar Schoppe wird etwa gesagt, er habe in seiner Schrift *Consultatio de prudentiae et eloquentiae modis* von 1626 das „damalige Schweizerdeutsch" gelobt,[50] und auf die Sprache der aus dem 16. Jahrhundert

---

46 Vgl. z. B. Brandstetter 1890: 210, der in der Mundart der Stadt Luzern „zwei Schichten" wahrnimmt und Wörter, die „allgemein im Gebrauche sind", und solche, die „nur den gebildeten Klassen angehören", unterscheidet; sozial bedingte Variation im Dialekt wird auch für Basel (vgl. z. B. J. M. 1901) und Bern (vgl. z. B. [Anonym.] 1838a: [s. p.]) impliziert.
47 Weinrich 2007: 817.
48 Meyer von Knonau 1834: 127.
49 Kühne 1884: 23.
50 Greyerz 1915: 25.

stammenden Schriften der Zürcher Reformation wird retrospektiv mit „Schweizerdeutsch"[51] bzw. „altes Schweizerdeutsch"[52] oder „Alt-Schweizerdeutsch"[53] referiert. Aufgrund der analogen Bildung zu ‚Alt-Hochdeutsch' suggeriert gerade die Bezeichnung ‚Alt-Schweizerdeutsch' eine eigene Einzelsprachgeschichte des Schweizerdeutschen, die analog zum Hochdeutschen Jahrhunderte zurückverfolgt werden könne.

Eine weitere Heterogenitätsreduktion findet aus historischer Perspektive in jenen Fällen statt, in denen suggeriert wird, diese vermeintlich homogene ‚alte Schweizersprache' sei identisch mit der heutigen Varietät. Betont wird in einer solchen ahistorischen Sprachbetrachtung die vermeintliche historische Konstanz und Unveränderbarkeit dieser Varietät, durch die der Schweiz nicht zuletzt auch sprachhistorisch eine spezielle Bedeutung zukomme.[54] Im bereits erwähnten Aufsatz in den *Schaffhauser Beiträgen zur vaterländischen Geschichte* aus dem Jahr 1884 kommt diese Überlegung deutlich zum Ausdruck:

> In ihm [dem Schweizerdeutschen, E. R.] hat sich die mittelhochdeutsche Sprache, wie sie im Nibelungenlied, bei Walter von der Vogelweide, Gottfried von Straßburg und allen den Koryphäen jener großen Blüthezeit deutscher Literatur erscheint, noch in merkwürdiger Unveränderheit [...] erhalten. Gewissermaßen ist das Schweizerdeutsch eine großartige Reliquie aus den Hohenstaufentagen [...].[55]

Das Argument der sprachhistorischen Konstanz der ‚Schweizersprache' kehrt auch in anderen Beiträgen topisch wieder. Paradoxerweise geht mit der historischen Sprachbetrachtung in vielen Fällen eine Enthistorisierung dieser ‚Sprache' einher. Sie manifestiert sich in der Vorstellung, die noch zeitgenössisch gebräuchliche Sprechweise stimme überein mit der auf ältere Generationen zurückgeführten gemeinsamen Sprache. Dank einer solchen Enthistorisierung kann in einem Trinkspruch am eidgenössischen Schützenfest, das 1847 in Glarus stattfindet, ohne Weiteres die Rede sein von „der alten kernhaften Schweizersprache, wie sie gegenwärtig noch [...] gesprochen werde".[56] In Äußerungen

---

51 Bruckner [1909]: 14.
52 Der Erzähler 13. 12. 1844: 449.
53 Neue Helvetia 2 (1844): 128. Sowohl die Bezeichnung ‚altes Schweizerdeutsch' als auch ‚Alt-Schweizerdeutsch' stammen aus Rezensionen zu der neu erschienenen Übersetzung von *Zwingli's praktischen Schriften* durch den Bündner Pfarrer Raget Christoffel (1810–1875). Interessanterweise verändern jedoch beide Rezensenten den Wortlaut des Originaltitels, der sich nicht auf das ‚Schweizerdeutsche' beruft, sondern die Übersetzung aus dem ‚Alt-Deutschen und Lateinischen in's Schriftdeutsche' ankündigt (vgl. Christoffel 1843–1846).
54 Zu dieser Argumentation s. o. Kap. 6.3.1.
55 Schenkel 1884: 147–148.
56 Fest- und Schützen-Zeitung oder Bülletin des Eidgenössischen Freischießens in Glarus 1847: 144.

wie den zitierten bleibt die historische Variabilität von Sprache unberücksichtigt. Stattdessen wird das Schweizerdeutsche als eine dem historischen Wandel enthobene Konstante einer nationalen Abstammungsgemeinschaft stilisiert, die bis in die Zeit der heroischen eidgenössischen Vorväter zurückreicht.[57] Eine in diesem Sinne enthistorisierte Sprache kann im Kontext nationaler Selbstverständigung als historische Diskontinuitäten überwindende Bezugsgrösse fungieren,[58] die eine direkte Verbindungslinie zu den eigenen Vorvätern herstellt.

Obschon mit identitätsstiftenden Kollektiva grossmehrheitlich auf die gesprochene Sprache referiert wird, können sie auch den verschrifteten Dialekt bezeichnen. Dies zeigt sich etwa, wenn in der ersten Auflage von Scherrs Lesebuch *Der Bildungsfreund* von 1835 im Anhang unter anderem „Dichtungen in schweizerischer Mundart"[59] angekündigt werden oder wenn im *Grütlianer* eine „gelungene, humoristische Darstellung in 80 Versen Schweizermundart"[60] beworben wird. Auch aus historischer Perspektive wird nicht streng zwischen gesprochenen und geschriebenen historischen Varietäten unterschieden. In einzelnen Fällen werden selbst die geschriebenen Dialekte, wie sie sich in der Mundartliteratur wiederfinden, mit den historischen Schreibdialekten der Schweiz identifiziert.[61]

Zusammenfassend lässt sich feststellen, dass die Reduktion sprachlicher Heterogenität aus diatopischer, diastratischer und diachroner Perspektive zu den zentralen Vorgängen bei der diskursiven Konstruktion einer einheitlichen ‚Schweizersprache' als *imagined language* zählt. Die sprachliche Variation innerhalb des geographischen Territoriums der deutschen Schweiz wird dadurch zugunsten des Konzepts einer vermeintlich einheitlichen Sprache bzw. Varietät aufgehoben. Dies zeigt sich nicht nur in den dafür gebräuchlichen Kollektivbegriffen selbst, sondern auch im Selbstverständnis des Schweizerdeutschen, das zu einer mit anderen Einzel- und Nationalsprachen vergleichbaren sprachlichen Einheit wird.

---

57 In einem Gedicht, das 1820 im *Schweizer-Boten* erscheint, heisst es zur ‚Schweizersprache': „'S händ drin au einist eusi Vätter, / Die braven alte Schwützer [sic!] g'redt, / Und g'schwore, treue Landserretter / Und Manne z'sii, wie's selte het." ([Anonym.] 1820: 313); „Es haben in ihr auch einst unsere Väter, / Die braven alten Schweizer gesprochen, / Und geschworen, treue Landeserretter / Und Männer zu sein, wie es sie selten gibt." (Übers. E. R.).
58 Vgl. Stukenbrock 2005b: 433.
59 Scherr 1835: 349.
60 Der Grütlianer, 3. 3. 1888: [3].
61 Vgl. z. B. Staub/Tobler/Huber 1880: [1].

10.1.4 Stilisierung eines Einzel- und Nationalsprachencharakters

Die „schweizerische Volkssprache", schreibt Jacob Grimm 1854 in seiner Vorrede zum ersten Band des *Deutschen Wörterbuchs* (DWB), „ist mehr als bloszer dialect, wie es schon aus der freiheit des volks sich begreifen läszt."[62] Die Aussage dieser grossen Autorität der damaligen Sprachwissenschaft wurde im sprachpatriotischen Diskurs gerne aufgegriffen,[63] nicht zuletzt deshalb, weil Grimm mit seiner Bemerkung das Selbstverständnis vieler Deutschschweizer bestätigte, wonach ihrer *Volkssprache* viel eher der Status einer *Nationalsprache* zukomme als der Status einer einfachen diatopischen Varietät.

Ein solches Bewusstsein existierte indessen bereits vor Grimm. Besonders deutlich wird das Selbstverständnis des Schweizerdeutschen als eigenständiger ‚Nationalsprache' da, wo sie als historische Einzelsprache dargestellt und im wertenden Sprachvergleich anderen Nationalsprachen gegenübergestellt wurde. Aus sprachwissenschaftlicher Perspektive betonte beispielsweise der Wahlschweizer Wilhelm Wackernagel 1844, dass das „Schweizerdeutsche" „grammatisch nicht unter dem Niederländischen, Englischen, Französischen, ja theilweise darüber" stehe und sich deshalb durchaus zur Darstellung hoher Gegenstände eigne.[64] Mit Hinweis auf die Grammatik des Schweizerdeutschen bekräftigte er die Vorstellung eines in sich geschlossenen Gesamtsystems. Damit verlieh er dem Schweizerdeutschen zusätzlich den Charakter eines in sich homogenen, regelhaft beschreibbaren Sprachsystems.[65] Die grammatikalische Untersuchung *des* Schweizerdeutschen wurde auch in den folgenden Jahrzehnten noch betrieben. So erschien 1888 eine Arbeit von Jakob Bosshart über *Die Flexionsendungen des schweizerdeutschen Verbums* mit dem Untertitel *Ein Beitrag zur Grammatik der schweizerischen Mundart*.[66] Der unauflösbare Widerspruch zwischen dem Bewusstsein binnenschweizerischer Dialektvielfalt und der Vorstellung des Schweizerdeutschen als sprachlicher Entität kommt im Vorwort von Bossharts Arbeit besonders schön zum Ausdruck, wenn es heisst: „Jedes tal, jede gemeinde hat ihre besondern sprachlichen eigentümlichkeiten,

---

62 Grimm 1854: Sp. XVII.
63 Vgl. z. B. Vögelin 1844: 111; Aufruf 1862: [1]; Sutermeister 1859: 17, [1884]: 34; Grütter 1869: 190; [Anonym.] 1873b: [1]; Schweizer-Sidler/Thomann 1873: 4; Bäbler 1878: 13; [Anonym.] 1880: [1]; Staub/Tobler/Huber 1880: [1]; Schenkel 1884: 149; Utzinger 1887b: 255; Seiler 1895: 188; Socin 1895: 9.
64 Vgl. Wackernagel in Vögelin 1844: 90.
65 Die Auffassung, es gebe *ein* Schweizerdeutsch, das sich durch das Vorhandensein einer genügenden Anzahl linguistischer Merkmale als eigene, homogene Varietät konstituiert, wird von der jüngeren dialektologischen Forschung abgelehnt (vgl. Hotzenköcherle 1984: 20–21).
66 Vgl. Bosshart 1888.

nicht nur im wortschatz, sondern auch in der flexion. Dadurch wird das studium des schw.[eizer]-deutschen in seiner gesammtheit sehr erschwert."[67]

Auch in einem ausserwissenschaftlichen Zusammenhang wird die Vorstellung des Einzel- und Nationalsprachencharakters des Schweizerdeutschen anschaulich. Vom sogenannten Sprachenfest der katholischen Kirche in Rom meldet 1846 der Korrespondent der *Neuen Zuger Zeitung*, dass da, wo „die Sprachen so vieler und fernster Nationen" präsentiert wurden, auch zwei Schaffhauser „im Schweizerdialekt sprachen".[68] Und fünf Jahre später wird vom erneut durchgeführten ‚Sprachenfest' aus Rom gemeldet, dass „in 50 verschiedenen Sprachen, auch in schweizerdeutsch, gelesen oder deklamirt [wurde]".[69] Diese Beispiele belegen eindrücklich die Selbstverständlichkeit, mit der in vielen Fällen das Schweizerdeutsche auf eine Ebene mit anderen Nationalsprachen gestellt wurde. Auch Äusserungen, die suggerierten, *das* Schweizerdeutsche könne gleichsam wie eine fremde Sprache gelernt werden,[70] transportierten letztlich die Vorstellung einer in sich konsistenten nationalen Varietät.

Nicht nur im Vergleich mit anderen Nationalsprachen, sondern auch gegen innen wurde oft suggeriert, die Schweizer verfügten unabhängig von ihrer geographischen und sozialen Herkunft über eine gemeinsame nationale Varietät. In einem Brief an den Maler Johann Heinrich Füssli (1741–1825) beschwor Stalder 1812 in diesem Sinne den Nationalsprachencharakter des Schweizerdeutschen:

> Zudem verdient auch unsre Sprache die Aufmerksamkeit eines jeden Schweizers; denn sie ist einmal eine Nationalsprache – und die Erhaltung derselben ist mit der Erhaltung des schweizerischen Nationalcharakters und der Nationalunabhängigkeit nur zu enge und zu innig verbunden.[71]

In der ersten Hälfte des 19. Jahrhunderts standen solche Beschwörungen einer gemeinsamen Sprache auch im Zeichen einer nationalen Integration. Angesichts der Vorstellung eines unauflöslichen Zusammenhangs von Sprache und Volk musste die Behauptung einer gemeinsamen, nationalen Sprache im Kontext der „Erfindung des Vaterlandes", wie sie für die erste Hälfte des 19. Jahrhunderts konstatiert wird,[72] gemeinschaftsstiftende Kraft entfalten. Ein besonders anschauliches Beispiel dafür, wie durch die Behauptung der Zugehörigkeit

---

67 Ebd.: 1.
68 Neue Zuger Zeitung, 31. 1. 1846: 20.
69 Neue Zuger Zeitung, 1. 2. 1851: 19.
70 Vgl. z. B. Jahrbuch des Schweizer Alpenclub 1868: 130.
71 Brief von Stalder an J. H. Füssli, abgedruckt in: Gedenkschrift Stalder 1922: 134.
72 Vgl. Meyerhofer 2000: 44–66.

aller Deutschschweizer zu einer gemeinsamen nationalen Sprachgemeinschaft das Schweizerdeutsche als ‚Nationalsprache' diskursiv konstruiert wurde, findet sich 1847 im *Bülletin des Eidgenössischen Freischießens in Glarus*. Über eine Ansprache, die ein Basler in seinem Dialekt hielt, heisst es: „Herr Dr. Brenner brachte ein Lebehoch in sehr launigem Basler-, sage Schweizerdeutsch [...]."[73] Hier wird die Identifizierung der diatopischen Varietät des Sprechers rhetorisch geschickt zugunsten einer vermeintlichen Einheitssprache zurückgenommen. In seiner kontextuellen Einbettung illustriert dieses Beispiel die spezifisch nationalkonstitutive Funktion, die der Imagination einer gemeinsamen Einheitssprache im Prozess des Nation-Building in der Deutschschweiz zukommt: Nationale Feste wie dieses Eidgenössische Freischiessen waren in dieser Zeit gesellschaftliche Anlässe von grosser national-integrativer Kraft.[74] Dass am selben Schützenfest 1847 in Glarus dann auch noch die Gläser auf die gemeinsame Sprache der Schweizer erhoben wurden und damit in Zeiten einer tiefen politischen Krise innerhalb der Eidgenossenschaft auf die Sprache als verbindende, einigende Gemeinsamkeit getrunken wurde,[75] ist ein besonders anschauliches Zeugnis für die Bedeutung der Sprache im Prozess nationaler Selbstverständigung.

Auch wenn Bezeichnungen wie ‚Landessprache' bzw. ‚Nationalsprache' nur selten zu finden sind,[76] lässt sich bereits in der ersten Hälfte des 19. Jahrhunderts die Stilisierung eines vermeintlich von allen geteilten Schweizerdeutsch als nationale Varietät beobachten. Dabei finden sich auch Hinweise, dass das Bewusstsein, mit dem Schweizerdeutschen eine eigene Nationalsprache zu besitzen, nicht nur den meist bürgerlichen Diskursakteuren zu unterstellen ist, sondern sich auch in breiteren Bevölkerungsschichten fand.[77]

---

[73] Fest- und Schützen-Zeitung oder Bülletin des Eidgenössischen Freischießens in Glarus 1847: 134.
[74] Vgl. Henzirohs 1976; Meyerhofer 2000: 46–49, 81–96; Kreis 2011b.
[75] Fest- und Schützen-Zeitung oder Bülletin des Eidgenössischen Freischießens in Glarus 1847: 144.
[76] Vgl. z. B. Rengger 1838: 146; Vögelin 1844: 112; Schweizer-Sidler/Thomann 1873; [Anonym.] 1899a, 1902: [1]. Der Ausdruck ‚Nationalsprache' war allerdings polysem und konnte zeitgenössisch auch für die Bezeichnung der deutschen Gemeinsprache benutzt werden (vgl. z. B. Sutermeister 1859, 1880; Winteler 1878: 16, 1895: 4; [Anonym.] 1885).
[77] Ein Indiz dafür liefert ein Artikel in der *St. Galler Zeitung* von 1871: „Auf die Frage, wer je einen deutschen Schweizer gesehen, der seine Muttersprache verachtete, antworte ich, daß es allerdings leider deren genug gibt, welche die deutsche Schriftsprache verachten und *ihren Dialekt für eine schweizerische Nationalsprache* halten (obschon es solcher Dialekte sehr verschiedene gibt und weder die französischen noch die italienischen Schweizer ein Wort von derselben [sic!] verstehen)." (St. Galler Zeitung, 21. 9. 1871: 892, Herv. E. R.).

Wie andere Nationalsprachen ist auch das Schweizerdeutsche eine *imagined language*, insofern als es seine ontologische Qualität dadurch erhält, dass es „von einer Gruppe von Menschen als existent behauptet und behandelt"[78] wird. Auch wenn die meisten deutschschweizerischen Dialekte linguistisches Substrat teilen, bleibt das Schweizerdeutsche vor allem eine „Gefühlsrealität".[79] Die Konstruktion einer schweizerischen Nationalvarietät lässt sich vorrangig anhand der Reduktion sprachlicher Heterogenität beobachten. Anja Stukenbrock zählt dieses Vorgehen zu den Prinzipien des Sprachnationalismus und spricht vom „Prinzip der doppelten Heterogenitätsreduktion".[80] In der Schweiz müsste man demgegenüber sogar von einer dreifachen Heterogenitätsreduktion sprechen, da über die diachrone und diastratische Dimension hinaus vor allem die diatopische Vielfalt der deutschschweizerischen Sprachenlandschaft zum Verschwinden gebracht wird.

Die diskursiv etablierte Vorstellung einer gemeinsamen nationalen Sprechweise kann dabei eine die Nation verbindende Funktion übernehmen. Das so erfundene Schweizerdeutsch wird auf diese Weise als Medium und Gegenstand kollektiver Identitätsstiftung etabliert. Neben dieser inkludierenden kommt der Fiktion einer deutschschweizerischen Einheitssprache auch eine exkludierende Funktion zu. Im Falle der Deutschschweiz dient die Behauptung einer gemeinsamen Sprache auf Basis der Dialekte vor allem dazu, gegenüber Deutschland und ‚seiner' Nationalsprache, dem Hochdeutschen, eine eigene sprachliche Identität zu behaupten.

10.2 Korrelation von *Sprache*, *Volk* und *Nation*

Im vorangehenden Abschnitt wurde gezeigt, wie im Metasprachdiskurs das Schweizerdeutsche als weitgehende homogene Spracheinheit und als nationale Varietät konzeptualisiert wird. Zeitlich weitgehend parallel dazu kommt spätestens seit dem zweiten Viertel des Jahrhunderts dieser ‚Nationalsprache' im sprachpatriotischen Diskursbereich nun zunehmend die Funktion einer kulturellen und politischen Bezugsgrösse zu. Von einiger Bedeutung dabei ist die diskursive Korrelierung von Sprache mit den aussersprachlichen Grössen *Nation* und *Volk*.[81] Durch sie wird der unauflösliche Zusammenhang zwischen der ‚Schweizersprache' und der ‚Schweizer Nation' bzw. dem ‚Schweizer Volk' nach-

---

[78] Reichmann 2000: 421.
[79] Hotzenköcherle 1984: 25.
[80] Vgl. Stukenbrock 2005b: 432–433, hier: 432.
[81] Vgl. Gardt 2000c: 1.

10.2 Korrelation von *Sprache*, *Volk* und *Nation* — 267

gewiesen und zugleich die Behauptung einer ontologischen Existenz einer ‚Schweizersprache' weiter untermauert. Die Begriffe ‚Nation' und ‚Volk' können als „sprachideologische Schlüsselwörter"[82] eines *sprachpatriotischen Diskursbereichs* gelten, der sich in unterschiedlicher Intensität im 19. Jahrhundert manifestiert.

Wo ‚Volk' die nationale und historische Abstammungsgemeinschaft bezeichnet, verwende ich die Begriffe ‚Volk' und ‚Nation' im Folgenden synonym. Auch wenn detaillierte semantische Analysen der Begriffe für die deutsche Schweiz noch fehlen,[83] darf grundsätzlich davon ausgegangen werden, dass auch in der Schweiz in Folge des Herder'schen Volksbegriffs die Begriffe weitestgehend „referenzidentisch"[84] benutzt wurden. Das heisst, sie bezeichnen grundsätzlich dieselbe Gesamtheit von Menschen – auch wenn freilich die Kriterien, wer zum Volk bzw. zur Nation gehört, variieren können.[85] Den synonymen Gebrauch der Begriffe bestätigt auch Im Hof, der in einer explorativen Arbeit der Semantik von ‚Volk', ‚Nation' und ‚Vaterland' in der Schweiz im 18. und 19. Jahrhundert nachgeht. Er weist zudem darauf hin, dass die Begriffe zeitgenössisch sowohl den Kanton, als auch die Eidgenossenschaft bezeichnen konnten.[86] Im Hofs Feststellungen sind aufgrund der Befunde in den von mir untersuchten Quellen allerdings insofern zu ergänzen, als insbesondere mit dem Begriff ‚Nation' bzw. dem Adjektiv ‚national' nicht nur auf die Kantone und die Eidgenossenschaft, sondern als dritte politisch-territoriale Referenzgrösse auch auf die *Deutschschweiz* Bezug genommen wird.

Die Analysen in dieser Arbeit legen die gut begründete Vermutung nahe, dass sich die deutsche Schweiz dabei einerseits im Sinne einer Abstammungs- und Kulturgemeinschaft als deutschschweizerisches ‚Volk' bzw. als deutschschweizerische ‚Nation' verstand, dass sie zugleich aber – und damit nicht im Widerspruch stehend – auf staatspolitischer Ebene sich als Teil der viersprachigen Schweizer Willensnation, der schweizerische Eidgenossenschaft begriff.[87]

---

82 Faulstich 2008: 389, 410–413.
83 Vgl. zu diesem Befund Im Hof 1996: 131.
84 Hermanns 2003a: 30.
85 Vgl. dazu auch Gschnitzer et al. 1992: 316; Brandt 2001.
86 Vgl. Im Hof 1996: 131–132. Diese Feststellung deckt sich insofern auch mit Jochen Bärs detaillierten Analysen der Begriffe ‚Volk' und ‚Nation' zur Zeit der deutschen Romantik, als auch Bär feststellt, dass zwischen diesen Begriffen weitgehend Synonymie besteht (vgl. Bär 1999: 412–420; 506–513, 2000: 205–209; zur Begriffsgeschichte vgl. auch Gschnitzer et al. 1992; zur Semantik der Begriffe ‚Nation' und ‚Volk' in sprachreflexiven Texten des 18. Jahrhunderts vgl. Faulstich 2008: 410–432).
87 Hinzu kommt – zumal für den Begriff der Nation – eine vierte, wenngleich untergeordnete Bezugsgrösse. Mit ‚Nation' konnte im 19. Jahrhundert noch lange der gesamte deutsche Sprach- und Kulturraum, die Kulturnation, bezeichnet werden. Eine, m. W. noch ausstehende,

10.2.1 J. K. Mörikofers klimatheoretische Begründung der ‚Schweizerischen Mundart'

Die Klimatheorie ist historisch übergreifend eine umfassende Kulturtheorie, die kulturelle Charakteristika und Unterschiede anhand der Lebens- und Umweltbedingungen zu erklären sucht.[88] Vor dem Hintergrund sich herausbildender Nationalismen wird sie „zur allgemein akzeptierten ethnographischen Lehre"[89] und dient im 18. Jahrhundert im Kontext einer ‚Anthropologie der Völker' der vermeintlich (natur-)wissenschaftlichen Erklärung eines je spezifischen Charakters der verschiedenen europäischen Völker.[90] Im Hinblick auf Sprache werden bereits im Normierungsdiskurs des (frühen) 18. Jahrhunderts klimatisch-topographische Lebensbedingungen ebenso als Argumente angeführt, um die je unterschiedlichen Eigenschaften von Einzelsprachen und diatopischen Varietäten zu erklären, wie in der romantischen Sprachreflexion,[91] während in der Deutschschweiz der Zusammenhang von Sprache und Lebensweise eines Volkes etwa von Johann Jakob Bodmer vertreten wird.[92] Im Laufe des 19. Jahrhunderts verliert dieser Erklärungsansatz an Bedeutung, nicht zuletzt aufgrund der Popularisierung von Wilhelm von Humboldts ‚Weltansichten'-Theorie, die als neues ‚kognitives' Erklärungsparadigma für diesen Zusammenhang rasch Verbreitung findet.[93] Im sprachreflexiven Diskurs der deutschen Schweiz macht sich dies rein quantitativ dadurch bemerkbar, dass Spuren klimatheoretischer Argumentation in der ersten Jahrhunderthälfte noch deutlich, gegen Ende des Jahrhunderts, abgelöst von anderen Erklärungsansätzen (s. u. Kap. 10.2.2 u. 10.2.3), hingegen kaum mehr greifbar sind.

Johann Kaspar Mörikofers Abhandlung über *Die Schweizerische Mundart im Verhältniß zur hochdeutschen Schriftsprache* von 1838 ist gar der einzige Text

---

empirische Studie zur Semantik von ‚Volk'/‚Nation' in der (Deutsch-)Schweiz müsste zutage fördern, welche unterschiedlichen Volks- bzw. Nationskonzepte in den verschiedenen Landesteilen existierten und wie sich innerhalb der Schweiz verschiedene Gemeinschaftskonstruktionen überlagerten, ohne sich gegenseitig auszuschliessen.

88 Die bereits in der griechischen Antike etablierte Theorie wurde im frühneuzeitlichen Europa im Zuge der Wiederverfügbarmachung antiker Texte durch die Humanisten neu aufgegriffen. (vgl. Schulze 1998: 36–37; ausführlicher Beller 2006a: 240–242).
89 Beller 2006b: 241.
90 Vgl. Schulze 1998: 40; zur Rezeption und Verbreitung der Klimatheorie im 18. Jahrhundert vgl. auch Fink 1998.
91 Vgl. Faulstich 2008: 438–442 zum Normierungsdiskurs; Gardt 1999a: 226, 240–241, 308 zur Sprachreflexion der Romantik.
92 Vgl. z. B. Bodmer 1740: 2, zit. nach Faulstich 2008: 244.
93 Zum Prinzip sprachlicher Relativität bei Humboldt vgl. Werlen 2002: 131–154; Knobloch 2011: 62–64.

des sprachreflexiven Diskurses im 19. Jahrhunderts, der noch ganz im Zeichen klimatheoretischer Überlegungen steht. Die Besonderheit dieses Textes, die es rechtfertigt, im Folgenden näher darauf einzugehen, liegt nicht nur in seiner Funktion als diskursiver „Schlüsseltext",[94] sondern vor allem darin, dass er diese im frühen 19. Jahrhundert noch greifbare Sprachvorstellung ausführlich theoretisch reflektiert. An ihm lässt sich besonders anschaulich zeigen, wie eine Korrelation von ‚Sprache' und ‚Volk'/‚Nation' klimatheoretisch letztlich nur mittels logisch nicht zwingenden Pauschalisierungen herzustellen ist.

Im ersten Kapitel über den „Einfluß der Naturbeschaffenheit des Landes auf die Sprache überhaupt, und auf die schweizerische Mundart ins Besondere" postuliert Mörikofer, dass die Entwicklung der Sprache keinesfalls kontingent sei, sondern natürlichen Gesetzmässigkeiten folge, für die zwei Momente massgeblich seien: die „Einwirkung geschichtlicher Ereignisse" sowie „die Naturbeschaffenheit der Wohnstätte eines Volkes".[95] Dabei seien insbesondere auch die „Gestalt und Eigenthümlichkeit des Landes und des Klimas" „[v]om größten Gewichte".[96] Ausgehend von diesen Überlegungen konkretisiert er, wie sich in der Schweiz die gebirgige Topographie auf die Sprache ausgewirkt und sich dabei in der ‚Schweizerischen Mundart' eine naturgemässe Ausdrucksform ausgebildet habe. Obschon Mörikofers klimatheoretische Begründung der ‚Schweizer Mundart' letztlich einmalig bleibt, ist sie von sprachbewusstseinsgeschichtlicher Bedeutung: Sie stellt einen frühen und umfassenden Versuch dar, Sprache und Nation zu korrelieren.

Die argumentative Herleitung des Zusammenhangs zwischen Nation bzw. nationaler Topographie und Sprache basiert bei Mörikofer auf der Feststellung, dass sich die Lebensbedingungen und Sinneseindrücke in der schweizerischen Gebirgswelt ganz spezifisch auf die Ausdruckweise der Bergbevölkerung ausgewirkt hätten. Als ‚äusseren' Grund dafür nennt er die Lebensbedingungen im Gebirge, die eine Kommunikation über grosse Distanzen erfordert und zu den ‚harten' Konsonanten und ‚breiten' Vokalen geführt hätten. Des Weiteren habe sich die gewaltige Natur der Alpen aber auch unwillkürlich, über ihren ‚inneren' Niederschlag in der Seele der Menschen, auf deren Sprache ausgewirkt, wobei Mörikofer ein Ähnlichkeitsverhältnis zwischen den seelischen *Ein*drücken, die über die Wahrnehmung der Umwelt zustande kommen, und den lautlichen *Aus*drücken der Bergbewohner präsupponiert.[97]

---

94 Vgl. Spieß 2013.
95 Mörikofer 1838: 7.
96 Ebd.
97 Vgl. Mörikofer 1838: 14, 16. Damit deckt sich Mörikofers Konzeptualisierung weitgehend mit der romantischen Vorstellung von Sprache als „körperlich-geistige[m] Doppelphänomen",

Bezeichnend für die Konstruktion eines Zusammenhangs von ‚Sprache' und ‚Volk' ist nun, dass Mörikofer die beschriebenen Zusammenhänge nicht ausschliesslich für die Gebirgsbewohner behauptet, für deren Lebensbedingungen er sie hergeleitet hat, sondern dass er sie auf die ganze Schweiz und damit auf alle (Deutsch-)Schweizer überträgt, wodurch kategorial verschiedene Gegebenheiten überblendet werden. Auf diese Weise werden geographisch-topographische Kategorien (Gebirge/Alpen) mit ideologisch-politischen (Schweiz/Schweizer Nation) so vermengt, dass auch für letztere angenommen, was für erstere behauptet wird.[98] Vordergründig werden sprachliche Eigenschaften damit zwar aus topographischen Begebenheiten abgeleitet, durch die kategorielle Übertragung der Befunde werden diese jedoch letztlich für eine politisch und nicht etwa topographisch definierte territoriale Einheit und ihre Mitglieder behauptet. Auf diese Weise werden die ausdrucksseitigen Spracheigentümlichkeiten, abgeleitet aus den alpinen Lebensbedingungen, bei Mörikofer pauschal zu Spezifika einer vermeintlich einheitlichen ‚Schweizermundart', die von der gesamten (Deutsch-)Schweizer Bevölkerung gesprochen wird. Hinsichtlich der hier interessierenden Korrelation von Sprache und Nation wird durch Mörikofers klimatheoretische Argumentation letztlich ein genuiner Zusammenhang hergestellt zwischen der Schweiz als ideellem bzw. politisch-territorialem Gebilde, ihrer Bevölkerung und der ihr vermeintlich gemeinsamen Sprache. Unterschiede zwischen den Dialekten werden dafür ebenso ausgeblendet wie der Umstand, dass – was Mörikofer bekannt war[99] – die vermeintlich exklusiven schweizerischen Sprachcharakteristika sich auch in den angrenzenden süddeutschen und österreichischen Dialektregionen finden. Auch bei diesem Verfahren lässt sich also Homogenisierung durch die Reduktion der sprachlichen Vielfalt konstatieren, wie sie im vorangegangenen Kapitel beschrieben wurde (s. o. Kap. 10.1.3).

Dass es sich bei der klimatheoretisch hergeleiteten Korrelation von Sprache und Nation, wie sie Mörikofer vertritt, um eine diskursive Zuschreibung handelt, die selbst im Kontext des frühen 19. Jahrhunderts logisch keinesfalls zwingend ist, zeigt die Tatsache, dass klimatheoretische Begründungen von Sprache nicht notwendig auf die Grössen *Volk* bzw. *Nation* zurückgreifen müssen. Ein anschauliches Beispiel dafür findet sich in einer topographischen Beschreibung

---

das sowohl vom Organismus als auch vom Intellekt abhängig ist, die beide wiederum von der Aussenwelt beeinflusst werden (vgl. Bär 2000: 208).

98 Das Stereotyp der Schweiz als Berg- oder Hirtenvolk, das Mörikofer hier bedient, war seit dem 18. Jahrhundert zwar sehr populär (vgl. Im Hof 1991a: 155–160; Capitani 2010), entsprach aber keinesfalls der sozioökonomischen Lebensrealität in der Schweiz (vgl. Im Hof 1982: 192–193).

99 Vgl. Mörikofer 1838: 13.

der Alpgemeinde Trub (Bern) von 1830, in der über die lokalen Sprachverhältnisse zu lesen ist: „Die Rede des Thalbauers ist jedoch wohlklingender sanfter und seine Worte silbenreicher, als die des Bergbewohners, der wegen seines Rufens in die Ferne rauher und abgekürzter redet, und die Worte wie verstümmelt ausspricht."[100] Wie Mörikofer behauptet zwar auch dieser Autor einen Zusammenhang zwischen Lebensbedingungen und Sprache, dennoch wird hier deutlich, dass die Klimatheorie nicht notwendigerweise auf politisch definierte Gemeinschaften, sondern auf beliebige Personengruppen (hier: Bergbewohner vs. Talbewohner) angewandt werden kann. Das bedeutet, dass die Etablierung einer durch gemeinsame Lebensbedingungen konstituierten (Deutsch-)Schweizer Sprachgemeinschaft bei Mörikofer letztlich erst durch die Überblendung von sprachlichen mit topographischen und politischen Kategorien entsteht.

Die Anbindung der Sprache an die Nation steht in Mörikofers wichtigem Werk deutlich im Kontext der Prestigesteigerung der Dialekte (s. dazu o. Kap. 6.5). Indem er nachweist, „wie weder der Zufall, noch die Ungunst des Schicksals uns unsere rauhen Laute gegeben, sondern wie dieselben tiefere Wurzeln im Land und Volk der Eidgenossen geschlagen haben",[101] versucht Mörikofer, die vermeintlichen Mängel des Dialekts als Notwendigkeit einer spezifisch nationalen Entwicklung zu rechtfertigen. Die von ihm bemühte Klimatheorie scheint zu diesem Zeitpunkt allerdings bereits ein Auslaufmodell zu sein und wird in der zweiten Jahrhunderthälfte kaum mehr beigezogen. Die Verquickung von ‚Sprache' und ‚Volk'/‚Nation' spielt jedoch nach wie vor eine dominante Rolle, neu wird aber zu deren Erklärung auf das Konzept des *Volkscharakters* zurückgegriffen.

10.2.2 Volkscharakter und Sprachcharakter

Bei der Klimatheorie werden Sprache und Nation über die Landesbeschaffenheit bzw. das Klima als *tertium comparationis* in einen Zusammenhang gebracht. Ein anderes Verfahren, mit dem im Diskurs die beiden Konzepte ‚Sprache' und ‚Volk'/‚Nation' korreliert werden, ist die Identifizierung eines vermeintlichen *Sprachcharakters* mit dem *Volkscharakter/Nationalcharakter*. Voraussetzung für die Behauptung eines solchen Zusammenhangs ist die Hypostasierung bzw. Personifizierung von Volk, Nation und Sprache. Sie ermöglicht es, diesen Konzepten (menschliche) Charaktereigenschaften zuzuschreiben, die ihnen vermeintlich ‚wesenhaft' oder ‚naturgemäss' inhärent sind. Diese

---

[100] Schweizer 1830: 96.
[101] Mörikofer 1838: 4.

Identifizierung von Sprachcharakter und Volkscharakter ist eng verknüpft mit der Überzeugung, dass Sprache nicht nur die Eigenschaften von einzelnen Sprechenden, sondern auch von ganzen Sprechergruppen indiziere.[102] Die Vorstellung, dass sich Völker und Nationen durch besondere Charaktereigenschaften von anderen unterscheiden, verbreitete sich im 18. Jahrhundert durch Schriften von Beat Ludwig von Muralt (1665–1749) und Johann Jakob Bodmer auch in der Deutschschweiz.[103] Spätestens mit Herder wurde schliesslich im gesamten deutschsprachigen Raum der Gedanke populär, dass sich solche National- bzw. Volkscharaktere auch im Charakter der Sprache manifestieren.[104]

Vor diesem Hintergrund werden auch im sprachreflexiven Diskurs in der Deutschschweiz des 19. Jahrhunderts die ‚Schweizersprache' und der Charakter des ‚Schweizervolks' zueinander in Bezug gesetzt. Exemplarisch für dieses Korrelieren von ‚Sprache' und ‚Volk'/‚Nation' schreibt Alfred Hartmann 1858 im Berner *Bund*:

> Es ist ein alter Satz: die Sprache ist das getreue Spiegelbild des ureigensten Wesens der Völker; es gilt auch für uns. Wie wir selber ist auch unser „Schwizerdütsch" derb und rauh, aber unter der ungeschliffenen Schale ist das blanke Gold tiefster Gemüthlichkeit verborgen; – wie wir selber ist unsere Sprache etwas ungelenk, und trifft trotzdem, wie der Mutterwitz des Appenzellers, stets den Nagel auf den Kopf [...].[105]

Die hier verwendete Metaphorik der *Sprache als Spiegelbild des Volkswesens* wurde auch von anderen Autoren benutzt, um das Verhältnis von Sprach- und Volkswesen zu veranschaulichen.[106] Diese Spiegelmetapher machte überdies die bereits erwähnte Vorstellung eines Abbildungsverhältnisses zwischen Volk und Sprache, genauer eines Volks- und Sprachwesens, deutlich, wonach die Charakteristika des ‚Schweizerdeutschen' Symptome der Charakteristika des „ureigensten" schweizerischen Volkswesens darstellen sollten. Dabei spielte die Konzeptualisierung einer von allen geteilten Schweizer ‚Nationalsprache' eine entscheidende Rolle: Erst sie ermöglichte es, von den dieser ‚Schweizersprache' zugeschriebenen sprachlichen Eigenschaften Rückschlüsse auf ein vermeintlich gesamtdeutschschweizerisches Volkswesen zu ziehen und so der Sprache einen volkskonstitutiven Status zuzusprechen.

In der zweiten Hälfte des 19. Jahrhunderts wurde für die Korrelation von ‚Sprache', ‚Volk' und ‚Nation' häufiger als auf den Begriff des Volkscharakters

---

102 Vgl. Stukenbrock 2005b: 217.
103 Vgl. Trümpy 1982: 282–284.
104 Vgl. Stukenbrock 2005b: 301.
105 Hartmann 1858: [s. p.].
106 Vgl. Kirchhofer 1824: 5; Mörikofer 1838: 27–28; Vögelin 1844: 107; [Anonym.] 1874d: [s. p.]; Adank 1884: 104; Greyerz 1892: 579; Vetsch 1907: [s. p.].

auf den Begriff des *Volksgeistes* zurückgegriffen. Der Begriff geht auf Herder zurück und wurde in der zweiten Jahrhunderthälfte durch die aufkommende Disziplin der Völkerpsychologie in neuer Akzentuierung populär.[107] Trotz terminologischer Unterschiede sind die Konzeptualisierungen von ‚Nationalcharakter' und ‚Volksgeist' im sprachreflexiven Diskurs weitgehend deckungsgleich.[108] Entsprechend bleibt auch die Auffassung eines „unauflösliche[n] Zusammenhang[s] von Sprache und Geist eines Volkes"[109] dieselbe. Das kommt 1844 mustergültig zum Ausdruck, wenn es in der Versammlung der *Schweizerischen Gemeinnützigen Gesellschaft* heisst: „[I]n der Sprache spiegelt sich jedes Einzelnen und noch deutlicher jedes Volkes Geist und Gemüth, die Höhe und Freiheit, die jener [der Geist], die Tiefe und Innigkeit, die dieses [das Gemüth] in ihm [dem Einzelnen oder dem Volk] erreicht hat."[110]

Eine spezifische ‚Schweizersprache' wird dabei nicht nur als „Produkt", sondern auch als „Repositorium der Gesammtarbeit des betreffenden Volksgeistes"[111] verstanden. Wird diese Ansicht eines „sprachschaffende[n] Volksgeistes"[112] auf die Spitze getrieben, werden Volk und Sprache als einander wesenhaft entsprechend, als identisch empfunden, wie in den *Schaffhauser Beiträgen zur vaterländischen Geschichte* 1884 mit Rückgriff auf völkerpsychologische Überlegungen erläutert wird:

> Jede Nation hat zum Unterschied von andern Nationen ihr besonderes geistiges Gepräge und diese ihre Eigenartigkeit tritt uns am deutlichsten und vollständigsten entgegen in ihrer Sprache. Volk und Sprache sind Eins. Wer die Sprache eines Volkes lernt, der schaut ihm ins Herz, in die Werkstätte seiner geheimsten Gedanken, der lernt den Menschengeist kennen in der Gestalt, die derselbe nun gerade bei dieser Nationalität [...] angenommen hat; er studirt die betreffende Volkspsyche.[113]

Im metasprachlichen Diskurs finden sich zahlreiche Äusserungen wie diese, die zwar einen Zusammenhang zwischen Sprachwesen und Volkswesen postulieren, diesen jedoch nicht weiter explizieren. Das spiegelbildliche Verhältnis von Sprache und Volk wird in vielen Fällen axiomatisch vorausgesetzt, so etwa, wenn in einem Artikel der *Allgemeinen Schweizer Zeitung* davon die Rede ist, dass man „mit Recht von dem so wahren Satz aus[geht], daß sich in der Sprache

---

107 Zur Geschichte des Begriffs vgl. Grossmann 2001: 1102–1105.
108 Vgl. ebd.: 1102.
109 Greyerz 1892: 579.
110 Vögelin 1844: 98.
111 Schenkel 1884: 146.
112 Sutermeister [1884]: 36.
113 Schenkel 1884: 145.

eines Volkes dessen ganzes Leben und Weben [...] so deutlich abspiegelt, wie kaum irgendwo".[114]

Nur gelegentlich konkretisieren Autoren, was sie unter Volkscharakter, respektive Volksgeist genau verstehen. Dabei fällt auf, dass argumentativ nicht von nationalen Stereotypen auf sprachliche Charaktereigenschaften geschlossen wird, sondern dass umgekehrt von bestimmten sprachlichen Stereotypen ausgegangen wird, die man als Folge des Volkscharakters zu erklären sucht. Die gewählten Sprachstereotype sind im Einzelfall jedoch höchst unterschiedlich und die Begründung sprachlicher Merkmale aus dem Volksgeist scheint oft legitimatorischen Charakter zu haben, indem unliebsame Eigenschaften der Mundarten durch ihre argumentative Anbindung an das Schweizervolk entschuldigt werden. So gilt dem Luzerner Karl Ruckstuhl die „Bruststimme" des Schweizers als Indiz für „Herzlichkeit" und „Treuherzigkeit", derer „unser Volk als seines eigenthümlichen Charakters sich rühmen [darf]",[115] während sich für den Thurgauer Mörikofer in der sprachlichen „Derbheit" und „Naivität" die „Frische und sinnliche Kraft des Volkes" spiegelt.[116] Dem Berner Paul Born schliesslich erscheint die Sprache der Schweizer ihrem „Volksgemüt[ ]" gemäss zwar „etwas rauh und holprig", bei genauer Betrachtung aber eben doch – wie das ‚Schweizerwesen' selbst – „voll feiner Wendungen, voll zarter Eigenheiten".[117]

Insgesamt scheint in Äusserungen, die in sprachlichen Merkmalen konkrete Charaktereigenschaften des Schweizervolks nachweisen möchten, weniger bedeutsam, *welche* konkreten Eigenschaften für den Zusammenhang von Sprache und Volk als konstitutiv zu erachten sind – man ist sich darüber auch gar nicht einig. Vielmehr scheint allein die Feststellung relevant, *dass* eine für das eigene Selbstverständnis bedeutsame, unmittelbare und unauflösliche Beziehung zwischen dem Schweizervolk und seiner ‚Sprache' existiert.

10.2.3 Der Dialekt als Ort des wahren Volksgeistes

Eine besondere Rolle kommt im Kontext der Korrelation von ‚Sprache' und ‚Volk'/‚Nation' dem volkssprachlichen Charakter der ‚Schweizersprache' zu. Für die zeitgenössischen Akteure war klar, dass sich der Volksgeist nur in einer Sprache niederschlagen könne, die durch eine ethnische Überlieferung des Vol-

---

114 [Anonym.] 1874d: [s. p.].
115 Ruckstuhl 1823: 5.
116 Mörikofer 1838: 27.
117 Born 1899: 276.

kes selbst entstanden ist. Diese Vorstellung ist vor dem Hintergrund einer über den Deutschschweizer Kontext hinaus verbreiteten Aufwertung des ‚Volkes' im 19. Jahrhundert vom ‚Pöbel' zum Archiv und historischen Träger der Nation zu sehen.[118] In dieser Teilbedeutung des Begriffs bezeichnete ‚Volk' im Anschluss an die Romantik das Stereotyp einer einfachen, naturbelassenen Gemeinschaft. Die Schweiz nahm hier insofern eine besondere Stellung ein, als sie seit dem 18. Jahrhundert als Inbegriff eines ursprünglichen Hirtenvolkes galt, dessen Leben in Freiheit und im Einklang mit der Natur das Gegenstück zum dekadenten Lebensstil in den Städten und an den Höfen darstellte.[119] Das so verstandene ‚Volk' wurde im sprachreflexiven Zusammenhang in der Folge zum sozialen Ort stilisiert, an dem nicht nur ursprüngliche Sitten und Traditionen, sondern eben auch die ‚eigentliche' Sprache der historischen Abstammungsgemeinschaft (noch) erhalten geblieben sind. So zeigte man sich in der zweiten Jahrhunderthälfte entsprechend davon überzeugt, dass sich „das innerste Geistesleben des Volkes in seinem Reichthum und seiner Tiefe, in seiner Innigkeit und Kraft voll und rein nur in der Sprache des Volkes, im Dialekt [erschliesst]".[120] Denn – so heisst es 1863 in der *St. Galler Zeitung* – „[e]r allein besitzt das Mittel, Das [sic!], was in der Brust des ‚gemeinen Mannes' lebt und webt, aus der Tiefe der Seele an das Licht des Tages treten zu lassen"; so zeige der Dialekt „unser Volk nicht im täuschenden Sonntagsstaate, sondern im einfachen, schlichten, aber soliden Werktagskleide – wie es in Wahrheit ist, leibt und lebt".[121]

So besehen ist die Volkssprache Ausdruck schweizerischen Volkstums, „sozusagen die Volksseele", die „das Gemüt, das Fühlen und Empfinden, die Aesthetik, den Witz und Humor des Volkes" repräsentiert, wie sich ein Autor in der *Neuen Zürcher Zeitung* ausdrückt.[122] Weil demnach „mit der Volkssprache der ganze Charakter [des Volkes, E. R.] zusammenhängt", wie es 1869 in der *Schweizerischen Lehrerzeitung* heisst, gehört sie folgerichtig „zu den heiligsten Gütern eines Volkes".[123]

---

118 Diese Umwertung des Volksbegriffs geht massgeblich auf Herder zurück, der den Begriff historisch und kulturell fundiert und ihn mit ‚Nation' identifiziert (vgl. Gschnitzer et al. 1992: 314–319; Brandt 2001: 1081–1083). Zur *Entdeckung des Volkes* in der Schweiz im 18. Jahrhundert vgl. Trümpy 1982.
119 Vgl. Im Hof 1991a: 155–160; Capitani 2010. Gerade in der ersten Hälfte des Jahrhunderts wurde das Bild des an den alten Sitten hängenden Schweizervolks auch im sprachreflexiven Diskurs reproduziert und das Festhalten am Dialekt in diesem Sinne positiv konnotiert (vgl. z. B. Stalder 1819: 4–6; Ruckstuhl 1823: 4; Mörikofer 1838: 1).
120 St. Galler Zeitung, 17. 12. 1863: 1192.
121 Ebd.
122 Vgl. Bruppacher 1905: [s. p.].
123 Vgl. [Anonym.] 1869b: 378.

Im Gegensatz zu Deutschland waren in der Deutschschweiz nun aber ‚Volkssprache(n)' und ‚Nationalsprache' identisch. Entsprechend unauflöslich wurde auch der Zusammenhang zwischen den Dialekten und einer nationalen Identität gesehen. Denn, wie Ludwig Tobler schreibt,

> jeder deutsche Schweizer fühlt, entweder durch bloßen Instinkt oder durch bestimmte Kenntnisse geleitet, daß es mit seiner Volkssprache eine besondere Bewandtniß habe und daß dieselbe jedenfalls einen eigenthümlichen Werth, nicht bloß für sein Gemüth, sondern auch für das Vaterland und vielleicht noch für ein weiteres Gebiet besitze.[124]

Nahm man dieses Gefühl ernst, erschien auch der Erhalt der Dialekte als Angelegenheit von nationaler Bedeutung. Eine Verdrängung der Dialekte, so die Überzeugung, müsste auch unwillkürlich einen Verlust der schweizerischen Eigenarten, der Sitten und des Denkens des Volkes mit sich bringen. In einem Vortrag vor der Bündner Lehrerkonferenz wird 1868 entsprechend festgehalten:

> Es wäre eine große Ungerechtigkeit, den Dialekt zu verdrängen oder gering zu schätzen; er ist zu sehr verwachsen mit der ganzen Gesittung und Denkart eines Volkes; Form und Gehalt darin stehen in engem Verbunde. Mit der Ausrottung der Mundart nähme man gleichsam einen Lebensnerv aus unserm Volksleben weg; man öffnete einer in mancher Hinsicht fremdartigen Sitte und Denkungsweise den Eingang; man verlöre an Eigenthümlichkeit und Selbständigkeit; die Lebensansicht würde mit der Sprache sich ändern und vielleicht kaum auf die bessere Seite. Auch wurzelt die Liebe zum Vaterlande um so fester, je mehr Anknüpfungspunkte an die Heimat fesseln und unter diesen spielt die Sprache gewiß keine unbedeutende Rolle.[125]

Diese Auffassung, dass den Dialekten in Bezug auf Heimat und Vaterland eine geradezu konstitutive Bedeutung zukomme, kehrt in den untersuchten Quellen topisch wieder. Sie zeugt, ebenso wie die Gleichsetzung von Sprach- und Volks- bzw. Nationalcharakter, von der verbreiteten Annahme einer Korrelation von ‚Sprache' und ‚Volk'/‚Nation', die sich auch in der deutschsprachigen Schweiz im 19. Jahrhundert in verschiedenen Ausprägungen im metasprachlichen Diskurs manifestiert.

Eine weitere Komponente des sprachpatriotischen Teildiskurses stellt die *Politisierung* der Sprachsituation dar. Im Gegensatz zur Korrelation von ‚Sprache' und ‚Volk'/‚Nation' geht es hierbei nicht darum, einen Zusammenhang zwischen der Sprache und einer historisch-ethnisch definierten Sprechergemeinschaft zu etablieren, sondern – davon ausgehend – die politische Bedeutung des Schweizerdeutschen festzustellen.

---

[124] Tobler 1875: 147.
[125] [Anonym.] 1868a: 343.

10.3 Die nationalpolitische Symbolik des Dialektgebrauchs

10.3.1 Dialektgebrauch als Symbol republikanischer Egalität

Wie bereits dargelegt, wurde im sprachreflexiven Diskurs des 19. Jahrhunderts die Feststellung, alle sozialen Schichten sprächen dieselbe Sprache, zu *dem* wesentlichen Merkmal der deutschschweizerischen Sprachsituation. Die Beobachtung, „daß bei uns in der Schweiz – einzig in allen deutschen Landen – der *Dialekt von Allen*, Hoch und Niedrig, von Gelehrten und Ungelehrten als Umgangssprache gebraucht wird",[126] wurde zum Gemeinplatz und der vermeintlich sozialegalitäre Sprachgebrauch zum nationalen Stereotyp. Gedeutet wurde das Fehlen der sozialdistinktiven Funktion der Sprache vornehmlich als Symptom der republikanischen Verfassung der (deutschen) Schweiz sowie als Ausdruck und Nachweis des bürgerlichen Willens zum Republikanismus und zu egalitären Gesellschaftsstrukturen.

Dieses politischen Erklärungsansatzes bediente man sich bereits im ausgehenden 18. und im frühen 19. Jahrhundert. Gerade auch Auswärtige, denen der egalitäre Sprachgebrauch auffiel, führten die herrschende Situation mitunter auf die besonderen politischen Verhältnisse der deutschen Schweiz zurück.[127] In der schweizerischen Sprachdiskussion wurde diese politische Argumentation allerdings erst ab Ende der 1820er Jahre neu aktualisiert und zwar im Zusammenhang mit der Legitimierung des fortwährenden Dialektgebrauchs im schweizerischen Bürgertum. Besonders massgeblich ist sie beispielsweise bei Karl Rudolf Hagenbach. In seinen Überlegungen zu den ‚politisch-geselligen Vorzügen' des Dialekts wird das Bewusstsein um die sozialpolitische Bedeutung des Sprachgebrauchs besonders markant. Eine Sprachsituation, in der sich „alle Bürger eines Gemeinwesens derselben Sprache bedienen", bildet für ihn die Grundlage eines republikanischen Staatswesens und ist für die „Erhaltung der Freiheit und des Republikanismus" unabdingbar.[128] Als Konsequenz fordert Hagenbach, „daß die Beibehaltung einer gemeinsamen Spracheigenthümlichkeit (Idiom) in den gewöhnlichen Geschäften so lange als republikanische Sitte geschätzt werden muß, als nicht das reine Bücher- und Hochdeutsche allgemeine Volkssprache, auch des untersten Volkes geworden ist."[129] Bei Hagenbach erscheint damit nicht das Festhalten am Dialekt an sich als politische Notwendig-

---

126 Die Ostschweiz, 1.1.1878: 3, Herv. i. O. gesperrt.
127 Vgl. z. B. Sneedorff 1793: 150–151; Bachmann 1809: 165.
128 Hagenbach 1828: 112–113.
129 Ebd.: 112; vgl. auch Burckhardt 1841: 85–86, der Hagenbachs Überlegungen allerdings fast wortwörtlich übernimmt.

keit, vielmehr geht es ihm um das Aufrechterhalten eines bestimmten Sprachverteilungsmodells, dem zufolge alle Bürger dieselbe Varietät benutzen. Die dadurch gewährleistete Kommunikation über die Standesgrenzen hinweg betrachtet er als Grundpfeiler einer republikanischen Gesellschaftsordnung. Vor dem Hintergrund dieser letztlich gesellschaftspolitisch motivierten Erwägungen ruft er die gebildeten Landsleute nicht nur dazu auf, den Dialekt als „republikanische Sitte" zu wahren, sondern er besetzt den Dialektgebrauch auch symbolisch neu: Wer Dialekt spricht, bezeugt nicht seine niedrige Bildung, sondern seine republikanische Gesinnung und politische Verantwortung für das Gemeinwesen. Gesellschaftspolitisch bedeutsam, stellt es Hagenbach nicht nur als Aufgabe, sondern geradezu als staatsbürgerliche Pflicht der „höhern Stände" dar, den Volksdialekt zu gebrauchen, um so zu verhindern, dass die Sprache des einfachen Volkes gänzlich verrohe.[130] Als Symbol einer egalitären Gesellschaftsordnung kommt dem allgemeinen Dialektgebrauch damit letztlich eine politische Funktion zu.

Auch für Johann Kaspar Mörikofer ist die Politisierung des Sprachgebrauchs ein wichtiges argumentatives Mittel zur Begründung der gesellschaftlichen Bedeutung des Dialekts. Die Tatsache, dass in der Schweiz „nirgends, auch in den gebildetsten und vornehmsten Häusern nicht",[131] Hochdeutsch gesprochen werde, führt er auf die unterschiedlichen gesellschaftlichen Verhältnisse in den beiden Ländern zurück: Im Gegensatz zu Deutschland, wo stets „ein Stand über den andern sich erheben wollte", habe sich in der Schweiz „ein Ständeunterschied nicht in gleichem Grade geltend" gemacht.[132] Das fehlende „Verlangen" der schweizerischen Oberschichten, eine andere Sprache als die Volkssprache zu sprechen, führt Mörikofer letztlich auf eine republikanische ‚Mentalität' des Schweizer Bürgertums zurück, während er die für diese Argumentationslinie problematische Tatsache, dass sich in der deutschen Schweiz das Patriziat, aber auch die bürgerlichen Eliten schon früh und noch lange des Französischen als höherer Gesellschaftssprache bedienten, geschickt zu entkräften weiss.[133]

Mörikofers Ausführungen machen besonders deutlich, dass die gesellschaftlich-politische Begründung des Dialektgebrauchs letztlich erst im Ver-

---

130 Vgl. Hagenbach 1828: 114.
131 Mörikofer 1838: 83.
132 Ebd.: 84.
133 Ebd.: 84–85. Bei Otto von Greyerz 1892: 580–581 sollte aus dem hier beschworenen republikanischen Geist ein demokratischer werden: „Dem Fremden [...] scheint es, als ob wir alle, hoch und niedrig, die gleiche Sprache redeten und er verfehlt nicht, hierin ein Zeugniß des demokratischen Geistes wahrzunehmen, der unsern Denkgewohnheiten und Sitten ein eigentümliches Gepräge gibt."

gleich mit Deutschland und in der Abgrenzung von dessen Sprachsituation an Schlagkraft gewinnt. Der sozial markierte Sprachgebrauch im Nachbarland erscheint als Negativbeispiel und zugleich als Beweis für die Gültigkeit der eigenen Argumentation. Bereits Stalder bezeichnet das Hochdeutsche als „herrische" Mundart,[134] und auch Hagenbach hält fest, in Deutschland bilde die Sprache eine

> Scheidewand zwischen Vornehmen und Pöbel, die wir Gottlob! bei uns nicht kennen oder nicht kennen sollen, die wir aber bald in ihrer ganzen aristokratischen Schärfe haben würden, sobald die Gebildetern oder gebildet seyn Wollenden anders sprächen, als die Ungebildeten.[135]

Hagenbachs Spitze gegen die ‚aristokratische Schärfe' deutet hier noch einmal auf das Bewusstsein eines Zusammenhangs von Sprachsituation und gesellschaftspolitischer Ordnung hin.

Die Politisierung der Sprachsituation hatte zur Folge, dass der Dialektgebrauch nicht nur als historischer Ausdruck republikanischer Gesinnung verstanden, sondern auch in Abgrenzung gegenüber Deutschland zum Symbol für die *politische* Schweiz überhaupt wurde. Die Parallelisierung von sprachlicher Situation und politischen Verhältnissen in den beiden Ländern ging auch in der zweiten Hälfte des 19. Jahrhunderts weiter. So wurde 1862 im Aufruf für das Idiotikon rhetorisch gefragt:

> Kann und darf auch bei uns wie in Fürstenland die Zeit kommen, wo die Rede Bürger von Bürger scheidet? Dann werden wir uns wohl nicht mehr besingen als ein „einig Volk von Brüdern", dann wird die Republik im besten Falle noch als ein hohler Klang bestehen.[136]

Auch hier klingt die Vorstellung an, dass egalitärer Sprachgebrauch eine unabdingbare Voraussetzung einer republikanischen Gesellschaftsordnung darstellt. Vor dem Hintergrund der Befürchtung, die Schweizer Dialekte könnten bald aussterben, wurde so die Frage nach deren Fortbestand auch zur politischen Schicksalsfrage stilisiert.

Die Deutschschweizer Sprachsituation erscheint im Diskurs so als quasinatürliche Entwicklung einer republikanischen Werte- und Gesellschaftsordnung. Zugleich wurde der Fortbestand dieser Ordnung vom Festhalten an einem

---

134 Stalder 1819: 9.
135 Hagenbach 1828: 113.
136 Aufruf 1862: [1]. Der Ausspruch „ein einig Volk von Brüdern" geht auf den Gründungsmythos der Schweiz, den ‚Rütlischwur', zurück. In Friedrich Schillers Bearbeitung der Legende von Wilhelm Tell von 1804 beginnt dieser Schwur mit den Worten „Wir wollen seyn ein einzig Volk von Brüdern, / In keiner Noth uns trennen und Gefahr." (Schiller 1804: 101).

sozialegalitären Sprachgebrauch abhängig gemacht. Dabei fällt auf, dass diese Argumentation bei Hagenbach noch in erster Linie eine sprach*politische* war. Ihm ging es nicht primär um den Beibehalt des Dialekts, als vielmehr um die Aufrechterhaltung einer Situation, in der die verschiedenen gesellschaftlichen Gruppierungen dieselbe Varietät verwenden.[137] Damit wurde von Hagenbach zunächst nur das vorherrschende Sprachverteilungsmodell, in dem sich alle Bürger derselben Varietät bedienen, politisiert. Dies ist deutlich anders bei Mörikofer, dessen Argument vornehmlich ein *sprach*politisches war. So wie später im Aufruf zum Idiotikon von 1862 stand bereits bei Mörikofer ausser Frage, dass diese im Sinne des Republikanismus alle Volksschichten einigende Sprache nur die eigene ‚Nationalsprache', das Schweizerdeutsche, sein konnte.

10.3.2 Schweizerdeutsch als politisches Symbol und als Garant nationaler Souveränität

Durch das Republikanismus-Argument wurde dem Dialekt so im Laufe des Jahrhunderts eine dezidiert gesellschaftspolitische, wenn nicht gar staatstragende Funktion zugesprochen. Im Vergleich der republikanischen Schweiz mit dem aristokratischen Deutschland wurden die unterschiedlichen Sprachsituationen der beiden Länder politisch begründet. Diese Politisierung trug zu einer symbolischen Umbesetzung der Dialekte im Vergleich mit Deutschland bei: Für die deutsche Schweiz erhielt der Dialekt nun national-symbolische Bedeutung, und sein Gebrauch durch die Gebildeten signalisiert den Willen zu Republikanismus und staatsbürgerlicher Verantwortung. Damit wurde zugleich der – nicht nur von Deutschen erhobene – Vorwurf zurückgewiesen, der Dialektgebrauch der schweizerischen Elite sei Ausdruck von Ungebildetheit. Der Dialektgebrauch war damit in der deutschen Schweiz ausdrücklich nicht *sozial*, sondern *politisch* markiert. Es ist zu vermuten, dass diese national-symbolische Vereinnahmung schliesslich auf das Sprachverhalten der bürgerlichen Eliten zurückwirkte, indem der soziale Druck erhöht wurde, als Zeichen staatspolitischer Gesinnung weiterhin den Dialekt zu gebrauchen. Mit anderen Worten: Wer seine vaterländische Gesinnung zeigen wollte, musste im Alltag weiterhin Dialekt reden.

Im Kontext der Konsolidierung des Deutschen Reichs gewinnt der Zusammenhang von ‚Sprache' und ‚Volk'/‚Nation' in der Schweiz ab den 1860er Jahren und verstärkt nach der Gründung des Deutschen Kaiserreichs 1871 auch an *konkreter* staatspolitischer Bedeutung. Vor dem Hintergrund der Vorstellung eines unauflöslichen Zusammenhangs von Sprache und Volks- bzw. Nationalcharak-

---

[137] Vgl. Hagenbach 1828: 112.

ter droht mit dem sprachlichen Wandel die Gefahr eines Verlustes der nationalen Eigenart, ja gar der Nation selbst, was wiederholt auch explizit angesprochen wird:

> Der Instinkt der Massen, mit anderen Worten der Volksgeist schafft die Sprache und die Sprache schafft ihrerseits wiederum den Volksgeist. [...] Ein Volk kann seine Sprache weder ändern noch verlieren, ohne daß auch sein Charakter sich ändere und seine ursprüngliche Eigenart verloren gehe. Im Lichte dieser Wahrheit tritt eine Seite des Sprachlebens hervor, welche für die politische und Kulturgeschichte von großer Bedeutung ist. [...] Wer für die Freiheit der Nationalsprache eintritt, hat das Bewußtsein, für die Erhaltung des Nationalcharakters einzutreten. Die Sprachgemeinschaft hat sich zu wiederholten Malen als die dauerhafteste Grundlage der Staatenbildung erwiesen. Wir haben es mehrmals erlebt, daß aus der sprachlichen Zusammengehörigkeit das Recht der nationalen Unabhängigkeit abgeleitet worden ist und wir können uns aus der Geschichte überzeugen, daß ein durch das Sprachgefühl wieder erwecktes Nationalbewußtsein stark genug ist, große politische Umwälzungen hervorzubringen.[138]

Folgt man von Greyerz, ist das Schweizerdeutsche nicht mehr nur Symptom für ganz spezifische Charakterzüge des Schweizervolkes und Ausdruck des Volksgeistes, sondern die ‚schweizerische Mundart' übernimmt zudem eine konkrete volks- und nationalkonstitutive Funktion. Zustand und Geltung der ‚Nationalsprache' werden so zum Gradmesser des eigenen Nationalcharakters. Es liegt deshalb im nationalen Interesse, „das Verständnis und die Treue für die Eigensprachen [zu] wecken, die der beste Schutz unseres ursprünglichen nationalen Eigenlebens sind".[139] Hier liegt letztlich die zentrale Schnittstelle zwischen dem sprachpatriotischen und dem sprachkritischen Teildiskurs.

Vom ‚nationalen Eigenleben' hängt nach Ansicht einiger Akteure letztlich aber auch die ganze politische Nation ab, nämlich der 1848 gegründete Schweizer Bundesstaat. So wurde schliesslich dem Schweizerdeutschen wiederholt eine im engsten Sinne staatstragende Bedeutung zugemessen. Der Erhalt der eigenen ‚Schweizersprache' war folglich nicht mehr allein bedeutsam für den Erhalt der nationalen Wesensart, sondern wurde zur Bedingung nationalstaatlicher Eigenständigkeit überhaupt.

Dieser Gedanke ist im Grunde nicht neu. Bereits 1813 befürchtete der Berner Albrecht Karl Ludwig Kasthofer, dass mit dem Verlust der vaterländischen Sprache das Vaterland selbst in Gefahr kommen müsse, als er rhetorisch fragte: „Was wird einem Volke noch heilig sein, wenn die Sprache seiner Väter nicht mehr ist? [...] An welches Eigenthum wollt ihr denn das Gefühl der Selbständigkeit und der Freyheit festknüpfen, wenn ihr die Sprache des Vaterlandes

---

138 Greyerz 1892: 579.
139 [Anonym.] 1896b.

ersterben lasset?"[140] Mörikofer hob die nationalkonstitutive Bedeutung der ‚schweizerischen Mundart' für die uneingeschränkte Souveränität der Eidgenossenschaft am nachhaltigsten hervor:

> Zur Erhaltung der innern und äussern Selbständigkeit gehört auch die Erhaltung der eigenthümlichen Elemente des Volkslebens, und so mittelbar auch diejenige der Volkssprache. Denn indem wir durch die Schriftsprache alle geistigen Bestrebungen und Fortschritte mit Deutschland theilen, wahrt die Mundart die volksthümliche Gränze und gewährt uns die gehörige Umschlossenheit.[141]

Mit der Entstehung des schweizerischen Bundesstaates und einem erstarkten nationalen Selbstverständnis gewann in der zweiten Hälfte des 19. Jahrhunderts in der Deutschschweiz die eigene Sprache als Konstituens politisch-nationaler Identität und als Element nationaler Ein- und Abgrenzung gegenüber Deutschland zusätzlich an Relevanz. Die Behauptung einer geradezu existenziellen Bedeutung des Schweizerdeutschen für die politische Souveränität und Integrität der Schweiz wird in metasprachlichen Äusserungen entsprechend gehäuft betont. So machte Alfred Hartmann 1858 das Schicksal der Schweiz abhängig vom Erhalt des ‚Schwizerdütsch': „So lange es eine Schweiz giebt, so lange wird auch ‚Schwizerdütsch' gesprochen werden; sollte jedoch einst das Schweizerdeutsch außer Mode kommen, dann müßte es auch mit der alten Schweiz, deren Taufschein vom Neujahrstag 1308 datirt ist, bald zu Ende gehen."[142] Der eigenen Sprechweise wurde nun zunehmend eine „hohe Bedeutung für die Nation aus politischen [...] Gründen"[143] beigemessen. Vor dem Hintergrund eines sprachkritischen Mundartpessimismus (s. o. Kap. 9) und des sprachlichen Nationalismus in Europa gewann diese politische Argumentationslinie in der Folgezeit weiter an Brisanz. Mit Blick auf die sprachliche Zukunft soll der Dialektologe Fritz Staub einmal den Satz geäussert haben, dass „kein Land ungestraft den Zusammenhang mit seiner Vorzeit aufgibt".[144] Und in diesem Sinne heisst es auch im Aufruf zum Idiotikon von 1862:

---

140 Kasthofer 1813: 170.
141 Mörikofer 1838: 94–95.
142 Hartmann 1858: [s. p.]. Bevor Ende des 19. Jahrhunderts das Gründungsdatum der Eidgenossenschaft durch die erste offizielle Säkularfeier von 1891 auf den 1. August 1291 zurückdatiert wurde, galt in der Nachfolge des Glarner Humanisten Aegidius Tschudi gemeinhin die Spanne zwischen dem 8. November 1307 und dem 7. Januar 1308 als Gründungszeit der Eidgenossenschaft. Mit dem 1. Januar 1308 bezieht sich Hartmann hier auf den legendären ‚Burgenbruch', womit im Narrativ der Befreiungstradition der Aufstand der Landbevölkerung und ihre dabei erstrittene Befreiung gegen ihre obrigkeitliche Unterjochung bezeichnet wurde (vgl. Sieber 2007).
143 Aufruf 1862: [1].
144 Der Ausspruch ist überliefert von Bachmann 1884: 5.

> Unsere Sprache, das sind wir selber, und wer wollte sagen, es sei ein rohes Volk, das auf den Zinnen Europas wohnt! Mit unserer eigentümlichen Sprache aber würden wir unsere schweizerische Denkart aufgeben, würden aufhören, wir selber zu sein. So lange wir unsere Sprache festhalten, so lange hält die Sprache uns als eine Nation zusammen, und schützt unsere Individualität besser als der Rhein.[145]

Der Blick auf den Rhein als natürliche Staatsgrenze zu Deutschland (und Österreich) hebt bildhaft und unmissverständlich die national-konstitutive Bedeutung der ‚eigenthümlichen Sprache' hervor. Ebenso eindringlich wird 1873 in einem Gesuch der Redaktion des Idiotikons an die Schweizer Regierung diese politische Bedeutung der schweizerischen Dialekte für die nationale Souveränität beschworen:

> Sie gehören [...] zum nationalen Charakter der Schweiz und dienen ganz gewiss mit dazu, der Schweiz auch ihre politische Selbstständigkeit und Unabhängigkeit zu erhalten. Diese grosse Bedeutung der Sprache sehen wir auch überall sich geltend machen, wo es sich um die politischen Schicksale eines Volkes handelt.[146]

Wo es um die Sicherung nationaler Souveränität durch den Erhalt des Schweizerdeutschen ging, zielte diese Rhetorik auf die politische Eigenständigkeit der (deutschen) Schweiz gegenüber Deutschland. Das Nationenkonzept war in Deutschland seit dem 17. Jahrhundert stark an die Vorstellung einer deutschen Sprachnation geknüpft.[147] Die politische Ideologisierung der Sprache mit dem Ziel eines deutschen Nationalstaates im Laufe des 19. Jahrhunderts[148] mag in der Schweiz zumindest teilweise als politische Bedrohung empfunden worden sein. Die politische Abgrenzung über Sprache, wie sie in der deutschen Schweiz in der zweiten Jahrhunderthälfte zu beobachten ist, ist historisch deshalb auch nicht unabhängig von den politischen Entwicklungen im nördlichen Nachbarland zu verstehen.

---

145 Aufruf 1862: [1].
146 Schweizer-Sidler/Thomann 1873: [4].
147 Vgl. zum Phänomen des Sprachnationalismus in Deutschland vom 17. bis ins 20. Jahrhundert Stukenbrock 2005b.
148 Stukenbrock 2005b: 312–320. Absichtserklärungen, die Deutschschweiz in einen künftigen deutschen Nationalstaat zu integrieren, sind im frühen 19. Jahrhundert von prominenten Vertretern der deutschen nationalistischen Bewegung wie Ernst Moritz Arndt (1769–1860) oder Friedrich Ludwig Jahn (1778–1852) belegt. Auch Hans Ferdinand Maßmann (1797–1874), ein Initiant des Wartburgfests von 1822, hegt die Hoffnung: „Deutschland und Schweizerland / Reicht Euch die Bruderhand, / Werdet bald Eins!" In der zweiten Hälfte des 19. Jahrhunderts waren solch alldeutsche Vorstellungen zwar noch präsent, aber seltener (vgl. Urner 1976: 55–58, zit. nach ebd.: 56).

In dem Masse, wie das Hochdeutsche im Laufe des Jahrhunderts zum „Symbol einer deutschen Staatsnation"[149] wurde, wurde – zumal in der Deutschschweiz – das Schweizerdeutsche zu einem *schweizerischen Nationalsymbol*. Diese Funktion hat es bis heute behalten.[150] Die sprachlich begründete nationale Identität in der Deutschschweiz lief zugleich aber dem Selbstverständnis der Schweiz als viersprachiger Willensnation entgegen. Dass Sprache in der Deutschschweiz dennoch national konstitutiven Charakter hatte, deutet darauf hin, wie eng trotz Bekenntnis zum mehrsprachigen Bundesstaat von 1848 damals die deutsche Schweiz ihr ‚nationales' Selbstverständnis aus der eigenen historischen Sprach- und Kulturgemeinschaft bezog. Es ist zudem anzunehmen, dass bei diesem Prozess nicht nur die Rückbesinnung auf die von der Deutschschweiz dominierte Geschichte der Eidgenossenschaft eine Rolle spielte, sondern ebenso sehr die kulturelle und politische Abgrenzung gegenüber Deutschland, deren Ausdruck und Effekt die Etablierung dieses sprachlich-nationalen Selbstverständnisses letztlich war. Nationalität über eine eigene deutsche Schweizersprache zu bestimmen, ermöglichte es der Deutschschweiz, die historische Legitimität der aktuellen politischen Gemeinschaft zu behaupten und trotz sprachlicher und kultureller Nähe zu Deutschland sich als schweizerisch und damit ausdrücklich auch als nichtdeutsch zu definieren.

Was die deutsche Schweiz jedoch von Deutschland sprachlich unterschied, war die Tatsache, dass die Nationalität nicht durch die überdachende Standardvarietät markiert wurde, sondern durch die lokalen Dialekte bzw. das Schweizerdeutsche.[151] Mit diesem Sprachpatriotismus auf Grundlage der Dialekte nahm die deutsche Schweiz aber auch im Vergleich zu den übrigen schweizerischen Sprachregionen eine besondere Stellung ein. Weder in den französisch- noch in den italienisch-sprachigen Landesteilen definierte man sich im 19. Jahrhundert in ähnliche Weise über die eigene regionale Identität hinaus auch *national* über die Dialekte.[152] Dabei dürfte eine Rolle gespielt haben, dass sich die nicht-deutschsprachigen Landesteile historisch weit weniger als politische und kulturelle Schicksalsgemeinschaft verstanden als die Deutschschweiz. Viele von

---

149 Vgl. dazu Mattheier 1991: 49.
150 Vgl. zu dieser Einschätzung auch Ammon 1995: 236.
151 Dies zeigt sich besonders anschaulich im Vergleich mit dem niederdeutschen Sprachgebiet, wo der Vorrang des Hochdeutschen gegenüber den niederdeutschen Dialekten gerade mit dessen nationalkonstitutiver Bedeutung begründet wurde (vgl. Langer/Langhanke 2013: 94–95). Oder wie es ein Deutschschweizer Zeitgenosse treffend formulierte: „Dem Norddeutschen ist eben die Mundart nicht ein Ausdruck nationaler Eigenart; der Träger seiner grossen vaterländischen Idee, des Reichsgedankens ist das alle Stämme verbindende Gemeindeutsch." (Fürst 1899: 89).
152 Vgl. Lurati 2000: 207.

ihnen waren noch bis 1798 Untertanengebiete der deutschsprachigen Alten Orte oder wurden – wie Genf, Neuenburg oder das Wallis – überhaupt erst 1815 Teil der Eidgenossenschaft. Hinzu kam insbesondere in der französischsprachigen Schweiz die zu Beginn des 19. Jahrhunderts bereits stark ausgeprägte Geringschätzung der Patois bei der Westschweizer Elite und die Tatsache, dass die Mundarten zu diesem Zeitpunkt – nicht zuletzt aufgrund der zentralistischen Sprachpolitik Frankreichs – schon zu weit zurückgedrängt waren.[153] Zu diesem Zeitpunkt kamen in der französischsprachigen Schweiz daher die Patois weder als sprachregionaler noch als nationaler Identitätsfaktor mehr infrage. Auch in der italienischsprachigen Schweiz konnten die Mundarten nie zu einem Element nationaler Identifikation werden. Auch hier spielte die Geringachtung der Mundarten eine Rolle, auch wenn diese im Gegensatz zur französischsprachigen Schweiz und trotz eher geringem Prestige noch lange – und bis heute – in Gebrauch sind.[154]

10.4 Exkurs: Ein „Nationalwerk" – das *Wörterbuch der schweizerdeutschen Sprache*

10.4.1 Ein patriotisches Projekt

Nachdem die Idee eines deutschen Nationalwörterbuchs schon vorher verschiedentlich aufgekommen war, erschien 1854 der erste Band des *Deutschen Wörterbuchs* (DWB) mit Jacob Grimms „symbolträchtig an das deutsche Volk adressierten Vorrede".[155] Das kolossale Unternehmen wurde von Beginn weg als „Nationalwerk" verstanden, dessen Gelingen den „ruhm unserer sprache und unsers volks, welche beide eins sind"[156] erhöhen sollte.[157] Es ging um „die Symbolisierung der vereinten deutschen Nation"[158] als historische Sprachgemeinschaft, noch bevor Deutschland sich auch politisch als Nation konstituierte. Das Nationalwörterbuch reihte sich so neben nationalen Denkmälern und Festen in die Ikonographie deutscher Nationalsymbolik des 19. Jahrhunderts ein.[159]

Nur acht Jahre später erfolgte 1862 in Zürich der öffentliche *Aufruf betreffend Sammlung eines Schweizerdeutschen Wörterbuchs*, der als Sendschreiben,

---

153 Vgl. Knecht 2000: 139.
154 Vgl. Lurati 2000: 206.
155 Vgl. Stukenbrock 2005b: 242.
156 DWB: Bd. I, LXVIII.
157 Vgl. Kirkness 2012: 220.
158 Haß-Zumkehr 2001: 219.
159 Vgl. ebd.

aber auch über Zeitschriften verbreitet wurde.¹⁶⁰ Forciert wurde die Idee eines solchen Unternehmens von Friedrich ‚Fritz' Staub (1826–1896), der mit seinem Vortrag „Über den Dialekt und seine Berechtigung" vom 15. Februar 1862 vor der *Antiquarischen Gesellschaft* in Zürich einem entsprechenden Projekt zum Durchbruch verhalf.¹⁶¹ Wie sein deutsches Pendant war auch dieses Projekt patriotisch motiviert. Der im Juni desselben Jahres erfolgte Aufruf liest sich wie ein „ideologisches Manifest",¹⁶² das zwar auch auf die wissenschaftliche Bedeutung der Dialekte und ihrer Erforschung hinweist, vor allem aber an den Patriotismus der Landsleute appelliert, die politische Bedeutung und den Wert eines solchen ‚nationalen Unternehmens' zu erkennen.

Diese patriotische Akzentuierung des Aufrufs manifestiert sich frappant im Vergleich mit einem früheren Aufruf der Zürcher *Antiquarischen Gesellschaft* zur Sammlung eines alemannischen Wörterbuchs von 1845.¹⁶³ Der sächsische Philologe Ludwig Ettmüller und der Zürcher Altertumsforscher Ferdinand Keller bewerben darin in erster Linie ein wissenschaftliches Projekt, das der Erforschung der Alemannen dienen soll. Es geht ihnen darum, „ein allumfassendes alemannisches Wörterbuch" zu schaffen, für das sie ein Bedürfnis seitens der Sprachforscher, Juristen, Archivare und allgemein „aller Freunde des alemannischen Alterthums" vermuten.¹⁶⁴ Wie bereits Iwar Werlen feststellt, unterscheiden sich die beiden Aufrufe von der Sache her nicht wesentlich und entsprechen sich in den formulierten Projektabsichten nahezu vollständig.¹⁶⁵ Ein gewichtiger Unterschied besteht indes darin, dass der Aufruf von 1862 nicht die nüchterne, umständliche Sprache eines wissenschaftlichen Projektbeschriebs und einer höflichen Bitte um Sammlung von Wörtern entspricht, sondern „rhetorisch und emotional", ja gar „dramatisierend" zur Sammlung aufruft.¹⁶⁶ Hinzu kommt, dass die politische Dimension des Projekts zu einem integralen Bestandteil der Argumentation wurde. Das Wörterbuch wurde damit beworben, dass die „Schweizersprache" als „angestammte Sprechweise" aus „politischen" Gründen eine „hohe Bedeutung für die Nation" habe.¹⁶⁷ Staub und seinen Mit-

---

160 Vgl. Aufruf 1862; Schweizer-Sidler et al. 1862.
161 Vgl. Haas 1981: 19–20. Die (Entstehungs-)Geschichte des Idiotikons ist gut aufgearbeitet, weshalb sie an dieser Stelle nicht weiter nachgezeichnet wird. Die umfassendste Arbeit stammt von Haas 1981, weitere kleinere Beiträge von Wanner 1962; Bruppacher 1906; Hammer 1986; Strübin 1993; Bigler 2008.
162 Haas 1981: 26.
163 Vgl. Keller/Ettmüller 1845.
164 Ebd.
165 Vgl. Werlen 2013: 52–53.
166 Ebd.: 53.
167 Aufruf 1862: [1].

streitern ging es nicht mehr um den (historischen) Volksstamm der Alemannen, sondern um das Vaterland und dessen sprachliches Erbe.[168] Während im Aufruf von 1845 die nationalpolitische Bedeutung des Wörterbuchprojekts allenfalls eine untergeordnete Rolle gespielt hatte, verknüpfte das Projekt des *Schweizerdeutschen Wörterbuches* nun ein wissenschaftliches mit einem dezidiert patriotischen Anliegen. Der doppelte Anspruch, dass „die Aufzeichnung unserer unaufhaltbarer Auflösung preisgegebenen Volkssprache nationale und wissenschaftliche Bedeutung hat",[169] wird auch in weiteren programmatischen Schriften betont.

Der nationalpolitische Standpunkt der Gründungsmitglieder und die nationalsymbolische Absicht, die sie mit dem Wörterbuch verfolgten, finden ihren Niederschlag darüber hinaus auch in der Anlage des Wörterbuchs. Geographisch beschränkte sich das Projekt „auf das Gebiet der deutschen Schweiz", während „auf die alemannischen Sprachgebieten jenseits des Rheins [...] nur gelegentlich zur Erklärung schweizerischer Sprache hinübergegriffen" werden sollte.[170] Die Entscheidung, den Rahmen durch die Landesgrenze und nicht – basierend auf rein wissenschaftlichen Kriterien – durch die dialektgeographischen Grenzen abzustecken, ist ein weiteres Indiz für die patriotischen Absichten hinter dem Projekt.

Auch die im Kontext des neuen mundartlichen Reinheitsideals erwähnte Entscheidung, nur genuin schweizerisches Sprachmaterial in das Wörterbuch aufzunehmen, darf als Ausdruck der nationalpolitischen Motivation des Projektes gelten.[171] Dass „mit Bedacht [...] aller fremde, unechte Sprachstoff, d. i. nicht bloss die gemeinhin sog. Fremdwörter, sondern auch die [...] aus der Literatursprache eingedrungenen Wörter und Wendungen"[172] ausgeschlossen wurden, macht deutlich, wie sehr die dialektpuristische Programmatik nicht nur sprachhistorisch, sondern auch politisch motiviert war. Den Ausschluss von im Dialekt gebräuchlichen Fremdwörtern und hochdeutschem Lehngut begründete die Redaktion nämlich ausdrücklich damit, dass nicht nur „[v]om Gesichtspunkte des Sprachforschers", sondern auch „von dem des Patrioten [...] die puristische Tendenz viel wertvoller [scheint] als die Fixierung der gegenwärtigen Uebergangsperiode".[173] Es ging den Gründern konsequenterweise nicht darum, den Wortschatz des aktuellen Sprachgebrauchs zu dokumentieren, sondern um „die

---

168 Vgl. auch Werlen 2013: 53.
169 Id. Jb. 1874–1875: 4.
170 Id.: Bd. 1, V–VI.
171 Vgl. auch Haas 2008: 31.
172 Vgl. Id.: Bd. 1, Sp. VI.
173 Ebd.

vollständige Sammlung [...] aller Ausdrücke des schweizerdeutschen Sprachschatzes"[174] und damit letztlich um den Nachweis und die Fixierung des nationalen Spracherbes. Ausgeschlossen bleiben musste folgerichtig gerade vom patriotischen Standpunkt aus, was nicht schweizerisch und damit fremd war.[175]

10.4.2 „Nationalwerk" und „nationales Denkmal"

Wie dem Deutschen Wörterbuch vor ihm,[176] wurde auch dem Idiotikon von Beginn weg sowohl von den Initianten selbst als auch von der Rezeption der Status eines ‚Nationalwerks' zugeschrieben. Dies gilt vor allem für die Anfänge des Idiotikons. Während in den frühen Dokumenten und Publikationen dessen nationale Bedeutung topisch wiederkehrt, tritt dieser Aspekt in den späteren Jahresberichten in den Hintergrund.[177] An die Schweizer Regierung schreibt der Ausschuss des Idiotikons 1873 in patriotischem Selbstverständnis:

> Wenn irgend eine schweizerische Privatunternehmung die Bezeichnung einer nationalen verdient, so ist es gewiss diese, die ja recht eigentlich die Eigenart unseres Volkes, wie sie sich in seiner Sprache, in seinen Anschauungen und Sitten kundgibt, zum Gegenstand ihrer Forschung macht, und manche in hohem Grade schätzbare Erscheinung des Volkslebens vergangener Jahre festhält, manche für die Wissenschaft der Sprachvergleichung wichtige Erscheinung zur allgemeinen Kenntniss bringt.[178]

Wenngleich die Betonung der nationalen Bedeutung des Wörterbuchs in dieser Bittschrift an die Regierung auch dazu dienen mochte, die Chancen einer staatlichen Finanzierung zu erhöhen, darf durchaus davon ausgegangen werden, dass die Urheber selbst das Idiotikon nicht nur um der Werbung willen als ein Werk von nationaler Bedeutung anpriesen. Beleg dafür ist auch das Bedürfnis, dem Buch rein äusserlich ein entsprechendes Gewicht zu geben. Kurz vor Drucklegung konnte man denn auch befriedigt mitteilen, dass selbst „[d]ie äu-

---

174 Ebd.: Bd. 1, V.
175 Vgl. ebd.
176 Vgl. Kirkness 2012: 220.
177 Allein im Jahresbericht von 1868 wird das Idiotikon als ‚das vaterländische Werk', ‚unser vaterländisches Werk', ‚das schweizerische Nationalwerk', ‚unser Nationalwerk', ‚unser nationales Werk', ‚unser schweizerisches Unternehmen', ‚unser nationales Unternehmen' umschrieben (vgl. Id. Jb. 1868), wohingegen entsprechende Selbstbezeichnungen sich in den Jahresberichten der 1900er Jahre nur noch vereinzelt finden (vgl. Id. 1900: 3; 1903: 4; 1904: 6; 1905: 13; 1909: 3; 1910: 16).
178 Schweizer-Sidler/Thomann 1873: [3].

ßere Ausstattung des Werkes in Format (groß 8°), Papier und Druck (mit neuen Typen) [...] eine seiner nationalen Bedeutung entsprechende sein [wird]".[179]

Aber nicht nur der für das Idiotikon verantwortliche Ausschuss, sondern auch nicht direkt Beteiligte reproduzierten im öffentlichen Diskurs das Verständnis des Idiotikons als eines der Nation zu Ehren errichteten Monuments. Dabei bediente man sich gerne entsprechender Zuschreibungen. So wie ein ungenannter Kommentator auf eine Finanzierung des Wörterbuchs hoffte, „deren dieses Nationalwerk würdig ist",[180] attribuierten auch weitere Autoren das Wörterbuch als „grosse[s] nationale[s] unternemen[ ]"[181] oder als „patriotische[s] Unternehmen von wissenschaftlichem Werthe".[182] Auch in der Fremdwahrnehmung ausländischer Rezensenten wurden ähnliche Töne angeschlagen, wenn die Rede war von „dem großen nationalen Werke",[183] „dem schweizerischen Nationalwerk"[184] oder wenn es lobend hiess, die Schweizer setzten mit dem Idiotikon „ihrem berühmten Vaterlandssinn ein würdiges Denkmal".[185]

Einen viel zitierten Topos bildet die Hoffnung, mit dem Wörterbuch ein eigentliches *Nationaldenkmal* zu errichten. So heisst es, nicht frei von Pathos, im Aufruf zum Idiotikon: „Das schweizerische Volk aber, und Deutschland mit ihm, bedürfen und erwarten ein nationales Denkmal von uns, in welchem die Denkart, Geschichte, Sitten und Kultur wenigstens einmal der ganzen deutschen Schweiz sich spiegeln sollen."[186] Die symbolische Überhöhung des Idiotikons als „Denkmal[ ] einer historisch großen Nation", das „ohne Zweifel die Grenzmarke einer wichtigen Culturperiode derselben abgeben wird",[187] kam in den folgenden Jahrzehnten in zahlreichen Äusserungen zum Ausdruck. Dass sich das Idiotikon als Monument nationaler Grösse damit ausdrücklich in die bereits bestehende nationale Denkmaltradition einzureihen suchte, die sich in der ersten Hälfte des 19. Jahrhunderts etablierte und zwischen den 1880er und den 1910er Jahren kulminierte, machten die Verantwortlichen wiederholt deutlich.[188]

---

[179] Id. Jb. 1879–1880: 7.
[180] [Anonym.] 1873b: [1].
[181] Selber 1876: 447.
[182] R. S. 1882: [s. p.].
[183] Deutsche Litteraturzeitung 1883: 13, zit. nach Id. Jb. 1882–1885: 4.
[184] Hohenzollerische Blätter 1882: 188, zit. nach Id. Jb. 1882–1885: 4.
[185] Kölnische Zeitung 1881, Nr. 169, zit. nach Id. Jb. 1882–1885: 6.
[186] Aufruf 1862: [2].
[187] Id. Jb. 1868: 59.
[188] Vgl. z. B. Aufruf 1862: [3]; Wyss 1874: [2]; zur Denkmaltradition in der Schweiz vgl. Kreis 2008: 181–187; Lapaire 2010.

Aber auch ausserhalb des engen Kreises der Redaktoren und Vereinsmitglieder wurde das Idiotikon zum „sprachlichen Denkmal[ ]"[189] oder zum „Denkmal schweizerischen Volkstums"[190] erhoben. So zeigte man sich in der *Züricher Post* 1880 hoch erfreut darüber, dass „aufopferungsvolle Patrioten" sich achtzehn Jahre lang darum bemüht hätten, „ein Denkmal unserer Gewohnheiten, unserer Rechte, unserer Sitten, der Leiden unserer Volksseele und ihrer lärmenden Lustigkeit, mit einem Worte unserer Kultur" zu schaffen.[191]

Dass das Wörterbuchprojekt schliesslich auch pekuniär zu einem eigentlichen Nationalunternehmen wurde, sei hier nur am Rande erwähnt. Nachdem 1863 ein erster Antrag auf finanzielle Unterstützung noch erfolglos geblieben war, gewährten der Bund und mit ihm einzelne Kantone dem Wörterbuchprojekt schliesslich doch noch ihre Unterstützung und finanzierten es ab 1874 – und bis heute – mit jährlich wiederkehrenden Zuschüssen.[192]

10.4.3 Ein Volkswerk in dreifachem Sinne – zur Rolle des Schweizervolks

Das im Diskurs manifeste Selbstverständnis, mit dem Idiotikon ein nationales Werk zu schaffen, konstituierte sich aber nicht nur über die Bedeutung als Archiv für Sprache und Kultur der Schweiz, sondern besonders auch darin, das Unternehmen als eigentliches *Volkswerk* zu positionieren. Der Zusammenhang zwischen dem Wörterbuch und dem Schweizervolk wurde dabei in dreierlei Hinsicht hergestellt: Erstens sollte das Idiotikon ein *Werk für das Volk* werden, ein Buch zum Nachlesen und zum Nachschlagen für alle Bevölkerungsschichten. Zweitens wurde das Idiotikon als ein *Bedürfnis des Volkes selbst* apostrophiert. Drittens wurde die Realisierung des Wörterbuches als eigentliches *Volkswerk* gefeiert, das nur dank der Opferbereitschaft und der Teilnahme des Schweizervolkes erst möglich werde.

Das Ideal eines *Werks für das Volk* wurde bereits im Aufruf entworfen. Über den wissenschaftlichen Wert für Gelehrte verschiedener Disziplinen hinaus, sollte die Sammlung in breiten Schichten „ihre praktische Verwerthung" finden.[193] Die Verfasser erwarteten gar, „daß es keinen Stand und keinen Beruf gibt, welcher ein solches Wörterbuch nicht mit Nutzen zu Rathe zöge".[194] Kurz

---

189 Hürbin 1867: 24.
190 Sutermeister [1884]: 45.
191 [Anonym.] 1880: [1].
192 Vgl. Haas 1981: 82–93.
193 Aufruf 1862: [2].
194 Ebd.

vor Erscheinen des ersten Bandes zeigten sich die Verfasser überzeugt, dass das Werk „im Einzelnen auch manigfache praktische Nutzbarkeit"[195] haben werde, darüber jedoch „als Ganzes" auch „der Selbsterkenntniss des Volkes dienen"[196] und damit innerhalb der Deutschschweiz kohäsiv wirken werde. Die Absicht, ein für das Volk nutzbares Wörterbuch zu realisieren, das nicht zuletzt der „Vermittlung zwischen Dialekt und Hochdeutsch"[197] dienen sollte, war zu Planungsbeginn wohl kaum blosse Rhetorik. Staub plante noch 1881 nur gerade vier Bände, die bis zur Jahrhundertwende abgeschlossen sein sollten.[198] Schon zehn Jahre später war indes klar, dass das Werk weit darüber hinaus anwachsen würde.[199] Der ursprüngliche Anspruch, mit dem Idiotikon ein wissenschaftliches Werk und zugleich ein Volksbuch zu schaffen, konnte dabei allerdings nicht eingelöst werden.[200]

Weiter wurde das Projekt eines Nationalwörterbuchs in vielen Fällen als grundlegendes *Bedürfnis des Volkes* dargestellt. Zwar diagnostizierte auch der erste Aufruf von 1845 ein „längst schmerzlich gefühlte[s] Bedürfnis[ ]" für ein alemannisches Wörterbuch, allerdings seitens „deutscher Sprachforscher", „praktischer Juristen", der „Archivare" und der „Freunde des allemannischen Alterthums".[201] Demgegenüber erschien später, im Aufruf von 1862, das Schweizer Wörterbuchprojekt nicht lediglich als Bedürfnis von Gelehrten und Liebhabern der Sprachgeschichte, sondern als eines, das unmittelbar dem Volk entspringe.[202] Gerade in den Publikationen des Vereins für das Schweizerdeutsche Wörterbuch wurde diese Ansicht gerne vertreten. Als Begründung für eine in der Bevölkerung vermutete Begeisterung führten die Verantwortlichen gerade auch die ihnen zugesandten Wortschatzsammlungen an. Insbesondere in Sammlungen, die unabhängig vom Aufruf entstanden waren, sah man einen Beweis dafür, „daß die Begeisterung für die Volkssprache nicht eine von uns erst hervorgepreßte und erkünstelte, sondern eine allgemeine und in der Nation entsprungene" sei.[203] Mit der Feststellung „vielseitige[r] Aufmunterung und Anerkennung [...] aus allen Schichten unserer Nation" legitimierten die Redakto-

---

195 Staub/Tobler/Huber 1880: [2].
196 Ebd.
197 Aufruf 1862: [2].
198 Vgl. Haas 1981: 70.
199 Vgl. ebd.
200 Die Idee einer die wissenschaftliche Ausgabe ergänzenden ‚Volksausgabe' formulierte bereits Bruppacher 1906: [Nr.19] VI. Sie wurde in den 1980er Jahren wieder aufgegriffen und in den 2000er Jahren erneut aktualisiert (vgl. Landolt 2004).
201 Keller/Ettmüller 1845: [1].
202 Vgl. Aufruf 1862: [2].
203 Id. Jb. 1868: 79.

ren ihr Projekt auch, als sie 1873 zum zweiten Mal ihre Bitte um finanzielle Unterstützung an die Schweizer Regierung richteten.[204] Die Bekenntnisse aus der Bevölkerung sowie die wohlwollenden Berichte der Presse liessen, so die Redaktoren, „keinen Zweifel übrig, dass unsere Unternehmung im Herzen unseres Volkes wurzelt".[205] Tatsächlich war keineswegs nur in Publikationen aus dem Umfeld des Idiotikons, sondern auch in den zahlreichen medialen Reaktionen auf das Projekt die Rede von einem „allgemein empfundenen Bedürfnisse", dem der Ruf nach einem solchen Projekt entspringe,[206] oder einem „allgemeinen Interesse, welches die Herstellung unseres schweizerdeutschen Idiotikons in Anspruch nimmt".[207]

Schliesslich wurde das Idiotikon als *Ergebnis der Beteiligung des Volkes* dargestellt. All die Freiwilligen, die nach dem öffentlichen Aufruf ab 1862 Wort-Belege an die Redaktion nach Zürich sandten, waren Beweis dafür, dass das Werk unter Einsatz sämtlicher gesellschaftlicher Schichten und unter grosser Opferbereitschaft patriotischer Bürger zustande gekommen sei. Ludwig Tobler, ab 1874 Redaktor am Idiotikon, erklärte daher die Sammlung zu einem „Bild eines vielseitigen, wahrhaft nationalen Zusammenwirkens, an dem verschiedene Stände und neben namhaften Männern auch bisher namenlose sich [...] betheiligt haben".[208] Seine Bedeutung als ‚Nationalwerk' bezog das Projekt damit letztlich auch aus der Behauptung, dass an dessen Erstellung „die ganze deutsche Schweiz theilgenommen hat"[209] – wobei „nicht bloß Männer [...], sondern auch einige Frauen [...] ihr Scherflein beigetragen [haben]",[210] wie man ausdrücklich hervorhob.

Die Bereitschaft der Bevölkerung, sich für das gemeinsame Nationalwerk zu engagieren, wurde gerne als Zeichen des für das politische Selbstverständnis der Schweiz relevanten republikanischen Staatsverständnisses inszeniert und in die republikanische Tradition des Einsatzes des Einzelnen für das Gemeinwohl gestellt: „[A]llein patriotische Schwungkraft zu bewähren", darin erkannte man im ersten Bericht von 1868 Intention und Motivation für die Beteiligung an der Sammlung, während die ‚Beihülfe' aus dem Volk als Zeichen der Opferbereitschaft der Bürger zu Ehren ihres Vaterlandes interpretiert wird.[211]

---

204 Schweizer-Sidler/Thomann 1873: 5.
205 Ebd.
206 [Anonym.] 1874d: [s. p.].
207 [Anonym.] 1876: [s. p.].
208 Tobler 1875: 155.
209 Schweizer-Sidler 1881: [1].
210 Tobler 1875: 155; vgl. auch Id. Jb. 1868: 53.
211 Id. Jb. 1868: 1.

Die Vorstellung, mit der aktiven Beteiligung an der Wortschatzsammlung einen persönlichen Dienst am Vaterland zu leisten, ist allerdings nicht ausschliesslich als Selbstinszenierung der Verantwortlichen des Idiotikons zu deuten. Auch die Gewährsleute selbst stellten ihr Engagement in diesem Sinne dar. Das macht das Beispiel des Aargauer Landwirts Joseph Emil Steinhauser deutlich, der der Redaktion mitgeteilt haben soll: „Ich fühle mich schon belohnt, da ich nun weiß, dass ich einem schönen, vaterländischen Unternehmen nützlich geworden bin, und das ist genug und bedarf keines Lobes mehr."[212] Auch Bernhard Wyss betont im Vorwort zu seinen Dialekterzählungen *Schwizerdütsch*, seine Mühen wären „hinlänglich belohnt", wenn seine Texte den Beifall der Leser fänden und „als Material zum verdienstvollen Werk eines schweizerdeutschen *Wörterbuches* benützt" würden.[213]

Stellvertretend für solchen patriotischen Eifer stehen auch zahlreiche weitere Gewährsleute, die zum Teil schon vor dem Aufruf von 1862 ihre aufwändig angelegten Wortschatzsammlungen dem Idiotikon vermachten. Wie der Aargauer Bezirksschullehrer Joseph Viktor Hürbin (1831–1915) wollte mancher Beiträger seine Sammeltätigkeit in den Dienst des grösseren Ganzen stellen und sie „als ächter Republikaner auf den Altar des Vaterlandes [legen]".[214]

Auch wenn es sich bei der Rede vom Dienst am Vaterland zu einem Gutteil um patriotische Rhetorik handelte und wenn lange nicht alle aus dem Volk so eifrig sammelten, wie sich das die Gründer des Idiotikons gewünscht hätten,[215] so zeugen die vielen Reaktionen auf den Aufruf doch davon, dass zumindest ein Teil der Bevölkerung tatsächlich vom Gefühl bewegt war, sich für eine vaterländische Sache zu engagieren. Der Anklang, den der Aufruf von 1862 gefunden hatte – 1880 sollen es bereits „gegen 400 vom gleichen Geiste erfasste Genossen" gewesen sein, die der Redaktion „freudig und selbstlos in die Hände" gearbeitet haben –, war selbst für seine Urheber überraschend.[216] Das Selbstverständnis des Idiotikons als eigentliches Volkswerk fand auch Eingang in den Titel des Wörterbuchs. Bis heute trägt er den Zusatz: „gesammelt [...] unter Beihülfe aus allen Kreisen des Schweizervolkes".[217] Der Aufruf fand jedoch keineswegs in allen Regionen der Deutschschweiz entsprechende Korrespondenten.

---

212 Zit. nach: Id. Jb. 1868: 8.
213 Vgl. Wyss 1863: [s. p.], Herv. i. O. gesperrt.
214 Id. Jb. 1868: 9.
215 Vgl. ebd.: 76.
216 Vgl. Staub/Tobler/Huber 1880: [2].
217 Der vollständige Titel lautet: *Schweizerisches Idiotikon. Wörterbuch der schweizerdeutschen Sprache. Gesammelt auf Veranstaltung der antiquarischen Gesellschaft in Zürich unter Beihülfe aus allen Kreisen des Schweizervolkes. Herausgegeben mit Unterstützung des Bundes und der Kantone* (vgl. Id.: Bd. 1, [Titel]).

Insbesondere aus den Kantonen Uri, Schwyz, Wallis und Freiburg (interessanterweise allesamt Verlierer des Sonderbundskrieges, denen die Idee des Nationalstaates wenig behagte) fanden sich lange nur sehr wenige Korrespondenten, aber auch in den Kantonen Solothurn, Schaffhausen und Thurgau gab es weniger Gewährspersonen als erhofft.[218] Überdies zählten zu jenen, die die Redaktion tatsächlich mit Wortbelegen versorgten, fast ausschliesslich ‚Gebildete', insbesondere „Geistliche und Lehrer, neben ihnen einzelne Aerzte und Juristen".[219] Solche Details wurden indes übergangen in der weihevollen Selbstdarstellung:

> Aus vaterländischem Geist war das Werk geboren. Der Appell an die Nation hatte das wissenschaftliche Unternehmen zu einer vaterländischen Sache gemacht. Aus heimatlichem Sinne hat es immer neue Nahrung gesogen. Die breiteste Oeffentlichkeit nimmt an dem Fortschritt des Werkes nationales Interesse. Die ganze Eidgenossenschaft steht hinter dem Werk. Der Bundesrat betrachtet das Idiotikon als seine nationale Aufgabe. Die einzelnen Kantone [...] tun gern ein übriges. Auch Gesellschaften und Vereine, zuweilen auch Privatpersonen, bringen Opfer. Der nationale Geist, der das Werk ins Leben gerufen hat, führt es auch glänzend durch.[220]

Insgesamt ist die Gründung des Idiotikons Resultat und Ausdruck der ideologischen Überblendung von ‚Sprache' und ‚Volk'/‚Nation'. Seine Urheber stellen es wie selbstverständlich auf eine Ebene mit den grossen nationalen Wörterbüchern in den Nachbarstaaten.[221] Voraussetzung dafür war nicht zuletzt die Behauptung des Schweizerdeutschen als schweizerischer Nationalsprache. Entsprechend ist im Titel die Rede von einem *Wörterbuch der schweizerdeutschen Sprache*,[222] wodurch aber die Vielfalt der Dialekte, auf die an anderer Stelle gerade Wert gelegt wird, zugunsten einer vermeintlich gemeinsamen Varietät übergangen wird. Wie Iwar Werlen richtig bemerkt, wird mit dieser Namensgebung dem Schweizerdeutschen der „Ehrentitel einer eigenen Varietät des Deutschen verliehen".[223] Erläuternd müsste man hinzufügen, dass, wie an anderer

---

218 Vgl. Haas 1981: 28.
219 Tobler 1875: 155; vgl. dazu auch Haas 1981: 28; zur sozialen Herkunft der Beiträger im Kanton St. Gallen vgl. Hammer 1986: 9–11.
220 Id. Jb. 1907: 17.
221 Vgl. auch Haas 2008: 32.
222 Obwohl an zweiter Stelle genannt, darf *Wörterbuch der schweizerdeutschen Sprache* aufgrund der deutlich grösseren Type als Haupttitel gelten. Der doppelte Titel *Schweizerisches Idiotikon – Wörterbuch der schweizerdeutschen Sprache* war letztlich ein Kompromiss: Während Staub das Wörterbuch zu Ehren Stalders, verstanden als Fortsetzung von dessen Werk, *Schweizerisches Idiotikon* nennen wollte, kritisierten einige Mitglieder des leitenden Ausschusses den veralteten Ausdruck *Idiotikon* und wiesen darauf hin, dass das Wörterbuch gerade nicht gesamtschweizerisch sei (vgl. Haas 1981: 54, 2008: 31–32).
223 Werlen 2013: 54.

Stelle gezeigt (s. o. Kap. 10.1), das Schweizerdeutsche diesen Ehrentitel bereits vorher trug und als nationale Varietät, wenn nicht sogar als Nationalsprache wahrgenommen wurde. Diese Wahrnehmung wurde ohne Zweifel mit der Schaffung des Wörterbuchs und durch dessen wissenschaftlichen und offiziösen Charakter weiter untermauert. Damit trug auch die Schweizer Sprachwissenschaft letztlich ihren Teil zur Erfindung des Schweizerdeutschen als nationaler Varietät bei. Die Unternehmung ist damit zugleich Ausdruck und Katalysator des Bewusstseins um eine eigene ‚Schweizersprache', die sich an die Seite anderer grosser Nationalsprachen stellen lässt. Dem Selbstverständnis, mit dem Schweizerdeutschen eine eigene National‚sprache' zu besitzen, die anderen Nationalsprachen vergleichbar sei, tat auch die spezifischen Schräglage dieses Vergleichs keinen Abbruch, dass man sich in der Deutschschweiz ausschliesslich über die gemeinsame Sprechsprache national definierte, nicht aber – wie die übrigen westeuropäischen Nationalsprachen – auch und in erster Linie über die gemeinsame Schriftsprache.

10.5 Schweizerdeutsch und Gemeinschaftsbildung

10.5.1 Konstruktion einer ‚nationalen' Sprachgemeinschaft

Wie bis hierher gezeigt, lässt sich im sprachreflexiven Diskurs des 19. Jahrhunderts die Vorstellung einer national determinierten ‚Schweizersprache' nachweisen, der im Diskurs ontologische Qualität zugeschrieben wird. Der kulturellen Faktizität dieser ‚Schweizersprache' liegt eine Sprachauffassung zugrunde, die man mit Jan Blommaert als „artefactual' view of language"[224] bezeichnen könnte, eine Sicht, die Sprache hypostasiert und als ontologischen Gegenstand konzeptualisiert. Eine so verstandene (Einzel-)Sprache im Sinne von de Saussures *langue* umfasst nach Hermanns die „Gesamtheit der sprachlichen Elemente und Strukturen, die von einer Sprachgemeinschaft gebraucht werden".[225] Folgt man dieser Definition, so bedingen einander die Vorstellung einer Einzelsprache und die Vorstellung einer diese Sprache sprechenden Gruppe von Menschen gegenseitig. Der Begriff der Sprachgemeinschaft gehört dann zum Definiens von Einzelsprache in der hier relevanten Bedeutung.[226] Wendet man diese Überlegung auf die Situation in der Deutschschweiz an, bedeutet dies, dass der Vorstellung einer vermeintlich gemeinsamen ‚Schweizersprache' bereits die

---

[224] Blommaert 2006: 512.
[225] Hermanns 1999: 376.
[226] Vgl. ebd.

Vorstellung einer Sprachgemeinschaft im Sinne einer „Gemeinschaft mit gemeinsamer Sprache"[227] zugrunde liegt. Die Vorstellung des Schweizerdeutschen wirkt also insofern gemeinschaftsbildend, als *per definitionem* alle Schweizerdeutschsprechenden zugleich als Kollektiv derselben sprachlich begründeten Gemeinschaft angehören.

Dass sich die schweizerdeutsche Sprachgemeinschaft dabei in erster Linie als politisch, mehr noch als *national* definierte Sprachgemeinschaft verstand, zeigt sich nicht nur an der oben beschriebenen, den Diskurs prägenden Korrelation von ‚Sprache' und ‚Volk'/‚Nation'. Es zeigt sich diskursiv überdies an den sprachlichen Selbstkategorisierungen, mit denen sich Autoren als Mitglieder einer nicht nur regionalen, sondern einer nationalen Sprachgemeinschaft verorten. Besonders oft tun sie dies durch possessive Attribuierungen in der ersten Person Plural.[228] Indem sie von ‚unserem Schweizerdeutsch', ‚unserer Mundart', ‚unserer Sprache', ‚unserem Dialekt' sprechen, zeigen sie ihre eigene Zugehörigkeit zur sich national definierenden Deutschschweizer (Sprach-)Gemeinschaft an. So heisst es beispielsweise bei Fanny Schmid, die ihr Wort 1899 an die Frauenkonferenz in Bern richtet: „Lieben *wir* [Schweizer (sic!)] *unser* Schweizerdeutsch, hegen und pflegen *wir* es, nicht nur unbewußt, nein, mit ganzem Herzen und auch mit vollem Verstand, als das Band, das *uns* am allerfestesten mit ‚*unserm* Vaterland' verknüpft".[229] Damit wird mittels der possessiven Attribuierung des Schweizerdeutschen die Imagination einer Wir-Gruppe konstruiert, die sich gerade dadurch auszeichnet, dass alle ihre Mitglieder im ‚Besitz' derselben Sprache sind. Bezugsgrösse dieser Wir-Gruppe ist das ‚Vaterland', die Schweiz. Da die ‚Schweizersprache' als notwendige Bedingung dieser Gemeinschaft ihrerseits bereits *national* determiniert ist, wird auch die Sprachgemeinschaft selbst letztlich national determiniert.

Deshalb kommt der Vorstellung einer gemeinsamen, von allen geteilten deutschen Schweizersprache im sprachreflexiven Diskurs der Deutschschweiz eine nationalkonstitutive Funktion zu. Das wird in folgendem Zitat besonders deutlich, da die Wir-Gruppe, auf die sich der Autor bezieht, ausdrücklich national bestimmt ist und der gemeinsam geteilten Sprache explizit eine diese nationale Gemeinschaft (mit-)begründende Kraft zugemessen wird. Denn, so schreibt Hartmann 1858,

---

[227] Raith 2004: 146.
[228] Dass gerade Pronomina zur Anzeige von Gruppenzugehörigkeit dienen können, wurde in der linguistischen Forschung für sehr unterschiedliche Äusserungszusammenhänge gezeigt, vgl. z. B. Hausendorf 2000: 266; Wodak et al. 1998: 99–102.
[229] Schmid 1899: 75, Herv. E. R.

> wie jede unserer Thalschaft bisher zäh an ihren Eigenthümlichkeiten festgehalten hat, so mannigfach ist auch das „Schwizerdütsch", das nicht nur in jedem Kantone, sondern fast in jedem Thal und Dorf einem geübten Ohr verschieden klingt; aber wie im tiefsten Herzen eines jeden Schweizers die Idee der Zusammengehörigkeit sitzt, so klingt auch Ein stammverwandter Ton durch das hundertstimmige Vokalkonzert der Schweizerdialekte.[230]

Obschon sich der Autor hier der Feststellung binnenschweizerischer Sprachvariation nicht entziehen kann, ist ihm gerade das ‚Schwizerdütsch' das sprachlich Verbindende, in dem sich die „Idee der [nationalen, E. R.] Zusammengehörigkeit" deutlich hörbar manifestiert. Nicht nur in diesem Beispiel wird die gemeinschaftsbildende Bedeutung des Schweizerdeutschen betont. Auch anderen Autoren erscheint die Sprache als „das mächtige Band, das, trotz mannigfacher Unterschiede von Kanton zu Kanton, alle Schichten unseres Volkes einander näher bringt".[231] Schweizerdeutsch verbindet damit die schweizerische Gesellschaft nicht nur räumlich (quasi horizontal), sondern auch sozial (quasi vertikal) und „[a]ls Stammessprache und altes Erbgut, als Ausdruck nationaler Sitte und Eigenart"[232] schlägt sie letztlich auch eine historische Brücke zu den gemeinsamen Vorfahren.

Diese sprachliche Abstammungsgemeinschaft ist insofern matriarchalisch, als es zu einem zentralen Kriterium nationaler Zugehörigkeit wird, die *Muttersprache* zu sprechen. Die Auffassung, wer Schweizerdeutsch spreche, müsse eine echte Schweizerin, ein echter Schweizer sein, kommt in einer Episode aus dem St. Galler *Wahrheitsfreund* besonders plastisch zum Ausdruck. Das katholisch-konservative Blatt verteidigte 1857 den konservativen Constantin Siegwart-Müller, der aufgrund seiner Funktion im Sonderbundskrieg in Ungnade gefallen war, gegen den Vorwurf, er sei kein ‚richtiger' Schweizer, er habe sich das Bürgerrecht lediglich erworben:

> Von der urkundlichen Erwerbung des Bürgerrechts abgesehen, war aber Hr. Siegwart in der That längst ein Schweizer. Er war in der Schweiz [in Lodrino (TI), E. R.] geboren, seine Mutter eine gebürtige Schweizerin; *er sprach die schweizerische Mundart so gut und rein als Einer*, und liebte auch die Schweiz so sehr, als irgend einer seiner radikalen Gegner.[233]

Die in dieser Verteidigungsrede implizierte Vorstellung, dass zum Schweizersein auch die muttersprachliche Kompetenz im Schweizerdeutschen gehöre, wird rund 50 Jahre später im *Nebelspalter* satirisch aufgegriffen. Auf die selbster-

---

230 Hartmann 1858: [s. p.].
231 Seiler 1895: 192.
232 Ebd.
233 Der Wahrheitsfreund, 13. 2. 1857: 27–28, Herv. E. R.

nannte Preisfrage „Was ist ein Mensch?" gibt er zur Antwort: „Ein Schweizer ist der Mensch, wenn er nicht nur ungeschwäbeltes Schweizerdeutsch [...] redet, sondern auch jahrein jahraus redet, tut und denkt, was dem Schweizerländlein zu Nutz und Frommen ist."[234]

Die diskursive Konstruktion einer Sprache und der dazugehörigen Sprachgemeinschaft bedingen sich wechselseitig. So, wie der Konstruktion einer Sprache die Vorstellung einer dazu gehörigen Gemeinschaft bereits zugrunde gelegt werden muss, so konstituiert diese Sprache die für sie konstitutive Gemeinschaft selbst wieder mit. Sprache ist im Fall der deutschen Schweiz des 19. Jahrhunderts also nicht ein „absolutes Kriterium zur Bildung von Gemeinschaften, zur Bestimmung von Gemeinschaftszugehörigkeit",[235] sondern die Vorstellung einer schweizerischen ‚Nationalsprache' bildet sich auf der Grundlage bereits bestehender Loyalitätsstrukturen aus. Das Faktum staatspolitischer Existenz der Schweiz und das ideell bereits bestehende Selbstverständnis, Teil einer (nationalen) Gemeinschaft zu sein, führen dazu, dass eine gemeinsame Sprache, das Schweizerdeutsch, erfunden wird, die sich an diesen bereits bestehenden Gemeinschaftszugehörigkeiten orientiert. Zugleich wirkt dann aber die Behauptung einer aufgrund nationaler Kriterien definierten Sprache als identitätsstiftendes Moment auf die Sprachgemeinschaft selbst zurück, für die nun die ‚Nationalsprache' selbst zu einem (neuen) wichtigen Kriterium der nationalen Zugehörigkeit wird.

10.5.2 Welche Schweiz? Welche Nation?

In diesem Kapitel wurde der Frage nachgegangen, wie im metasprachlichen Diskurs der deutschen Schweiz die Grössen ‚Sprache' und ‚Volk'/‚Nation' in einen Zusammenhang gebracht werden. Wenn dabei vielfach von ‚Volk' und ‚Nation' (und ihren Derivaten) die Rede war, dann deshalb, weil die Akteure des sprachreflexiven Diskurses selbst die Nation als jene Bezugsgrösse verwenden, auf die sie das Schweizerdeutsche beziehen. Die Problematik, die sich mit der Rede vom Schweizerdeutschen als nationaler Sprache verbindet, ist offensichtlich: Spätestens seit der politischen Neuordnung infolge der Helvetischen Revolution von 1798 ist die Schweiz auch offiziell territorial mehrsprachig; mit der Bundesstaatsgründung von 1848 werden Deutsch, Französisch und Italienisch als offizielle Landessprachen in der Verfassung festgeschrieben.

---

[234] Nebelspalter 30, H. 35 (1904): [s. p.].
[235] Reichmann 2000: 423.

Die Schweiz verstand sich im 19. Jahrhundert entsprechend nicht als Sprach- und Kulturnation, sondern als Staatsnation.[236] Sie sah sich als ‚Willensnation', die sich gerade nicht über eine gemeinsame Sprache und Kultur, sondern über Absichtsbekundungen zur politischen Einheit definierte.[237] Es erscheint daher plausibel, dass das Faktum schweizerischer Mehrsprachigkeit mit ein Grund dafür war, dass in der Metakommunikation verhältnismässig selten explizit die Bezeichnung ‚Nationalsprache' für das Schweizerdeutsche gebraucht wird. Da die Schweiz als mehrsprachiges Gebilde keine Sprachnation sein konnte, die sich, wie etwa Deutschland, in besonderer Weise auch über die gemeinsame Sprache definierte, konnte das Schweizerdeutsche, da nur in einem Teil der Schweiz gesprochen, auch keine Nationalsprache im damaligen Sinne darstellen.[238]

Dennoch werden auch in der deutschen Schweiz ‚Sprache' und ‚Volk'/‚Nation' korreliert. Im metasprachlichen Kontext ist oft wie selbstverständlich von ‚den Schweizern' und ‚ihrer Sprache' die Rede, auch wenn damit offensichtlich nur die deutschsprachigen Schweizer mit ihrem Schweizerdeutsch gemeint sein können. Zumindest im hier untersuchten metasprachlichen Kontext werden damit in vielen Fällen das Schweizervolk und die schweizerische Nation nicht als mehrsprachige Gesellschaft, sondern als Sprechergemeinschaft des Schweizerdeutschen konzeptualisiert. Diese spezielle Verwendungssemantik von ‚Nation' und ‚national' verweist auf die parallele Existenz von zwei unterschiedlichen Nationskonzepten in der Deutschschweiz des 19. Jahrhunderts: Ein erstes bezeichnet im Sinne des Nationalismus die Schweiz als mehrsprachigen Nationalstaat; ein zweites bezeichnet eine historisch-ethnische Abstammungsgemeinschaft, die sich auch über die gemeinsame Sprache definiert. Dies muss vor dem Hintergrund anderer zeitgenössischer Nation-Building-Prozesse, die beispiels-

---

236 Die kategoriale Unterscheidung zwischen Staats- und Kulturnationen wurde durch die Arbeit *Weltbürgertum und Nationalstaat* (1908) des deutschen Historikers Friedrich Meinecke (1862–1954) populär, ist aber bereits älter (vgl. Gardt 2004: 369). Nach Meinecke bestehen Kulturnationen vorzugsweise aus „gemeinsam erlebte[m] Kulturbesitz", während Staatsnationen vor allem „auf der vereinigenden Kraft einer gemeinsamen politischen Geschichte und Verfassung" beruhen (Meinecke 1908: 2–3). Auf die Problematik fehlender Trennschärfe und faktischer Überschneidungen seiner Typologie weist Meinecke selbst bereits hin (ebd.: 3, vgl. dazu auch Stukenbrock 2005b: 50). Obwohl aus diesen Gründen die Begriffe nicht unproblematisch sind und wiederholt kritisiert wurden, liegt ihr Wert in der Möglichkeit, zwei historisch nachweisbare Tendenzen kollektiver Selbstentwürfe grundsätzlich einmal zu bezeichnen (vgl. Polenz 1998: 55; Stukenbrock 2005b: 51).
237 Vgl. Hunziker 1970: 19–22, 169–175.
238 Vgl. zur problematischen Semantik des Begriffs ‚Nationalsprache' im Schweizer Kontext auch Haas 1985: 81–82, 86.

weise durch national organisierte Vereine, Feste oder gesamtschweizerische Institutionen befördert wurden (s. dazu o. Kap. 4.2), überraschen. Denn gerade die gemeinschaftlichen Errungenschaften und Einrichtungen der Schweiz des 19. Jahrhunderts zielten auf die nationale Integration der verschiedensprachigen Landesteile und strichen den politischen Willen der Schweiz zur mehrsprachigen Nation heraus.

Dennoch ist nicht davon auszugehen, dass mit der teilweise historisch-ethnischen Begründung von ‚Nation' und ‚national' im Deutschschweizer Kontext im 19. Jahrhundert eine politische Zielvorstellung verbunden war, die anderssprachige Landesteile ausschliessen sollte. Viel eher ist sie als Ausdruck eines bis heute stark föderalistisch geprägten schweizerischen Nationsverständnisses zu deuten. Schweizerdeutsch zu sprechen war insofern eine hinreichende, wenngleich keinesfalls notwendige Bedingung, um Schweizerin oder Schweizer zu sein. In einer über das Schweizerdeutsche definierten Nationalität kommt bis zu einem gewissen Grad aber sicherlich auch das zeitgenössische Selbstverständnis der Deutschschweizer Kantone als ursprüngliche und ‚eigentliche' Ur-Schweiz und gewissermassen als ‚Kern' der Nation zum Ausdruck. Historisch lässt sich dies damit begründen, dass die Zentralschweiz nicht nur als Ursprungsort der Eidgenossenschaft galt, sondern bis 1798 alle Orte (Kantone) der Alten Eidgenossenschaft deutschsprachig waren, während die französisch- und italienischsprachigen Gebiete als Untertanengebiete nur eingeschränkte Rechte besassen.[239] Ganz abgesehen davon hatten die deutschsprachigen Schweizer auch aufgrund ihrer numerischen Überzahl (sowohl die Anzahl der Kantone als auch der Einwohner betreffend) ein besonderes politisches, wirtschaftliches und gesellschaftliches Gewicht im Staatenbund wie im Bundesstaat.

Darüber hinaus ist die rekonstruierbare Darstellung des Schweizerdeutschen als Definiens der (gesamten) schweizerischen Nation aber auch als Reaktion auf den deutschen Sprachnationalismus der Zeit zu interpretieren. Es ging um die sprachlich-nationale Abgrenzung gegenüber Deutschland, von dem sich die Schweiz politisch unterschied, mit dem die deutsche Schweiz aber eine gemeinsame Schrift- und Kultursprache teilte. Die sprach-‚nationale' Begründung der (Deutsch-)Schweiz unterstreicht dabei die trotz aller Gemeinsamkeiten sprachliche Eigenständigkeit der Deutschschweiz vom nördlichen Nachbarn. Mit dem Nachweis nationalsprachlicher Andersheit tritt man nicht zuletzt auch jenen Stimmen aus Deutschland entgegen, die noch zu diesem Zeitpunkt die Inklusion der deutschen Schweiz in eine alle deutschsprachigen Gebiete umfassende deutsche Sprachnation erwägen.

---

239 Vgl. Furrer 2007.

11 Dialekt und Schule – der pädagogisch-didaktische Diskurs

Die Schule wurde im Laufe des 19. Jahrhunderts zum lebensweltlichen Kristallisationspunkt sprachbewusstseinsgeschichtlicher Entwicklungen (Kap. 11.4). Damit wurden auch der Dialekt und dessen Stellung im Unterricht zu einem wichtigen Gegenstand des pädagogisch-didaktischen Diskurses. Frühe Diskussionsbeiträge, die sich ausdrücklich mit der Thematik befassen, finden sich ab den 1820er Jahren (Kap. 11.2). Intensiviert geführt wurde die Debatte jedoch erst ab Ende der 1860er Jahre (11.3). Sie bildet den inhaltlichen Schwerpunkt dieses Kapitels. Zum Thema *Dialekt und Schule* sollen vor allem zwei Aspekte näher untersucht werden, die aufs Engste miteinander verknüpft sind: Die sprachnormative Frage nach der Unterrichtssprache (11.3.1) sowie die sprachdidaktische Frage nach der Berücksichtigung des Dialekts beim Hochdeutscherwerb (11.3.2). Eng damit zusammen hängen erste sprachpolitische Bemühungen mittelbarer Dialektpflege in der Schule (11.3.3). Bevor im Detail auf die zeitgenössischen Auffassungen und Argumentationen eingegangen wird, sei im Folgenden zunächst die Problematik umrissen, die sich im 19. Jahrhundert mit dem Themenkomplex ‚Dialekt und Schule' verband (11.1).

11.1 Dialekt und Schule – Problemaufriss

Die Schule stellte im 19. Jahrhundert den wichtigsten gesellschaftlichen Ort dar, wo der lokale Dialekt und das Hochdeutsche zusammentrafen.[1] Sie sollte die im Dialekt sozialisierten Kinder zur Fähigkeit führen, Hochdeutsch zu verstehen und zu sprechen, zu lesen und zu schreiben. Aufgrund dieser Ausgangslage stand die Volksschule im Zentrum des Spannungsfeldes, das sich in der Spracherwerbssituation – nicht nur, aber besonders – in der Deutschschweiz eröffnete und das in der Formel ‚Dialekt und Schule' ausgedrückt wird.[2] Die konkreten

---

[1] Zum Schulwesen und den Schulstrukturen der (Deutsch-)Schweiz im 19. Jahrhundert vgl. Grunder 2012b; Hunziker 1881–1882.
[2] Vor dem Hintergrund der Deutschschweizer Diglossiesituation wurde das Thema ‚Dialekt und Schule' Ende der 1980er Jahre in verschiedenen Arbeiten von Horst Sitta und Peter Sieber aus theoretischer, empirischer und praxisorientierter Perspektive eingehend untersucht (vgl. Sieber/Sitta 1986, 1988, 1989; Sieber 1990, 1997).

Open Access. © 2019 Emanuel Ruoss, publiziert von De Gruyter. Dieses Werk ist lizenziert unter der Creative Commons Attribution-NonCommercial-NoDerivatives 4.0 Lizenz.
https://doi.org/10.1515/9783110610314-011

Problemstellungen, die damit in der schulischen Praxis des 19. Jahrhunderts verbunden waren, sollen im Folgenden skizziert werden.[3]

Wenn die Kinder, meist im sechsten oder siebten Lebensjahr, in die obligatorische Volksschule eintraten, waren sie ausschliesslich im Dialekt sozialisiert. Das Sprachverständnis im Hochdeutschen fehlte in der Regel vollständig, was bei der Einführung und Vermittlung der neuen ‚Sprache' zu berücksichtigen war. Im mündlichen und später auch im schriftlichen Ausdruck stellten zudem die sprachsystematischen und lexikalischen Unterschiede zwischen Ausgangs- und Zielvarietät die Schulkinder vor einige Probleme. Da der Dialekt der Kinder zu ausgangssprachlichen Interferenzen in der Zielsprache – zu damals sogenannten Mundartfehlern – führte, wurde er von den zeitgenössischen Kommentatoren vielfach als Hindernis beim Hochdeutscherwerb empfunden.[4] Viele Lehrer bekundeten nur schon Mühe damit, ihren Schülern die angestrebte Aussprache des Hochdeutschen beizubringen.

Dabei waren nicht selten die Lehrer selbst Teil des Problems. Obschon von ihnen erwartet wurde, den Schulkindern ‚reines', d. h. im Sprechen und Schreiben normgemässes Hochdeutsch zu vermitteln, fehlte vielen Lehrpersonen selbst die entsprechende Sprachkompetenz. Klagen darüber finden sich insbesondere in der ersten Hälfte des 19. Jahrhunderts. So gibt bereits 1812 im *Schweizerischen Schulfreund* der „Mangel an Sprachkenntniss" der Schulmeister Anlass zu Kritik,[5] während 1827 ein Berner Landpfarrer zur Situation allgemein festhält:

> Selten ist ein Gelehrter in der Schweiz, der im Stande ist, die hochdeutsche Mundart rein zu sprechen. Ein Landschulmeister verstehet gewöhnlich, wie man zu sagen pflegt, nicht das A B C davon, wenn er sich schon viel auf seine Geschicklichkeit einbildet. Und läßt er sich dennoch hochdeutsch hören, so kömmt fast in jedem Wort ein Sprachfehler hervor, er mischt in seinem Spruche sein Schweizerdeutsch auf eine höchst erbärmliche Weise mit dem Hochdeutschen, daß es stehet wie Sägspäne unterm Mehl: und so macht er sich öffentlich selbst zu Schanden.[6]

Die mangelnde Hochdeutschfertigkeit der Lehrer hatte sozialhistorische, aber auch schulstrukturelle Ursachen. Noch weit bis in das 19. Jahrhundert hinein

---

[3] Aus (sprach-)historischer Perspektive wurde das Problemfeld ‚Dialekt und Schule' im 19. Jahrhundert bereits in den Arbeiten von Schwarzenbach 1969: 387–417, Weber 1984: 122–174 und Sieber 1990: 96–128 punktuell behandelt.
[4] Die Beobachtung, dass der Dialekt ein Hindernis beim Erwerb der Standardvarietät darstelle, wird von der deutschsprachigen Dialektologie und Soziolinguistik in den 1970er Jahren unter dem Schlagwort ‚Dialekt als Sprachbarriere' neu aufgegriffen (vgl. Besch 1975 mit weiteren Literaturhinweisen; zur Schweiz: Ris 1973).
[5] Vgl. Schultheß 1812: 9–10.
[6] Wyss 1827: 233.

war es nicht unüblich, dass Schulmeister keine über die obligatorische Volksschule hinausgehende Bildung genossen. Dass Ortsansässige ganz unverhofft und – wie es bei Jakob Senn zwar etwas polemisch, aber wohl nicht ganz unbegründet heisst – der „netten Handschrift und guten Singstimme" wegen zu Schulmeistern ernannt wurden, war keine Seltenheit.[7] Dies änderte sich erst mit der allmählichen Professionalisierung der Lehrerbildung in staatlichen Lehrerseminaren, in denen seit den 1830er Jahren Aspiranten in verschiedenen Kantonen gezielt auf die zeitgenössischen Anforderungen der Schule vorbereitet wurden.[8] Mit der verbesserten Bildung und Ausbildung wurde die Problematik der mangelnden Sprachkompetenz bei den Volksschullehrern zunehmend entschärft, wenngleich nicht überall vollständig behoben. So ist auch in der zweiten Hälfte des 19. Jahrhunderts die mangelnde Hochdeutschfertigkeit gelegentlich noch Thema. Das wird deutlich, wenn Ende der 1860er Jahre an der Lehrerkonferenz in Bern festgestellt wird, dass es insbesondere der älteren Lehrergeneration schwerfalle, Hochdeutsch zu sprechen,[9] wenn Lehrern im Kanton Aargau an der Bezirkskonferenz halbstündige freie Vorträge ermöglicht werden, um ihr Hochdeutsch zu üben und zu verbessern,[10] oder wenn in einer St. Galler Tageszeitung 1882 der Forderung, in der Schule hochdeutsch zu sprechen, mit der Frage entgegnet wird: „Wenn aber der Lehrer selbst weder richtig schriftdeutsch reden, noch viel weniger schreiben kann?"[11]

Das hier skizzierte Spannungsfeld von Dialekt und Hochdeutsch wurde im Laufe des 19. Jahrhunderts zum Gegenstand ausführlicher pädagogischer und didaktischer Diskussionen. Ein eigentlicher Diskurs zur Thematik etablierte sich ab den 1860er Jahren in Vereinszeitschriften der Lehrerschaft und an Versammlungen von Lehrervereinen.

Erste Thematisierungen der Stellung des Dialekts im Unterricht stammen jedoch bereits aus der ersten Hälfte des 19. Jahrhunderts. An Bedeutung gewann das Thema ab den 1820er Jahren – zunächst in Form vereinzelter Beiträge in bürgerlichen Gesellschaftsschriften. Dass der Unterrichtssprachenfrage in jener Zeit noch nicht dieselbe Aufmerksamkeit zuteil wurde, wie in den späteren De-

---

7 Vgl. Senn 1966 [1888]: 22 sowie Messerli 2002a: 561–562 für ein entsprechendes Beispiel aus dem Kanton Bern.
8 Während es bereits zuvor in verschiedenen Kantonen Protoformen der Lehrerbildung gab (vgl. Criblez 2014), wurden erste staatliche Lehrerseminare erst als Ergebnis liberaler Schulreformen der 1830er Jahre gegründet, so etwa in Zürich (1832), Bern (1833) oder im Thurgau (1833). Eine erste Ausbildungsmöglichkeit für Frauen entstand 1838 in Kanton Bern, später in den Kantonen Solothurn (1846), Wallis (1848) und Aargau (1873) (vgl. Grunder 2012a).
9 Vgl. Grütter 1869: 201.
10 Vgl. Hollmann 1869: 19–20.
11 Die Ostschweiz, 15. 7. 1882: [1].

batten, lässt sich historisch mit der Fokussierung der damaligen pädagogischen Diskussion auf allgemeinere Fragen zum Erziehungswesen sowie auf schulstrukturelle Fragen im Kontext der liberalen Revolution der Volksschule erklären.

11.2 Die Anfänge der Dialektfrage in der ersten Hälfte des 19. Jahrhunderts

11.2.1 Wider das Hochdeutsche als Sprache des Religionsunterrichts – zwei Diskussionsbeiträge aus den 1820er Jahren

Zu den frühen Abhandlungen, die das Verhältnis der Varietäten in der Schule thematisieren, gehört ein Aufsatz des Berner Landpfarrers Johann Rudolf Wyss (1763–1845), der 1827 in den *Neuen Jahrbüchern für Religion und Sitten* erschien.[12] Der Geistliche erörtert darin die Frage: „Welche Sprache soll ein schweizerischer Schulmeister sprechen, wenn er in der Religion unterrichtet?",[13] und stellt damit das Thema des Sprachgebrauchs im schulischen Religionsunterricht zur Diskussion.

Wyss plädiert in seiner Schrift nachdrücklich dafür, den religiösen Schulunterricht ausschliesslich im lokalen Dialekt zu erteilen. Prämisse seiner Überlegungen ist die Feststellung, dass es einzig die „grossen Zweke der Katechisation" sein dürften, „die dem gewissenhaften Lehrer zeigen, welche Sprache er sprechen soll".[14] Seine Argumentation ist dabei ganz auf das Ziel der religiösen Unterweisung, die Erziehung des Schülers zum moralischen und verständigen Christen, ausgerichtet. Die richtige Sprachform kann für ihn deshalb nur eine sein, die die Inhalte der religiösen Lehre den Kindern nicht nur verstandesmässig, sondern auch *emotional* zugänglich macht. Deshalb gibt es für ihn auch keine Alternative zum Dialekt, zur „warmen natürlichen, ungekünstelten Herzenssprache":[15]

> Die hochdeutsche Schulmeistersprache, die das Kind nicht verstehet und nicht fühlet, ist ihm langweilig, einschläfernd, und die Religion, welche darin vorgetragen wird, wird es ihm mit der Sprache werden. Seine Sinne sind überall, nur nicht bei dem Religionsunterricht. Angenehmer hingegen ist dem Kind die Sprache, an der sein Herz und sein Verstand Antheil nehmen können. Es vernimmt, begreift, was man ihm sagen will, es wird unter-

---

12 Vgl. Wyss 1827.
13 So der Untertitel des Aufsatzes.
14 Wyss 1827: 221.
15 Ebd.: 225.

halten, bleibet eher wahr und andächtig, wird belehret, oft gerühret, und Unterricht und Religion werden ihm nuzbarer, bleibender, theurer.[16]

Die bei Wyss nicht nur in diesem Zitat ausgedrückte Überzeugung, dass der Schüler mit dem Dialekt emotional angesprochen werde und dass Unterrichtsinhalte nur im Dialekt verständlich gemacht werden könnten, bleibt als argumentativer Topos der pädagogischen Diskussion auch in der zweiten Hälfte des 19. Jahrhunderts zentral (s. u. Kap. 11.3.1). Das Hochdeutsche hält Wyss aber letztlich nicht nur für weniger geeignet, sondern sogar für schädlich, da es „den Unterricht in der Religion [...] mehr oder weniger unnüz machen" würde. Deshalb fordert er, dass die staatlichen Behörden in dieser Frage zugunsten des Dialekts regulativ eingreifen.[17]

Dass Wyss mit seiner Ansicht keineswegs allein war, zeigt die Schrift des Basler Theologen und Kirchenhistorikers Karl Rudolf Hagenbach über das Baseldeutsche von 1828. Darin teilt er die Ansichten des Berner Landpfarrers in Bezug auf den hochdeutschen Religionsunterricht. Mit ausdrücklichem Verweis auf den Aufsatz von Wyss („der bei einigen Uebertreibungen viel Gutes enthält") und weitgehend übereinstimmend mit ihm, argumentiert auch Hagenbach, dass gerade im Religionsunterricht die Verständlichkeit oberstes Gebot sein müsse. Der Unterricht sei deshalb in der Sprache zu halten, die das Kind verstehe und in der es sich selbst auszudrücken wisse. Im Unterricht hochdeutsch zu sprechen, um dadurch das Sprachverständnis zu fördern, tritt als Ziel auch bei Hagenbach hinter die pragmatische Zwecksetzungen religiöser Unterweisung und menschlicher Bildung zurück.[18]

Die Überlegungen der beiden Geistlichen zur Varietätenwahl im Unterricht sind im Kontext einer Pädagogik zu lesen, die sich im Anschluss an Johann Heinrich Pestalozzi nicht mehr die Reproduktion von Wissen, mit der sich die Schule lange begnügte, sondern die Förderung eines vertieften Verständnisses der vermittelten Glaubens- und Wissensinhalte zum Ziel setzt. Die Frage der Sprachwahl wurde in diesem Zusammenhang letztlich auch eine pädagogische und didaktische Frage. Dass dabei dem Dialekt nicht nur eine grössere emotionelle Wertigkeit zugeschrieben, sondern ihm auch zugetraut wurde, die zentrale Aufgabe der Schule, die Vermittlung der christlichen Lehre und Tugenden, besser zu leisten als das Hochdeutsche, zeugt unabhängig von pädagogischen

---

16 Ebd.: 230. Schon 1811 wird von einem Berner Pfarrer berichtet, der es „von grossem Nutzen" gefunden habe, „seine Unterweisungskinder biblische Erzählungen im Volksdialekt vortragen zu lassen" ([Anonym.] 1811a: 70–71).
17 Vgl. Wyss 1827: 230–231, hier: 230.
18 Vgl. Hagenbach 1828: 126.

Argumenten von einer grundsätzlich positiven Einstellung gegenüber den Mundarten.

Dennoch war damals der Gebrauch des Dialekts im Religionsunterricht keinesfalls unumstritten. Einen Beleg dafür liefert eine deutsche Rezension zu Wyss' Aufsatz, die 1830 im *Journal für Prediger* erschien und exemplarisch die Gegenposition veranschaulicht.[19] Der nicht namentlich genannte deutsche Rezensent lehnte darin den Unterricht im Dialekt rundum ab mit dem sprachideologischen Argument, es handle sich beim Dialekt um eine „sehr verdorbene[ ] Volkssprache". Wyss' sprachpragmatischer Argumentation, die Kinder würden den hochdeutschen Unterricht nicht verstehen, entgegnete er mit der rhetorischen Frage, ob denn die Kinder nicht in die Schule gehen sollten, „um das Bessere zu lernen". Schweizer Kinder sollten Hochdeutsch „denken und somit auch sprechen lernen", da man im Dialekt über Religion nur „mit entstellten und schlecht ausgesprochenen Worten reden" könne. Dem deutschen Rezensenten war vor dem Deutungshorizont hierarchisch gegliederter Varietäten eine Vermittlung religiöser Inhalte im Dialekt schlicht undenkbar.

Dass ähnliche Ansichten nicht nur in Deutschland, sondern auch in der Schweiz vertreten wurden, legen die Aussagen eines unbekannten ‚alten Schulmannes' nahe, der 1832 im *Schweizer Boten* vom Schullehrerexamen der renommierten Erziehungsanstalt Hofwil im bernischen Münchenbuchsee berichtet.[20] Als „[g]anz unpassend" beurteilt er die „Wahl des bernischen Bauern Dialektes zur Behandlung biblischer Gegenstände", und er fragt rhetorisch, ob „nicht der Lehrer bei dem Vortrag über so heilige Gegenstände auch das Beispiel des edelsten Ausdruckes geben" müsste.[21]

Insgesamt scheint es aus sprachbewusstseinsgeschichtlicher Perspektive durchaus nicht kontingent, dass sich die frühen Beiträge zur Unterrichtssprachenfrage aus den 1820er und 1830er Jahren in erster Linie mit dem Sprachgebrauch im Religionsunterricht befassten. Die religiöse Unterweisung war nicht nur eine zentrale Aufgabe der Schule, sondern ihr Gegenstand wurde auch als besonders würdevoll erachtet. Insofern war die Frage nach der Varietätenwahl im Religionsunterricht in besonderer Weise und mehr noch als in anderen Unterrichtsfächern abhängig von zeitgenössisch verbreiteten Einstellungen gegen-

---

19 Für hier und das Folgende vgl. [Anonym.] 1830: hier: 112.
20 Die von Philipp Emanuel von Fellenberg begründete Erziehungsanstalt Hofwil erlangte im 19. Jahrhundert über die Schweizer Grenzen hinaus Berühmtheit (vgl. Dubler 2008). Dass selbst in Hofwil die Lehrer ihr Examen im Dialekt ablegten, darf als weiterer wichtiger Beleg für die zeitgenössisch breite Akzeptanz des Dialektgebrauchs in der Schule bis hinauf in die Lehrerausbildung gelten.
21 Vgl. [Anonym.] 1832: [s. p.].

über dem Dialekt. Aufgrund der Relevanz des Gegenstandes scheint es auch nachvollziehbar, dass sich die zeitgenössisch unterschiedlichen Ansichten zum Dialekt, die an anderer Stelle bereits dargestellt wurden (s. o. Kap. 6.2 u. 6.3), als erstes in Diskussionen um die Sprachwahl im Religionsunterricht auf die Schule übertrugen. Zugespitzt liesse sich sagen, den Dialektkritikern galten die Mundarten wenig, weshalb ihnen auch die Behandlung religiöser Inhalte im Dialekt unangemessen erschien; Dialektbefürworter hingegen betonten den muttersprachlichen Status der Mundarten sowie ihren kommunikativen Wert zur Verständnissicherung und Vermittlung von Emotionalität, weshalb ihnen der Dialekt geradezu als vernünftige Sprachwahl des Lehrer-Schüler-Dialogs galt. Damit spiegelte sich in der frühen schulischen Diskussion letztlich jener sprachideologische Grundsatzkonflikt um die Wertigkeit sowie die Möglichkeiten und Grenzen der Dialekte, der zeitgleich auch mit Blick auf die Existenzberechtigung der Dialekte als Alltagsvarietät ausgetragen wurde.

11.2.2 Dialekt als Ausgangspunkt und didaktische Ressource des Unterrichts bei J. K. Mörikofer (1838)

Rund eine Dekade nach Wyss und Hagenbach befasste sich ein dritter studierter Theologe mit dem Verhältnis der Varietäten in der Schule. Unter dem Titel „Die schweizerische Mundart in Beziehung auf den Unterricht" widmet Johann Kaspar Mörikofer (1799–1877) der Stellung des Dialekts im Unterricht ein eigenes Kapitel seiner einflussreichen Schrift von 1838. Er erörtert darin umfassend die pädagogische und didaktische Bedeutung der Mundart für den Deutschschweizer Schulunterricht im Allgemeinen und für den Sprachunterricht im Besonderen. Mörikofer gilt damit nicht nur in der Deutschschweiz, sondern im gesamten deutschsprachigen Raum als einer der ersten, der die Stellung des Dialekts in der Schule differenziert diskutiert hat.[22] Mörikofer selbst stellt seine Beschäftigung mit der Dialektfrage in den Kontext einer zunehmenden Unsicherheit der Deutschschweizer Lehrerschaft, wie mit dem Dialekt umzugehen sei, sowie damit verbundenen Forderungen, den Dialekt in den Schulen zugunsten des Hochdeutschen zurückzubinden.[23] Vor diesem Hintergrund hat Mörikofers Arbeit auch Appellfunktion, indem er sich mit ihr öffentlich für den Beibehalt und die systematische Berücksichtigung des Dialekts im Unterricht stark macht.

Mörikofers Argumentation zugunsten des Dialekts bezieht sich – wie bereits jene von Wyss und Hagenbach – auf den pädagogischen Grundsatz Pestalozzis,

---

[22] Vgl. zu dieser Einschätzung schon Menges 1906: 975; Weber 1984: 130–131.
[23] Vgl. Mörikofer 1838: 80–81.

sich an den bereits vorhandenen Fähigkeit der Lernenden und deren Erkenntnisvermögen zu orientieren.[24] Es ist insofern nur konsequent, wenn der Thurgauer Schulmann auch mit Blick auf die Unterrichtssprache fordert, das Kind müsse in der Schule „die Sprache wieder finden, mit welcher die Mutter zu ihm spricht, und in welcher es bisher die Welt seiner Umgebung kennen und benennen gelernt hat", weil es nur so zu einer klaren Auffassung der Begriffe und damit zum wichtigsten Ziel des Unterrichts gelange.[25]

In Mörikofers Unterrichtskonzeption erfüllt Sprache keinen Selbstzweck, sondern ist in erster Linie Medium zur Vermittlung von Denk- und Gefühlswelten. Das erklärt, weshalb es für ihn selbstverständlich ist, „daß die Lautbestandtheile und der Ton des Wortes hinter der allgemeinen Bezeichnung und dem Begriffe desselben zurückstehen müssen", und es „anfangs sehr gleichgültig [ist], ob das Kind Hus oder Haus, Stuel oder Stuhl, Straß oder Straße sage", wenn es nur wisse, was damit bezeichnet wird.[26] Die Auffassung, dass sich die Schule, semiotisch gesprochen, zunächst um das Signifikat, nicht um den Signifikanten zu kümmern habe, verleiht dem Dialekt als Erstsprache der Kinder aber neue Relevanz. Die Vermittlung des Hochdeutschen hält Mörikofer folgerichtig auch für ein zunächst noch untergeordnetes Ziel. Die in der Schule zu fördernde Erkenntnis sei nämlich nicht nur unabhängig vom Hochdeutschen, sondern würde durch dessen verfrühten Gebrauch sogar häufig erschwert.[27]

Noch aus einem weiteren Grund ist Mörikofer gegen den Ausschluss des Dialekts aus der Schule: mit ihm würde der Unterricht auch seine lernförderliche ‚Natürlichkeit' verlieren. Natur und Gefühl, so seine Erfahrung, würden nur „in der heimlichen, kunstlosen Muttersprache" aus dem Kind herausplaudern; der Zwang zum Hochdeutschen hingegen würde spontane Geistesblitze der Kinder ‚ersticken' und Witz und Herzlichkeit aus der Schule verbannen. Als Beleg dafür gelten ihm die Schulen, in denen der Unterricht bereits auf Hochdeutsch erteilt wird und wo die Interaktion zwischen Lehrenden und Lernenden „etwas Steifes, Kahles und Ungemüthliches" habe und eine „geistlos und schleppend singende Schule" erzeuge.[28]

Aufgrund dieser pädagogischen Erwägungen befürwortet Mörikofer den Dialektgebrauch für die ganze Dauer der „Volks- und Bürgerschulen", d. h. vom ersten bis zum elften Schuljahr.[29] Ausdrücklich plädiert er auch dafür, dass

---

24 Vgl. ebd.: 72.
25 Vgl. ebd.: 75.
26 Vgl. ebd.: 74–75.
27 Vgl. ebd.
28 Vgl. ebd.: 77–79, hier: 78, 77.
29 Vgl. ebd.: 76.

über den säkularen Schulunterricht hinaus der Dialekt Ausgangspunkt des schulischen und kirchlichen Religionsunterrichts sein müsse. Er argumentiert dabei – wie vor ihm schon Wyss und Hagenbach – mit der besseren Verständlichkeit und dem emotionellen Potenzial des Dialekts.

Mörikofers pädagogische Grundhaltung sowie seine grundsätzlich positive Einstellung gegenüber den Mundarten eröffneten ihm auch eine von herkömmlichen sprachdidaktischen Modellen abweichende Perspektive auf die didaktische Stellung des Dialekts im Sprachunterricht: Für ihn stellt der Dialekt nicht ein Hemmnis, sondern eine didaktische Ressource des Hochdeutscherwerbs dar. Beim Erlernen der Hoch- und Schriftsprache soll die Mundart deshalb bewusst in die Unterrichtsgestaltung integriert werden, etwa indem das Leseverständnis der Schülerinnen und Schüler mithilfe von Übertragungen von der einen Varietät in die andere geprüft wird.[30] Mörikofer macht sich damit vergleichsweise früh für eine Methode stark, die vor allem im Fremdsprachenunterricht angewandt wurde und die von der muttersprachlichen Didaktik in der deutschen Schweiz erst in den 1870er Jahren auch theoretisch formuliert werden sollte (s. u. Kap. 11.3.2).

Es ist wichtig zu betonen, dass Mörikofer dem Dialekt in der Schule zwar grosses Gewicht beimisst, dass er darüber aber die Bedeutung des Hochdeutschen in der Schule keinesfalls marginalisiert. Als zentrales Lernziel gilt auch ihm, dass die Volksschule „den Grund zur Kenntniß und Fertigkeit in der hochdeutschen Sprache lege".[31] Deshalb zielt seine Unterrichtskonzeption darauf ab, dass neben dem Dialekt auch die Schriftsprache in der Schule Anwendung finden soll und beide Varietäten je nach Absicht der Unterrichtseinheit gezielt eingesetzt werden sollen: Der Dialekt soll bei „Verstandesfragen" und beim „Gedankenausdruck", wenn es also „um die selbstthätige und lebendige Hervorbringung des Innern" geht, zur Anwendung kommen; das Hochdeutsch hingegen soll in Form von Sprech- und Übersetzungsübungen zu seinem Recht kommen, welche die Kinder ganz allgemein mit dieser ihnen unbekannten Sprachform vertraut machen.[32]

Mörikofer kommt rückblickend zu Recht das Verdienst zu, nicht nur als einer der ersten den Dialekt zu einer bewusst zu verwendenden Unterrichtssprache gemacht, sondern ihm überdies beim Schriftspracherwerb auch eine zentrale didaktische Funktion zugewiesen zu haben. Insgesamt zeigt er sich überzeugt davon, dass die Schule durch den planvollen Einsatz beider Varietäten „vollkommen geeignet sein [kann], den Grund für die Ausbildung und den freien

---

30 Vgl. ebd.: 80.
31 Ebd.: 79.
32 Vgl. ebd.: 79–80.

Gebrauch der Schriftsprache zu legen, während die Sprache des Volkes als Träger der freien Mittheilung festgehalten wird".[33] Seine didaktischen Vorschläge sind vor dem Hintergrund einer vermehrten Infragestellung der Dialekte in dieser Zeit deshalb auch als ein auf die Deutschschweiz zugeschnittener Kompromiss zu lesen. Ein Mittelweg zwischen der Notwendigkeit des Schriftspracherwerbs auf der einen und dem Wunsch nach Rücksichtnahme auf die Dialekte und nach Erhalt ihrer gesellschaftlichen Stellung auf der anderen Seite.

Während Mörikofer die didaktischen Einsatzmöglichkeiten des Dialekts bereits ansatzweise formuliert, kommt eine eingehendere Debatte über dessen systematische Berücksichtigung im Unterricht zu diesem Zeitpunkt noch nicht in Gang. Dennoch scheint die Dialektfrage in der Schule auch aus gesellschaftlicher Sicht zunehmend an Bedeutung zu gewinnen. Darauf weisen etwa ihre Thematisierung in einer Berner Lehrerversammlung von 1843 und ihre Beratung an der Jahresversammlung der *Schweizerischen Gemeinnützigen Gesellschaft* von 1844 hin.

11.2.3 Die Unterrichtssprachenfrage in der Stadt Bern 1843

1843 wurde in der Stadtberner Konferenz der Primalehrerinnen und -lehrer die Frage behandelt, „ob es zweckmässig sei, in unsern Schulen das *Bücherdeutschsprechen* einzuführen, in dem Sinne, daß sowohl Lehrer als Schüler sich, so lange man in dem Schulzimmer ist, in deutsch ausgesprochenen vollständigen Sätzen ausdrücken solle?"[34] Dass diese Frage überhaupt institutionell diskutiert wurde, ist auch ein Indiz dafür, dass das Hochdeutsche in der Schule und mit ihm die Unterrichtssprachenfrage bis vor die Jahrhundertmitte deutlich an Bedeutung gewonnen hatte. Dafür spricht auch, dass 1835 in den *Allgemeinen schweizerischen Schulblättern* der Umstand, dass in den Schulen teilweise überhaupt kein Hochdeutsch benutzt werde, als eines der „wesentliches Gebrechen des muttersprachlichen Unterrichts" erkannt wurde,[35] oder dass die Unterrichtssprachenthematik 1835 und 1839 bereits im Kanton Appenzell an der Lehrerkonferenz diskutiert worden war.[36] Einem Bericht in der *Berner Schul-Zeitung* zufolge waren denn auch in Bern alle Anwesenden der Ansicht, dass der Nutzen einer Einführung des Hochdeutschen „unwiderlegbar und in die Augen springend" sei.

---

33 Ebd.: 80.
34 Sofern nicht anders angegeben, stammen die Zitate dieses Abschnitts aus: [Anonym.] 1843: 196, Herv. i. O. gesperrt.
35 Vgl. W. 1835: 65, 82–83.
36 Vgl. [Anonym.] 1840: 401.

Umso erstaunlicher ist es, dass eine Mehrheit der Versammelten nichtsdestotrotz Einwände dagegen vorbrachte. Die Argumente speisen sich in erster Linie aus den an anderer Stelle bereits rekonstruierten Sprachstereotypen. So wurde etwa befürchtet, das Hochdeutsche würde bei den Kindern ein ‚affektirte[s] Wesen' befördern. Ebenfalls geäussert wurde die Angst vor dem „*verdeutschelen*", einem ‚Zu-deutsch-Werden' der Kinder. Angesprochen ist damit die Angst, mit der Einführung des Hochdeutschen in der Schule in letzter Konsequenz auch die über das Schweizerdeutsche indizierte (deutsch-)schweizerische Identität zu verlieren.[37] Hinzu kamen praktische Einwände, etwa dass die Einführung des Hochdeutschen zu viel Zeit in Anspruch nähme und es zu einer „thörichten" Situation kommen könnte, in der die einen Klassen den Dialekt, die anderen Hochdeutsch sprächen. Wie bereits beim oben erwähnten Wyss rund zwanzig Jahre zuvor wurde zudem befürchtet, dass der Religionsunterricht darunter litte, da „man zu sehr mit der Form des Ausdrucks sich abgeben müsse".

Da es in der Lehrerschaft letztlich kein Einvernehmen in dieser Frage gab, einigte man sich auf den pragmatischen Kompromiss, „die künftige Zeit als eine Probezeit anzusehen und es jedem Lehrer zu überlassen, was er thun wolle". Der Beschluss einer Probezeit verweist dabei darauf, dass trotz der erwähnten Einwände hochdeutscher Unterricht in der Mitte des Jahrhunderts in der Lehrerschaft bereits einige Akzeptanz fand. Zugleich macht der Kompromiss deutlich, dass kurz vor der Jahrhundertmitte in der Unterrichtssprachenfrage noch lange keine Einigkeit herrschte, wobei spezifische Einstellungen und Stereotype über Dialekt und Standardsprache die je unterschiedlichen Positionen fundierten.

11.2.4 Dialekt und Schule als Thema in der *Schweizerischen Gemeinnützigen Gesellschaft* 1844

Am 17. und 18. September 1844 befasste sich die *Schweizerische Gemeinnützige Gesellschaft* (SGG) an ihrer Jahresversammlung in Zürich mit der Stellung des Dialekts in der Volksschule. 1810 gegründet, war sie die einflussreichste bürgerliche Gesellschaft, die als Diskussionsforum der gesellschaftlichen Eliten auch politisch von Bedeutung war. Sie verfolgte gesellschaftspolitische Ziele und widmete sich in den ersten Jahrzehnten ihres Bestehens vor allem dem wirtschaftlichen Fortschritt sowie der Förderung des Bildungs- und Erziehungswe-

---

[37] Zur nationalpolitischen und gemeinschaftsstiftenden Symbolik der Dialekte respektive des ‚Schweizerdeutschen' s. o. Kap. 10.3 u. 10.5.

sens.[38] Die 1844 von der SGG öffentlich ausgeschriebene Frage zum Status des Dialekts in der Schweiz umfasste vier Teilfragen. Während sich die ersten beiden dem allgemeinen Verhältnis von Dialekt und Standardsprache widmeten,[39] betrafen die dritte und vierte Teilfrage Stellung und Funktion des Dialekts in der Schule. Sie lauteten:

> 3. Inwiefern hat die Volksschule Rücksicht auf die Mundart zu nehmen, und in welcher Weise soll in der Schule die Mundart berücksichtigt werden?
>
> 4. Hat die Schule in dieser Beziehung ihre natürlich [sic!] Stellung erkannt und ihre Aufgabe richtig gelöst?[40]

Während die vierte Teilfrage von den verschiedenen Sektionen kaum erörtert wurde,[41] besprach man die dritte Teilfrage ausgiebig. Dabei waren es drei unterschiedliche Handlungsfelder, die man mit dem Thema ‚Dialekt und Schule' in Zusammenhang brachte: *Erstens* die Unterrichtssprache und damit die Frage nach dem Varietätengebrauch im Umgang zwischen Lehrenden und Lernenden; *zweitens* der Dialekt als Gegenstand und Lerninhalt des Unterrichts; *drittens* die Rolle der Schule bei Pflege und Erhalt des Dialekts.

Im Hinblick auf die *Unterrichtssprache* sind die Meinungen geteilt. Eine Mehrheit der zitierten Stimmen ist der Ansicht, in der Volksschule solle der Dialekt vorherrschen. Den Kindern sei die Schriftsprache „noch zu hoch und fremdartig" und dem auf dieser Schulstufe noch „familiäre[n] Verhältniß zwischen dem Lehrer und den Lernenden" sei auch sprachlich Rechnung zu tragen.[42] Einige halten die Einführung des Hochdeutschen gar „für einen gänzlichen Mißgriff", da es zu einem steifen Unterricht führe und den spontanen Gedankenausdruck des Kindes verhindere.[43] Die Gegenposition dazu markieren zwei Stimmen aus Basel, von denen die eine das Hochdeutsche in der Volksschule vehement fordert, während die andere es zumindest nicht prinzipiell aus-

---

38 Vgl. Schumacher 2010: 41–55, 2011; Rotenbühler 2010.
39 Sie lauteten: „1. Welches ist das naturgemäße Verhältniß der besondern Schweizerischen Mundarten zur allgemeinen Deutschen oder Französischen Nationalsprache und Literatur?" und „2. Welches ist die Bedeutung und der Werth der Mundart für das öffentliche und das Privatleben für Geist und Gemüth des Volks?" (Vögelin 1844: 83).
40 Vögelin 1844: 83.
41 Während die Basler Sektion die Frage unbeantwortet lässt und die Zürcher Sektion dazu lediglich meint, „daß die Aufgabe wohl überall noch ungelöst sei", bemerkt ein an der Jahresversammlung anwesendes Mitglied relativierend, dass die Aufgabe zwar bereits vereinzelt, jedoch längst nicht überall erkannt sei (Vögelin 1844: 103).
42 Vögelin 1844: 99.
43 Vgl. ebd: 100–101. Man berief sich dabei wörtlich auf die Argumentation Mörikofers (1838: 76–77), der an der Versammlung von 1844 ebenfalls teilnahm.

schliessen möchte.⁴⁴ Wie schon die Berner Lehrerversammlung ein Jahr zuvor vermittelt damit auch der Bericht über die Versammlung der SGG das Bild, dass kurz vor der Jahrhundertmitte die prinzipielle Frage nach der Einführung des Hochdeutschen als Unterrichtssprache eine gewisse Aktualität besass, aber noch ziemlich umstritten war.

Eine untergeordnete Rolle schien der zweite Aspekt der dritten Teilfrage zu spielen: die *Thematisierung des Dialekts* in der Schule. Die verschiedenen Stimmen teilen den Standpunkt, dass die theoretisch-formale Berücksichtigung des Dialekts in der Volksschule keinen Platz habe, dass die Ausbildung einer guten dialektalen Ausdrucksfähigkeit durch entsprechende Übungen aber durchaus zu fördern sei. Der Vorschlag der Zürcher Kommission, zumindest in den höheren Schulstufen auch historische, lexikalische und grammatikalische Aspekte der Dialekte zu behandeln, findet bei den Anwesenden keine einhellige Zustimmung.⁴⁵

Die dritte Frage, die in den Verhandlungen vorgebracht wurde, galt der *„Schonung der Mundart"* durch die Schule. Dabei gilt als Konsens, es sei Aufgabe der Schule, dafür zu sorgen, dass die Mundart „nicht aus dem ihr zukommenden Gebiete durch die Schriftsprache verdrängt, nicht durch ungeschickte Anwendungen und vermeinte Verbesserungen oder Verschönerungen aus jener gestört, überhaupt, daß sie in ihrem Rechte geschützt werde".⁴⁶ Gemäss Versammlungsbericht fordert eine Mehrheit entsprechend konkrete Massnahmen zur „Achtung und Schützung" des Dialekts im Unterricht. Dazu gehört etwa, dass die Kinder erst Hochdeutsch lernen sollen, wenn sie sich bereits gut im Dialekt auszudrücken wissen, oder dass die Lehrer den Schulkindern eine wohlwollende Einstellung gegenüber dem Dialekt vermitteln. Der Schüler soll dadurch die eigene Mundart schätzen lernen als „Eigenthum der Heimath und seines Volkes" und als „eigenthümliche Gabe, [...] welche keine verallgemeinernde Weltbildung uns ersetzen könnte".⁴⁷ Bereits kurz vor der Jahrhundertmitte war damit angesprochen, was im Kontext einer dialektpessimistischen Grundstimmung wenig später neu zur Diskussion gestellt werden sollte: Die Schule als Ort der Dialektpflege (s. u. Kap. 11.3.3).

---

44 Vgl. Vögelin 1844: 99–100.
45 Vgl. ebd.: 101–104. Die Stärkung eines praktischen Dialektunterrichts in der Schule, mit dem Ziel, dass „Jedermann, Herren und Bauern, vernünftig und verständlich sagen könnte, was er zu sagen hat", wird drei Jahre später auch im *Berner Volkskalender* gefordert (vgl. [Anonym.] 1847: [s. p.]). Entsprechende Forderungen spielten in der pädagogischen Diskussion insgesamt betrachtet jedoch keine Rolle.
46 Vögelin 1844: 102.
47 Ebd.: 102–103.

Obschon 1844 unter den Mitgliedssektionen der *Schweizerischen Gemeinnützigen Gesellschaft* das Thema ‚Dialekt und Schule' noch keine vordringliche Relevanz zu haben schien,[48] belegt die Tatsache, dass die Dialektthematik *überhaupt* in diesem wichtigsten bürgerlichen Forum diskutiert wurde, doch ein gesteigertes pädagogisches und öffentliches Interesse an der Varietätenfrage. Rund ein Vierteljahrhundert sollte es noch dauern, bis sie zum intensiv debattierten Gegenstand des pädagogischen Diskurses wurde.

11.2.5 Das Varietätenverhältnis als neues Thema der pädagogischen Diskussion

Die Auswertung der pädagogischen Beiträge aus der ersten Jahrhunderthälfte ergibt das Bild folgender Entwicklung: In den ersten beiden Jahrzehnten des 19. Jahrhunderts ist die Frage nach dem Verhältnis von Dialekt und Standard in der Schule kaum Thema der publizistischen Öffentlichkeit. Erst ab den 1820er Jahren entstanden Beiträge, die sich unter verschiedenen Gesichtspunkten mit dem Verhältnis von Dialekt und Hochdeutsch in der Schule befassten – und zwar stets in Bezug auf die medial mündliche Verwendung. Bis kurz vor die Jahrhundertmitte wurden entsprechende Fragen auch in institutionellen Zusammenhängen diskutiert. In der pädagogischen Diskussion, die damals zugleich noch eine allgemein öffentliche war, etablierte sich die Dialektfrage so als neues Thema von öffentlicher Relevanz.

Die schweizerische Diskussion entwickelte sich dabei zeitgleich und nicht unabhängig von einer breiteren pädagogischen Diskussion zu ‚Dialekt und Schule' im deutschen Sprachraum. Nach Vorläufern bereits im 18. und frühen 19. Jahrhundert kam es in verschiedenen deutschen Sprachregionen in der zweiten Dekade des 19. Jahrhunderts zu systematischen Überlegungen zur Rolle der Dialekte im Unterricht. Zwischen den 1830er und 1850er Jahren erfuhr die pädagogische Beschäftigung mit den Mundarten im deutschen Raum ausserhalb der Schweiz einen ersten Höhepunkt.[49] Dazu publiziert wurde vorwiegend im nieder- und oberdeutschen Sprachraum,[50] was sich mit dem sprachlichen Abstand

---

48 So ist dem Bericht zu entnehmen, dass manchem Mitglied die Fragen zu wissenschaftlich-abstrakt vorgekommen und insgesamt nur wenige, kleinere Arbeiten der Sektionen eingegangen seien (vgl. Vögelin 1844: 83–84).
49 Vgl. zur Geschichte der pädagogischen Beschäftigung mit dem Dialekt in der Schule den noch immer einschlägigen Beitrag von Menges 1906: hier: 974–975. Weitere Publikationen mit Fokus auf die historische Entwicklung im niederdeutschen Raum stammen von Niebaum 1979; Möhn 1983; Herrmann-Winter 2000; Drechsel 2004.
50 Vgl. Möhn 1983: 635. Ab den 1830er Jahren wurde die Frage wiederholt im *Schleswig-Holsteinischen Schulblatt* diskutiert (vgl. ebd.: 636–637). Als wichtiger Beitrag für den bayri-

der entsprechenden Dialekte zum Standard sowie mit der vergleichsweise starken Stellung der Dialekte in einzelnen dieser Sprachlandschaften erklären lässt.

Die deutschschweizerischen Beiträge aus dem zweiten Viertel des Jahrhunderts ordnen sich in diesen internationalen Zusammenhang ein. Sie sind letztlich ein Indiz dafür, dass die Varietätenthematik allmählich auch zu einer schulrelevanten Frage wurde. Darauf weist nicht zuletzt die Thematisierung der Dialektfrage durch die *Schweizerische Gemeinnützige Gesellschaft* hin, die als Denkfabrik jener Tage Themen aufgriff, die sie für gesellschaftlich besonders relevant hielt. Es ist bezeichnend für diese Übergangszeit, dass einige der Mitglieder die Bedeutung dieser Fragen für das praktische Leben (noch) nicht erkannten, während für andere die gesellschaftliche Relevanz der Dialekt-Standard-Frage offensichtlich war.[51]

In der Deutschschweiz schienen die Thematisierungen der Dialektfrage in den 1820er und 1830er Jahren eine unmittelbare Reaktion auf damalige Entwicklungen im Unterricht gewesen zu sein. Verschiedene Autoren stellten ihre Ausführungen in den Kontext einer zunehmenden ‚Verschmähung' des Dialekts durch die Lehrerschaft und einer damit einhergehenden häufigeren Verwendung und Stärkung des Hochdeutschen im Unterricht. Dass die beobachtete Prestigekrise der Dialekte in der Lehrerschaft und der Zeitpunkt, zu dem sich die Dialektdebatte in der Schule entfaltete, von der damals verstärkten Migration aus Deutschland beeinflusst wurde,[52] ist wahrscheinlich. Sie brachte eine grosse Zahl gut gebildeter und engagierter Pädagogen in die Schweiz, die bald schon wichtige Positionen im Erziehungswesen besetzten. Sie dürften nicht selten den Dialekten gegenüber negativer eingestellt gewesen sein als viele ihrer Deutschschweizer Kollegen. So macht beispielsweise Johann Rudolf Wyss 1827 ausdrücklich einen ungenannten deutschen Pädagogen, der in der Lehrerausbildung wirkte, verantwortlich dafür, dass nun in vielen Schulen das Hochdeutsche dem Dialekt vorgezogen werde.[53] Die Etablierung der Schulsprachenfrage in der Öffentlichkeit seit den 1820er Jahren war somit unauflöslich verknüpft mit den gesellschaftsgeschichtlichen Entwicklungen der Zeit.

Die Diskussion um den Gebrauch der Varietäten im Unterricht verweist aber auch auf die veränderte gebrauchs- und bewusstseinsgeschichtliche Stellung des Hochdeutschen in den Deutschschweizer Schulen, in denen das Hochdeut-

---

schen Dialektraum gilt Ludwig Aurbachers Schrift *Ueber den Dialekt, dessen Bedeutung und Benutzung in Volksschulen* (vgl. Aurbacher 1838), die 1838 und damit im gleichen Jahr wie Mörikofers Arbeit erschien.
51 Vgl. Vögelin 1844: 84.
52 Zu dieser Migrationsbewegung vgl. Urner 1976: 99–104.
53 Vgl. Wyss 1827: 231.

sche spätestens ab den 1830er Jahren sowohl als Lernziel als auch als Medium des Unterrichts an Bedeutung gewann. Entsprechende Entwicklungen sind in direktem Zusammenhang mit den demokratischen Schulreformen dieser Zeit zu sehen, zu deren grundlegenden Zielen die Vermittlung der hochdeutschen Sprachfertigkeit – und nicht mehr primär die Sprachlehre als formales und grammatisches Wissen – gehörte. Damit verfolgte man nicht nur das Ziel der Volksaufklärung, sondern versuchte auch, der zunehmenden Bedeutung der Lese- und Schreibfähigkeiten in einer modernen Industriegesellschaft Rechnung zu tragen, zu der sich die Deutschschweiz damals innert weniger Jahrzehnte entwickelt hatte. (s. dazu o. Kap. 4.1.2). Diese neue gesellschafts- und schulpolitische Bedeutung der geschriebenen und gesprochenen Standardvarietät erforderte gerade im Kontext der Schule, in der Dialekt und Standard unweigerlich aufeinandertrafen, eine Klärung der Varietätenthematik.

Wie die parallel dazu geführte Diskussion, ob der Dialekt als bürgerliche Alltagssprache beibehalten werden solle (s. o. Kap. 7.3), dürfen aus sprachbewusstseinsgeschichtlicher Perspektive auch die schulpolitischen und pädagogischen Auseinandersetzungen seit den 1820er Jahren als Indizien dafür gewertet werden, dass sich die sprachreflexive Aufmerksamkeit gegenüber der eigenen diglossische Sprachsituation innert weniger Jahrzehnte deutlich gesteigert hatte. Die Koexistenz von Dialekt und Hochdeutsch wurde dabei zunehmend als Situation der Konkurrenz erfahren und das ‚richtige' Verhältnis der beiden Varietäten wurde zum Gegenstand öffentlicher Reflexion. Die Bedeutung, die den Mundarten selbst im schulischen Kontext auch kurz vor der Jahrhundertmitte noch immer zugemessen wurde, darf dabei sowohl als Ausdruck der Wahrnehmung des Dialekts als erste und eigentliche Muttersprache der Deutschschweizer als auch als Ausdruck der Persistenz einer entschieden positiven symbolischen Besetzung der Mundarten als Ausdrucksformen der sozialen Nähe und als Medium der Emotionalität gelten.

Zugleich – und auf den ersten Blick vermeintlich widersprüchlich dazu – machen die pädagogischen Auseinandersetzungen deutlich, dass die Überzeugung, das Hochdeutsche müsse – vermittelt durch die Schule – als Kultur- und Gemeinsprache zu einem allgemeinen Gut aller Deutschschweizerinnen und Deutschschweizer werden, bis zur Jahrhundertmitte deutlich gestärkt und vielerorts bereits fest verankert war. Im pädagogischen Kontext sind die in diesem Kapitel berücksichtigten Arbeiten und Positionen deshalb zugleich als Ausdruck einer Übergangsphase hin zur selbstverständlichen Berücksichtigung des Standarddeutschen im schulischen Unterricht zu verstehen und als historische Vorläufer jener Diskussionen einzuordnen, die sich gegen Ende der 1860er Jahre zu einem eigentlichen pädagogisch-didaktischen Diskurs über die Rolle des Dialekts in der Schule ausweiteten.

11.3 Sprachpraxis – Sprachdidaktik – Sprachpflege im letzten Drittel des 19. Jahrhunderts

Ab den 1860er Jahren kamen neue Diskussionen um das ideale Verhältnis zwischen Dialekt und Hochdeutsch in der Schule auf. Die Entstehung dieses im engeren Sinne pädagogischen Diskurses ist dabei nicht unabhängig von einer pädagogischen Öffentlichkeit zu sehen, die sich in im Laufe des 19. Jahrhunderts in zahlreichen neu entstehenden Lehrervereinen kantonal und schweizweit organisierte. An Sitzungen von Lehrervereinigungen und in Fachzeitschriften wurden jetzt schulrelevante Themen vermehrt rege und kontrovers diskutiert.

Dass die Dialektfrage aber gerade in dieser Zeit mit neuer Intensität aufgegriffen wurde, lässt sich vor allem sprachhistorisch mit der zunehmenden Bedeutung des Hochdeutschen in der Lebenswirklichkeit der Deutschschweizer Bevölkerung erklären (s. o. Kap. 5). Vor diesem Hintergrund wurde verstärkt Kritik daran laut, dass die Schulkinder nach Ablauf der obligatorischen Schulzeit nur über ungenügende Fertigkeiten in geschriebenem, vor allem aber in gesprochenem Hochdeutsch verfügten. In den Vereinen und Zeitschriften wurde deshalb darüber diskutiert, wie sich die Erfolge beim Spracherwerb verbessern liessen. Geprägt war die damalige Debatte aber auch durch das Gefühl, dass der Dialekt verfalle und über kurz oder lang zum Untergang verurteilt sei (s. o. Kap. 9.1). Von der Schule, die als zentraler Faktor dieser Entwicklung eingestuft wurde, waren Massnahmen und Rezepte gefragt, um ein Fortschreiten dieses Prozesses zu verhindern.

In diesem historischen Umfeld sind es drei hauptsächliche Diskussionsstränge, die den pädagogischen Diskurs zum Thema ‚Dialekt und Schule' strukturieren: Die sprachpraktische Frage nach der Wahl der Unterrichtssprache (11.3.1), die sprachdidaktische Frage nach der Integration des Dialekts in die Methodik des Sprachunterrichts (11.3.2) und die sprachpolitische Frage, welche Aufgabe der Schule bei der Pflege der Dialekte zukomme (11.3.3). Auf sie soll in den folgenden Abschnitten eingegangen werden.

11.3.1 Sprachpraxis. Normative Debatten zur Unterrichtssprachenfrage

„Babylonische Sprachverwirrung" und fehlende Erfolge als Ausgangspunkte
Die Aktualisierung der Unterrichtssprachenfrage in der zweiten Hälfte des 19. Jahrhunderts steht in engem Zusammenhang mit einem gewachsenen Bewusstsein um die zunehmende gesellschaftliche Bedeutung des Hochdeutschen. Betont wird dabei sowohl sein nicht hinterfragter Vorrang als Kultur-

und Schriftsprache im gesamten deutschen Kulturraum als auch seine zunehmende Bedeutung als Behörden-, Kirchen- und zuweilen auch Parlamentssprache in der Deutschschweiz. Ebenfalls ausgemacht wird ein gesteigertes Bedürfnis nach der aktiven mündlichen Kompetenz im Umgang mit Nicht-Autochthonen als Folge von wachsendem Handel und Tourismus.[54] In einem Fall dient sogar die Bedeutsamkeit hoher Hochdeutschkompetenz für Auswanderer – die Schweiz hatte bis in die 1880er Jahre eine negative Wanderungsbilanz – als Argument.[55] Vor diesem Hintergrund entstand auch ein zunehmendes Bedürfnis nach Ausbildung der entsprechenden Sprachkompetenz, deren Vermittlung übereinstimmend als wichtige Aufgabe der Schule betrachtet wurde. In der Diskussion kaum umstritten war deshalb, dass (basale) mündliche und schriftliche Hochdeutschkompetenzen vorrangige Unterrichtsziele der Volksschule sein müssten.[56] Entsprechende Zielsetzungen fanden auch in kommunalen und kantonalen Lehrplänen ihren Niederschlag, etwa 1882 in der Stadt St. Gallen, wo „Verständnis des mündlichen und schriftlichen Gedankenausdruckes und Fertigkeit im Gebrauche der Schriftsprache mündlich sowohl, wie schriftlich"[57] gefordert wurden.

Durch die verbindliche Einführung des Hochdeutschen als Unterrichtssprache sollten diese Ziele leichter erreicht werden. Am Ausgangspunkt entsprechender Forderungen stehen vor allem Klagen über die mangelnde Sprachfertigkeit der Schulkinder am Ende der Volksschulzeit und die Kritik an der unübersichtlichen und ungeregelten Situation im Unterricht, die zu einer unterschiedlichen Handhabung der Varietätenwahl führe und das Erreichen der sprachlichen Lernziele behindere, wenn nicht gar verhindere. Anlass für Klagen und Kritik gaben teils die fehlenden staatlichen Verordnungen und Richtlinien, teils aber auch die Diskrepanz zwischen normativen Vorgaben und sprachlicher Praxis, die als Gründe der „herrschende[n] babylonische[n] Sprachverwirrung"[58] in der Schule ausgemacht wurden. Der Direktor des Berner Lehrerinnenseminars Karl Grütter (1832–1899) zeichnet 1869 ein glaubhaftes Bild dieser ‚Sprachverwirrung':

---

54 Vgl. Lehrplan AG 1866: [Anhang] 9; Grütter 1869: 193; [Anonym.] 1869a: 54; Adank 1884: 104–105.
55 Belegt wird dieses Argument mit der Klage eines Emigranten, dass sich die Schweizer in Amerika „nicht einmal Deutschen gegenüber verständlich machen können (das Schweizerdeutsch versteht hier Niemand als die Schweizer) und deßwegen oft lange keine Arbeit oder Anstellung erhalten können" ([Anonym.] 1869a: 54).
56 Vgl. z. B. Steiger 1873: 199.
57 Lehrplan SG (Stadt) 1882: 5.
58 Grütter 1869: 194.

In der gegenwärtigen Schulpraxis wenigstens herrscht hierin die größte Verschiedenheit. Ein Lehrer glaubt, das vorgesteckte Ziel nur bei ausschließlichem Gebrauche der Schriftsprache bei allem Unterrichte zu erreichen. Andere meinen, hiezu genüge theilweise Anwendung derselben [...]. Noch Andere halten dafür, am Besten sei, [...] ausschließlich in der Mundart [zu sprechen]. [...] In der Elementarschule kommt im mündlichen Verkehr zwischen Lehrer und Schüler nur die Mundart zur Geltung. In der Mittelschule, die ein jüngerer Lehrer zu leiten hat, wird mit aller Energie die Schriftsprache angestrebt; in der Oberschule unterrichtet der Oberlehrer dann wieder berndeutsch [...] Kurz, Jeder macht's so, wie er's am Besten hält [...].[59]

Vergleichbare Zustände dürften in der ganzen Deutschschweiz geherrscht haben. Einem Gutteil der Lehrerschaft schien deshalb Ende der 1860er Jahre eine Diskussion und Regelung des Sprachgebrauchs nicht nur notwendig, sondern dringlich. Noch bevor aber aufgrund der verbreiteten Unzufriedenheit die Unterrichtssprachenfrage in Lehrervereinigungen und pädagogischen Zeitschriften diskutiert werden sollte, formulierten einige Kantone in ihren Lehrplänen bereits Richtlinien für den Sprachgebrauch.

Exkurs: Die Schulsprachenfrage in den Lehrplänen der Kantone
In staatlich genehmigten Lehr- oder Unterrichtsplänen wurden im 19. Jahrhundert Ziele, Inhalte sowie didaktisch-methodische Grundsätze für die verschiedenen Unterrichtsfächer formuliert und damit die Rahmenbedingungen für den kantonal (teilweise zunächst auch noch kommunal) organisierten Schulbetrieb festgelegt.[60] Der Sprachunterricht nahm darin nach dem Religionsunterricht eine prominente Stellung ein, da die Sprachbildung und – in engem Zusammenhang damit gesehen – die Geistesbildung als grundlegende Lernziele der allgemeinen Volksschule deklariert waren. Dabei wurde die mündliche Ausdrucksfähigkeit, vielfach als Basis für den schriftlichen Ausdruck betrachtet, im Laufe des Jahrhunderts zunehmend zu einem zentralen Bildungsziel der Volksschule, wie entsprechende Formulierungen in den Lehrplänen belegen.[61]

---

59 Ebd.
60 Die föderalistische Organisation des Schweizer Schulwesens führt dazu, dass solche Lehrpläne bis heute eine Angelegenheit der jeweiligen Kantone darstellen. Als Quellenbasis für die nachfolgenden Ausführungen dienten Lehrpläne der Kantone Aargau, Bern, Basel Stadt, Freiburg, Graubünden, Luzern, Obwalden, Schaffhausen, Schwyz, St. Gallen, Zug und Zürich, die bis 1910 publiziert worden waren. Der Vollständigkeit halber sind im Quellenverzeichnis (s. u. Kap. 15.1) alle für die Analyse berücksichtigten Lehrpläne aufgeführt, auch wenn im Text nur auf einen Teil von ihnen direkt verwiesen wird. Ich danke Anja Giudici und Thomas Ruoss vom Institut für Erziehungswissenschaft der Universität Zürich, die mir das umfassende Quellenmaterial freundlicherweise zur Verfügung gestellt haben.
61 Vgl. Messerli 2002a: 541.

Mündlicher Sprachgebrauch – insbesondere des Hochdeutschen – findet sich in diesen Verordnungen in zweierlei Hinsicht thematisiert. Erstens wird teilweise bereits in der ersten Jahrhunderthälfte in Lehrplänen festgelegt, ab welcher Stufe den Schulklassen Übungen vorzulegen sind, die den (freien) mündlichen Ausdruck im Hochdeutschen fördern.[62] Zweitens wird ab der zweiten Hälfte des 19. Jahrhunderts in den meisten Deutschschweizer Kantonen festgeschrieben, welche Sprachform im Verkehr zwischen Lehrern und Schülern vorherrschen soll.

Bereits kurz nach der Jahrhundertmitte fanden sich Bestimmungen zur Unterrichtssprache in den Lehrplänen der Kantone Schaffhausen (1852) und Luzern (1852).[63] Bis Ende der 1860er Jahre legten auch die bevölkerungsreichen Kantone Bern (1857), Zürich (1861), St. Gallen (1865) und Aargau (1866) Richtlinien zur Unterrichtssprache fest.[64] Deutlich später folgte der Kanton Basel Stadt (1882), während in den Zentralschweizer Kantonen Obwalden (1897) und Zug (1900) Weisungen zum schulischen Sprachgebrauch erst um die Jahrhundertwende ihren Niederschlag in den Lehrplänen fanden.[65]

Zusammenfassend ergibt die Analyse der als Kontext für den pädagogisch-didaktischen Diskurs sehr aufschlussreichen kantonalen Lehrpläne, dass viele Deutschschweizer Kantone zwischen 1850 und 1870 – einzelne auch später – Weisungen für die Verkehrssprache zwischen Lehrer- und Schülerschaft herausgaben. Die jeweiligen kantonalen Bestimmungen konnten dabei in Bestimmtheit und Reichweite der Forderungen deutlich auseinanderliegen. Grundsätzlich legten zwar alle Lehrpläne das Hochdeutsche als Zielvorgabe fest, unterschiedli-

---

62 1833 und 1838 fordert der Lehrplan für die zweite Elementar-Mädchen-Schule (ca. 8-Jährige, 3. Schuljahr) der Stadt Zürich beispielsweise, dass bei den Sprechübungen das Gelesene „nicht nur in unserem Dialekte, sondern auch in der Schriftsprache, wieder zu erzählen" sei (vgl. Lehrplan ZH (Stadt) 1833b: 19 sowie Lehrplan ZH (Stadt) 1838: 52). 1846 werden die Stadtzürcher Lehrpersonen dann angewiesen, die Mädchen bereits in der ersten Elementarschule zum Zweck der Verständnissicherung eine zuvor gehörte Geschichte „[z]ur Abwechslung [...] in der Schriftsprache wieder erzählen" zu lassen (vgl. Lehrplan ZH (Stadt) 1846: 21).
63 Vgl. Lehrplan SH 1852: 18; Lehrplan LU 1852: 27.
64 Vgl. Lehrplan ZH 1861: 12; Lehrplan SG 1865: 39; Lehrplan AG 1866: 14 u. [Anhang] 7. In Bern fehlen 1857 Weisungen betreffend Unterrichtssprache zwar im kantonalen Lehrplan selbst, allerdings sind solche im offiziellen, den Lehrplan ergänzenden Kommentar zu finden (vgl. Morf 1857: 7). Auch in den Ausgaben von 1863 und 1870 (vgl. Lehrplan BE 1863; 1870) ist die Unterrichtssprache noch nicht vorgegeben. Erst 1877 werden Richtlinien zur Schulsprache definitiv im bernischen Lehrplan selbst erlassen (vgl. Lehrplan BE 1877: 9).
65 Auch zu Beginn des 20. Jahrhunderts enthalten jedoch noch nicht alle kantonalen Lehrpläne Bestimmungen zur Unterrichtssprache. Keine Bestimmungen finden sich beispielsweise in den verschiedenen Lehrplanversionen der Kantone Schwyz (vgl. Lehrplan SZ 1842, 1861, 1887) und Graubünden (vgl. Lehrplan GR 1856, 1894, 1903).

che Vorstellungen gab es aber bei der Frage, ab welchem Zeitpunkt für Lehrerschaft und Schulkinder der Hochdeutschgebrauch verpflichtend sein soll und ob die Standardvarietät über den Sprachunterricht hinaus auch in andere Fächer Eingang finden soll. In verschiedenen Kantonen wurden die Lehrpläne in der zweiten Hälfte des 19. Jahrhunderts zum Teil mehrfach revidiert. In vielen Fällen wurden mit den Revisionen auch die Weisungen für den Sprachgebrauch im Unterricht angepasst. Die Hinweise zur Sprachwahl im Unterricht wurden dabei je länger je mehr konkretisiert und zugleich auch häufiger als verbindliche Handlungsanweisung formuliert. Betrachtet man die verschiedenen Revisionen der Lehrpläne in einzelnen Kantonen im diachronen Vergleich, lässt sich zudem eine Tendenz zu immer früherem Gebrauch des Hochdeutschen als Unterrichtssprache konstatieren. Es zeigt sich aber zugleich, dass die meisten Lehrpläne das Hochdeutsche nicht bereits unmittelbar nach Schuleintritt als Unterrichtssprache vorsehen. Eine Ausnahme davon bildet der zweisprachige Kanton Freiburg, der im Schulreglement von 1886 nicht nur die französischen Patois, sondern auch die deutschen Dialekte untersagt.[66]

In der Regel wurde in den Deutschschweizer Kantonen aber dem Dialekt als Unterrichtssprache innerhalb der ersten zwei oder drei Jahre sein Recht eingeräumt, allerdings stets mit dem Ziel, in diesem Zeitraum allmählich in die Schriftsprache überzuleiten. Danach sollte gemäss den meisten Lehrplänen das Hochdeutsche als Unterrichtssprache in allen Fächern angewandt werden, während der Dialekt nur noch ausnahmsweise zur Erklärung von Begriffen zur Anwendung kommen durfte.

Die hier dargelegten Richtlinien in den kantonalen Lehrplänen lassen sich teilweise als Auslöser, teilweise als Manifestation, schliesslich aber auch als politische Folge jener Kontroversen zur Unterrichtssprachenfrage verstehen, die in den 1860er Jahren unter anderem in pädagogischen Fachzeitschriften und an Lehrerversammlungen ausgetragen wurden.

Das Ringen um den Zeitpunkt der Einführung des Hochdeutschen im Unterricht

Der neue Stellenwert der Unterrichtssprachenfrage im pädagogischen Diskurs zeigt sich auch darin, dass die Frage nach der Bedeutung von Dialekt und Hochdeutsch in der Schule zwischen den 1860er und den 1880er Jahren zum Thema an verschiedenen kantonalen Lehrerkonferenzen wurde. Im Kanton Aargau beauftragte die Abgeordneten-Konferenz den Erziehungsratssekretär Christian Au-

---

66 Vgl. Haas 2001: 188–189. Zur Stigmatisierung der Substandardvarietäten im Kanton Freiburg vgl. auch Haas 2001; Gadient 2012a, 2012b.

gust Hollmann an der Jahresversammlung von 1868 „über den mündlichen Gebrauch der schriftdeutschen Sprache in unsern Schulen zu referiren".[67] Ebenfalls 1868 kam das Verhältnis der Varietäten im Unterricht an der Lehrerkonferenz im Kanton Graubünden zur Sprache.[68] Und bereits im darauf folgenden Jahr, 1869, wurde die Frage nach dem „Verhältnis von Dialekt und Schriftsprache im Unterricht" zu einer von zwei obligatorisch zu behandelnden Themenstellungen im Rahmen des Berner Kantonallehrerkonvents bestimmt.[69] Dass die Unterrichtssprache in der Deutschschweiz noch längere Zeit Anlass für Auseinandersetzungen an Lehrerversammlungen bot, zeigt das Beispiel des Kantons St. Gallen, wo darüber noch 1884 ausführlich debattiert wurde.[70]

Die Diskussionen über die Unterrichtssprache verliefen in den verschiedenen Kantonen ähnlich. Sie entzündeten sich meist an der Feststellung, dass es noch keine eindeutigen Regeln zum Sprachgebrauch gebe oder aber, dass die kantonalen Vorgaben in der Praxis nicht umgesetzt würden.[71] Von der Lösung der Frage versprachen sich viele nichts weniger als eine deutliche Verbesserung der Schule, zumal wiederholt betont wurde, die aktuell herrschende willkürliche Anwendung der Varietäten stehe „einer gesunden Entwicklung"[72] des Schulwesens entgegen.

Insgesamt spiegeln sich in den Versammlungen und Konferenzen der Deutschschweizer Lehrerschaft anschaulich die beiden Grundsatzpositionen in der Unterrichtssprachenfrage wider, die sich auch in entsprechenden Fachzeitschriften wiederfinden: Eine Minderheit von Pädagogen fordert die unmittelbare Einführung des Hochdeutschen bei Schulbeginn; die Mehrheit dagegen zielt zwar ebenfalls auf das Hochdeutsche als Unterrichtssprache, möchte aber auf

---

67 Hollmann 1869: 3.
68 Vgl. [Anonym.] 1868a.
69 Vgl. [Anonym.] 1868b: 109–110. Es ist nachgerade bezeichnend für die unterschiedlichen Einstellungen gegenüber den Mundarten in den verschiedenen Sprachregionen der Schweiz, dass sich die Lehrer aus dem frankophonen Kantonsteil, dem Jura, damals gegen die Behandlung der Unterrichtssprachenfrage am Lehrerkonvent aussprachen. Sie argumentierten, dass die Frage für französischsprachige Schulen keine Bedeutung habe, da „[n]iemand daran denke, im Unterricht eine andere, als die Sprache der Literatur verwenden zu können" (ebd.).
70 Vgl. Adank 1884; Kühne 1884; eine Dekade später widmete sich die Basler Schulsynode an ihrer Jahresversammlung der „Stellung der Mundart im Sprachunterricht" (vgl. [Anonym.] 1894, 1895b; Seiler 1895).
71 Vgl. z. B. Grütter 1869: 194; [Anonym.] 1868b: 109 für Bern sowie Adank 1884: 102–103 für St. Gallen.
72 Ryser 1869: 175. Auch an anderer Stelle bediente man sich der Krankheitsmetaphorik, um auf die Willkür im Sprachgebrauch hinzuweisen (vgl. z. B. Grütter 1869: 194; [Anonym.] 1869a: 53).

den unteren Schulstufen den Dialekt als Verkehrssprache zwischen Lehrer- und Schülerschaft beibehalten.

Trotz dieser im Detail unterschiedlichen Positionen wurde im pädagogischen Diskurs letztlich von allen eine konsequentere und systematischere Berücksichtigung des Hochdeutschen als Unterrichtssprache im Rahmen der obligatorischen Volksschule befürwortet. Uneinig war man sich im Wesentlichen nur über den Zeitpunkt der Einführung der Standardvarietät. Die Vorschläge, ab wann die Unterrichtssprache gewechselt werden sollte, reichten von „sobald als möglich"[73] bis zum sechsten oder siebten Schuljahr, wobei eine Mehrheit die Einführung des Hochdeutschen ab dem dritten oder vierten Schuljahr für sinnvoll erachtete.[74] Gemäss dem Motto ‚Jede Stunde eine Sprachstunde' befand man zudem mehrheitlich, das Hochdeutsche solle nicht nur im Sprachunterricht, sondern grundsätzlich in allen Fächern zur Anwendung kommen, was beispielsweise auch an der Bündner Lehrerkonferenz von 1868 gefordert wurde.[75]

Die Argumente, welche die beiden Lager in der Unterrichtssprachendebatte für ihre Position vorbrachten, waren sowohl in den Fachzeitschriften als auch an den Lehrerversammlungen geradezu topisch. Das Lager, das Hochdeutsch möglichst schon bei Schulbeginn einführen wollte, argumentierte vornehmlich *spracherwerbstheoretisch*. Demgegenüber waren die Hauptargumente jener, die sich für den Dialekt auf den unteren Schulstufen einsetzten, vorrangig *pädagogischer* Natur.

Grundlegendes Argument, von Schulbeginn weg Hochdeutsch zu sprechen, bildet die spracherwerbstheoretische Überlegung, die Schulkinder könnten nur durch genügend und möglichst frühe Übung zu einer guten Hochdeutschfertigkeit gelangen. Exemplarisch für diese Position argumentiert 1870 der Direktor des Zürcher Lehrerseminars, David Fries: So, wie Kinder den Dialekt als Erstsprache „allein durch Nachahmung und Uebung" erlernt hätten, müssten sie in der Schule auch das Hochdeutsche als Zweitsprache lernen, um „zu einem richtigen Sprachgefühl sowohl in Beziehung auf Sprachverständniß als auf Sprachfertigkeit" zu gelangen.[76] Gerade weil im Alltag der Dialektgebrauch dominiere, so die verbreitete Überzeugung, müsse das Hochdeutsche in der Schule von Beginn weg seinen festen Platz haben.[77] Befürworter sehen in der Einführung

---

[73] [Anonym.] 1868a: 345.
[74] Dies spiegelt sich etwa in den Mehrheitsmeinungen der Kantonallehrerkonvente in Bern 1869 (vgl. Grütter 1869) und St. Gallen 1884 (vgl. Adank 1884: 103).
[75] Vgl. [Anonym.] 1868a: 345.
[76] Vgl. Fries 1870: 45.
[77] Vgl. z. B. Grütter 1869: 194.

des Hochdeutschen als Unterrichtssprache letztlich auch ein notwendiges methodisches Mittel, die Ziele des Sprachunterrichts überhaupt zu erreichen. In einem Fall aus dem Kanton Aargau werden zur Bekräftigung dieser Überlegung sogar Berichte von Schulinspektoren ausgewertet, die den schulischen Erfolg des frühen Hochdeutschgebrauchs nachweisen sollen.[78]

Forderungen, in der Schule von Beginn weg konsequent hochdeutsch zu sprechen, blieben zwar in der Minderzahl, hatten zuweilen aber durchaus politische Brisanz.[79] Die diskursdominierende Position in Lehrerkonventen, aber auch in pädagogischen Zeitschriften wollte die Kinder stattdessen schrittweise vorbereiten auf das Hochdeutsche, das erst nach einigen Schuljahren die Unterrichtssprache werden sollte. Hier argumentierte man, dass die Kinder durch eine ihnen fremde Sprache bei Schuleintritt nicht nur geistig, sondern auch emotional überfordert würden.

Als zentrales Argument gegen Hochdeutsch bei Schuleintritt wird das fehlende *Sprachverständnis* der Kinder angeführt.[80] Während der Dialekt die eigene Sprache sei, erlebe das Kind Hochdeutsch als fremde Sprache. Im Sinne einer Lernerorientierung müsse in der Schule aber an bereits vorhandenes Wissen und an bereits ausgebildete Fähigkeiten der Kinder angeknüpft werden. Besonders deutlich formuliert diesen Zusammenhang J. Steiger in den *Blättern für eine christliche Schule*:

> Das Schriftidiom ist dem Kinde beim Eintritt in die Schule fremd; die Sprache, die es allein versteht, in der allein es sich ausdrückt, ist die Mundart, und darüber kann wohl kein Streit walten, ob der Lehrer sie zu berücksichtigen habe oder nicht; denn der Standpunkt des Lernenden ist der nothwendige Ausgangspunkt für alles Andere; ohne einen solchen wäre es unmöglich, klare Vorstellungen zu erzeugen. Es müssen daher in der Elementarschule der Mundart bedeutende Concessionen gemacht werden.[81]

Allein der Dialekt als das dem Kind Bekannte könne beim Eintritt in die Schule „die Brücke zwischen den Vorstellungen des Lehrers und Schülers"[82] herstellen

---

78 Vgl. Hollmann 1869: 13–18.
79 In Zürich beschuldigten politische Gegner des neuen Lehrplans von 1861 den Seminardirektor und Erziehungsrat David Fries, der massgeblich an dessen Neubearbeitung beteiligt war, dass er das Hochdeutsche zu Schulbeginn durch die Hintertüre einführen wolle (vgl. Berner 2001: 167–175). Dass die Lehrplangegner mit diesem Argument die Revision des Lehrplans *in toto* bekämpften, zeigt anschaulich, welche politische Schlagkraft sie der Schulsprachenfrage beimassen.
80 Dieses Argument findet sich bereits in der ersten Jahrhunderthälfte (vgl. Wyss 1827: 222; Hagenbach 1828: 125–126; Vögelin 1844: 99–100).
81 Steiger 1873: 199.
82 Straub 1868: 150.

und sei folglich als „Mittel zur Anknüpfung des geistigen Verkehrs zwischen Lehrer und Schüler"[83] unverzichtbar. Sprachbewusstseinsgeschichtlich reflektiert diese Argumentation letztlich auch die Vorstellung des Dialekts als eigentliche Muttersprache und – daraus abgeleitet – die Vorstellung des fremdsprachlichen Status des Hochdeutschen.

Das zweite zentrale Argument für den Dialekt zum Schulbeginn liegt schliesslich in der Ansicht, die *Motivation* für die Schule und ein positives Verhältnis zum Unterricht würden durch den Dialektgebrauch gefördert, ja überhaupt erst ermöglicht. Ein verfrühter Hochdeutschgebrauch dagegen wirke demotivierend, sei lernhemmend und erschwere die Ausbildung eines Vertrauensverhältnisses zwischen Lehrperson und Schülerschaft, ja würde diese von jener geradezu ‚entfremden' und „dem ganzen Verkehr in der Schule leicht den Stempel des Steifen, Leblosen aufdrücken",[84] wie ein Lehrer 1868 meint. Anders der Gebrauch des Dialekts, dem man zutraut, „die Zuneigung der Kleinen eher zu gewinnen".[85]

Von verschiedenen Stimmen wird deshalb letztlich die Mundart als probates Mittel empfohlen, „[d]en Weg zu Kopf und Herz des Schülers zu finden".[86] Mit der Rede vom Dialekt als ‚Sprache des Herzens' wurde ein damals etablierter Topos in der pädagogischen Diskussion nicht nur aktualisiert, sondern auch gezielt für sprachpolitische Ziele eingesetzt. Mitkommuniziert wird dabei immer auch die Vorstellung des Dialekts als eigentliche Muttersprache und als die für den Deutschschweizer einzige emotionelle Beziehungssprache.

Die schulische Sprachpraxis als Bekenntnis zur Mundart und als Zugeständnis an eine diglossische Sprachkultur
Wie bis hierher gezeigt wurde, führte die zunehmend als störend empfundene ‚babylonische Sprachverwirrung' an den Deutschschweizer Volksschulen ab den 1860er Jahren zu einem verbreiteten Bedürfnis nach griffigen, einheitlichen Regeln für den Varietätengebrauch im Unterricht. In den dazu geführten Debatten dominierte die Ansicht, dass Hochdeutsch als Unterrichtssprache in den oberen Klassen verbindlich eingeführt, in den ersten Schuljahren jedoch dem Dialekt weiterhin sein Recht eingeräumt werden sollte.

Wenngleich in der Diskussion unterschiedliche Ansichten über den Zeitpunkt der Einführung des Hochdeutschen vorherrschten, manifestierte sich im

---

83 [Anonym.] 1869a: 55.
84 [Anonym.] 1868a: 344.
85 [Anonym.] 1879: 430.
86 [Anonym.] 1889: 188.

Diskurs insgesamt das Bedürfnis einer Stärkung des Hochdeutschen als Schulsprache und die Forderung nach einer Regulierung in diesem Sinne. Das gilt auch für all jene, die sich für den Dialektgebrauch zu Schulbeginn stark machten, bleiben doch auch ihre Bestrebungen letztlich stets auf das Ziel der Einführung des Hochdeutschen im Unterricht gerichtet. Dialekt ist für sie *Mittel zum Zweck*, das heisst zur Erreichung dieses Ziels. Entsprechend wird von den Lehrern verlangt, zu Beginn zwar den Dialekt zu gebrauchen, zugleich aber auch schon möglichst bald auf die Einführung eines hochdeutschen Unterrichts hinzuarbeiten. Es darf weitgehend als Konsens unter den Pädagogen gelten, dass es nicht nur „selbstverständlich [ist], dass man bei den Anfängern an die Volkssprache anknüpfen muß", sondern „eben so gewiß, daß man bei den Anfängern beginnen muß, zur Schriftsprache überzuleiten, den Unterschied klar zum Bewußtsein zu bringen und durch Sprachübungen sie im mündlichen Gebrauch der Schriftsprache zu üben".[87]

In der Unterrichtssprachenfrage bleiben die Argumentationen beider Diskurspositionen damit insgesamt weniger ideologisch als didaktisch motiviert. Im Fokus stehen Überlegungen und Fragen, wie denn das gemeinsam geteilte Unterrichtsziel, nämlich der Erwerb der Sprachfertigkeit ebenso wie der Erwerb des Sprachverständnisses, erreicht werden könne – unter angemessener Berücksichtigung der Deutschschweizer Sprachsituation. Trotz im Detail unterschiedlicher Ansichten war man sich letztlich grossmehrheitlich einig, das Hochdeutsche in der Schule stärken und befördern zu wollen.

Dass mit der Stärkung des Hochdeutschen in der Schule nicht auch die Absicht verbunden sei, den Dialekt zu marginalisieren und ihn generell aus dem Alltag zu verdrängen, wird in der pädagogischen Debatte dabei allerdings mehr als nur einmal versichert. Ein anonymer Verfasser betont 1869 in der *Schweizerischen Lehrerzeitung* etwa, dass die „heimatliche Sprache mit zu den heiligsten Gütern eines Volkes gehört", weshalb es bei den Bestrebungen, das Hochdeutsche als Unterrichtssprache zu stärken, auch „nicht darum [gehe], den Dialekt zu verdrängen, sondern nur darum, das Schriftdeutsche als pädagogisches Mittel in der Schule zu verwenden".[88]

Solche Rechtfertigungsbemühungen lassen sich aus sprachbewusstseinsgeschichtlicher Perspektive als Hinweise darauf lesen, dass das Recht des Dialekts als eigentliche (Mutter-)Sprache der Deutschschweizerinnen und -schweizer im letzten Drittel des 19. Jahrhunderts nicht mehr hinterfragbar war und man sich umgekehrt mit einer zu radikalen hochdeutschfreundlichen Position gar hätte

---

87 [Anonym.] 1868a: 344.
88 [Anonym.] 1869b: 378.

Vorwürfe einhandeln können.[89] Auf der anderen Seite kann die zugleich mehrheitlich vertretene Absichtsbekundung, das Hochdeutsche in der Schule zu stärken, als Ausdruck eines gesteigerten Bewusstseins um die Relevanz des Hochdeutschen als Schreib- und Sprechsprache in der Deutschschweiz verstanden werden. Der Wunsch, durch die systematische Berücksichtigung der Standardvarietät als Unterrichtssprache die Sprachkompetenz der Deutschschweizer Kinder und Jugendlichen zu fördern, wäre vor diesem Deutungshorizont zugleich als Hinweis auf ein sprachliches Selbstverständnis zu lesen, das das Hochdeutsche als konstitutiven Teil der eigenen diglossischen Sprachkultur begreift.

Die Wahrnehmung des Hochdeutschen als Teil der eigenen Sprachkultur und der weiter oben erwähnte fremdsprachliche Charakter, der ihm zugeschrieben wurde, schlossen sich dabei zeitgenössisch durchaus nicht aus. Vielmehr scheint gerade diese emotive Ambivalenz konstitutiv und charakteristisch gewesen zu sein für die Einstellung vieler Deutschschweizerinnen und Deutschschweizer gegenüber der eigenen Schrift- und Kultursprache: Das Hochdeutsche war nicht ein Entweder-oder, es war ein Sowohl-als-auch – es war sowohl fremd als auch eigen. Für dieses Sprachverständnis dürfte kulturgeschichtlich aber gerade die an anderer Stelle ausgeführte, besonders in elitären Kreisen zu beobachtende Ambivalenz gegenüber dem eigenen ‚Deutschsein' (s. o. Kap. 4.3) eine nicht zu unterschätzende Rolle gespielt haben.

Die im letzten Drittel des 19. Jahrhunderts vorangetriebene Regulierung des Varietätengebrauchs in der Schule und die zunehmend klare Rollenverteilung der Varietäten im Unterricht hat die Stellung der Standardvarietät in den Deutschschweizer Schulen mittelfristig deutlich gestärkt. Dies war im Sinne der tonangebenden Schulmänner und Pädagogen. Die Entwicklung gefiel allerdings durchaus nicht allen. Akteure, die sich gänzlich gegen das Hochdeutsche in der Schule gestellt hätten, finden sich in den untersuchten Quellen zwar nicht. In verschiedenen zeitgenössischen Schriften gibt es aber indirekte Hinweise auf eine entsprechende Haltung. So stellt ein Schulmann 1869 die „Abneigung vieler Lehrer gegen den Gebrauch des Schriftdeutschen im Unterricht" ausdrücklich fest.[90] Und ab den 1880er Jahren finden sich vereinzelte Stimmen, die sich

---

89 Gerade aufgrund der dominanten Stellung des Dialekts in der Deutschschweiz schien die Angst vor seiner Verdrängung durch mehr Hochdeutsch in der Schule aber auch manchem übertrieben. Da die Kinder ausserhalb der Unterrichtssituation ohnehin ausschliesslich Dialekt redeten, sei die Angst vor einer Marginalisierung obsolet. So habe, wie Karl Grütter etwas zynisch feststellt, selbst in Schulen, „in denen seit langem die Schriftsprache ausschließlich angewendet wird", bislang noch „kein einziger die Mundart verlernt" (Grütter 1869: 198).
90 [Anonym.] 1869b: 378.

zurückbesinnen möchten und sich für eine verstärkte Berücksichtigung des Dialekts auch auf höheren Schulstufen stark machen. Aus der Lehrerschaft des Kantons Zürich wird 1881 etwa die Forderung laut, generell auch noch auf der Realstufe (4.–6. Schuljahr) den Dialekt zu erlauben, zumal dies in der Praxis sowieso meist nicht anders gehandhabt werde.[91] Auch in Bern wird zur Diskussion gestellt, inwiefern im Unterricht nicht doch die Mundart wieder stärker zu berücksichtigen sei.[92] Die sich zu Wort Meldenden teilen die Erfahrung, dass der ausschliessliche Hochdeutschgebrauch das sachliche Verständnis und die persönliche Begeisterung der Schülerinnen und Schüler auch höherer Stufen zuweilen hemmt, und die Ansicht, „dass die ausschliessliche Herrschaft der Schriftsprache in unserer Volksschule das alleinige Universalmittel zur Erlangung der wünschbaren Fertigkeit im Deutschen nicht ist".[93]

Forderungen, den Dialekt auch in höheren Klassen (wieder) zu berücksichtigen, verhallten letztlich aber ohne Aussicht auf institutionelle Festschreibung – wenngleich davon auszugehen ist, dass in der deutschen Schweiz trotz stetig zunehmenden Gebrauchs des Hochdeutschen der Dialekt noch für längere Zeit auch im Schulalltag höherer Klassen vielfach präsent blieb.

11.3.2 Sprachdidaktik. Integration des Dialekts in den muttersprachlichen Unterricht

Nicht nur mit der allgemeinen Unterrichtssprachenfrage beschäftigt sich die Pädagogik in der Schweiz im letzten Drittel des 19. Jahrhunderts, auch die spezielle Stellung des Dialekts im Sprachunterricht wird zum Thema der Reflexion.[94] Ansätze für einen systematischen Einsatz des Dialekts werden entwickelt, und es etabliert sich im sogenannten vergleichenden Sprachunterricht ein didaktisches Konzept, das der Deutschschweizer Diglossiesituation Rechnung tragen und bis in die Mitte des 20. Jahrhunderts wirksam bleiben sollte.[95]

---

91 Vgl. [Anonym.] 1881: [1].
92 Vgl. [Anonym.] 1882a: 135–136; 1882b; 1896d.
93 Vgl. [Anonym.] 1889: 187.
94 Aufgrund der Fragestellung der Studie wird sich dieses Kapitel mit jenen Aspekten der muttersprachlichen Didaktik befassen, in denen der Dialekt problematisiert wird. Eine systematische historische Aufarbeitung des Deutschunterrichts und der Deutschdidaktik in der deutschsprachigen Schweiz steht m. W. zurzeit noch aus.
95 Vgl. Schwarzenbach 1969: 404–406.

Die ‚eigentliche' Muttersprache als Ausgangspunkt des Schriftspracherwerbs
Bis in die 1860er Jahre wurde der Anschauungsunterricht als Unterrichtsmethode in Deutschschweizer Schulen populär.[96] Den Schulkindern sollten mit dieser Verfahrensweise auch Kenntnisse im Hochdeutschen vermittelt werden.[97] Ergänzend zu dieser Form der Sprachvermittlung, die vom Dialekt ausgeht und grundsätzlich in allen Unterrichtsfächern Anwendung finden sollte, stellte man ab den 1860er Jahren Überlegungen an, den Dialekt im Sprachunterricht konsequent zum Ausgangspunkt des Hochdeutsch- und Schriftspracherwerbs zu machen.

Während die bewusste Berücksichtigung des Dialekts in den herkömmlichen Konzepten des Sprachunterrichts höchstens eine marginale Rolle spielte, forderten nun prominente Didaktiker einen Sprachunterricht, der vom Dialekt als der ‚eigentlichen Muttersprache' des Kindes auszugehen habe. Exemplarisch argumentiert ein Redner an der Bündner Lehrerkonferenz 1868: „[S]o lange die Mundart das volle Recht hat, fortwährend Volkssprache zu sein, die Sprache des Hauses und des bürgerlichen Lebens, die Sprache also, deren Formen und Vorstellungen die Welt des Kindes ausmachen, so lange muß auch die Schule an diese eigentliche Muttersprache anknüpfen."[98] Aus der entgegengesetzten Perspektive zeigte sich der Aargauer Germanist und Pädagoge Otto Sutermeister (1832–1901) bereits 1859 davon überzeugt, dass der Dialekt den Ausgangspunkt bei der Vermittlung der hochdeutschen Gemeinsprache darstellen müsse: „Indem die Volksschule auf die natürlichste Weise von der Mundart ausgeht, hat sie also die Aufgabe, die Gesammtsprache mit derselben zu vermitteln, den Schüler zum Verständniß und Gebrauch der Schriftsprache anzuleiten."[99]

Grundlegend für diese Ansicht war eine Pädagogik, die sich im Anschluss an Pestalozzi und Herbart deutlicher auf die Lernenden, deren individuelle Entwicklung sowie eine ‚naturgemässe Erziehung' fokussierte.[100] Damit zusammen hing die Auffassung, jeder Unterricht habe unmittelbar an bereits vorhandene Erkenntnisse eines Kindes anzuknüpfen und vom Bekannten zum Unbekannten

---

96 Zur Rezeption des pestalozzianischen Konzepts der ‚Anschauung' und des daraus entstandenen Anschauungsunterrichts in der deutschen Schweiz vgl. Osterwalder 1996: 343–349.
97 Vgl. z. B. Morf 1857; Kettiger 1859; Bosshart 1863–1865.
98 [Anonym.] 1868a: 344.
99 Sutermeister 1859: 21.
100 Die so ausgerichtete Erziehungslehre fand u. a. im deutschen Pädagogen Friedrich Adolph Diesterweg (1790–1866) einen frühen und prominenten Vertreter. Ihre zentralen Ideen fanden schliesslich gegen Ende des 19. Jahrhunderts in der einflussreichen Bewegung der Reformpädagogik ihren Niederschlag (vgl. z. B. Sieber 1990: 99–102; zur Rezeption des pestalozzianischen Prinzips der ‚naturgemässen Erziehung' vgl. Osterwalder 1996: 349–352).

fortzuschreiten.[101] Dieser Grundsatz, dem wir bereits im Zusammenhang mit der Legitimation des Dialekts als Schulsprache begegnet sind (s. o. Kap. 11.3.1), wird im pädagogischen Diskurs in der deutschen Schweiz in einer Vielzahl von Diskussionsbeiträgen auch als Prämisse für die Gestaltung des Sprachunterrichts gesetzt. Exemplarisch dafür stellt der Basler Pädagoge Gustav Adolf Seiler seinen Überlegungen zum Deutschunterricht gar die Warnung voran, dass „[a]ller Unterricht, der nicht vom Bekannten ausgeht und von diesem sichern Boden aus das Neue, Fremde zu erfassen und den Zöglingen zu eigen zu machen sucht, [...] der sichern Grundlage [entbehrt], ohne welche das Gebäude dem schwanken Rohre gleicht."[102]

Konkret bedeutete das: Im Sprachunterricht war vom Dialekt als dem den Kindern Bekannten auszugehen und von da fortzuschreiten zum Hochdeutschen als dem ihnen Unbekannten. Damit wollten die Sprachdidaktiker auch der Deutschschweizer Spracherwerbssituation Rechnung tragen, der Tatsache also, dass Schuleinsteiger ausschliesslich im Dialekt sozialisiert waren. Die Überzeugung, dass ein erfolgreicher Hochdeutscherwerb vom Dialekt auszugehen habe, wurde in den folgenden Jahrzehnten zu einem leitenden Prinzip deutschschweizerischer Sprachdidaktik, und zwar so sehr, dass 1890 der Zürcher Gymnasiallehrer Kaspar Schnorf rhetorisch erstaunt festhielt: „Wahrlich, man muss sich wundern, wie man das sogenannte Hochdeutsch je hat anders lehren können, als im Anschlusse an die Volks- oder Haussprache."[103]

Die zunächst bildungshistorisch relevante Feststellung einer didaktischen Neuausrichtung des Sprachunterrichts ist auch aus sprachbewusstseinsgeschichtlicher Perspektive aufschlussreich. Die Überlegungen zum Dialekt als Ausgangspunkt des Sprachunterrichts werden zeitgenössisch nämlich zu einem Gutteil mit der Auffassung begründet, dass der Dialekt die eigentliche Muttersprache der Deutschschweizerinnen und Deutschschweizer sei, während das Hochdeutsche für viele und gerade für die Deutschschweizer Kinder den Charakter einer Fremdsprache habe. Ein prominentes Beispiel dafür ist Jost Winteler, der 1878 vor der Berner Lehrerschaft feststellt, dass es nur „in sehr bedingter Weise richtig" sei, vom Sprachunterricht als „Unterricht [...] *in der Muttersprache*" zu sprechen, da der Dialekt und nicht das Hochdeutsche die eigentliche Muttersprache des Kindes sei.[104] Er fordert entsprechend, „daß man [für den Sprachunterricht, E. R.] die richtigen Konsequenzen aus der Thatsache zieht, daß für den Schüler das Schriftdeutsche in vielen und wesentlichen

---

101 Vgl. Friedrich 1987: 139–140.
102 Seiler 1879: 11.
103 Schnorf 1890: 80.
104 Vgl. Winteler 1878: 5, Herv. i. O. gesperrt.

Punkten eine Fremdsprache ist und demgemäß betrieben werden muß".[105] Bis Ende des 19. Jahrhunderts gewinnt diese Ansicht weiter an Bedeutung. Auf ihrer Grundlage verfasst schliesslich der Berner Pädagoge Otto von Greyerz seine längerfristig einflussreichen sprachdidaktischen Schriften. Noch vehementer als Winteler argumentiert Greyerz, dass es sich beim Hochdeutschen um eine – wenngleich sprachlich nahe verwandte – Fremdsprache handle, woraus auch er ableitet: „Von der Mundart als der dem Schüler vertrauten lieben Muttersprache muss der Deutschunterricht ausgehen."[106]

Die didaktische Neuausrichtung des Sprachunterrichts, die vom Dialekt als der eigentlichen Muttersprache der Kinder ausgehen wollte und nicht zuletzt mit dem Fremdsprachencharakter des Hochdeutschen begründet wurde, hatte in Johann Kaspar Mörikofer Ende der 1830er Jahre einen wichtigen Vorreiter und fand gut ein halbes Jahrhundert später mit Otto von Greyerz' praktischer Umsetzung von Jost Wintelers theoretischem Programm fürs Erste ihren Abschluss. In der Folge bestimmte eine Reihe von Kantonen den Dialekt endgültig zum Ausgangspunkt des Sprachunterrichts.[107]

Mit der Idee eines Unterrichts auf Basis der Dialekte gingen die deutschschweizerischen Pädagogen im letzten Drittel des 19. Jahrhunderts keinen Sonderweg. Vielmehr knüpften sie an pädagogische Konzepte und Diskussionen an, die auch in Deutschland – insbesondere im niederdeutschen und oberdeutschen Sprachgebiet – seit einigen Jahrzehnten geführt wurden.[108] Einflussreiche Didaktiker wie Karl von Raumer, Adolf Gutbier und Heinrich Burgwardt setzten sich in dieser Zeit vehement für einen Unterricht ein, der auf dem Dialekt der Schuleinsteiger basiert,[109] und fanden damit bisweilen (z. B. 1855 in Oldenburg) sogar Mehrheiten in Lehrervereinigungen.[110] Aufgrund seiner breiten Rezeption besonders wirkungsvoll war der Leipziger Pädagoge Rudolf Hildebrand mit seinem auf dem Dialekt basierenden Sprachunterrichtskonzept.[111]

---

105 Ebd.: 7.
106 Greyerz 1900: 24.
107 Vgl. Schwarzenbach 1969: 405–406. Über die Details dieser Entwicklung ist wenig bekannt. Hierzu müsste eine längst fällige Geschichte des Sprachunterrichts in der Deutschschweiz Aufschluss geben.
108 Vgl. Menges 1906 sowie mit Fokus auf den niederdeutschen Sprachraum Niebaum 1979; Möhn 1983; Herrmann-Winter 2000; Drechsel 2004.
109 Vgl. Raumer 1857: insb. 102–103; Gutbier 1853, 1854; Burgwardt 1857.
110 Vgl. Möhn 1983: 638–639.
111 Hildebrands viel zitierte These dazu lautet: „Das Hochdeutsch, als Ziel des Unterrichts, sollte nicht als etwas für sich gelehrt werden [...], sondern im engsten Anschluß an die in der Klasse vorfindliche Volkssprache." (Hildebrand 1868: 73, Erörterungen dazu: 114–130) Zu Recht betont Möhn 1983: 63, dass Hildebrand insgesamt „weniger das Verdienst der neuen Konzeption als vielmehr das ihrer wirkungsvollen Vertretung zukommt".

Dass diese in Deutschland geführte Diskussion in der Schweiz rezipiert wurde, zeigen verschiedene, zum Teil explizite intertextuelle Verweise auf Hildebrand als anerkannte Autorität in dieser Frage.[112]

Fremdsprachendidaktische Methoden im ‚muttersprachlichen' Unterricht
Unabhängig davon, ob man dem Hochdeutschen letztlich fremdsprachlichen Charakter beimass oder nicht, war man sich in der pädagogischen Diskussion zumindest einig, dass Dialekt und Hochdeutsch zwei unterschiedliche sprachliche Gestalten seien, deren Sprachstruktur und -material sich in vielfältiger Weise voneinander unterscheiden. Auf diesem Bewusstsein sprachlicher Differenz basierten auch die neuen methodischen Ansätze des ‚muttersprachlichen' Unterrichts, die seit Mitte der 1860er Jahren zunehmend an Bedeutung gewannen und ursprünglich aus der Fremdsprachendidaktik stammten.

Dazu gehörte in erster Linie die ‚vergleichende Methode'.[113] Sie zielt darauf ab, den Lernenden die (formalen) Unterschiede zwischen Ausgangs- und Zielsprache bewusst zu machen. Noch bevor es zu einschlägigen theoretischen Abhandlungen kam, wurde bereits ein erster praktischer Versuch unternommen, den vergleichenden Sprachunterricht in den Deutschschweizer Schulen beliebt zu machen. Mit dem *Deutschen Sprachbuch für höhere allemannische Volksschulen* unternahm es der Schaffhauser Johannes Meyer 1866 als erster, die vermeintlich „völlig neue Methode" für den Schulalltag praktisch umzusetzen.[114] Das Hauptaugenmerk liegt bei ihm auf konkreten Aufgaben, anhand derer die Unterschiede der Varietäten auf den verschiedenen sprachlichen Rängen solange geübt werden sollen, bis sie „in Fleisch und Blut des Schülers übergehen" und er sie „im Schlafe zu brauchen" weiss.[115] Meyer zielt damit in erster Linie

---

112 Insbesondere auf Hildebrand wird in den untersuchten Quellen wiederholt explizit verwiesen (vgl. z. B. Hug 1884: 85; Schnorf 1890: 80). Dass von gut informierten Schweizer Pädagogen aber auch die weiter gefächerte deutsche Debatte rezipiert wurde, darauf deuten vereinzelte Verweise auf weitere, zum Teil ältere Texte hin (vgl. z. B. [Anonym.] 1866a: 25–27; Greyerz 1900: 21–29).
113 Vgl. dazu bereits Weber 1984: 147–148. Im Gegensatz zu Weber benutze ich den Terminus ‚vergleichend' nicht ausschliesslich für einen Unterricht, der den Schülerinnen und Schülern die (formalen) Unterschiede bewusst machen will, sondern allgemeiner für einen Unterricht, der das Hochdeutsche nicht aus sich selbst, sondern durch Vergleich und Übertragung vom Dialekt und in den Dialekt vermittelt.
114 Vgl. Meyer 1866: hier: X. Meyers Einschätzung, es handle sich um „eine völlig neue Methode", wird in einer Rezension mit Verweis auf verschiedene ideelle Vorgänger zu Recht als anmassend disqualifiziert (vgl. [Anonym.] 1866a). Zu Meyers vergleichender Methode vgl. auch Schwarzenbach 1969: 402–404.
115 Meyer 1866: X.

auf die Ausbildung eines sprachreflexiven Bewusstseins der Unterschiede zwischen den Varietäten.[116]

In der Sache fand Meyers Sprachbuch durchaus Zuspruch,[117] was auch damit zu erklären ist, dass viele zeitgenössische Pädagogen vertraut waren mit den Ideen des vergleichenden Unterrichts, der – wenngleich nicht unbedingt theoretisch reflektiert – in der Schulpraxis bereits seit längerem angewandt wurde.[118] Kritisiert wurde freilich, dass Meyers praxisorientierter Versuch erst in den ‚höheren Volksschulen', d. h. in den oberen Klassen (5.–6. Schuljahr), zur Anwendung kommen sollte.[119]

Diese Kritik teilte auch sein Aargauer Berufskollege Joseph Victor Hürbin in einer 1867 erschienenen Denkschrift zum Thema.[120] Ihr zufolge soll der vergleichende Unterricht nur in den ersten vier Schuljahren stattfinden und der Dialekt danach nicht mehr systematisch angewandt werden.[121] Als weitere wesentliche Änderung sieht Hürbin nur mündliche und nicht auch schriftliche Übertragungen vom Dialekt ins Hochdeutsche vor.[122] Die methodische Berücksichtigung des Dialekts beim Hochdeutscherwerb fungiert in seiner Unterrichtskonzeption einerseits als Mittel der Verständnissicherung, und andererseits sollen dadurch – wie bereits bei Meyer – die Unterschiede zwischen den Varietäten deutlicher aufgezeigt werden. Davon erhofft sich der Aargauer eine doppelte Wirkung: mit Blick auf das Hochdeutsche einen Rückgang von mundartlichen Transferenzen und eine Verbesserung in Aussprache, Rechtschreibung und Grammatik; mit Blick auf die Dialekte deren Schutz vor hochdeutschen Transferenzen und den Erhalt einer ‚reinen' Mundart.[123]

---

116 Vgl. ebd.
117 Vgl. [Anonym.] 1866a: 25. In der Nachfolge Meyers entstanden weitere Lehrmittel, die auf einen vergleichenden Sprachunterricht ausgelegt waren (vgl. z. B. Schmid 1876).
118 In seiner Autobiographie berichtet beispielsweise Jakob Stutz über den von ihm erteilten Unterricht: „Ferner erzählte ich ihnen die Abschnitte aus der biblischen Geschichte, der Vaterlands-, Welt- und Naturgeschichte, Geographie etc. nur in der Mundart, was alles sie in's Schriftdeutsche übersetzen und in ihre Tagebücher schreiben und nachher wieder im Dialekt erzählen mussten." (Stutz 2001 [1853]: 421); an anderer Stelle ist davon die Rede, dass Schulkinder an die Wandtafel geschriebene Sätze im Dialekt übersetzen mussten (vgl. W. 1835: 83; [Anonym.] 1840: 417).
119 Vgl. [Anonym.] 1866a; Hürbin 1867.
120 Vgl. Hürbin 1867: 27.
121 Vgl. ebd.: 28.
122 Vgl. ebd. Hürbin spricht ausdrücklich von ‚Übertragungen' und nicht von ‚Übersetzungen', weil bei ‚Übersetzen' „leicht an ein wörtliches Wiedergeben gedacht werden könnte", das dann häufig „zu jenem mundartlichen Schriftdeutsch [führt], das verworfen werden muß" (ebd.: 44).
123 Vgl. Hürbin 1867: 29, 31–44. Zu den dialektpflegerischen Motivationen und Absichten im Kontext der Etablierung eines vergleichenden Sprachunterrichts s. u. Kap. 11.3.3.

Mit Hürbins Vorschlägen war der Rahmen für die ‚vergleichende Methode' im Muttersprachunterricht in Grundzügen abgesteckt, so dass seine Ideen auch zwanzig Jahre später noch aktuell waren, als er seinen Text auf Wunsch von Kollegen noch einmal neu auflegte.[124] Daran änderten auch einzelne Vorschläge zur Erweiterung dieser Unterrichtskonzeption nichts, unter ihnen der, zusätzlich zu praktischen Übersetzungsübungen auch im Grammatikunterricht der oberen Klassen vom Vergleich zwischen dialektalen und hochdeutschen Formen auszugehen.[125] Einig war man sich vor allem über den methodischen Wert mündlicher Übertragungsübungen. Ob auch geschriebener Dialekt übersetzt werden solle, darüber gingen die Meinungen – wie schon bei Meyer und Hürbin – auseinander. Während die einen darin eine zusätzliche Möglichkeit begrüssten, es zur gewünschten Fertigkeit in der Zielsprache zu bringen,[126] befürchteten andere das Aneignen zweier Schriftbilder führe zu zusätzlicher Belastung.[127] Eine Mittlerposition erachtete Übertragungen von Dialekttexten für sinnvoll, wollte dafür aber eine gewisse Lesekompetenz voraussetzen.[128]

Ungeachtet solcher methodischer Detailfragen: Das Prinzip, den Dialekt einerseits zum Ausgangspunkt des Sprachunterrichts zu machen, indem man das Hochdeutsche mittels Übertragungsübungen lernt, andererseits den Dialekt als didaktisches Instrument der Verständnissicherung zwischen Klasse und Lehrperson einzusetzen, wurde im letzten Drittel des 19. Jahrhunderts ohne viel Widerstand begrüsst. Parallel dazu setzte sich bei vielen Pädagogen und Didaktikern die Auffassung durch, dass in einer in diesem Sinne „*rationellen, methodischen Verwendung des Dialektes*" die „conditio sine qua non des sichern Erklimmens *aller Sprossen* an der Leiter des Sprachunterrichts" liege[129] – wie es 1876 in einem Lehrmittel heisst.

Neue und längerfristig wirksame Impulse in der Methodenfrage kamen Ende der 1870er Jahre von Jost Winteler.[130] Noch konsequenter als seine Vorgänger propagiert er die Fokussierung auf Gemeinsamkeiten und Unterschiede zwischen Dialekt und Standardvarietät als Methode des Sprachunterrichts.[131] In der bereits erwähnten Schrift *Über die Begründung des deutschen Sprachunterrichts auf die Mundart des Schülers* konzipiert er einen zweistufigen Sprachun-

---

124 Vgl. Hürbin 1896.
125 Vgl. Hollmann 1869: 17–18.
126 Vgl. z. B. [Anonym.] 1868a: 345.
127 Vgl. z. B. [Anonym.] 1866a: 27.
128 Vgl. z. B. Utzinger 1887b: 313; Greyerz 1900: 19.
129 Schmid 1876: 1, Herv. i. O. gesperrt.
130 Vgl. Winteler 1878.
131 Vgl. dazu auch Weber 1984: 148–150.

terricht, der zunächst ausschliesslich das zwischen beiden Varietäten Gemeinsame zur Sprache bringt, so dass „die Wörter und Sätzchen, mit denen das Kind bekannt gemacht wird, [...] so viel als möglich ebenso gut mundartlich wie schriftdeutsch sein [sollen]".[132] Erst wenn der Schüler das gemeinsame Material beherrscht, sollen in einer zweiten Phase mithilfe eines Übungsbuches „nach methodischen Grundsätzen die Abweichungen des Schriftdeutschen von der Mundart" gelernt werden.[133]

Obschon bereits Meyer und Hürbin in ihren Unterrichtskonzeptionen ein besonderes Gewicht darauf legen, die Differenzen der beiden Varietäten zu vermitteln,[134] fokussiert Winteler noch viel konsequenter auf einen rein praktischen, auf die sprachsystematischen und lexikalischen Differenzen der Varietäten abzielenden Sprachunterricht. Die von ihm vorgeschlagene Methodik der modernen Fremdsprachendidaktik hält er für besonders effizient, da sie vorwiegend berücksichtige, „worin die jeweilige Fremdsprache von der dem Lernenden bekannten [Sprache, E. R.] abweicht".[135] Ein solcher *kontrastiver Unterricht*, der sich ganz auf die Inkongruenzen zwischen den Varietäten konzentriert, bedeutete eine deutliche Zuspitzung der bereits früher vorgeschlagenen und praktizierten ‚vergleichenden' Methode, die in der Regel noch ohne systematische Vermittlung der Gemeinsamkeiten und ohne klare Fokussierung auf die Abweichungen zwischen den Varietäten auskam.[136]

Winteler, der diesen ‚kontrastiven' Ansatz als erster in aller Konsequenz fordert, darf als Schlüsselfigur bei der Einführung des „Kontrastivitätsprinzips"[137] in die Deutschschweizer Didaktik gelten, das in der Folge von vielen Pädagogen aufgegriffen wird.[138] Auch Otto von Greyerz, der zur Jahrhundert-

---

132 Winteler 1878: 8.
133 Vgl. Ebd.: 8–9.
134 Vgl. Meyer 1866: X; Hürbin 1867: passim, ferner auch Mörikofer 1838: 79–80.
135 Winteler 1878: 5.
136 Weber 1984: 147–148 konstatiert einen kategorialen Unterschied zwischen der ‚vergleichenden' und der ‚kontrastiven' Methode. Meines Erachtens scheint die Differenz zwischen beiden Ansätzen jedoch weniger prinzipiell zu sein, als dies Weber suggeriert. Beide verfolgen das Ziel einer deutlichen Bewusstwerdung der sprachmateriellen (lexikalischen) und -systematischen (grammatischen) Unterschiede bei den Schülerinnen und Schülern. Das ‚kontrastive' Verfahren, das den Übungsbereich beschränkt, wäre dann als stoffliche Fokussierung des übergeordneten ‚vergleichenden' Verfahrens zu verstehen. Der Terminus ‚kontrastiv' in Abgrenzung von dem zeitgenössisch allgemein verwendeten Begriff ‚vergleichend' macht aus heutiger Perspektive allerdings durchaus Sinn, da er auf die Ansätze der kontrastiven Linguistik verweist, die besonders in den 1950er und 1960er Jahren eine wichtige Rolle für die Fremdsprachendidaktik spielte (vgl. Reimann 2014: 13–15).
137 Vgl. Weber 1984: 144.
138 Vgl. z. B. Hug 1884: 85; [Anonym.] 1899b: 260.

wende das Kontrastivitätsprinzip in einem Schulbuch praktisch umsetzt, stützt sich darauf.[139] Mit den theoretischen und praxisbezogenen Arbeiten des Berners erlebt das Kontrastivitätsprinzip einen ersten Höhepunkt, und seine *Deutsche Sprachschule für Berner* (1900) mit ihren Übertragungsübungen prägte die Lehrmittel und den Deutschunterricht in der deutschen Schweiz weit bis in die erste Hälfte des 20. Jahrhunderts hinein.[140]

Zusammenfassend lässt sich feststellen, dass sich der Dialekt im letzten Drittels des 19. Jahrhunderts in der Deutschschweizer Didaktik als integrales Mittel des Sprachunterrichts etablierte und zum Ausgangs- und Referenzpunkt des schulischen Hochdeutscherwerbs wurde. Das Prinzip, Hochdeutsch durch den Vergleich bzw. die Kontrastierung mit dem Dialekt zu erlernen, wurde aus der Fremdsprachemethodik adaptiert und setzte sich bis Ende des 19. Jahrhunderts bei den einflussreichen Didaktikern und in vielen Schulen durch.[141] Zentral dafür war ein Bewusstsein der systematischen Differenzen zwischen den alemannischen Dialekten und dem Standarddeutschen. Für wichtige Akteure wie Winteler und von Greyerz rechtfertigte das Ausmass der Unterschiede gar, vom Hochdeutschen als einer Art Fremdsprache zu sprechen. Die Vorstellung eines Muttersprache/Fremdsprache-Verhältnisses zwischen Dialekt und Hochdeutsch liess die Adaption fremdsprachendidaktischer Methoden und deren Integration in den deutschschweizerischen Sprachunterricht letztlich nicht nur als naheliegend, sondern auch als didaktisch gewinnbringend erscheinen. Dabei darf mit einigem Recht davon ausgegangen werden, dass die fremdsprachendidaktische Methodik in der Schule ihrerseits das Selbstverständnis vieler Schülerinnen und Schüler, mit dem Hochdeutschen eine (erste) Fremdsprache zu erlernen, nachhaltig prägte.

Dennoch: Die quasi-fremdsprachliche Behandlung des Hochdeutschen in der Schule führte im Umkehrschluss nicht auch zu Forderungen, die ‚eigentliche' Muttersprache, den Dialekt, als Unterrichtsgegenstand *sui generis* zu be-

---

139 Vgl. Greyerz 1900: 24–25: „Im Gegensatz zum bisher verbreiteten Grammatikunterricht sollen diese Uebungen den Schüler bloss mit dem Fremdartigen, Unbekannten, das die Schriftsprache für ihn hat, vertraut machen. [...] Alles, was sich aus der Mundart von selbst versteht, wird weggelassen."
140 Vgl. Schwarzenbach 1969: 405–406. Nach Schwarzenbach hat zumindest im Kanton Zürich sogar erst in den 1960er Jahren die „direkte Schulung des Schriftdeutschen [...] die vergleichende [...] abgelöst" (ebd.: 406).
141 Von ausserhalb mochte die zentrale Stellung des Dialekts im Deutschschweizer Unterricht übertrieben und unpassend erscheinen, wie das Urteil eines Wiener Beobachters bezeugt, der sich bereits Ende der 1870er Jahre darüber wundert und zum Schluss gelangt, dass damit dem Dialekt „doch zu viel Ehre angethan" werde ([Anonym.] 1878a: 2).

rücksichtigen. Als solcher wurde er im didaktischen Diskurs des letzten Jahrhundertdrittels nie erwogen. Wie verschiedentlich ausdrücklich betont, wurde seine systematische Berücksichtigung in der Schule nicht als Selbstzweck, sondern als Mittel zur Erreichung des Lernziels Hochdeutsch verstanden.[142] Durch die Kontrastierung der Varietäten sollte die Deutschschweizer Jugend zu einem klareren Bewusstsein für deren sprachliche Differenzen gelangen und damit jene Schwierigkeiten überwinden, „welche die Mundart dem hochdeutschen Sprachgebrauch entgegensetzt".[143] Durch den dadurch erhofften Rückgang lexikalischer und grammatikalischer Transferenzen sollte ein sprachliches „Mischmasch"[144] verhindert und das Hochdeutsche verbessert werden. Des Weiteren erhoffte man sich durch das Bewusstmachen der phonologischen Unterschiede auch eine reinere Aussprache und eine verbesserte Rechtschreibung.[145]

War man sich darin einig, dass in der Volksschule der Dialekt nur Mittel zum Zweck des Hochdeutschen sein konnte, so wurde für die höheren Schulen vereinzelt der Dialekt auch als Unterrichtsgegenstand gefordert. 1877 folgte an der Versammlung des *Vereins schweizerischer Gymnasiallehrer* eine Mehrheit dem Referenten Bäbler,[146] der die Ansicht vertrat, die Mundart müsse in höheren Schulen dazu dienen, in „elementar-wissenschaftlicher Weise" Einsicht zu geben in den „Bau unserer Sprache" – sowohl des Neuhochdeutschen als auch des Mittelhochdeutschen.[147] Der Basler Philologe Adolf Socin schlägt 1891 vor, das Mittelhochdeutsche im engen Vergleich zum Dialekt zu vermitteln. Der Vergleich vermittle den Eigenwert des Dialekts und trete der Anschauung entgegen, „dass die Mundart nur ein verderbtes Schriftdeutsch sei", auf dass der Schüler den Dialekt „um so sorgfältiger in Ehren hält".[148] In solcher Dialektpflege sieht Socin letztlich ein „patriotische[s] Moment", da eine offene, positive Haltung gegenüber dem Dialekt diesen als die „Hauptwurzel der schweizerischen Selbständigkeit" stärke.[149] Unversehens wird nun auch die Volksschule zum Ort sprachpflegerischer und damit patriotischer Intentionen.

---

142 Vgl. z. B. Utzinger 1887b: 311; Hollmann 1869: 17–18; Steiger 1873: 201; Hug 1884: 85; Schnorf 1890: 81.
143 Utzinger 1887a: IV.
144 Hürbin 1867: 42.
145 Vgl. Hürbin 1867: 31; Florin 1896: 166.
146 Vgl. [Anonym.] 1877a: 217, 1877b: 2.
147 Vgl. Bäbler 1878: 13.
148 Socin 1891: 139
149 Vgl. ebd.

11.3.3 Sprachpflege. Sprachpolitische Anforderungen an die Schule

Im vorangegangenen Abschnitt wurde gezeigt, dass die systematische Berücksichtigung des Dialekts im Unterricht mit konkreten didaktischen Hoffnungen und Absichten verknüpft war. Vom methodisch kontrollierten Einbezug des Dialekts in den Unterricht versprach man sich vielfach eine Verbesserung der mündlichen, aber auch schriftlichen Hochdeutschkompetenz der Lernenden. Neben dieser didaktischen Motivation finden sich im pädagogischen Diskurs aber bereits früh auch dialektpflegerische Interessen. Viele der Texte, die didaktisch argumentieren, hegen zugleich auch die sprachpolitische Absicht, durch die systematische Berücksichtigung des Dialekts, diesen vor hochdeutschen Transferenzen zu schützen und ihm sein Recht als Alltagsvarietät zu wahren.

Wertigkeit des Dialekts vermitteln und fördern
Vor dem Hintergrund der zunehmenden Bedeutung des Hochdeutschen in Schule und Gesellschaft nehmen im letzten Drittel des 19. Jahrhunderts sprachpolitische Forderungen zu. Die Schule, so die dominierende Ansicht, dürfe den Dialekt weder sozial noch sprachmateriell stigmatisieren, sondern habe im Gegenteil ein positives Bewusstsein der Dialekte zu vermitteln. Besonders angegangen wird gegen die Auffassung, die Dialekte seien im Vergleich minderwertige Varietäten des Deutschen. Von den Lehrpersonen wird gefordert, stattdessen den Standpunkt zu vertreten, beide Varietäten seien „objektiv gleichwerthig"[150] und besässen ihre je eigenen Vorzüge.

Bereits 1844 wird an der Versammlung der *Schweizerischen Gemeinnützigen Gesellschaft* nicht nur der Schutz der Mundarten vor hochdeutschen Einflüssen als zentrale Aufgabe der Schule festgelegt, sondern man verwahrt sich bereits damals gegen die Stigmatisierung und Abwertung der Dialekte durch die Lehrerschaft.[151] Und auch als das Verhältnis von Dialekt und Hochdeutsch im pädagogischen Diskurs des letzten Jahrhundertdrittels erneut und nunmehr intensiver diskutiert wird, ist die Stigmatisierung des Dialekts durch die Schule ein Thema. Ein Beitrag in den *Blättern für die christliche Schule* belegt dies eindrücklich:

> Vor Allem hat sich der Lehrer zu hüten, die Mundart darzustellen als einen bloßen Sprachbehelf für ungebildete Leute, als eine nur geduldete Ausdrucksweise niedern Ranges, als einen Abfall und eine Verschlechterung der Schriftsprache. Er soll frei ihr Recht zu bestehen, anerkennen und sie den Schülern zeigen als etwas der Schriftsprache Ver-

---
[150] Adank 1884: 119.
[151] Vgl. Vögelin 1844: 102–103, s. zudem o. Kap. 11.2.4.

wandtes, nicht als deren Gegensatz. Er wird daher mundartliche Ausdrücke in der Schule nicht schlechtweg mit einem geringschätzigen „Kannitverstan" oder „das ist falsch" zurückweisen; er wird lieber sagen: das ist nicht schriftdeutsch.[152]

Auch andere Texte belegen diese Haltung. Aus bewusstseinsgeschichtlicher Perspektive spielte dafür die an anderer Stelle dargestellte Überwindung korruptionstheoretischer Vorstellungen und die Ausbildung eines Verständnisses der Dialekte als natürlich entwickelte Sprachformen eigenen Rechts eine entscheidende Rolle (s. o. Kap. 6.4). Auf Grundlage dieses Dialektverständnisses fordert auch Otto Sutermeister, dass „die Jugend bei dem lebendigen Bewußtsein erhalten wird, daß ihre angeborne individuelle Sprache eine vernunftgemässe und menschenwürdige Sprache ist, daß auch nach dem Wortlaut die Stimme des Volkes eine Gottesstimme ist".[153]

Ein positives Dialektbewusstsein sollte jedoch nicht nur über die persönliche Einstellung der Lehrpersonen gefördert werden, sondern ebenso durch die sachliche Vermittlung von sprachmateriellen Aspekten, zum Beispiel der grammatischen Regelhaftigkeit oder der lexikalischen Produktivität, aber auch durch die besondere Qualität des Dialekts im Bereich der sinnlichen Lexik.[154] Der Einsatz von Dialektliteratur im Unterricht sollte das Bewusstsein um die Gleichwertigkeit der Varietäten zusätzlich noch stärken. Während Dialekttexte bereits früh Eingang in Schulbücher und Fibeln fanden, zunächst aber primär als Vorlagen für Übertragungsübungen betrachtet und eingesetzt wurden,[155] wurden sie als Unterrichtsstoff, an dem sich die literarische und die patriotische Bedeutung des Dialekts vermitteln liess, erst gegen Ende des Jahrhunderts eingefordert.[156] So möchte etwa Jost Winteler 1895 die dialektliterarischen Stücke in den Lesebüchern nutzen, um „auf die Berechtigung und die Vorzüge unserer Mundart aufmerksam zu machen".[157] Und im Kanton Zürich wurde 1899 an der Sitzung des Lehrerkonvents beantragt, dem Dialekt „als Träger unserer Volksart" durch die Aufnahme von Volksliedern und volkstümlicher Dichtung in den Unterricht vermehrt Rechnung zu tragen.[158]

Im Kontext einer zunehmenden nationalsymbolischen Aufladung der Dialekte und einer neoromantischen Rückbesinnung auf das Heimatliche und Eige-

---

[152] Steiger 1873: 202.
[153] Sutermeister 1859: 19.
[154] Vgl. Werder 1878.
[155] Vgl. z. B. Utzinger 1887b: 313; Adank 1884: 115; Schurter 1894: 137.
[156] Vgl. Trümpy 1971: 70.
[157] Winteler 1895: 12.
[158] Vgl. Wegmann/Fürst/Suter 1899: 163.

ne wurde die schulische Sprachbildung so in den letzten Jahrzehnten des 19. Jahrhunderts zu einem wichtigen Zielbereich sprachpolitischer Anliegen.[159]

Indirekte Dialektpflege durch die Förderung des Varietätenbewusstseins
Das sprachpolitische Anliegen, in der Schule die nötige Wertschätzung gegenüber den Dialekten zu vermitteln, wurde zeitgenössisch um Forderungen ergänzt, die Schule müsse insbesondere der sprachlichen Reinheit beider Varietäten mehr Aufmerksamkeit schenken. Am Ursprung dieser Forderungen stand einerseits die Kritik, in den Volksschulen würde noch allzu oft „ein mundartliches Schriftdeutsch"[160] und damit „ein Mittelding von höchst zweifelhaftem Werte"[161] vermittelt, andererseits der Vorwurf, die Schule sei hauptsächlich verantwortlich für den diagnostizierten ‚Verfall' der Dialekte.[162]

Vor diesem Hintergrund ist man sich in der pädagogischen Öffentlichkeit weitgehend einig, dass es nicht nur Aufgabe der Schule sei, das Hochdeutsche zu verbessern, sondern auch, „dem bedauerlichen Abschleifen der Eigenthümlichkeiten in der Mundart [...] nachdrücklich entgegenzuwirken"[163] und „die Mundart vor Verflachung und Entartung und schliesslichem Untergange [zu] bewahren".[164] Ein Gutteil der pädagogisch-didaktischen Diskurbeiträge aus dem letzten Drittel des 19. Jahrhunderts erhebt einen dialektpflegerischen Anspruch in diesem Sinne.

Als wesentliches Mittel zum Erhalt einer ‚reinen Mundart' erachtet man in diesem Zusammenhang die Ausbildung eines klareren Bewusstseins der Gemeinsamkeiten und Unterschiede zwischen Dialekt und Hochsprache in der Schule. Gerade die an anderer Stelle erörterte ‚vergleichende Methode' (s. o. Kap. 11.3.2) versprach mit ihrer kontrastierenden Vorgehensweise in dieser Hinsicht eine Verbesserung. Bereits Johannes Meyer, einem frühen Vertreter dieser Methode, war ihre dialektpflegerische und -erhaltende Wirkung zentrale Motivation für seine didaktische Konzeption. Er erhoffte sich davon nichts weniger als die Existenzsicherung der Mundarten.[165] Das Ziel eines klareren Varietätenbewusstseins zugunsten des Schutzes der Dialekte verfolgten nach Meyer viele weitere Schulmänner, darunter auch der Aargauer Otto Sutermeister, der mit einem *Antibarbarus* das Bewusstsein für lexikalische Unterschiede zwischen

---

159 Vgl. z. B. Winteler 1878: 16; Keller 1898: 73; Tobler 1890: 277.
160 Hürbin 1867: 42.
161 [Anonym.] 1878b: 155.
162 Zur Diagnose eines Dialektverfalls s. o. Kap. 9.1.
163 [Anonym.] 1872b: 53.
164 Seiler 1879: XII.
165 Vgl. Meyer 1866: XIII.

den Varietäten nicht nur in der Schule, sondern auch in den deutschschweizerischen Familien schärfen wollte.[166] Selbst Stimmen, denen der Dialekttod über kurz oder lang für unausweichlich galt, waren der Ansicht, die Schule dürfe den Sprachwandelprozess nicht unnötig beschleunigen, und anerkannten das methodische Auseinanderhalten der Varietäten als probates Gegenmittel.[167]

Ab Ende der 1870er Jahre wurde die Notwendigkeit schulischer Massnahmen zur deutlichen sprachmateriellen und -strukturellen Auseinanderhaltung der Varietäten dabei nicht mehr nur mit einem qualitativen Rückgang der Dialekte, sondern vermehrt auch mit deren nationaler Bedeutung begründet.[168] Wie die Schule in anderen Belangen, beispielsweise im Geschichtsunterricht, nationale Absichten und Ziele verfolgte,[169] erwartete man von ihr im Hinblick auf den Sprachunterricht nun die Erhaltung der „nationalen Eigenthümlichkeiten"[170] und damit der nationalen Eigenart. Besonders deutlich formuliert diese sprachpatriotische Forderung Gustav Adolf Seiler im Vorwort zu seiner 1879 erschienenen grammatisch-lexikalischen Arbeit zum Basler Dialekt:

> Der Schule heiligste Pflicht aber ist, zur Bewahrung unsrer nationalen Eigenthümlichkeit eines unsrer köstlichsten Güter, die Muttersprache, vor schmählichem Untergang zu erretten und den altehrwürdigen erebten Schatz unsern Nachkommen rein und unverfälscht zu überliefern.[171]

In ebenso pathetischer Metaphorik erklärt auch der Aargauer Jakob Hunziker 1883, er hielte es „für ein Verbrechen am geistigen Besitz des Volkes […], wenn die Schule sich zur Aufgabe stellte, die Nabelschnur zu durchschneiden, die unser Denken und Sprechen mit unserer Vergangenheit verbindet"; Pflicht der Schule sei es vielmehr, die Unterscheidung und Reinhaltung beider Varietäten systematisch zu fördern.[172] Diese patriotisch motivierte Aufforderung zur schulischen Dialektpflege kehrt in den letzten Jahrzehnten des 19. Jahrhunderts regelmässig wieder und erfährt ihren vorläufigen Höhepunkt in den Schriften Otto von Greyerz' am Jahrhundertende.[173] Die Schule, so von Greyerz' Überzeugung, müsse deshalb „durch eine scharfe Betonung des Unterschiedes dieser beiden

---

166 Vgl. Sutermeister 1880, 1881.
167 Vgl. z. B. [Anonym.] 1881: [1].
168 Zur Etablierung des engen Zusammenhangs von Dialekt/Schweizerdeutsch und Nation in der Deutschschweiz s. o. Kap. 10.
169 Vgl. Criblez/Hofstetter 1998.
170 Seiler 1879: XII.
171 Ebd., ganzes Zitat i. O. gesperrt.
172 Vgl. Hunziker 1883: 24.
173 Vgl. Greyerz 1892, 1900.

Sprachen" und durch „ein Gefühl der moralischen Verpflichtung zu reinem Sprechen" die Kinder zu optimaler Sprachkompetenz führen.[174]

Durch Massnahmen, die das Varietätenbewusstsein förderten, sollte aber nicht nur der Dialekt, sondern auch das Hochdeutsche gepflegt werden. Eine Hoffnung, die 1894 wie folgt auf den Punkt gebracht wird: „Nur bei klarem Auseinanderhalten von Dialekt und hochdeutschem Ausdruck gelangen beide zu gerechter Würdigung; nur dann arbeitet man der Bildung eines verpfuschten Dialektes und eines verdorbenen Hochdeutsch tapfer entgegen."[175]

Der Sprachunterricht hatte sich innert kürzester Zeit von einer weitgehend didaktischen zu einer gleichermassen sprachpflegerischen Aufgabe gewandelt. Den Anspruch doppelter Sprachpflege, den die Schule in den Jahrzehnten vor der Jahrhundertwende entwickelte, sollte sie bis tief in das 20. Jahrhundert beibehalten. Die damit verknüpften Erwartungen an die Bildungsinstitutionen werden 1890 vom Zürcher Universitätsprofessor und Mitbegründer des Idiotikons Ludwig Tobler geradezu programmatisch formuliert:

> [B]eide Sprachen müssen mit ihren Vorzügen und Nachteilen an einander gemessen, das Bewußtsein von beiden muß gleichmäßig geweckt und wach erhalten werden, so daß schon der Primarschüler die deutsche Sprache in zwei Gestalten oder in ihr zwei Sprachen kennen und üben lernen.[176]

In Toblers Äusserung schwingt nicht nur bereits ein modern anmutender Varietätengedanke mit, sie ist auch Beleg dafür, dass es gegen Ende des Jahrhunderts als wichtige Aufgabe der Volksschule gilt, bei der Deutschschweizer Jugend die Achtsamkeit und die Bewusstheit zu fördern für die Sprach- bzw. Varietätenhaftigkeit von Dialekt und Hochdeutsch sowie für die Legitimität beider Varietäten als Konstituenten der eigenen diglossischen Sprachkultur. Über die Jahrhundertwende hinaus noch weit bis in das 20. Jahrhundert bleibt diese Aufgabe der Schule und des Sprachunterrichts bestehen.[177]

Im Gegensatz zu solchen lediglich indirekten dialektpflegerischen Massnahmen fehlen im letzten Drittel des 19. Jahrhunderts Forderungen nach *direkteren Formen* der Dialektpflege. Nachdem in der Versammlung der *Schweizerischen Gemeinnützigen Gesellschaft* 1844 die Vorstellung, dass die Volksschule die Dialekt*kompetenz* fördern sollte, zumindest noch als Möglichkeit skizziert wurde,[178] steht ab den 1860er Jahren diese Art der Dialektförderung nicht mehr

---

174 Vgl. Greyerz 1892: 592–594, hier: 593.
175 Schurter 1894: 137.
176 Tobler 1890: 277.
177 Vgl. Weber 1984: 142–144.
178 Vgl. Vögelin 1844: 102.

zur Debatte. Zu deutlich sieht man den Dialekt im Unterricht nun als Mittel zum Zweck des Hochdeutscherwerbs (s. dazu o. Kap. 11.3.2). Entsprechend wird auch eine aktive Förderung des Dialekts durch theoretischen und praktischen Unterricht nicht als Aufgabe der Schule betrachtet.[179] Und noch ein Einwand erhebt sich vereinzelt gegen die Schule als Ort der Sprachpflege: Lokale Eigenheiten der Dialekte könnten selbst bei aktiv betriebener Dialektpflege nur von ortsstämmigen Lehrpersonen erhalten werden, die – wie es 1898 an einem Vortrag vor der Lehrerschaft der Stadt Bern heisst – „die Eigenart des Dialekts mit der Muttermilch eingesogen haben".[180] Dass eine konsequente Pflege der (lokalen) Dialekte in der Schule zu einer Zeit zunehmender Mobilität nicht mehr zu bewerkstelligen war, mussten schliesslich auch überzeugte Dialektliebhaber einsehen.[181]

Alles in allem zeigt der pädagogisch-didaktische Teildiskurs im letzten Drittel des 19. Jahrhunderts die Tendenz von einer primär pädagogisch und didaktisch motivierten Berücksichtigung der Dialekte hin zu sprachpolitischen Absichten. Ansätze zu einer gezielten, aktiv betriebenen Dialektpflege in den Schulen fehlen fast vollständig, zu deutlich sah man die gesellschaftliche Relevanz des Hochdeutschen und die diesbezügliche Vermittlerpflicht der Schule. Allerdings: Gerade die Schule sollte auch dazu beitragen, die Mundarten in ihrer Eigenständigkeit zu bewahren, indem sie der heranwachsenden Generation das Bewusstsein der Eigenwertigkeit des Dialekts schärfte und die Unterschiede zwischen den Varietäten bewusst machte. Damit wird gegen Ende des Jahrhunderts der Schule nicht mehr nur als Ort der sprachlichen Sozialisation in beiden Varietäten eine wichtige sprachpolitische Rolle zugewiesen. Sie wird auch zum Ort der Vermittlung eines sprachlichen Bewusstseins der je eigenen Sprach- bzw. Varietätenhaftigkeit von Dialekt und Hochsprache, und – unauflöslich damit verknüpft – zum Ort der Vermittlung eines Diglossiebewusstseins, dem zufolge sich die Spezifik der deutschschweizerischen Sprachsituation und -kultur gerade über die Existenz und den Gebrauch dieser ‚zwei Gestalten' des Deutschen konstituiert.

11.4 Die Schule als Kristallisationspunkt deutschschweizerischen Sprachbewusstseins

Die Schule erweist sich in der zweiten Hälfte des 19. Jahrhunderts als wichtigstes gesellschaftliches Feld der Sprachreflexion in der deutschen Schweiz. Dies

---

179 Vgl. z. B. Fries 1870: 46; Steiger 1873: 202; Adank 1884: 119; [Anonym.] 1896a: 215; Wittwer 1898: 316.
180 Wittwer 1898: 317.
181 Vgl. z. B. Adank 1884: 105–106; Wittwer 1898: 316–317.

zeigt sich auch rein quantitativ in der Fülle von Quellen im Korpus, die sich mit der Schule befassen. Für eine Sprachbewusstseinsgeschichte ist der pädagogische Teildiskurs gerade deshalb von grossem Interesse, weil er als permanenter ‚Problemherd' den Kristallisationspunkt bildet von Sprachbewusstseinsinhalten und sprachpragmatischer Praxis. So lässt sich in den fachlichen Diskussionen zur Varietätenthematik deutlich erkennen, wie – neben anderen Aspekten – auch die für den metasprachlichen Diskurs insgesamt bedeutsamen Spracheinstellungen und -ideologien die Debatten mitstrukturieren.

Fünf Aspekte sind dabei vorrangig zu nennen. Erstens: das Bewusstsein, dass der Dialekt gegenüber dem Hochdeutschen eine Sprache eigenen Rechts darstellt. Die Feststellung, dass sich in der Deutschschweiz bis ins letzte Drittel des Jahrhunderts ein auf sprachwissenschaftlichen Erkenntnissen, aber auch auf nationalen Überblendungen gründendes Bewusstsein um die Eigensprachlichkeit des Dialekts bzw. des Schweizerdeutschen etabliert hat, äussert sich beispielsweise in der vielfach manifesten Vorstellung, dass es sich beim Dialekt und dem Hochdeutschen nicht einfach um zwei Varietäten derselben Sprache handle, sondern dass letzterem durchaus fremdsprachlicher Charakter zukomme. Dies gilt nicht nur für Deutschschweizer Kinder, die in der Schule mit dieser ‚Fremdsprache' konfrontiert werden, sondern es gilt auch für den (fremdsprachen)didaktischen Ansatz, das Hochdeutsche auf der Grundlage seiner sprachsystematischen Differenzen zum Dialekt zu unterrichten. Die Forderung nach einem vergleichenden Sprachunterricht sowie die Diskussionen um die Schulsprachenfrage hängen somit eng mit einer sich in dieser Zeit entwickelnden „Fremdsprachen-Ideologie"[182] zusammen, der zufolge der Dialekt die ‚eigentliche Muttersprache' darstellt, während die Standardsprache wie eine Fremdsprache (also mit Mitteln der Fremdsprachendidaktik, d. h. durch Übersetzung) vermittelt werden müsse.

Zweitens: eine damit zusammenhängende Vorstellung sprachlicher Reinheit als erstrebenswerter Zustand. Die puristische Ideologie, die zeitgenössisch sowohl in Bezug auf die Dialekte (als sprachlicher Konservatismus) als auch in Bezug auf das Hochdeutsche (als sprachlicher Standardismus) dominierte, wird in der dem vergleichenden Unterricht zugrunde liegenden Absicht deutlich: Die Vermittlung eines Bewusstseins der Unterschiede zwischen den Varietäten sollte nicht nur ‚reines' Hochdeutsch, sondern je länger je mehr auch ‚reinen' Dialekt befördern.

Drittens: die sprachentwicklungskritische Sicht eines Dialektverfalls und die daraus abgeleiteten mundartpflegerischen Bestrebungen. Dass es erst im

---

182 Sieber 1990: 115.

letzten Drittel des Jahrhunderts ein Anliegen wird, die formale Separierung der Varietäten in der Schule zu fördern, erscheint nicht unabhängig von der mundartpessimistischen Grundstimmung, die auch in anderen Zusammenhängen zu beobachten ist (s. o. Kap. 9.1). Erst unter dem gewandelten Bewusstsein, dass der Dialekt in seiner Ursprünglichkeit zu erhalten sei, und unter dem Eindruck, dass dessen Authentizität aktuell gefährdet sei, wird auch im pädagogischen Diskurs sowohl die Unterrichtssprache als auch die Rolle des Dialekts in der Volksschule überhaupt zum Thema. Dabei ist zu beobachten, dass im Zuge der Entstehung erster mundartpflegerischer Bemühungen im schulischen Kontext auch die zunächst stärker didaktisch motivierte Separierung der Varietäten zunehmend unter dem Gesichtspunkt der Sprachpflege und -reinigung gefordert wird. Im Werk von Otto von Greyerz fallen diese Perspektiven schliesslich unauflöslich zusammen.

Viertens: die ambivalente Haltung gegenüber dem Hochdeutschen als sowohl fremde als auch eigene Sprache. Wie oben erwähnt, hängt die Auffassung des Hochdeutschen als fremde Sprache eng mit dem Selbstverständnis zusammen, dass der Dialekt, das Schweizerdeutsche die eigentliche Muttersprache der Deutschschweizerinnen und Deutschschweizer sei. Die Spracherwerbssituation sowie das sprachhistorische und dialektologische Wissen um die sprachmateriellen und -strukturellen Differenzen zwischen dem Alemannischen und dem Hochdeutschen gaben aus sprachwissenschaftlicher Sicht plausible Argumente für die Rede vom Hochdeutschen als Fremdsprache an die Hand. Eine entsprechende Auffassung kommt in der Schule nicht nur, aber in besonderer Weise in den fremdsprachendidaktischen Methoden des Deutschunterrichts zum Ausdruck. Auf der anderen Seite zeugt die konsensuale Absicht, das Hochdeutsche als Unterrichtssprache zu fördern und die Hochdeutschfertigkeiten der Schulkinder in Wort und Schrift zu verbessern, von einem Selbstverständnis, das das Hochdeutsche als eigene Schrift-, Kultur- und Gemeinsprache und damit als konstitutiven Teil der deutschschweizerischen Sprachkultur begreift.

Fünftens: das Selbstverständnis einer diglossischen Sprachkultur. Sie hängt unmittelbar mit dem ersten und dem vierten der genannten Aspekte zusammen. In den pädagogischen Auseinandersetzungen um das Verhältnis von Dialekt und Standardsprache wird besonders deutlich, dass die Diglossie im letzten Drittel des 19. Jahrhunderts als spezifisch deutschschweizerisches Sprachverteilungsmodell akzeptiert und nicht mehr infrage gestellt wurde. Zwar wurde in den Schulen das Hochdeutsche zuungunsten der Dialekte gestärkt, was auf das oben erwähnte Selbstverständnis des Hochdeutschen als Teil der Deutschschweizer Sprachkultur verweist. Die Förderung des Hochdeutschen in der Schule war aber ausdrücklich nicht mit der Absicht verknüpft, dem Dialekt seine Stellung als Alltagsvarietät streitig zu machen. Vielmehr versuchte man, durch die

Zugeständnisse an den Dialekt als Unterrichtssprache zu Schulbeginn, durch dessen didaktische Integration beim Hochdeutscherwerb und durch Massnahmen zur Dialektpflege der besonderen pragmatischen und ideellen Stellung des Dialekts in der Deutschschweiz gerade auch in der Schule Rechnung zu tragen. Der daraus entstandene Kompromiss, der Dialekt und Hochdeutsch als ‚zwei Gestalten' der schweizerischen Sprachkultur vermittelt, ist damit nicht nur als Resultat eines zeitgenössischen Diglossiebewusstseins zu verstehen, sondern er beförderte dieses mittel- und langfristig seinerseits wohl massgeblich.

Diese allgemeinen Strukturen und die damit verbundenen Einschätzungen und Einstellungen im metasprachlichen Diskurs werden im pädagogischen Teildiskurs nicht nur neu aktualisiert und verstärkt, sondern sie konstituieren dessen Argumentationen und Positionen letztlich selbst massgeblich mit.

V Synthese

12 Schweizerdeutschdiskurse im 19. Jahrhundert – Hauptlinien und Zusammenfassung

Das Erkenntnisinteresse dieser Arbeit war ein doppeltes: Erstens sollte die Frage beantwortet werden, wie und in welchen gesellschaftlichen Zusammenhängen man sich in der deutschen Schweiz im 19. Jahrhundert öffentlich über das Schweizerdeutsche und dessen Verhältnis zum Hochdeutschen verständigte, kurz: wie die Schweizerdeutschdiskurse strukturiert waren. Zweitens sollte geklärt werden, welche Reflexe kollektiven Sprachbewusstseins in Form von Spracheinstellungen und -auffassungen im metasprachlichen Diskurs beobachtbar sind, welche diachrone Variabilität und Konstanz diesbezüglich im Untersuchungszeitraum festzustellen ist und inwiefern dabei sprachbewusstseinsgeschichtliche sowie gesellschafts- und kulturgeschichtliche Prozesse ineinandergreifen oder sich wechselseitig bedingen.

In den vorangegangenen empirischen Kapiteln wurde diesen beiden Fragen unter verschiedenen Gesichtspunkten nachgegangen. In diesem abschliessenden Teil der Arbeit sollen die Ergebnisse in einer Synthese zusammengeführt werden. Dazu werden im Folgenden die Befunde zur diachronen Entwicklung und zu den jeweils relevanten Themen und Auffassungen, welche die Schweizerdeutschdiskurse prägen, zusammengefasst und geschärft sowie deren zentrale strukturelle Merkmale dargestellt (Kap. 12). Noch nicht geklärt ist damit allerdings, welche grundlegenden bewusstseinsgeschichtlichen Prozesse das deutschschweizerische 19. Jahrhundert prägten. Daran anschliessend werden deshalb zentrale Aspekte einer Sprachbewusstseinsgeschichte der deutschen Schweiz des 19. Jahrhunderts skizziert und auf ihre Interdependenzen mit politik- und gesellschaftsgeschichtlichen Entwicklungen hingewiesen (Kap. 13). Die Arbeit schliesst mit einem Ausblick auf Kontinuitäten und Variationen deutschschweizerischen Sprachbewusstseins im 20. und 21. Jahrhundert (Kap. 14).

12.1 Diskursgeschichtliche Entwicklungen im Überblick

In den ersten beiden Jahrzehnten des 19. Jahrhunderts legte der Entlebucher Pfarrer Franz Joseph Stalder mit seinen mundartkundlichen Arbeiten den Grundstein für eine wissenschaftliche Beschäftigung mit den Dialekten in der deutschsprachigen Schweiz. Stalders Werk stellte nicht nur erstmals die Fülle und Diversität deutschschweizerischer Dialekte dar, sondern berücksichtigte auch sprachhistorische Gesichtspunkte, die den Nachweis des hohen Alters der

Dialekte erbringen sollten. Wenngleich bereits früher insbesondere durch Johann Jakob Bodmer den schweizerdeutschen Dialekten Aufmerksamkeit geschenkt wurde, dürfen Stalders Arbeiten als Ausgangspunkt der Schweizerdeutschdiskurse des 19. Jahrhunderts gelten. Mit seinen frühdialektologischen Werken weckte er bei einer breiteren bürgerlichen Gebildetenöffentlichkeit ein neues Interesse am sprachlichen Erbe der Schweiz und stand damit am Anfang einer neuen Ära der öffentlichen Beschäftigung und Auseinandersetzung mit dem Schweizerdeutschen.

Abgesehen von kleineren Textpassagen insbesondere auch in ausländischen Reiseberichten fehlen im frühen 19. Jahrhundert, als Stalder seine Werke veröffentlichte, jedoch Texte, die sich den Deutschschweizer Dialekten und ihrem Verhältnis zur Standardsprache gewidmet hätten. Erst in den 1820er Jahren vor dem Hintergrund einer zunehmend wahrnehmbaren Diskrepanz zwischen dem Varietätengebrauch in Deutschland und demjenigen in der Schweiz erhielt die Frage, welches Verhältnis zwischen den Varietäten angemessen sei, neue Dynamik. Neben Beiträgen, die den ausgeprägten Dialektgebrauch in gebildeten Kreisen und in der Öffentlichkeit kritisierten, erhoben sich nun vor allem Stimmen, die sich gegen eine Stigmatisierung der Dialekte wandten und sich für den Fortbestand des Schweizerdeutschen als Alltagsvarietät stark machten. Der Fokus entsprechender Beiträge lag bis in die Jahrhundertmitte auf der Frage nach der *Legitimation des Dialektgebrauchs* in der bürgerlichen Gesellschaft der Moderne und auf der Frage nach einer angemessenen Varietätenverteilung. Als Reaktion auf dialektstigmatisierende Tendenzen betonten diese Stimmen häufig den sprachlichen Eigenwert der Dialekte sowie deren Vorzug für alltägliche Kommunikationszusammenhänge, wodurch letztlich ganz allgemein die Stellung der Dialekte systematisch aufgewertet wurde.

Bereits in diesen Diskussionen kam der *Schweizer Nation als Fluchtpunkt* argumentativ Bedeutung zu. Im Kontext der Korrelation von ‚Sprache' und ‚Volk'/‚Nation' spielte die Vorstellung einer eigenen schweizerischen ‚Nationalvarietät' in Gestalt des Schweizerdeutschen eine entscheidende Rolle. Ausgehend von der Überzeugung eines unmittelbaren Zusammenhangs von Sprache und Sprechergemeinschaft wurden die Dialekte im Laufe des Jahrhunderts zunehmend als Ausdruck und konstitutives Moment eines schweizerischen ‚Nationalcharakters' oder ‚Volksgeistes' betrachtet. Spätestens in der zweiten Hälfte des 19. Jahrhunderts wurde das Schweizerdeutsche endgültig zu einem sprachlichen Nationalsymbol der deutschen Schweiz: Als Gegenpol zum Hochdeutschen fungierte es gegen innen als Gegenstand nationaler Identitätsstiftung und gegen aussen als Symbol der Abgrenzung gegen das sich politisch konsolidierende Deutschland.

Vor dem Hintergrund dieser gemeinschaftsstiftenden Bedeutung des Schweizerdeutschen erwies sich die dialektbefürwortende Diskursposition spätestens ab der Jahrhundertmitte als dominant, so dass dialektkritische Stimmen, die die Berechtigung der Deutschschweizer Dialekte als Alltagsvarietäten grundsätzlich infrage stellten, in der zweiten Jahrhunderthälfte nicht mehr zu vernehmen sind. Es deutet vieles darauf hin, dass der Nationalisierungsschub im Gefolge der Nationalstaatengründung von 1848 die Stellung des Dialekts als Nationalsymbol weiter stärkte und wesentlich dazu beitrug, dass schweizerdeutschkritische Stimmen nach der Jahrhundertmitte fehlen. Die Dialekte bedurften zu diesem Zeitpunkt keiner politischen und keiner gesellschaftlichen Legitimation mehr.

Es scheint daher auch nicht zufällig, dass sich in der Folge der thematische Fokus der Sprachreflexion von der Frage nach der gesellschaftlich adäquaten Stellung des Dialekts zu der nach dessen sprachlicher Form verschob. Voraussetzung dafür bildete ein *paradigmatischer Wandel der dominanten Auffassung des Dialektideals* im Laufe des zweiten Jahrhundertdrittels. Noch in der ersten Jahrhunderthälfte galt das Hochdeutsche als sprachlich-stilistisches Ideal, an dem auch die Dialekte zu messen waren. In dieser Phase wurde deshalb in bürgerlichen Kreisen wiederholt eine ‚Kultivierung' des Dialekts im Sinne einer sprachmateriellen Annäherung an das Hochdeutsche und einer Abkehr von eigentümlichen lautlichen und lexikalischen Charakteristika gefordert. Bis in die 1860er Jahre ist in der Folge jedoch ein massgeblicher Wandel in der Vorstellung der idealen Gestalt der Dialekte beobachtbar. Anstelle einer ‚kultivierten' wurde nun ‚reine' Mundart gefordert, worunter vor allem archaische und autochthone Formen verstanden wurden. Das neue Mundartideal, das sprachliche Reinheit an Alter und Ursprünglichkeit mass und durch die historische Sprachwissenschaft und die Dialektologie populär geworden war, fand nun definitiv Eingang in das kollektive Bewusstsein der Deutschschweizer Sprachinteressierten.

Unter dieser sprachpuristischen Perspektive erschien die historische Entwicklung der Dialekte in den vorausgegangenen Jahrzehnten als kontinuierlicher Verfallsprozess, was sich in Form *wertender Sprachgebrauchskritik* auch auf die Beurteilung des zeitgenössischen Sprachgebrauchs auswirkte. Dass der Dialektgebrauch durch zahlreiche Interferenzen aus der neuhochdeutschen Schriftsprache geprägt war, wurde nun nicht mehr als Bereicherung, sondern als Abweichung vom Ideal einer ‚reinen' Mundart in ihrer archaischen und autochthonen Form kritisiert. Ab den 1860er Jahren häuften sich Stimmen, die den rezenten Dialekt als ‚Mischsprache' stigmatisierten. Ausgehend von der kommunikationsnormativen Maxime doppelter sprachlicher Reinheit wurde nun eine sprachformale Separierung der Varietäten und eine je ‚reine' Handhabung des Dialekts wie auch des Hochdeutschen gefordert. Während so retrospektiv der Dialektverfall bedauert und Massnahmen zu einer Verlangsamung dieses Prozesses angedacht wurden, sorgte man sich prospektiv um die längerfristige Zukunft der Dialekte. In vielen Diskursbeiträgen machte sich ein mehr oder weniger stark ausgeprägter Mundartpessimismus breit, der – je nach Perspektive – kurz-, mittel- oder langfristig den Dialekttod als unausweichliches Ende einer sprachhistorischen Entwicklung prognostizierte. Diese sprachentwicklungskritischen Klagen der Zeit sind in den Kontext einer umfassenderen Kultur- und Modernisierungskritik einzuordnen. Sie spiegeln das Gefühl, mit der Modernisierung die althergebrachten volkstümlichen Sitten und Bräuche zu verlieren, wobei in der Sprache dieser gefühlte Verlust des Eigenen besonders deutlich wahrgenommen wurde. In diesen kulturgeschichtlichen Zusammenhang ist auch das ebenso wissenschaftliche wie patriotische Projekt des *Schweizerdeutschen Wörterbuchs* von 1862 einzuordnen, das als ‚nationales Denkmal' das schweizerische Wortgut konservieren wollte. In seinem Umfeld entstanden in den darauf folgenden Jahrzehnten zahlreiche mundartkundliche und dialektologische Lexika und Grammatiken sowie mundartliterarische Werke, die ebenfalls dadurch motiviert waren, ‚Echtmundartliches' zu dokumentieren und für nachfolgende Generationen zu konservieren.

Der sprachpatriotische und der sprachkritische Teildiskurs trafen in der *Schule als gesellschaftlichem Kristallisationsbereich* der Diglossie aufeinander. Der Schule wurde die sprachpflegerische Aufgabe zugeschrieben, ein klares Bewusstsein der sprachlich-formalen Unterschiede der Varietäten zu vermitteln sowie die Einsicht in die Eigensprachlichkeit und (Gleich-)Wertigkeit der Dialekte als historisch und national legitimierte Sprachformen zu fördern. Über diese sprachpolitischen Forderungen hinaus war die Dialektthematik für die Schule vor allem von sprachpraktischer und -didaktischer Bedeutung. Als Erstsprache erhielt der Dialekt neue Relevanz vor dem Hintergrund einer pädagogischen Richtung, die an das Vorwissen des Kindes anknüpfen möchte und ab der Jahrhundertmitte auch in anderen deutschsprachigen Regionen an Bedeutung gewinnt. Kontrovers diskutiert wurden in der Folge die Stellung des Dialekts im Rahmen der Unterrichtssprachenfrage sowie die Berücksichtigung des Dialekts als Ausgangspunkt und Ressource des schulischen Hochdeutscherwerbs. Die in diesem Zusammenhang von führenden Didaktikern vorangetriebene varietätenvergleichende Methodik etablierte sich im letzten Jahrhundertdrittel und blieb zum Teil bis in die Mitte des 20. Jahrhunderts gebräuchlich; ein Erfolg, der sich nicht nur mit didaktischen Erwägungen, sondern vor allem auch mit der Stellung und Wertschätzung des Schweizerdeutschen erklären lässt.

Aufgrund der Analysen in dieser Arbeit lassen sich mit Blick auf die zeitliche Gliederung grob drei Phasen der Reflexion über das Schweizerdeutsche im 19. Jahrhundert unterscheiden. Es handelt sich dabei notwendigerweise um

Komplexitätsreduktionen, und entgegen dem, was eine solche Einteilung nahelegt, ist von thematischem Ineinandergreifen, fliessenden zeitlichen Grenzen sowie längeren Übergangs- und Überlappungsphasen auszugehen.

(1) Erstes Viertel des 19. Jahrhunderts: Das Interesse an den Dialekten ist noch eher gering und vorrangig wissenschaftlich und literarisch begründet. Diese neue wissenschaftliche und literarische Beschäftigung markiert den Beginn einer neuen Phase der öffentlichen Auseinandersetzung mit der eigenen Sprechweise. Die Varietätenthematik und Fragen des Sprachgebrauchs sind zu diesem Zeitpunkt in der Gebildetenöffentlichkeit hingegen höchstens von marginaler Bedeutung.

(2) Zweites Viertel des 19. Jahrhunderts: Ab den 1820er Jahren wird die Dialektfrage zunehmend zu einem Thema der bürgerlichen Öffentlichkeit. Mitglieder der (bildungs-)bürgerlichen Oberschicht – insbesondere Philologen, Theologen und Pädagogen – beginnen, sich mit der Thematik auseinanderzusetzen. Es entstehen publizistische Beiträge, die die Situation in der Schweiz kritisieren oder den Wert der Mundarten betonen und ihre Bedeutung für Gesellschaft und Nation hervorheben. Fragen nach der Legitimation der Dialekte und nach der Ausgestaltung des Varietätenverhältnisses dominieren die Diskussion bis um die Mitte des Jahrhunderts.

(3) 1850/60er bis 1900/1910er Jahre: Während aus den 1850er Jahren kaum Quellen vorliegen, mehren und intensivieren sich die metasprachlichen Reflexionen zur Sprachsituation in den 1860er Jahren. Es etabliert sich ein deutlich breiter abgestützter und thematisch differenzierterer sprachkritischer Diskurs, dessen puristische Ideologie auch die gleichzeitig intensivierten pädagogisch-didaktischen Diskussionen mitprägt. Auch der sprachpatriotische Teildiskurs, der seinen Anfang bereits in der Regenerationszeit der 1830er und 1840er Jahre genommen hat, wird vor dem Hintergrund kultureller Emanzipation und politischer Abgrenzung des neuen Schweizer Nationalstaates zunehmend politisiert. Aufgrund seiner national-politischen Bedeutung ist ‚das Schweizerdeutsche' an der Schwelle zum 20. Jahrhundert definitiv zu einem Gegenstand öffentlichen Interesses geworden. Die Stellung des Dialekts in Alltag und Schule, aber auch als Ausdruck schweizerischer Volkskultur wird zum Thema von allgemeiner öffentlicher Bedeutung.

Insgesamt lassen sich damit im Laufe des 19. Jahrhunderts nicht nur Verschiebungen in der thematischen Tektonik, sondern auch eine deutliche *Intensivierung der öffentlichen Diskussion* konstatieren. Sie ist das Resultat gesellschaftsgeschichtlicher Prozesse. Wie noch genauer beschrieben wird (s. u. Kap. 13.1), ist davon auszugehen, dass die Bundesstaatsgründung von 1848 sowie die politischen Machtverschiebungen in den Nachbarstaaten wesentlich zur Verstärkung des sprachpatriotischen Diskurses in der zweiten Jahrhunderthälfte beitrugen. Zugleich erfolgten die Diskursintensivierungen auch als Reaktion auf vielfältige Modernisierungseffekte. Diese führten zu kultureller Verlusterfahrung, vor deren Hintergrund sich eine kulturpessimistische Sprachkritik etablieren konnte, und sie erzeugten jene neuen Anforderungen einer modernen bürgerlichen Gesellschaft, die die Kontroversen über Sprache und Spracherwerb in der Schule befeuerten.

Über die chronologische Nachzeichnung der Diskursgeschichte hinaus lassen sich einige zentrale Aspekte rekonstruieren, die konstitutiv für die Schweizerdeutschdiskurse des 19. Jahrhunderts sind. Sie werden in den folgenden Abschnitten dargelegt.

12.2 Schweizerdeutschdiskurse als Mündlichkeitsdiskurse

Die Schweizerdeutschdiskurse des 19. Jahrhunderts sind *Mündlichkeitsdiskurse*. Das heisst, die verfügbaren metasprachlichen Äusserungen beziehen sich beinahe ausschliesslich auf mediale Mündlichkeit. Diese Fokussierung auf gesprochene Sprache ist eines der zentralen und teildiskursübergreifenden Merkmale der damaligen Debatten. Sie zeigt sich in der ersten Jahrhunderthälfte im Rahmen der diskursiven Aufwertung der Dialekte, die insbesondere auf deren Qualitäten als sprechsprachliche Medien abzielt. Eine entsprechende Orientierung spiegelt sich aber auch in den zeitgenössischen Diskussionen um die Varietätenverteilung, die sich geradezu ausschliesslich um die Dialekte als gesprochene Substandardvarietäten drehen. Auch in der pädagogisch-didaktischen Diskussion wird die mediale Fokussierung deutlich, in der es ausschliesslich um Fragen nach dem Verhältnis von gesprochenem Dialekt und gesprochenem Hochdeutsch in der Schule und beim Spracherwerb geht; Forderungen, den Dialekt schreiben und lesen zu lernen, sind hingegen nur in Einzelfällen belegt und werden von einer Mehrheit der Pädagogen sogar entschieden abgelehnt.

Im gesamten Jahrhundert wird dem Dialekt ausschliesslich in seiner mündlichen Form sein historisches Recht als Alltagsvarietät und als komplementäre Sprachform gegenüber dem Hochdeutschen zugestanden. Die Dialekte als Schreibvarietäten finden ebenso wenig Beachtung wie eine Ausweitung der Dialektschriftlichkeit, abgesehen von wenigen Ausnahmen im Bereich mundartliterarischen Schreibens. Die Wiederbelebung der älteren alemannischen Schreibdialekte oder eine Kodifikation der rezenten Dialekte zu einer alemannischen Schriftsprache, wie dies in den 1930er Jahren gefordert werden sollte, stehen zu diesem Zeitpunkt noch ausser Frage.

Die Erkenntnis, dass Schweizerdeutschdiskurse im 19. Jahrhundert fast ausschliesslich die gesprochenen Varianten thematisieren, kann angesichts der für die damalige Zeit charakteristischen medialen Diglossiesituation nicht weiter überraschen. Im Gegensatz dazu zeigt ein vergleichender Blick auf den niederdeutschen Sprachraum bei ähnlicher Ausgangslage ein ganz anderes Bild. Reflexionen über das Niederdeutsche im 19. Jahrhundert präsentieren sich spätestens in der zweiten Jahrhunderthälfte vorrangig als Schriftlichkeitsdiskurse, und zwar in Form einer literarischen Wiedersichtbarmachung des geschriebenen Niederdeutschen. Die Wiederherstellung des Niederdeutschen als gesprochene Alltagsvarietät steht vor dem Hintergrund bildungsbürgerlicher Sprachideale und mit Blick auf den gesamtdeutschen Sprachnationalismus hingegen nicht zur Diskussion.[1]

In Anbetracht dieser unterschiedlichen regionalen Entwicklungen innerhalb des deutschen Sprachgebiets darf der Befund, dass sich die metasprachliche Reflexion in der deutschen Schweiz ausschliesslich auf die Mündlichkeit bezieht, zwar als einleuchtendes, keineswegs jedoch als zwingend zu erwartendes Charakteristikum der Schweizerdeutschdiskurse des 19. Jahrhunderts gelten. Es ist durchaus bemerkenswert – und für die weitere Entwicklung der deutschschweizerischen Sprachsituation nicht unwesentlich –, dass trotz Sprachpatriotismus, wie er auch mit Blick auf das Schweizerdeutsche zu konstatieren ist, im 19. Jahrhundert nicht Forderungen nach einer eigenen schweizerdeutschen Schriftsprache laut werden. Dieser Befund belegt die Selbstverständlichkeit, die Standardsprache eben auch als *Schweizer* Schrift- und Kultursprache zu verstehen.

12.3 Dominante diskursive Strategien und Schlüsseltexte

Über die verschiedenen Diskursbereiche hinweg lassen sich dominante *diskursive Strategien* rekonstruieren, die die Schweizerdeutschdiskurse des 19. Jahrhunderts prägen. Obwohl es der Begriff der Strategie nahelegt, sind damit nicht notwendigerweise planmässige Verfahren zur Erreichung eines bestimmten Zieles gemeint, sondern teils explizite, teils aber auch nur implizite Text- bzw. Diskurshandlungen, denen einzeltextübergreifend Musterhaftigkeit zukommt.

Als dominante diskursive Strategien in diesem Sinne lassen sich *Sprachlegitimierung*, *Sprachpositionierung* und *Spracherhaltung* betrachten. Die Sprachlegitimierung zielt auf den Werterhalt oder die Prestigesteigerung des Schweizerdeutschen in Relation zur Standardvarietät und beglaubigt seine Berechtigung

---

[1] Vgl. Arendt 2010: 92–98; Langhanke 2015; zu diesem Gegensatz in den metasprachlichen Diskursen im niederdeutschen und deutschschweizerischen Zusammenhang vgl. auch Langhanke/Ruoss 2018.

im Sprachgebrauch. Die Sprachpositionierung äussert sich zum Status der Varietäten, verortet sie im Varietätengefüge und erwägt pragmatische Möglichkeiten und Grenzen von Dialekt und Standardvarietät. Die Spracherhaltung schliesslich hat normativen Charakter und verpflichtet zum Schutz der Dialekte. Als rekurrente Handlungsmuster verbinden diese Strategien die Schweizerdeutschdiskurse quer über die verschiedenen Diskursbereiche hinweg. Sie können je nach historischem Zeitpunkt und Diskursbereich jedoch in unterschiedlicher Intensität in Erscheinung treten, und nicht in jedem der Texte sind notwendigerweise alle Strategien manifest. So spielten im zweiten Viertel des 19. Jahrhunderts alle drei Aspekte eine ähnlich wichtige Rolle, während es im pädagogischen Teildiskurs des letzten Jahrhundertdrittels im Sinne der Sprachpositionierung vornehmlich um die Aushandlung des Varietätenverhältnisses ging. Zudem sind die Kategorien nicht immer trennscharf. Im Zusammenhang mit der ‚nationalen' Verortung der Dialekte stehen beispielsweise Sprachpositionierung und Sprachlegitimierung in unauflöslichem Zusammenhang.

Der Sprachlegitimierung, -positionierung und -erhaltung liegen weitere diskursive Verfahren zugrunde, die sich heuristisch einer hierarchisch darunter liegenden Ebene zuordnen lassen. Dazu zählen im vorliegenden Kontext das *Sprachlob* bzw. die *sprachliche Hochwertung* der Dialekte, die in erster Linie der Sprachlegitimierung dienen. Weiter die *sprachliche Ontologisierung* und *Homogenisierung*, also die diskursive Vergegenständlichung und Uniformierung von Sprache, sowie der *wertende Sprachvergleich*, die den Sprachenstatus des Schweizerdeutschen konstituieren und im deutschen Varietätengefüge beziehungsweise im Gefüge der europäischen Nationalsprachen positionieren. Die *Politisierung von Sprache* sowie ihre *kulturell-historische/nationale Inanspruchnahme* können ebenso Teil der Sprachlegitimierung wie der Sprachpositionierung sein, während die daraus abgeleiteten diskursiven Markierungen von *Erhaltenswürdigkeit* und *Schutzverpflichtung* vornehmlich im Zeichen der Spracherhaltung stehen.

Als eher allgemeine Prinzipien sind schliesslich *Rationalisierungs-* und *Emotionalisierungsstrategien* zu beobachten, die diskursiv je spezifische Funktionen übernehmen. Rationalisierungsverfahren betreffen insbesondere die wissenschaftliche Legitimierung der Dialekte und mithin des Schweizerdeutschen. Um die historische Bedeutung und die Sprachwertigkeit des Schweizerdeutschen zu belegen, wird auf die Autorität sprachwissenschaftlicher Erkenntnisse zurückgegriffen. Emotionalisierungsverfahren manifestieren sich in erster Linie in den vielfältigen Zusammenhängen, in denen den Dialekten eine symbolische oder indexikalische und mithin identitätsstiftende Funktion zugeschrieben wird.

Die Analysen zeigen darüber hinaus, dass es verschiedene *Schlüsseltexte* gibt, die für die Strukturierung der Schweizerdeutschdiskurse besonders wirksam waren. Schlüsseltexte zeichnen sich durch ihre thematische Fokussierung sowie ihre diskurskonstituierende Potenz aus. Diese manifestiert sich darin, dass zentrale Aspekte des Themas festgelegt und dominierende Argumentationsmuster oder Schlüsselwörter und -konzepte eingeführt werden, auf die in anderen Diskurstexten und -aussagen häufig Bezug genommen wird.[2] Die oben beschriebenen Strategien lassen sich gerade, aber keineswegs ausschliesslich in solchen diskursiven Schlüsseltexten rekonstruieren.

Dass es sich bei Mörikofers Schrift von 1838 um *den* zentralen Text der Schweizerdeutschdiskurse des 19. Jahrhunderts handelt, wurde in dieser Arbeit wiederholt deutlich. Der Thurgauer Geistliche und Schulmann legt eine Auslegeordnung jener Argumente und diskursrelevanten Kontexte vor, um die die Schweizerdeutschdiskurse des 19. Jahrhunderts letztlich kreisen. Dazu gehören insbesondere seine Überlegungen zur ontologischen Differenz der Varietäten, aus denen die Existenzberechtigung beider Sprachformen sowie ihre Komplementarität abgeleitet werden. Weiter kommt Mörikofer das Verdienst zu, die Nation und die Schule als zwei der zentralen Kontexte für die Varietätenfrage in der Deutschschweiz früh prominent positioniert zu haben. Seine Argumente und Positionen, von zahlreichen nachfolgenden Diskursbeiträgen entweder mit explizitem Verweis, öfter aber auch nur implizit übernommen und aktualisiert, bilden wichtige Anknüpfungs- und Knotenpunkte im Aussagennetz der Schweizerdeutschdiskurse.

Noch vor Mörikofers Arbeit dürfen auch die Werke Franz Joseph Stalders als Texte mit erhöhter diskursiver Relevanz gelten. Insbesondere seinem Idiotikon (1806/12) und seiner Dialektologie (1819) kommen diskursinitiierende Qualität zu. In Bezug auf die kritische Prüfung des Verhältnisses zwischen Mundart und Standardsprache für die bürgerliche Gesellschaft kommt den Beiträgen des Basler Theologen Karl Hagenbach (1828) sowie des Aargauer Politikers Albrecht Rengger (1838) erhöhte Bedeutung zu. Weiter dem Feuilleton-Beitrag Alfred Hartmanns (1858) kurz nach der Jahrhundertmitte, dessen Bedeutsamkeit sich daraus ergibt, dass sich darin bereits früh jene Argumentationslinien herauskristallisieren, die im sprach- und kulturkritischen Teildiskurs in den darauf folgenden Jahrzehnten dominant waren. Besonders publikumswirksam war der dezidiert sprachpatriotische Aufruf zur Sammlung eines Idiotikons (1862) und – im Sinne einer diskursiven Schlüsselinstitution – das daran anschliessende Wörterbuchprojekt. Im schulischen Kontext sind schliesslich die Arbeiten von Winteler (1878) und von von Greyerz (1892) herauszustreichen, beide wichtige intertextuelle Bezugsgrössen für Argumente für einen auf dem Dialekt basieren-

---

[2] Vgl. zu den Kriterien von diskursiven Schlüsseltexten schon Spieß 2013: 29.

den Unterricht wie auch für sprachpflegerische Bemühungen in der Schule ganz allgemein. Für den pädagogischen Diskursbereich sind über diese Einzeltexte hinaus die intensiv geführten Debatten an Schulkapiteln und Lehrerversammlungen prägend, die als gedruckte Vorträge und Berichte in das Quellenkorpus Eingang fanden.

Die besondere diskurskonstitutive Qualität der genannten Texte lässt sich vor allem darin erkennen, dass sie hinsichtlich Sprachkonzeptualisierungen, Argumentationsmustern, Texthandlungsstrategien sowie teilweise auch hinsichtlich verwendeter Metaphorik letztlich in anderen Texten immer wieder zitiert und weiterverarbeitet werden. Wenngleich es nicht möglich ist, ihren Einfluss quantitativ zu messen, dürfen die hier genannten Beiträge qualitativ doch als Texte mit besonderer Diskursmacht gelten.

12.4 Diskursüberlagerungen und Wissenstransfer

Mit Blick auf die Intensität, mit der sich die Schweizerdeutschdiskurse in den recherchierten Dokumenten niederschlagen, lässt sich schliesslich feststellen, dass es neben Texten, in denen das Schweizerdeutsche oder das Varietätenverhältnis das eigentliche Thema und damit den Hauptdiskurs darstellen (zu ihnen sind auch die erwähnten Schlüsseltexte zu zählen), auch eine Vielzahl von Dokumenten gibt, in denen diese Aspekte nur nebenher, als Nebendiskurs thematisiert werden. Vor allem in pädagogischen und literarischen Kontexten erfolgen Reflexionen über die Dialekte oft nur beiläufig. So wird beispielsweise in den pädagogisch-didaktisch viel diskutierten Fragen zur Rechtschreibung oder zur Aussprache des Hochdeutschen in der Regel zwar auch die Spezifik des Dialektgebrauchs in der Deutschschweiz mit reflektiert, dabei jedoch keineswegs prioritär behandelt. Dass die Schweizerdeutschdiskurse häufig nur nebendiskursiv aufscheinen, ist analytisch bedeutsam. Gerade sprachreflexive Manifestationen in Nebendiskursen verweisen, da oft kaum reflektiert und auf Allgemeinplätze zurückgreifend, auf allgemein verbreitete Sprachwissensbestände und Sprachauffassungen.[3] Ihre Analyse ist daher für sprachbewusstseinsgeschichtliche Fragestellungen empirisch besonders aufschlussreich. Dem ist methodisch bereits bei der Korpusbildung Rechnung zu tragen. Es gilt, neben thematisch zentralen Texten auch Diskursspuren aus anderen Kontexten zu integrieren und sprachreflexive Textstellen zu berücksichtigen, die aus thematisch nicht unmittelbar relevant scheinenden Texten stammen. Eine breit angelegte elektronische

---

3 Vgl. zu diesem Gedanken auch schon Spitzmüller 2005: 78.

Quellensuche, wie sie in dieser Arbeit erfolgte, erwies sich dafür als gleichermassen unabdingbar wie gewinnbringend; denn sie ermöglichte erst, entsprechend unauffällige, aber ergiebige Textstellen aufzuspüren.

In Texten dagegen, in denen die Reflexion über das Schweizerdeutsche den Hauptdiskurs darstellt, spielen insbesondere gesellschaftliche Selbstverständigungsdiskurse als zentrale Nebendiskurse eine Rolle. Dabei geht es um die bürgerliche Selbstverständigung ebenso wie um den im Laufe des Jahrhunderts gesteigerten Patriotismus und um die Frage nach der Nationalität; Diskurse, die in viele der sprachreflexiven Texte einfliessen. Die Reflexion über Sprache in der Deutschschweiz des 19. Jahrhunderts, über weite Teile unauflöslich mit der Verständigung über ihre Sprecherinnen und Sprecher verknüpft, verweist einmal mehr auf die zentrale gemeinschaftsstiftende Funktion, die dem Schweizerdeutschen im 19. Jahrhundert zukam – und im Grunde bis heute noch immer zukommt.

Die Analysen zeigen zudem, wie eng die Interdependenz der hier dargestellten Schweizerdeutschdiskurse mit dem sprachwissenschaftlichen Fachdiskurs war. Hier lässt sich ein hohes Mass an Wissenstransfer konstatieren, das damit zu erklären ist, dass der fachwissenschaftliche und der publizistisch-öffentliche Diskurs im 19. Jahrhundert wesentlich enger miteinander interagiert haben, als man es sich auf Grundlage der heutigen Situation vorstellen würde. Viele der Akteure der Schweizerdeutschdiskurse nahmen zugleich passiv oder aktiv am fachwissenschaftlichen Diskurs teil. Erkenntnisse zur historischen Bedeutung und der grammatischen Regelhaftigkeit der Dialekte wurden so relativ zeitnah auch in den publizistisch-öffentlichen Debatten zu Dialekt und Standardsprache diskursspezifisch adaptiert. Die argumentative Autorität (sprach)wissenschaftlicher Erkenntnisse und die darin manifesten Sprachauffassungen spielten im Prozess der Werterhaltung des Schweizerdeutschen und des Wandels bestimmter Sprachauffassungen, etwa bei der Überwindung der Korruptionstheorie, eine nicht zu unterschätzende Rolle. Damit wirkten letztlich auch diese Formen der Diskursüberlagerungen und des Wissenstransfers strukturierend auf die Schweizerdeutschdiskurse und prägten die sprachbewusstseinsgeschichtlichen Entwicklungen im 19. Jahrhundert massgeblich mit.

13 Schweizerdeutsch und Sprachbewusstsein: Konsolidierung der Diglossie

13.1 Interdependenzen von Gesellschafts- und Sprachbewusstseinsgeschichte

Unter kulturgeschichtlicher Perspektive ist von einem engen Zusammenhang zwischen sprachbewusstseinsgeschichtlichen Prozessen und politik-, sozial-, wirtschafts- sowie ideengeschichtlichen Entwicklungen auszugehen. Die politischen Veränderungen und der beschleunigte ökonomische und technische Fortschritt prägen auch in der Deutschschweiz des 19. Jahrhunderts nicht nur den Sprachgebrauch, sondern schufen auch die Bedingungen für die sprachbewusstseinsgeschichtlichen Entwicklungen wesentlich mit.

Wie in anderen europäischen Staaten war ideologiegeschichtlich der *Patriotismus* respektive *Nationalismus* auch in der Schweiz im 19. Jahrhundert politisch epochenbildend. Aus dem aufgeklärten Patriotismus der Schweizer Eliten im ausgehenden 18. und frühen 19. Jahrhundert hervorgegangen, gewann die Nationalstaatenideologie in der ersten Jahrhunderthälfte deutlich an Popularität. In dem Masse wie ‚Volk' und ‚Vaterland' beziehungsweise ‚Nation' in diesem Prozess als neue politische und kulturelle Bezugsgrössen relevant wurden, wurden sie auch zu Referenzpunkten der zeitgenössischen Sprachreflexion. Die ‚nationale' Bedeutung, die im Rahmen dieses Prozesses den Schweizer Mundarten beigemessen wurde, ist vor diesem Hintergrund zu verstehen. Mit der Bundesstaatsgründung von 1848 erhielt die Schweizer Staatsnation politische und strukturelle Faktizität, in deren Folge sich die nationalintegrativen Prozesse zusätzlich verstärkten, so dass der Nationalismus gegen Ende des 19. Jahrhunderts breitenwirksam war. Es weist zudem einiges darauf hin, dass die Bedrohungskulisse der expansiven Politik Bismarcks und die deutsche Nationalstaatengründung der Reflexion über die politische und kulturelle Bedeutung des Schweizerdeutschen ab den 1860er Jahren neue Schubkraft verliehen haben.

Aus sozioökonomischer Perspektive war die deutsche Schweiz des 19. Jahrhunderts durch vielfältige Modernisierungseffekte im Gefolge der *Industrialisierung* geprägt, die sich ebenso sehr auf den Sprachgebrauch wie auf die zeitgenössischen Ausformungen der Sprachreflexion auswirkten. Wie in dieser Arbeit gezeigt, wurde das gruppenspezifische Selbstverständnis des deutschschweizerischen Bürgertums, das sich damals politisch und ökonomisch emanzipierte, im zweiten Viertel des 19. Jahrhunderts nicht zuletzt über die Frage nach den Möglichkeiten und Grenzen der Dialekte in einer modernen republikanischen Gesellschaft ausgehandelt. Das patriotisch motivierte Bekenntnis der wirtschaftlichen, kulturellen und auch politischen Eliten zum Schweizerdeutschen konsolidierte in der Folgezeit die für die deutsche Schweiz noch heute typische Diglossiesituation und das damit verbundene Bewusstsein einer spezifisch deutschschweizerischen Sprachkultur.

Zugleich strukturierte der rasante sozioökonomische Wandel die sprachbewusstseinsgeschichtlichen Entwicklungen dahingehend mit, dass im Laufe des 19. Jahrhunderts neue Kommunikationsbedürfnisse und -erfordernisse geschaffen wurden, die zu einer Verschiebung der Varietätenverteilung zuungunsten der Mundarten führten. Gerade die zunehmende Mobilität sowie die Einführung der obligatorischen Schulpflicht und die damit zusammenhängende flächendeckende Volksliterarität sind mittelfristig als wichtige Faktoren sprachgeschichtlicher Veränderung in der Deutschschweiz zu werten. Sie führten zu einem binnendialektalen Ausgleich und zur massiven Übernahme hochdeutschen Sprachmaterials in die Dialekte und prägten damit nicht nur den Sprachgebrauch, sondern indirekt auch die Anfänge einer puristischen Sprachkritik und Dialektpflege, die seit den 1860er Jahren den sprachlichen Wandel als Dialektverfall entschieden ablehnte und bekämpfte.

Insgesamt zeigen die Ergebnisse dieser Arbeit, dass die spezifischen politischen, wirtschaftlichen, sozialen und ideologischen Entwicklungen der (Deutsch-)Schweiz im 19. Jahrhundert wichtige Rahmenbedingungen und integrale Bezugspunkte für die zeitgenössische Sprachreflexion und die darin rekonstruierbaren Sprachbewusstseinsinhalte darstellten. Als solche strukturierten sie die sprachbewusstseinsgeschichtlichen Prozesse massgeblich mit und können erklärende Kraft für deren diachrone Kontinuität und Variabilität haben. Umgekehrt wird in den Analysen aber auch deutlich, dass Sprache als Gegenstand öffentlicher Reflexion ebenso wie die symbolische Besetzung von Varietäten und deren Gebrauch ihrerseits auf ideologische und gesellschaftliche Prozesse zurückwirken. Im Deutschschweizer Kontext des 19. Jahrhunderts betrifft dies in erster Linie die nationale Selbstverständigung, die bis heute auch über die Bezugnahme auf eine eigene Deutschschweizer Sprachgemeinschaft geführt wird. Aber auch auf spezifische Entwicklungen im Schulwesen, insbesondere in der Sprachdidaktik und im Sprachunterricht, haben die rekonstruierbaren Sprachauffassungen ganz wesentlich eingewirkt, wie die Ergebnisse dieser Arbeit zeigen.

Der empirisch eindeutige Nachweis solcher Interdependenzen bleibt jedoch letztlich immer schwierig, weil es sich dabei nicht um einfache Ursache-Wirkungs-Verhältnisse handelt. Entsprechende Thesen zum Zusammenhang von Gesellschaftsgeschichte und Sprachbewusstseinsgeschichte können deshalb prinzipiell nur hypothetischen Charakter beanspruchen und ihr Wert muss an ihrer Plausibilität und der Stichhaltigkeit ihrer empirischen Evidenz gemessen werden. Dabei dürfen sie jedoch solange historische Erklärungskraft beanspruchen, bis sie durch künftige Forschung widerlegt oder differenziert sind.

13.2 Ausbildung eines nationalen Sprachbewusstseins auf Grundlage der Dialekte

Zu den zentralen sprachbewusstseinsgeschichtlichen Prozessen in der Deutschschweiz des 19. Jahrhunderts zählt die Herausbildung eines nationalen Sprachbewusstseins auf Basis der Dialekte bzw. des Schweizerdeutschen. Im Grundsatz wurde diese These bereits formuliert.[1] Der Zugewinn der vorliegenden Arbeit liegt nun einerseits darin, diese Vermutung empirisch breit fundiert und bestätigt zu haben; andererseits wurden neue empirische Erkenntnisse zu zentralen Prinzipien herausgearbeitet, die sich als konstitutiv für diesen sprachbewusstseinsgeschichtlichen Prozess erweisen und im Folgenden dargelegt werden.

(1) *Eigensprachlichkeitsbewusstsein*: Bei der Ausbildung eines nationalen Sprachbewusstseins auf Grundlage der Dialekte spielt zunächst die Konsolidierung eines Eigensprachlichkeitsbewusstseins der Dialekte, also die Überzeugung, dass es sich um historische Varietäten bzw. ‚Sprachen' eigenen Rechts handelt, eine zentrale Rolle. Konstitutiv für diese Entwicklung ist die Überwindung der populären Auffassung, bei den Mundarten handle es sich um ‚korrupte' Formen des Hochdeutschen. Diese Vorstellung findet in den ersten Jahrzehnten noch eine gewisse Verbreitung, nimmt im Laufe des Jahrhunderts aber schrittweise ab und wirkt bis am Ende des 19. Jahrhunderts nur noch in Einzelfällen nach. Als wichtige Voraussetzung für diesen paradigmatischen Wechsel der Sicht auf die Dialekte darf deren historische Perspektivierung durch die historische Sprachwissenschaft im Gefolge von Jacob Grimm gelten. Ebenso trägt die im Entstehen begriffene Dialektologie, welche ihrerseits die Eigensprachlichkeit der diatopischen Varietäten betont, vor allem durch mundartgrammatische Arbeiten dazu bei, dass die Mundarten nicht nur als historisch legitimierte, sondern auch als sprachstrukturell regelhafte Sprachformen wahrgenommen werden. Dieses neue Dialektverständnis dominiert bereits im zweiten Viertel des Jahrhunderts den öffentlichen Diskurs in der deutschen Schweiz, indem nun topisch das hohe Alter, der besondere lexikalische Reichtum und darüber hinaus die sprachstrukturelle Regelhaftigkeit der Dialekte hervorgehoben werden. Manifest wird die Vorstellung sprachlicher Autonomie der Dialekte in der

---

[1] Vgl. Sonderegger 2003: 2860.

Folge vor allem darin, dass ihnen – sie ontologisierend und anthropomorphisierend – ein eigenes ‚Wesen' bzw. ein eigener ‚Charakter' zugeschrieben wird.

(2) *‚Erfindung' des Schweizerdeutschen*: Parallel dazu trägt die ‚Erfindung' des Schweizerdeutschen als nationale Varietät zur Behauptung einer gegenüber dem Hochdeutschen eigenständigen Schweizer Sprache bei – eine „Homogenitätsfiktion",[2] die sich begrifflich in Bezeichnungen wie ‚Schweizerdeutsch', ‚Schweizer Mundart', ‚Schweizerdialekt', ‚Schweizersprache' oder ‚Nationalsprache' spiegelt. Über die sprachliche Selbstverortung in der lokalen Sprechergemeinschaft hinaus verstand man sich nun vor allem auch als Teil einer auf dem Schweizerdeutschen basierenden nationalen Sprachgemeinschaft. Schweizerdeutsch steht fortan nicht selten als ‚eigentliche' Muttersprache der Deutschschweizerinnen und -schweizer dem Hochdeutschen als eine Art Fremdsprache gegenüber. Diese *Fremdsprachenideologie* erweist sich insbesondere auch in den didaktischen Überlegungen zum Hochdeutscherwerb in der Schule als produktiv. Überhaupt sieht man es als pädagogisch wichtige Aufgabe der Schule, das Bewusstsein dialektaler Eigensprachlichkeit an die heranwachsenden Generationen weiterzugeben.

(3) *Sprachloyalität*: Ein weiterer Faktor, der zur Ausbildung des Schweizerdeutschbewusstseins beiträgt, ist ein hohes Mass an Sprachloyalität, welches die deutschsprachigen Schweizerinnen und Schweizer im 19. Jahrhundert auszeichnet. Sie äussert sich nicht nur darin, dass ein Grossteil des gebildeten Bürgertums an seinen lokalen Dialekten als Alltagsvarietäten festhält, sondern auch darin, dass Versuche von Autochthonen, im Alltag hochdeutsch zu reden, als moralisch fragwürdig und unschweizerisch abgelehnt werden und sich nicht in breiteren Kreisen durchsetzen können. Dabei leuchtet ein, dass auch die Gefahr, mit dem Dialekt einen zentralen Marker der eigenen, (deutsch-)schweizerischen Identität zu verlieren, *ex negativo* die Loyalität des Bürgertums gegenüber dem Dialekt mitbewirkte und festigte. Dass im Bürgertum der Dialekt beibehalten wird, ist in der historischen Rückschau für die mittel- und längerfristige Konsolidierung des Diglossiebewusstseins sowie den damit verbundenen Erhalt der Diglossiesituation in der Deutschschweiz entscheidend. Aber auch der Bezug zu Vaterland und Nation wirkt sich in Form eines sprachlichen Patriotismus positiv auf die Einstellung gegenüber dem Schweizerdeutschen und dessen Akzeptanz als Alltagsvarietät aller Schichten aus.

(4) *Dialektideologie*: Ebenfalls nachhaltig beeinflusst eine ausgeprägte Dialektideologie die Ausbildung eines nationalen Sprachbewusstseins. Unter ‚Dialektideologie' (*ideology of dialect*) verstehe ich mit Richard Watts, dessen Definition ich – für das 19. Jahrhundert leicht modifiziert – übernehme:

---

[2] Stukenbrock 2005b: 432.

any set of beliefs about language in which, in a scenario in which a standardized written language coexists with a number of non-standard oral dialect varieties, the symbolic value of the dialects *in some of the linguistic marketplaces* in which they are in competition with the standard is not only believed to be much higher than that of the standard but is also deliberately promoted as having a higher value.[3]

Eine so verstandene Dialektideologie bildet sich im Laufe des 19. Jahrhunderts zur zentralen Sprachideologie in der deutschsprachigen Schweiz aus. Sie ist letztlich grundlegend für die verbreitete Überzeugung, die deutschschweizerischen Dialekte bzw. das Schweizerdeutsche weise aus sprachlicher und kommunikativer Sicht eine besondere Wertigkeit und Relevanz auf, die im Falle eines Verlusts nicht einfach durch die Standardsprache zu kompensieren wären.

Dieser deutschschweizerische *Dialektismus*[4] des 19. Jahrhunderts kann als Spielart des *Vernakularismus* verstanden werden, also der Überzeugung, „dass die autochthonen, die lokale/regionale Identität tragenden Sprachen/Varietäten besser/förderungswürdiger sind als Sprachen/Varietäten/sprachliche Formen mit größerer Reichweite".[5] Im europäischen Kontext darf in dieser Ideologie eine wichtige Antriebskraft für die Emanzipation der Volkssprachen gegenüber dem Latein und deren Ausbildung zu National- und Kultursprachen gesehen werden.[6] Diesen Prozess der Vernakularisierung (*vernacularization*) definiert bereits früh Cobarrubias als „the restoration and/or elaboration of an indigenous language and its adoption as an official language".[7] Sowohl die historische Ausbildung der neuhochdeutschen Standardsprache als auch die jüngst erfolgte Standardisierung des *Lëtzebuergesch* und dessen Ernennung zur luxemburgischen Nationalsprache dürfen in diesem Sinne als Vernakularisierungsprozesse verstanden werden.

---

3 Watts 1999: 69, Kursives ergänzt durch E. R. Bei Watts, der damit die deutschschweizerische Sprachideologie in der zweiten Hälfte des 20. Jahrhunderts beschreibt, heisst es anstelle des von mir kursiv ergänzten ‚in some of the linguistic marketplaces' „in the majority of the linguistic marketplaces". Damit trägt er der sehr starken Position der Dialekte am Ende des 20. Jahrhunderts Rechnung. Für das 19. Jahrhundert, in dem das Hochdeutsche aufgrund seiner neuen gesellschaftlichen Bedeutung an Domänen dazugewann, musste diese Formulierung entsprechend abgeschwächt werden.

4 Analog zur Begriffsbildung bei anderen Sprachideologien (z. B. ‚Konservatismus', ‚Standardismus', ‚Purismus') soll für die Dialektideologie an dieser Stelle der Begriff ‚Dialektismus' vorgeschlagen werden. Der Begriff scheint terminologisch unproblematisch, auch wenn er in der Sprachwissenschaft bereits die Bedeutung ‚dialektaler Ausdruck' trägt, wobei er in dieser Bedeutung aber vornehmlich im Plural (‚Dialektismen') verwendet wird, während es sich in Bezug auf die Sprachideologie gerade umgekehrt verhält.

5 Maitz/Elspaß 2013: 40.

6 Vgl. Haarmann 1988: 46–49, 1999.

7 Cobarrubias 1983: 66.

Im Unterschied zu diesen Beispielen des europäischen Vernakularismus, die auf eine Emanzipation der Volkssprache bzw. eines Dialektes zu einer standardisierten National- und Kultursprache zielen, geht es in der deutschen Schweiz des 19. Jahrhunderts vor dem Hintergrund einer bereits etablierten medialen Diglossie mit endoglossischem Standard viel eher darum, die Stellung der Substandardvarietäten innerhalb des bestehenden Varietätengefüges zu behaupten. Die Dialekte werden in ihrem Wert zwar erhöht, nicht aber verabsolutiert. Die Überzeugung einer besonderen Qualität und Güte der Dialekte sowie eine damit zusammenhängende Überlegenheitsbehauptung bleibt auf gewisse, insbesondere nähesprachliche Domänen der Mündlichkeit beschränkt, während in stärker formalisierten Redesituationen sowie im Hinblick auf die Schrift den Vernakularsprachen im Vergleich mit der Standardvarietät keine höhere Wertigkeit zugeschrieben wird.

(5) *Sprachpatriotismus*: Die dem Dialektismus bzw. der Dialektideologie inhärente Auffassung, das Schweizerdeutsche sei in gewissen Kommunikationszusammenhängen besser geeignet als die überregionale Standardvarietät, ist sprachideologiegeschichtlich nicht zu trennen von einem deutschschweizerischen Sprachpatriotismus. Als allgemeine Kennzeichen des Sprachpatriotismus gelten mit Andreas Gardt erstens das emphatische Sprachlob und zweitens die oft assoziative und argumentativ wenig schlüssige Übereinanderblendung von Sprache mit den kulturell-ethnischen bzw. politischen Grössen ‚Volk'/‚Nation' und die daraus resultierende Identifikation von ‚Sprach-' und ‚Volks-' bzw. ‚Nationalcharakter'.[8] Wie die Analysen der Schweizerdeutschdiskurse gezeigt haben, lässt sich auf Grundlage dieser Charakteristika auch in der deutschen Schweiz von einer sprachpatriotischen Grundhaltung sprechen. Sie äussert sich im diskursiven Nachweis der Wertigkeit der Dialekte sowie in der Korrelation der Dialekte bzw. des Schweizerdeutschen mit der Schweiz als historisch-ethnischer, kultureller und politisch-territorialer Bezugsgrösse.

Diese sprachpatriotische Haltung, die im zweiten Viertel des Jahrhunderts bereits zu beobachten ist und sich in der zweiten Jahrhunderthälfte akzentuiert, ist vor dem Hintergrund des schweizerischen Nationalismus des 19. Jahrhunderts zu sehen. Im Kontext des schweizerischen Nation-Building spielt die Besinnung auf eine gemeinsame Vergangenheit und gemeinsam geteilte Kulturgüter eine entscheidende Rolle. Die Verständigung über das sprachliche Erbe dient dabei der binnen(deutsch)schweizerischen *Integration* und der Konstruktion

---

[8] Vgl. Gardt 1999a: 302, 1999b: 92, 2000d: 248; ferner auch die ‚Prinzipien' des Sprachnationalismus bei Stukenbrock 2005b: 431–442, von denen das ‚Prinzip der Heterogenitätsreduktion', das ‚Sprach- und Selbstlob', das ‚Korrelationsprinzip' oder das ‚deontische Prinzip' auch auf den Deutschschweizer Sprachpatriotismus des 19. Jahrhunderts zutreffen.

einer schweizerdeutschen Sprachgemeinschaft. Spätestens in der zweiten Jahrhunderthälfte gewinnt ergänzend auch die nationalsymbolische *Abgrenzungsfunktion* des Schweizerdeutschen an Bedeutung. Mit der durch den Bürgerkrieg erzwungenen Bundesstaatsgründung von 1848 werden die Glieder der Eidgenossenschaft zu einem mehrsprachigen Nationalstaat. Die nationale Zugehörigkeit und politische Integrität der deutschen Schweiz stehen spätestens zu diesem Zeitpunkt ausser Frage. Vor dem Hintergrund des deutschen Sprachnationalismus und der Entstehung des Deutschen Reichs 1871 wird entsprechend ausdrücklich das sprachlich Trennende betont und das Schweizerdeutsche zu einem Symbol nicht nur der sprachlichen, sondern auch der politischen Abgrenzung gegenüber Deutschland stilisiert. Das Bewusstsein einer *eigenen* Sprache wird so im 19. Jahrhundert insgesamt zu einem wichtigen Moment kollektiver Identität in der deutschsprachigen Schweiz, das in dem Masse auch ein Moment ‚nationaler' Identitätsstiftung ist, wie es politische Abgrenzungsfunktion gegen die deutschsprachigen Nachbarstaaten übernimmt.

Es ist jedoch nachgerade charakteristisch für die Sprachbewusstseinsgeschichte der deutschen Schweiz im 19. Jahrhundert, dass es zwar einen Sprach*patriotismus* gibt, der seinen Teil zur Wertschätzung der Dialekte beiträgt, dass er sich aber nie zu einem eigentlichen Sprach*nationalismus* entwickelt.[9] Zwar wird auch in der deutschen Schweiz geltend gemacht, dass durch den Sprachkontakt mit dem Hochdeutschen und die damit einhergehende ‚Verunreinigung' des Dialekts die sprachliche und kulturelle (deutsch-)schweizerische Identität gefährdet sei. Um von einem Sprachnationalismus sprechen zu können, fehlt jedoch eine chauvinistische Ausrichtung, welche die absolute Überlegenheit des Schweizerdeutschen gegenüber dem Hochdeutschen behaupten und das Hochdeutsche als Fremdes *per se* desavouieren und ablehnen würde. Stattdessen wird der Vorrang der Dialekte nur partiell und nur in Bezug auf die Mündlichkeit behauptet, während generell der kulturelle und kommunikative Wert der Standardsprache zu keinem Zeitpunkt infrage gestellt wird. Damit unterscheidet sich der schweizerische Sprachpatriotismus auch von einem in Deutschland dominierenden kulturchauvinistischen Sprachnationalismus, der sich seit dem 19. Jahrhundert vor allem gegen alles Französische richtet.[10]

---

9 Zu dieser typologischen Unterscheidung vgl. Gardt 1999a: 302, 1999b: 91–92, 2000d: 247–248. Nach Gardt teilen die beiden Konzepte die Merkmale (1) des Sprachlobs und (2) der Übereinanderblendung von Sprache mit ‚Volk'/‚Nation'. Für den Sprach*nationalismus* kommen als weitere Kriterien (3) der (sprachliche) Überlegenheitsanspruch sowie (4) die Behauptung der Gefährdung der eigenen Sprach- und Volksgemeinschaft durch fremden Einfluss hinzu (vgl. Gardt 1999b: 92; 107–109).
10 Vgl. Gardt 2000d. Vor dem Hintergrund der Zuspitzung der deutsch-französischen Erbfeindschaft stilisierten um die Wende zum 20. Jahrhundert aber auch Mitglieder germanophiler

Ein wichtiger Grund dafür, dass sich in der deutschen Schweiz kein Sprachnationalismus ausbildet, ist die im Vergleich zu Deutschland sehr unterschiedliche historische und soziolinguistische Ausgangssituation. Die Schweiz ist seit Jahrhunderten territorial mehrsprachig. Ihr nationales Selbstverständnis gründet nicht auf einer quasi-natürlichen sprachlich-kulturellen, sondern auf einer politischen Zusammengehörigkeit, weshalb auch das Modell einer Sprachnation keine Option darstellt. Das Ausbleiben eines chauvinistischen Sprachnationalismus ist überdies dem Spannungsfeld einer doppelten, das heisst politisch-kulturellen und sprachlich-kulturellen Selbstverortung der verschiedenen Landesteile geschuldet. So, wie man sich politisch als schweizerisch begreift, versteht man sich sprachlich und kulturell zugleich als Teil einer grösseren Gemeinschaft, deren Hauptzentren die sich ausbildenden grossen Nachbarstaaten Frankreich, Italien und Deutschland bilden. Unter diesen Voraussetzungen ist es für die deutsche Schweiz weder opportun sich sprachlich vom deutschen Kulturraum abzuspalten, noch sich als deutsche Schweiz politisch der deutschen ‚Sprachnation' anzuschliessen.

In dem Masse, wie der Sprachpatriotismus die Wertigkeit des Dialekts bzw. des Schweizerdeutschen zusätzlich noch steigert, ist er auch an der Festigung der oben erwähnten Dialektideologie beteiligt. Dialektismus und Sprachpatriotismus sind seither in der deutschen Schweiz unauflöslich ineinander verzahnt. Dass der sprachliche Patriotismus auf den Dialekten und nicht auf der überregionalen Schriftsprache basiert, unterscheidet ihn von den Entwicklungen in Deutschland und in anderen europäischen Ländern.[11]

Es ist also, alles in allem, ein Zusammenspiel vielfältiger Faktoren, die im Laufe des 19. Jahrhunderts ein spezifisch schweizerisches Sprachbewusstsein auf Grundlage der Dialekte bzw. des Schweizerdeutschen ausgebildet und die diatopischen Varietäten in der Schweiz als wichtiges kulturelles Erbe und als Merkmal schweizerischer Nationalität konstituiert haben.

---

und pangermanischer Kreise der Schweiz das (sprachliche) Verhältnis zwischen Deutsch und Französisch zu einer sprachlich-kulturellen Existenzfrage (vgl. Müller 1977). Dieser sogenannte Sprachenstreit darf als Symptom jener sich zuspitzenden binnenschweizerischen Konfliktlinien entlang der Sprachgrenzen gelten, die mit dem Ausbruch des Ersten Weltkrieges die Schweiz vor eine bis dahin einmalige innenpolitische Zerreissprobe stellten (vgl. Müller 1977: 116; Maissen 2010b: 241–242; Tanner 2015: 128–131).

11 Zu Deutschland vgl. Gardt 2000d; Stukenbrock 2005b; zur Bedeutung der Einheitssprache im Kontext der europäischen Nationalismen vgl. Blommaert/Verschueren 1998.

13.3 Diglossie als Konstituens der deutschschweizerischen Sprachkultur

Neben der Ausbildung eines nationalen Sprachbewusstseins auf Grundlage des Schweizerdeutschen zählt die *Konsolidierung eines kollektiven Diglossiebewusstseins* zu den zentralen sprachbewusstseinsgeschichtlichen Prozessen in der deutschen Schweiz des 19. Jahrhunderts. Die Auseinandersetzung mit der Diglossie, die in der Variante mit totaler Überlagerung definitiv zu einem soziolinguistischen ‚Sonderfall' wird, wird zum Kristallisationspunkt der Schweizerdeutschdiskurse dieser Zeit.

Die Legitimierung der Dialekte als Alltagsvarietäten und die Aushandlung der konkreten pragmanormativen Bedingungen des Varietätenmodells beherrschen als vordringlichste sprachreflexive Themen die erste Jahrhunderthälfte. Entscheidend dabei ist, dass Dialekt und Hochdeutsch als kategorial verschiedene ‚Wesen' konzeptualisiert werden, die sich mit ihren je eigenen Vorzügen in der Kommunikation funktional wechselseitig ergänzen. Diese *kommunikationsfunktionale Komplementarität* der beiden Varietäten wird in der Folge ebenso wenig infrage gestellt, wie die daraus abgeleiteten pragmatischen Normvorstellungen im Hinblick auf die Varietätenverteilung. Dialekt und Hochdeutsch gelten fortan als zwei legitime Sprachformen, die jeweils ‚an ihrem Ort' ihre Berechtigung beweisen: der Dialekt in der Face-to-face-Interaktion in Nähesituationen, das Hochdeutsche in formalisierten Kommunikationssituationen und in der Schrift. Ergänzt werden diese zunächst vor allem pragmatischen Normvorstellungen im letzten Drittel des Jahrhunderts durch das Postulat einer formalen Separierung der Varietäten. So stabilisieren sich im 19. Jahrhundert schliesslich (später als typisch für Diglossiesituationen beschriebene[12]) usuelle Normen wie die klare sprachlich-formale und funktionale Trennung zwischen Dialekt und Hochdeutsch sowie die Verwendung des Dialekts in allen Bevölkerungsschichten.

Charakteristisch für dieses Diglossiebewusstsein ist eine *grundsätzliche Wertschätzung beider Varietäten*. Neben der besonderen Wertschätzung der Dialekte geniesst auch das Hochdeutsche als Sprache der Schrift sowie der Bildung und Kultur ungebrochen ein hohes Prestige – auch in gesprochener Form. In Vorträgen über wissenschaftlich-kulturelle, aber auch feierlich-erhabene Gegenstände gilt es als die angemessene Ausdrucksweise und je länger je mehr als selbstverständlich. Es ist geradezu kennzeichnend für die deutschschweizerische Sprachkultur des 19. Jahrhunderts, dass die Dialektideologie nicht abso-

---

12 Vgl. Ferguson 1959.

lut gilt, sondern mit einer Standardideologie koexistiert, also der Überzeugung, die Standardvarietät einer Sprache sei unerlässliches Mittel der Bildung und Bedingung des gesellschaftlichen Fortschritts und in dieser Hinsicht die bedeutsamste Varietät dieser Sprache.[13] Wie in Deutschland manifestiert sich dieser Standardismus im 19. Jahrhundert auch in der Deutschschweiz zunächst vor allem als Homogenitätsideologie, der zufolge sprachliche Variation in der Standardsprache negativ ist. Erst allmählich wird diese Auffassung aufgeweicht und auch der Gebrauch bestimmter helvetischer Besonderheiten in Aussprache und Lexik legitimiert.

Auch ist nicht nur gegenüber den Mundarten, sondern auch gegenüber der Standardvarietät von einer gewissen *Sprachloyalität* auszugehen. Diese speist sich aus dem Selbstverständnis, dass die neuhochdeutsche Schriftsprache nicht von aussen aufoktroyiert ist, sondern sich historisch unter kontinuierlicher deutschschweizerischer Mitwirkung herausgebildet hat. Stärker freilich als in Bezug auf seine mündliche Realisierung wird die neuhochdeutsche Schriftsprache als eigene, zur Deutschschweiz gehörige Schreibvarietät verstanden. Von diesem Selbstverständnis zeugen die damals wie heute gebräuchlichen Begriffe ‚Schriftsprache' und ‚Schriftdeutsch'.[14] Auf Grundlage der Deutschschweizer Dialekte eine einheitliche Schrift- und Nationalsprache zu schaffen, war deshalb keine Option. Eine ‚Hollandisierung', also eine sprachliche Abspaltung vom deutschen Kulturraum, wollte man weder aus kulturellen noch aus wirtschaftlichen Gründen riskieren.

Die funktionale Verteilung der Varietäten in der gesprochenen Sprache und der fast ausschliessliche Gebrauch des Hochdeutschen in der Schrift werden im Laufe des Jahrhunderts zu einer zentralen Konstituente deutschschweizerischer Sprachkultur. Sprachbewusstseinsgeschichtlich zeichnet sich das 19. Jahrhundert nicht durch die Überzeugung aus, die Volkssprache müsse sich zur schweizerischen National- und Kultursprache emanzipieren und die deutsche Standardvarietät als ‚fremde' Sprache verdrängen. Vielmehr konsolidiert sich die Auffassung, den lokalen Dialekten stehe im Bereich der gesprochenen Sprache ihr historisches, dem Schweizerdeutschen sein nationales Recht zu, während das Hochdeutsche als Kultur- und Gemeinsprache die Dialekte weiterhin überdachen solle. Alternativ zur gesellschaftlichen Monoglossie und zum Streben nach einer einheitlichen Nationalsprache in Deutschland verkörpert die Diglossie

---

13 Vgl. Milroy/Milroy 1999 [1985]; Milroy 2001; Maitz/Elspaß 2013: 35.
14 Die Begriffe können bis heute sowohl geschriebenen als auch gesprochenen Standard bezeichnen und verweisen damit noch einmal auf die Wahrnehmung und Funktion der Standardvarietät als beinahe exklusive Varietät des Schriftlichen und ihre lange Zeit marginale Bedeutung für die gesprochene Sprache.

zunehmend ein konstitutives Merkmal nationaler Sprachkultur in der (deutschsprachigen) Schweiz. Der diglossische ‚Sonderweg' wurde so neben dem nationalen Sprachbewusstsein auf Basis des Schweizerdeutschen als Quasi-Nationalsprache zu einem weiteren zentralen Moment deutschschweizerisch-nationaler Identifikation.

Um Missverständnissen vorzubeugen, ist nach dem Gesagten noch Folgendes anzufügen: Wenn von einer Konsolidierung und mithin einer Stabilisierung des Diglossie*bewusstseins* im 19. Jahrhundert die Rede ist, bedeutet das nicht, dass die Diglossie*situation* als solche stabil gewesen wäre. Diglossiesituationen sind prinzipiell instabil, insofern sich die Verteilung der Varietäten diachron fortwährend verschiebt und sich innerhalb einer diglossischen Sprachgemeinschaft die Aushandlung ihrer Funktionen und Domänen als kontinuierlicher Prozess darstellt. Dies belegen die sprachgebrauchsgeschichtlichen Entwicklungen in der Deutschschweiz des 19. und 20. Jahrhunderts ebenso wie die damit eng verknüpften Diglossiediskurse. Während sich die Varietätenverteilung im 19. Jahrhundert deutlich zugunsten des Hochdeutschen verschob, ist im 20. Jahrhundert spätestens seit den 1930er Jahren eine Gegenbewegung im Gange, durch die die Dialekte teils in Domänen, die zwischenzeitlich hochdeutsch waren, teils in neuen Kommunikationssituationen gebräuchlich wurden. Ungeachtet solcher diachronen Verschiebungsprozesse im Varietätengefüge blieben letztlich das grundsätzliche diglossische Selbstverständnis und die damit zusammenhängenden basalen Kommunikationsmaximen in der Deutschschweiz seit Mitte des 19. Jahrhunderts erhalten.

13.4 Sonderfall Schweiz?

Im 19. Jahrhundert schlug die (deutsche) Schweiz nicht nur politisch und wirtschaftlich, sondern auch sprachgeschichtlich den „Weg zur Gegenwart"[15] ein. Mit Blick auf die Diglossiesituation wird die deutschsprachige Schweiz seither von aussen, aber gerade auch von innen immer wieder als *sprachlicher* Sonderfall wahrgenommen. Dieses Sonderfalldenken hat in der (deutsch)schweizerischen Selbstwahrnehmung eine gewisse Tradition und spielt nicht nur mit Blick auf die Sprache seit dem ausgehenden 19. Jahrhundert eine Rolle.[16]

---

[15] So der Titel der Überblicksdarstellung zur Schweiz im 19. Jahrhundert von Kreis 1986.
[16] Die Rede vom ‚Sonderfall Schweiz' geht davon aus, dass der Schweiz aufgrund ihrer Geschichte, ihrer geographischen Lage, ihres politischen Systems und ihrer Kultur eine Sonderstellung und teilweise auch eine Vorbildsfunktion innerhalb der Staatengemeinschaft zukomme. Während das Sonderfalldenken lange positiv besetzt war, geriet es in gesellschaftskritischen Kreisen seit den 1970er Jahren zunehmend in Kritik; seit den 1990er Jahren wird das

Inwiefern ging die Schweiz nun aber mit ihrer sprachbewusstseinsgeschichtlichen Entwicklung einen Sonderweg? Mit der diglossischen Varietätenverteilung nimmt die Schweiz im deutschsprachigen Raum heute soziolinguistisch tatsächlich eine ganz eigene Stellung ein. Die Weichen für diese Entwicklung wurden sprachgebrauchsgeschichtlich bereits im 18. und sprachbewusstseinsgeschichtlich vor allem im 19. Jahrhundert gestellt. Es ist jedoch wichtig zu sehen, dass aus sprachbewusstseinsgeschichtlicher Perspektive die Entwicklungen in der deutschen Schweiz nicht unabhängig von gesamtdeutschsprachigen, teilweise auch von gesamtwesteuropäischen Entwicklungstendenzen stattfanden. In Bezug auf verschiedene Phänomene müsste daher eher von einer schweizerischen Spielart allgemeiner Entwicklungen gesprochen werden als von einem Sonderweg. So lässt sich ab dem ausgehenden 18. Jahrhundert innerhalb des gesamten deutschen Sprachraums ein neues *Regionalsprachenbewusstsein* feststellen, das im 19. Jahrhundert zu einer grundsätzlichen, wenngleich regional recht unterschiedlichen Aufwertung lokaler und regionaler Sprachformen, insbesondere der Dialekte führt und die Einsicht in deren Eigensprachlichkeit befördert.[17] Die schweizerische Spielart eines umfassenderen Phänomens manifestiert sich auch im damaligen *Sprachpatriotismus* auf Grundlage der Dialekte bzw. des Schweizerdeutschen. Zeitlich und thematisch entwickelt er sich spezifisch schweizerisch, strukturell lässt er sich jedoch in eine längere Tradition des deutschen (und europäischen) Sprachpatriotismus einordnen.[18] Auch die Rückbesinnung auf das sprachlich Eigene als Ausdruck regionaler Identität und die damit einhergehenden Ansätze zur *Sprachpflege und Sprachpolitik*, die sich in der zweiten Jahrhunderthälfte vor dem Hintergrund einer Modernisierungs- und Kulturkritik abzeichnen, sind keine rein schweizerischen Phänomene, wie etwa Bestrebungen zur Reliterarisierung und Pflege des Niederdeutschen belegen. Dennoch: Aufgrund politisch, gesellschaftlich und sprachlich sehr unterschiedlicher Voraussetzungen hat die deutschschweizerische Sprachbewusstseinsgeschichte des 19. und 20. Jahrhunderts bei allen Interdependenzen ihre eigene, sehr spezifische Ausprägung als veritabler Sonderfall innerhalb der Sprachbewusstseinsgeschichte des Deutschen.

Bild des Sonderfalls von nationalkonservativen Kreisen wieder vermehrt bedient (vgl. Kreis 2012).
17 Vgl. Mattheier 2005.
18 Zum historischen Zusammenhang von Sprache und Nation im deutschsprachigen Raum sowie im Hinblick auf weitere europäische Kultursprachen vgl. die Beiträge in Gardt 2000a.

14 Ausblick – Deutschschweizer Sprachbewusstsein im 20. und 21. Jahrhundert

Die sprachbewusstseinsgeschichtlichen Wurzeln der deutschschweizerischen Diglossie liegen im 19. Jahrhundert. Damals wurden die Fundamente eines Sprachbewusstseins gelegt, dessen grundlegende Prinzipien – je nach historischen Bedingungen in jeweils unterschiedlicher Ausprägung – im Grunde im 20. Jahrhundert weiter Bestand hatten und noch bis heute wirksam sind.[1]

Dazu zählt der deutschschweizerische Sprachpatriotismus, der in den ersten Jahrzehnten des 20. Jahrhunderts zunächst eher unterschwellig im Bewusstsein der Schützenswürdigkeit der Mundarten fortwirkte, etwa im Rahmen der neu gegründeten Sprachvereine. Unter veränderten politischen Vorzeichen erstarkte der Sprachpatriotismus während der ‚Geistigen Landesverteidigung' in den 1930er und 1940er Jahren, als das Schweizerdeutsche zu einem konstitutiven Moment des nationalen Identitätsdiskurses wurde, noch einmal stark und erreichte seinen bisherigen Höhepunkt. Die sprachpatriotische Grundhaltung lässt sich seither aber auch bis in die Gegenwart beobachten. In jüngster Zeit schlägt er sich im Sinne einer Demokratisierung der metasprachlichen Diskurse auch in Leserbriefen und Onlinekommentaren zu dialektthematisierenden Presseartikeln nieder. Anschaulicher Beleg dafür ist die Reaktion auf einen Beitrag des Schweizer Literaturwissenschaftlers Peter von Matt, der 2010 unter dem Titel „Der Dialekt als Sprache des Herzens? Pardon, das ist Kitsch!" im Zürcher *Tages-Anzeiger* erschien und medial kontrovers diskutiert wurde: „Unser Dialekt ist ein Teil unserer Heimat, wer den Dialekt als Deutschschweizer überall durch Hochdeutsch ersetzen will, hat keine Heimat hier und verneint unsere Nation[,] die nun mal 4 Sprachen spricht, eine davon halt Schwizerdütsch!"[2]

Auch die Dialektideologie als Überzeugung der besonderen Wertigkeit der Dialekte bzw. des Schweizerdeutschen wirkt im sprachlichen Selbstverständnis vieler Deutschschweizerinnen und Deutschschweizer bis heute fort.[3] Während sie in der Zeit bis zum Ende des Zweiten Weltkrieges vor allem im nationalen und kulturpatriotischen Kontext bedeutsam war, wurde sie ab den 1960er Jahren im Zeichen einer allgemeineuropäischen Informalisierung der Kommunikation und einer neuen Wertschätzung der Substandardvarietäten neu kontextua-

---

1 Zur Sprachbewusstseinsgeschichte des 20. und 21. Jahrhunderts vgl. auch Ruoss/Schröter 2019.
2 Leserkommentar des Nutzers Hans P. Grimm zu Peter von Matt: «Der Dialekt als Sprache des Herzens? Pardon, das ist Kitsch!», in: Tages-Anzeiger (Onlineausgabe), 16. 10. 2010, Online: www.tagesanzeiger.ch/12552200 ‹1. 8. 2018›.
3 Vgl. auch Watts 1988, 1999; Gass 2015: 128.

ᗝ Open Access. © 2019 Emanuel Ruoss, publiziert von De Gruyter. [CC BY-NC-ND] Dieses Werk ist lizenziert unter der Creative Commons Attribution-NonCommercial-NoDerivatives 4.0 Lizenz.
https://doi.org/10.1515/9783110610314-014

lisiert und weiter gestärkt.[4] Die bereits im 19. Jahrhundert dokumentierte Auffassung, dass es sich beim Schweizerdeutschen um eine eigene Sprache und die „faktische National‚sprache'"[5] handle und folglich das Hochdeutsche für Deutschschweizerinnen und -schweizer erste Fremdsprache sei, ist heute womöglich noch deutlicher ausgeprägt als im vorletzten Jahrhundert. Wie Fragebogenstudien zeigen, teilt ein grosser Teil der Befragten das Stereotyp, dass Hochdeutsch für Schweizer generell die erste Fremdsprache sei.[6]

Neben Sprachpatriotismus und Dialektideologie bleibt aber auch das Diglossiebewusstsein samt damit zusammenhängenden kommunikativen Normen als Konstituente der deutschschweizerischen Sprachkultur bis heute erhalten. Dabei soll das Schweizerdeutsche weder verabsolutiert und zur kodifizierten National- und Kultursprache ‚vernakularisiert' werden (wie z. B. in Luxemburg), noch sollen die Mundarten zugunsten des Hochdeutschen marginalisiert oder gar aufgegeben werden (wie z. B. in Teilen Deutschlands). Diskursgeschichtlich zeigt sich, dass gerade in Situationen, in denen die diglossische Varietätenverteilung auf die eine oder andere Seite unter Druck zu geraten drohte, stets zur ihrer Wahrung aufgerufen wurde. Dies galt zu Beginn des 20. Jahrhunderts, als man die Dialekte in Gefahr sah, ebenso wie in den 1980er Jahren, als befürchtet wurde, der Dialektgebrauch könnte zu raumgreifend werden. Dass seit der zweiten Hälfte des 19. Jahrhunderts weder ernsthaft der Anspruch aufgekommen wäre, den Dialekt zu verdrängen, noch Pläne zu einer Kodifizierung des Schweizerdeutschen mehrheitsfähig geworden wären, ist Beleg für die historische Kontinuität und Stabilität dieses diglossischen Selbstverständnisses. Sowohl in den politischen Debatten zum Varietätengebrauch in Kindergärten als auch in den medialen Diskussionen zur Dialektschriftlichkeit in den sozialen Medien geht es auch heute letztlich nie um eine prinzipielle Infragestellung der Diglossie, sondern stets um die Aushandlung ihrer Grenzen.

---

4 Vgl. zusammenfassend zu diesen Entwicklungen im 20. Jahrhundert Sonderegger 2003: 2865–2876; Haas 2000a: 84–88.
5 Ammon 1995: 287.
6 Vgl. Hägi/Scharloth 2005: 24–26; Scharloth 2005e; Studler 2017. Interessanterweise bejahten in der Studie von Hägi/Scharloth 2005: 25 demgegenüber nur 30 % der Befragten die individualisierte Frage, ob Hochdeutsch für sie persönlich eine Fremdsprache sei, so dass in dieser Frage eine deutliche Diskrepanz zwischen der allgemeinen, stereotypen und der persönlichen Wahrnehmung zu konstatieren ist. Die Ergebnisse aus einer explorativen Fragebogenstudie unter Germanistikstudierenden von Studler 2013, in der nur 33 % Hochdeutsch als Fremdsprache betrachteten, legen zudem nahe, dass bei der Antwort auf diese Frage mit sozial bedingten Unterschieden zu rechnen ist. Aus theoretischer Sicht wurde die Frage, ob es sich beim Hochdeutschen um eine Fremdsprache handle, auch in der Fachdiskussion bis in die jüngste Zeit kontrovers diskutiert (vgl. zuletzt z. B. Ris 1990; Berthele 2004; Haas 2004).

In der sprachgeschichtlichen Entwicklung der deutschen Schweiz zeigt sich die Bedeutung der soziopragmatischen Sprachgeschichte im Allgemeinen und der Sprachbewusstseinsgeschichte im Besonderen. Dass sich in der deutschen Schweiz bis heute die Diglossie als Varietätenverteilungsmodell behauptet, liegt auch in bestimmten kollektiven Dispositionen in Bezug auf Sprache begründet. Zwar sind zwischen Sprach*bewusstsein* und Sprach*gebrauch* keine einfachen Kausalzusammenhänge anzunehmen. Aufgrund der Ergebnisse dieser Studie ist jedoch davon auszugehen, dass gerade kollektive Spracheinstellungen, „kollektives Denken, Fühlen, Wollen",[7] wesentlich zu den sprachgeschichtlichen Entwicklungen in der Deutschschweiz des 19. Jahrhunderts beitrugen. Bis heute ist darin ein zentraler erklärender Faktor für die Deutschschweizer Sprachsituation zu sehen.

Die Ergebnisse dieser Arbeit bestätigen zudem das Potenzial und die Relevanz sprachbewusstseinsgeschichtlicher Forschung für kulturgeschichtliche Erkenntnisinteressen. Sie zeigen zum einen deutlich, dass Intensität und thematische Spezifik sprachreflexiver Diskurse in einem unauflöslichen Zusammenhang mit gesellschaftlichen Entwicklungen stehen. Zum anderen weisen sie nach, dass und wie Sprache in einer historischen Gesellschaft zu einem wichtigen Gegenstand kultureller Orientierung werden kann und kulturelle Formationen mitstrukturiert. Eine herausragende Bedeutung, das zeigt sich nicht erst, aber besonders auch in dieser Arbeit, kommt der Sprachbewusstseinsgeschichte dabei im Kontext von Identitätsbildung und gemeinschaftsbildenden Selbstverständigungsprozessen zu.

In der kulturkonstitutiven Potenz kollektiver Spracheinstellungen und kollektiven Sprachbewusstseins liegt letztlich auch deren Bedeutung als Faktoren sprachlichen Wandels sowie das erklärende Potenzial und der genuine erkenntnistheoretische Mehrwert der Sprachbewusstseinsgeschichte für sprachgeschichtliche Entwicklungen. Aufgrund ihrer Fokussierung auf individuum- und einzeltextübergreifende Musterhaftigkeit versprechen gerade auch diskursgeschichtlich ausgerichtete Studien, wichtige Hinweise auf verbreitete, kollektiv dominante und damit potenziell wirkungsmächtige und handlungsleitende Sprachauffassungen zu geben.

Dafür sind die Rekonstruktionen sprachbewusstseinsgeschichtlicher Prozesse in dieser Arbeit anschauliche Belege. Die Erkenntnisse, zu denen diese Arbeit gelangt ist, sind nicht nur relevant für die Deutschschweizer Sprachgeschichte des 19. Jahrhunderts, sondern ebenso massgeblich für das Verständnis der aktuellen Sprachsituation in der deutschen Schweiz. Die Feststellung der

---

[7] Hermanns 1995b: 71.

14 Ausblick – Deutschschweizer Sprachbewusstsein im 20. und 21. Jahrhundert

Ausbildung eines nationalen Sprachbewusstseins auf Basis des Schweizerdeutschen sowie der Konsolidierung des Diglossiebewusstseins im Laufe des 19. Jahrhunderts haben letztlich grosses Erklärungspotenzial, wenn es um die Frage geht, warum die Deutschschweiz den sprachgeschichtlichen Sonderweg einer Diglossie mit totaler Überlagerung ging – und bis heute geht.

15 Literaturverzeichnis

15.1 Quellen

Recherchierte Zeitungen und Zeitschriften

Die folgenden Zeitungen und Zeitschriften wurden im angegebenen Erscheinungszeitraum umfassend recherchiert. Sie wurden manuell oder elektronisch über ein Register und/oder über eine elektronische Volltextsuche erschlossen. Einträge ohne Asterisk wurden manuell durchsucht; Periodika mit einem Asterisk (*) wurden über strukturierte Titeldaten online und solche mit zwei Asterisken (**) über eine OCR-basierte Volltextsuche erschlossen.

Aarauer Zeitung (1815–1821). [Digitalisate von: Google Books].**
Aargauer Schulblatt (1875–1899). [Digitalisate von: Aargau Digital, kbaargau.visual-library.de].
Allgemeine schweizerische Schulblätter (1835–1845).
Alpenrosen. Ein Schweizer Almanach auf das Jahr… (1811–1854). [Digitalisate von: Google Books].**
An die Zürcherische Jugend. Von der naturforschenden Gesellschaft (1799–1900). Fortgesetzt als: Neujahrsblatt (1871 ff.). [Zugriff über: www.e-periodica.ch].*
Anzeiger für schweizerische Geschichte (1855–1914). Zuerst erschienen als: Anzeiger für schweizerische Geschichte und Alterthumskunde (1855–1868). [Zugriff über: www.e-periodica.ch].*
Appenzeller Kalender (1760–1914). Zunächst erschienen als: Alter und neuer grosser Staats-, Kriegs- und Friedens Appenzeller-Calender, oder, Der hinkende Bott (1760–1837). [Zugriff über: www.e-periodica.ch].*
Appenzellische Jahrbücher (1854–1914). [Zugriff über: www.e-periodica.ch].*
Appenzellisches Monatsblatt (1825–1850). [Zugriff über: www.e-periodica.ch].*
Appenzellisches Volksblatt (1831–1833). [Zugriff über: www.e-periodica.ch].*
Baseler Zeitung (1831–1836). [Digitalisate von: Google Books].**
Basler Taschenbuch (1850–1864). [Digitalisate von: Google Books].**
Baslerische Mitteilungen (1826–1831).
Bericht über die Tätigkeit der Freiwilligen Schulsynode von Basel-Stadt (1891–1914).
Bericht über die Verhandlungen der Zürcherischen Schulsynode (1834–1914). [Zugriff über: www.e-periodica.ch].*
Berner Rundschau. Halbmonatsschrift für schweizerische und allgemeine Kultur (1906–1910).
Berner Schulblatt (1858–1914). Zunächst erschienen als: Berner Schul-Zeitung (1858–1867). [Zugriff über: www.e-periodica.ch].*
Berner-Schulfreund (1861–1867). [Zugriff über: www.e-periodica.ch].*
Berner Taschenbuch (1852–1914). Fortgesetzt als: Neues Berner Taschenbuch (1896 ff.). [Zugriff über: www.e-periodica.ch].*
Blätter für die Christliche Schule (1866–1914). Fortgesetzt als: Schweizerisches evangelisches Schulblatt (1890 ff.).
Bündner Landbote (1846–1847). [Zugriff über: www.e-newspaperarchives.ch].**
Bündner Nachrichten (1885–1892). [Zugriff über: www.e-newspaperarchives.ch].**
Bündner Seminar-Blätter (1883–1902). [Zugriff über: www.e-periodica.ch].*
Das Alphorn: Illustrirtes Schweizer Familienblatt (1889–1896).

Open Access. © 2019 Emanuel Ruoss, publiziert von De Gruyter. Dieses Werk ist lizenziert unter der Creative Commons Attribution-NonCommercial-NoDerivatives 4.0 Lizenz.
https://doi.org/10.1515/9783110610314-015

Das Posthörnchen (1838–1845). Fortgesetzt als: Aarauer Kurier (1845–1847). [Digitalisate von: Aargau Digital, kbaargau.visual-library.de].
Der Schweizer-Bote (1804–1879). Zuerst unter dem Titel: Der aufrichtige und wohlerfahrene Schweizer-Bote (1804–1835). [Digitalisate von: Google Books].**
Der gemeinnützige Schweizer (1814–1819). [Digitalisate von: Google Books].**
Der Grütlianer (1851–1914). [Zugriff über: www.e-newspaperarchives.ch].**
Der Hinkende Bot: Historischer Kalender oder der [Berner] Hinkende Bot (1790–1890).
Der liberale Alpenbote (1848–1860). [Zugriff über: www.e-newspaperarchives.ch].**
Der Morgenstern (1842–1843). [Zugriff über: www.e-newspaperarchives.ch].**
Der Neue Sammler. Ein gemeinnütziges Archiv für Bünden (1805–1812). [Zugriff über: www.e-periodica.ch].*
Der Volksfreund (1879–1885). [Zugriff über: www.e-newspaperarchives.ch].**
Der Wahrheitsfreund (1835–1858). [Zugriff über: www.e-newspaperarchives.ch].**
Die deutschen Mundarten. Eine Zeitschrift für Dichtung, Forschung u. Kritik (1844–1877). [Zugriff über: www.e-periodica.ch].*
Die Ostschweiz (1874–1900). [Zugriff über: www.e-newspaperarchives.ch].**
Fest- und Schützen-Zeitung oder Bülletin des Eidgenössischen Freischießens in Glarus (1847). [Digitalisate von: Google Books].**
Freiburger Nachrichten (1864–1914). [Zugriff über: www.e-newspaperarchives.ch].**
Helvetia: Denkwürdigkeiten für die 22 Freistaaten der Schweizerischen Eidgenossenschaft (1823–1833). [Digitalisate von: Google Books].**
Helvetia: Monatsschr.[ift] für Literatur, Kunst u.[nd] Leben (1878–1917).**
Helvetischer Almanach (1799–1822). [Digitalisate von: Google Books].**
Intelligenzblatt der Stadt Bern (1834–1914). [Zugriff über: intelligenzblatt.unibe.ch].**
Id. Jb. = Jahresberichte des Idiotikons (1868–1914).**
Isis. Eine Monatsschrift von Deutschen und Schweizerischen Gelehrten (1805–1807).
Jahrbuch der Luzernischen Kantonallehrerkonferenz (1850–1882). Zunächst erschienen als: Konferenzblätter. Eine Zeitschrift für die Volksschullehrer des Kantons Luzern (1850–1857).
Jahrbuch des Schweizer Alpenclub. (1864–1914). [Zugirff über: Online-Archiv des Schweizerischen Alpenclubs SAC].**
Jahrbuch des Unterrichtswesens in der Schweiz (1889–1914). [Zugriff über: www.e-periodica.ch].*
Jahrbücher der Stadt St. Gallen (1823–1843). [Digitalisate von: Google Books].**
Jahrbücher für Religion und Sitten oder für Kirchen-, Schul- und Armenwesen in der evangel.[isch] reformirten Schweiz (1826–1827). Fortgesetzt als: Neue Jahrbücher für Religion und Sitten oder für Kirchen-, Schul- und Armenwesen in der evangel.[isch] reformirten Schweiz (1827). [Digitalisate via: Google Books].**
Jahresbericht des Deutschschweizerischen Sprachvereins (1904–1914).
Jahresbericht des Bündnerischen Lehrervereins (1883–1914). [Zugriff über: www.e-periodica.ch].*
Jahresbericht über das Töchterinstitut und Lehrerinnenseminar in Aarau (1873–1908) [Zugriff über: Aargau Digital, http://kbaargau.visual-library.de/].**
Jahresheft des Vereins Schweizerischer Gymnasiallehrer (1868–1914). Fortgesetzt als: Jahrbuch des Vereins Schweizerischer Gymnasiallehrer (1908 ff.).
Luzernisches Schul-Blatt (1884–1914).
Mitteilungen der Antiquarischen Gesellschaft in Zürich (1844–1914). [Zugriff über: www.e-periodica.ch].*

Monatsrosen: Organ d.[es] Schweizerischen Studentenvereins (1857–1914).
Nebelspalter: das Humor- und Satiremagazin (1875–1914). [Zugriff über: www.e-periodica.ch].*
Neue Alpenrosen: Eine Gabe schweizerischer Dichter (1848–1849). [Digitalisate von: Google Books].**
Neue Helvetia: Eine schweizerische Monatsschrift (1843–1844). [Digitalisate von: Google Books].**
Neue Zuger Zeitung (1846–1871) [Zugriff über: www.e-newspaperarchives.ch].**
Neue Zürcher Zeitung (1780–1914). [Zugriff über: Online-Archiv der Neuen Zürcher Zeitung (NZZ)].**
Neues schweizerisches Museum (1861–1866). [Digitalisate von: Google Books].**
Neues Tagblatt aus der östlichen Schweiz (1856–1873). [Zugriff über: www.e-newspaperarchives.ch].**
Neujahrsgeschenk für die Jugend des Kantons Schaffhausen (1822–1843). [Digitalisate von: Google Books].**
Pädagogische Blätter. Organ des Vereins katholischer Lehrer und Schulmänner der Schweiz (1893–1914). Zuerst erschienen als: Pädagogische Monatsschrift. Organ des Vereins katholischer Lehrer und Schulmänner (1893) [Zugriff über: www.e-periodica.ch].*
Pädagogischer Beobachter: Wochenblatt für Erziehung und Unterricht (1874–1881). [Zugriff über: www.e-periodica.ch].*
Penelope: Zeitschrift zur Belehrung u.[nd] Unterhaltung für das weibl.[iche] Geschlecht (1846–1847).
Schaffhauser Beiträge zur vaterländischen Geschichte (1839–1914).
Schaffhauser Nachrichten (1861–1914). [Zugriff über: Online-Archiv der Schaffhauser Nachrichten].**
Schweizerische Lehrerzeitung (1856–1914). Zuerst erschienen als: Pädagogische Monatsschrift für die Schweiz (1856–1861).
Schweizerische Lehrerinnenzeitung (1896–1914). [Zugriff über: www.e-periodica.ch].*
Schweizerische literarische Monatsrundschau (1895–1900). Fortgesetzt als: Schweizer Rundschau: Monatsschrift für Geistesleben und Kultur (1900–1914).
Schweizerische pädagogische Zeitschrift (1880–1914). Zuerst erschienen als: Schweizerisches Schularchiv (1880–1890). [Zugriff über: www.e-periodica.ch].*
Schweizerische Rundschau = Revue helvétique = Rivista elvetica (1891–1897).*
Schweizerische Schulzeitung (1850–1855).
Schweizerische Schulzeitung (1871–1872).
Schweizerische Zeitschrift für Gemeinnützigkeit = Revue suisse d'utilité publique = Rivista svizzera d'utilità pubblica (1810–1914). Zuerst erschienen als: Verhandlungen der Schweizerischen Gemeinnützigen Gesellschaft (1810–1860).
Schweizerisches Archiv für Volkskunde = Archives suisses des traditions populaires (1897–1914). [Zugriff über: www.e-periodica.ch].*
Schweizerisches Volksschulblatt (1854–1860). [Zugriff über: www.e-periodica.ch].*
Solothurnisches Wochenblatt (1810–1834). [Digitalisate von: Google Books].**
Sonntagspost: eine schweizerische Wochenschrift (1865–1870).
St. Galler Zeitung (1813–1881). [Zugriff über: www.e-newspaperarchives.ch].**
Thurgauisches Neujahrsblatt: der Jugend zur Belehrung und Ermunterung (1824–1856). [Digitalisate von: Google Books].**
Ueber Berg & Thal: schweizerische illustrirte Monatsschrift (1889–1896).
Wissen und Leben. Neue Schweizer Rundschau (1907–1914).

Wochenblatt für die vier löblichen Kantone Ury, Schwytz, Unterwalden und Zug (1814–1849). Fortgesetzt als: Neue Zuger Zeitung (1822), Zuger-Zeitung (1823–1831) und Der freie Schweizer (1832–1849) [Zugriff über: www.e-newspaperarchives.ch].**
Zeichen der gegenwärtigen Zeit im Guten und Bösen (1823–1825). [Digitalisate von: Google Books].**
Zürcherische Beyträge zur wissenschaftlichen und geselligen Unterhaltung (1815–1816). [Digitalisate von: Google Books].**
Zürcherischer Schulfreund (1842–1848). Fortgesetzt als: Der liberale Schulbote (1844–1848).
Züricherische Schulzeitung (1840–1843).

Quellenverzeichnis

Adank, U[lrich] (1884): Schriftsprache und Dialekt in der Volksschule. Korreferat von Herrn Lehrer U. Adank an der Kantonalkonferenz vom 14. Juli 1884, veröffentlicht auf den Wunsch dieser Konferenz. In: Amtliches Schulblatt des Kantons St. Gallen. Neue Folge 4, 102–107, 114–119.

Adelung = Adelung, Johann Christoph (1793–1801): Grammatisch-kritisches Wörterbuch der Hochdeutschen Mundart, mit beständiger Vergleichung der übrigen Mundarten, besonders aber der Oberdeutschen. Ausgabe letzter Hand. 4 Bde. Zweyte vermehrte und verbesserte Ausgabe. Leipzig.

Adelung, Johann Christoph (1781): Über die Geschichte der Deutschen Sprache, über Deutsche Mundarten und Deutsche Sprachlehre. Leipzig.

Adelung, Johann Christoph (1785): Über den Deutschen Styl. Drei Theile. Berlin.

Adelung, Johann Christoph (1800): Über den Deutschen Styl. Erster Band. Vierte, vermehrte und verbesserte Auflage. Berlin.

Adelung, Johann Christoph (1809): Mithridates oder allgemeine Sprachenkunde mit dem Vater Unser als Sprachprobe in beynahe fünfhundert Sprachen und Mundarten von Johann Christoph Adelung, Hofrath und Ober-Bibliothekar zu Dresden, grossentheils aus Dessen Papieren fortgesetzt und bearbeitet von Dr. Johann Severin Vater, Professor und Bibliothekar der Universität zu Halle. Zweyter Theil. Berlin.

Adelung, Johann Christoph (1822): Über den Deutschen Styl. Im Auszuge von Theodor Heinsius. Dritte Ausgabe. Berlin.

[Anonym.] (1793): Versuch einer Litteratur deutscher Reisebeschreibungen, sowohl Originale als Uebersetzungen; wie auch einzelner Reisenachrichten aus den berühmtesten deutschen Journalen. Prag.

[Anonym.] (1794): Mittlere und neuere politische und Kirchengeschichte. In: Allgemeine deutsche Bibliothek 116, 531–551.

[Anonym.] (1804): Deutscher Brief eines jungen B_ _r Frauenzimmers. In: Allerley Neues, nicht Politisches, ein Gelegenheits-Blatt während der Dauer der Schweizerischen Tagsatzung in Bern 13, 52.

[Anonym.] (1811a): Der verlohrne Sohn. Probe zweyer Volks-Dialekte aus dem Kanton Bern. In: Alpenrosen. Ein Schweizer-Almanach auf das Jahr 1811, 69–78.

[Anonym.] (1811b): Kurze geographisch-statistische Darstellung des Cantons Schaffhausen. In: Helvetischer Almanach für das Jahr 1811, 1–58.

[Anonym.] (1815): Kauderwelsch. In: Historischer Kalender oder der Hinkende Bot, auf das Jahr 1815, [s. p.].

[Anonym.] (1820): Eusi Schwützersproch [sic!]. In: Der aufrichtige und wohlerfahrene Schweizer-Bote 17 (40), 313.

[Anonym.] (1827): Soll das Deutsch seyn. In: Historischer Kalender oder der Hinkende Bot, auf das Jahr 1827, [s. p.].

[Anonym.] (1830): [Rezension zu:] Steinmüller, neue Jahrbücher. In: Journal für Prediger 76, 109–113.

[Anonym.] (1832): Nachricht von dem Examen der Schullehrer und dem Schulfest in Hofwyl. In: Der Nachläufer zum aufrichtigen und wohlerfahrenen Schweizerboten 52, [s. p.].

[Anonym.] (1834a): Erbaulicher Fest & Tafel-Sermon zum Sechse-Läuten-Mahl einer löbl.[ichen] Saffran-Zunft. Zürich.

[Anonym.] (1834b): [ohne Titel]. In: Jahrbücher der Stadt St. Gallen 1833, 77–80.

[Anonym.] (1835): Fragmentarische Bemerkungen über die deutsche Sprache in der deutschen Schweiz. In: Der Wanderer in der Schweiz. Eine malerische Zeitschrift 1, 170–171, 174–175.

[Anonym.] (1838a): Der hinkende Bote vor Gericht; in zwei Gesprächen. In: Historischer Kalender oder der Hinkende Bot, auf das Jahr 1838, [s. p.].

[Anonym.] (1838b): [Rezension zu:] Die schweizerische Mundart, im Verhältniß zur hochdeutschen Schriftsprache, aus dem Gesichtspunkte der Landesbeschaffenheit, der Sprache, des Unterrichts, der Nationalität und der Literatur. Frauenfeld. Druck und Verlag von Ch. Beyel. 157 Seiten in 8. In: Neue Zürcher Zeitung, 18. 7. 1838, 342–343.

[Anonym.] (1838c): [Rezension zu:] Die schweizerische Mundart im Verhältniß zur hochdeutschen Schriftsprache [...]. Frauenfeld, Druck und Verlag von Beyel. 1838. In: Allgemeine Schweizerische Schulblätter 4, 355–358.

[Anonym.] (1840): Ueber das Gutdeutschsprechen in den Schulen. Vorgelesen in der Konferenz der Primarschullehrer in Herisau, den 31. August 1839. In: Allgemeine Schweizerische Schulblätter 6, 401–419.

[Anonym.] (1843): Schulnachrichten. In: Berner Schul-Zeitung 23, 196.

[Anonym.] (1844a): [Bericht zur den Verhandlungen der zürcherischen gemeinnützigen Gesellschaft 1844]. In: Neue Zürcher Zeitung, 27. 2. 1844, 230–231.

[Anonym.] (1844b): [Bericht zu den Verhandlungen der Schweizerischen Gemeinnützigen Gesellschaft 1844]. In: Neue Zürcher Zeitung, 19. 9. 1844, 1055–1056.

[Anonym.] (1847): Ueber unsere Landessprache. In: Historischer Kalender oder der Hinkende Bot, auf das Jahr 1847, [s. p.].

[Anonym.] (1848): Schweiz. In: Beilage zur Deutschen Zeitung, 1. 12. 1848, 4.

[Anonym.] (1857): [Rezension zu:] Rhigmurmel. Gedichte in Basler Mundart von Jakob Mähly. Basel 1856. In: Neue Zürcher Zeitung, 11.4./14. 4. 1857, 139–140, 142.

[Anonym.] (1863): Schwizertütsch. In: Berner Schulblatt 6 (49), 196.

[Anonym.] (1866a): Der Dialekt in der Volksschule und das deutsche Sprachbuch von Joh.[annes] Meyer. In: Schweizerische Lehrerzeitung 11 (4), 25–29.

[Anonym.] (1866b): Ueber die Aussprache von st und sp. In: Schweizerische Lehrerzeitung 11 (22), 169–171.

[Anonym.] (1868a): Der Dialekt in der Volksschule. (Aus einem Vortrag bei der Bündner Kantonalkonferenz). In: Schweizerische Lehrerzeitung 13 (43), 343–345.

[Anonym.] (1868b): Die pädagogischen Fragen der Schulsynode für das Jahr 1869. In: Berner Schul-Blatt 1 (51), 209–210.

[Anonym.] (1869a): Ein Referat über die obligatorische Frage: „Welches Verhältniß zwischen Mundart und Schriftsprache ist in der Volksschule das richtige?". In: Berner Schul-Blatt 2 (14), 53–55.

[Anonym.] (1869b): Ueber den mündlichen Gebrauch der schriftdeutschen Sprache. In: Schweizerische Lehrerzeitung 14 (47), 377–379.

[Anonym.] (1871a): Feuilleton 1871. Theatralische Sonnenblicke. In: Neue Zürcher Zeitung, 2. 7. 1871, [1]–2.
[Anonym.] (1871b): Statistik des schweizerischen Zeitungswesens. In: Zeitschrift für schweizerische Statistik 7, 59–60.
[Anonym.] (1872a): [Rezension zu:] De Herr Professor. Idyll aus dem Züribiet von August Corrodi. Zweite Auflage. Winterthur, Steiner'sche Buchhandlung. 1872. In: Bibliographie der Schweiz 2 (11), 49.
[Anonym.] (1872b): [Rezension zu:] Methodisch-praktische Anleitung zu deutschen Stilübungen. In drei Theilen. Von A. Herzog. Dritte vermehrte und verbesserte Auflage. Aarau, Druck und Verlag von H. R. Sauerländer 1872. In: Bibliographie der Schweiz 2 (12), 53.
[Anonym.] (1873a): An unsere Leser. In: Schweizerische Lererzeitung 18, 2–3.
[Anonym.] (1873b): Unsere Mundart. In: Der Schweizerbote, 14. Januar 1873, [1].
[Anonym.] (1874a): Das schweizerische Idiotikon. (Correspondenz aus Zürich). In: Allgemeine Schweizer Zeitung, 1874, [s. p.].
[Anonym.] (1874b): Schweizerdeutsches Idiotikon. In: Pädagogischer Beobachter 1 (50), 200.
[Anonym.] (1874c): Über di aussprache des hochdeutschen. In: Schweizerische Lererzeitung 19 (33–37), 268–270, 278–280, 287–288, 297–299, 306–307.
[Anonym.] (1874d): Zum schweizerischen Idiotikon. In: Allgemeine Schweizer Zeitung, 1874, [s. p.].
[Anonym.] (1874e): [Bericht: „12. Oeffentliche Vorlesung von Hrn. Rektor Dr. Bucher: Niederdeutsche und oberdeutsche Mundarten"]. In: Luzerner Tagblatt, 23. 02. 1874, [s. p.].
[Anonym.] (1874f): Ueber die Aussprache. In: Pädagogischer Beobachter 1 (43–44), 171–172, 173.
[Anonym.] (1875): Die romanischen Mundarten der Südwestschweiz. In: Neue Zürcher Zeitung, 2. 3. 1875, [s. p.].
[Anonym.] (1876): [Ueber die Jahresversammlung des schweizerischen Gymnasiallehrervereins]. In: Neue Zürcher Zeitung, 11. 10. 1876, [s. p.].
[Anonym.] (1877a): Schulnachrichten. In: Berner Schulblatt 10 (46), 217.
[Anonym.] (1877b): Versammlung des Vereins schweiz.[erischer] Gymnasiallehrer. (Korrespondenz.). In: Pädagogischer Beobachter 3 (42), 2.
[Anonym.] (1878a): Die Mundart beim Unterricht. In: Pädagogischer Beobachter 4 (28), 2.
[Anonym.] (1878b): Schriftdeutsch und Mundart. In: Schweizerische Lererzeitung 23 (18), 155.
[Anonym.] (1878c): Über das Verhältniss von Schriftsprache und Mundart. In: Schweizerische Lererzeitung 23 (7), 53–54.
[Anonym.] (1879): Dialekt und Schriftsprache in der Volksschule. In: Schweizerische Lehrerzeitung 24 (51–52), 429–430, 439–440.
[Anonym.] (1880): Ein nationales Werk. In: Züricher Post, 30. 11. 1880, [1].
[Anonym.] (1881): Die Mundart in der Volksschule. In: Der Allmann. Allgemeiner Anzeiger für den Bezirk Hinweil, 1. 4. 1881, [1].
[Anonym.] (1882a): Ein Pestalozzi-Denkmal. In: Berner Schulblatt 15 (28–29), 131–132, 135–136.
[Anonym.] (1882b): Mundart und Schriftsprache. In: Berner Schulblatt 15 (8–9), [8] 33–34, [9] 37.
[Anonym.] (1885): Provinzwörter. In: Züricher Post, 13. 08. 1885, [1].
[Anonym.] (1886): Bedeutung und Zweck des Sprachunterrichtes. In: Schweizerische Lehrerzeitung 31, 17–18, 25–26.

[Anonym.] (1889): Wo stehen wir und wie kann's besser werden? In: Berner Schulblatt 22 (32–38), 169, 173–174, 177–178, 183–184, 187–188, 191–192, 197–198.

[Anonym.] (1892a): [Rezension zu:] Schweizerische Rundschau (Prof. F. Ferdinand Vetter in Bern, Verlag Albert Müller in Zürich). Maiheft. In: Neue Zürcher Zeitung, 13. 5. 1892, [s. p.].

[Anonym.] (1892b): Verfehlte Höflichkeit. In: Intelligenzblatt für die Stadt Bern, 13. 06. 1892, [s. p.].

[Anonym.] (1893): Tageskost vieler Schweizerfamilien von den sogenannten besseren Ständen. In: Nebelspalter 19 (5), [s. p.].

[Anonym.] (1894): [Korrespondenz über die Basler Schulsynode]. In: Neue Zürcher Zeitung, 15. 11. 1894, [s. p.].

[Anonym.] (1895a): Ueber die Aussprache des Deutschen beim Unterricht. In: Aargauer Schulblatt. N.F. 12, 75–76, 83–84, 101–102.

[Anonym.] (1895b): Die Mundart im Sprachunterricht. In: Berner Schulblatt 28, 89–91.

[Anonym.] (1896a): Dialekt in den Primarschulen. In: Berner Schulblatt 29 (12), 214–217.

[Anonym.] (1896b): „Aus allen Gauen.". In: Neue Zürcher Zeitung, 15. 3. 1896, [1–2].

[Anonym.] (1896c): Vom Reichtum unserer Volkssprache. In: Basler Nachrichten, 17. 8. 1896, [s. p.].

[Anonym.] (1896d): Der Sprachunterricht auf der Unterstufe. In: Berner Schulblatt 29 (40), 713–714.

[Anonym.] (1898): Oeffentliche wissenschaftliche (akadem[ische]) Vorträge. In: Intelligenzblatt für die Stadt Bern, 19. 12. 1898, [1].

[Anonym.] (1899a): Die Eröffnung der elektrischen Vollbahn Olten-Burgdorf. In: Schweizerische Bauzeitung 33/34 (3), 32–33.

[Anonym.] (1899b): St. gallische Kantonalkonferenz in Mels. Montag den 7. Aug.[ust] 1899. In: Schweizerische Lehrerzeitung 44 (33–34), 259–260, 266–267.

[Anonym.] (1900): Sprachforschliches. In: Nebelspalter 26 (41), [s. p.].

[Anonym.] (1902): Die Lebensfähigkeit unserer Mundarten [Rezension zu Tappolet 1901]. In: Allgemeine Schweizer Zeitung, 26. 04. 1902, [s. p.].

[Anonym.] (1917): Schriftdeutsch und Mundart. In: Mitteilungen des Deutschschweizerischen Sprachvereins 1 (4), [s. p.].

Aufruf 1862 = Schweizer-Sidler, H[einrich]/Staub, Fritz/Thomann, Konr[ad]/Vögelin, Salomon/Wyss, G[eorg] von (1862): Aufruf betreffend Sammlung eines Schweizerdeutschen Wörterbuchs. Archiv des Schweizerischen Idiotikons, Zürich.

Aurbacher, Ludwig (1838): Ueber den Dialekt, dessen Bedeutung und Benutzung in Volksschulen. In: Aurbacher, Ludwig: Pädagogische Phantasien. Blätter für Erziehung und Unterricht zunächst in Volksschulen. München, 136–143.

Bäbler, Johann Jakob (1878): Über die Verwendung der Mundart im Sprachunterricht. In: Jahresheft des Vereins Schweizerischer Gymnasiallehrer 10, 8–27.

Bachmann, Albert (1884): Über die Bedeutung unseres Dialektes. Separatabdruck aus Nr. 10 des Zofinger-Centralblattes, XXIV. Jahrgang. Basel.

Bachmann, Albert (1908): Sprachen und Mundarten. I. Deutsch. In: Geographisches Lexikon der Schweiz. Bd. 5. Mit dem Beistande der Geographischen Gesellschaft zu Neuenburg hrsg. von Charles Knapp, Maurice Borel und V. Attinger. Neuenburg, 58–76.

Bachmann, [Karl Friedrich] (1809): Ueber das schweizerische Teutsch. In: Neuer teutscher Merkur 11. Stück, 158–172.

Baer, Emil (1936): Alemannisch. Die Rettung der eidgenössischen Seele. Zürich.

Baer, Emil/Baur, Arthur (1937): Šribed wien er reded! Ifüerig id šwizer folchsšrift. Züri.

Blattner, H.[ermann] (1890): Ueber die Mundarten des Kantons Aargau. (Grenzen; Eintheilung; Phonetik.). Vocalismus der Schinznacherm[und]a[rt]. Brugg.

Blümner, Hugo (1892): Zum schweizerischen Schriftdeutsch. Glossen eines Laien zu Wustmanns Schrift „Allerhand Sprachdummheiten". Zürich.

[Bodmer, Johann Jacob] (1740): Vorrede. In: Breitinger, Johann Jacob: Critische Dichtkunst. Zweiter Band. Zürich, [s. p.].

Bodmer, Johann Jacob/Breitinger, Johann Jacob (1746): Der Mahler der Sitten. 2 Bde. Zürich.

Bonstetten, Carl von [= Bonstetten, Karl Viktor von] (1785): Ueber die Erziehung der bernerschen Patrizier. Ein Fragment aus der Geschichte der Schulen von Bern. In: Schweitzersches Museum 2, 907–954. [1786 als Separatdruck bei Orell Füssli in Zürich neu erschienen].

Bonstetten, Ch[a]r.[les] Victor [= Bonstetten, Karl Viktor von] (1825): Der Mensch im Süden und im Norden oder ueber den Einfluß des Clima's. Deutsch von Friedrich Gleich. Leipzig. [Zuerst französisch: „L'homme du midi et l'homme du nord, ou l'influence du climat", Genève 1824].

Bonstetten, Ch.[arles] Victor [= Bonstetten, Karl Viktor von] (1828): Scandinavien und die Alpen. Aus dem Französischen. Naumburg. [Zuerst französisch: „La Scandinavie et les Alpes", Genève 1826].

Born, Paul (1899): Die sprachlichen Verhältnisse in der Schweiz. In: Globus 75, 274–276.

[Boscovitz, Fritz] (1901): [Karikatur als Reaktion auf die Schrift von E. Tappolet (1901)]. In: Der Nebelspalter 27 (41), [s. p.].

Bosshart, H.[an]s J.[akob] (1863–1865): Anschauungs-, Denk- und Sprechübungen für die erste Elementarklasse. 3 Bde. Zürich.

Bosshart, J[akob] (1888): Die Flexionsendungen des schweizerdeutschen Verbums und damit zusammenhängende Erscheinungen. Ein Beitrag zur Grammatik der schweizerischen Mundart. Frauenfeld.

B[osshart], J[akob] (1891): Zur Aussprache des Deutschen. In: Schweizerische Lehrerzeitung 36 (8–10), 64–65, 72–74, 82–83.

Brandstetter, Renward (1883): Die Zischlaute der Mundart von Bero-Münster. In: Der Geschichtsfreund 38, 207–318.

Brandstetter, Renward (1890): Prolegomena zu einer Urkundlichen Geschichte der Luzerner Mundart. In: Der Geschichtsfreund 45, 203–284.

Brandstetter, Renward (1901): Drei Abhandlungen über das Lehnwort. Wissenschaftliche Beilage zum Jahresbericht über die Höhere Lehranstalt in Luzern für das Schuljahr 1899/1900. Luzern.

Brandstetter, Renward (1904): Der Genitiv der Luzerner Mundart in Gegenwart und Vergangenheit. Zürich.

Bronner, Franz Xaver (1844): Der Canton Aargau. (= Historisch-geographisch-statistisches Gemälde der Schweiz 16, II. Theil). St. Gallen und Bern.

Bruckner, Wilhelm ([1909]): Eine Rede über unsere Mundart. Gehalten an der Promotion des Basler Gymnasiums. SA aus dem Sonntagsblatt der Basler Nachrichten Nr. 19 vom 9. Mai 1909. [s. l.].

Bruppacher, H[einrich] (1905): Der Rückgang der Zürcher Mundart in den letzten 50 Jahren. Vortrag, gehalten in der Gesellschaft für deutsche Sprache. In: Neue Zürcher Zeitung, 21.–23. 6. 1905, [s. p.].

Br.[uppacher], H.[einrich] (1906): Zur Geschichte des Schweizerischen Idiotikons. In: Zürcher Wochen-Chronik 8 (17, 19), III–XIII, II–VI.

Bucher, Jakob (1870): Über Vereinfachung der deutschen Rechtschreibung. Eine Studie für Freunde einer bessern Jugend- und Volksbildung. Separatabdruck aus dem „Jahrbuch der luzernischen Kantonallehrerkonferenz". Zweite, gänzlich umgearbeitete Ausgabe. Luzern.

Bühler, Valentin (1879): Davos in seinem Walserdialekt. Ein Beitrag zur Kenntniß dieses Hochthals und zum schweizerischen Idiotikon. III. Homonymer und grammatikalischer Teil. Heidelberg.

Burckhardt, L.[udwig] A.[ugust] (1841): Der Kanton Basel. Erste Hälfte: Basel-Stadttheil. (= Historisch-geographisch-statistisches Gemälde der Schweiz 11). St. Gallen und Bern.

Burgwardt, Heinrich (1857): Morgenstimmen eines naturgemäßen und volksthümlichen Sprach- und Schulunterrichts in niederdeutschen Volksschulen. Leipzig.

Christ, H.[ermann] (1869): Ob dem Kernwald. Schilderungen aus Obwaldens Natur und Volk. Basel.

Christoffel, Raget (1843–1846): Zeitgemässe Auswahl aus Huldreich Zwingli's praktischen Schriften. Aus dem Alt-Deutschen und Lateinischen in's Schriftdeutsche übersetzt und mit Erläuterungen versehen. Zürich.

Der Eidsgenoß. Eine moralische Wochenschrift (1749). Basel.

Drollinger (1743): Herrn Carl Friedrich Drollinger, weiland Hochfuerstlich-Baden-Durlachischen Hofraths und geheimen Archivhalters, Gedichte, samt andern dazu gehoerigen Stuecken / wie auch ener Gedaechtnißrede auf Denselben / ausgefertiget von J.[ohann] J.[akob] Sprengen. Basel.

DWB = Deutsches Wörterbuch von Jacob und Wilhelm Grimm (1854–1971). 33 Bde. Leipzig. [Neuauflage: Leipzig 1965 ff., hrsg. von der Deutschen Akademie der Wissenschaften zu Berlin in Zusammenarbeit mit der Akademie der Wissenschaften zu Göttingen]. Online: www.woerterbuchnetz.de/DWB.

E. O. (1869): Obwalden [Rezension zu: Christ, „Ob dem Kernwald. Schilderungen aus Obwaldens Natur und Volk", Basel, 1869]. In: Neue Zürcher Zeitung, 14. 9. 1869, 1–2.

Eckardt, Ludwig (1857): Die schweizerische Gesammtausstellung. 1857. XIII. Die Poesie. In: Neue Zürcher Zeitung, 9. 10. 1857, 143–144.

Fischer, K. (1896): Über die Pflege der richtigen Aussprache des Schriftdeutschen. In: Berner Schulblatt 29 (50–52), 902–905, 918–922, 934–937.

Florin, A.[ndreas] (1896): Mundart, Sprachunterricht u.[nd] Rechtschreibung. In: Bündner Seminarblätter: Neue Folge 2 (8), 162–169.

Fries, D.[avid] (1870): Der Sprachunterricht in den beiden untern Klassen der Elementarschule. In: Jahrbuch der Luzernischen Kantonal-Lehrerkonferenz XIV, 44–114.

Fürst, A. (1899): Sprachbeobachtungen in Deutschland. In: Schweizerische Pädagogische Zeitschrift 9 (2), 65–95.

[Geiger, Carl Ignaz] (1789): Reise eines Engelländers durch einen Teil von Schwaben und einige der unbekanntesten Gegenden der Schweiz. Herausgegeben von seinem teutschen Freunde L. A. F. v. B. Amsterdam.

Gempeler-Schlettli, D. (1904): Heimatkunde des Simmentals. Mit 87 Illustrationen und einer Karte des Simmentals. Bern.

Glur, Johannes (1835): Roggwyler-Chronik. Oder: historisch-topographisch-statistische Beschreibung von Roggwyl, im Ober-Aargau, Amts Aarwangen, Cantons Bern. Zofingen.

Götzinger, Max[imilian] W.[ilhelm] (1854): Stylschule zu Uebungen in der Muttersprache. Eine Sammlung stufenmäßig geordneter Aufgabe und Arbeitsentwürfe für höhere Anstalten. 2 Bde. Schaffhausen.

Greyerz, Otto von (1892): Die neuere Sprachentwicklung in der deutschen Schweiz. In: Schweizerische Rundschau = Revue helvétique = Rivista elvetica 2, 579–595.

Greyerz, Otto von (1900): Die Mundart als Grundlage des Deutschunterrichts. Vortrag gehalten vor der Versammlung der Deutschlehrer am XIX. schweizerischen Lehrertag [in Bern]. Bern.

Greyerz, Otto von (1915): Mundart und Schriftsprache in der Schweiz einst und jetzt. (Vortrag gehalten an der Jahresversammlung des Deutschschweizerischen Sprachvereins 17. Oktober 1915). In: Jährliche Rundschau des Deutschschweizerischen Sprachvereins 1915, 23–35.

Greyerz, Otto von ([1917]): Deutsche Sprache in der Schweiz. 168. Flugschrift des Dürerbundes. München.

Grimm, Jacob (1854): [Vorrede]. In: Grimm, Jacob/Grimm, Wilhelm: Deutsches Wörterbuch. Bd. 1. Leipzig, I–LXVIII.

Grube, A.[ugust] W.[ilhlem] (1860): Pädagogische Studien und Kritiken für Lehrer und Erzieher. Vermischte Aufsätze aus den Jahren 1845–60. Leipzig.

Grütter, K.[arl] (1869): Welches Verhältniß zwischen Mundart und Schriftsprache ist in der Volksschule das richtige? (Referat der Vorsteherschaft der Schulsynode). In: Berner Schul-Blatt 2 (48–51), 189–190, 193–194, 197–198, 201–202.

[Gull] (1865): Ueber das Verhältniß der Mundart zur Schriftsprache. In: Berner Schulfreund 5 (20), 305–307.

Gutbier, Adolph (1853): Deutsches Sprachbuch als Grundlage des vergleichenden Sprachunterriches. Augsburg.

Gutbier, Adolph (1854): Ideen über die Vergleichung der Mundart mit der Schriftsprache in der Volksschule. In: Die deutschen Mundarten 1, 24–33.

H. B. (1894): Sorge für eine reine Aussprache des Hochdeutschen in der Volksschule. In: Pädagogische Blätter: Organ des Vereins kathol.[ischer] Lehrer und Schulmänner der Schweiz 1 (14), 423–430.

[Hagenbach, Karl Rudolf] (1828): Einige Gedanken über das Baseldeutsche, oder: sollen wir in unserer Umgangssprache das Baseldeutsche beibehalten und in wie fern? In: Baslerische Mittheilungen zur Förderung des Gemeinwohls 3 (5–6), 111–119, 121–129.

Hagenbach, K[arl] R[udolf] (1860): Ueber die Stadt-Baselsche Mundart. In: Becker, Friedrich (Hg.): J[ohann] P[eter] Hebel. Festgabe zu seinem hundertsten Geburtstage. Briefe Hebels an Freund und Freundin; dichterische Grüsse an sein Andenken; über die Basler Mundart; Basler Helgen. Basel, 335–342.

Hardmeyer, C.[aspar] D.[avid] (1824): Idee eines umfassenden theoretisch-praktischen Unterrichtes im mündlichen Vortrage, bestimmt zum Gebrauche in Lehranstalten für Zöglinge aller höhern Berufsarten, besonders aber für den künftigen Staatsmann und Kanzelredner. Zürich.

Hartmann, Alfred (1858): Schwizerdütsch. In: Der Bund, 15. 5. 1858, [s. p.].

Heer, Jakob Christian (1889): Die züricherische Dialektdichtung. Ein Naturbild. Zürich.

Heinse (1809): Sprache und Mundart der Schweizer. In: Zeitung für die elegante Welt 9 (223–224), 1785–1791, 1793–1798.

Heyne, Moritz (1879): Vorwort. In: Seiler, Gustav Adolf: Die Basler Mundart. Ein grammatisch-lexikalischer Beitrag zum schweizerdeutschen Idiotikon, zugleich ein Wörterbuch für Schule und Haus. Mit einem Vorwort von Prof. M. Heyne. Basel, v–vii.

Hildebrand, H.[einrich] R.[udolf] (1868): Vom deutschen Sprachunterricht in der Schule und von etlichem ganz Anderen, das noch damit zusammenhängt. In: Werner, W. (Hg.): Pädagogische Vorträge und Abhandlungen. Erster Band. Leipzig, 69–147.

Hilty, Carl (1892): Politisches Jahrbuch der schweizerischen Eidgenossenschaft. Siebenter Jahrgang. Bern.

Hilty, C[arl] (1895): Lesen und Reden. Frauenfeld.

Hirtz, Georg Daniel (1844): Des Drechslers Wanderschaft. Für Jung und Alt. Strassburg.

Hoch-Obrigkeitlich bewilligtes Donnstags-Blatt (1785). Zürich.

[Hölder, Christian Gottlieb] (1804): Fragmente über die Schweiz. In: Hölder, Christian Gottlieb: Meine Reise über den Gotthard nach den Borromaeischen Inseln und Mailand; und von da zurück über das Val Formazza, die Grimsel und das Oberland im Sommer 1801. Zweiter Teil. Nebst Fragmenten über die Schweiz. Stuttgart, [Zugabe:] 1–80.

Hollmann, A.[ugust] (1869): Ueber den mündlichen Gebrauch der schriftdeutschen Sprache in der Schule. Referat, erstattet an der Kantonal-Lehrerkonferenz in Aarau am 3. September 1868. Aarau.

Hug, J.[ohann] A.[dam] (1884): Die Grammatik in der Volksschule (Fortsetzung). In: Bündner Seminarblätter 2 (5), 81–86.

Hunziker, J.[akob] (1877): Aargauer Wörterbuch. In der Lautform der Leerauer Mundart. Aarau.

H.[unziker], J.[akob] (1883): Über Mundart und Schriftdeutsch in der Schule. In: Aargauer Schulblatt. N.F. 2, 23–24.

H.[unziker], J.[akob] (1892): [Rezension zu:] Die neuere Sprachentwicklung in der deutschen Schweiz von Dr. Otto von Greierz [sic!]. In: Aargauer Schulblatt. N.F. 11 (17), 131–132.

Hunziker, J.[akob] (1895): Die Sprachverhältnisse der Westschweiz. In: Schweizerische Rundschau = Revue helvétique = Rivista elvetica 5 (2), 277–292, 381–397.

Hürbin, J.[oseph] V.[ictor] (1867): Das Schicksal der Mundart und deren Verwendung beim Schulunterrichte. Separatabdruck einer Beigabe zum Schulprogramm. In: Schlussbericht der Bezirksschule in Muri 1867, 23–46.

Hürbin, J[osef] V[ictor] (1896): Mundart, Sprachunterricht und Rechtschreibung. Aarau.

Id. = Schweizerisches Idiotikon. Wörterbuch der schweizerdeutschen Sprache (1881ff.). Begonnen von Friedrich Staub und Ludwig Tobler, fortgeführt von A. Bachmann, O. Gröger, H. Wanner, P. Dalcher, P. Ott, H.-P. Schifferle. Frauenfeld/Basel.

Illustriertes Familienbuch (1853): Illustriertes Familienbuch zur Unterhaltung & Belehrung häuslicher Kreise, hrsg. vom Österreichischer Lloyd. Band 3. Triest.

J. M. [=Jakob Mähly (?)] (1890): Unser Dialect. In: Allgemeine Schweizer Zeitung. Beilage, 20. 5. 1890, [s. p.].

J. M. [= Jakob Mähly (?)] (1901): Unser Basler Dialekt. In: Allgemeine Schweizer Zeitung, 1901, [s. p.].

J. S. (1898): Ein Idiotikon oder Glossarium der französischen Schweiz. In: Neue Zürcher Zeitung, 16. 8. 1898, [s. p.].

Jovialis [= Rapp, Karl Moritz] (1856): Probe einer Uebersetzung von Schillers Wilhelm Tell in die deutsche Schweizersprache. In: Die deutschen Mundarten 3, 198–209.

Kasthofer, [Albrecht Karl Ludwig] (1813): Wanderung in das Siebenthal. In: Alpenrosen. Ein Schweizer-Almanach auf das Jahr 1813, 161–203.

Keller, Ferdinand/Ettmüller, Ludwig (1845): [Aufruf zu einem neuen schweizerischen Idiotikon]. Zürich, Archiv des Schweizerischen Idiotikons, Zürich.

Keller, J.[akob] (1898): Die Verwertung der Muttersprache in der Schule. In: Schweizerische Pädagogische Zeitschrift 8 (2), 57–73.

Kelterborn, R. (1899): Vor Thorschluss. Plauderei über den Basler Dialekt. In: Basler Jahrbuch 1899, 81–118. [Zuerst erschienen in: Basler Nachrichten 1898 Nr. 103, 110, 117, 124, 131].

Kettiger, Johannes (1853): Wegweiser für schweizerische Volksschullehrer. Darlegung von Umfang, Richtung und Ziel des Unterrichts und Vertheilung des Lehrstoffes auf die Schulzeit. Liestal.

Kettiger, Johannes (1859): Der Anschauungsunterricht. Beitrag zur Methodik des Unterrichts in der Muttersprache. In: Programm des Aargauischen Lehrerseminars in Wettingen, 3–17.

Kirchhofer, Melchior (1824): Wahrheit und Dichtung. Sammlung Schweizerischer Sprüchwörter. Ein Buch für die Weisen und das Volk. Zürich.

Kohl, J.[ohann] G.[eorg] (1849a): Alpenreisen. Zweiter Theil. Dresden/Leipzig.

[Kohl, Johann Georg] (1849b): Eigentühmlichkeiten des Deutschen im Berner Oberlande. Sprachbemerkungen aus dem Berner Oberlande (Interlaken im December 1846). In: Deutsche Vierteljahrs Schrift [sic!] 1849 (4), 258–284.

Kuhn, G.[ottlieb] J.[akob] (1822): Ein Blick über das Emmenthal. In: Alpenrosen. Ein Schweizer-Almanach auf das Jahr 1822, 50–96.

Kühne, J. G. (1884): Verhältniss von Schriftsprache und Dialekt in der Volksschule. Referat für die Kantonalkonferenz von 1884. In: Amtliches Schulblatt des Kantons St. Gallen. Neue Folge IV (3), 21–34.

Küttner, Carl Gottlob (1785): Briefe eines Sachsen aus der Schweiz an seinen Freund in Leipzig. Erster Theil. Leipzig.

L. B. (1863): Per se. Ein Spaziergang durch die schweizerische Bundesstadt. In: Morgenblatt für gebildete Leser 57 (22–24), 505–510, 534–541, 558–563.

L. T. (1892): [Rezension zu:] Schwizer Dorfbilder (Solothurner Mundart) von Eduard Hänggi. Bern, Kommissionsverlag von W. Kaiser 1893. In: Neue Zürcher Zeitung, 20. 11. 1892, [s. p.].

Lau, Theodor Ludewig (1743): Uebersetzung in Deutscher Helden Poesie Des Virgilianischen Lobes- und Lebenslauffs, Des grossen Kriegeshelden Aeneas; mit kurzverfaßter Beyfügung: erforderlicher Anmerkungen. Auf des seeligen Verfassers ausdrücklichen Befehl und letzter wahrer Willensmeynung denen beyden größten Kunstrichtern der Deutschen Herrn Johann Jacob Bodmern und Herrn Johann Jacob Bretingern zugeeignet und nach des Uebersetzers eigener Handschrift mit größter Sorgfalt ans Liche [sic!] gestellt von dem unparteyischen Hamburgischen Correspondenten. Hamburg.

Lehrplan AG 1862 = Lehrplan für die Gemeindeschulen des Kantons Aargau. Auf Veranstaltung der Erziehungsdirektion durch eine Kommission von Fachmännern vorberathen, durch Hrn. Seminardirektor J.[akob] Kettiger redigiert und vom h.[ohen] Reg.[ierungs]-Rathe zur versuchsweisen Anwendung obligatorisch erklärt. Baden 1862.

Lehrplan AG 1866 = Lehr-Plan für die Gemeindeschulen des Kantons Aargau. Zur provisorischen Einführung vom Regierungsrathe genehmigt am 16. Hornung 1866. [s. l.] [1866].

Lehrplan AG 1876 = Lehr-Plan für die Gemeindeschulen des Kantons Aargau. Baden 1876.

Lehrplan AG 1890 = Lehr-Pläne für die Gemeinde- und Fortbildungsschulen des Kantons Aargau. Brugg 1890.

Lehrplan AG 1895 = Lehrpläne für die Gemeinde- und Fortbildungsschulen des Kantons Aargau. Brugg 1895.

Lehrplan BE 1845 = Unterrichtsplan für die refomirten deutschen Primarschulen des Kantons Bern. Bern 1845.

Lehrplan BE 1857 = Unterrichtsplan für die refomirten deutschen Primarschulen des Kantons Bern. Bern 1857.

Lehrplan BE 1863 = Unterrichtsplan für die deutschen Primarschulen des Kantons Bern. [Nachdruck]. Bern 1868.
Lehrplan BE 1870 = Unterrichtsplan für die deutschen Primarschulen des Kantons Bern. [Nachdruck]. Bern 1871.
Lehrplan BE 1877 = Unterrichtsplan für die Primarschulen des Kantons Bern. [Nachdruck]. Bern 1878.
Lehrplan BE 1897 = Unterrichtsplan für die deutschen Primarschulen des Kantons Bern. Bern 1897.
Lehrplan BS 1862 = Lehrziel für die Knaben-Gemeindeschulen der Stadt Basel. [Basel] [1862].
Lehrplan BS 1882 = Unterrichtsplan für die Primarschulen in Basel. Ein freundlicher Ratgeber für die Lehrer von J.[ohann] W.[ahrmund] Hess, Schulinspektor. Basel 1882.
Lehrplan BS 1884 = Grundsätze für den Unterricht in den Primarschulen zu Basel. Von J.[ohann] W.[ahrmund] Hess, Schulinspektor. Basel 1884.
Lehrplan BS 1890 = Lehrziel für die Primarschulen des Kantons Basel-Stadt. Vom Erziehungsrate genehmigt den 13. März 1884. Und 20. Februar 1890. Basel 1890.
Lehrplan FR 1887 = Lehrprogramm für die deutschen Schulen des Kantons Freiburg. Freiburg 1887.
Lehrplan GR 1856 = Lehrplan oder freundlicher Rathgeber für die Lehrer, Schulräthe und Schulinspektoren des Kantons Graubünden. Bearbeitet und herausgegeben auf Veranstaltung des hohen Erziehungsrathes von S.[ebastian] Zuberbühler, Seminardirektor. Chur 1856.
Lehrplan GR 1894 = Lehrplan für die Primarschulen des Kantons Graubünden. Chur 1894.
Lehrplan GR 1903 = Lehrplan für die Primarschulen des Kantons Graubünden. Chur 1903.
Lehrplan LU 1843 = Lehrplan für die Gemeinde- und Bezirksschulen des Kantons Luzern. [Luzern] [1843].
Lehrplan LU 1852 = Lehrplan für die Gemeindeschulen. [Luzern] [1852].
Lehrplan LU 1869 = Lehr-Plan für die Elementarschulen des Kant.[ons] Luzern. Zur provisorischen Einführung vom Erziehungsrathe genehmigt den 1. Oktober 1869. [Luzern] [1869].
Lehrplan LU 1881 = Lehrplan für die Primar- und Fortbildungsschulen des Kantons Luzern. [Luzern] [1881].
Lehrplan LU 1890 = Lehrplan für die Primar- und Fortbildungsschulen des Kantons Luzern. [Luzern] [1890].
Lehrplan LU 1892 = Lehrplan für Primarschulen mit sechs Jahreskursen. Nach Klassen geordnet. [Luzern] [1892].
Lehrplan LU 1900 = Lehrplan für die Primar-, Wiederholungs- und Rekrutenschulen. Luzern 1900.
Lehrplan LU 1908 = Lehrplan für die Primar-, Wiederholungs- und Rekrutenschulen. Luzern 1908.
Lehrplan LU 1911 = Lehrplan für die Primarschulen des Kantons Luzern. [Luzern] [1911].
Lehrplan OW 1864 = Grundzüge eines Lehrplans für die Primarschulen Obwaldens. Sarnen 1864.
Lehrplan OW 1876 = Lehrplan für die Primarschulen von Obwalden vom 22. Juni 1876. Sarnen 1876.
Lehrplan OW 1897 = Lehrplan für die Primar- und Fortbildungsschulen von Obwalden. Vom 3. Dez.[ember] 1897. Sarnen 1898.

Lehrplan SG 1865 = Lehrplan für die Primarschulen des Kantons St. Gallen. Vom 1./6. März 1865. [St. Gallen] 1865.
Lehrplan SG 1892 = Lehrplan für die Knaben- und Mädchen-Sekundarklassen. (VII. und VIII. Kurs der Primarschule). Vom Schulrat genehmigt den 27. Mail 1892. [St. Gallen] [1892].
Lehrplan SG (Stadt) 1882 = Lehrplan für die Primar-Schulen der Stadt St. Gallen. St. Gallen 1882.
Lehrplan SG (Stadt) 1895 = Lehrplan für die Primar-Schulen der Stadt St. Gallen. St. Gallen 1895.
Lehrplan SH 1852 = Allgemeiner Lehrplan für die Elementarschulen des Kantons Schaffhausen. [Schaffhausen] [1852].
Lehrplan SH 1880 = Allgemeiner Lehrplan für die Elementarschulen des Kantons Schaffhausen. Schaffhausen 1880.
Lehrplan SH 1900 = Allgemeiner Lehrplan für die Elementarschulen des Kantons Schaffhausen. Schaffhausen 1900.
Lehrplan SH 1908 = Allgemeiner Lehrplan für die Elementarschulen des Kantons Schaffhausen. Schaffhausen 1908.
Lehrplan SZ 1842 = Allgemeiner Unterrichtsplan für die Unter- und Mittelschulen des Kantons Schwyz. Schwyz 1842.
Lehrplan SZ 1861 = Unterrichtsplan für die Primarschulen des Kantons Schwyz. Vom Erziehungsrath erlassen den 7. November 1861. In: Gesetze und Verordnungen des Kantons Schwyz, Bd. V, erlassen in den Jahren 1863 bis und mit 1867. Schwyz 1868, 215–223.
Lehrplan SZ 1887 = Unterrichtsplan für die Primarschulen des Kantons Schwyz. [Schwyz] [1887].
Lehrplan ZG 1879 = Lehrplan für die Primar-Schulen des Kantons Zug. [Zug] [1879].
Lehrplan ZG 1900 = Lehrplan für die Primarschulen des K[an]t[on]s. Zug. [Zug] [1900].
Lehrplan ZH 1861 = Lehrplan der Primarschule. Vom 23. April 1861. Zürich 1861.
Lehrplan ZH 1891 = Lehrplan der Primarschule. Vom 6. Mai 1891. [Zürich] 1891.
Lehrplan ZH 1892 = Lehrplan der Primarschule. Vom 27. April 1892. [Zürich] 1892.
Lehrplan ZH 1905 = Lehrplan der Volksschule des Kantons Zürich. Vom 15. Februar 1905. Zürich 1905.
Lehrplan ZH (Stadt) 1833a = Unterrichtsplan für die Knabenschulen der Stadt Zürich. [Zürich] 1833.
Lehrplan ZH (Stadt) 1833b = Unterrichtsplan für die Mädchenschulen der Stadt Zürich. [Zürich] 1833.
Lehrplan ZH (Stadt) 1838 = Unterrichtsplan für die sämtlichen öffentlichen Schulen der Stadt Zürich. Zürich 1838.
Lehrplan ZH (Stadt) 1846 = Lehrplan für die Zürcherischen Stadtschulen. Nach dem Schulplan vom Jahr 1846. Zürich 1847.
[Locher, Friedrich] (1868): Die Freiherren von Regensberg. Pamphlet eines schweizerischen Juristen. V. Theil. Die Prozeßhexe. Bern.
Lüning, Hermann (1853): Schulgrammatik der neuhochdeutschen Sprache für die unteren und mittleren Classen höherer Unterrichtsanstalten, Secundarschulen etc. Frauenfeld.
Mähly, J[akob] (1892): Ein Plätzchen auf der Sprachwiese. (Beobachtungen über einige Erscheinungen in unserer Mundart und im Hochdeutschen). In: Schweizerische Rundschau = Revue helvétique = Rivista elvetica 2 (1), 318–326.
Meiners, Christoph (1785): Briefe über die Schweitz. Zweiter Theil. Berlin.

Meyer, Johannes (1866): Deutsches Sprachbuch für höhere allemannische Volksschulen. 1. und 2. Cursus. Schaffhausen.

Meyer von Knonau, Gerold (1834): Der Kanton Zürich. (= Historisch-geographisch-statistisches Gemälde der Schweiz 1). St. Gallen und Bern.

Meyer von Knonau, Gerold (1835): Der Kanton Schwyz. (= Historisch-geographisch-statistisches Gemälde der Schweiz 5). St. Gallen und Bern.

Meyer von Knonau, Gerold (1844/1846): Der Canton Zürich. 2 Bde. Zweite, ganz umgearbeitete und stark vermehrte Auflage. (= Historisch-geographisch-statistisches Gemälde der Schweiz 1). St. Gallen/Bern.

Molz, [Adam] F[riedrich] (1864): Gedichte in bielischer Mundart über bielische Zustände; nebst einigen hochdeutschen Lückenbüßern ähnlichen Inhalts. Bern.

Morf, Heinrich (1857): Der Sprachunterricht in der Volksschule. Eine erläuternde Beigabe zum Unterrichtsplan für die reformierten deutschen Primarschulen des Kantons Bern. Bern.

Morf, Heinrich (1901): Deutsche und Romanen in der Schweiz. Zürich.

[Mörikofer, Johann Kaspar] (1838): Die Schweizerische Mundart im Verhältniß zur hochdeutschen Schriftsprache, aus dem Gesichtspunkte der Landesbeschaffenheit, der Sprache, des Unterrichtes, der Nationalität und der Literatur. Frauenfeld. [Neue Aufl.: Bern 1864].

Müller, Johannes von (1811): Sämmtliche Werke. Zwölfter Theil. Herausgegeben von Johann Georg Müller. Tübingen.

Nägeli, J. (1850): Anleitung zur körperlichen und geistigen Erziehung der Kinder für Eltern und Erzieher. Eine Gabe zum Besten der landwirtschaftlichen Armenschule auf Bernrain. Zürich.

Niedermann, J. (1905): Eine Sisyphusarbeit in unsern Volksschulen. In: Schweizerische Lehrerzeitung 50 (48–49), 463–464, 471–472.

Ochs, Peter (1786): Geschichte der Stadt und Landschaft Basel. Band 1. Berlin und Leipzig.

Onomatologia Medico-Practica (1784) = Onomatologia Medico-Practica: Encyklopädisches Handbuch für ausübende Aerzte in alphabetischer Ordnung. Zweiter Band. Nürnberg.

Osenbrüggen, Eduard (1867): Wanderstudien aus der Schweiz. Schaffhausen.

Osenbrüggen, Eduard (1874): Die Schweizer. Daheim und in der Fremde. Berlin.

[Palaemon] (1724): LI. Discours: Vorstellung unsrer schandlichen Mischel-Sprach [Fortsetzung und Schluss]. In: Bernisches Freytags-Blätlein. 4, 403–410.

Pestalozzi-Hirzel, Hans Conrad (1844): Eröffnungsrede des Präsidenten Herrn Pestalozzi-Hirzel. In: Neue Verhandlungen der Schweizerischen Gemeinnützigen Gesellschaft über Erziehungswesen, Gewerbfleiß und Armenpflege. 16. Theil. Zürich, 19–47.

Pfenninger, J. (1893): Die Stellung des Lehrers ausser der Schule. In: Bericht über die Verhandlungen der Zürcherischen Schulsynode 1893, 89–104.

Pfyffer, Kasimir (1858): Der Kanton Luzern. I. Theil. (= Historisch-geographisch-statistisches Gemälde der Schweiz 3). St. Gallen und Bern.

Predikanten-Ordnung (1748): Neu-verbesserte Predikanten-Ordnung Deß sam[m]tlichen Ministerii Der Teutschen Landen Hoch-Loblicher Stadt Bern. Bern.

R. S. (1882): [Rezension zu:] O. Sutermeister, Schwizerdütsch; Zürich, Orell Füßli und Cie. In: Neue Zürcher Zeitung, 5. 5. 1882, [s. p.].

Rapp, K[arl] M[oritz] (1841): Versuch einer Physiologie der Sprache nebst historischer Entwicklung der abendländischen Idiome nach physiologischen Grundsätzen. Vierter Band. Stuttgart/Tübingen.

Rapp, [Karl] M[oritz] (1855–1856): Grundriss einer Grammatik für die deutsche Schweizersprache. In: Die deutschen Mundarten 2–3, [1855] 470–481, [1866] 62–80.

Raumer, Rudolf von (1857): Der Unterricht im Deutschen. Dritte, vermehrte und verbesserte Auflage. Stuttgart.
[Rebe, Maria] (1880): Von der Muttersprache im Primarunterricht. In: Blätter für die christliche Schule 15 (15), 59–60.
[Redrecht] (1724): L. Discours: Vorstellung unsrer schandlichen Mischel-Sprach. In: Bernisches Freytags-Blätlein. 4, 395–402.
Reinhard, Raphael (1883): Geschichte der Pfarrei Horw. Der Heimathskunde für den Kanton Luzern VI. Bändchen. Luzern.
Rekrutenprüfung 1875 = Rekrutenprüfung auf das Jahr 1875 (1876). Herausgegeben vom Statistischen Bureau des eidgenössischen Departement des Innern. Zürich.
Rengger, A[lbrecht] (1838): Von den Mundarten der deutschen Schweiz, als einem Hindernisse der Cultur. In: Rengger, Albrecht: Dr. Albrecht Rengger's, ehemaligen Ministers des Inneren der helvetischen Republik, kleine, meistens ungedruckte Schriften. Hrsg. von Friedrich Kortüm. Bern, 142–149.
Rollier, Arist (1920): Bärndütsch. In: Berner Landes Zeitung, 5. 11. 1920, [1].
[Rosenberger, Hans Jakob] (1832–1833): Meine Schule. In: Appenzellisches Volksblatt 2–3, [1832] 43–48, 62–66, 107–113, 173–178; [1833] 33–38, 104–109, 134–139.
R–r. (1869): Ordentliche Sitzung der Schulsynode. In: Berner Schul-Blatt 2 (46–47), 182–183, 186.
Ruckstuhl, Karl (1823): Unsere schweizerische Muttersprache. In: Alpenrosen. Ein Schweizer-Almanach auf das Jahr 1823, 1–41.
Ruoss, Hardy (1984): Deutsch – meine beiden Muttersprachen. In: Schweizer Monatshefte: Zeitschrift für Politik, Wirtschaft, Kultur 64 (10), 783–789.
Rüsch, Gabriel (1835): Der Kanton Appenzell. (= Historisch-geographisch-statistisches Gemälde der Schweiz 13). St. Gallen und Bern.
Ryser, Joh.[annes] (1869): Anträge der Vorsteherschaft der Schulsynode. Auf die Sitzung vom 29. und 30. Okt. 1869. In: Berner Schul-Blatt 2, 174–175.
S. (1899): Mundart oder Schriftsprache. In: Aargauer Schulblatt. N.F. 17 (26), 209.
Sch. (1895): Ueber die Anschaulichkeit des Sprachunterrichtes. In: Luzernisches Schul-Blatt 12 (2), 29–35.
Schenkel, J[ohann] J[akob] (1884): Über das schweizerische Idiotikon. In: Schaffhauser Beiträge zur vaterländischen Geschichte 5, 145–183.
Scherr, I[gnaz] Th[omas] (1835): Der Bildungsfreund, ein Lesebuch für den häuslichen Kreis und für höhere Volksschulen. Zürich.
[Scherr, Ignaz Thomas] (1845): Der schweizerische Volksredner. Enthaltend: Anleitung zur Abfassung und zum Vortrage öffentlicher Reden / nebst einer reichhaltigen Sammlung von Reden, Voten und Toasten in neuhochdeutscher Sprache und in schweizerischen Mundarten, anwendbar in amtlicher Stellung, im bürgerlichen Leben und in geselligen Vereinen. Zürich.
Scheuchzer, Johann Jakob (1706–1708): Beschreibung der Natur-Geschichte Des Schweizerlands. 3 Theile. Zürich.
Scheuchzer, Johann Jakob (1746): Natur-Geschichte des Schweitzerlandes, Samt seinen Reisen über die Schweitzerische Gebürge. Aufs neue herausgegeben, und mit einigen Anmerkungen versehen von Joh.[ann] Georg Sulzern. Ersther Theil [2. Aufl.]. Zürich.
Schild, Franz Josef (1864): Der Grossätti aus dem Leberberg. Sammlung von Volks- und Kinderliedern, Spottreimen, Sprüchwörtern, Wetter- und Gesundheitsregeln u.s.w. aus dem solothurnischen Leberberg. Ein Beitrag zum Schweizer-Idiotikon. Biel.
Schiller, Friedrich (1804): Wilhelm Tell. Zum Neujahrsgeschenk auf 1805. Tübingen.

Schinz, Hans Rudolf (1911 [1763]): Reise von fünf Zürchern über die Berge Gothard, Furca, Gemmi und Brünig im Heumonat. Mitgeteilt von Jacob Werner. In: Zürcher Taschenbuch 34, 153–204.

Schlegel, A. W. (1812): Die Mundart. In: Alpenrosen. Ein Schweizer-Almanach auf das Jahr 1812, 259–266.

Schleicher, August (1860): Die deutsche Sprache. Stuttgart.

Schleicher, Aug.[ust] (1863): Die Darwinsche Theorie und die Sprachwissenschaft. Offenes Sendschreiben an Herrn Dr. Ernst Häckel, a.o. Professor der Zoologie und Director des zoologischen Museums an der Universität Jena. Weimar.

Schmid, Fanny (1899): Unsere sprachlichen Pflichten. Vortrag gehalten an der Frauenkonferenz zum eidg.[enössischen] Kreuz in Bern, am 11. Februar 1899. In: Frauen-Zeitschrift Berna 1 (1–6), 4, 18–19, 31, 45–46, 59, 74.

Schmid, J.[ohann] G.[eorg] (1876): Hülfslehrmittel für den Sprachunterricht in einer III. und IV. Primarklasse oder Materialien für den mündlichen und schriftlichen Gedankenausdruck, nebst methodischen Winken für den Lehrer, und einer Sammlung von unkorrigirten Schülerarbeiten. Zürich.

Schnorf, K[aspar] (1890): Das Wesen der Mundart und ihre Bedeutung für die Schule. In: Schweizerische Lehrerzeitung 35 (8–10), 59–60, 69–70, 80–81.

Schnorf, K.[aspar] (1907): Unser Deutsch. Sonderabdruck aus der Neuen Zürcher Zeitung. Beilage zum dritten Jahresbericht des Deutschschweiz.[erischen] Sprachvereins. Zürich.

Schnorf, K[aspar] (1908): Unser Deutsch. Ein Mahnruf an die Deutschschweizer. Zweite, vermehrte und verbesserte Auflage. Zürich.

Schubart, Christian Friedrich Daniel (1774): Deutsche Chronik auf das Jahr 1774. Augsburg.

Schulthess, Johannes (1812): Die Nothwendigkeit gelehrter Kenntniß seiner Muttersprache für jeden Schulmeister. In: Schweizerischer Schulfreund 1, 9–12.

Schurter, Joh[annes] (1894): Wie bringen wir unsere Schüler zu einer besseren mündlichen Beherrschung der Muttersprache? Vortrag im Schulkapitel Zürich. In: Schweizerische Lehrerzeitung 39 (17–20), 129–131, 137–138, 146–148, 154–156.

Schweizer, J. J. (1830): Topographie der emmenthalischen Alpgemeinde Trub, Oberamts Signau, Cantons Bern. Bern.

Schweizer-Sidler, Heinrich (1881): Ueber unsere Mundarten und ein Wörterbuch derselben. Vortrag gehalten in der antiquarischen Gesellschaft in Zürich den 8. Januar 1881. Zürich.

Schweizer-Sidler, H.[einrich]; Staub, Fritz; Thomann, Konr[ad]; Vögelin, Salomon; Wyss, G[eorg] von (1862): Aufruf betreffend Sammlung eines Schweizerdeutschen Wörterbuchs. In: Schweizerische Lehrer-Zeitung 7 (36), Beilage.

Schweizer-Sidler, Heinr[ich]; Thomann, Konr[ad] (1873): An den hohen Bundesrath der schweiz.[erischen] Eidgenossenschaft [Brief vom 27. 10. 1873], Archiv des Schweizerischen Idiotikons, Zürich.

[Seiler, Gustav Adolf] (1879): Einleitung. In: Seiler, Gustav Adolf: Die Basler Mundart. Ein grammatisch-lexikalischer Beitrag zum schweizerdeutschen Idiotikon, zugleich ein Wörterbuch für Schule und Haus. Mit einem Vorwort von Prof. M. Heyne. Basel, IX–XIV.

Seiler, [Gustav] Ad.[olf] (1895): Die Mundart im Sprachunterricht der Volksschule. In: Schweizerische Pädagogische Zeitschrift 5 (4), 165–192.

Selber, Fr. Chr. (1876): Zum schweizerdeutschen Idiotikon. In: Schweizerische Lererzeitung 21 (52), 447–449.

[Senn, Jakob] (1951 [1864]): Chellländer-Schtückli vo verschidenä Sortä, bschnitten und uusbütschget vo's Häiri Häichä Häiggels Häier. Zürich. [Nachdruck der Ausgabe von 1864].

Senn, Jakob (1966 [1888]): Ein Kind des Volkes. Schweizerisches Lebensbild. Neuaufl. der einzigen Ausg. Bern 1888. Zürich.

Sneedorff, Frederik (1793): Briefe eines reisenden Dänen; geschrieben im Jahr 1791 und 1792 während seiner Reise durch einen Theil Deutschlands, der Schweiz und Frankreichs. Aus dem Dänischen übersetzt. Züllichau.

Socin, A[dolf] (1888a): Zur Geschichte der Basler Mundart. In: Vom Jura zum Schwarzwald 5, 81–95.

Socin, Ad.[olf] (1891): Die Wissenschaft und der Deutschunterricht. Vortrag im Lehrerverein Basel, 10. März 1891. In: Schweizerische Lehrerzeitung 36 (17–18, 20–22), 139–140, 147–148, 161–162, 172–174, 179–181.

Socin, Adolf (1895): Basler Mundart und Basler Dichter. (= Neujahrsblatt der Gesellschaft zur Beförderung des Guten und Gemeinnützigen 74). Basel.

Spazier, Karl (1790): Wanderungen durch die Schweiz. Gotha.

Spillmann, J.[ohann] Rud.[olf] (1844/1845): Unterricht in der Zürcherischen Volkssprache mit J. G. Sch. in Dübendorf. (Wintersemester 1844/45.). Manuskript, Bibliothek des Schweizerischen Idiotikons, Zürich, Sign. Z 12c.

St. (1860): Soll in den Primarschulen Schriftdeutsch gesprochen werden? In: Volksschulblatt 7 (2), 18–23.

Stalder, F[ranz] J[oseph] (1797): Fragmente über Entlebuch. Nebst einigen Beylagen allgemein schweizerschen Innhalts. Erster Theil. Zürich.

Stalder, Franz Joseph (1805): Probe eines schweizerischen Idiotikons; hie und da mit etymologischen Bemerkungen untermischt. In: Isis 1, 546–568, 577–599.

Stalder, Franz Joseph (1806): Versuch eines schweizerischen Idiotikon mit etymologischen Bemerkungen untermischt. Samt einer Skizze einer Schweizerischen Dialektologie. Erster Band. Basel und A[a]rau.

Stalder, Franz Joseph (1812): Versuch eines Schweizerischen Idiotikon mit etymologischen Bemerkungen untermischt. Samt einer Nachlese vergessener Wörter oder Bedeutungen. Zweyter und letzter Band. Aarau.

Stalder, Franz Joseph (1817): Ein Bruchstück über die Landessprachen der Schweiz. In: Der Schweizerische Geschichtforscher 2, 167–186.

Stalder, Franz Joseph (1819): Die Landessprachen der Schweiz, oder, Schweizerische Dialektologie. Mit kritischen Sprachbemerkungen beleuchtet, nebst der Gleichnißrede von dem verlorenen Sohne in allen Schweizermundarten. Aarau.

Staub, Friedrich (1877): Ein schweizerisch-alemannisches Lautgesetz. In: Die deutschen Mundarten 7, 18–36, 191–207, 333–389.

Staub, Friedrich/Tobler, Ludwig/Huber, J.[acques] (1880): Prospekt [zum Schweizerischen Idiotikon von Redaktion und Verlag], Archiv des Schweizerischen Idiotikons, Zürich.

St.[eiger], J. (1873): Der Dialekt im Schulunterricht. In: Blätter für die christliche Schule 8 (13), 197–204.

Steinbrenner, Wilhelm Ludwig (1791): Bemerkungen auf einer Reise durch einige teutsche, Schweizer- und französische Provinzen in Briefen an einen Freund. Erster Theil. Göttingen.

[Steinmüller, Johann Rudolf] (1827): Miscellen – durch den vorhergehenden Aufsaz hervorgerufen. In: Neue Jahrbücher für Religion und Sitten 1827 (1), 181–191.

Stickelberger, Heinrich (1881): Lautlehre der lebenden Mundart der Stadt Schaffhausen. A. Einleitung. B. Zur Erklärung der Lautzeichen, zugleich Orientierendes über das Physiologische der Mundart. C. Vokalismus. Aarau.

Stickelberger, Heinrich (1882): Missbräuche in der heutigen Schriftsprache. Beilage zum Jahresbericht des Burgdorfer Gymnasiums für 1882. Burgdorf.

Stickelberger, H.[einrich] (1900): Zum Deutschunterricht auf Grundlage der Mundart. In: Schweizerische Lehrerzeitung 45 (177–179), 23.

Stickelberger, H.[einrich] (1905): Schweizerdeutsch und Schriftdeutsch. Sonderabzug aus dem Jahresbericht des Deutschschweizerischen Sprachvereins 1905. [s. l.].

Stickelberger, Heinrich (1907): Mundart und Schriftsprache in der Schweiz. In: Zeitschrift des Allgemeinen Deutschen Sprachvereins 22 (11), 331–335.

Straub, J.[osef] W.[endolin] (1868): Das Neuhochdeutsche und der Dialekt in der Schule. In: Schweizerische Lehrer-Zeitung 13 (19), 149–152.

Strohmeier, Peter (1836): Der Kanton Solothurn. (= Historisch-geographisch-statistisches Gemälde der Schweiz 10). St. Gallen und Bern.

Stutz, Jakob (1836): Gemälde aus dem Volksleben nach der Natur aufgenommen und treu dargestellt in gereimten Gesprächen zürcherischer Mundart. Dritter Teil. Zürich.

Stutz, Jakob (2001 [1853]): Siebenmal sieben Jahre aus meinem Leben. Jubiläumsausgabe zum 200. Geburtstag von Jakob Stutz. Mit einem Vorw. von Bernhard A. Gubler und einem Nachw. von Walter Haas. Frauenfeld.

Sutermeister, Otto (1857): Die Muttersprache in ihrer Bedeutung als das lebendige Wort. Frauenfeld.

Sutermeister, Otto (1861): Das verhochdeutschte Hausdeutsch. Ein Vortrag gehalten in der Sektionsversammlung des Schulkapitels Meilen am 22. Dezember 1860. In: Pädagogische Monatsschrift für die Schweiz 6 (3), 65–80.

S[utermeister], O[tto] (1871): Unkraut im deutschen Unterricht schweizerischer Volksschulen. In: Schweizerische Lehrerzeitung 16 (30), 243–244.

Sutermeister, Otto (1880): Kleiner Antibarbarus. Handbüchlein zur Befestigung im hochdeutschen Ausdruck, für die schweizerischen Volksschulen und für den Privatgebrauch. Zürich.

Sutermeister, Otto (1881): Kleines Wörterbuch zur Befestigung im hochdeutschen Ausdruck für die schweizerischen Volksschulen und für den Privatgebrauch. (Zugleich als Supplement zu dem „kleinen Antibarbarus" desselben Verfassers). Zürich.

Sutermeister, Otto (Hg.) (1882–1889): Schwizer-Dütsch. Sammlung deutsch-schweizerischer Mundart-Literatur. 52 Hefte. Gesammelt und hrsg. von Otto Sutermeister. Zürich.

Sutermeister, O[tto] (1882): Zum „Schwizerdütsch". In: Neue Zürcher Zeitung, 13. 5. 1882, [s. p.].

Sutermeister, Otto ([1884]): Schlüssel zum Schwizer-Dütsch. Sammlung deutsch-schweizerischer Mundartliteratur. Schlussheft der erste Serie: Wörterverzeichniss, Nachwort, Berichtigungen und Ergänzungen. (= Schwizer-Dütsch 22). Zürich.

Tappolet, Ernst (1901): Über den Stand der Mundarten in der deutschen und französischen Schweiz. (= Mitteilungen der Gesellschaft für Deutsche Sprache in Zürich 6). Zürich.

Thürig, X[aver] (1870): Die Heimathskunde für den Kanton Luzern. Zweite Lieferung. Malters. Mit topographischer Karte der Gemeinde Malters. Luzern.

Tobler, L.[udwig] (1861): Ueber schweizerische Nationalität. In: Die Schweiz 1, 17–23.

Tobler, Ludwig (1875): Die schweizerdeutsche Sprache und das Idiotikon. In: Sonntagsblatt des „Bund", 9.5./16. 5. 1875, 147–148, 154–155.

Tobler, Ludwig (1890): Über die geschichtliche Gestaltung des Verhältnisses zwischen Schriftsprache und Mundart. In: Sonntagsblatt des „Bund", 1890, 259–260, 268–270, 275–277.

Tobler, Ludwig (1897 [1872]): Die fremden Wörter in der deutschen Sprache. In: Tobler, Ludwig: Kleine Schriften zur Volks- und Sprachkunde. Hrsg. von J. Baechtold und A. Bachmann. Frauenfeld, 241–283. [Zuerst erschienen als: Die fremden Wörter in der deutschen Sprache. Vortrag. Schweighauserische Verlagsbuchhandlung, Basel, 1872].

Tobler, Titus (1837): Appenzellischer Sprachschatz. Eine Sammlung appenzellischer Wörter, Redensarten, Sprichwörter, Räthsel, Anekdoten, Sagen, Haus- und Witterungsregeln, abergläubischer Dinge, Gebräuche und Spiele, würzender Lieder oder Reime; nebst analogischer, historischer und etymologischer Bearbeitung einer Menge von Landeswörtern, zum Theile nach altteutschen Handschriften der katholischen Kantonsbibliothek in St. Gallen. Zürich.

Tobler, Titus (1855–1857): Schmidt's Idioticon Bernense. In: Die deutschen Mundarten 2–4, [1855] 357–372, [1856] 80–88, 289–297, 433–449, [1857] 13–25, 145–154, 364–365 .

Utzinger, H.[einrich] (1887a): Deutsche Grammatik. Lehr- und Übungsbuch für Sekundarschulen. Zürich.

Utzinger, H.[einrich] (1887b): Schriftsprache und Mundart. In: Schweizerische Lehrerzeitung 32 (32–35, 37–39), 255–257, 263–265, 271–273, 279–282, 296–298, 303–304, 311–313.

Vetsch, J.[akob] (1907): Üseri Puuresprooch. Zum hundertsten Geburtstage des appenzellischen Dialektforschers Dr. Titus Tobler. In: Appenzeller Kalender 186, [s. p.].

Vögelin, Salomon (1844): Bericht über die im Fache des Erziehungswesens ausgeschriebene Frage. In: Neue Verhandlungen der Schweizerischen Gemeinnützigen Gesellschaft über Erziehungswesen, Gewerbfleiß und Armenpflege. 16. Theil. Zürich, 81–114.

W. (1835): Ueber einige wesentliche Gebrechen des muttersprachlichen Unterrichts in den Volksschulen. (Aus dem Aargau.). In: Allgemeine Schweizerische Schulblätter 1, 65–97.

Wackernagel, Wilhelm (1843): Der Unterricht in der Muttersprache. Vierter Teil des Deutschen Lesebuchs. Für Lehrer. Stuttgart.

Wegmann, H./Fürst, A./Suter, P. (1899): Die Mundart in der Volksschule. In: Schweizerisches Archiv für Volkskunde 3, 162–163.

Werder, Jul[ius] (1878): Vom Unterrichte in der Muttersprache mit besonderer Rücksicht auf die Mittelstufe. Basel.

Winteler, Jost (1876): Die Kerenzer Mundart des Kantons Glarus in ihren Grundzügen dargestellt. Leipzig und Heidelberg.

Winteler, Jost (1877): Ueber Entwicklung, gegenwärtigen Stand und Bedeutung der mundartlichen Forschung. In: Jahresheft des Vereins Schweizerischer Gymnasiallehrer 9, 4–12.

Winteler, Jost (1878): Über die Begründung des deutschen Sprachunterrichts auf die Mundart des Schülers. Ein Wort an die bernische Lehrerschaft anläßlich der Revision des Lehrplans für die bernischen Mittelschulen. Bern.

Winteler, J[ost] (1895): Über Volkslied und Mundart. Ein Wort an die aargauische Lehrerschaft anläßlich der Kantonalkonferenz am 12. September 1895. Brugg.

Winteler, Jost (1917): Erinnerungen aus meinem Leben. Ergänzungen und Verdankungen, Schülern, Freunden und Verehrern gewidmet. In: Wissen und Leben X (11–12), 525–547, 617–647. [Auch als „Separat-Abdruck" bei Orell Füssli, Zürich 1917 erschienen].

Wißler, H.[ans?] (1898): Schweizerisches in Gottfried Kellers Sprache. In: Neue Zürcher Zeitung, 4. 10. 1898, [s. p.].

Wittwer, [Friedrich] (1898): Die Mundart im Unterricht. Vortrag in der methodisch-pädagogischen Sektion des stadtbernischen Lehrervereins. In: Schweizerische Lehrerzeitung 43 (40–41), 316–317, 324–325.

Wyss, Bernhard (1863): Schwizerdütsch. Bilder aus dem Stillleben unseres Volkes, dargestellt in Sitten und Sagen. (Ein novellistischer Beitrag zum schweiz.[erischen] Idiotikon). Solothurn.

Wyss, G[eorg] von (1874): Aufruf betreffend Anfertigung von Auszügen aus der ältern schweizerdeutschen Literatur für das Idiotikon, Archiv des Schweizerischen Idiotikons, Zürich.

Wyss, Johann Rudolf (1827): Ueber die Katechisations-Sprache, oder Beantwortung der Frage: „Welche Sprache soll ein schweizerischer Schulmeister sprechen, wenn er in der Religion unterrichtet?" (Im Auszuge aus einer weitläufigern Abhandlung.). In: Neue Jahrbücher für Religion und Sitten 1827 (2), 218–236.

Wyß, J[ohann] R[udolf] (1817): Wünsche und Vorschläge zur zweckmäßigen Beschäftigung der schweizerischen geschichtforschenden Gesellschaft überhaupt, und einzelner Geschichtforscher im Besonderen. In: Der Schweizerische Geschichtforscher 2, 264–291.

Wyss, Joh[ann] Rud[olf] (1826 [1818]): Texte zu der Sammlung von Schweizer-Kühreihen und Volksliedern. Vierte, viel vermehrte und verbesserte Ausgabe. Bern.

Wyss, [Friedrich] (1873): Über den sprachunterricht. In: Schweizerische Lererzeitung 18 (45–46), 364–366, 372–373.

[Zschokke, Emil] ([ca. 1845]): Das Schweizer-Deutsch. In: Danzer, H.: Schweizerische Blüthen für Geist und Herz. Festgabe für die liebe Jugend. Gesammelte Erzählungen, Gedichte und historische Skizzen. Basel, 105–106.

15.2 Forschungsliteratur

Ackermann Ettinger, Christine (2009): „Die Schweiz ist ein politisches Versuchsfeld …". Die Bedeutung Deutschlands und Frankreichs im Lernprozess nationaler Identität 1870–1900. Diss. Univ. Zürich. Online unter: opac.nebis.ch/ediss/20090509_002225971.pdf ‹1. 8. 2018›.

Aitchison, Jean (2013): Language Change. Progress or Decay? 4th ed. Oxford.

Altermatt, Urs/Bosshart-Pfluger, Catherine/Tanner, Albert (Hg.) (1998a): Die Konstruktion einer Nation. Nation und Nationalisierung in der Schweiz, 18.–20. Jahrhundert. (= Die Schweiz 1798–1998: Staat – Gesellschaft – Politik 4). Zürich.

Altermatt, Urs/Bosshart-Pfluger, Catherine/Tanner, Albert (1998b): Einleitung. Nation und Nationalisierung in der Schweiz. In: Altermatt, Urs/Bosshart-Pfluger, Catherine/Tanner, Albert (Hg.): Die Konstruktion einer Nation. Nation und Nationalisierung in der Schweiz, 18.–20. Jahrhundert. (= Die Schweiz 1798–1998: Staat – Gesellschaft – Politik 4). Zürich, 11–15.

Ammon, Ulrich (1987): Language – Variety/Standard Variety – Dialect. In: Ammon, Ulrich/Dittmar, Norbert/Mattheier, Klaus J. (Hg.): Soziolinguistik. Ein internationales Handbuch zur Wissenschaft von Sprache und Gesellschaft. 1. Halbband. (= Handbücher zur Sprach- und Kommunikationswissenschaft 3.1). Berlin/New York, 316–335.

Ammon, Ulrich (1995): Die deutsche Sprache in Deutschland, Österreich und der Schweiz. Das Problem der nationalen Varietäten. Berlin/New York.

Amstutz, Hans (1996): Das Verhältnis zwischen deutscher und französischer Schweiz in den Jahren 1930–1945. (= Reihe Sprachlandschaft 19). Aarau.

Amstutz, Hans (1999): Deutsch und Welsch während der Geistigen Landesverteidigung. Ein Verhältnis zwischen Anpassung, Widerstand und Indifferenz. In: Sprachspiegel 55, 16–22.
Anderson, Benedict (2005 [1983]): Die Erfindung der Nation. Zur Karriere eines erfolgreichen Konzepts. (= Reihe Campus 1018). Frankfurt a. M.
Andrey, Georges (1983): Auf der Suche nach dem neuen Staat (1798–1848). In: Mesmer, Beatrix/Im Hof, Ulrich (Hg.): Geschichte der Schweiz – und der Schweizer. Bd. 2. Basel, 177–287.
Androutsopoulos, Jannis (2011): Die Erfindung ›des‹ Ethnolekts. In: Zeitschrift für Literaturwissenschaft und Linguistik 41 (164), 93–120.
Arendt, Birte (2010): Niederdeutschdiskurse. Spracheinstellungen im Kontext von Laien, Printmedien und Politik. (= Philologische Studien und Quellen Heft 224). Berlin.
Assion, Peter (1986): Historismus, Traditionalismus, Folklorismus. Zur musealisierenden Tendenz der Gegenwartskultur. In: Jeggle, Utz/Korff, Gottfried/Scharfe, Martin/Warneken, Bernd Jürgen (Hg.): Volkskultur in der Moderne. Probleme und Perspektiven empirischer Kulturforschung. (= Rowohlts Enzyklopädie 431). Reinbek bei Hamburg, 351–362.
Assmann, Aleida/Assmann, Jan (1990): Kultur und Konflikt – Aspekte einer Theorie des unkommunikativen Handelns. In: Assmann, Jan/Harth, Dietrich (Hg.): Kultur und Konflikt. Frankfurt a. M., 11–48.
Assmann, Jan (1988): Kollektives Gedächtnis und kulturelle Identität. In: Assmann, Jan/Hölscher, Tonio (Hg.): Kultur und Gedächtnis. (= Suhrkamp Taschenbuch Wissenschaft 724). Frankfurt a. M., 9–19.
Assmann, Jan (1992): Das kulturelle Gedächtnis. Schrift, Erinnerung und politische Identität in frühen Hochkulturen. München.
Auer, Peter (1986): Konversationelle Standard/Dialekt-Kontinua (Code-Shifting). In: Deutsche Sprache 14, 97–124.
Auer, Peter (2000): Die Linguistik auf dem Weg zur Kulturwissenschaft? In: Freiburger Universitätsblätter 147, 55–68.
Auer, Peter (2005): Europe's sociolinguistic unity, or: A typology of European dialect/standard constellations. In: Delbecque, Nicole/van der Auwera, Johan/Geeraerts, Dirk (Hg.): Perspectives on Variation. Sociolinguistic, Historical, Comparative. (= Trends in Linguistics. Studies and Monographs 163). Berlin/New York, 7–42.
Auer, Peter (2011): Dialect vs. standard: a typology of scenarios in Europe. In: Kortmann, Bernd/van der Auwera, Johan (Hg.): The Languages and Linguistics of Europe. A Comprehensive Guide. (= The World of Linguistics 1). Berlin/New York, 485–500.
Auroux, Sylvain/Koerner, Ernst F. K./Niederehe, Hans-Josef/Versteegh, Kees (Hg.) (2000–2006): Geschichte der Sprachwissenschaften. Ein internationales Handbuch zur Entwicklung der Sprachforschung von den Anfängen bis zur Gegenwart. 3 Bde. (= Handbücher zur Sprach- und Kommunikationswissenschaft 18). Berlin/New York.
Baberowski, Jörg (2005): Der Sinn der Geschichte. Geschichtstheorien von Hegel bis Foucault. München.
Bachmann, Stefan (2012): Heimatschutz. In: Historisches Lexikon der Schweiz (HLS), Version vom 18. 4. 2012. Online unter: www.hls-dhs-dss.ch/textes/d/D16450.php ‹1. 8. 2018›.
Bahner, Werner/Neumann, Werner (Hg.) (1985): Sprachwissenschaftliche Germanistik. Ihre Herausbildung und Begründung. Berlin [Ost].
Bär, Jochen A. (1999): Sprachreflexionen der deutschen Frühromantik. Konzepte zwischen Universalpoesie und Grammatischem Kosmopolitismus. Mit lexikographischem Anhang. (= Studia Linguistica Germanica 50). Berlin/New York.

Bär, Jochen A. (2000): *Nation* und *Sprache* in der Sicht romantischer Schriftsteller und Sprachtheoretiker. In: Gardt, Andreas (Hg.): Nation und Sprache. Die Diskussion ihres Verhältnisses in Geschichte und Gegenwart. Berlin/New York, 199–228.

Bär, Jochen A. (2012): Sprachtheorie und Sprachgebrauch der deutschen Romantik. In: Bär, Jochen A./Müller, Marcus (Hg.): Geschichte der Sprache – Sprache der Geschichte. Probleme und Perspektiven der historischen Sprachwissenschaft des Deutschen. Oskar Reichmann zum 75. Geburtstag. (= Lingua Historica Germanica 3). Berlin/Boston, 497–564.

Barbour, Stephen/Carmichael, Cathie (Hg.) (2000): Language and Nationalism in Europe. New York.

Barth, Hans (1906): Repertorium über die in Zeit- und Sammelschriften der Jahre 1891–1900 enthaltenen Aufsätze und Mitteilungen schweizergeschichtlichen Inhalts. Als Fortsetzung zu Brandstetters Repertorium für die Jahre 1812–1890. Hrsg. v. der Allgemeinen geschichtforschenden Gesellschaft der Schweiz. Bern.

Bauer, Richard (1973): Die Mundart/Hochsprache-Problematik in der deutschen Schweiz 1890–1914. Zum Nachweis einer sprachwissenschaftlichen Heimatideologie und deren Voraussetzungen am Werk von Otto von Greyerz (1863–1940). Akzessarbeit Univ. Bern.

Baumgartner, Heinrich (1940): Stadtmundart – Stadt- und Landmundart. Beiträge zur bernischen Mundartgeographie. (= Schriften der Literarischen Gesellschaft Bern 3). Bern.

Beller, Manfred (2006a): Die Schweiz und die Schweizer in Goethes Prosa und Poesie. In: Beller, Manfred: Eingebildete Nationalcharaktere. Vorträge und Aufsätze zur literarischen Imagologie. Herausgegeben von Elena Agazzi in Zusammenarbeit mit Raul Calzoni. Göttingen, 75–90.

Beller, Manfred (2006b): Johann Gottfried Herders Völkerbilder und die Tradition der Klimatheorie. In: Beller, Manfred: Eingebildete Nationalcharaktere. Vorträge und Aufsätze zur literarischen Imagologie. Herausgegeben von Elena Agazzi in Zusammenarbeit mit Raul Calzoni. Göttingen, 239–259.

Berger, Peter L./Luckmann, Thomas (2012 [1969]): Die gesellschaftliche Konstruktion der Wirklichkeit. Eine Theorie der Wissenssoziologie. 24. Aufl. Frankfurt a. M.

Bergier, Jean-François (1990): Wirtschaftsgeschichte der Schweiz. Von den Anfängen bis zur Gegenwart. 2., aktual. Aufl. Zürich.

Berner, Esther (2001): Ein halbes Jahrhundert Scherrsche Sprachlehrmittel. Streit um Methoden und Kult um Personen. In: Tröhler, Daniel (Hg.): Über die Mittel des Lernens. Kontextuelle Studien zum staatlichen Lehrmittelwesen im Kanton Zürich des 19. Jahrhunderts. Zürich, 152–178.

Berthele, Raphael (2004): Vor lauter Linguisten die Sprache nicht mehr sehen – Diglossie und Ideologie in der deutschsprachigen Schweiz. In: Christen, Helen/Noyer, Agnès (Hg.): Dialekt, Regiolekt und Standardsprache im sozialen und zeitlichen Raum. Beiträge zum 1. Kongress der Internationalen Gesellschaft für Dialektologie des Deutschen. Marburg/Lahn, 5.–8. März 2003. Wien, 111–136.

Besch, Werner (1975): Dialekt als Barriere bei der Erlernung der Standardsprache. In: Moser, Hugo (Hg.): Sprachwissenschaft und Sprachdidaktik. (= Jahrbuch des Instituts für Deutsche Sprache 1974). Düsseldorf, 150–165.

Besch, Werner (1983a): Dialekt, Schreibdialekt, Schriftsprache, Standardsprache. Exemplarische Skizze ihrer historischen Ausprägung im Deutschen. In: Besch, Werner/Knoop, Ulrich/Putschke, Wolfgang/Wiegand, Herbert Ernst (Hg.): Dialektologie. Ein Handbuch zur deutschen und allgemeinen Dialektforschung. Zweiter Halbband.

(= Handbücher zur Sprach- und Kommunikationswissenschaft 1.2). Berlin/New York, 961–990.
Besch, Werner (1983b): Entstehung und Ausprägung der binnensprachlichen Diglossie im Deutschen. In: Besch, Werner/Knoop, Ulrich/Putschke, Wolfgang/Wiegand, Herbert Ernst (Hg.): Dialektologie. Ein Handbuch zur deutschen und allgemeinen Dialektforschung. Zweiter Halbband. (= Handbücher zur Sprach- und Kommunikationswissenschaft 1.2). Berlin/New York, 1399–1411.
Besch, Werner (2003): Entstehung und Ausformung der neuhochdeutschen Schriftsprache/ Standardsprache. In: Besch, Werner/Betten, Anne/Reichmann, Oskar/Sonderegger, Stefan (Hg.): Sprachgeschichte. Ein Handbuch zur Geschichte der deutschen Sprache und ihrer Erforschung. 3. Teilband. (= Handbücher zur Sprach- und Kommunikationswissenschaft 2.3). Berlin/New York, 2252–2297.
Besch, Werner/Betten, Anne/Reichmann, Oskar/Sonderegger, Stefan (Hg.) (1998–2004): Sprachgeschichte. Ein Handbuch zur Geschichte der deutschen Sprache und ihrer Erforschung. 4 Teilbde. 2. vollst. neubearb. u. erw. Aufl. (= Handbücher zur Sprach- und Kommunikationswissenschaft 2). Berlin/New York.
Besch, Werner/Betten, Anne/Reichmann, Oskar/Sonderegger, Stefan (Hg.) (1998): Sprachgeschichte. Ein Handbuch zur Geschichte der deutschen Sprache und ihrer Erforschung. 1. Teilband. 2. vollst. neubearb. u. erw. Aufl. (= Handbücher zur Sprach- und Kommunikationswissenschaft 2.1). Berlin/New York.
Besch, Werner/Reichmann, Oskar/Sonderegger, Stefan (Hg.) (1984–1985): Sprachgeschichte. Ein Handbuch zur Geschichte der deutschen Sprache und ihrer Erforschung. 2 Halbbde. (= Handbücher zur Sprach- und Kommunikationswissenschaft 2). Berlin/New York.
Besch, Werner/Reichmann, Oskar/Sonderegger, Stefan (1984): Vorwort. In: Besch, Werner/ Reichmann, Oskar/Sonderegger, Stefan (Hg.): Sprachgeschichte. Ein Handbuch zur Geschichte der deutschen Sprache und ihrer Erforschung. Erster Halbband. (= Handbücher zur Sprach- und Kommunikationswissenschaft 2.1). Berlin/New York, V–XV.
Beyer, Rahel/Gilles, Peter/Moliner, Olivier/Ziegler, Evelyn (2014): Sprachstandardisierung unter Mehrsprachigkeitsbedingungen. Das Deutsche in Luxemburg im 19. Jahrhundert. In: Ágel, Vilmos/Gardt, Andreas (Hg.): Paradigmen der aktuellen Sprachgeschichtsforschung. (= Jahrbuch für Germanistische Sprachgeschichte 5). Berlin/Boston, 283–298.
Bichel, Ulf (1973): Problem und Begriff der Umgangssprache in der germanistischen Forschung. (= Hermaea. Neue Folge 32). Tübingen.
Bichel, Ulf (1980): Umgangssprache. In: Althaus, Hans Peter/Henne, Helmut/Wiegand, Herbert Ernst (Hg.): Lexikon der germanistischen Linguistik. 2., vollst. neu bearb. u. erw. Aufl. Tübingen, 379–383.
Bierwisch, Manfred (1993): Ludwig Jägers Kampf mit den Windmühlen. Anmerkungen zu einer merkwürdigen Sprach(wissenschafts)verwirrung. In: Zeitschrift für Sprachwissenschaft 12 (1), 107–112.
Bigler, Niklaus (2008): Als das Idiotikon in Druck ging. Kurzer Rückblick auf den Beginn einer langen Zusammenarbeit. In: Schweizerdeutsches Wörterbuch. Bericht über das Jahr 2007, 12–32.
Blommaert, Jan (2006): Language Ideology. In: Brown, Edward Keith (Hg.): Encyclopedia of Language and Linguistics. 2nd ed. Amsterdam, 510–522.
Blommaert, Jan/Verschueren, Jef (1998): The Role of Language in European Nationalist Ideologies. In: Schieffelin, Bambi B./Woolard, Kathryn A./Kroskrity, Paul V. (Hg.):

Language Ideologies. Practice and Theory. (= Oxford Studies in Anthropological Linguistics 16). New York/Oxford, 189–210.
Bluhm, Claudia/Deissler, Dirk/Scharloth, Joachim/Stukenbrock, Anja (2000): Linguistische Diskursanalyse. Überblick, Probleme, Perspektiven. In: Sprache und Literatur in Wissenschaft und Unterricht 31 (86), 3–19.
Böhler, Michael (1996): Nationalisierungsprozesse von Literatur im deutschsprachigen Raum: Verwerfungen und Brüche – vom Rande betrachtet. In: Huber, Martin/Lauer, Gerhard (Hg.): Bildung und Konfession. Politik, Religion, und literarische Identitätsbildung, 1850–1918. (= Studien und Texte zur Sozialgeschichte der Literatur 59). Tübingen, 21–38.
Böhler, Michael/Hofmann, Etienne/Reill, Peter H./Zurbuchen, Simone (Hg.) (2000): Republikanische Tugend. Ausbildung eines Schweizer Nationalbewusstseins und Erziehung eines neuen Bürgers. (= Kolloquium der Schweizerischen Akademie der Geistes- und Sozialwissenschaften 17). Genève.
Bohner, Gerd (2002): Einstellungen. In: Stroebe, Wolfgang/Jonas, Klaus/Hewstone, Miles (Hg.): Sozialpsychologie. Eine Einführung. Berlin/Heidelberg, 265–315.
Böke, Karin (1996): Überlegungen zu einer Metaphernanalyse im Dienst einer ‚parzellierten' Sprachgeschichtsschreibung. In: Böke, Karin/Jung, Matthias/Wengeler, Martin (Hg.): Öffentlicher Sprachgebrauch. Praktische, theoretische und historische Perspektiven. Georg Stötzel zum 60. Geburtstag gewidmet. Opladen, 431–452.
Böke, Karin/Liedtke, Frank/Wengeler, Martin (1996): Politische Leitvokabeln in der Adenauer-Ära. Mit einem Beitrag von Dorothee Dengel. (= Sprache, Politik, Öffentlichkeit 8). Berlin/New York.
Bonjour, Edgar (1948): Die Gründung des schweizerischen Bundesstaates. Basel.
Bonjour, Edgar (1958): Die Schweiz und Deutschland. Berührungen während der ersten Hälfte des 19. Jahrhunderts. In: Bonjour, Edgar: Die Schweiz und Europa. Ausgewählte Reden und Aufsätze. Basel, 57–78.
Börlin, Rolf (1987): Die schweizerdeutsche Mundartforschung 1960–1982. Bibliographisches Handbuch. (= Reihe Sprachlandschaft 5). Aarau.
Brandstetter, Josef Leopold (1892): Repertorium über die in Zeit- und Sammelschriften der Jahre 1812–1890 enthaltenen Aufsätze und Mitteilungen schweizergeschichtlichen Inhalts. Hrsg. v. der allgemeinen geschichtforschenden Gesellschaft der Schweiz. Basel.
Brandstetter, Josef Leopold (1896): Bibliographie der Gesellschaftsschriften, Zeitungen und Kalender in der Schweiz. (= Bibliographie der schweizerischen Landeskunde Fasczikel 1b). Bern.
Brandstetter, Renward (1909): Renward Cysat 1545–1614, der Begründer der schweizerischen Volkskunde. (= Renward Brandstetters Monographien zur vollständigen sprachlichen und volkskundlichen Erforschungen Alt-Luzerns 8). Luzern.
Brandt, Peter (2001): Volk. In: Ritter, Joachim/Gründer, Karlfried/Gabriel, Gottfried (Hg.): Historisches Wörterbuch der Philosophie. Band 11: U–V. Basel, 1081–1090.
Braun, Rudolf (1984): Das ausgehende Ancien Régime in der Schweiz. Aufriss einer Sozial- und Wirtschaftsgeschichte des 18. Jahrhunderts. Göttingen/Zürich.
Britain, David (2004): Dialect and Accent / Dialekt und Akzent. In: Ammon, Ulrich/Dittmar, Norbert/Mattheier, Klaus J./Trudgill, Peter (Hg.): Soziolinguistik. Ein internationales Handbuch zur Wissenschaft von Sprache und Gesellschaft. 1. Teilband. (= Handbücher zur Sprach- und Kommunikationswissenschaft 3.1). Berlin/New York, 267–273.
Britto, Francis (1991): Tamil Diglossia: An Interpretation. In: Southwest Journal of Linguistics 10, 60–84.

Brunold-Bigler, Ursula (1992): Populäre Lesestoffe und populäres Leseverhalten in der Schweiz des 19. Jahrhunderts. In: Hugger, Paul (Hg.): Handbuch der schweizerischen Volkskultur. Zürich, 1307–1320.

Bubenhofer, Noah (2009): Sprachgebrauchsmuster. Korpuslinguistik als Methode der Diskurs- und Kulturanalyse. (= Sprache und Wissen 4). Berlin/New York.

Bubenhofer, Noah/Schröter, Juliane (2012): Die Alpen. Sprachgebrauchsgeschichte – Korpuslinguistik – Kulturanalyse. In: Maitz, Péter (Hg.): Historische Sprachwissenschaft. Erkenntnisinteressen, Grundlagenprobleme, Desiderate. (= Studia Linguistica Germanica 110). Berlin/Boston, 263–287.

Buchbinder, Sascha (2002): Der Wille zur Geschichte. Schweizer Nationalgeschichte um 1900 – die Werke von Wilhelm Oechsli, Johannes Dierauer und Karl Dändliker. Zürich.

Bucher, Erwin (1966): Die Geschichte des Sonderbundskrieges. Zürich.

Bucher, Erwin (1977): Die Bundesverfassung von 1848. In: Helbling, Hanno (Hg.): Handbuch der Schweizer Geschichte. Bd. 2. Zürich, 987–1018.

Büeler, Gustav (1890): Verzeichnis der Programm-Beilagen der schweizerischen Mittelschulen. Mit einem Anhang, umfassend die Programm-Beilagen der Académie de Neuchâtel und der Eidgenössischen Polytechnischen Schule in Zürich. Frauenfeld.

Bundi, Madlaina (Hg.) (2005a): Erhalten und Gestalten. 100 Jahre Schweizer Heimatschutz. Baden.

Bundi, Madlaina (2005b): Gründungsfieber. Ziele, Handlungsfelder und Differenzen der ersten Generation. In: Bundi, Madlaina (Hg.): Erhalten und Gestalten. 100 Jahre Schweizer Heimatschutz. Baden, 15–24.

Bundi, Simon (2012): Graubünden und der Heimatschutz. Von der Erfindung der Heimat zur Erhaltung des Dorfes Guarda. (= Quellen und Forschungen zur Bündner Geschichte 26). Chur.

Bürgi, Markus (2011): Deutsche Arbeitervereine. In: Historisches Lexikon der Schweiz (HLS), Version vom 31. 08. 2011. Online unter: www.hls-dhs-dss.ch/textes/d/D16478.php ‹1. 8. 2018›.

Busse, Dietrich (1987): Historische Semantik. Analyse eines Programms. (= Sprachen und Kulturen 13). Stuttgart.

Busse, Dietrich (1997): Das Eigene und das Fremde. Annotationen zu Funktion und Wirkung einer diskurssemantischen Grundfigur. In: Jung, Matthias/Wengeler, Martin/Böke, Karin (Hg.): Die Sprache des Migrationsdiskurses. Das Reden über „Ausländer" in Medien, Politik und Alltag. Opladen, 17–35.

Busse, Dietrich (2000): Historische Diskurssemantik. Ein linguistischer Beitrag zur Analyse gesellschaftlichen Wissens. In: Sprache und Literatur in Wissenschaft und Unterricht 31 (86), 39–53.

Busse, Dietrich (2002): Sprachgeschichte als Teil der Kultur- und Wissensgeschichte – Zum Beitrag einer Historischen Diskurssemantik. In: Wiesinger, Peter (Hg.): Aufgaben einer zukünftigen Sprachgeschichtsforschung. Akten des 10. Internationalen Germanistenkongresses Wien 2000 „Zeitenwende – Die Germanistik auf dem Weg vom 20. ins 21. Jahrhundert". Bd. 3. (= Jahrbuch für Internationale Germanistik. Reihe A, Kongressberichte 55). Bern, 33–38.

Busse, Dietrich (2005): Sprachwissenschaft als Sozialwissenschaft? In: Busse, Dietrich/ Niehr, Thomas/Wengeler, Martin (Hg.): Brisante Semantik. Neuere Konzepte und Forschungsergebnisse einer kulturwissenschaftlichen Linguistik. (= Reihe Germanistische Linguistik 259). Tübingen, 21–43.

Busse, Dietrich/Hermanns, Fritz/Teubert, Wolfgang (Hg.) (1994): Begriffsgeschichte und Diskursgeschichte. Methodenfragen und Forschungsergebnisse der historischen Semantik. Opladen.

Busse, Dietrich/Niehr, Thomas/Wengeler, Martin (Hg.) (2005): Brisante Semantik. Neuere Konzepte und Forschungsergebnisse einer kulturwissenschaftlichen Linguistik. (= Reihe Germanistische Linguistik 259). Tübingen.

Busse, Dietrich/Teubert, Wolfgang (1994): Ist Diskurs ein sprachwissenschaftliches Objekt? Zur Methodenfrage der historischen Semantik. In: Busse, Dietrich/Hermanns, Fritz/Teubert, Wolfgang (Hg.): Begriffsgeschichte und Diskursgeschichte. Methodenfragen und Forschungsergebnisse der historischen Semantik. Opladen, 10–28.

Büttner, Peter O. (2014): Schreibunterricht in der Schweiz um 1800. In: Tröhler, Daniel (Hg.): Volksschule um 1800. Studien im Umfeld der Helvetischen Stapfer-Enquête 1799. Bad Heilbrunn, 191–206.

Büttner, Peter O. (2015): Schreiben lehren um 1800. Hannover.

Capitani, François de (Hg.) (1980): Heit ech still! Die berndeutschen Geographievorlesungen des ansonst unbedeutenden Berner Professors Niklaus Blauner aus dem Jahre 1783. Hrsg. und eingel. von François de Capitani; mit einem Kapitel über das Berndeutsch im 18. Jahrhundert und einem Glossar von Roland Ris. Bern.

Capitani, François de (1983): Beharren und Umsturz (1648–1815). In: Mesmer, Beatrix/Im Hof, Ulrich (Hg.): Geschichte der Schweiz – und der Schweizer. Bd. 2. Basel, 97–175.

Capitani, François de (1987): Die Suche nach dem gemeinsamen Nenner – Der Beitrag der Geschichtsschreiber. In: Capitani, François de/Germann, Georg (Hg.): Auf dem Weg zu einer schweizerischen Identität 1848–1914. Probleme – Errungenschaften – Misserfolge. 8. Kolloquium der Schweizerischen Akademie der Geisteswissenschaften 1985. Freiburg i. Üe., 25–38.

Capitani, François de (2009): Eidgenössische Feste. In: Historisches Lexikon der Schweiz (HLS), Version vom 08. 10. 2009. Online unter: www.hls-dhs-dss.ch/textes/d/D27280.php ‹1. 8. 2018›.

Capitani, François de (2010): Hirtenvolk. In: Historisches Lexikon der Schweiz (HLS), Version vom 08. 07. 2010. Online unter: www.hls-dhs-dss.ch/textes/d/D17473.php ‹1. 8. 2018›.

Capitani, François de/Germann, Georg (Hg.) (1987): Auf dem Weg zu einer schweizerischen Identität 1848–1914. Probleme – Errungenschaften – Misserfolge. 8. Kolloquium der Schweizerischen Akademie der Geisteswissenschaften 1985. Freiburg i. Üe.

Casper, Klaudia (2002): Spracheinstellungen. Theorie und Messung. (= Heidelberger Schriften zur Sprache und Kultur 6). Heidelberg.

Cherubim, Dieter (1980): Zum Programm einer historischen Sprachpragmatik. In: Sitta, Horst (Hg.): Ansätze zu einer pragmatischen Sprachgeschichte. Zürcher Kolloquium 1978. (= Reihe Germanistische Linguistik 21). Tübingen, 3–21.

Cherubim, Dieter (1983): Sprachentwicklung und Sprachkritik im 19. Jahrhundert. Beiträge zur Konstitution einer pragmatischen Sprachgeschichte. In: Cramer, Thomas (Hg.): Literatur und Sprache im historischen Prozess. Vorträge des Deutschen Germanistentages, Aachen 1982. Bd. 2: Sprache. Tübingen, 170–188.

Cherubim, Dieter (1984): Sprachgeschichte im Zeichen der linguistischen Pragmatik. In: Besch, Werner/Reichmann, Oskar/Sonderegger, Stefan (Hg.): Sprachgeschichte. Ein Handbuch zur Geschichte der deutschen Sprache und ihrer Erforschung. Erster Halbband. (= Handbücher zur Sprach- und Kommunikationswissenschaft 2.1). Berlin/New York, 802–8015.

Cherubim, Dieter (2011): Erfolg und Misserfolg von Sprachkritik. Muss die Sprachgeschichte die Sprachkritik berücksichtigen – und umgekehrt? In: Schiewe, Jürgen (Hg.): Sprachkritik und Sprachkultur. Konzepte und Impulse für Wissenschaft und Öffentlichkeit. (= Greifswalder Beiträge zur Linguistik 6). Bremen, 9–20.

Cherubim, Dieter (2012): Verstehen wir den Sprachwandel richtig? In: Maitz, Péter (Hg.): Historische Sprachwissenschaft. Erkenntnisinteressen, Grundlagenprobleme, Desiderate. (= Studia Linguistica Germanica 110). Berlin/Boston, 29–49.

Cherubim, Dieter/Grosse, Siegfried/Mattheier, Klaus J. (Hg.) (1998): Sprache und bürgerliche Nation. Beiträge zur deutschen und europäischen Sprachgeschichte des 19. Jahrhunderts. Berlin/New York.

Cherubim, Dieter/Jakob, Karlheinz/Linke, Angelika (Hg.) (2002): Neue deutsche Sprachgeschichte. Mentalitäts-, kultur- und sozialgeschichtliche Zusammenhänge. (= Studia Linguistica Germanica 64). Berlin/New York.

Cherubim, Dieter/Objartel, Georg (1981): Historische Sprachwissenschaft. In: Studium Linguistik 10, 1–19.

Christen, Helen (2005): Die Deutschschweizer Diglossie und die Sprachendiskussion. In: Schweizerische Akademie der Geistes- und Sozialwissenschaften (Hg.): Sprachendiskurs in der Schweiz. Vom Vorzeigefall zum Problemfall? Tagung der Schweizerischen Akademie der Geistes- und Sozialwissenschaften vom 11. November 2005 in Biel. Bern, 85–96.

Cloeren, Hermann-Josef (Hg.) (1971): Philosophie als Sprachkritik im 19. Jahrhundert. Textauswahl I. (= Problemata 6). Stuttgart-Bad Cannstatt.

Cobarrubias, Juan (1983): Ethical Issues in Status Planning. In: Cobarrubias, Juan/Fishman, Joshua A. (Hg.): Progress in Language Planning. International Perspectives. (= Contributions to the Sociology of Language 31). Berlin/New York/Amsterdam, 41–85.

Coray, Renata (1999a): „Sprachliche Minderheit": ein Grundbegriff der schweizerischen Sprachenpolitik. In: Bulletin suisse de linguistique appliquée 69 (1), 179–194.

Coray, Renata (1999b): „Verständigung" – ein Zauberwort im schweizerischen Sprachendiskurs. In: Medienwissenschaft Schweiz – Science des mass média Suisse 2, 52–58.

Coray, Renata (2002): Die Schweizer Sprachenvielfalt im öffentlichen Diskurs. In: Tsantsa. Zeitschrift der Schweizerischen Ethnologischen Gesellschaft 7, 112–116.

Coray, Renata (2004): Die Transformation der Sprachenordnung und des nationalen Imaginären. In: Widmer, Jean/Coray, Renata/Acklin Muji, Dunya/Godel, Eric: Die Schweizer Sprachenvielfalt im öffentlichen Diskurs. Eine sozialhistorische Analyse der Transformation der Sprachenordnung von 1848 bis 2000 – La diversité des langues en Suisse dans le débat public. Une analyse socio-historique des transformations de l'ordre constitutionnel des langues de 1848 à 2000. Bern, 429–478.

Coray, Renata (2005): Die Debatten zum Schweizer Sprachenartikel als Spiegel des nationalen Selbstverständnisses. In: Schweizerische Akademie der Geistes- und Sozialwissenschaften (Hg.): Sprachendiskurs in der Schweiz. Vom Vorzeigefall zum Problemfall? Tagung der Schweizerischen Akademie der Geistes- und Sozialwissenschaften vom 11. November 2005 in Biel. Bern, 131–140.

Coray, Renata/Acklin Muji, Dunya (2002): Die Schweizer Sprachenvielfalt im öffentlichen Diskurs. Eine soziohistorische Analyse. In: Sozialer Sinn 3 (2), 195–222.

Coseriu, Eugenio (2007 [1988]): Sprachkompetenz. Grundzüge der Theorie des Sprechens. Bearb. u. hrsg. v. Heinrich Weber. 2., durchges. Aufl. (= Tübinger Beiträge zur Linguistik 508). Tübingen.

Criblez, Lucien (2014): Lehrerbildung vor der Institutionalisierung der Lehrerseminare. Online unter: www.uzh.ch/blog/ife-hbs/files/2016/01/Protoformen_Lehrerbildung_140522.pdf ‹1. 8. 2018›.

Criblez, Lucien/Hofstetter, Rita (1998): Erziehung zur Nation. Nationale Gesinnungsbildung in der Schule des 19. Jahrhunderts. In: Altermatt, Urs/Bosshart-Pfluger, Catherine/Tanner, Albert (Hg.): Die Konstruktion einer Nation. Nation und Nationalisierung in der Schweiz, 18.–20. Jahrhundert. (= Die Schweiz 1798–1998: Staat – Gesellschaft – Politik 4). Zürich, 167–188.

Daniel, Ute (2001): Kompendium Kulturgeschichte. Theorien, Praxis, Schlüsselwörter. (= Suhrkamp Taschenbuch Wissenschaft 1523). Frankfurt a. M.

Davies, Winifred V./Langer, Nils (2006): The Making of Bad Language. Lay Linguistic Stigmatisations in German: Past and Present. (= VarioLingua 28). Frankfurt a. M.

de Weck, Hervé (2012): Militärische Vereine. In: Historisches Lexikon der Schweiz (HLS), Version vom 13. 06. 2012, übers. aus dem Französischen. Online unter: www.hls-dhs-dss.ch/textes/d/D8699.php ‹1. 8. 2018›.

Debrunner, Albert M. (1996): Das güldene schwäbische Alter. Johann Jakob Bodmer und das Mittelalter als Vorbildzeit im 18. Jahrhundert. (= Epistemata. Reihe Literaturwissenschaft 170). Würzburg.

Dieckmann, Walther (1989): Reichthum und Armut deutscher Sprache. Reflexionen über den Zustand der deutschen Sprache im 19. Jahrhundert. Berlin/New York.

Dieckmann, Walther (1991): Sprachwissenschaft und öffentliche Sprachdiskussion. Wurzeln ihres problematischen Verhältnisses. In: Wimmer, Rainer (Hg.): Das 19. Jahrhundert. Sprachgeschichtliche Wurzeln des heutigen Deutsch. (= Jahrbuch des Instituts für Deutsche Sprache 1990). Berlin/New York, 355–373.

Dittmar, Norbert (2004): Umgangssprache – Nonstandard/Vernacular – Nonstandard. In: Ammon, Ulrich/Dittmar, Norbert/Mattheier, Klaus J./Trudgill, Peter (Hg.): Soziolinguistik. Ein internationales Handbuch zur Wissenschaft von Sprache und Gesellschaft. 1. Teilband. (= Handbücher zur Sprach- und Kommunikationswissenschaft 3.1). Berlin/New York, 250–262.

Drechsel, Wiltrud Ulrike (2004): Niederdeutsch? – Hochdeutsch! Der „muttersprachliche" Unterricht in der Volksschule im 19. Jahrhundert. In: Schöck-Quinteros, Eva (Hg.): Bürgerliche Gesellschaft – Idee und Wirklichkeit. Festschrift für Manfred Hahn. Berlin, 277–292.

Dressler, Wolfgang/de Cillia, Rudolf (2006): Spracherhaltung, Sprachverfall, Sprachtod. In: Ammon, Ulrich/Dittmar, Norbert/Mattheier, Klaus J./Trudgill, Peter (Hg.): Soziolinguistik. Ein internationales Handbuch zur Wissenschaft von Sprache und Gesellschaft. 3. Teilband. (= Handbücher zur Sprach- und Kommunikationswissenschaft 3.3). Berlin/New York, 2258–2271.

Dubler, Anne-Marie (2008): Hofwil. In: Historisches Lexikon der Schweiz (HLS), Version vom 08. 01. 2008. Online unter: www.hls-dhs-dss.ch/textes/d/D8338.php ‹1. 8. 2018›.

Edmondson, Willis J./House, Juliane (Hg.) (1997): Language Awareness. (= Fremdsprachen Lehren und Lernen 27). Tübingen.

Ehlich, Konrad (2006): Die Vertreibung der Kultur aus der Sprache. 13 kurze Reflexionen zu einem reflexionsresistenten Thema. In: Zeitschrift für Germanistische Linguistik 34 (1–2), 51–96.

Ehringer, Paul (2013): Studentenverbindungen. In: Historisches Lexikon der Schweiz (HLS), Version vom 03. 12. 2013. Online unter: www.hls-dhs-dss.ch/textes/d/D16424.php ‹1. 8. 2018›.

Eichler, Ingrid/Bergmann, Günther (1967): Zum Meißnischen Deutsch. Die Beurteilung des Obersächsischen vom 16. bis zum 19. Jahrhundert. In: Beiträge zur Geschichte der Deutschen Sprache und Literatur (Halle) 89, 1–57.

Einhauser, Eveline (2001): Die Entstehung und frühe Entwicklung des junggrammatischen Forschungsprogramms. In: Auroux, Sylvain/Koerner, Ernst F. K./Niederehe, Hans-Josef/Versteegh, Kees (Hg.): Geschichte der Sprachwissenschaften. Ein internationales Handbuch zur Entwicklung der Sprachforschung von den Anfängen bis zur Gegenwart. 2. Teilband. (= Handbücher zur Sprach- und Kommunikationswissenschaft 18.2). Berlin/New York, 1338–1350.

Eisenberg, Peter (1983): Arbeiterbildung und Alphabetisierung im 19. Jahrhundert. In: Osnabrücker Beiträge zur Sprachtheorie (OBST) 23, 13–32.

Elspaß, Stephan (2005a): Sprachgeschichte von unten. Untersuchungen zum geschriebenen Alltagsdeutsch im 19. Jahrhundert. (= Reihe Germanistische Linguistik 263). Tübingen.

Elspaß, Stephan (2005b): Standardisierung des Deutschen. Ansichten aus der neueren Sprachgeschichte ‚von unten'. In: Eichinger, Ludwig M./Kallmeyer, Werner (Hg.): Standardvariation. Wie viel Variation verträgt die deutsche Sprache? (= Jahrbuch des Instituts für Deutsche Sprache 2004). Berlin/New York, 63–99.

Elspaß, Stephan (2014): Prescriptive norms and norms of usage in nineteenth-century German. In: Rutten, Gijsbert/Vosters, Rik/Vandenbussche, Wim (Hg.): Norms and Usage in Language History, 1600–1900. A sociolinguistic and comparative perspective. (= Advances in Historical Sociolinguistics 3). Amsterdam, 303–320.

Erne, Emil/Gull, Thomas (2014): Vereine. In: Historisches Lexikon der Schweiz (HLS), Version vom 03. 10. 2014. Online unter: www.hls-dhs-dss.ch/textes/d/D25745.php ‹1. 8. 2018›.

Ernst, Andreas/Kübler, Christoph/Lang, Paul/Sarasin, Philipp (1998): ImagiNation. Eine Einleitung. In: Die Erfindung der Schweiz 1848–1948 [i.e. 1848–1998]. Bildentwürfe einer Nation. Hrsg. vom «MUSEE SUISSE» Schweizerisches Landesmuseum Zürich in Zusammenarbeit mit dem Schweizerischen Institut für Kunstwissenschaft Zürich. Zürich, 18–31.

Fankhauser, Andreas (2011): Helvetische Republik. In: Historisches Lexikon der Schweiz (HLS), Version vom 27. 01. 2011. Online unter: www.hls-dhs-dss.ch/textes/d/D9797.php ‹1. 8. 2018›.

Faulstich, Katja (2007): Die deutsche Sprachnation – Zur Entstehung kultureller Identität im deutschsprachigen Sprachnormierungsdiskurs des 18. Jahrhunderts. In: Warnke, Ingo (Hg.): Diskurslinguistik nach Foucault. Theorie und Gegenstände. (= Linguistik – Impulse & Tendenzen 25). Berlin/New York, 247–272.

Faulstich, Katja (2008): Konzepte des Hochdeutschen. Der Sprachnormierungsdiskurs im 18. Jahrhundert. (= Studia Linguistica Germanica 91). Berlin/New York.

Feilke, Helmuth/Hennig, Mathilde (Hg.) (2016): Zur Karriere von Nähe und Distanz. Rezeption und Diskussion des Koch-Oesterreicher-Modells. (= Reihe Germanistische Linguistik 306). Berlin/Boston.

Felder, Ekkehard (2006): Semantische Kämpfe in Wissensdomänen. Eine Einführung in Benennungs-, Bedeutungs- und Sachverhaltsfixierungs-Konkurrenzen. In: Felder, Ekkehard (Hg.): Semantische Kämpfe. Macht und Sprache in den Wissenschaften. (= Linguistik – Impulse & Tendenzen 19). Berlin/New York, 13–46.

Ferguson, Charles (1959): Diglossia. In: Word 15, 325–340.

Fink, Gonthier-Louis (1998): Klima- und Kulturtheorien der Aufklärung. In: Georg-Forster-Studien II, 25–55.

Fischer, Christian (2006): Sprachausgleich und Überschichtung. Zur Entstehung der brandenburgischen Umgangssprache im 19. Jahrhundert. In: Osnabrücker Beiträge zur Sprachtheorie (OBST) 71, 33–51.
Fishman, Joshua A. (1965): Varieties of Ethnicity and Varieties of Language Consciousness. In: Kreidler, Charles W. (Hg.): Report of the Sixteenth Annual Round Table Meeting on Linguistics and Language Studies. (= Monograph Series on Languages and Linguistics 18). Washington, D.C., 69–79.
Frei, Daniel (1964a): Die Förderung des schweizerischen Nationalbewusstseins nach dem Zusammenbruch der Alten Eidgenossenschaft 1798. Zürich.
Frei, Daniel (1964b): Grundzüge des schweizerischen Nationalbewusstseins. Versuch einer Übersicht. In: Schweizer Monatshefte 44 (5), 391–401.
Frei, Daniel (1977): Mediation. In: Helbling, Hanno (Hg.): Handbuch der Schweizer Geschichte. Bd. 2. Zürich, 841–869.
Frevert, Ute (1988): Einleitung. In: Frevert, Ute (Hg.): Bürgerinnen und Bürger. Geschlechterverhältnisse im 19. Jahrhundert. Zwölf Beiträge. Mit einem Vorwort von Jürgen Kocka. (= Kritische Studien zur Geschichtswissenschaft 77). Göttingen, 11–16.
Friedrich, Gerd (1987): Das niedere Schulwesen. In: Jeismann, Karl-Ernst/Lundgreen, Peter (Hg.): Handbuch der deutschen Bildungsgeschichte. Bd. 3. 1800–1870: Von der Neuordnung Deutschlands bis zur Gründung des Deutschen Reiches. München, 123–152.
Furger, Carmen/Nänny, Rebekka (2016): Der Schulaufsatz im Spiegel der Zeit – Analyse des schreibdidaktischen Diskurses in der Deutschschweiz 1830–1960. In: Leseforum Schweiz 2, 1–17. Online unter: www.leseforum.ch ‹1. 8. 2018›.
Furrer, Norbert (2002a): Die vierzigsprachige Schweiz. Sprachkontakte und Mehrsprachigkeit in der vorindustriellen Gesellschaft (15.–19. Jahrhundert). Band 1: Untersuchungen. Zürich.
Furrer, Norbert (2002b): Die vierzigsprachige Schweiz. Sprachkontakte und Mehrsprachigkeit in der vorindustriellen Gesellschaft (15.–19. Jahrhundert). Band 2: Materialien. Zürich.
Furrer, Norbert (2007): ‚Deutsche' Obrigkeiten, ‚welsche' Untertanen. Sprache als Politikum in der alten Eidgenossenschaft. In: Nicklas, Thomas/Schnettger, Matthias (Hg.): Politik und Sprache im frühneuzeitlichen Europa. Mainz, 101–112.
Gadient, Irma (2012a): „Ein lächerlicher Sprachenmischmasch": Dialekte und Sprachvorstellungen im Kanton Freiburg Ende des 19. Jahrhunderts. In: Revue transatlantique d'études suisses 2, 33–56.
Gadient, Irma (2012b): Sprechen wie Papageien, Schreiben wie Esel. Patois und Stereotypisierungen im Kanton Freiburg des späten 19. Jahrhunderts. In: Engler, Balz (Hg.): Wir und die Anderen. Stereotypen in der Schweiz – Nous et les autres. Stéréotypes en Suisse. (= Kolloquium der Schweizerischen Akademie der Geistes- und Sozialwissenschaften 27). Fribourg, 199–221.
Gardt, Andreas (1994): Sprachreflexion in Barock und Frühaufklärung. Entwürfe von Böhme bis Leibniz. (= Quellen und Forschungen zur Sprach- und Kulturgeschichte der germanischen Völker. N. F. 108). Berlin/New York.
Gardt, Andreas (1995): Das Konzept der *Eigentlichkeit* im Zentrum barocker Sprachtheorie. In: Gardt, Andreas/Mattheier, Klaus J./Reichmann, Oskar (Hg.): Sprachgeschichte des Neuhochdeutschen. Gegenstände, Methoden, Theorien. (= Reihe Germanistische Linguistik 156). Tübingen, 145–167.
Gardt, Andreas (1999a): Geschichte der Sprachwissenschaft in Deutschland. Vom Mittelalter bis ins 20. Jahrhundert. Berlin/New York.

Gardt, Andreas (1999b): Sprachpatriotismus und Sprachnationalismus. Versuch einer historisch-systematischen Bestimmung am Beispiel des Deutschen. In: Gardt, Andreas/ Haß-Zumkehr, Ulrike/Roelcke, Thorsten (Hg.): Sprachgeschichte als Kulturgeschichte. (= Studia Linguistica Germanica 54). Berlin/New York, 89–113.

Gardt, Andreas (Hg.) (2000a): Nation und Sprache. Die Diskussion ihres Verhältnisses in Geschichte und Gegenwart. Berlin/New York.

Gardt, Andreas (2000b): *Nation* und *Sprache* in der Zeit der Aufklärung. In: Gardt, Andreas (Hg.): Nation und Sprache. Die Diskussion ihres Verhältnisses in Geschichte und Gegenwart. Berlin/New York, 169–198.

Gardt, Andreas (2000c): *Nation* und *Sprache*. Aufriß des Themas. In: Gardt, Andreas (Hg.): Nation und Sprache. Die Diskussion ihres Verhältnisses in Geschichte und Gegenwart. Berlin/New York, 1–3.

Gardt, Andreas (2000d): Sprachnationalismus zwischen 1850 und 1945. In: Gardt, Andreas (Hg.): Nation und Sprache. Die Diskussion ihres Verhältnisses in Geschichte und Gegenwart. Berlin/New York, 169–271.

Gardt, Andreas (2001a): Das Fremde und das Eigene. Versuch einer Systematik des Fremdwortbegriffs in der deutschen Sprachgeschichte. In: Stickel, Gerhard (Hg.): Neues und Fremdes im deutschen Wortschatz. Aktueller lexikalischer Wandel. (= Jahrbuch des Instituts für Deutsche Sprache 2000). Berlin/New York, 30–58.

Gardt, Andreas (2001b): Zur Bewertung der Fremdwörter im Deutschen (vom 16. bis 20. Jahrhundert). In: Deutsch als Fremdsprache 38 (3), 133–142.

Gardt, Andreas (2003): Sprachwissenschaft als Kulturwissenschaft. In: Haß, Ulrike/König, Christoph (Hg.): Literaturwissenschaft und Linguistik von 1960 bis heute. (= Marbacher Wissenschaftsgeschichte 4). Göttingen, 271–288.

Gardt, Andreas (2004): Nation / Nation. In: Ammon, Ulrich/Dittmar, Norbert/Mattheier, Klaus J./Trudgill, Peter (Hg.): Soziolinguistik. Ein internationales Handbuch zur Wissenschaft von Sprache und Gesellschaft. 1. Teilband. (= Handbücher zur Sprach- und Kommunikationswissenschaft 3.1). Berlin/New York, 369–377.

Gardt, Andreas (2007a): Diskursanalyse – Aktueller theoretischer Ort und methodische Möglichkeiten. In: Warnke, Ingo (Hg.): Diskurslinguistik nach Foucault. Theorie und Gegenstände. (= Linguistik – Impulse & Tendenzen 25). Berlin/New York, 27–52.

Gardt, Andreas (2007b): Linguistisches Interpretieren. Konstruktivistische Theorie und realistische Praxis. In: Hermanns, Fritz/Holly, Werner (Hg.): Linguistische Hermeneutik. Theorie und Praxis des Verstehens und Interpretierens. (= Reihe Germanistische Linguistik 272). Tübingen, 263–280.

Gardt, Andreas (2008): Mundart und Dialekt in der Sprachreflexion des 17. und 18. Jahrhunderts. In: Ernst, Peter/Patocka, Franz (Hg.): Dialektgeographie der Zukunft. Akten des 2. Kongresses der Internationalen Gesellschaft für Dialektologie des Deutschen (IGDD) am Institut für Germanistik der Universität Wien, 20. bis 23. September 2006. (= Zeitschrift für Dialektologie und Linguistik – Beihefte 135). München, 293–308.

Gardt, Andreas (2012): Sprachgeschichte als Kulturgeschichte. Chancen und Risiken der Forschung. In: Maitz, Péter (Hg.): Historische Sprachwissenschaft. Erkenntnisinteressen, Grundlagenprobleme, Desiderate. (= Studia Linguistica Germanica 110). Berlin/Boston, 289–300.

Gardt, Andreas (2013): Textanalyse als Basis der Diskursanalyse. Theorie und Methoden. In: Felder, Ekkehard (Hg.): Faktizitätsherstellung in Diskursen. Die Macht des Deklarativen. (= Sprache und Wissen 13). Berlin/Boston, 29–55.

Gardt, Andreas/Haß-Zumkehr, Ulrike/Roelcke, Thorsten (Hg.) (1999a): Sprachgeschichte als Kulturgeschichte. (= Studia Linguistica Germanica 54). Berlin/New York.

Gardt, Andreas/Haß-Zumkehr, Ulrike/Roelcke, Thorsten (1999b): Vorwort. In: Gardt, Andreas/ Haß-Zumkehr, Ulrike/Roelcke, Thorsten (Hg.): Sprachgeschichte als Kulturgeschichte. (= Studia Linguistica Germanica 54). Berlin/New York, 1–10.

Gardt, Andreas/Lemberg, Ingrid/Reichmann, Oskar/Roelcke, Thorsten (1991): Sprachkonzeptionen in Barock und Aufklärung: Ein Vorschlag für ihre Beschreibung. In: Zeitschrift für Phonetik, Sprachwissenschaft und Kommunikationsforschung 44 (1), 17–33.

Garrett, Peter (2006): Language Education: Language Awareness. In: Brown, Edward Keith (Hg.): Encyclopedia of Language and Linguistics. 2nd ed. Amsterdam, 480–483.

Gass, Regula (2015): Deutschschweizer Dialekte in der Öffentlichkeit. Beliebtheit, Stereotypen und Spracheinstellungen. In: Germanistik in der Schweiz 12, 105–134.

Gauger, Hans-Martin (1976): Sprachbewußtsein und Sprachwissenschaft. In: Gauger, Hans-Martin: Sprachbewußtsein und Sprachwissenschaft. München, 11–72.

Gedenkschrift Stalder (1922) = Dekan Stalder. Pfarrer in Escholzmatt 1792–1822. Gedenkschrift von der Sektion Escholzmatt des historischen Vereines der V Orte. Schüpfheim.

Geertz, Clifford (1983): Dichte Beschreibung. Beiträge zum Verstehen kultureller Systeme. Frankfurt a. M.

Gerhard, Ute/Link, Jürgen/Parr, Rolf (2013): Diskurs und Diskurstheorien. In: Nünning, Ansgar (Hg.): Metzler Lexikon Literatur- und Kulturtheorie. Ansätze, Personen, Grundbegriffe. Stuttgart, 141–144.

Gessinger, Joachim (1980): Sprache und Bürgertum. Zur Sozialgeschichte sprachlicher Verkehrsformen im Deutschland des 18. Jahrhunderts. Stuttgart.

Gessinger, Joachim (1982): Vorschläge zu einer sozialgeschichtlichen Fundierung von Sprachgeschichtsforschung. In: Zeitschrift für Literaturwissenschaft und Linguistik 12 (47), 119–145.

Giles, Howard/Hewstone, Miles/Ryan, Ellen B./Johnson, Patricia (1987): Research on Language Attitudes. In: Ammon, Ulrich/Dittmar, Norbert/Mattheier, Klaus J. (Hg.): Soziolinguistik. Ein internationales Handbuch zur Wissenschaft von Sprache und Gesellschaft. 1. Halbband. (= Handbücher zur Sprach- und Kommunikationswissenschaft 3.1). Berlin/New York, 585–597.

Gipper, Helmut (1992): Sprachphilosophie in der Romantik. In: Dascal, Marcelo (Hg.): Sprachphilosophie. Ein internationales Handbuch zeitgenössischer Forschung. 1. Halbband. (= Handbücher zur Sprach- und Kommunikationswissenschaft 7.1). Berlin/ New York, 197–233.

Glaser, Elvira (2003): Zu Entstehung und Charakter der neuhochdeutschen Schriftsprache: Theorie und Empirie. In: Berthele, Raphael/Christen, Helen/Germann, Sibylle/Hove, Ingrid (Hg.): Die deutsche Schriftsprache und die Regionen. Entstehungsgeschichtliche Fragen in neuer Sicht. (= Studia Linguistica Germanica 65). Berlin/New York, 57–78.

Gloning, Thomas (1993): Sprachreflexive Textstellen als Quelle für die Geschichte von Kommunikationsformen. In: Löffler, Heinrich/Grolimund, Christoph (Hg.): Dialoganalyse IV. Referate der 4. Arbeitstagung, Basel 1992. (= Beiträge zur Dialogforschung 4). Tübingen, 207–217.

Gloy, Klaus (1998): Sprachnormierung und Sprachkritik in ihrer gesellschaftlichen Verflechtung. In: Besch, Werner/Betten, Anne/Reichmann, Oskar/Sonderegger, Stefan (Hg.): Sprachgeschichte. Ein Handbuch zur Geschichte der deutschen Sprache und ihrer

Erforschung. 1. Teilband. (= Handbücher zur Sprach- und Kommunikationswissenschaft 2.1). Berlin/New York, 396–406.

Godel, Eric/Acklin Muji, Dunya (2004): Nationales Selbstverständnis und Sprache in der Bundesverfassung von 1848. In: Widmer, Jean/Coray, Renata/Acklin Muji, Dunya/Godel, Eric: Die Schweizer Sprachenvielfalt im öffentlichen Diskurs. Eine sozialhistorische Analyse der Transformation der Sprachenordnung von 1848 bis 2000 – La diversité des langues en Suisse dans le débat public. Une analyse socio-historique des transformations de l'ordre constitutionnel des langues de 1848 à 2000. Bern, 31–126.

Grewendorf, Günther (1993): Der Sprache auf der Spur: Anmerkungen zu einer Linguistik nach Jäger Art. In: Zeitschrift für Sprachwissenschaft 12 (1), 113–132.

Greyerz, Otto von (1924): Die Mundartdichtung der deutschen Schweiz geschichtlich dargestellt. (= Die Schweiz im deutschen Geistesleben 33). Leipzig.

Grosse, Siegfried (1989): „Denn das Schreiben gehört nicht zu meiner täglichen Beschäftigung". Der Alltag kleiner Leute in Bittschriften, Briefen und Berichten aus dem 19. Jahrhundert. Ein Lesebuch. Bonn.

Grosse, Siegfried (1991): Arbeitersprache im Ruhrgebiet. In: Wimmer, Rainer (Hg.): Das 19. Jahrhundert. Sprachgeschichtliche Wurzeln des heutigen Deutsch. (= Jahrbuch des Instituts für Deutsche Sprache 1990). Berlin/New York, 202–220.

Grossmann, Andreas (2001): Volksgeist, Volksseele. In: Ritter, Joachim/Gründer, Karlfried/Gabriel, Gottfried (Hg.): Historisches Wörterbuch der Philosophie. Band 11: U–V. Basel, 1102–1107.

Grunder, Hans-Ulrich (2012a): Lehrerseminar. In: Historisches Lexikon der Schweiz (HLS), Version vom 09. 08. 2012. Online unter: www.hls-dhs-dss.ch/textes/d/D28711.php ‹1. 8. 2018›.

Grunder, Hans-Ulrich (2012b): Schulwesen. Kap. 2: 19. und 20. Jahrhundert. In: Historisches Lexikon der Schweiz (HLS), Version vom 21. 11. 2012. Online unter: www.hls-dhs-dss.ch/textes/d/D10396.php ‹1. 8. 2018›.

Gruner, Erich (1965): Die Stellung des Schweizer Arbeiters in Fabrik und Familie während des 19. Jahrhunderts. In: Schweizerische Zeitschrift für Geschichte 15 (3), 314–342.

Gruner, Erich (1968): Die Arbeiter in der Schweiz im 19. Jahrhundert. Soziale Lage, Organisation, Verhältnis zu Arbeitgeber und Staat. (= Helvetia Politica. Series A 3). Bern.

Gruner, Erich (1973): Politische Führungsgruppen im Bundesstaat. (= Monographien zur Schweizer Geschichte 7). Bern.

Gschnitzer, Fritz/Koselleck, Reinhart/Schönemann, Bernd/Werner, Karl Ferdinand (1992): Volk, Nation, Nationalismus. In: Brunner, Otto (Hg.): Geschichtliche Grundbegriffe. Historisches Lexikon zur politisch-sozialen Sprache in Deutschland. Bd. 7. Stuttgart, 141–431.

Günthner, Susanne/Linke, Angelika (2006): Einleitung. Linguistik und Kulturanalyse. In: Zeitschrift für Germanistische Linguistik 34 (1–2), 1–27.

Guthke, Karl S. (1982): Vorromantik in den deutschsprachigen Ländern: Schweizerische Ausstrahlungen. In: Giddey, Ernest (Hg.): Vorromantik in der Schweiz? / Préromantisme en Suisse? (= Kolloquien der Schweizerischen Geisteswissenschaftlichen Gesellschaft 6). Fribourg, 13–35.

Guzzi-Heeb, Sandro (1998): Helvetischer Staat und Nationalisierung der Gesellschaft. In: Altermatt, Urs/Bosshart-Pfluger, Catherine/Tanner, Albert (Hg.): Die Konstruktion einer Nation. Nation und Nationalisierung in der Schweiz, 18.–20. Jahrhundert. (= Die Schweiz 1798–1998: Staat – Gesellschaft – Politik 4). Zürich, 131–147.

Haarmann, Harald (1988): Allgemeine Strukturen europäischer Standardsprachentwicklung. In: Mattheier, Klaus J. (Hg.): Standardisierungsentwicklungen in europäischen Nationalsprachen: Romania, Germania. Tübingen, 10–51.

Haarmann, Harald (1999): Die Entwicklung des Sprachbewußtsein am Beginn der europäischen Neuzeit. In: Scharnhorst, Jürgen (Hg.): Sprachkultur und Sprachgeschichte: Herausbildung und Förderung von Sprachbewusstsein und wissenschaftlicher Sprachpflege in Europa. (= Sprache – System und Tätigkeit 30). Frankfurt a. M., 89–110.

Haas, Walter (1968): Lozärnerspröòch. Eine Geschichte der luzerndeutschen Mundartliteratur mit einem Verfasserlexikon und einem Lesebuch. Luzern.

Haas, Walter (1980): Zeitgenössische Mundartliteratur der deutschen Schweiz. Ein theoretischer und geschichtlicher Überblick. In: Michigan Germanic Studies 6 (1), 58–119.

Haas, Walter (1981): Das Wörterbuch der schweizerdeutschen Sprache. Versuch über eine nationale Institution. Frauenfeld.

Haas, Walter (1982): Die deutschsprachige Schweiz. In: Schläpfer, Robert (Hg.): Die viersprachige Schweiz. Zürich/Köln, 71–160.

Haas, Walter (1983): Dialekt als Sprache literarischer Werke. In: Besch, Werner/Knoop, Ulrich/Putschke, Wolfgang/Wiegand, Herbert Ernst (Hg.): Dialektologie. Ein Handbuch zur deutschen und allgemeinen Dialektforschung. Zweiter Halbband. (= Handbücher zur Sprach- und Kommunikationswissenschaft 1.2). Berlin/New York, 1637–1651.

Haas, Walter (1985): Schweizerdeutsch und Deutschschweizer Identität. In: Germanistische Mitteilungen 22, 77–91.

Haas, Walter (1986): Der beredte Deutschschweizer oder die Hollandisierung des Hinterwäldlers. Über die Kritik an der Deutschschweizer Sprachsituation. In: Löffler, Heiner (Hg.): Das Deutsch der Schweizer. Zur Sprach- und Literatursituation der Schweiz. Vorträge, gehalten anlässlich eines Kolloquiums zum 100jährigen Bestehen des Deutschen Seminars der Universität Basel. (= Reihe Sprachlandschaft 4). Aarau, 41–59.

Haas, Walter (1990): Jacob Grimm und die deutschen Mundarten. (= Zeitschrift für Dialektologie und Linguistik – Beihefte 65). Stuttgart.

Haas, Walter (1992): Reine Mundart. In: Burger, Harald/Haas, Alois M./Matt, Peter von (Hg.): Verborum amor. Studien zur Geschichte und Kunst der deutschen Sprache. Festschrift für Stefan Sonderegger zum 65. Geburtstag. Berlin/New York, 578–610.

Haas, Walter (1994a): „Die Jagd auf Provinzial-Wörter". Die Anfänge der wissenschaftlichen Beschäftigung mit den deutschen Mundarten im 17. und 18. Jahrhundert. In: Mattheier, Klaus J./Wiesinger, Peter (Hg.): Dialektologie des Deutschen. Forschungsstand und Entwicklungstendenzen. (= Reihe Germanistische Linguistik 147). Tübingen, 329–365.

Haas, Walter (1994b): Einleitung. In: Haas, Walter (Hg.): Provinzialwörter. Deutsche Idiotismensammlungen des 18. Jahrhunderts. (= Historische Wortforschung 3). Berlin/New York, XVII–LXVII.

Haas, Walter (1994c): Zur Rezeption der deutschen Hochsprache in der Schweiz. In: Lüdi, Georges (Hg.): Sprachstandardisierung. (= Kolloquium der Schweizerischen Akademie der Geistes- und Sozialwissenschaften 12). Freiburg i. Üe., 193–227.

Haas, Walter (1998): Diglossie im historischen Wandel oder: Schweizerdeutsch auf dem Weg zur eigenen Sprache? In: Russ, Charles V. J. (Hg.): Sprache – Kultur – Nation / Language – Culture – Nation. Papers from a conference held on 19 October 1996 at the Guildhall, York. (= New German Studies – Texts and Monographs 12). Hull, 77–101.

Haas, Walter (2000a): Die deutschsprachige Schweiz. In: Bickel, Hans/Schläpfer, Robert (Hg.): Die viersprachige Schweiz. (= Reihe Sprachlandschaft 25). Aarau, 57–138.
Haas, Walter (2000b): Sprachgeschichtliche Grundlagen. In: Bickel, Hans/Schläpfer, Robert (Hg.): Die viersprachige Schweiz. (= Reihe Sprachlandschaft 25). Aarau, 17–56.
Haas, Walter (2001): ‚L'usage du patois est sévèrement interdit dans les écoles'. Über den juristischen Umgang mit Substandardvarietäten. In: Adamzik, Kirsten/Christen, Helen (Hg.): Sprachkontakt, Sprachvergleich, Sprachvariation. Festschrift für Gottfried Kolde zum 65. Geburtstag. Tübingen, 185–200.
Haas, Walter (2004): Die Sprachsituation in der Schweiz und das Konzept der Diglossie. In: Christen, Helen/Noyer, Agnès (Hg.): Dialekt, Regiolekt und Standardsprache im sozialen und zeitlichen Raum. Beiträge zum 1. Kongress der Internationalen Gesellschaft für Dialektologie des Deutschen, Marburg/Lahn, 5.–8. März 2003. Wien, 81–110.
Haas, Walter (2008): Zu Geschichte und Zukunft des Idiotikons. In: Schweizerische Akademie der Geistes- und Sozialwissenschaften (Hg.): Das Idiotikon: Schlüssel zu unserer sprachlichen Identität und mehr. Bern, 25–49.
Haas, Walter (2013): Von den Idiotika zum Idiotikon. In: Schweizerische Akademie der Geistes- und Sozialwissenschaften (Hg.): 150 Jahre Schweizerisches Idiotikon. Beiträge zum Jubiläumskolloquium in Bern, 15. Juni 2012. Bern, 21–45.
Hägi, Sara/Scharloth, Joachim (2005): Ist Standarddeutsch für Deutschschweizer eine Fremdsprache? Untersuchungen zu einem Topos des sprachreflexiven Diskurses. In: Linguistik Online 24 (3), 19–47. Online unter: dx.doi.org/10.13092/lo.24.636.
Hammer, Thomas Arnold (1986): St. Gallen und das schweizerdeutsche Wörterbuch. In: Schweizerdeutsches Wörterbuch. Bericht über das Jahr 1985, 9–17.
Hartig, Matthias (1987): Sprachlegitimation und Sprachloyalität in ihrer Bedeutung für den Dialektwandel. In: Oksaar, Els (Hg.): Soziokulturelle Perspektiven von Mehrsprachigkeit und Spracherwerb. (= Tübinger Beiträge zur Linguistik 320). Tübingen, 300–315.
Haßler, Gerda (2009): Reichtum. In: Haßler, Gerda/Neis, Cordula (Hg.): Lexikon sprachtheoretischer Grundbegriffe des 17. und 18. Jahrhunderts. Bd. I. Berlin/New York, 930–945.
Haß-Zumkehr, Ulrike (1995a): Daniel Sanders. Aufgeklärte Germanistik im 19. Jahrhundert. (= Studia Linguistica Germanica 35). Berlin/New York.
Haß-Zumkehr, Ulrike (1995b): Daniel Sanders und die Historiographie der Germanistik. In: Gardt, Andreas/Mattheier, Klaus J./Reichmann, Oskar (Hg.): Sprachgeschichte des Neuhochdeutschen. Gegenstände, Methoden, Theorien. (= Reihe Germanistische Linguistik 156). Tübingen, 199–225.
Haß-Zumkehr, Ulrike (2001): Deutsche Wörterbücher – Brennpunkt von Sprach- und Kulturgeschichte. Berlin/New York.
Hausendorf, Heiko (2000): Zugehörigkeit durch Sprache. Eine linguistische Studie am Beispiel der deutschen Wiedervereinigung. (= Reihe Germanistische Linguistik 215). Tübingen.
Hausendorf, Heiko/Kesselheim, Wolfgang (2008): Textlinguistik fürs Examen. (= Linguistik fürs Examen 5). Göttingen.
Hauser, Albert (1989): Das Neue kommt. Schweizer Alltag im 19. Jahrhundert. Zürich.
Hauser, Franziska (2010): Sprachgebrauch, Sprachbeherrschung und Sprachbewusstsein junger St. Galler Bildungsbürger. Ein historischer soziolinguistischer Blick auf die Dokumente der Kantonsschülerverbindung „Rethorika" [sic!] um 1875. Unveröffentl. Lizentiatsarbeit Univ. Zürich.

Heger, Klaus (1982): Verhältnis von Theorie und Empirie in der Dialektologie. In: Besch, Werner/Knoop, Ulrich/Putschke, Wolfgang/Wiegand, Herbert Ernst (Hg.): Dialektologie. Ein Handbuch zur deutschen und allgemeinen Dialektforschung. Erster Halbband. (= Handbücher zur Sprach- und Kommunikationswissenschaft 1.1). Berlin/New York, 424–440.

Helbling, Hanno (Hg.) (1972–1977): Handbuch der Schweizer Geschichte. 2 Bde. Zürich.

Heller, Monica (2005): Language and Identity / Sprache und Identität. In: Ammon, Ulrich/Dittmar, Norbert/Mattheier, Klaus J./Trudgill, Peter (Hg.): Soziolinguistik. Ein internationales Handbuch zur Wissenschaft von Sprache und Gesellschaft. 2. Teilband. (= Handbücher zur Sprach- und Kommunikationswissenschaft 3.2). Berlin/New York, 1582–1586.

Hentschel, Uwe (2002): Mythos Schweiz. Zum deutschen literarischen Philhelvetismus zwischen 1700 und 1850. (= Studien und Texte zur Sozialgeschichte der Literatur 90). Tübingen.

Henzen, Walter (1954 [1938]): Schriftsprache und Mundarten. Ein Überblick über ihr Verhältnis und ihre Zwischenstufen im Deutschen. 2., neu bearb. Aufl. Bern.

Henzirohs, Beat (1976): Die eidgenössischen Schützenfeste 1824–1849. Ihre Entwicklung und politische Bedeutung. Freiburg i. Üe.

Heringer, Hans Jürgen (1982): Sprachkritik – die Fortsetzung der Politik mit besseren Mitteln. In: Heringer, Hans Jürgen (Hg.): Holzfeuer im hölzernen Ofen. Aufsätze zur politischen Sprachkritik. Tübingen, 3–34.

Hermanns, Fritz (1989): Deontische Tautologien. Ein linguistischer Beitrag zur Interpretation des Godesberger Programms (1959) der Sozialdemokratischen Partei Deutschlands. In: Klein, Josef F. (Hg.): Politische Semantik. Bedeutungsanalytische und sprachkritische Beiträge zur politischen Sprachverwendung. Opladen, 69–149.

Hermanns, Fritz (1994): Schlüssel-, Schlag- und Fahnenwörter. Zu Begrifflichkeit und Theorie der lexikalischen „politischen Semantik". Arbeiten aus dem Sonderforschungsbereich 245: „Sprache und Situation", Nr. 81. Heidelberg/Mannheim.

Hermanns, Fritz (1995a): Kognition, Emotion, Intention. Dimensionen lexikalischer Semantik. In: Harras, Gisela (Hg.): Die Ordnung der Wörter. Kognitive und lexikalische Strukturen. (= Jahrbuch des Instituts für Deutsche Sprache 1993). Berlin/New York, 138–178.

Hermanns, Fritz (1995b): Sprachgeschichte als Mentalitätsgeschichte. Überlegungen zu Sinn und Form und Gegenstand historischer Semantik. In: Gardt, Andreas/Mattheier, Klaus J./Reichmann, Oskar (Hg.): Sprachgeschichte des Neuhochdeutschen. Gegenstände, Methoden, Theorien. (= Reihe Germanistische Linguistik 156). Tübingen, 69–99.

Hermanns, Fritz (1999): Sprache, Kultur und Identität. Reflexionen über drei Totalitätsbegriffe. In: Gardt, Andreas/Haß-Zumkehr, Ulrike/Roelcke, Thorsten (Hg.): Sprachgeschichte als Kulturgeschichte. (= Studia Linguistica Germanica 54). Berlin/New York, 351–391.

Hermanns, Fritz (2002a): Attitüde, Einstellung, Haltung. Empfehlung eines psychologischen Begriffs zu linguistischer Verwendung. In: Cherubim, Dieter/Jakob, Karlheinz/Linke, Angelika (Hg.): Neue deutsche Sprachgeschichte. Mentalitäts-, kultur- und sozialgeschichtliche Zusammenhänge. (= Studia Linguistica Germanica 64). Berlin/New York, 65–90.

Hermanns, Fritz (2002b): Dimensionen der Bedeutung I: Ein Überblick. In: Cruse, D. Alan/Hundsnurscher, Franz/Job, Michael/Lutzeier, Peter Rolf (Hg.): Lexikologie. Ein internationales Handbuch zur Natur und Struktur von Wörtern und Wortschätzen.

1. Halbband. (= Handbücher zur Sprach- und Kommunikationswissenschaft 21.1). Berlin/New York, 343–350.
Hermanns, Fritz (2003a): ‚Volk' und ‚Nation'. Zur Semantik zweier geschichtsträchtiger Begriffe. In: Der Deutschunterricht 55, 26–36.
Hermanns, Fritz (2003b): Linguistische Hermeneutik. Überlegungen zur überfälligen Einrichtung eines in der Linguistik bislang fehlenden Teilfaches. In: Linke, Angelika/Ortner, Hanspeter/Portmann-Tselikas, Paul R. (Hg.): Sprache und mehr. Ansichten einer Linguistik der sprachlichen Praxis. (= Reihe Germanistische Linguistik 245). Tübingen, 125–164.
Hermanns, Fritz (2007): Diskurshermeneutik. In: Warnke, Ingo (Hg.): Diskurslinguistik nach Foucault. Theorie und Gegenstände. (= Linguistik – Impulse & Tendenzen 25). Berlin/New York, 187–210.
Hermanns, Fritz (2009): Linguistische Hermeneutik. In: Felder, Ekkehard (Hg.): Sprache. (= Heidelberger Jahrbücher 53). Berlin/Heidelberg, 179–214.
Hermanns, Fritz/Holly, Werner (Hg.) (2007a): Linguistische Hermeneutik. Theorie und Praxis des Verstehens und Interpretierens. (= Reihe Germanistische Linguistik 272). Tübingen.
Hermanns, Fritz/Holly, Werner (2007b): Linguistische Hermeneutik. Versuch eines Anfangs. In: Hermanns, Fritz/Holly, Werner (Hg.): Linguistische Hermeneutik. Theorie und Praxis des Verstehens und Interpretierens. (= Reihe Germanistische Linguistik 272). Tübingen, 1–4.
Herrmann-Winter, Renate (2000): Niederdeutsch als Sprache des Unterrichts und der Unterrichtsmittel in pommerschen Schulen vom 16. bis 20. Jahrhundert. In: Buchholz, Werner (Hg.): Kindheit und Jugend in der Neuzeit 1500–1900. Interdisziplinäre Annäherungen an die Instanzen sozialer und mentaler Prägung in der Agrargesellschaft und während der Industrialisierung. Das Herzogtum Pommern (seit 1815 preußische Provinz) als Beispiel. Stuttgart, 55–68.
Hobsbawm, Eric John (1983): Introduction: Inventing Traditions. In: Hobsbawm, Eric John/Ranger, Terence Osborn (Hg.): The Invention of Tradition. Cambridge, 1–14.
Hoffmann, Heinrich (1836): Die Deutsche Philologie im Grundriss. Ein Leitfaden zu Vorlesungen. Breslau.
Holz, Klaus (2001): Nationaler Antisemitismus. Wissenssoziologie einer Weltanschauung. Hamburg.
Hornscheidt, Antje (2003): Sprach(wissenschaft)liche Kulturen. Plädoyer für eine linguistische Partizipation an einem konstruktivistisch begründeten, kulturwissenschaftlichen Projekt transdisziplinärer Forschung am Beispiel der Interkulturellen Kommunikation. In: Linguistik Online 14 (2), 57–88. Online unter: dx.doi.org/10.13092/lo.14.823.
Hotzenköcherle, Rudolf (1984): Die Sprachlandschaften der deutschen Schweiz. Hrsg. von Niklaus Bigler und Robert Schläpfer unter Mitarb. von Rolf Börlin. (= Reihe Sprachlandschaft 1). Aarau.
Hotzenköcherle, Rudolf (1986 [1971]): Historische und geographische Zahlwortprobleme im Schweizerdeutschen. In: Hotzenköcherle, Rudolf: Dialektstrukturen im Wandel. Gesammelte Aufsätze zur Dialektologie der deutschen Schweiz und der Walsergebiete Oberitaliens. (= Reihe Sprachlandschaft 2). Aarau, 309–317.
Hudson, Alan (2002): Outline of a theory of diglossia. In: International Journal of the Sociology of Language 157, 1–48.
Hunziker, Guido (1970): Die Schweiz und das Nationalitätsprinzip im 19. Jahrhundert. Die Einstellung der eidgenössischen Öffentlichkeit zum Gedanken des Nationalstaates. (= Basler Beiträge zur Geschichtswissenschaft 120). Basel.

Hunziker, Otto (Hg.) (1881–1882): Geschichte der schweizerischen Volksschule in gedrängter Darstellung mit Lebensabrissen der bedeutenderen Schulmänner und um das schweizerische Schulwesen besonders verdienter Personen bis zur Gegenwart. 3 Bde. Zürich.
Id. = Schweizerisches Idiotikon. Wörterbuch der schweizerdeutschen Sprache (1881 ff.). Begonnen von Friedrich Staub und Ludwig Tobler, fortgeführt von A. Bachmann, O. Gröger, H. Wanner, P. Dalcher, P. Ott, H.-P. Schifferle. Frauenfeld/Basel.
Im Hof, Ulrich (1975): Die Viersprachigkeit der Schweiz als Minoritätenproblem des 19. und 20. Jahrhunderts. In: Junker, Beat/Gilg, Peter/Reich, Richard (Hg.): Geschichte und politische Wissenschaft. Festschrift für Erich Gruner zum 60. Geburtstag. Bern, 57–76.
Im Hof, Ulrich (1977): Ancien Régime. In: Helbling, Hanno (Hg.): Handbuch der Schweizer Geschichte. Bd. 2. Zürich, 673–784.
Im Hof, Ulrich (1982): Das neue schweizerische Nationalbewusstsein im Zeitalter der Vorromantik. In: Giddey, Ernest (Hg.): Vorromantik in der Schweiz? / Préromantisme en Suisse? (= Kolloquien der Schweizerischen Geisteswissenschaftlichen Gesellschaft 6). Fribourg, 191–215.
Im Hof, Ulrich (1990): Nationale Identität der Schweiz. Konstanten im Wandel. In: Schweizer Monatshefte 70 (11), 917–930.
Im Hof, Ulrich (1991a): Mythos Schweiz. Identität – Nation – Geschichte 1291–1991. Zürich.
Im Hof, Ulrich (1991b): Nationale Identität der Schweiz. Konstanten im Wandel. Lenzburger Rede, gehalten am 13. September 1990 im Rittersaal Schloss Lenzburg. (= Schriftenreihe des Stapferhauses auf der Lenzburg 20). Aarau.
Im Hof, Ulrich (1996): „Volk – Nation – Vaterland" und ihre Symbolik in der Schweiz. In: Herrmann, Ulrich (Hg.): Volk, Nation, Vaterland. (= Studien zum achtzehnten Jahrhundert 18). Hamburg, 131–140.
Imhasly, Bernhard (1978): Spracheinstellungen als Reflexe gesellschaftlicher Faktoren. In: Dressler, Wolfgang (Hg.): Proceedings of the 12th international congress of linguists. Vienna, August 28 – September 2, 1977. (= Innsbrucker Beiträge zur Sprachwissenschaft. Sonderband). Innsbruck, 299–302.
Imhof, Kurt/Kraft, Martin (2011): Öffentlichkeit. In: Historisches Lexikon der Schweiz (HLS), Version vom 02. 11. 2011. Online unter: www.hls-dhs-dss.ch/textes/d/D10987.php ‹1. 8. 2018›.
Ischer, Rudolf (1902): Johann Georg Altmann. In: Neujahrsblätter der Literarischen Gesellschaft Bern 1903, 3–100.
Jäger, Ludwig (1993a): „Chomsky's problem". Eine Antwort auf Bierwisch, Grewendorf und Habel. In: Zeitschrift für Sprachwissenschaft 12 (2), 235–266.
Jäger, Ludwig (1993b): „Language, what ever that may be.". Die Geschichte der Sprachwissenschaft als Erosionsgeschichte ihres Gegenstandes. In: Zeitschrift für Sprachwissenschaft 12 (1), 77–106.
Jäger, Ludwig (1993c): Sprache oder Kommunikation? Zur neuerlichen Debatte über das Erkenntnisobjekt der Sprachwissenschaft. In: Heringer, Hans Jürgen/Stötzel, Georg (Hg.): Sprachgeschichte und Sprachkritik. Festschrift für Peter von Polenz zum 65. Geburtstag. Berlin/New York, 11–31.
Jäger, Ludwig (2006): „ein nothwendiges Uebel der Cultur". Anmerkungen zur Kulturwissenschaftlichkeit der Linguistik. In: Zeitschrift für Germanistische Linguistik 34 (1–2), 28–49.
Jäger, Siegfried (2015): Kritische Diskursanalyse. Eine Einführung. 7., vollst. überarb. Aufl. (= Edition DISS 3). Münster.

Janich, Nina/Rhein, Lisa (2010): Sprachkultur, Sprachkultivierung, Sprachkritik. (= Studienbibliografien Sprachwissenschaft 37). Tübingen.
Januschek, Franz (1989): Die Erfindung der Jugendsprache. In: Osnabrücker Beiträge zur Sprachtheorie (OBST) 41, 125–146.
Jordan, Anna-Luise (2000): Wer sprach wie? Sprachmentalität und Varietätengebrauch im 19. Jahrhundert. Teile A und B. 2 Bde. (= Heidelberger Schriften zur Sprache und Kultur 1). Dossenheim.
Jordan, Stefan (2007): Historismus. In: Jordan, Stefan (Hg.): Lexikon Geschichtswissenschaft. Hundert Grundbegriffe. Stuttgart, 171–174.
Jost, Hans Ulrich (1996): Zum Konzept der Öffentlichkeit in der Geschichte des 19. Jahrhunderts. In: Schweizerische Zeitschrift für Geschichte 46, 43–59.
Jost, Hans Ulrich (2007): Bewunderung und heimliche Angst. Gesellschaftliche und kulturelle Reaktionen in Bezug auf das deutsche Kaiserreich. In: Kreis, Georg (Hg.): Deutsche und Deutschland aus Schweizer Perspektiven. (= Itinera 26). Basel, 17–45.
Josten, Dirk (1976): Sprachvorbild und Sprachnorm im Urteil des 16. und 17. Jahrhunderts. Sprachlandschaftliche Prioritäten, Sprachautoritäten, sprachimmanente Argumentation. (= Europäische Hochschulschriften. Reihe I, Deutsche Literatur und Germanistik 152). Bern/Frankfurt a. M.
Jung, Matthias (1996): Linguistische Diskursgeschichte. In: Böke, Karin/Jung, Matthias/Wengeler, Martin (Hg.): Öffentlicher Sprachgebrauch. Praktische, theoretische und historische Perspektiven. Georg Stötzel zum 60. Geburtstag gewidmet. Opladen, 453–472.
Jung, Matthias/Niehr, Thomas/Böke, Karin (2000): Ausländer und Migranten im Spiegel der Presse. Ein diskurshistorisches Wörterbuch zur Einwanderung seit 1945. Wiesbaden.
Kämper, Heidrun (2002): Sigmund Freuds Sprachdenken. Ein Beitrag zur Sprachbewusstseinsgeschichte. In: Cherubim, Dieter/Jakob, Karlheinz/Linke, Angelika (Hg.): Neue deutsche Sprachgeschichte. Mentalitäts-, kultur- und sozialgeschichtliche Zusammenhänge. (= Studia Linguistica Germanica 64). Berlin/New York, 239–251.
Kämper, Heidrun (2008): „Sprache und Cultur in dem genauesten Verhältnisse" – Kulturgeschichte und Lexikographie bei Johann Christoph Adelung. In: Kämper, Heidrun/Klosa, Annette/Vietze, Oda (Hg.): Aufklärer, Sprachgelehrter, Didaktiker: Johann Christoph Adelung (1732–1806). (= Studien zur deutschen Sprache 45). Tübingen, 67–88.
Kästli, Tobias (1998): Die Schweiz – eine Republik in Europa. Geschichte des Nationalstaats seit 1798. Zürich.
Kettmann, Gerhard (1980): Sprachverwendung und industrielle Revolution. Studien zu den Bedingungen umgangssprachlicher Entwicklung und zur Rolle der Umgangssprache in der zweiten Hälfte des 19. Jahrhunderts. In: Kettmann, Gerhard (Hg.): Studien zur deutschen Sprachgeschichte des 19. Jahrhunderts: Existenzformen der Sprache. (= Linguistische Studien. Reihe A. Arbeitsberichte 66/I). Berlin [Ost], 1–120.
Kilian, Jörg (2002): Scherbengericht. Zu Quellenkunde und Quellenkritik der Sprachgeschichte. In: Cherubim, Dieter/Jakob, Karlheinz/Linke, Angelika (Hg.): Neue deutsche Sprachgeschichte. Mentalitäts-, kultur- und sozialgeschichtliche Zusammenhänge. (= Studia Linguistica Germanica 64). Berlin/New York, 139–166.
Kilian, Jörg (2005): Historische Dialogforschung. Eine Einführung. (= Germanistische Arbeitshefte 41). Tübingen.
Kirkness, Alan (1975): Zur Sprachreinigung im Deutschen, 1789–1871. Eine historische Dokumentation. 2 Bde. (= Forschungsberichte des Instituts für Deutsche Sprache Mannheim 26). Tübingen.

Kirkness, Alan (1998): Das Phänomen des Purismus in der Geschichte des Deutschen. In: Besch, Werner/Betten, Anne/Reichmann, Oskar/Sonderegger, Stefan (Hg.): Sprachgeschichte. Ein Handbuch zur Geschichte der deutschen Sprache und ihrer Erforschung. 1. Teilband. (= Handbücher zur Sprach- und Kommunikationswissenschaft 2.1). Berlin/New York, 407–416.

Kirkness, Alan (2012): Deutsches Wörterbuch von Jacob Grimm und Wilhelm Grimm. In: Haß, Ulrike (Hg.): Grosse Lexika und Wörterbücher Europas. Europäische Enzyklopädien und Wörterbücher in historischen Porträts. Berlin, 211–232.

Klein, Wolfgang (1986): Der Wahn vom Sprachverfall und andere Mythen. In: Zeitschrift für Literaturwissenschaft und Linguistik 16 (62), 11–28.

Klenk, Marion (1997): Sprache im Kontext sozialer Lebenswelt. Eine Untersuchung zur Arbeiterschriftsprache im 19. Jahrhundert. (= Reihe Germanistische Linguistik 181). Tübingen.

Klenk, Marion (1998): Briefe preußischer Bergarbeiter von 1816 bis 1918. Eine soziolinguistische Studie zur Arbeiterschriftsprache im 19. Jahrhundert. In: Cherubim, Dieter/Grosse, Siegfried/Mattheier, Klaus J. (Hg.): Sprache und bürgerliche Nation. Beiträge zur deutschen und europäischen Sprachgeschichte des 19. Jahrhunderts. Berlin/New York, 317–340.

Kley, Andreas (2011): Bundesverfassung (BV). In: Historisches Lexikon der Schweiz (HLS), Version vom 03. 05. 2011. Online unter: www.hls-dhs-dss.ch/textes/d/D9811.php ‹1. 8. 2018›.

Kloss, Heinz (1976): Abstandsprachen und Ausbausprachen. In: Zur Theorie des Dialekts. Aufsätze aus 100 Jahren Forschung mit biographischen Anmerkungen zu den Autoren. Ausgewählt und hrsg. von Joachim Göschel, Norbert Nail, Gaston van der Elst. (= Zeitschrift für Dialektologie und Linguistik – Beihefte 16). Wiesbaden, 301–322.

Kloss, Heinz (1978): Die Entwicklung neuer germanischer Kultursprachen seit 1800. 2., erw. Aufl. (= Sprache der Gegenwart 37). Düsseldorf.

Klueting, Edeltraud (Hg.) (1991): Antimodernismus und Reform. Zur Geschichte der deutschen Heimatbewegung. Darmstadt.

Knecht, Pierre (2000): Die französischsprachige Schweiz. In: Bickel, Hans/Schläpfer, Robert (Hg.): Die viersprachige Schweiz. (= Reihe Sprachlandschaft 25). Aarau, 139–176.

Knoblauch, Hubert (2001): Die Beziehungen zwischen Sprache und Denken: Die Ideen Wilhelm von Humboldts und die Anfänge der sprachpsychologischen Forschung. In: Auroux, Sylvain/Koerner, Ernst F. K./Niederehe, Hans-Josef/Versteegh, Kees (Hg.): Geschichte der Sprachwissenschaften. Ein internationales Handbuch zur Entwicklung der Sprachforschung von den Anfängen bis zur Gegenwart. 2. Teilband. (= Handbücher zur Sprach- und Kommunikationswissenschaft 18.2). Berlin/New York, 1663–1679.

Knobloch, Clemens (2011): Sprachauffassungen. Studien zur Ideengeschichte der Sprachwissenschaft. (= Theorie und Vermittlung der Sprache 55). Frankfurt a. M.

Knoop, Ulrich (1982): Das Interesse an den Mundarten und die Grundlegung der Dialektologie. In: Besch, Werner/Knoop, Ulrich/Putschke, Wolfgang/Wiegand, Herbert Ernst (Hg.): Dialektologie. Ein Handbuch zur deutschen und allgemeinen Dialektforschung. Erster Halbband. (= Handbücher zur Sprach- und Kommunikationswissenschaft 1.1). Berlin/New York, 1–23.

Knoop, Ulrich/Putschke, Wolfgang/Wiegand, Herbert Ernst (1982): Die Marburger Schule: Entstehung und frühe Entwicklung der Dialektgeographie. In: Besch, Werner/Knoop, Ulrich/Putschke, Wolfgang/Wiegand, Herbert Ernst (Hg.): Dialektologie. Ein Handbuch

zur deutschen und allgemeinen Dialektforschung. Erster Halbband. (= Handbücher zur Sprach- und Kommunikationswissenschaft 1.1). Berlin/New York, 38–92.
Koch, Peter/Oesterreicher, Wulf (1985): Sprache der Nähe – Sprache der Distanz. Mündlichkeit und Schriftlichkeit im Spannungsfeld von Sprachtheorie und Sprachgeschichte. In: Romanistisches Jahrbuch 36, 15–43.
Koch, Peter/Oesterreicher, Wulf (1994): Schriftlichkeit und Sprache. In: Günther, Hartmut/Ludwig, Otto (Hg.): Schrift und Schriftlichkeit. Ein interdisziplinäres Handbuch internationaler Forschung. 1. Halbband. (= Handbücher zur Sprach- und Kommunikationswissenschaft 10.1). Berlin/New York, 587–604.
Koch, Peter/Oesterreicher, Wulf (2007): Schriftlichkeit und kommunikative Distanz. In: Zeitschrift für Germanistische Linguistik 35 (3), 346–375.
Kolde, Gottfried (1981): Sprachkontakte in gemischtsprachigen Städten. Vergleichende Untersuchungen über Voraussetzungen und Formen sprachlicher Interaktion verschiedensprachiger Jugendlicher in den Schweizer Städten Biel/Bienne und Fribourg/Freiburg i. Ue. (= Zeitschrift für Dialektologie und Linguistik – Beihefte 37). Wiesbaden.
Kolde, Gottfried (1986): Des Schweizers Deutsch – das Deutsch der Schweizer. Reflexe und Reaktionen bei anderssprachigen Eidgenossen. In: Löffler, Heiner (Hg.): Das Deutsch der Schweizer. Zur Sprach- und Literatursituation der Schweiz. Vorträge, gehalten anlässlich eines Kolloquiums zum 100jährigen Bestehen des Deutschen Seminars der Universität Basel. (= Reihe Sprachlandschaft 4). Aarau, 131–149.
Koller, Werner (2000): Nation und Sprache in der Schweiz. In: Gardt, Andreas (Hg.): Nation und Sprache. Die Diskussion ihres Verhältnisses in Geschichte und Gegenwart. Berlin/New York, 563–609.
Konerding, Klaus-Peter (2009): Diskurslinguistik – eine neue linguistische Teildisziplin. In: Felder, Ekkehard (Hg.): Sprache. (= Heidelberger Jahrbücher 53). Berlin/Heidelberg, 155–177.
König, Mario (2011): Bürger, Bauern, Angestellte, alte und neue Eliten in der sozialen Schichtung. In: Traverse 18 (1), 104–136.
Kreis, Georg (Hg.) (1986): Der Weg zur Gegenwart. Die Schweiz im neunzehnten Jahrhundert. Basel.
Kreis, Georg (1992): Die Frage der nationalen Identität. In: Hugger, Paul (Hg.): Handbuch der schweizerischen Volkskultur. II. Zürich, 781–799.
Kreis, Georg (1993): Die Schweiz unterwegs. Schlussbericht des NFP 21 „Kulturelle Vielfalt und nationale Identität". Basel.
Kreis, Georg (2008): Zeitzeichen für die Ewigkeit. 300 Jahre schweizerische Denkmaltopografie. Zürich.
Kreis, Georg (2011a): Bundesfeier. In: Historisches Lexikon der Schweiz (HLS), Version vom 16. 03. 2011. Online unter: www.hls-dhs-dss.ch/textes/d/D17438.php ‹1. 8. 2018›.
Kreis, Georg (2011b): Nation. In: Historisches Lexikon der Schweiz (HLS), Version vom 26. 04. 2011. Online unter: www.hls-dhs-dss.ch/textes/d/D17437.php ‹1. 8. 2018›.
Kreis, Georg (2012): Sonderfall. In: Historisches Lexikon der Schweiz (HLS), Version vom 20. 12. 2012. Online unter: www.hls-dhs-dss.ch/textes/d/D49556.php ‹1. 8. 2018›.
Kreis, Georg (Hg.) (2014): Die Geschichte der Schweiz. Basel.
Kucharczik, Kerstin (1998a): Der Organismusbegriff in der Sprachwissenschaft des 19. Jahrhunderts. Berlin.
Kucharczik, Kerstin (1998b): *Organisch* – „um den beliebten aber vildeutigen ausdruck zu gebrauchen". Zur Organismusmetaphorik in der Sprachwissenschaft des 19. Jahrhunderts. In: Sprachwissenschaft 23, 85–111.

Lakoff, George/Johnson, Mark (1980): Metaphors we live by. Chicago.
Landolt, Christoph (2004): Eine Kurzausgabe des Schweizerdeutschen Wörterbuchs? Zusammenfassung einer Machbarkeitsstudie. In: Jahresbericht des Schweizerdeutschen Wörterbuchs 2003, 23–37.
Landwehr, Achim (2013): Kulturgeschichte. Version: 1.0. In: Docupedia-Zeitgeschichte. Online unter: dx.doi.org/10.14765/zzf.dok.2.248.v1 ‹1. 8. 2018›.
Langendorf, Jean-Jacques (2015): Deutschland. Kap. 1: Von 1866 bis 1918. In: Historisches Lexikon der Schweiz (HLS), Version vom 29. 10. 2015, übersetzt aus dem Französischen. Online unter: www.hls-dhs-dss.ch/textes/d/D3352.php ‹1. 8. 2018›.
Langer, Nils (2011): Historical Sociolinguistics in Nineteenth-Century Schleswig-Holstein – Evidence from School Inspection Reports. In: German Life and Letters 64, 167–187.
Langer, Nils (2013): Norddeutsches in holsteinischen Soldatenbriefen von 1848–50. In: Niederdeutsches Jahrbuch 136, 73–95.
Langer, Nils/Langhanke, Robert (2013): How to Deal with Non-Dominant Languages – Metalinguistic Discourses on Low German in the Nineteenth Century. In: Linguistik Online 58 (1), 77–97. Online unter: dx.doi.org/10.13092/lo.58.240.
Langhanke, Robert (2009): Dichtung und Dialektologie. Verbindungen zwischen westfälischer Mundartliteratur und Mundartforschung im 19. Jahrhundert. In: Augustin Wibbelt-Gesellschaft. Jahrbuch 25, 7–43.
Langhanke, Robert (2011): Oesterhaus versus Wenker. Überlegungen zum Quellenwert von Mundartdichtung. In: Augustin Wibbelt-Gesellschaft. Jahrbuch 27, 67–96.
Langhanke, Robert (2015): Zur literarischen Wiedersichtbarmachung des Niederdeutschen im 19. Jahrhundert. Konzepte und Konflikte der niederdeutschen Reliterarisierung. In: Langhanke, Robert (Hg.): Sprache, Literatur, Raum. Festgabe für Willy Diercks. Bielefeld, 479–536.
Langhanke, Robert/Ruoss, Emanuel (2018): Nachdenken über das sprachlich Eigene. Niederdeutsche und schweizerisch-alemannische Sprachreflexion im 19. Jahrhundert. In: Niederdeutsches Jahrbuch 141, 100–144.
Lapaire, Claude (2010): Denkmäler. In: Historisches Lexikon der Schweiz (HLS), Version vom 13. 01. 2010, übers. aus dem Französischen. Online unter: www.hls-dhs-dss.ch/textes/d/D24482.php ‹1. 8. 2018›.
Le Dinh, Diana (1992): Le Heimatschutz, une ligue pour la beauté esthétique et conscience culturelle au début du siècle en Suisse. (= Histoire et société contemporaines 12/92). Lausanne.
Lerchner, Gotthard (1999): Individuelles Sprachverhalten und kulturelle Bedingungen in der deutschen Sprachgeschichte des 18. und 19. Jahrhunderts. In: Gardt, Andreas/Haß-Zumkehr, Ulrike/Roelcke, Thorsten (Hg.): Sprachgeschichte als Kulturgeschichte. (= Studia Linguistica Germanica 54). Berlin/New York, 41–57.
Lesle, Ulf-Thomas (2004): Imaginierte Gemeinschaft: niederdeutsche Identitätskonstruktionen. In: Michelsen, Friedrich W./Müns, Wolfgang/Römmer, Dirk (Hg.): Dat 's ditmal allens, wat ik weten do, op'n anner Mal mehr ... 100 Jahre Quickborn Vereinigung für niederdeutsche Sprache und Literatur e. V. Hamburg, 387–404.
Lesle, Ulf-Thomas (2015): Identitätsprojekt Niederdeutsch. Die Definition von Sprache als Politikum. In: Langhanke, Robert (Hg.): Sprache, Literatur, Raum. Festgabe für Willy Diercks. Bielefeld, 693–741.
Leweling, Beate (2005): Reichtum, Reinigkeit und Glanz – Sprachkritische Konzeptionen in der Sprachreflexion des 18. Jahrhunderts. Ein Beitrag zur

Sprachbewusstseinsgeschichte. (= Germanistische Arbeiten zu Sprache und Kulturgeschichte 46). Frankfurt a. M.

Liebert, Wolf-Andreas (1992): Metaphernbereiche der deutschen Alltagssprache. Kognitive Linguistik und die Perspektiven einer kognitiven Lexikographie. (= Europäische Hochschulschriften. Reihe 1, Deutsche Sprache und Literatur 1355). Frankfurt a. M./Bern.

Liebert, Wolf-Andreas (1994): Das analytische Konzept „Schlüsselwörter" in der linguistischen Tradition. Arbeiten aus dem Sonderforschungsbereich 245: „Sprache und Situation", Nr. 83. Heidelberg/Mannheim.

Liebert, Wolf-Andreas (2003): Zu einem dynamischen Konzept von Schlüsselwörtern. In: Zeitschrift für Angewandte Linguistik 38, 57–83.

Liebert, Wolf-Andreas (2010): Als die Geldquelle zu sprudeln begann. Entstehung und Verbreitung der deutschen Geld-Wasser-Metaphorik im 19. Jahrhundert. In: Arend, Helga (Hg.): „Und wer bist du, der mich betrachtet?". Populäre Literatur und Kultur als ästhetische Phänomene. Festschrift für Helmut Schmiedt. Bielefeld, 133–152.

Linke, Angelika (1995): Zur Rekonstruierbarkeit sprachlicher Vergangenheit. Auf der Suche nach der bürgerlichen Sprachkultur im 19. Jahrhundert. In: Gardt, Andreas/Mattheier, Klaus J./Reichmann, Oskar (Hg.): Sprachgeschichte des Neuhochdeutschen. Gegenstände, Methoden, Theorien. (= Reihe Germanistische Linguistik 156). Tübingen, 369–397.

Linke, Angelika (1996): Sprachkultur und Bürgertum. Zur Mentalitätsgeschichte des 19. Jahrhunderts. Stuttgart.

Linke, Angelika (1998a): Backfischsprache. Kultursemiotische Überlegungen zum Sprachgebrauch jugendlicher Bürgerinnen der Jahrhundertwende. In: Androutsopoulos, Jannis K./Scholz, Arno (Hg.): Jugendsprache. Linguistische und soziolinguistische Perspektiven. (= VarioLingua 7). Frankfurt a. M., 211–232.

Linke, Angelika (1998b): Sprache, Gesellschaft und Geschichte. Überlegungen zur symbolischen Funktion kommunikativer Praktiken der Distanz. In: Zeitschrift für Germanistische Linguistik 26 (2), 135–154.

Linke, Angelika (2001): Trauer, Öffentlichkeit und Intimität. Zum Wandel der Textsorte ‚Todesanzeige' in der zweiten Hälfte des 20. Jahrhunderts. In: Fix, Ulla/Habscheid, Stefan/Klein, Josef (Hg.): Zur Kulturspezifik von Textsorten. (= Textsorten 3). Tübingen, 195–213.

Linke, Angelika (2003a): Senioren – Zur Konstruktion von (Alters-?)Gruppen im Medium Sprache. In: Häcki Buhofer, Annelies (Hg.): Spracherwerb und Lebensalter. (= Basler Studien zur deutschen Sprache und Literatur 83). Tübingen, 21–36.

Linke, Angelika (2003b): Spaß haben. Ein Zeitgefühl. In: Androutsopoulos, Jannis/Ziegler, Evelyn (Hg.): „Standardfragen". Soziolinguistische Perspektiven auf Sprachgeschichte, Sprachkontakt und Sprachvariation. (= VarioLingua 18). Frankfurt a. M., 63–79.

Linke, Angelika (2003c): Sprachgeschichte – Gesellschaftsgeschichte – Kulturanalyse. In: Henne, Helmut/Sitta, Horst/Wiegand, Herbert Ernst (Hg.): Germanistische Linguistik. Konturen eines Faches. (= Reihe Germanistische Linguistik 240). Tübingen, 25–65.

Linke, Angelika (2004): Das Unbeschreibliche. Zur Sozialsemiotik adeligen Körperverhaltens im 18. und 19. Jahrhundert. In: Conze, Eckart/Wienfort, Monika (Hg.): Adel und Moderne. Deutschland im europäischen Vergleich im 19. und 20. Jahrhundert. Köln, 247–268.

Linke, Angelika (2005): Kulturelles Gedächtnis. Linguistische Perspektiven auf ein kulturwissenschaftliches Forschungsfeld. In: Busse, Dietrich/Niehr, Thomas/Wengeler, Martin (Hg.): Brisante Semantik. Neuere Konzepte und Forschungsergebnisse einer kulturwissenschaftlichen Linguistik. (= Reihe Germanistische Linguistik 259). Tübingen, 65–85.

Linke, Angelika (2006): Sprachliche Amerikanisierung und Popular Culture. Zur kulturellen Deutung fremder Zeichen. In: Linke, Angelika/Tanner, Jakob (Hg.): Attraktion und Abwehr. Die Amerikanisierung der Alltagskultur in Europa. (= Alltag & Kultur 11). Köln, 37–51.

Linke, Angelika (2009a): Rhetorik und Stil. In: Fix, Ulla/Gardt, Andreas/Knape, Joachim (Hg.): Rhetorik und Stilistik. Ein internationales Handbuch historischer und systematischer Forschung. 2. Teilband. (= Handbücher zur Sprach- und Kommunikationswissenschaft 31.2). Berlin/New York, 1131–1144.

Linke, Angelika (2009b): Stilwandel als Indikator und Katalysator kulturellen Wandels. Zum Musterwandel in Geburtsanzeigen der letzten 200 Jahre. In: Der Deutschunterricht 61 (1), 44–56.

Linke, Angelika (2011a): Diskurs. In: Lauer, Gerhard (Hg.): Lexikon Literaturwissenschaft. Hundert Grundbegriffe. Stuttgart, 56–59.

Linke, Angelika (2011b): Signifikante Muster – Perspektiven einer kulturanalytischen Linguistik. In: Wåghäll Nivre, Elisabeth/Haute, Brigitte/Andersson, Bo/Landén, Barbro/Stoeva-Holm, Dessislava (Hg.): Begegnungen. Das VIII. Nordisch-Baltische Germanistentreffen in Sigtuna vom 11. bis zum 13. 6. 2009. (= Stockholmer Germanistische Forschungen 74). Stockholm, 23–44.

Linke, Angelika (2012): Körperkonfigurationen: Die Sitzgruppe. Zur Kulturgeschichte des Verhältnisses von Gespräch, Körpern und Raum vom 18. bis zum Ende des 20. Jahrhunderts. In: Ernst, Peter (Hg.): Historische Pragmatik. (= Jahrbuch für Germanistische Sprachgeschichte 3). Berlin/Boston, 165–214.

Linke, Angelika/Ortner, Hanspeter/Portmann-Tselikas, Paul R. (2003): Jakobsons Huhn oder die Frage nach dem Gegenstand der Linguistik. In: Linke, Angelika/Ortner, Hanspeter/Portmann-Tselikas, Paul R. (Hg.): Sprache und mehr. Ansichten einer Linguistik der sprachlichen Praxis. (= Reihe Germanistische Linguistik 245). Tübingen, IX–XVI.

Löffler, Heinrich (1982): Gegenstandskonstitution in der Dialektologie: Sprache und ihre Differenzierungen. In: Besch, Werner/Knoop, Ulrich/Putschke, Wolfgang/Wiegand, Herbert Ernst (Hg.): Dialektologie. Ein Handbuch zur deutschen und allgemeinen Dialektforschung. Erster Halbband. (= Handbücher zur Sprach- und Kommunikationswissenschaft 1.1). Berlin/New York, 441–463.

Löffler, Heinrich (1998): Sprache als Mittel der Identifikation und Distanzierung in der viersprachigen Schweiz. In: Reiher, Ruth/Kramer, Undine (Hg.): Sprache als Mittel von Identifikation und Distanzierung. (= Leipziger Arbeiten zur Sprach- und Kommunikationsgeschichte 5). Frankfurt a. M., 11–37.

Löffler, Heinrich (2000): Gesprochenes und geschriebenes Deutsch bis zur Mitte des 20. Jahrhunderts. In: Besch, Werner/Betten, Anne/Reichmann, Oskar/Sonderegger, Stefan (Hg.): Sprachgeschichte. Ein Handbuch zur Geschichte der deutschen Sprache und ihrer Erforschung. 2. Teilband. (= Handbücher zur Sprach- und Kommunikationswissenschaft 2.2). Berlin/New York, 1967–1980.

Löffler, Heinrich (2003): Dialektologie. Eine Einführung. Tübingen.

Löffler, Heinrich (2010): Germanistische Soziolinguistik. 4., neu bearb. Aufl. (= Grundlagen der Germanistik 28). Berlin.

Löffler, Heinrich (2015): Sprachbewusstsein und Sprachgebrauch im 18. Jahrhundert – am Beispiel von Johann Jakob Sprengs ‚Idioticon Rauracum'. In: Schmidlin, Regula/Behrens,

Heike/Bickel, Hans (Hg.): Sprachgebrauch und Sprachbewusstsein. Implikationen für die Sprachtheorie. Berlin/Boston, 103–116.

Looser, Roman (1995): Gescheiterte Rechtschreibreformen in der Schweiz. Die Geschichte der Bemühungen um eine Reform der deutschen Rechtschreibung in der Schweiz von 1945 bis 1966. (= Theorie und Vermittlung der Sprache 22). Frankfurt a. M.

Looser, Roman (1996): Überblick über die Geschichte der Bemühungen um eine Rechtschreibreform in der Schweiz von 1901 bis 1996. 1. Teil: Von 1901 bis 70er Jahre. In: Sprachspiegel 52 (6), 196–205.

Looser, Roman (1997): Überblick über die Geschichte der Bemühungen um eine Rechtschreibreform in der Schweiz von 1901 bis 1996. 2. Teil: Von den siebziger Jahren bis 1996. In: Sprachspiegel 53 (1), 17–22.

Lötscher, Andreas (1983): Schweizerdeutsch. Geschichte, Dialekte, Gebrauch. Frauenfeld.

Lötscher, Jolanda (1997): Die Deutschen und die deutsche Hochsprache in der zürichdeutschen Mundartdramatik (1870–1930). Bearbeitet von Andreas Nievergelt. Unveröff. Manuskript.

Lüdi, Georges (2013): Mehrsprachigkeit. In: Historisches Lexikon der Schweiz (HLS), Version vom 18. 07. 2013. Online unter: www.hls-dhs-dss.ch/textes/d/D24596.php ‹1. 8. 2018›.

Ludin, A.[lfred] (1902): Der schweizerische Almanach „Alpenrosen" und seine Vorgänger (1780–1830). Ein Beitrag zur deutsch-schweizerischen Literaturgeschichte des 19. Jahrhunderts. Zürich.

Lurati, Ottavio (2000): Die sprachliche Situation in der Südschweiz. In: Bickel, Hans/Schläpfer, Robert (Hg.): Die viersprachige Schweiz. (= Reihe Sprachlandschaft 25). Aarau, 177–210.

Lustenberger, Werner (1996): Pädagogische Rekrutenprüfungen. Ein Beitrag zur Schweizer Schulgeschichte. Chur/Zürich.

Lustenberger, Werner (1999): Die pädagogischen Rekrutenprüfungen als Instrument der eidgenössischen Schulpolitik (1830–1885). In: Criblez, Lucien/Jenzer, Carlo/Hofstetter, Rita/Magnin, Charles (Hg.): Eine Schule für die Demokratie. Zur Entwicklung der Volksschule in der Schweiz im 19. Jahrhundert. (= Explorationen. Studien zur Erziehungswissenschaft 27). Bern, 363–376.

Lütteken, Anett/Mahlmann-Bauer, Barbara (Hg.) (2009): Bodmer und Breitinger im Netzwerk der europäischen Aufklärung. (= Das achtzehnte Jahrhundert. Supplementa 16). Göttingen.

Maas, Utz (1983): Editorial zum Heft „Sprachwissenschaft und Kulturanalyse". In: Sprache & Herrschaft – Zeitschrift für eine Sprachwissenschaft als Gesellschaftswissenschaft 14 (3), 1–10.

Maas, Utz (1984): „Als der Geist der Gemeinschaft eine Sprache fand". Sprache im Nationalsozialismus. Versuch einer historischen Argumentationsanalyse. Opladen.

Maas, Utz (1985): Kulturanalyse und Sprachwissenschaft. In: Ballmer, Thomas T./Posner, Roland (Hg.): Nach-Chomskysche Linguistik. Neuere Arbeiten von Berliner Linguisten. Berlin/New York, 91–101.

Maas, Utz (1987): Der kulturanalytische Zugang zur Sprachgeschichte. In: Wirkendes Wort 37, 87–104.

Macha, Jürgen (2001): Figurenrede in erzählender Literatur: Eine Erkenntnisquelle für die Sprachgeschichte? In: Peters, Robert/Pütz, Horst P./Weber, Ulrich (Hg.): Vulpis adolatio. Festschrift für Hubertus Menke zum 60. Geburtstag. (= Germanistische Bibliothek 11). Heidelberg, 473–485.

Macha, Jürgen (2004): „... u nu geh mal sitzen ...". Redemodellierung in Clara Ratzkas Münster-Roman ‚Familie Brake'. In: Damme, Robert/Nagel, Norbert (Hg.): Westfeles unde Sassesch. Festgabe für Robert Peters zum 60. Geburtstag. Bielefeld, 373–383.

Macha, Jürgen (2006): Sprachgeschichte und Kulturgeschichte: Frühneuzeitliche Graphien als Indikatoren konfessioneller Positionierung. In: Zeitschrift für Germanistische Linguistik 34 (1–2), 105–130.

Macha, Jürgen (2009): Landeigene und landfremde Sprachvarietäten in Berliner Lokalpossen der Biedermeierzeit. In: Niederdeutsches Wort 49, 17–30.

Maissen, Thomas (1994): Ein „helvetisch Alpenvolck". Die Formulierung eines gesamteidgenössischen Selbstverständnisses in der Schweizer Historiographie des 16. Jahrhunderts. In: Baczkowski, Krzysztof/Simon, Christian (Hg.): Historiographie in Polen und in der Schweiz. (= Zeszyty naukowe Uniwersytetu Jagiellońskiego 1145). Kraków, 69–86.

Maissen, Thomas (2002): Weshalb die Eidgenossen Helvetier wurden. Die humanistische Definition einer *natio*. In: Helmrath, Johannes/Muhlack, Ulrich/Walther, Gerrit (Hg.): Diffusion des Humanismus. Studien zur nationalen Geschichtsschreibung europäischer Humanisten. Göttingen, 210–249.

Maissen, Thomas (2010a): Als die armen Bergbauern vorbildlich wurden. Ausländische und schweizerische Voraussetzungen des internationalen Tugenddiskurses um 1700. In: Holenstein, André (Hg.): Reichtum und Armut in den schweizerischen Republiken des 18. Jahrhunderts. Akten des Kolloquiums vom 23.–25. November 2006 in Lausanne. (= Travaux sur la Suisse des Lumières 12). Genève, 95–119.

Maissen, Thomas (2010b): Geschichte der Schweiz. Baden.

Maitz, Péter (2008): Linguistic nationalism in nineteenth-century Hungary. Reconstructing a linguistic ideology. In: Journal of Historical Pragmatics 9 (1), 20–47.

Maitz, Péter (2012): Wohin steuert die Historische Sprachwissenschaft? Erkenntniswege und Profile einer *scientific community* im Wandel. In: Maitz, Péter (Hg.): Historische Sprachwissenschaft. Erkenntnisinteressen, Grundlagenprobleme, Desiderate. (= Studia Linguistica Germanica 110). Berlin/Boston, 1–28.

Maitz, Péter/Elspaß, Stephan (2013): Zur Ideologie des ‚Gesprochenen Standarddeutsch'. In: Hagemann, Jörg/Klein, Wolf Peter/Staffeldt, Sven (Hg.): Pragmatischer Standard. (= Stauffenburg Linguistik 73). Tübingen, 35–48.

Marchal, Guy P. (1992): Das „Schweizeralpenland": eine imagologische Bastelei. In: Marchal, Guy P./Mattioli, Aram (Hg.): Erfundene Schweiz. Konstruktionen nationaler Identität – La Suisse imaginée. Bricolages d'une identité nationale. (= Clio Lucernensis 1). Zürich, 37–49.

Marchal, Guy P. (2007): Schweizer Gebrauchsgeschichte. Geschichtsbilder, Mythenbildung und nationale Identität. 2. Aufl. Basel.

Marchal, Guy P./Mattioli, Aram (Hg.) (1992): Erfundene Schweiz. Konstruktionen nationaler Identität – La Suisse imaginée. Bricolages d'une identité nationale. (= Clio Lucernensis 1). Zürich.

Margolin, Jean-Claude (1994): Copia. In: Ueding, Gert (Hg.): Historisches Wörterbuch der Rhetorik. Band 2: Bie–Eul. Tübingen, 385–394.

Mattheier, Klaus J. (1985a): „Lauter Borke um den Kopp". Überlegungen zur Sprache der Arbeiter im 19. Jahrhundert. In: Rheinische Vierteljahrsblätter 50, 222–252.

Mattheier, Klaus J. (1985b): Sprache im Industriebetrieb des 19. Jahrhunderts. Überlegungen am Beispiel der Sprache des Industriepioniers Franz Haniel. In: Duisburg (Hg.): Sprache an Rhein und Ruhr. Dialektologische und soziolinguistische Studien zur sprachlichen

Situation im Rhein-Ruhr-Gebiet und ihrer Geschichte. (= Zeitschrift für Dialektologie und Linguistik 50). Stuttgart, 83–89.

Mattheier, Klaus J. (1986): Dialektverfall, Dialektabbau, Dialektveränderung. In: Zeitschrift für Literaturwissenschaft und Linguistik 16 (62), 58–73.

Mattheier, Klaus J. (1989a): Die soziokommunikative Situation der Arbeiter im 19. Jahrhundert. In: Cherubim, Dieter/Mattheier, Klaus J. (Hg.): Voraussetzungen und Grundlagen der Gegenwartssprache. Sprach- und sozialgeschichtliche Untersuchungen zum 19. Jahrhundert. Berlin/New York, 93–109.

Mattheier, Klaus J. (1989b): Sprache und Sprachgebrauch im Industriebetrieb des 19. Jahrhunderts. Bericht über ein laufendes Forschungsprojekt. In: Cherubim, Dieter/Mattheier, Klaus J. (Hg.): Voraussetzungen und Grundlagen der Gegenwartssprache. Sprach- und sozialgeschichtliche Untersuchungen zum 19. Jahrhundert. Berlin/New York, 274–279.

Mattheier, Klaus J. (1991): Standardsprache als Sozialsymbol. Über kommunikative Folgen gesellschaftlichen Wandels. In: Wimmer, Rainer (Hg.): Das 19. Jahrhundert. Sprachgeschichtliche Wurzeln des heutigen Deutsch. (= Jahrbuch des Instituts für Deutsche Sprache 1990). Berlin/New York, 41–72.

Mattheier, Klaus J. (1993): „Mit der Seele Atem schöpfen". Über die Funktion von Dialektalität in der deutschsprachigen Literatur. In: Mattheier, Klaus J./Wegera, Klaus-Peter/Hoffmann, Walter/Macha, Jürgen/Solms, Hans-Joachim (Hg.): Vielfalt des Deutschen. Festschrift für Werner Besch. Frankfurt a. M., 633–652.

Mattheier, Klaus J. (1995): Sprachgeschichte des Deutschen. Desiderate und Perspektiven. In: Gardt, Andreas/Mattheier, Klaus J./Reichmann, Oskar (Hg.): Sprachgeschichte des Neuhochdeutschen. Gegenstände, Methoden, Theorien. (= Reihe Germanistische Linguistik 156). Tübingen, 1–18.

Mattheier, Klaus J. (1998a): Kommunikationsgeschichte des 19. Jahrhunderts. Überlegungen zum Forschungsstand und zu den Perspektiven der Forschungsentwicklung. In: Cherubim, Dieter/Grosse, Siegfried/Mattheier, Klaus J. (Hg.): Sprache und bürgerliche Nation. Beiträge zur deutschen und europäischen Sprachgeschichte des 19. Jahrhunderts. Berlin/New York, 1–45.

Mattheier, Klaus J. (1998b): Regionale Sprachgeschichte. Theoretische und methodische Überlegungen am Beispiel der Rheinischen Sprachgeschichte. In: Hutterer, Claus Jürgen/Pauritsch, Gertrude (Hg.): Beiträge zur Dialektologie des ostoberdeutschen Raumes. Referate der 6. Arbeitstagung für Bayerisch-Oesterreichische Dialektologie, 20.–24. 9. 1995 in Graz. (= Göppinger Arbeiten zur Germanistik 636). Göppingen, 77–84.

Mattheier, Klaus J. (2000): Die Durchsetzung der deutschen Hochsprache im 19. und beginnenden 20. Jahrhundert: sprachgeographisch, sprachsoziologisch. In: Besch, Werner/Betten, Anne/Reichmann, Oskar/Sonderegger, Stefan (Hg.): Sprachgeschichte. Ein Handbuch zur Geschichte der deutschen Sprache und ihrer Erforschung. 2. Teilband. (= Handbücher zur Sprach- und Kommunikationswissenschaft 2.2). Berlin/New York, 1951–1966.

Mattheier, Klaus J. (2005): Dialect and Written Language: Change in Dialect Norms in the History of the German Language. In: Langer, Nils/Davies, Winifred (Hg.): Linguistic Purism in the Germanic Languages. (= Studia Linguistica Germanica 75). Berlin/New York, 263–281.

Meinecke, Friedrich (1908): Weltbürgertum und Nationalstaat. Studien zur Genesis des deutschen Nationalstaates. München/Berlin.

Menges, Heinrich (1906): Mundart in der Volksschule. In: Encyklopädisches Handbuch der Pädagogik. Bd. 5. Hrsg. von W.[ilhelm] Rein. Langensalza, 941–982.

Menke, Hubertus (1992): Monolingual – bilingual – lektal? Die Zweisprachigkeit des niederdeutschen Kulturraumes aus historischer Sicht. In: Leuvensteijn, Jan Arjan/Berns, Johannes Bernardus (Hg.): Dialect and Standard Language / Dialekt und Standardsprache: in the English, Dutch, German and Norwegian Language Areas. (= Koninklijke Nederlandse Akademie van Wetenschappen, Verhandelingen, Afd. Letterkunde, N.R. 150). Amsterdam, 221–255.

Mentz, Ferdinand (1892): Bibliographie der deutschen Mundartenforschung für die Zeit vom Beginn des 18. Jahrhunderts bis zum Ende des Jahres 1889. (= Sammlung kurzer Grammatiken deutscher Mundarten 2). Leipzig.

Mesmer, Beatrix (Hg.) (1992): Neue Studien zum Schweizerischen Nationalbewusstsein. Referate, gehalten am Schweizerischen Historikertag in Bern, Oktober 1991 – Nouvelles approches de la conscience nationale suisse. Communications de la Journée nationale des historiens suisses à Berne. (= Itinera 13). Basel.

Mesmer, Beatrix/Im Hof, Ulrich (Hg.) (1983): Geschichte der Schweiz – und der Schweizer. 3 Bde. Basel.

Messerli, Alfred (2002a): Lesen und Schreiben 1700 bis 1900. Untersuchung zur Durchsetzung der Literalität in der Schweiz. (= Reihe Germanistische Linguistik 229). Tübingen.

Messerli, Alfred (2002b): Lesen und Schreiben in der Schweiz 1700–1900. In: Bonfadelli, Heinz/Bucher, Priska (Hg.): Lesen in der Mediengesellschaft. Stand und Perspektiven der Forschung. Zürich, 58–81.

Metzeltin, Michael/Gritzky, Nina (2003): Sprachgeschichtsschreibung: Möglichkeiten und Grenzen / L'historiographie linguistique: ses possibilités, ses limites. In: Ernst, Gerhard/Gleßgen, Martin-Dietrich/Schmitt, Christian/Schweickard, Wolfgang (Hg.): Romanische Sprachgeschichte. Ein internationales Handbuch zur Geschichte der romanischen Sprachen. 1. Teilband. (= Handbücher zur Sprach- und Kommunikationswissenschaft 23.1). Berlin/New York, 15–31.

Meyerhofer, Ursula (2000): Von Vaterland, Bürgerrepublik und Nation. Nationale Integration in der Schweiz, 1815–1848. Zürich.

Mihm, Arend (1998): Arbeitersprache und gesprochene Sprache im 19. Jahrhundert. In: Cherubim, Dieter/Grosse, Siegfried/Mattheier, Klaus J. (Hg.): Sprache und bürgerliche Nation. Beiträge zur deutschen und europäischen Sprachgeschichte des 19. Jahrhunderts. Berlin/New York, 282–316.

Milroy, James (2001): Language ideologies and the consequences of standardization. In: Journal of Sociolinguistics 5 (4), 530–555.

Milroy, James/Milroy, Lesley (1999 [1985]): Authority in Language. Investigating Standard English. 3rd ed. London.

Möhn, Dieter (1983): Niederdeutsch in der Schule. In: Cordes, Gerhard (Hg.): Handbuch zur niederdeutschen Sprach- und Literaturwissenschaft. Berlin, 631–659.

Mooser, Josef (1998): Eine neue Ordnung für die Schweiz. Die Bundesverfassung von 1848. In: Studer, Brigitte (Hg.): Etappen des Bundesstaates. Staats- und Nationsbildung der Schweiz, 1848–1998. Zürich, 45–61.

Moser, Peter (2010): Neue Perspektiven und Institutionen zur Analyse eines alten Gegenstands. Die Landwirtschaft in der wirtschaftshistorischen Geschichtsschreibung. In: Traverse 17 (1), 60–74.

Mülinen, W. F. von (1906): Die Deutsche Gesellschaft in Bern und ihre Nachfolgerinnen im 18. Jahrhundert. In: Blätter für bernische Geschichte, Kunst und Altertumskunde 2 (1), 44–55.

Müller, Felix (2010): Grütliverein. In: Historisches Lexikon der Schweiz (HLS), Version vom 22. 12. 2010. Online unter: www.hls-dhs-dss.ch/textes/d/D17397.php ‹1. 8. 2018›.

Müller, Hans-Peter (1977): Die schweizerische Sprachenfrage vor 1914. Eine historische Untersuchung über das Verhältnis zwischen Deutsch und Welsch bis zum Ersten Weltkrieg. (= Deutsche Sprache in Europa und Übersee 3). Wiesbaden.

Munske, Horst Haider (1983): Umgangssprache als Sprachkontakterscheinung. In: Besch, Werner/Knoop, Ulrich/Putschke, Wolfgang/Wiegand, Herbert Ernst (Hg.): Dialektologie. Ein Handbuch zur deutschen und allgemeinen Dialektforschung. Zweiter Halbband. (= Handbücher zur Sprach- und Kommunikationswissenschaft 1.2). Berlin/New York, 1002–1018.

Naumann, Bernd (1989): Die Differenzierung gesprochener und geschriebener Sprachformen des Deutschen in sprachwissenschaftlichen Arbeiten vor und nach 1800. In: Cherubim, Dieter/Mattheier, Klaus J. (Hg.): Voraussetzungen und Grundlagen der Gegenwartssprache. Sprach- und sozialgeschichtliche Untersuchungen zum 19. Jahrhundert. Berlin/New York, 73–92.

Neis, Cordula (2009): Korruption. In: Haßler, Gerda/Neis, Cordula (Hg.): Lexikon sprachtheoretischer Grundbegriffe des 17. und 18. Jahrhunderts. Bd. I. Berlin/New York, 567–582.

Neuland, Eva (1992): Sprachbewußtsein und Sprachreflexion innerhalb und außerhalb der Schule. Zur Einführung in die Themenstellung. In: Der Deutschunterricht 44 (4), 3–14.

Neuland, Eva (1993): Sprachgefühl, Spracheinstellungen, Sprachbewußtsein. Zur Relevanz „subjektiver Faktoren" für Sprachvariation und Sprachwandel. In: Mattheier, Klaus J./Wegera, Klaus-Peter/Hoffmann, Walter/Macha, Jürgen/Solms, Hans-Joachim (Hg.): Vielfalt des Deutschen. Festschrift für Werner Besch. Frankfurt a. M., 723–747.

Neuland, Eva (2002): Sprachbewusstsein – eine zentrale Kategorie für den Sprachunterricht. In: Der Deutschunterricht 3/2002, 4–10.

Neumann, Werner (1989): Gegenstandsreflexion und gesellschaftliche Wirklichkeit in der deutschen Sprachwissenschaft gegen Ende des 19. Jahrhunderts. In: Cherubim, Dieter/Mattheier, Klaus J. (Hg.): Voraussetzungen und Grundlagen der Gegenwartssprache. Sprach- und sozialgeschichtliche Untersuchungen zum 19. Jahrhundert. Berlin/New York, 259–272.

Niculescu, Alexandre (1996): Loyauté linguistique. In: Goebl, Hans/Nelde, Peter/Zary, Zdenek/Wölck, Wolfgang (Hg.): Kontaktlinguistik. Ein internationales Handbuch zeitgenössischer Forschung. 1. Halbband. (= Handbücher zur Sprach- und Kommunikationswissenschaft 12.1). Berlin/New York, 715–720.

Niebaum, Hermann (1979): Niederdeutsch und Sprachunterricht. (= Schriften des Instituts für Niederdeutsche Sprache 2). Leer.

Niebaum, Hermann/Macha, Jürgen (2014): Einführung in die Dialektologie des Deutschen. 3., überarb. u. erw. Aufl. (= Germanistische Arbeitshefte 37). Berlin.

Niehr, Thomas (1993): Schlagwörter im politisch-kulturellen Kontext. Zum öffentlichen Diskurs in der BRD von 1966 bis 1974. Wiesbaden.

Nübling, Damaris (2013): Historische Sprachwissenschaft des Deutschen. Eine Einführung in die Prinzipien des Sprachwandels. In Zusammenarbeit mit Antje Dammel, Janet Duke und Renata Szczepaniak. 4., kompl. überarb. u. erw. Aufl. Tübingen.

Oechsli, Wilhelm (1917): Die Benennungen der alten Eidgenossenschaft und ihrer Glieder. Zweiter Teil. In: Jahrbuch für schweizerische Geschichte 42, 89–258.

Ortner, Hanspeter/Sitta, Horst (2003): Was ist der Gegenstand der Sprachwissenschaft? In: Linke, Angelika/Ortner, Hanspeter/Portmann-Tselikas, Paul R. (Hg.): Sprache und mehr. Ansichten einer Linguistik der sprachlichen Praxis. (= Reihe Germanistische Linguistik 245). Tübingen, 3–64.

Osterwalder, Fritz (1996): Pestalozzi – ein pädagogischer Kult. Pestalozzis Wirkungsgeschichte in der Herausbildung der modernen Pädagogik. Weinheim/Basel.

Paul, Hermann (Hg.) (1891): Grundriss der germanischen Philologie. I. Band. Strassburg.

Paul, Ingwer (1999): Praktische Sprachreflexion. (= Konzepte der Sprach- und Literaturwissenschaft 61). Berlin/New York.

Pestalozzi, Karl (1982): Der Einfluss der Literatur Deutschlands auf die „Vorromantik" in der Schweiz. In: Giddey, Ernest (Hg.): Vorromantik in der Schweiz? / Préromantisme en Suisse? (= Kolloquien der Schweizerischen Geisteswissenschaftlichen Gesellschaft 6). Fribourg, 37–54.

Petkova, Marina (2012): Die Deutschschweizer Diglossie: eine Kategorie mit *fuzzy boundaries*. In: Zeitschrift für Literaturwissenschaft und Linguistik 42 (168), 126–154.

Pfister, Christian (Hg.) (2002): Am Tag danach. Zur Bewältigung von Naturkatastrophen in der Schweiz 1500–2000. Bern.

Polenz, Peter von (1980): Wie man über Sprache spricht. Über das Verhältnis zwischen wissenschaftlicher und natürlicher Beschreibungssprache in Sprachwissenschaft und Sprachlehre. (= Duden-Beiträge zu Fragen der Rechtschreibung, der Grammatik und des Stils 45). Mannheim.

Polenz, Peter von (1998): Zwischen ‚Staatsnation' und ‚Kulturnation'. Deutsche Begriffsbesetzungen um 1800. In: Cherubim, Dieter/Grosse, Siegfried/Mattheier, Klaus J. (Hg.): Sprache und bürgerliche Nation. Beiträge zur deutschen und europäischen Sprachgeschichte des 19. Jahrhunderts. Berlin/New York, 55–70.

Polenz, Peter von (1999): Deutsche Sprachgeschichte vom Spätmittelalter bis zur Gegenwart. Band III: 19. und 20. Jahrhundert. Berlin/New York.

Polenz, Peter von (2000): Deutsche Sprachgeschichte vom Spätmittelalter bis zur Gegenwart. Bd. I: Einführung – Grundbegriffe – 14. bis 16. Jahrhundert. 2., überarb. u. erg. Aufl. Berlin/New York.

Polenz, Peter von (2002): Sprachgeschichte und Gesellschaftsgeschichte von Adelung bis heute. In: Cherubim, Dieter/Jakob, Karlheinz/Linke, Angelika (Hg.): Neue deutsche Sprachgeschichte. Mentalitäts-, kultur- und sozialgeschichtliche Zusammenhänge. (= Studia Linguistica Germanica 64). Berlin/New York, 1–24.

Polenz, Peter von (2007): Sprachgeschichte als Kulturgeschichte. In: Bachmann, Klaus (Hg.): Theorie(n) und Methoden der Sprachgeschichte. Materialien des Kolloquiums zu Ehren des 70. Geburtstages von Gotthard Lerchner. (= Abhandlungen der Sächsischen Akademie der Wissenschaften zu Leipzig, Philologisch-Historische Klasse 80/3). Leipzig/Stuttgart, 7–13.

Polenz, Peter von (2013): Deutsche Sprachgeschichte vom Spätmittelalter bis zur Gegenwart. Band II: 17. und 18. Jahrhundert. 2., überarb. u. erg. Aufl. Berlin/New York.

Posner, Roland (1991): Kultur als Zeichensystem. Zur semiotischen Explikation kulturwissenschaftlicher Grundbegriffe. In: Assmann, Aleida/Harth, Dietrich (Hg.): Kultur als Lebenswelt und Monument. Frankfurt a. M., 37–74.

Putschke, Wolfgang (1982): Theoriebildung der ‚klassischen' Dialektologie. In: Besch, Werner/Knoop, Ulrich/Putschke, Wolfgang/Wiegand, Herbert Ernst (Hg.): Dialektologie.

Ein Handbuch zur deutschen und allgemeinen Dialektforschung. Erster Halbband. (= Handbücher zur Sprach- und Kommunikationswissenschaft 1.1). Berlin/New York, 232–247.

Putschke, Wolfgang (1998): Die Arbeiten der Junggrammatiker und ihr Beitrag zur Sprachgeschichtsforschung. In: Besch, Werner/Betten, Anne/Reichmann, Oskar/Sonderegger, Stefan (Hg.): Sprachgeschichte. Ein Handbuch zur Geschichte der deutschen Sprache und ihrer Erforschung. 1. Teilband. (= Handbücher zur Sprach- und Kommunikationswissenschaft 2.1). Berlin/New York, 474–494.

Raith, Joachim (2004): Sprachgemeinschaft – Kommunikationsgemeinschaft / Speech Community – Communication Community. In: Ammon, Ulrich/Dittmar, Norbert/Mattheier, Klaus J./Trudgill, Peter (Hg.): Soziolinguistik. Ein internationales Handbuch zur Wissenschaft von Sprache und Gesellschaft. 1. Teilband. (= Handbücher zur Sprach- und Kommunikationswissenschaft 3.1). Berlin/New York, 146–157.

Rash, Felicity (2001): The Schweizerischer Verein für die deutsche Sprache and Linguistic Purism in Twentieth-Century German-Speaking Switzerland. In: Davies, Máire/Flood, John/Yeandle, David (Hg.): ‚Proper words in proper places'. Studies in lexicology and lexicography in honour of William Jervis Jones. (= Stuttgarter Arbeiten zur Germanistik 400). Stuttgart, 254–277.

Rash, Felicity (2002): Die deutsche Sprache in der Schweiz. Mehrsprachigkeit, Diglossie und Veränderung. Bern.

Rash, Felicity (2005): Linguistic purism in German-speaking Switzerland and the *Deutsch-schweizerischer Sprachverein* 1904–1944. In: Langer, Nils/Davies, Winifred (Hg.): Linguistic Purism in the Germanic Languages. (= Studia Linguistica Germanica 75). Berlin/New York, 101–123.

Reichmann, Oskar (1978): Deutsche Nationalsprache. Eine kritische Darstellung. In: Germanistische Linguistik 2–5/78, 389–423.

Reichmann, Oskar (1980): Nationalsprache. In: Althaus, Hans Peter/Henne, Helmut/Wiegand, Herbert Ernst (Hg.): Lexikon der germanistischen Linguistik. 2., vollst. neu bearb. u. erw. Aufl. Tübingen, 515–519.

Reichmann, Oskar (1993): Dialektale Verschiedenheit: zu ihrer Auffassung und Bewertung im 17. und 18. Jahrhundert. In: Mattheier, Klaus J./Wegera, Klaus-Peter/Hoffmann, Walter/Macha, Jürgen/Solms, Hans-Joachim (Hg.): Vielfalt des Deutschen. Festschrift für Werner Besch. Frankfurt a. M., 289–314.

Reichmann, Oskar (1998): Sprachgeschichte: Idee und Verwirklichung. In: Besch, Werner/Betten, Anne/Reichmann, Oskar/Sonderegger, Stefan (Hg.): Sprachgeschichte. Ein Handbuch zur Geschichte der deutschen Sprache und ihrer Erforschung. 1. Teilband. (= Handbücher zur Sprach- und Kommunikationswissenschaft 2.1). Berlin/New York, 1–41.

Reichmann, Oskar (2000): *Nationalsprache* als Konzept der Sprachwissenschaft. In: Gardt, Andreas (Hg.): Nation und Sprache. Die Diskussion ihres Verhältnisses in Geschichte und Gegenwart. Berlin/New York, 419–469.

Reiffenstein, Ingo (2007): Sprachgeschichte der Regionen. In: Bachmann, Klaus (Hg.): Theorie(n) und Methoden der Sprachgeschichte. Materialien des Kolloquiums zu Ehren des 70. Geburtstages von Gotthard Lerchner. (= Abhandlungen der Sächsischen Akademie der Wissenschaften zu Leipzig, Philologisch-Historische Klasse 80/3). Leipzig/Stuttgart, 32–38.

Reimann, Daniel (2014): Kontrastive Linguistik *revisited* oder: Was kann Sprachvergleich für Linguistik und Fremdsprachenvermittlung heute leisten? In: Reimann, Daniel (Hg.): Kontrastive Linguistik und Fremdsprachendidaktik Iberoromanisch – Deutsch. Studien zu Morphosyntax, Mediensprache, Lexikographie und Mehrsprachigkeitsdidaktik (Spanisch, Portugiesisch, Katalanisch, Deutsch). (= Romanistische Fremdsprachenforschung und Unterrichtsentwicklung 2). Tübingen, 9–35.

Reisigl, Martin (2013): Die Stellung der historischen Diskurssemantik in der linguistischen Diskursforschung. In: Busse, Dietrich/Teubert, Wolfgang (Hg.): Linguistische Diskursanalyse: neue Perspektiven. Wiesbaden, 243–271.

Riehl, Claudia Maria (2014): Sprachkontaktforschung. Eine Einführung. 3., überarb. Aufl. Tübingen.

Ris, Roland (1973): Dialekte und Sprachbarrieren aus Schweizer Sicht. In: Bausinger, Hermann (Hg.): Dialekt als Sprachbarriere? Ergebnisbericht einer Tagung zur alemannischen Dialektforschung. (= Volksleben 33). Tübingen, 29–62.

Ris, Roland (1979): Dialekte und Einheitssprache in der deutschen Schweiz. In: International Journal of the Sociology of Language 21, 41–61.

Ris, Roland (1980a): Bemerkungen zur Sprache Niklaus Blauners. In: Capitani, François de (Hg.): Heit ech still! Die berndeutschen Geographievorlesungen des ansonst unbedeutenden Berner Professors Niklaus Blauner aus dem Jahre 1783. Hrsg. und eingel. von François de Capitani; mit einem Kapitel über das Berndeutsch im 18. Jahrhundert und einem Glossar von Roland Ris. Bern, 60–64.

Ris, Roland (1980b): Probleme aus der pragmatischen Sprachgeschichte der deutschen Schweiz. In: Sitta, Horst (Hg.): Ansätze zu einer pragmatischen Sprachgeschichte. Zürcher Kolloquium 1978. (= Reihe Germanistische Linguistik 21). Tübingen, 103–128.

Ris, Roland (1987a): Die Ausbildung eines sprachlich-kulturellen Bewusstseins in der deutschen Schweiz 1890–1914. In: Capitani, François de/Germann, Georg (Hg.): Auf dem Weg zu einer schweizerischen Identität 1848–1914. Probleme – Errungenschaften – Misserfolge. 8. Kolloquium der Schweizerischen Akademie der Geisteswissenschaften 1985. Freiburg i. Üe., 353–381.

Ris, Roland (1987b): Die berndeutsche Mundartliteratur. In: Meyer, Peter (Hg.): Illustrierte Berner Enzyklopädie. Bd. 4: Kunst und Kultur im Kanton Bern. Wabern-Bern, 150–163.

Ris, Roland (1989): Bibliographie der berndeutschen Mundartliteratur. Selbständig erschienene, rein oder mehrheitlich berndeutsche Publikationen von den Anfängen bis und mit Erscheinungsjahr 1987. Langnau.

Ris, Roland (1990): Diglossie und Bilingualismus in der deutschen Schweiz. Verirrung oder Chance? In: Vouga, Jean-Pierre/Hodel, Max Ernst (Hg.): La Suisse face à ses langues = Die Schweiz im Spiegel ihrer Sprachen = La Svizzera e le sue lingue. (= Jahrbuch der Neuen Helvetischen Gesellschaft = Annuaire de la Nouvelle Société Helvétique = Annuario della Nuova Società Elvetica 61). Aarau/Frankfurt a. M./Salzburg, 40–49.

Rohner, Pius Martin (1984): Die Entwicklung eines schweizerischen Sprachbewusstseins bei Johann Jacob Bodmer. Zürich.

Rossfeld, Roman (2010): Handwerk, Gewerbe und Industrie. Die schweizerische Binnenwirtschaft im 19. und 20. Jahrhundert. In: Traverse 17 (1), 75–102.

Rotenbühler, Verena (2010): Eine neue Schule – ein neuer Staat? Diskussionen um die Volksschule, 1820–1850. In: Schumacher, Beatrice (Hg.): Freiwillig verpflichtet. Gemeinnütziges Denken und Handeln in der Schweiz seit 1800. Zürich, 157–183.

Ruffieux, Roland (1983): Die Schweiz des Freisinns (1848–1914). In: Mesmer, Beatrix/Im Hof, Ulrich (Hg.): Geschichte der Schweiz – und der Schweizer. Bd. 3. Basel, 9–100.

Ruoss, Emanuel (2015): Von Sprachrichtern und Provinzialismen. Zu Johann Jakob Bodmers Position im Sprachnormierungsdiskurs. In: Sprachspiegel 71 (2), 34–40.

Ruoss, Emanuel (2016): „Schweizerdeutsch"-Diskurse im 19. Jahrhundert. Dialekte als Gegenstand nationaler Selbstverständigung. In: Zhu, Jianhua/Zhao, Jin/Szuarwitzki, Michael (Hg.): Germanistik zwischen Tradition und Innovation. Akten des XIII. Kongresses der Internationalen Vereinigung für Germanistik (IVG), Shanghai, 23.–30. 8. 2015. Bd. 2. Frankfurt a. M./Bern/New York, 333–337.

Ruoss, Emanuel (2017): Eine Frage des Prestiges. Zum Sprachlob des Schweizerdeutschen im frühen 19. Jahrhundert. In: Ahlers, Timo/Oberholzer, Susanne/Riccabona, Michael/Stoeckle, Philipp (Hg.): Deutsche Dialekte in Europa. Perspektiven auf Variation, Wandel und Übergänge. (= Kleine und regionale Sprachen 3). Hildesheim/Zürich/New York, 209–228.

Ruoss, Emanuel/Schröter, Juliane (Hg.) (2019): Schweizerdeutsch. Basel.

Rützler, Walter (2007): Die Ziele und Tätigkeiten des Allgemeinen Deutschen Sprachvereins im Vergleich mit dem Deutschschweizer Sprachverein und dem Bund Schwyzertütsch. In: Sprachspiegel 63 (1), 2–14.

Sarasin, Philipp (1997): Stadt der Bürger. Bürgerliche Macht und städtische Gesellschaft, Basel 1846–1914. 2., überarb. u. erw. Aufl. Göttingen.

Scharloth, Joachim (2005a): Asymmetrische Plurizentrizität und Sprachbewusstsein. Einstellungen der Deutschschweizer zum Standarddeutschen. In: Zeitschrift für Germanistische Linguistik 33 (2–3), 236–267.

Scharloth, Joachim (2005b): Die Semantik der Kulturen. Diskurssemantische Grundfiguren als Kategorien einer linguistischen Kulturanalyse. In: Busse, Dietrich/Niehr, Thomas/Wengeler, Martin (Hg.): Brisante Semantik. Neuere Konzepte und Forschungsergebnisse einer kulturwissenschaftlichen Linguistik. (= Reihe Germanistische Linguistik 259). Tübingen, 133–148.

Scharloth, Joachim (2005c): Sprachnormen und Mentalitäten. Sprachbewusstseinsgeschichte in Deutschland im Zeitraum von 1766–1785. (= Reihe Germanistische Linguistik 255). Tübingen.

Scharloth, Joachim (2005d): The revolutionary argumentative pattern in puristic discourse: The Swabian dialect in the debate about the standardization of German in the eighteenth century. In: Langer, Nils/Davies, Winifred (Hg.): Linguistic Purism in the Germanic Languages. (= Studia Linguistica Germanica 75). Berlin/New York, 86–96.

Scharloth, Joachim (2005e): Zwischen Fremdsprache und nationaler Varietät. Untersuchungen zum Plurizentrizitätsbewusstsein der Deutschschweizer. In: Muhr, Rudolf (Hg.): Standardvariationen und Sprachideologien in verschiedenen Sprachkulturen der Welt. (= Österreichisches Deutsch – Sprache der Gegenwart 4). Frankfurt a. M., 21–44.

Scharloth, Joachim (2008): Adelung und seine Gegner: zur Bedeutung geschichtsphilosophischer Kategorien für die Sprachkunde der Spätaufklärung. In: Kämper, Heidrun/Klosa, Annette/Vietze, Oda (Hg.): Aufklärer, Sprachgelehrter, Didaktiker: Johann Christoph Adelung (1732–1806). (= Studien zur deutschen Sprache 45). Tübingen, 89–114.

Scharnhorst, Jürgen (Hg.) (1999): Sprachkultur und Sprachgeschichte: Herausbildung und Förderung von Sprachbewusstsein und wissenschaftlicher Sprachpflege in Europa. (= Sprache – System und Tätigkeit 30). Frankfurt a. M.

Schiegg, Markus (2016): Code-Switching in Lower-Class Writing: Autobiographies by Patients from Southern German Psychiatric Hospitals (1852–1931). In: Journal of Historical Sociolinguistics 2 (1), 47–81.

Schiewe, Jürgen (1998): Die Macht der Sprache. Eine Geschichte der Sprachkritik von der Antike bis zur Gegenwart. München.
Schiewe, Jürgen (2003): Über die Ausgliederung der Sprachwissenschaft aus der Sprachkritik. Wissenschaftsgeschichtliche Überlegungen zum Verhältnis von Normsetzung, Normreflexion und Normverzicht. In: Linke, Angelika/Ortner, Hanspeter/Portmann-Tselikas, Paul R. (Hg.): Sprache und mehr. Ansichten einer Linguistik der sprachlichen Praxis. (= Reihe Germanistische Linguistik 245). Tübingen, 401–416.
Schiewer, Gesine Lenore (2009): Bodmers Sprachtheorie. Kontroversen um die Standardisierung und pragmatische Fundierung des Deutschen. In: Lütteken, Anett/Mahlmann-Bauer, Barbara (Hg.): Bodmer und Breitinger im Netzwerk der europäischen Aufklärung. (= Das achtzehnte Jahrhundert. Supplementa 16). Göttingen, 638–661.
Schildt, Joachim (1991): Zu einigen Entwicklungstendenzen im politischen Wortschatz der deutschen Arbeiterbewegung. In: Wimmer, Rainer (Hg.): Das 19. Jahrhundert. Sprachgeschichtliche Wurzeln des heutigen Deutsch. (= Jahrbuch des Instituts für Deutsche Sprache 1990). Berlin/New York, 185–201.
Schläpfer, Robert/Gutzwiller, Jürg/Schmid, Beat (Hg.) (1991): Das Spannungsfeld zwischen Mundart und Standardsprache in der deutschen Schweiz. Spracheinstellungen junger Deutsch- und Welschschweizer. Eine Auswertung der Pädagogischen Rekrutenprüfungen 1985. (= Pädagogische Rekrutenprüfungen. Wissenschaftliche Reihe 12). Aarau.
Schlieben-Lange, Brigitte (1971): Das sprachliche Selbstverständnis der Okzitanen im Vergleich mit der Situation des Katalanischen. In: Bausch, Karl-Richard/Gauger, Hans-Martin (Hg.): Interlinguistica. Sprachvergleich und Übersetzung. Festschrift zum 60. Geburtstag von Mario Wandruszka. Tübingen, 174–179.
Schlieben-Lange, Brigitte (1983): Traditionen des Sprechens. Elemente einer pragmatischen Sprachgeschichtsschreibung. Stuttgart.
Schlieben-Lange, Brigitte (2010 [1975]): Metasprache und Metakommunikation. Zur Überführung eines sprachphilosophischen Problems in die Sprachtheorie und die sprachwissenschaftliche Forschungspraxis. In: Schlieben-Lange, Brigitte: Kleine Schriften. Eine Auswahl zum 10. Todestag. Hrsg. und eingeleitet von Sarah Dessì Schmid, Andrea Fausel und Jochen Hafner. Tübingen, 19–36.
Schlosser, Horst Dieter (1985): Sprachnorm und regionale Differenz im Rahmen der Kontroverse zwischen Gottsched und Bodmer/Breitinger. In: Kimpel, Dieter (Hg.): Mehrsprachigkeit in der Deutschen Aufklärung. (= Studien zum achtzehnten Jahrhundert 5). Hamburg, 52–68.
Schmid, Bruno (2015): Volkstage. In: Historisches Lexikon der Schweiz (HLS), Version vom 22. 04. 2015. Online unter: www.hls-dhs-dss.ch/textes/d/D41665.php ‹1. 8. 2018›.
Schmidt, Heinrich Richard (2014): Neue Ergebnisse der Alphabetisierungsforschung für die Schweiz und Südwestdeutschland um 1800. In: Tröhler, Daniel (Hg.): Volksschule um 1800. Studien im Umfeld der Helvetischen Stapfer-Enquête 1799. Bad Heilbrunn, 149–172.
Schmidt, Siegfried J. (Hg.) (1971): Philosophie als Sprachkritik im 19. Jahrhundert. Textauswahl II. (= Problemata 7). Stuttgart-Bad Cannstatt.
Scholtz, Gunter (1974): Historismus, Historizismus. In: Ritter, Joachim/Gründer, Karlfried/Gabriel, Gottfried (Hg.): Historisches Wörterbuch der Philosophie. Band 3: G–H. Basel, 1141–1147.
Schröter, Juliane (2011): Offenheit. Die Geschichte eines Kommunikationsideals seit dem 18. Jahrhundert. (= Studia Linguistica Germanica 105). Berlin/New York.

Schröter, Juliane (2014): Analyse von Sprache als Analyse von Kultur. Überlegungen zur kulturanalytischen Linguistik am Beispiel des Wandels von Briefschlüssen im 19. und 20. Jahrhundert. In: Benitt, Nora/Koch, Christopher/Müller, Katharina/Saage, Sven/Schüler, Lisa (Hg.): Kommunikation, Korpus, Kultur. Ansätze und Konzepte einer kulturwissenschaftlichen Linguistik. (= Giessen Contributions to the Study of Culture 11). Trier, 25–45.

Schröter, Juliane (2016): Abschied nehmen. Veränderungen einer sprachlichen Kultur im 19. und 20. Jahrhundert. (= Reihe Germanistische Linguistik 307). Berlin/Boston.

Schröter, Juliane (2019): Schweizerdeutschpflege und nationale Sprachemanzipation. Die erste Hälfte des 20. Jahrhunderts. In: Ruoss, Emanuel/Schröter, Juliane (Hg.): Schweizerdeutsch. Basel.

Schulze, Winfried (1998): Die Entstehung des nationalen Vorurteils. Zur Kultur der Wahrnehmung fremder Nationen in der europäischen Frühen Neuzeit. In: Schmale, Wolfgang (Hg.): Menschen und Grenzen in der frühen Neuzeit. (= Innovationen 2). Berlin, 23–49.

Schumacher, Beatrice (2010): Braucht es uns? Selbstbilder, Arbeitsweisen und organisatorische Strukturen der Schweizerischen Gemeinnützigen Gesellschaft, 1810–1970. In: Schumacher, Beatrice (Hg.): Freiwillig verpflichtet. Gemeinnütziges Denken und Handeln in der Schweiz seit 1800. Zürich, 37–69.

Schumacher, Beatrice (2011): Schweizerische Gemeinnützige Gesellschaft (SGG). In: Historisches Lexikon der Schweiz (HLS), Version vom 27. 10. 2011. Online unter: www.hls-dhs-dss.ch/textes/d/D16451.php ‹1. 8. 2018›.

Schwarzenbach, Rudolf (1969): Die Stellung der Mundart in der deutschsprachigen Schweiz. Studien zum Sprachbrauch der Gegenwart. (= Beiträge zur schweizerdeutschen Mundartforschung 17). Frauenfeld.

Schwarzenbach, Rudolf (1992): Der „Schweizerische Volksredner" von 1845. Ignaz Thomas Scherrs Leitbild einer republikanischen Rhetorik. In: Burger, Harald/Haas, Alois M./Matt, Peter von (Hg.): Verborum amor. Studien zur Geschichte und Kunst der deutschen Sprache. Festschrift für Stefan Sonderegger zum 65. Geburtstag. Berlin/New York, 524–543.

Semenjuk, Natalija N. (2000): Soziokulturelle Voraussetzungen des Neuhochdeutschen bis zur Mitte des 20. Jahrhunderts. In: Besch, Werner/Betten, Anne/Reichmann, Oskar/Sonderegger, Stefan (Hg.): Sprachgeschichte. Ein Handbuch zur Geschichte der deutschen Sprache und ihrer Erforschung. 2. Teilband. (= Handbücher zur Sprach- und Kommunikationswissenschaft 2.2). Berlin/New York, 1746–1765.

Sichler, Albert (1906–1919): Erziehungs- und Unterrichtswesen. 4 Bde. (= Bibliographie der schweizerischen Landeskunde Fascikel V10c). Bern. [1. Bd., 1. H.: Allgemeine Litteratur und Pädagogik (1906); 1. Bd., 2. H.: Die Schule im Allgemeinen (1907); 2. Bd.: Einzelne Schulen (1919); 2. Bd. (Anhang): Programmliteratur (incl. Antrittsreden, Habilitationsschriften, Rektoratsreden etc.) (1915); 3. Bd.: Lehrmittel (Schulbücher) (1908); 4. Bd.: Nachträge (1919)].

Sieber, Christian (2007): Geschichtsschreibung als gelehrte Konstruktion. Aegidius Tschudi und seine Datierung der Befreiungstradition in die Jahre 1307/08. In: Der Geschichtsfreund 160, 25–52.

Sieber, Peter (1990): Perspektiven einer Deutschdidaktik für die deutsche Schweiz. (= Reihe Sprachlandschaft 8). Aarau.

Sieber, Peter (1997): Mundart und Standardsprache in den Schulen der Deutschschweiz. In: Informationen zur Deutschdidaktik 21 (3), 47–60.

Sieber, Peter/Sitta, Horst (1986): Mundart und Standardsprache als Problem der Schule. (= Reihe Sprachlandschaft 3). Aarau.
Sieber, Peter/Sitta, Horst (Hg.) (1988): Mundart und Hochdeutsch im Unterricht. Orientierungshilfen für Lehrer. (= Studienbücher Sprachlandschaft 1). Aarau.
Sieber, Peter/Sitta, Horst (1989): [Dialekt und Schule in den europäischen Ländern:] Schweiz. In: Sociolinguistica 3, 115–127.
Sieber, Peter/Sitta, Horst (1992): Sprachreflexion in der Öffentlichkeit. Die öffentliche Sprachkritik als Indikator öffentlichen Sprachbewusstsein. In: Der Deutschunterricht 44 (4), 63–83.
Siegfried, Inga (2004): Historische Sprachbewusstseinsanalyse. Eine exemplarische Untersuchung der deutschen Grammatikographie des 16. Jahrhunderts. Diss. Univ. Erfurt 2005. Online unter: nbn-resolving.de/urn:nbn:de:gbv:547-200601014 ‹1. 8. 2018›.
Singer, Samuel (1928): Schweizerdeutsch. (= Die Schweiz im deutschen Geistesleben 58). Frauenfeld.
Sinner, Gabriel Rudolf Ludwig von (1851): Bibliographie der Schweizergeschichte, oder, Systematisches und theilweise beurtheilendes Verzeichniss der seit 1786 bis 1851 über die Geschichte der Schweiz, von ihren Anfängen an bis 1798 erschienenen Bücher. Ein Versuch. Bern/Zürich.
Sitta, Horst (Hg.) (1980): Ansätze zu einer pragmatischen Sprachgeschichte. Zürcher Kolloquium 1978. (= Reihe Germanistische Linguistik 21). Tübingen.
Socin, Adolf (1888b): Schriftsprache und Dialekte im Deutschen nach Zeugnissen alter und neuer Zeit. Beiträge zur Geschichte der deutschen Sprache. Heilbronn.
Solms, Hans-Joachim (1999): Der Gebrauch uneigentlicher Substantivkomposita im Mittel- und Frühneuhochdeutschen als Indikator kultureller Veränderung. In: Gardt, Andreas/Haß-Zumkehr, Ulrike/Roelcke, Thorsten (Hg.): Sprachgeschichte als Kulturgeschichte. (= Studia Linguistica Germanica 54). Berlin/New York, 225–246.
Sonderegger, Stefan (1962): Die schweizerdeutsche Mundartforschung 1800–1959. Bibliographisches Handbuch mit Inhaltsangaben. (= Beiträge zur schweizerdeutschen Mundartforschung 12). Frauenfeld.
Sonderegger, Stefan (1968): Alemannische Mundartforschung. In: Schmitt, Ludwig Erich (Hg.): Germanische Dialektologie. Festschrift für Walther Mitzka zum 80. Geburtstag. (= Zeitschrift für Mundartforschung. Beihefte. Neue Folge 5–6). Wiesbaden, 1–29.
Sonderegger, Stefan (1981): Die viersprachige Schweiz zwischen Geschichte und Zukunft. (= Aulavorträge 12). St. Gallen.
Sonderegger, Stefan (1982): Zur geschichtlichen Entwicklung eines schweizerischen Sprachbewusstseins in der frühen Neuzeit. In: Moser, Hans/Putzer, Oskar (Hg.): Zur Situation des Deutschen in Südtirol. Sprachwissenschaftliche Beiträge zu den Fragen von Sprachnorm und Sprachkontakt. (= Innsbrucker Beiträge zur Kulturwissenschaft. Germanistische Reihe 13). Innsbruck, 51–61.
Sonderegger, Stefan (1985): Die Entwicklung des Verhältnisses von Standardsprache und Mundarten in der deutschen Schweiz. In: Besch, Werner/Reichmann, Oskar/Sonderegger, Stefan (Hg.): Sprachgeschichte. Ein Handbuch zur Geschichte der deutschen Sprache und ihrer Erforschung. Zweiter Halbband. Bd. 2. (= Handbücher zur Sprach- und Kommunikationswissenschaft 2.2). Berlin/New York, 1873–1939.
Sonderegger, Stefan (1986): Der Appenzeller Dialekt in Geschichte und Gegenwart. In: Appenzellische Jahrbücher 114, 5–69.
Sonderegger, Stefan (1989): Et in Arcadia ego. Grundsätzliche Überlegungen zur Entstehungsgeschichte der deutschen Dialektliteratur. In: Maass, Angelika/Heinser, Bernhard (Hg.):

Verlust und Ursprung. Festschrift für Werner Weber. Mit Beiträgen zum Thema „Et in Arcadia ego". Zürich, 133–148.

Sonderegger, Stefan (1995): Johann Jacob Bodmers Verständnis der Sprachvarietäten des Deutschen. In: Lerchner, Gotthard (Hg.): Chronologische, areale und situative Varietäten des Deutschen in der Sprachhistoriographie. Festschrift für Rudolf Grosse. (= Leipziger Arbeiten zur Sprach- und Kommunikationsgeschichte 2). Frankfurt a. M./Bern, 201–212.

Sonderegger, Stefan (1998): Sprachgeschichtsforschung in der ersten Hälfte des 19. Jahrhunderts. In: Besch, Werner/Betten, Anne/Reichmann, Oskar/Sonderegger, Stefan (Hg.): Sprachgeschichte. Ein Handbuch zur Geschichte der deutschen Sprache und ihrer Erforschung. 1. Teilband. (= Handbücher zur Sprach- und Kommunikationswissenschaft 2.1). Berlin/New York, 443–473.

Sonderegger, Stefan (1999): Die Vielschichtigkeit des Sprachbewusstseins in frühneuhochdeutscher Zeit. In: Hoffmann, Walter/Macha, Jürgen/Mattheier, Klaus J./Solms, Hans-Joachim/Wegera, Klaus-Peter (Hg.): Das Frühneuhochdeutsche als sprachgeschichtliche Epoche. Werner Besch zum 70. Geburtstag. Frankfurt a. M., 175–208.

Sonderegger, Stefan (2001): Jacob Grimm und die Frühgeschichte der Germanistik in der Schweiz. In: Friemel, Berthold (Hg.): Brüder Grimm Gedenken. Bd. 14. Stuttgart, 1–45.

Sonderegger, Stefan (2003): Aspekte einer Sprachgeschichte der deutschen Schweiz. In: Besch, Werner/Betten, Anne/Reichmann, Oskar/Sonderegger, Stefan (Hg.): Sprachgeschichte. Ein Handbuch zur Geschichte der deutschen Sprache und ihrer Erforschung. 3. Teilband. (= Handbücher zur Sprach- und Kommunikationswissenschaft 2.3). Berlin/New York, 2825–2888.

Spieß, Constanze (2013): Texte, Diskurse und Dispositive. Zur theoretisch-methodischen Modellierung eines Analyserahmens am Beispiel der Kategorie *Schlüsseltext*. In: Roth, Kersten Sven/Spiegel, Carmen (Hg.): Angewandte Diskurslinguistik. Felder, Probleme, Perspektiven. (= Diskursmuster – Discourse Patterns 2). Berlin, 17–42.

Spitzmüller, Jürgen (2005): Metasprachdiskurse. Einstellungen zu Anglizismen und ihre wissenschaftliche Rezeption. (= Linguistik – Impulse & Tendenzen 11). Berlin/New York.

Spitzmüller, Jürgen/Warnke, Ingo (2011): Diskurslinguistik. Eine Einführung in Theorien und Methoden der transtextuellen Sprachanalyse. Berlin/New York.

Spuler, Linus (1964): Sechzig Jahre deutschschweizerischer Sprachverein. In: Deutschschweizerischer Sprachverein (Hg.): Sprache, Sprachgeschichte, Sprachpflege in der deutschen Schweiz. Sechzig Jahre Deutschschweizerischer Sprachverein, 73–77.

Stadler, Hans (2008a): Länderorte. In: Historisches Lexikon der Schweiz (HLS), Version vom 11. 11. 2008. Online unter: www.hls-dhs-dss.ch/textes/d/D9918.php ‹1. 8. 2018›.

Stadler, Hans (2008b): Landsgemeinde. In: Historisches Lexikon der Schweiz (HLS), Version vom 13. 11. 2008. Online unter: www.hls-dhs-dss.ch/textes/d/D10239.php ‹1. 8. 2018›.

Stadlin, Paul (1990): Synoptische Tabellen über Organisationen und Verfahren. Die Parlamente der schweizerischen Kantone. Zug.

Staehelin, Andreas (1977): Helvetik. In: Helbling, Hanno (Hg.): Handbuch der Schweizer Geschichte. Bd. 2. Zürich, 785–839.

Steiger, August (1944): Vierzig Jahre Sprachverein (1904–1944). Zur Feier des vierzigjährigen Bestandes des Deutschschweizerischen Sprachvereins am 29. Weinmonat 1944. Zürich.

Steinig, Wolfgang (1980): Zur sozialen Bewertung sprachlicher Variation. In: Cherubim, Dieter (Hg.): Fehlerlinguistik. Beiträge zum Problem der sprachlichen Abweichung. (= Reihe Germanistische Linguistik 24). Tübingen, 106–123.

Stickel, Gerhard (1999): Zur Sprachbefindlichkeit des Deutschen. Erste Ergebnisse einer Repräsentativumfrage. In: Stickel, Gerhard (Hg.): Sprache – Sprachwissenschaft –

Öffentlichkeit. (= Jahrbuch des Instituts für Deutsche Sprache 1998). Berlin/New York, 16–44.

Stierle, Karlheinz (1979): Historische Semantik und die Geschichtlichkeit der Bedeutung. In: Koselleck, Reinhart (Hg.): Historische Semantik und Begriffsgeschichte. (= Sprachen und Kulturen 1). Stuttgart, 154–189.

Straßner, Erich (1995): Deutsche Sprachkultur. Von der Barbarensprache zur Weltsprache. Tübingen.

Strübin, Eduard (1993): Die Anfänge der Baselbieter Mundartforschung und das Schweizerische Idiotikon. In: Schweizerdeutsches Wörterbuch. Bericht über das Jahr 1992, 10–21. [Auch in: Baselbieter Heimatblätter 1993, 134–144].

Studer, Eduard (1954): Franz Josef Stalder. Zur Frühgeschichte volkskundlicher und dialektvergleichender Interessen. In: Schweizerisches Archiv für Volkskunde 50, 125–227.

Studler, Rebekka (2013): Einstellungen zu Standarddeutsch und Dialekt in der Deutschschweiz. Erste Ergebnisse einer Fragebogenstudie. In: Hettler, Yvonne/Jürgens, Carolin/Langhanke, Robert/Purschke, Christoph (Hg.): Variation, Wandel, Wissen. Studien zum Hochdeutschen und Niederdeutschen. (= Sprache in der Gesellschaft 32). Frankfurt a. M., 201–220.

Studler, Rebekka (2017): Diglossia and bilingualism. High German in German-speaking Switzerland from a folk linguistic perspective. In: Revue transatlantique d'études suisses 6–7, 39–57.

Stukenbrock, Anja (2005a): Deutscher Sprachnationalismus. In: Sprachreport 21 (1), 16–21.

Stukenbrock, Anja (2005b): Sprachnationalismus. Sprachreflexion als Medium kollektiver Identitätsstiftung in Deutschland (1617–1945). (= Studia Linguistica Germanica 74). Berlin/New York.

Tanner, Albert (1990): Aristokratie und Bürgertum in der Schweiz im 19. Jahrhundert. Verbürgerlichung der „Herren" und aristokratische Tendenzen im Bürgertum. In: Brändli, Sebastian/Gugerli, David/Jaun, Rudolf/Pfister, Ulrich (Hg.): Schweiz im Wandel. Studien zur neueren Gesellschaftsgeschichte. Festschrift für Rudolf Braun zum 60. Geburtstag. Basel/Frankfurt a. M., 209–228.

Tanner, Albert (1995a): Arbeitsame Patrioten – wohlanständige Damen. Bürgertum und Bürgerlichkeit in der Schweiz 1830–1914. Zürich.

Tanner, Albert (1995b): Bürgertum und Bürgerlichkeit in der Schweiz. Die «Mittelklassen» an die Macht. In: Kocka, Jürgen (Hg.): Bürgertum im 19. Jahrhundert. Bd. 1: Einheit und Vielfalt Europas. (= Kleine Vandenhoeck-Reihe 1573). Göttingen, 193–223.

Tanner, Albert (1997): Das Recht auf Revolution. Radikalismus – Antijesuitismus – Nationalismus. In: Hildbrand, Thomas (Hg.): Im Zeichen der Revolution. Der Weg zum schweizerischen Bundesstaat 1798–1848. Zürich, 113–138.

Tanner, Albert (2013): Radikalismus. In: Historisches Lexikon der Schweiz (HLS), Version vom 29. 01. 2013. Online unter: www.hls-dhs-dss.ch/textes/d/D27156.php ‹1. 8. 2018›.

Tanner, Jakob (2015): Geschichte der Schweiz im 20. Jahrhundert. München.

Tanzmeister, Robert (1994): Sprachwissen, Sprachbewußtsein, Sprachideologie, Sprachgefühl. Konzepte zur Repräsentation von Sprachnormen. In: Bernard, Jeff/Neumer, Katalin (Hg.): Zeichen, Sprache, Bewusstsein. (= Österreichisch-Ungarische Dokumente zur Semiotik und Philosophie 2). Wien, 359–400.

Teichmann, Wilhelm/Zinsli, Paul (2001): Mundartdichtung, alemannische. In: Merker, Paul/Kohlschmidt, Werner/Kanzog, Klaus (Hg.): Reallexikon der deutschen Literaturgeschichte. Bd. 2. Berlin/New York, 447–467.

Theobald, Tina (2012): Presse und Sprache im 19. Jahrhundert. Eine Rekonstruktion des zeitgenössischen Diskurses. (= Lingua Historica Germanica 2). Berlin.
Thomke, Hellmut/Bircher, Martin/Proß, Wolfgang (Hg.) (1994): Helvetien und Deutschland. Kulturelle Beziehungen zwischen der Schweiz und Deutschland in der Zeit von 1770–1830. (= Amsterdamer Publikationen zur Sprache und Literatur 109). Amsterdam/Atlanta, GA.
Toulmin, Stephen (1975): Der Gebrauch von Argumenten. (= Wissenschaftstheorie und Grundlagenforschung 1). Kronberg/Ts.
Trömel, Paul (1854): Die Litteratur der Deutschen Mundarten. Ein bibliographischer Versuch. Halle.
Trümpy, Hans (1955): Schweizerdeutsche Sprache und Literatur im 17. und 18. Jahrhundert (auf Grund der gedruckten Quellen). (= Schriften der Schweizerischen Gesellschaft für Volkskunde 36). Basel.
Trümpy, Hans (1971): Volkskunde im Schulbuch des 19. Jahrhunderts. In: Schweizerisches Archiv für Volkskunde 67, 62–83.
Trümpy, Hans (1982): Die Entdeckung des ‚Volkes'. In: Giddey, Ernest (Hg.): Vorromantik in der Schweiz? / Préromantisme en Suisse? (= Kolloquien der Schweizerischen Geisteswissenschaftlichen Gesellschaft 6). Fribourg, 279–293.
Truog, Simon (2012): Die „Sprache des Herzens". Sprachideologie in der Schweizer Mundartdebatte. In: Aptum. Zeitschrift für Sprachkritik und Sprachkultur 1, 85–94.
Umbach, Silke/Riedl, Rita/Krämer, Jörg (1996): Euphonie. In: Ueding, Gert (Hg.): Historisches Wörterbuch der Rhetorik. Band 3: Eup–Hör. Tübingen, 10–20.
Urner, Klaus (1976): Die Deutschen in der Schweiz. Von den Anfängen der Kolonienbildung bis zum Ausbruch des Ersten Weltkrieges. Frauenfeld.
Vandermeeren, Sonja (1996): Sprachattitüde. In: Goebl, Hans/Nelde, Peter/Zary, Zdenek/Wölck, Wolfgang (Hg.): Kontaktlinguistik. Ein internationales Handbuch zeitgenössischer Forschung. 1. Halbband. (= Handbücher zur Sprach- und Kommunikationswissenschaft 12.1). Berlin/New York, 692–702.
Veyrassat, Béatrice (2010): Les industries d'exportation de la première industrialisation. In: Traverse 17 (1), 103–118.
Wagner, Kurt (2001): Mundartdichtung. In: Merker, Paul/Kohlschmidt, Werner/Kanzog, Klaus (Hg.): Reallexikon der deutschen Literaturgeschichte. Bd. 2. Berlin/New York, 442–447.
Wanner, Hans (1962): Aus der Geschichte des Schweizerdeutschen Wörterbuchs. Erweiterter Separatabdruck aus Nr. 4290 der „Neuen Zürcher Zeitung" vom 4. November 1962. [s. l.].
Wanner, Hans (1963): Die Beziehungen zwischen den Brüdern Grimm, ihrem Wörterbuch und der schweizerdeutschen Dialektlexikographie. In: Denecke, Ludwig/Greverus, Ina-Maria (Hg.): Brüder Grimm Gedenken. Bd. 1. Marburg, 435–450.
Warnke, Ingo (2004): Diskurslinguistik als Kulturwissenschaft. In: Erhart, Walter (Hg.): Grenzen der Germanistik. Rephilologisierung oder Erweiterung? (= Germanistische Symposien. Berichtsbände 26). Stuttgart, 308–324.
Warnke, Ingo (Hg.) (2007): Diskurslinguistik nach Foucault. Theorie und Gegenstände. (= Linguistik – Impulse & Tendenzen 25). Berlin/New York.
Wartburg-Ambühl, Marie-Louise von (1981): Alphabetisierung und Lektüre. Untersuchung am Beispiel einer ländlichen Region im 17. und 18. Jahrhundert. (= Europäische Hochschulschriften. Reihe 1, Deutsche Sprache und Literatur 459). Bern.
Waser, Hedwig (1901): Ulrich Hegner. Ein Schweizer Kultur- und Charakterbild. Halle (Saale).

Waser, Regula (1955): Bibliographie selbständiger Publikationen in zürichdeutscher Mundart, 1798–1954. Zürich.
Watts, Richard J. (1988): Language, dialect and national identity in Switzerland. In: Multilingua 7, 313–334.
Watts, Richard J. (1999): The ideology of dialect in Switzerland. In: Blommaert, Jan (Hg.): Language Ideological Debates. (= Language, Power and Social Process 2). Berlin/New York, 67–103.
Weber, Daniel Erich (1979): Aus der Geschichte des Deutschschweizerischen Sprachvereins. In: Sprachspiegel 35 (5/6), 130–141.
Weber, Daniel Erich (1984): Sprach- und Mundartpflege in der deutschsprachigen Schweiz. Sprachnorm und Sprachdidaktik im zweisprachformigen Staat. (= Studia Linguistica Alemannica 9). Frauenfeld.
Wecker, Regina (2014): Neuer Staat – neue Gesellschaft. Bundesstaat und Industrialisierung (1848–1914). In: Kreis, Georg (Hg.): Die Geschichte der Schweiz. Basel, 430–481.
Wegera, Klaus-Peter (1998): Deutsche Sprachgeschichte und Geschichte des Alltags. In: Besch, Werner/Betten, Anne/Reichmann, Oskar/Sonderegger, Stefan (Hg.): Sprachgeschichte. Ein Handbuch zur Geschichte der deutschen Sprache und ihrer Erforschung. 1. Teilband. (= Handbücher zur Sprach- und Kommunikationswissenschaft 2.1). Berlin/New York, 139–159.
Weilenmann, Hermann (1925): Die vielsprachige Schweiz. Eine Lösung des Nationalitätenproblems. Basel/Leipzig.
Weinreich, Uriel (1953): Languages in Contact. Findings and Problems. With a Preface by André Martinet. (= Publications of the Linguistic Circle of New York 1). New York.
Weinrich, Harald (1976): Von der Alltäglichkeit der Metasprache. In: Weinrich, Harald (Hg.): Sprache in Texten. Stuttgart, 90–112.
Weinrich, Harald (2007): Textgrammatik der deutschen Sprache. 4., revidierte Aufl. Hildesheim/Zürich/New York.
Weishaupt, Matthias (1992): Bauern, Hirten und „frume edle puren". Bauern- und Bauernstaatsideologie in der spätmittelalterlichen Eidgenossenschaft und der nationalen Geschichtsschreibung der Schweiz. Basel.
Weithase, Irmgard (1961): Zur Geschichte der gesprochenen deutschen Sprache. Tübingen.
Wells, Christopher J. (1990): Deutsch. Eine Sprachgeschichte bis 1945. (= Reihe Germanistische Linguistik 93). Tübingen.
Wengeler, Martin (1992): Die Sprache der Aufrüstung. Zur Geschichte der Rüstungsdiskussionen nach 1945. Wiesbaden.
Wengeler, Martin (1997): Vom Nutzen der Argumentationsanalyse für eine linguistische Diskursgeschichte. Konzept eines Forschungsvorhabens. In: Sprache und Literatur in Wissenschaft und Unterricht 80, 96–109.
Wengeler, Martin (2002): ‚Bedeutung' und ‚Sprache' in der Geschichtsschreibung. Ein Blick auf Nachbardisziplinen der germanischen Sprachwissenschaft. In: Cherubim, Dieter/Jakob, Karlheinz/Linke, Angelika (Hg.): Neue deutsche Sprachgeschichte. Mentalitäts-, kultur- und sozialgeschichtliche Zusammenhänge. (= Studia Linguistica Germanica 64). Berlin/New York, 43–65.
Wengeler, Martin (2003a): Argumentationstopos als sprachwissenschaftlicher Gegenstand. Für eine Erweiterung linguistischer Methoden bei der Analyse öffentlicher Diskurse. In: Geideck, Susan/Liebert, Wolf-Andreas (Hg.): Sinnformeln. Linguistische und soziologische Analysen von Leitbildern, Metaphern und anderen kollektiven Orientierungsmustern. (= Linguistik – Impulse & Tendenzen 2). Berlin/New York, 59–82.

Wengeler, Martin (2003b): Topos und Diskurs. Begründung einer argumentationsanalytischen Methode und ihre Anwendung auf den Migrationsdiskurs (1960–1985). (= Reihe Germanistische Linguistik 244). Tübingen.

Wengeler, Martin (Hg.) (2006a): Linguistik als Kulturwissenschaft. (= Germanistische Linguistik 182–183). Hildesheim.

Wengeler, Martin (2006b): Linguistik als Kulturwissenschaft. Eine Einführung in diesen Band. In: Wengeler, Martin (Hg.): Linguistik als Kulturwissenschaft. (= Germanistische Linguistik 182–183). Hildesheim, 1–23.

Wengeler, Martin (2007): Topos und Diskurs. Möglichkeiten und Grenzen der topologischen Analyse gesellschaftlicher Debatten. In: Warnke, Ingo (Hg.): Diskurslinguistik nach Foucault. Theorie und Gegenstände. (= Linguistik – Impulse & Tendenzen 25). Berlin/New York, 165–186.

Wengeler, Martin (2013): Historische Diskurssemantik als Analyse von Argumentationstopoi. In: Busse, Dietrich/Teubert, Wolfgang (Hg.): Linguistische Diskursanalyse: neue Perspektiven. Wiesbaden, 189–215.

Wengeler, Martin (2015): Die Analyse von Argumentationsmustern als Beitrag zur „transtextuell orientierten Linguistik". In: Kämper, Heidrun/Warnke, Ingo (Hg.): Diskurs – interdisziplinär. Zugänge, Gegenstände, Perspektiven. (= Diskursmuster – Discourse Patterns 6). Berlin/Boston, 47–62.

Werlen, Iwar (1998): Mediale Diglossie oder asymmetrische Zweisprachigkeit? Mundart und Hochsprache in der deutschen Schweiz. In: Babylonia 1, 22–35.

Werlen, Iwar (2002): Sprachliche Relativität. Eine problemorientierte Einführung. (= UTB 2319). Tübingen.

Werlen, Iwar (2013): „.... unter beihülfe aus allen kreisen des Schweizervolkes" – das Idiotikon als „nationales Wörterbuch". In: Schweizerische Akademie der Geistes- und Sozialwissenschaften (Hg.): 150 Jahre Schweizerisches Idiotikon. Beiträge zum Jubiläumskolloquium in Bern, 15. Juni 2012. Bern, 47–57.

Wichter, Sigurd (1999): Gespräch, Diskurs und Stereotypie. In: Zeitschrift für Germanistische Linguistik 27 (3), 261–284.

Widmer, Jean/Coray, Renata/Acklin Muji, Dunya/Godel, Eric (2004): Die Schweizer Sprachenvielfalt im öffentlichen Diskurs. Eine sozialhistorische Analyse der Transformation der Sprachenordnung von 1848 bis 2000 – La diversité des langues en Suisse dans le débat public. Une analyse socio-historique des transformations de l'ordre constitutionnel des langues de 1848 à 2000. (= Transversales 8). Bern.

Wiesinger, Peter (1983): Die Einteilung der deutschen Dialekte. In: Besch, Werner/Knoop, Ulrich/Putschke, Wolfgang/Wiegand, Herbert Ernst (Hg.): Dialektologie. Ein Handbuch zur deutschen und allgemeinen Dialektforschung. Zweiter Halbband. (= Handbücher zur Sprach- und Kommunikationswissenschaft 1.2). Berlin/New York, 807–900.

Wiesinger, Peter (1985): Die Entwicklung des Verhältnisses von Mundart und Standardsprache in Österreich. In: Besch, Werner/Reichmann, Oskar/Sonderegger, Stefan (Hg.): Sprachgeschichte. Ein Handbuch zur Geschichte der deutschen Sprache und ihrer Erforschung. Zweiter Halbband. (= Handbücher zur Sprach- und Kommunikationswissenschaft 2.2). Berlin/New York, 1939–1949.

Wiesinger, Peter (1995): Die sprachlichen Verhältnisse und der Weg zur allgemeinen deutschen Schriftsprache in Österreich im 18. und frühen 19. Jahrhundert. In: Gardt, Andreas/Mattheier, Klaus J./Reichmann, Oskar (Hg.): Sprachgeschichte des Neuhochdeutschen. Gegenstände, Methoden, Theorien. (= Reihe Germanistische Linguistik 156). Tübingen, 319–368.

Wiesinger, Peter (2000): Die Diagliederung des Neuhochdeutschen bis zur Mitte des 20. Jahrhunderts. In: Besch, Werner/Betten, Anne/Reichmann, Oskar/Sonderegger, Stefan (Hg.): Sprachgeschichte. Ein Handbuch zur Geschichte der deutschen Sprache und ihrer Erforschung. 2. Teilband. (= Handbücher zur Sprach- und Kommunikationswissenschaft 2.2). Berlin/New York, 1932–1951.

Wiesinger, Peter (2003): Aspekte einer österreichischen Sprachgeschichte der Neuzeit. In: Besch, Werner/Betten, Anne/Reichmann, Oskar/Sonderegger, Stefan (Hg.): Sprachgeschichte. Ein Handbuch zur Geschichte der deutschen Sprache und ihrer Erforschung. 3. Teilband. (= Handbücher zur Sprach- und Kommunikationswissenschaft 2.3). Berlin/New York, 2971–3001.

Wiesli, Urs (1954): Der Kanton Solothurn des 18. Jahrhunderts im Urteil ausländischer Reisender. In: Jahrbuch für solothurnische Geschichte 27, 5–45.

Wilcken, Viola (2015a): Historische Umgangssprachen zwischen Sprachwirklichkeit und literarischer Gestaltung. Formen, Funktionen und Entwicklungslinien des „Missingsch". (= Deutsche Dialektgeographie 121). Hildesheim.

Wilcken, Viola (2015b): Literarische Texte als Quelle? Eine sprachhistorische Untersuchung zum Missingsch. In: Jahrbuch für germanistische Sprachgeschichte 6 (1), 185–203.

Wimmer, Rainer (Hg.) (1991a): Das 19. Jahrhundert. Sprachgeschichtliche Wurzeln des heutigen Deutsch. (= Jahrbuch des Instituts für Deutsche Sprache 1990). Berlin/New York.

Wimmer, Rainer (1991b): Vorwort des Herausgebers. In: Wimmer, Rainer (Hg.): Das 19. Jahrhundert. Sprachgeschichtliche Wurzeln des heutigen Deutsch. (= Jahrbuch des Instituts für Deutsche Sprache 1990). Berlin/New York, 7.

Wodak, Ruth (2002): Aspects of Critical Discourse Analysis. In: Zeitschrift für Angewandte Linguistik 36, 5–30.

Wodak, Ruth (2004): Critical discourse analysis. In: Seale, Clive/Gobo, Giampietro/Gubrium, Jaber F./Silverman, David (Hg.): Qualitative research practice. London, 197–213.

Wodak, Ruth (2011): Critical Discourse Analysis: Overview, challenges, and perspectives. In: Andersen, Gisle/Aijmer, Karin (Hg.): Pragmatics of society. (= Handbooks of Pragmatics 5). Berlin/Boston 627–650.

Wodak, Ruth/de Cillia, Rudolf/Reisigl, Martin/Liebhart, Karin/Hofstätter, Klaus/Kargl, Maria (1998): Zur diskursiven Konstruktion nationaler Identität. (= Suhrkamp Taschenbuch Wissenschaft 1349). Frankfurt a. M.

Wolfensberger, Heinz (1967): Mundartwandel im 20. Jahrhundert. Dargestellt an Ausschnitten aus dem Sprachleben der Gemeinde Stäfa. (= Beiträge zur schweizerdeutschen Mundartforschung 14). Frauenfeld.

Würgler, Andreas (1996): Politische Öffentlichkeit in der Schweiz im 18. Jahrhundert. In: Schweizerische Zeitschrift für Geschichte 46, 26–42.

Würgler, Andreas (2012): Eidgenossenschaft. In: Historisches Lexikon der Schweiz (HLS), Version vom 08. 02. 2012. Online unter: www.hls-dhs-dss.ch/textes/d/D26413.php ‹1. 8. 2018›.

Wyler, Rebekka (2011): Das „Proletariat" und die „Anderen". Sozialgeschichte der Arbeiterinnen und Unterschichten. In: Traverse 18 (1), 137–172.

York-Gothart, Mix/Zenker, Markus/Zurbuchen, Simone (Hg.) (2002a): Deutschschweizerischer Kulturtransfer im 18. Jahrhundert. (= Das achtzehnte Jahrhundert. Zeitschrift der Deutschen Gesellschaft für die Erforschung des achtzehnten Jahrhunderts 26 (2)). Wolfenbüttel.

York-Gothart, Mix/Zenker, Markus/Zurbuchen, Simone (2002b): Deutsch-schweizerischer Kulturtransfer im 18. Jahrhundert. In: Das achtzehnte Jahrhundert. Zeitschrift der Deutschen Gesellschaft für die Erforschung des achtzehnten Jahrhunderts 26 (2), 141–144.

Zahn, Lothar (1992): Reflexion. In: Ritter, Joachim/Gründer, Karlfried/Gabriel, Gottfried (Hg.): Historisches Wörterbuch der Philosophie. Band 8: R–Sc. Basel, 396–405.

Ziegler, Evelyn (2012): Language standardization in the context of multilingualism: The case of German in 19th century Luxembourg. In: Sociolinguistica 26, 136–150.

Zimmer, Oliver (1998): In Search of Natural Identity: Alpine Landscape and the Reconstruction of the Swiss Nation. In: Comparative Studies in Society and History 40 (4), 637–665.

Zimmer, Oliver (2000): Competing Memories of the Nation: Liberal Historians and the Reconstruction of the Swiss Past 1870–1900. In: Past and Present 168, 194–226.

Zimmer, Oliver (2003): A contested nation. History, memory and nationalism in Switzerland, 1761–1891. Cambridge.

Zurbuchen, Simone (2000): Patriotismus und Nation. Der schweizerische Republikanismus des 18. Jahrhunderts. In: Böhler, Michael/Hofmann, Etienne/Reill, Peter H./Zurbuchen, Simone (Hg.): Republikanische Tugend. Ausbildung eines Schweizer Nationalbewusstseins und Erziehung eines neuen Bürgers. (= Kolloquium der Schweizerischen Akademie der Geistes- und Sozialwissenschaften 17). Genève, 151–181.

Sachregister

Affektation 158, 176, 185, 311
Akteure 30, **46–47**, 149, 151, 154 f., 200, 265, 327, 336, 359
Alltagssprache/Alltagsvarietät 72, 74 f., 77, **80–84**, 114, **172–176**, 179, 185, 205, 210, 350 f., 368
Altertümlichkeit 121, 125 **133–138**, 202
Althochdeutsch 134, 136, 153, 251, 258
Antibarbarus 232, 340
Argumentationsmuster 237, 357, 358
Ausbaudialekt 107 f., 199

Deutschschweizerischer Sprachverein 235, 242
Dialekt **1**, 156–163, **172–183**, **188–206**
– Dialektaufwertung 132–148, **153–155**, 354, 371
– Dialektdichtung (s. Dialektliteratur)
– Dialektgebrauch (s. Varietätengebrauch)
– Dialektideologie **363–365**, 367, 368, 372 f.
– Dialektismus (s. Dialektideologie)
– Dialektliteratur 119, 180, **206–217**, 262, 339, 352, 354
– Dialektpflege (s. Sprachpflege)
– Dialektschriftlichkeit (s. Schriftlichkeit)
– Dialekttod (s. Sprachtod)
Diglossie/Diglossiesituation 2 f., 7, 68, 89, **183–187**, 217, 231, 316, 352, **372–375**
– Entstehung der Diglossiesituation **71–75**, **112–115**
– Diglossiebewusstsein 175, **325–327**, 345 f., 363, **368–370**, 373
Diskursakteure 30, **46–47**, 149, 151, 154 f., 265, 336, 359
Diskursanalyse, linguistische **26–30**, 50
Diskursgeschichte 23, 27, **47–49**, 119, 250–253, **349–354**, 373, 374
Diskurshermeneutik **47–48**
diskursive Schlüsseltexte 45, 269, **356–358**
diskursive Strategien 153, **355–356**
Diskurslinguistik (s. Diskursanalyse, linguistische)
diskurssemantische Grundfigur **156–160**
Diskursüberlagerungen **358–359**

DSSV (s. Deutschschweizerischer Sprachverein)

Fremdsprachenideologie 325, 327, 330 f., 334, **344–345**, 363, 373
Fremdsprachendidaktik/-unterricht 309, **332–336**, 344–345

Gemeinschaftsbildung, sprachlich-nationale **295–298**, 374
Grossratsdeutsch 91, 93, 99, **101–102**

Heimatschutz/Heimatschutzbewegung 209, 241–242
Helvetische Republik **54**, 90
Historische Diskursgeschichte (s. Diskursgeschichte)

Identität, kollektive/nationale 6, 20, 26, 33, 63 f., 66–68, 242, 245, 248 f., 262, 265 f., 276, 282, 284 f., 298, 311, 350, 356, 359, 361, 363–366, 371 f., 374
imagined language 249, 250, 262, 266

Kanzeldeutsch 86, **98–102**, 107–108
Kanzelsprache (s. Kanzeldeutsch)
Klimatheorie **268–271**
Konservatismus 234, 344
Korpus
– Korpusbegriff der Diskursanalyse **26–30**
– Quellenkorpus **39–45**, 69–71, 358 f.
Kulturdialekt (s. Ausbaudialekt)
Kulturgemeinschaft 168 f., 267, 284
Kulturgeschichte 6, 18 f., **23–26**, 124, 209, 241, 281, 327, 352, **360–362**, 374
Kulturpessimismus 143, 242 f., 354
Künstlichkeit 163, 217

language attitudes (s. Spracheinstellungen)
language awareness (s. Sprachbewusstsein)
language loyalty (s. Sprachloyalität)
Lehrpläne, kantonale 318, **319–321**, 324

Mehrsprachigkeit 3, 73 f., 90, 248, 298–300, 366, 367

Messing/Messingsch/Missingsch 222, 232, 234, 236, **237**
Metakommunikation (s. Metasprache)
Metaphorik/Metapherntheorie **222–225**
Metasprachdiskurs **30–32**, 40
Metasprache 16, **31**, 33
Mischelsprache 234
Mittelhochdeutsch 88, **134–136**, 137, 147, 261, 337
Modernisierungskritik 57, **242–245**, 246, 352
Mundart (s. Dialekt)
– Mundartpflege (s. Sprachpflege)
– Mundartdichtung (s. Dialektliteratur)
– Mundartliteratur (s. Dialektliteratur)
– Mundartpessimismus **221–231**, 242, 247, 344 f., 352
Mündlichkeit 157, 198, **354–355**, 365, 366

Naivität 142, 183, 210, 274
Nation **57–68**, 73 f., 169, 248 f., 265 f., **266–276**, **280–285**, 285–290, **295–298**, **298–300**, 363, 365
Nation-Building (s. Nationenbildung)
Nationalbewusstsein **60–65**, 67
Nationalismus, schweizerischer (s. Nation)
Nationalsprache 249, 262, **263–266**, 272, 276, 281, 294–295, 298, 298–300, 369 f.
Nationalsymbol 80, 284, 285, 287, 339, **350–351**, 366
Nationalvarietät 249–250, 257, 266, 350
Nationenbildung **60–65**, 65–68
Natürlichkeit 135, 142, **156–158**

Patriotismus 60–65, 127, 170 f., 239, 285–288, 289, 292–293, 337, 339, 341, 352, 359, 360 f.
Prestige, sprachliches 13 f., 129, 136 f., **153–155**, 238, 271, 285, 315, 355 f., 368
Prestigelekt 238
Purismus 2, 102, 185, 203, **211–217**, **231–238**, 241, 287 f., **344**, 351, 353, 361

Registervariation **97–108**
Rekrutenprüfung, eidgenössische 76
Republikanismus 61, 73, 173, **277–280**, 292, 360 f.

Schriftlichkeit/Dialektschriftlichkeit 79 f., 113, **180–183**, 204, 206, 256, 354, 355, 373
Schule 87–90, **301–346**
Schulsprache (s. Unterrichtssprache)
Schweizerdeutsch **3–4**, 60, **253–257**, 295–299
Schweizerische Gemeinnützige Gesellschaft (SGG) 61, 125, 127, 131, 149 f., 154, 165, 173, 180, 183 f., 273, **311–314**, 315, 338, 342 f.
Schweizerisches Idiotikon 18, 41, 140 f., 147 f., 150 f., 186, 205, 214 f., 228, 245, 246, 279 f., 282 f., **285–295**, 352, 357
Selbstverständigung, nationale (s. Identität, kollektive/nationale)
Sonderfall Schweiz 3, 64, **71–75**, 368, **370–371**
soziopragmatische Sprachgeschichte 13, 22, 37, 59 f., 69 f., 374
Sprachbewusstsein 14–18, **32–34**, 38, 374
Sprachbewusstseinsgeschichte 6 f., **13–18**, 23 f., **25–26**, **30–32**, 38, 89, 122 f., 148, 169, 175, 189, 217, 306 f., 316, 325, 326 f., 330 f., 344, 358, **360–362**, **362–371**
Sprachdidaktik **307–310**, **328–338**, 361
Sprache des Herzens 160–162, 325, 372
Spracheinstellungen 14, 15, 17, 32, **34–38**, 44, 49, **89 f.**, **206–207**, 344, 374
Sprachgebrauch (s. Varietätengebrauch)
Sprachgebrauchsgeschichte 69–71
Sprachgemeinschaft 14, 26, 33, 114 f., 271, 281, 285, **295–298**, 361, 363, 366, 370
Sprachideologie 15, 184 f., 238, 267, 306 f., **363–367** *(zu den einzelnen Sprachideologien s. auch Dialektideologie, Fremdsprachenideologie, Konservatismus, Purismus, Standardsprachenideologie)*
Sprachkontakt 14, **109–112**, 203–204, 366
Sprachkritik 122 f., 131–132, **221–231**, 235–**238**, 242–245
Sprachkultur/Sprachkultivierung 89, 105, 126, 128 f., 160, 164, 175, **185–187**, **192–198**, 234, 327, 345–346, **368–370**, 373
Sprachloyalität 154, **176–180**, 186, 363, 369

Sprachnationalismus 266, 300, 355, **366–367**
Sprachpatriotismus 266–267, 281, 284 f., 341, 352, 353 f., 363, **365–367**, 371, 372 f.
Sprachpflege 2, **238–242, 338–343**, 345, 352, 361, 371
Sprachpurismus (s. Purismus)
Sprachreflexion 14, 16 f., **34, 358–359**, 360 f.
Sprachsituation (in der Deutschschweiz) 35, **69–115**, 127, 130, 131 f., **279–280**, 316, 353, 374
Sprachtod **225–231**
Sprachwissen 14 f., 33–34
Standardismus (s. Standardsprachenideologie)
Standardsprachenideologie 188, 234, 344, 369
Stigmalekt 238
Stigmatisierung, sprachliche 80, 119, 175, **176–180, 235–238**, 338 f., 350, 351 f.

Unterrichtssprache **87–90, 304–328**, 345 f.

Quellen (s. Korpus)

Varietätengebrauch **71–115**
– Alltag 80–84
– Gericht 93–94
– Kirche 87–90
– Politik 90–93
– Reden, (halb)öffentliche 94–97
– Schule 84–87
Varietätenspektrum 107, 237
Vernakularismus 364–365
Volk **266–285**, 290–294, 298–299, 350, 360, 365.
Volksgeist 147, 246, **273–274**, 281, 350

Wissenstransfer 46, 149, **358–359**
Wörterbuch der schweizerdeutschen Sprache (s. Schweizerisches Idiotikon)

www.ingramcontent.com/pod-product-compliance
Lightning Source LLC
Chambersburg PA
CBHW031410230426
43668CB00007B/263